Jorge em xilogravura de
Emanoel Araújo, 1940.

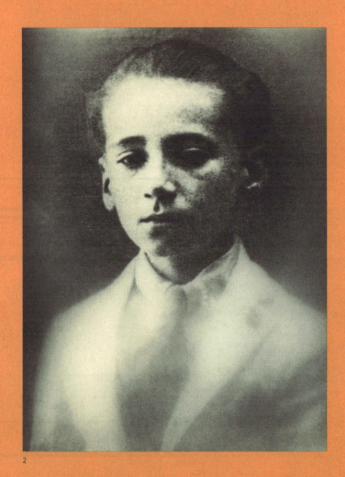

2

Jorge em 1922 e
nos anos 1930.

Um dos primeiros poemas, publicado na revista *A Luva*.

4

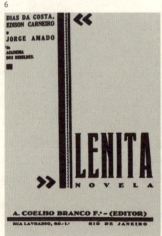

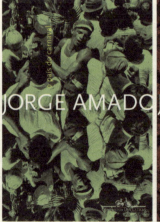

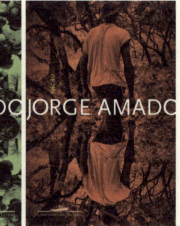

6

[1929]

ELLES E... ELLAS

A UMA FEIA

Você vive zangada commigo
sem razão.
Zangar-se assim tão sem razão, porque?
Porque somente
já lhe disse alguem
que vivo morto de paixão
por você?
Isto é tolice, «essa menina», creia!
Não passa de pilheria dessa gente
brincando com você,
porque
jamais me apaixonei por moça feia...

Eulalio Motta

A UMA BONITA

Estás zangada commigo
com razão
se bem o jures que não.
Eu te digo,
o motivo
que bem patente e vivo,
em teus olhos leio.
E' que
não sei porque
não adoras
nem namoras
rapaz feio...

Jorge Amado

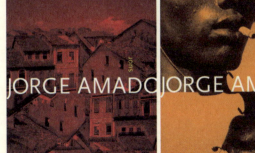
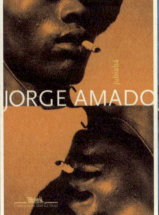
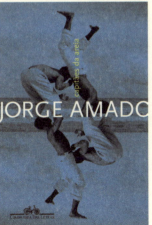

Jorge e, à sua esquerda, amigos como Samuel Wainer e a mulher, Bluma, e Dorival Caymmi, no Cassino da Urca. Rio de Janeiro, 1939.

Ilustração do *Diário de Notícias*, Rio de Janeiro, 24 de dezembro de 1933.

Arvore de Natal da Literatura Brasileira

(1) Alvaro Moreyra, (2) Mario de Andrade, (3) João Lyra Filho, (4) Agrippino Grieco, (5) Menotti del Picchia, (6) José Lins do Rego, (7) Jorge Amado, (8) Manuel Bandeira, (9) Olegario Marianno, (10) Ribeiro Couto, (11) Augusto Frederico Schimidt, (12) Guilherme de Almeida, (13) Gilberto Amado, (14) Teixeira Soares, (15) Renato Almeida, (16) Humberto de Campos, (17) Monteiro Lobato, (18) Fernando Magalhães, (19) Ronald de Carvalho, (20) Coelho Netto, (21) Gregorio da Fonseca e (22) Pereira Da Silva.

Dedicatória de Graciliano Ramos
na página de rosto de *Caetés*.

Ilustração de Tomás Santa Rosa
para *Cacau*, 1933.

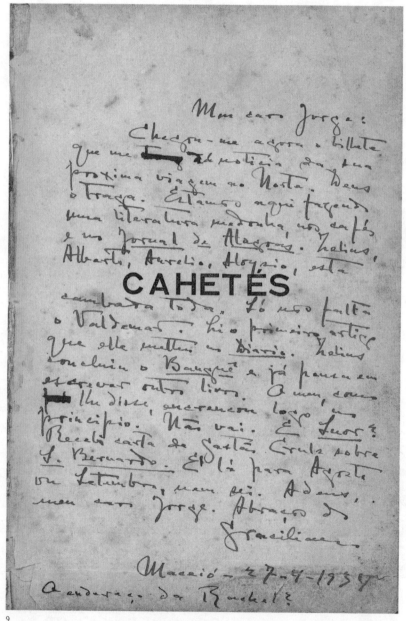

Vatapá na casa de Jorge Amado. Carlos Lacerda (na frente, agachado), Ziloca (faixa na cabeça) e o filho do casal, Serginho (no ombro de Samuel Wainer), Suzana, a futura mulher de Augusto Rodrigues, com a filha de Jorge e Matilde no colo, Moacir Werneck de Castro (apoiado no parapeito), Theófilo de Barros Filho (olhando para Serginho Lacerda), César (irmão de Bluma Wainer, em pé, mãos nos bolsos), James Amado e Augusto Rodrigues (ambos atrás de César) e Otávio Malta (agachado, de óculos), 1938 ou 1939.

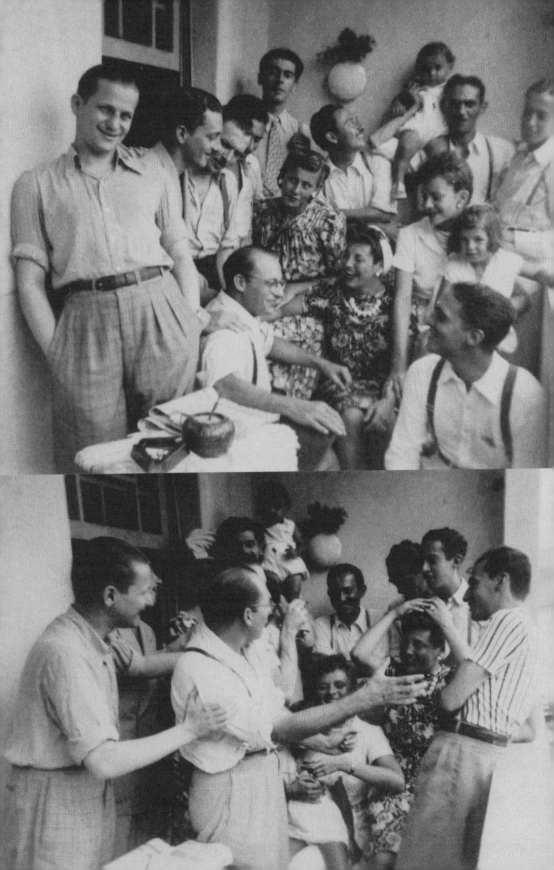

Para o Caymmi
com a velha amisade
do
Jorge
Rio 9/41.

São Paulo,20 de Agosto de 1936.

Seu Jorge Amado.

Seu Jorge,doutor em romance."Acaba de se doutorar em romance o jovem Jorge Amado,grande promessa do nosso mundo intelectual",diz o pequeno jornalzinho de provincia que trago no coração.Só lhe posso dizer banalidades sobre o "Mar Morto",seu Jorge.Salientar o seu caso, por exemplo.Porque você é o tipo do escritor verdadeiro,que é fatalmente escritor,e que por isso mesmo foi subindo,foi subindo.Calouro no "País das Carnaúbas" e no"Cacau",já terceiranista no "Suor",diplomado com distinção em "Jubiabá",e já agora doutor completamente em "Mar Morto".Seu primeiro livro não é o milhor livro de você! Que milagre e que exemplo bom neste Brasil!

Outras banalidades?A boa escolha do assunto.A realidade honesta com que foi tratado,ou a sensação de realidade honesta-o que é a mesma coisa em arte.A linda tradição de meter lirismo(e que delicioso lirismo!)de poesia na prosa.Iracema,a virgem dos labios de mel á 1936.

E enfim a banalidade maior:que gostei imensamente do seu livro. Só achei inutil,mais 1836 que 1936,você fazer Guma morrer.Praque êsse traço romantico?Não senti essa morte,confesso.Mas o senão(pra mim)não alterou a boniteza do seu livro.E é uma joia com que adorno meu corpo todos êstes dias,falar bem de você,conversar de você com todos,e saber que o grupinho,Sergio,Rubens Borba de Morais,etc.tambem afinam pelo mesmo entusiasmo.

Um abraço apertado do

(*pág. anterior*) Jantar em homenagem aos cinquenta anos de Graciliano Ramos, no Restaurante Lido. Entre eles: Candido Portinari, Carlos Drummond de Andrade, Lúcia Miguel Pereira, Gustavo Capanema, Manuel Bandeira, João Condé, José Lins do Rego, Vinicius de Moraes, Moacir Werneck de Castro e Jorge Amado. Rio de Janeiro, 29 de outubro de 1942.

16

17

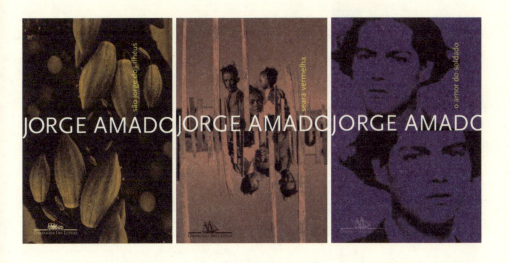

OFICINA CONSULAR EN

CERTIFICADO DE VIAJE

correspondiente a

Nombre y apellido *Jorge Amado.-*
Edad *29 años*
Profesión u oficio y lugares donde los ha ejercido *periodista*
Domicilio en el extranjero *Cordoba, 1760 - 1º piso*
Nacionalidad de origen *brasileño*
Ciudadanía *brasileño*
Documentos de identidad presentados *pasaporte 235*

Nombre del padre *João Amado de Faria*
Nombre de la madre *Eulalia Leal Amado*
Vapor que lo conduce
Fecha y puerto de salida

Motivos de su viaje a la República *turismo*

Domicilio en la República

INFORMACION CONSULAR DE ACUERDO CON EL DECRETO DE FECHA 16 DE SETIEMBRE DE 1932

VISTO EN ESTA OFICINA
BUENOS AIRES
003545 12 FEB 1942
ARANCEL
DERECHOS $ EL CONSUL

IMPRESION DIGITO-PULGAR DERECHA

Nº de la actuación   de 193
Nº de Arancel: 40
Der. percibidos: $ 3.75 =

FIRMA   CONSUL

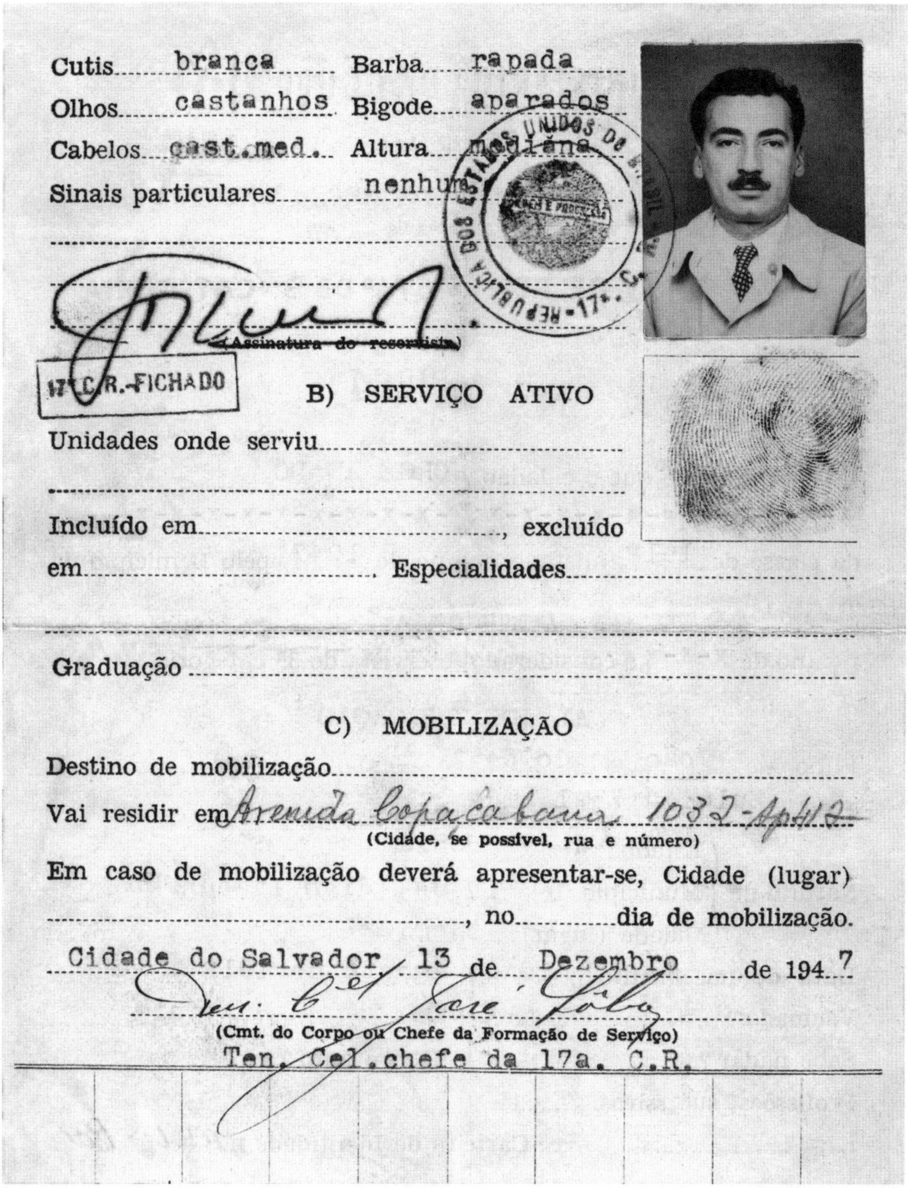

Cutis branca Barba rapada
Olhos castanhos Bigode aparados
Cabelos cast. med. Altura mediana
Sinais particulares nenhum

(Assinatura do reservista)

17ª C.R.-FICHADO

B) SERVIÇO ATIVO

Unidades onde serviu

Incluído em , excluído em . Especialidades

Graduação

C) MOBILIZAÇÃO

Destino de mobilização
Vai residir em Avenida Copacabana, 1032 - Ap 412
(Cidade, se possível, rua e número)
Em caso de mobilização deverá apresentar-se, Cidade (lugar)
, no dia de mobilização.
Cidade do Salvador, 13 de Dezembro de 1947

(Cmt. do Corpo ou Chefe da Formação de Serviço)
Ten. Cel. chefe da 17a. C.R.

Exilado no Uruguai, Jorge Amado volta ao Brasil em missão especial: convencer o general Cordeiro de Farias, interventor do Estado no Rio Grande de Sul, a visitar Luís Carlos Prestes na prisão.

Acima, certificado de reservista.

Carlos Lacerda (ao fundo), Jorge Amado, uma amiga e Dorival Caymmi, anos 1940.

Jorge Amado (terceiro, da esquerda para a direita) em campanha do PCB na capital paulista, em 1945. Ao microfone, Joaquim Câmara Ferreira, um dos líderes do partido em São Paulo, e a seu lado o escritor Oswald de Andrade (de cachecol).

Cartaz da candidatura de Jorge a deputado federal pelo PCB. São Paulo, 1945.

23

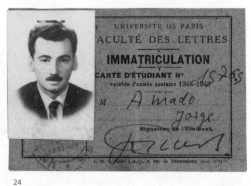

24

Com Louis Aragon, 1948.

Zélia e Jorge vestem os trajes dos príncipes donos do castelo de Dobris, na antiga Tchecoslováquia, 1950.

Jorge em pintura de Flávio
de Carvalho, 1945.

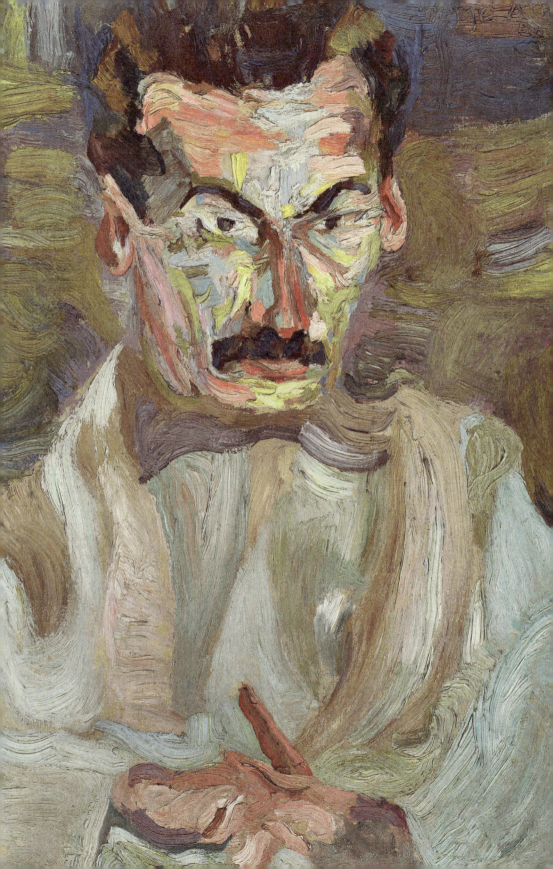

Jorge com Anita e Lygia Prestes, filha e irmã de Luís Carlos Prestes, em Moscou, 1951. Anos antes, Jorge organizara, em Paris, um ato de solidariedade a Prestes, que fora expulso do Senado durante o governo de Eurico Gaspar Dutra (1946-51).

Nos jardins do castelo de Dobris, 1951.

Castelo de Dobris, 1951.

Jorge, Maria Della Costa e Jean-Paul Sartre. Viena, dezembro de 1952.

Com Nicolás Guillén, em frente ao
trem Transiberiano, 1952.

Com os pais, Eulália e João Amado.
Rio de Janeiro, 1952.

33

34

Jorge e o filho João. Rio de Janeiro, 1953.

Jorge, Zélia e a filha Paloma. Rio de Janeiro, 1953.

Oscar Niemeyer, Dorival Caymmi e Jorge, 1952.

Jorge e James Amado, Vera Tormenta e tipógrafos na redação do *Diário Carioca*, onde era impresso o *Paratodos*, quinzenário de cultura dirigido por Jorge, Oscar Niemeyer, Moacir Werneck, James Amado e Alberto Passos Guimarães. Fundado em 1956, o jornal durou dois anos.

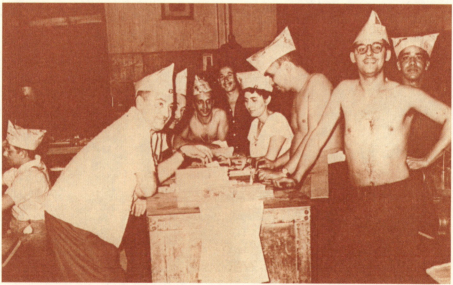

para todos
ÓRGÃO MENSÁRIO DA CULTURA BRASILEIRA

Fundador — ÁLVARO MOREYRA Diretor — JORGE AMADO

ANO I — N.º 1 — Rio-São Paulo, 10 a 23 de maio de 1956 — Preço: Cr$ 5,00

75º aniversário da morte de Dostoiévski

NOTAS De Meu Diário
SÉRGIO MILLIET

Os personagens de DOSTOIÉVSKI
De Monsenhor ÍGOR EVEN

FERNANDO DE AZEVEDO:
"A condição do progresso reside a um tempo na diferenciação das culturas e em seus contatos"

MARQUES REBELO afirma:
Com rótulos e fórmulas não se faz romance

Jorge e Diego Rivera (de paletó claro), com a comitiva chinesa que foi ao cinquentenário de Pablo Neruda. Isla Negra, Chile, 1953.

Desenho de Diego Rivera para Jorge e Zélia, 1953.

De "Terras do Sem Fim"

Era uma vez tres irmãs,
Marta, Lucia, Violeta:
unidas nas gargalhadas,
unidas nas correrias.
Lucia, a das alegres tranças,
Violeta, a dos olhos mortos.
Marta, a mais moça das tres.
Era uma vez tres irmãs,
unidas no seu destino.

40

41

Com Gilberto Freyre. Rio de Janeiro, c. 1955.

Com Mário Cravo Filho, 1958.

E com a mãe, Lalu. Rio de Janeiro, c. 1955.

Jorge e João Condé na rampa
do antigo Mercado Modelo.
Salvador, 1958.

Com o fotógrafo Flávio Damm,
no pelourinho, 1959.

45

46

47

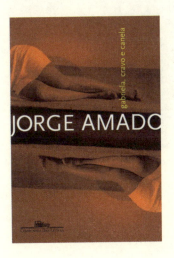

Moacir Werneck de Castro, Pablo Neruda, Vinicius de Moraes e Jorge. Rio de Janeiro, 1957.

Jorge com Neruda e um amigo. China, 1957.

Com o pássaro-sofrê, que encantava as visitas. Rio de Janeiro, anos 1950-60.

Zélia, c. 1959.

Jean-Paul Sartre e Simone de Beauvoir, 1960.

Misette, c. 1959.

Flávio de Carvalho, "personalidade revolucionária", no famoso lançamento de seu Traje de Verão, 1956.

Simone e Sartre foram com Zélia e Jorge à ilha do Bananal conhecer os carajás, 1960.

"Fomos padrinhos, Zélia e eu, do casamento de João Gilberto com Astrud, o casal se separou nos Estados Unidos, para onde Joãozinho viajara a fim de participar de um show; obteve tamanho sucesso que ficou por lá anos a fio". Com Astrud e João Gilberto, 1959.

Anna Seghers, Jorge, Carolina Maria de Jesus e Jurema Finamour, Congresso do PEN Club. Rio de Janeiro, 1959.

54

55

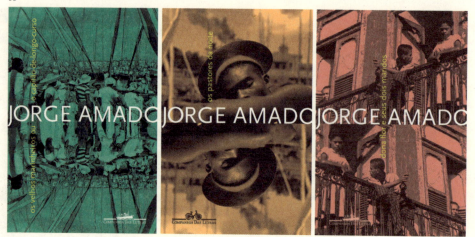

O capitão *Vasco Moscoso de Aragão* em ilustração de Glauco Rodrigues para *Os velhos marinheiros*, c. 1960.

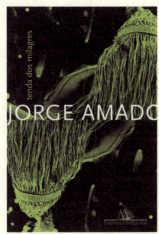

Jorge com a pesca do dia, na praia de Maria Farinha. Pernambuco, 1959.

Antonio Callado, Dorival Caymmi, Jorge e amigos, no apartamento do Rio de Janeiro, c. 1960.

No apartamento da rua Rodolfo Dantas, Jorge, o poeta pernambucano Carlos Pena Filho e a mulher, Tânia, Odilon Ribeiro Coutinho, Cícero Dias, Antônio Maria e João Condé. Rio de Janeiro, 1962.

Cangaceiro (1963), nanquim e aquarela de Aldemir Martins. "Para o capanga Jorge — O seu lugar-tenente."

Jorge e Paloma (de faixa na cabeça) no Festival de Autógrafos que ele promoveu no Super Shopping de Copacabana, 1960.

Jorge dando tratos à leitura, anos 1960.

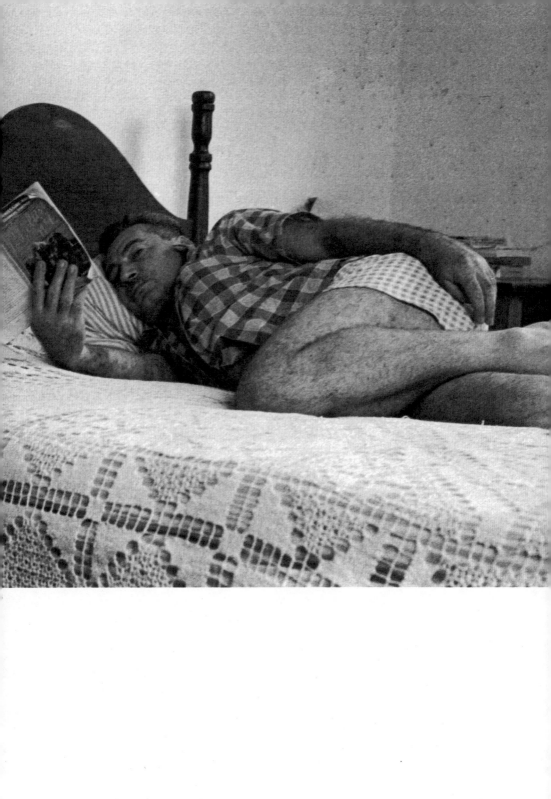

Jorge, o astronauta Iuri Gagárin e Zélia. Rio de Janeiro, 1961.

Nos jardins da casa do Rio Vermelho, Jorge, Carybé (com a garrafa na cabeça), Antônio Celestino (de óculos escuros) e amigos. Salvador, anos 1960.

Jorge na Mouraria, centro de Salvador, anos 1960.

Gabriela (1963), desenho de Augusto Rodrigues.

A amiga e escritora Anna Seghers na casa do Rio Vermelho, 1963.

Alfred Knopf e Jorge Amado no Pelourinho, 1964. Ao fundo, o prédio da futura Fundação Casa de Jorge Amado.

Jorge e Norma, mulher de Mirabeau Sampaio. Veneza, anos 1960.

Jorge finaliza *Tenda dos Milagres* na casa de Nair e Genaro de Carvalho. Salvador, 1969.

72

73

74

Jorge e Neruda no Mercado Modelo. Salvador, 1966.

Antonio Olinto, Jorge e Guimarães Rosa, o júri do prêmio Walmap, 1967.

Jorge e Glauber Rocha. Paris, 1968.

Ilustração de Iberê Camargo para
ABC de Castro Alves (1965).

Jorge Amado

Salvador, 26 de janeiro de 1965.

Sérgio Buarque de Holanda

S. Paulo

Meu caro Sérgio,

    Antes de tudo quero-lhe desejar e aos seus um Ano Novo muito feliz. Eu, Zelia e nossos filhos estamos residindo atualmente em Salvador onde vocês têm uma casa às ordens.

    Venho de receber uma carta de meu bom e querido amigo, o compositor João Gilberto, que se encontra nos Estados Unidos. Esse baiano de Juazeiro, das margens do S. Francisco, é um dos brasileiros de maior talento e uma das melhores pessoas que eu conheço. Ele me escreve para comunicar-me seu próximo casamento com sua filha Heloisa. João Gilberto está preocupado com o fato de você e sua espôsa não o conhecerem e não terem uma ideia precisa sôbre ele. Pede-me que eu escreva a você dizendo como ele é. Já o fiz linhas acima: praça da melhor qualidade, bonissimo, extremamente sensivel, timido, um pouco louco como todo músico que conheço. Creio que vocês irão gostar muito dele.

    Bem, meu caro Sérgio, mande suas órdens para a Bahia. Aqui fica seu melhor amigo e admirador

Jorge Amado: Rua Alagoinhas, 33
(Rio Vermelho) — Salvador - Bahia
ou
Rua Rodolfo Dantas, 16 - ap. 704
Copacabana - Rio de Janeiro

(*pág. anterior*) Poetas, romancistas, contistas, ensaístas, cineastas, artistas plásticos, arquitetos, artesãos, no Museu de Arte Popular. Salvador, 1967. Na ordem: Floriano Teixeira, Antônio Simões Celestino, Mário Cravo, Mário Proença, Odorico Tavares, dom Clemente Nigra, mestre Vicente Pastinha, Juarez Paraíso, Genaro de Carvalho, Camafeu de Oxóssi, Licídio Lopes, João Alves, Emanoel Araújo, João José Rescala, Carlos Bastos, Lew Smarchevsky, Gilberbet Chaves, Thales Porto-Willys, Carvalho Filho, Carybé, Manuel Conceição, Walter da Silveira, Godofredo Filho, Zitelmann Oliva, Mirabeau Sampaio, Waldemar Nascimento, Bina Fonyat, Jorge Amado, Jenner Augusto, Calazans Neto, Ariovaldo Matos, Cardoso e Silva e Robato Filho.

Jorge prefaciou os álbuns de gravuras de Hansen, alemão que se encantou com a Bahia. Capa de um livro feito em conjunto (Salvador: Mensageiro da Fé, 27 de dezembro de 1967).

Mãe Senhora, ou Maria Bibiana do Espírito Santo, Iyá Nassô, mãe de santo do Axê Opô Afonjá, sucessora de Mãe Aninha. Uma das figuras mais importantes da vida religiosa da Bahia, 1967. Foto de Flávio Damm.

81

82

Maria Escolástica da Conceição Nazaré, mais conhecida como Mãe Menininha do Gantois — mãe de santo do Axê Iamassê (candomblé do Gantois), 1967. Com Mãe Senhora, é a zeladora maior dos ritos jejes-nagôs na Bahia. Foto de Flávio Damm.

Voltando da Europa com Oscar Niemeyer, no navio *Eugênio C*, anos 1970.

A visita de Roman Polanski à casa do Rio Vermelho, década de 1970.

Carybé, Jorge e Mirabeau
no estádio da Fonte Nova.
Salvador, 1970.

Jorge, Zélia e Juscelino
Kubitschek. Rio de Janeiro,
julho de 1972.

Jorge e Zélia no casamento
de Vinicius de Moraes e
Gessy Gesse. Salvador, 1973.

86

87

Gabriela (1972), óleo de Emiliano Di Cavalcanti.

"Para Zélia, com todo o tempo, o tempo do vento, o tempo da promessa!", Mário Cravo Neto, 1970/75.

Esboços de Floriano Teixeira para *Dona Flor e seus dois maridos*.

Mauro Mendonça, Sonia Braga e José Wilker em frente à igreja de Nossa Senhora do Rosário dos Negros, no Pelourinho, durante as filmagens de *Dona Flor*, 1974.

Tieta do Agreste com suas cabras e a luz negra, matriz de xilogravura de Calasans Neto, 10 de agosto de 1977.

Jorge e Jards Macalé, entre 1976 e 1978.

Paloma e Jorge revisam *Tieta do Agreste*. Petrópolis, 1976.

92

93

No apartamento de Sofia
Loren, com Lina Wertmüller e
Franco Cristaldi. Paris, 1980.

Flagra de Otto Stupakoff, 1976.

Eunice, que trabalhou por quase vinte anos na casa do Rio Vermelho e controlava quem era ou não recebido.

Jorge nos anos 1980.

98

99

Com a tradutora francesa Alice Raillard, na casa do Rio Vermelho, 1985.

Refrescando-se com Jean Rosenthal, diretor das Edições Stock; Jean-Claude Lattès, diretor-presidente da Hachette; e Antonio Olinto, na casa do Rio Vermelho, c. 1985.

Com Fidel Castro, 1986.

Com Marcello Mastroianni, no Hotel de l'Abaye, onde os dois se hospedavam em Paris, 1986.

Rio, 1º.XII.1989.

OTTO LARA RESENDE

Grande e querido Jorge,

    Desculpe se me demorei tanto a lhe mandar esta palavra, que é só para lhe dizer que Você não tem o direito de ficar triste nem por um minuto. Abra o olho, Jorge, porque se V. perde um mínimo que seja da sua energia, do seu imenso potencial criativo irradiador, que será de nós? que será de mim? que será da Bahia? que será do Brasil? Você é a garantia ao vivo, Jorge. Você é a festa, a certeza de que há salvação, de que tudo no fim dá certo. Se Você por um segundo fica (de público?!) de asinha caída, ai meu Deus do céu, que será desse povão, de que V. é a expressão, o entusiasmo, a notícia e o noticiarista? V. reflete o Brasil para o mundo — e para todos nós brasileiros, que nos orgulhamos de ter Você conosco, em nós, para nós. Então, me faça o favor de sair dessa fossa, que não há nada de menos JorgeAmado (assim junto mesmo), nada de menos JorgeZélia, nada de menos GattaiAmado, AmadoGattai, do que Você com cara de gente triste. Ou li errado a notícia? Colunista não tá com nada, colunita erra muito. Espero então que seja erro e que V. esteja 100% Jorge Amado, como sempre foi e tem de ser. Aleluia! De pé pela Bahia e pelo Brasil. Vou ver "Capitães de Areia" e prometo não perder "Tieta". E vou ler JA e ZG todo dia, tá? Beijos nossos pra Zélia e pras crianças de todas as gerações. A bênção, meu Guru, e o carinho cheio de admiração do

seu velho OLR

Dias piores já se foram, se é que há dias piores (ou simplesmente maus) aí por perto do Rio Vermelho. Não pode! Xô, coisa ruim! Zô!

Jorge dedica este *Navegação de cabotagem* a Otto Lara Resende.

"Caros, queridos, George e Zélia, confusões domésticas me impedem de ver vocês hoje... beijos de Lina [Bo Bardi]"

104

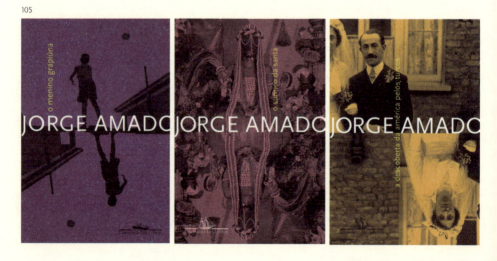

105

Jorge resolve bancar o vendedor
no mercado de Istambul, 1992.

Com José Saramago, na casa de
Caetano Veloso. Salvador, 1996.

O assédio no aniversário de 80 anos.

Com os apontamentos deste *Navegação de cabotagem* organizados na parede.

Foto de J. R. Duran para anúncio do cartão American Express. Dos poucos anúncios em que topou aparecer, para angariar fundos para a Fundação Casa de Jorge Amado. c. 1992-96.

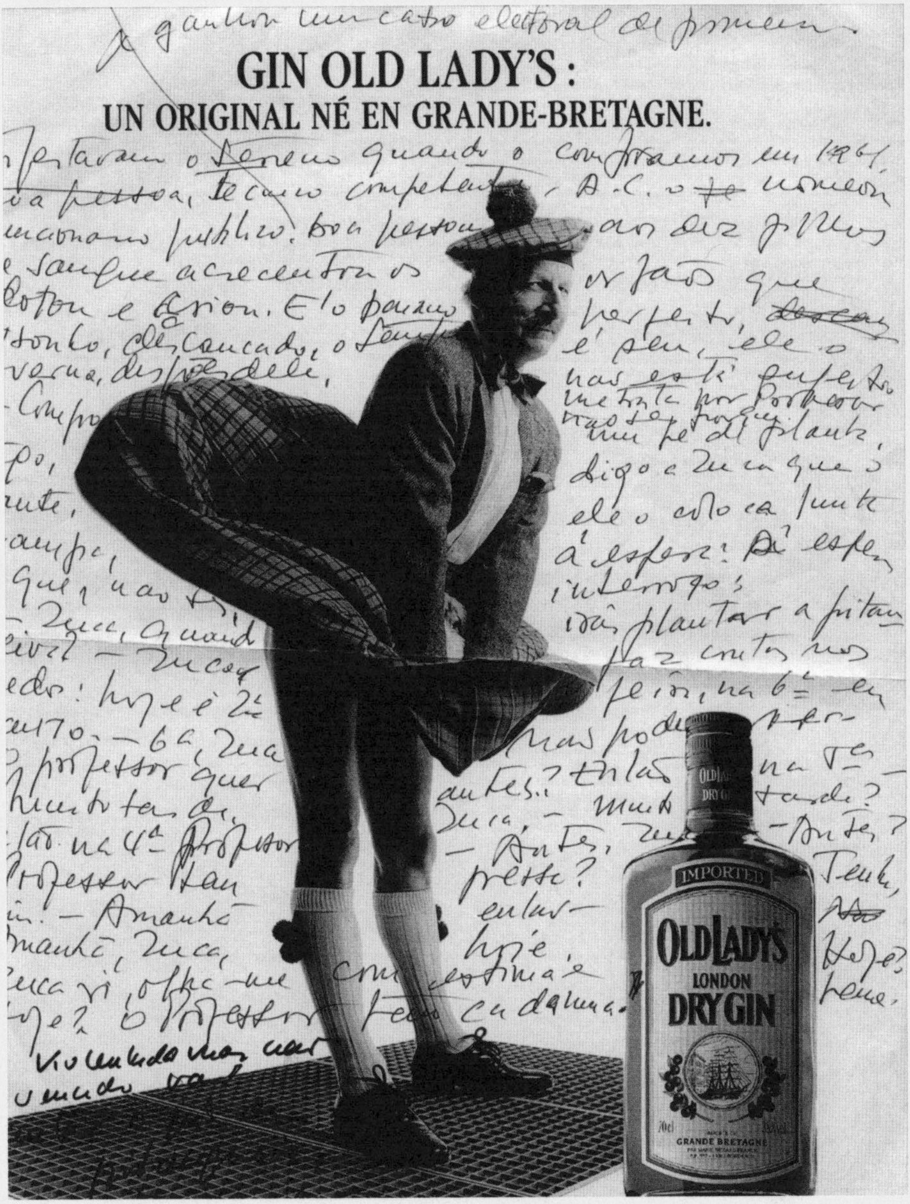

Anotações para *Navegação de cabotagem*.

(Bahia, 1928 - o candidato)

Nas paginas de um livro de andanças e lembranças do romancista Herberto Sales, ~~contista~~ leio o louvor do contista Dias da Costa, meu conterrâneo padre Oswaldo, meu irmão em tantas circunstancias. Quando menos espero, eis que ~~xxxxxxxxxxxxxxxxxxxxxxxxx~~ vem fazer-me companhia. Ninguem tão terno amigo, devorador de romances igual a mim, num tempo antigo foi boemio na Bahia, acontecia passamos uma semana inteira hospedados em casa de putas, nossas namoradas, xodós como se dizia. Dos Estados Unidos,, me remete a relação completa dos autores brasileiros traduzidos nas diversas linguas da União Sovietica: ali está o livro de contos "Canção do eco" de Oswaldo, traduzido para o ukraniano. Não posso lhe dar sequer essa alegria, a alegria de ouvi-la, que parecia ele se foi de viagem para sempre sem saber ~~de seus leitores~~ em Kiew. Contista da admiração de Graciliano Ramos e de Sergio Milliet, ainda outro dia num encontro com Claude Couffon que sabe tudo ~~das~~ sobre as de linguas literaturas ~~bilingue~~ espanhola e portuguesa, me fala sobre um conto de Oswaldo, "Alucinação", vai coloca-lo numa antologia: "obra prima", considera.

Tinhamos anunciado a próxima saida da revista ~~da Academia~~ literaria dos Rebeldes ~~de Rebeldes~~ que, é claro, iria revolucionar a literatura nacional, fomos procurados, os da Academia em formação, em nossa sede, segunda meza à esquerda do Bar ~~Americano~~ Brusunwik, atras da Praça Municipal, por um jovem e simpatico desempregado que se propunha a coletar anuncios para a futura revista nas cidades do Reconcavo para onde ~~pretendia~~ tencionava viajar nos rastro de uma namorada. Tomou lugar na mesa e na conversa maligna, ~~sub-literaria~~ conversa de botaque. Ao fim da tarde, quando ~~ele se~~ por fim se despediu, voltaria no dia seguinte pela

Manuscrito de *Navegação de cabotagem*.

A marca FSC® é a garantia de que a madeira utilizada na fabricação do papel deste livro provém de florestas que foram gerenciadas de maneira ambientalmente correta, socialmente justa e economicamente viável, além de outras fontes de origem controlada.

NAVEGAÇÃO DE CABOTAGEM

COLEÇÃO JORGE AMADO
Conselho editorial
Alberto da Costa e Silva
Lilia Moritz Schwarcz

Coordenação editorial
Thyago Nogueira

O país do Carnaval, 1931
Cacau, 1933
Suor, 1934
Jubiabá, 1935
Mar morto, 1936
Capitães da Areia, 1937
ABC de Castro Alves, 1941
O Cavaleiro da Esperança, 1942
Terras do sem-fim, 1943
São Jorge dos Ilhéus, 1944
Bahia de Todos-os-Santos, 1945
Seara vermelha, 1946
O amor do soldado, 1947
Os subterrâneos da liberdade
    Os ásperos tempos, 1954
    Agonia da noite, 1954
    A luz no túnel, 1954
Gabriela, cravo e canela, 1958
De como o mulato Porciúncula descarregou seu defunto, 1959
Os velhos marinheiros ou O capitão-de-longo-curso, 1961
A morte e a morte de Quincas Berro Dágua, 1961
O compadre de Ogum, 1964
Os pastores da noite, 1964
As mortes e o triunfo de Rosalinda, 1965
Dona Flor e seus dois maridos, 1966
Tenda dos Milagres, 1969
Tereza Batista cansada de guerra, 1972
O gato malhado e a andorinha Sinhá, 1976
Tieta do Agreste, 1977
Farda, fardão, camisola de dormir, 1979
O milagre dos pássaros, 1979
O menino grapiúna, 1981
A bola e o goleiro, 1984
Tocaia Grande, 1984
O sumiço da santa, 1988
Navegação de cabotagem, 1992
A descoberta da América pelos turcos, 1992
Hora da Guerra, 2008
Toda a saudade do mundo, 2012
Com o mar por meio: Uma amizade em cartas (com José Saramago), 2017

JORGE AMADO
NAVEGAÇÃO DE CABOTAGEM

APONTAMENTOS PARA UM LIVRO
DE MEMÓRIAS QUE JAMAIS ESCREVEREI

Posfácio de Lêdo Ivo

1ª reimpressão

Copyright © 2012 by Grapiúna Produções Artísticas Ltda.
1ª edição, Record, Rio de Janeiro, 1992

Grafia atualizada segundo o Acordo Ortográfico da Língua Portuguesa de 1990, que entrou em vigor no Brasil em 2009.

Consultoria da coleção Ilana Seltzer Goldstein

Projeto gráfico Kiko Farkas e Mateus Valadares/ Máquina Estúdio

Pesquisa iconográfica do encarte Bete Capinan

Imagens de capa Hildegard Rosenthal/ Acervo Instituto Moreira Salles

Cronologia Ilana Seltzer Goldstein e Carla Delgado de Souza

Índice onomástico Luciano Marchiori

Preparação Leny Cordeiro

Revisão Valquíria Della Pozza e Huendel Viana

Texto estabelecido a partir dos originais revistos pelo autor.
Os personagens e as situações desta obra são reais apenas no universo da ficção; não se referem a pessoas e fatos concretos, e não emitem opinião sobre eles.

Dados Internacionais de Catalogação na Publicação (CIP)
(Câmara Brasileira do Livro, SP, Brasil)

Amado, Jorge, 1912-2001.
 Navegação de cabotagem : apontamentos para um livro de memórias que jamais escreverei / Jorge Amado ; posfácio de Lêdo Ivo. — 1ª ed. — São Paulo : Companhia das Letras, 2012.

 ISBN 978-85-359-2077-2

 1. Amado, Jorge, 1912-2001 2. Escritores brasileiros - Biografia I. Ivo, Lêdo. II . Título.

12-02473   CDD-869.98

Índice para catálogo sistemático:
1. Escritores brasileiros : Vida e obra : Literatura brasileira   869.98

Diagramação Denise Matsumoto/
Máquina Estúdio
Papel Pólen Soft, Suzano S.A.
Impressão e acabamento Geográfica

[2019]
Todos os direitos desta edição reservados à
EDITORA SCHWARCZ S.A.
Rua Bandeira Paulista, 702, cj. 32
04532-002 — São Paulo — SP
Telefone: (11) 3707 3500
www.companhiadasletras.com.br
www.blogdacompanhia.com.br
facebook.com/companhiadasletras
instagram.com/companhiadasletras
twitter.com/cialetras

Para Zélia,
namorada e cúmplice

Para meus filhos João Jorge,
Paloma, Pedro e Rízia

Para Nicole Zand,
José Carlos de Vasconcelos
e Otto Lara Resende

Digo não quando dizem sim em coro uníssono.
Esse meu compromisso.
(J. A. — *Tocaia Grande*, 1984)

Uma história se conta, não se explica.
(J. A. — *O sumiço da santa*, 1988)

Sou um baiano romântico e sensual.
(J. A. — Entrevista a Moacyr Félix, *Paratodos*, 1958)

As notas que compõem esta navegação de cabotagem (ai quão breve a navegação dos curtos anos de vida!), à proporção que me vinham à memória, começaram a ser postas no papel a partir de janeiro de 1986. Zélia e eu nos encontrávamos num quarto de hotel em Nova York, ambos com pneumonia — os dois, parece incrível —, febre alta, ameaça de hospital. Viajáramos a Nova York para participar do Congresso Internacional do Pen Club, não comparecemos a nenhuma sessão, tampouco às festividades, não ouvimos um único discurso, relatório, comunicação, não soubemos dos debates. O que, na opinião de nosso compadre João Ubaldo Ribeiro, também ele convidado e presente ao Congresso, foi a vantagem que tiramos da dupla pneumonia. Vantagem e das boas — afirmou o romancista ao nos visitar.

De logo quero avisar que não assumo qualquer responsabilidade pela precisão das datas, sempre fui ruim para as datas, elas me perseguem desde os tempos de colégio interno. Estudante de história, interessado nas figuras e nos feitos, esquecia as datas e eram as datas que os professores exigiam. A referência a ano e a local destina-se apenas a situar no tempo e no espaço o acontecido, a recordação. Quanto aos apontamentos não datados, traduzem a experiência adquirida no correr dos anos: sentimentos, emoções, conjecturas. Se alguém desejar as lembranças da infância do autor deve recorrer a um texto datado de 1980, publicado em livro sob o título de O menino grapiúna. Nesta navegação de cabotagem nomes de mulheres foram, por um motivo ou outro, substituídos pelo nome único de Maria, nenhum mais belo: Maria cada uma, todas elas, passageiras embarcadas nas escalas, sombras fugidias no cais do porto, de porto em porto, ciranda do velho marinheiro.

Tinha eu seis anos de idade ao término da Primeira Grande Guerra, a de

1914-1918, quando do impacto da Revolução de Outubro, do estabelecimento do Congresso dos Sovietes em nome dos trabalhadores, chego aos oitenta anos quando o mundo nascido de duas guerras mundiais e da revolução socialista se esboroa e nas ruas se discute e se planeja uma nova carta geográfica e política, quando o impossível acontece, ruem muros, nações, impérios. Fragmentos do Muro de Berlim são vendidos como brinde por espertos negociantes norte-americanos.

Teorias, ideologias — teorias ditas científicas, ideologias consideradas de pureza incontestável — que seduziram intelectuais, mobilizaram multidões, massas populares, comandaram lutas, revoltas, guerras em nome da felicidade do homem, dividiram o mundo em dois, um bom, um ruim, se revelam falsas, pérfidas, limitadoras: conduziram à opressão e não à liberdade e à fartura. "Proletários de todos os países, perdoai-nos!", lia-se na faixa conduzida pelos moscovitas na praça Vermelha durante o desfile de um 7 de novembro recente.

O que parecia definitivo se desintegra, deixa simplesmente de existir. A História acontece diante de nós, nos vídeos de televisão, transformações espantosas, mudanças inimagináveis, num ritmo tão rápido, tão absurdamente rápido que um dia vale anos, a semana tem a medida de um século. Só tenho pena de não me restar o tempo necessário para ver em que tudo isso vai dar. Bem que gostaria.

Oitenta anos vividos intensa, ardentemente, de face para a vida, em plenitude. Minha criação romanesca decorre da intimidade, da cumplicidade com o povo. Aprendi com o povo e com a vida, sou um escritor e não um literato, em verdade sou um obá — em língua iorubá da Bahia obá significa ministro, velho, sábio: sábio da sabedoria do povo.

Consciente e contente que assim seja, reúno nesta Navegação de cabotagem lembranças de alguém que teve o privilégio de assistir, e de por vezes participar, de acontecimentos em certa medida consideráveis, de ter conhecido e por vezes privado com figuras determinantes. Publico esses rascunhos pensando que, talvez, quem sabe, poderão dar ideia do como e do porquê. Trata-se, em verdade, da liquidação a preço reduzido do saldo de miudezas de uma vida bem vivida. Deixo de lado o grandioso, o decisivo, o terrível, o tremendo, a dor mais profunda, a alegria infinita, assuntos para memórias de escritor importante, ilustre, fátuo e presunçoso: não vale a pena escrevê-las, não lhes encontro a graça.

Não nasci para famoso nem para ilustre, não me meço com tais medidas, nunca me senti escritor importante, grande homem: apenas escritor e homem. Menino grapiúna, cidadão da cidade pobre da Bahia, onde quer que esteja não passo de simples brasileiro andando na rua, vivendo. Nasci empelicado, a vida foi pródiga para comigo, deu-me mais do que pedi e mereci. Não quero erguer um monumento nem posar para a História cavalgando a glória. Que glória? Puf! Quero apenas contar algumas coisas, umas divertidas, outras melancólicas, iguais à vida. A vida, ai, quão breve navegação de cabotagem!

Moscou, 1952.
OS DESMEMORIADOS

ILYA EHRENBURG E EU CHEGAMOS SILENCIOSOS de uma conversa com figuras gradas nos altos escalões a propósito de nosso amigo Jan Drda,[1] atendendo pedido que ele me fez em Praga de onde venho para receber o Prêmio Internacional Stálin da Paz: o prêmio me credencia. Estamos em janeiro de 1952, vinte graus abaixo de zero, vento gélido varre as ruas de Moscou, emborcamos os cálices de vodca no apartamento da rua Górki, Ilya me diz: "Jorge, somos escritores que jamais poderemos escrever memórias, sabemos demais". No abalo da conversa que acabamos de ter, balanço a cabeça concordando.

Afirmação categórica, não impediu que, alguns anos depois, durante o período de Khruschov, ao se abrir uma brecha no obscurantismo soviético, ao despontar de uma pequena luz no meio das trevas, o autor de *Degelo* publicasse sete tomos de memórias, sete, nada menos: no sétimo Zélia e eu figuramos, simpáticos personagens. E isso não é tudo, pois Irina[2] me contou, em 1988, estar pondo em ordem os papéis do pai com o fim de editar vários volumes de memórias inéditas que ele não conseguiu publicar sequer durante a abertura de Khruschov: Ilya sabia demais.

Durante minha trajetória de escritor e cidadão tive conhecimento de fatos, causas e consequências, sobre os quais prometi guardar segredo, manter reserva. Deles soube devido à circunstância de militar em partido político que se propunha mudar a face da sociedade, agia na clandestinida-

1   Jan Drda, escritor tcheco.
2   Irina Ehrenburg, filha de Ilya.

de, desenvolvendo inclusive ações subversivas. Tantos anos depois de ter deixado de ser militante do Partido Comunista, ainda hoje quando a ideologia marxista-leninista que determinava a atividade do Partido se esvazia e fenece, quando o universo do socialismo real chega a seu triste fim, ainda hoje não me sinto desligado do compromisso assumido de não revelar informações a que tive acesso por ser militante comunista. Mesmo que a inconfidência não mais possua qualquer importância e não traga consequência alguma, mesmo assim não me sinto no direito de alardear o que me foi revelado em confiança. Se por vezes as recordo, sobre tais lembranças não fiz anotações, morrem comigo.

Nova York, 1986.
OS APRESSADOS

DEPOIS DE UMA SEMANA DE CAMA com pneumonia — o que me consolava era ver Zélia no mesmo leito com febre alta, lavada em suor, isto sim é solidariedade! —, desço pela primeira vez ao hall do hotel em Nova York onde me espera um jornalista de *El País*, de Madri.

Inverno rigoroso, o Central Park está gelado, o termômetro acusa quatorze graus negativos, o Congresso Internacional do Pen Club vem de terminar sem que a ele tenhamos comparecido uma vez sequer, o hotel está lotado de congressistas vindos de cerca de quarenta países. Envolto no sobretudo de gola levantada, preocupo-me em passar desapercebido, no desejo de evitar explicações e lamúrias.

Ao sair do elevador, avisto Mario Soldati, que apressado se dirige para a cabine: também ele me viu, tenho certeza. Finjo que não o vejo, ele finge que não me vê, passamos um pelo outro, lado a lado, como se não nos conhecêssemos.

No dia seguinte, sem pressa, descontraídos, sentados nas poltronas do vestíbulo, conversamos *à bâton rompus*, na rua o frio, o vento, a neve. Somos velhos amigos, leitores um do outro, sua narrativa (*Le festin du commandeur*, *L'ami jesuite*) parece-me da melhor ficção contemporânea, ademais Soldati presidiu o júri do Prêmio Internacional Nonino que me foi conferido em 1984. Mais do que um prêmio, uma festa italiana de confraternização e alegria: polenta, cabrito, pasta — o melhor *fetuccini* que já comi —, vinhos e grapa, a grapa Nonino, é claro. Segundo me informou Soldati, com evidente conhecimento de causa, e eu repeti no pequeno discurso que pronunciei e ninguém ouviu, barulho ensurdecedor, a grapa Nonino não contente de ser a melhor do mundo é afrodisíaca.

Tenho horror a hospitais, os frios corredores, as salas de espera, antessalas da morte, mais ainda a cemitérios onde as flores perdem o viço, não há flor bonita em campo-santo. Possuo, no entanto, um cemitério meu, pessoal, eu o construí e inaugurei há alguns anos quando a vida me amadureceu o sentimento. Nele enterro aqueles que matei, ou seja, aqueles que para mim deixaram de existir, morreram: os que um dia tiveram minha estima e a perderam.

Quando um tipo vai além de todas as medidas e de fato me ofende, já com ele não me aborreço, não fico enojado ou furioso, não brigo, não corto relações, não lhe nego o cumprimento. Enterro-o na vala comum de meu cemitério — nele não existem jazigos de família, túmulos individuais, os mortos jazem em cova rasa, na promiscuidade da salafrarice, do mau-caráter. Para mim o fulano morreu, foi enterrado, faça o que faça já não pode me magoar.

Raros enterros — ainda bem! — de um pérfido, de um perjuro, de um desleal, de alguém que faltou à amizade, traiu o amor, foi por demais interesseiro, falso, hipócrita, arrogante — a impostura e a presunção me ofendem fácil. No pequeno e feio cemitério, sem flores, sem lágrimas, sem um pingo de saudade, apodrecem uns tantos sujeitos, umas poucas mulheres, uns e outros varri da memória, retirei da vida.

Encontro na rua um desses fantasmas, paro a conversar, escuto, correspondo às frases, às saudações, aos elogios, aceito o abraço, o beijo fraterno de Judas. Sigo adiante, o tipo pensa que mais uma vez me enganou, mal sabe ele que está morto e enterrado.

Paris, 1949.
EDUCAÇÃO SENTIMENTAL

JOÃO JORGE CHEGOU A PARIS COM QUATRO MESES de idade, em língua francesa aprendeu a balbuciar as primeiras palavras, por muitos anos conservou o acento, o erre carregado.

Vasco Prado vinha buscá-lo no hotel, colocava-o no colo, atrás do guidom, lá se ia João na bicicleta do escultor pelas ruas de Paris na primavera: adorava Vasco e a bicicleta.

Adorava também um *zazou*,[1] namorado de *la bonne* alsaciana que se

---

1 *Zazou* — jovem que se distinguia pela paixão pelo jazz e pelos trajes excêntricos, em Paris do pós-guerra.

ocupava dele enquanto Zélia estava nas aulas da Sorbonne ou em tarefas do Partido. No Jardim de Luxemburgo, *bonne* e *zazou* se encontravam, saíam empurrando o carrinho polonês, de madeira: João, nele sentado, os olhos vivos, aprendia a geografia da Rive Gauche.

Não apenas a geografia, pois o passeio se interrompia no *sixième* diante do prédio onde o *zazou* habitava pequeno quarto. O carrinho posto ao lado da cama de solteiro, sob os olhos vivíssimos do menino, o casal percorria os largos caminhos, as estreitas vielas da fornicação, em grande estilo, ao estilo dos existencialistas contestatários da sociedade burguesa. O *zazou* jurava por Sartre, a alsaciana suspirava em alemão, João Jorge aprendia.

Paris, 1991.
FUGA

FUGI DO BRASIL NO MÊS DE AGOSTO PARA NÃO ver Mirabeau Sampaio[1] andar para a morte, sorrindo, a reviver, no adormecimento a que está reduzido, as histórias que amava contar, repetindo-as a qualquer pretexto ou sem pretexto algum, relembrando, emocionando-se, exaltando-se: suma de minha frente senão te mato, seu filho da puta! Quase podemos acompanhar nos sorrisos, nos esgares, nos estremecimentos, os lances da narrativa que nos é familiar, a Carybé e a mim. Das visitas que lhe fazemos, saímos com os olhos úmidos, Zélia em lágrimas. Vou-me embora, não aguento mais, boto distância, deixo a morte do outro lado do oceano.

Mirabeau, o mais antigo dos meus companheiros de aventura, somos amigos desde o ano de 1923, das aulas do sábio padre Torrend, do bronco padre Faria no Colégio Antônio Vieira. Mirabeau ganhava todas as medalhas na festa de fim de ano, as que sobravam iam para Antônio Balbino[2] ou para Antônio Vieira de Melo,[3] no segundo ano ganhei uma, em catecismo, inexplicável engano. Pela vida afora andamos juntos durante quase setenta anos, o que nós fizemos só Deus sabe, se é que sabe.

Certa feita, aí por 1935, em frente ao Tabaris de onde saímos tresnoitados, bêbados, Mirabeau, exibindo um revólver, propôs-me assassinarmos naquela mesma noite o chefe baiano da Ação Integralista, não tenho ideia de quem seria. Deu-nos trabalho, a mim e a Edgard, desarmá-lo, fazê-lo desistir do projeto político.

---

1 José Mirabeau Sampaio, escultor e pintor.
2 Antônio Balbino, político, governador da Bahia de 1955 a 1959.
3 Antônio Vieira de Melo, jornalista.

Edgard Rogaciano Ferreira foi seu chofer desde os tempos da rica e tresloucada juventude: o jogo, o tango, a bebida, as argentinas, os carros esporte, as baratinhas, os cabriolés, os primeiros da Bahia. Permaneceu seu chofer inclusive durante os dez anos em que Mirabeau não teve automóvel, cuidava dele como se cuida de um filho ou de um pai, anjo da guarda a protegê-lo nas noites de boemia.

Estendido na cama, Mirabeau nos fita, a Carybé e a mim postados diante dele a dizer tolices, a recordar Raquel Puccio e outras portenhas, fantasmas do passado, a repetir quem somos para ver se nos reconhece e se de novo nos reunimos a conversar e a rir, será que nos enxerga? De pronto sorri como se nos identificasse, mas permanece mudo e logo volta a ensimesmar-se.

Carybé escreve-me da Bahia: "Mirabeau vivo e no além". Perseguido pela morte, busco escapar, perdê-la na distância — tão difícil.

Milão, 1949.
IL PIU NOTO

DIANTE DA VITRINE DE UMA LIVRARIA, NA GRANDE GALERIA no centro de Milão, Zélia, alvoroçada, aponta para um livro: "Olhe!". Vejo um exemplar da edição de *Terras do sem-fim*,[1] meu primeiro livro traduzido em italiano, a capa atraente reproduz cerâmica de Picasso.

— Veja o cartaz! — Zélia, assanhadíssima.

O cartaz não é propriamente um cartaz, apenas um cartão retangular ao pé do volume, informando sobre o autor: "*Il piu noto scrittore brasiliano*". Zélia lê em voz alta, repete: "*Il piu noto*". Vamos adiante, repletos.

Logo adiante, outra livraria, paramos em frente à vitrine em busca de *Terras*. Em vez, deparamos com a tradução de um livro de Erico Verissimo, *Olhai os lírios do campo*, se bem me recordo. Ao pé do exemplar um cartaz, ou seja, um retângulo de cartão, a informação sobre o autor: "*Il piu noto scrittore brasiliano*".

Rimos, Zélia e eu, desinflamos. No quiosque da esquina compro um cartão-postal e os selos competentes e o endereço para Erico em Porto Alegre, conto-lhe o ocorrido: "Durante cinco minutos e vinte metros fui 'il piu noto', passei-te a faixa".

---

[1] *Terre del finemondo*, Bompiani, Milão.

Rio de Janeiro, 1977.
AMOR

O ENFERMEIRO EMPURRA O VEÍCULO (como se chama? não sei) que transporta Glória Machado do quarto da Casa de Saúde Doutor Eiras para a sala de cirurgia onde Paulo Niemeyer vai operá-la do cérebro. Glória se despede do marido Alfredo, dos filhos, de Zélia e de mim que viemos visitá-la, sendo cardíaca teme não voltar.

Tamanho homem, tão seguro de si, inabalável, inflexível, empedernido, Alfredo Machado[1] se entrega, chora que nem uma criança.

São Paulo, 1945.
O DESAFIO

QUANDO, DURANTE O PRIMEIRO CONGRESSO DE Escritores Brasileiros, reunido em São Paulo nos inícios de 1945, me apaixonei por Zélia, comuniquei ao poeta Paulo Mendes de Almeida, meu amigo e amigo dela, apontando-a entre as muitas senhoras e moças que acorriam às sessões, umas poucas para acompanhar os debates, a maioria para namorar:

— Aquela ali vai ser minha mulher.

Paulo riu na minha cara:

— Aquela qual? Zélia? Jamais, não é mulher para teu bico. Mulher honesta, meu velho, não é dessas que andam por aí dando a uns e a outros, essas que você...

Naquele tempo, solteiro após ter-me separado de Matilde,[2] eu rosetava de leito em leito: mulheres em abundância, tantas, eu quase não dava abasto, sobravam da agenda em grande parte ocupada pela atividade política. Tendo brigado comigo, Oswald de Andrade, de súbito pudico, me intitulou de "Rasputin da Linha Justa" na primeira página de um quotidiano paulista. "Linha Justa", referência ao discutido projeto de restauração democrática do Partido Comunista que passava pelo apoio a Getúlio Vargas, Rasputin nem tanto, exagero de Oswald: eu apenas descansava das lides políticas no regaço de casadas e solteiras (Maria Quatrocentona chegou donzela) mas, ao conhecer Zélia, arriei bandeira e pedi paz.

— Não é o que você está pensando, Paulo. Falo de vivermos juntos, dela ser minha companheira, esposa se você faz questão da palavra.

---
1 Alfredo da Cruz Machado, editor.
2 Matilde Garcia Rosa, primeira mulher de Jorge Amado.

— Zélia? Você está maluco? Conheço Zélia, você não a conhece. Mulher direita está ali, não há duas. Não perca seu tempo, desista.

Coisa parecida me disse o pintor Clóvis Graciano, também amigo meu e dela:

— Zélia? Ela é casada e séria, você não sabe? Nem pense, tire da cabeça.

Não desisti, não tirei da cabeça, estava me roendo de paixão, fiz o que o diabo duvida, não deu outra, em julho Zélia veio morar comigo. Não vai durar seis meses, agouraram, dura até hoje.

São Paulo, 1945.
FOFOCA

FORAM DIZER A DONA ANGELINA, MÃE DE ZÉLIA, que a filha dela tinha largado o marido para ir viver com o escritor Monteiro Lobato. Dona Angelina, coitada, endoidou.

Bahia, outubro de 1989.
CAMPANHA ELEITORAL

SENTADO NA VELHÍSSIMA (E ARRUINADA) CADEIRA DO PAPAI, tão feia quanto cômoda, acompanho na televisão o desenrolar da campanha eleitoral, ouço os diversos candidatos à Presidência da República e seus sequazes. Espio com um olho só, o direito, estou caolho: a pálpebra esquerda tombou há duas semanas em Moscou, tanto o meu coração se confrangeu com a situação do Império e dos povos soviéticos — não havia pão nas padarias e meus amigos, importantes dignitários ou gente simples, previam hipóteses sinistras, guerra civil ou golpe de Estado com a volta da repressão — sucedera na China —, o retorno ao obscurantismo. Conversas inimagináveis ainda há um ano, quando eu ali estivera na comitiva de Sarney e encontrara ainda uns restos de esperança e de entusiasmo, apesar das dificuldades econômicas.

Vejo com um olho só, mas escuto com os dois ouvidos e não quero acreditar no que ouço, tão asquerosa e virulenta é a baixaria na disputa dos votos, tão pobres, indigentes, os discursos dos candidatos, todos eles. O melhorzinho, por evitar a demagogia e os insultos, ainda é — quem o diria! — o do candidato do Partido Comunista Brasileiro, o jovem deputado Roberto Freire, ao menos propõe uma reflexão sobre o Brasil. Não chegará a lugar nenhum, se bem obtenha certo sucesso de estima — terá votação pequena, não tanto por ser comunista, sobretudo por ter se declarado ateu.

Atento, acompanho nos vídeos a trajetória de Lula, candidato do poderoso Partido dos Trabalhadores, cuja fundação durante o regime militar tanto me alvoroçou. Não conheço Lula pessoalmente, dele falam-me bem e acredito. Parece-me homem direito, hoje coisa rara, sua atuação de dirigente sindical nas greves dos metalúrgicos, durante a ditadura, foi exemplar. O alarmante sectarismo de seu discurso eleitoral, ao que tudo indica, não é inerente à sua personalidade, decorre da própria campanha, influência talvez dos ideólogos do PCDOB que a dirigem e orientam. Discurso de um atraso pasmoso, como é possível imaginá-lo diante dos acontecimentos do Leste Europeu, ao fim de uma época, quando ruem teorias e Estados, se desmorona o socialismo real, se assiste ao funeral da ditadura do proletariado? Discurso classista, aponta exatamente para a ditadura do proletariado: tão antigo e superado, dá pena.

Chamo a atenção de Zélia para o fato de que jamais, no decorrer dos dois programas diários de propaganda eleitoral, em nenhum momento o candidato do PT pronunciou a palavra povo, nem ao povo se dirigiu. Fala em nome da classe operária e a ela se dirige, amanhã no poder será a ditadura em nome dos trabalhadores, em nome do socialismo. Zélia não se altera, mantém íntegro seu entusiasmo cívico, trauteia, em resposta, o belo jingle de Chico Buarque: "Lula-lá". Eu lhe digo, para atazaná-la:

— O discurso de Lula parece escrito em Tirana pela viúva de Enver Hoxha.[1]

Dou-me conta de que estou dizendo a pura verdade.

Do ponto de vista do autor, as boas traduções de seus livros são aquelas que ele não pode ler, em meu caso a imensa maioria. Negação que sou para línguas, a começar pelo português — escrevo em baianês, língua decente, afro-latina — só posso ler em francês e em espanhol, em italiano com dificuldade, dicionário à mão, e acabou-se o que era doce.

Quando se pode ler a tradução, por melhor que seja o tradutor — tenho tido excelentes, capazes, devotados —, existe sempre o detalhe, por vezes mínimo, que choca, agride, dói: onde foi parar a marca sutil do personagem, o ângulo de visão do acontecido, as nuances da emoção, o peso exato de uma palavra? Imagine-se a dor no coração ao ver xoxota ou xibiu, doces designa-

---

[1] Hoxha, ditador albanês de 1945 a 1985.

ções da boca do mundo, traduzidas por "sexo de mulher" ou "vulva", bunda virando "nalgas". "Nalgas", uma bunda de mulata que se preza? Jamais!

As traduções em chinês que beleza! Não por acaso a arte maior da China é a escrita dos ideogramas. Em árabe, tirante o fato de jamais ter recebido uma dracma, um dinar de direitos autorais — ainda há dois meses comprei nas livrarias de Tânger cinco livros meus vertidos para o árabe, edições libanesas e piratas, as cinco — também me enchem as medidas. O mesmo digo daquelas impressas em caracteres hebreus, em letras georgianas, gregas ou armênias, signos japoneses, o alfabeto cirílico também serve. Mesmo compostas em alfabeto latino, as traduções são ótimas, nada a criticar, quando em vietnamita, em norueguês, em turco, em islandês, só me dão alegria, mesmo quando não me dão direitos autorais. Tenho livros em línguas estranhas, do coreano ao turcomeno, do tailandês ao macedônio, do albanês ao persa e ao mongol. Outro dia recebi do Paraguai exemplar da tradução em guarani da história do Gato malhado e da Andorinha Sinhá, o título me encanta: Karai Mbarakaja, que quererá dizer? Rio sozinho, ufano, mas as plumas da vaidade não tardam em cair ao dar-me conta que com certeza sou melhor escritor em guarani do que em português.

Rio de Janeiro, 1957.
LE CONNAISSEUR

EM VIAS DE SEPARAR-SE, O CASAL RECONCILIA-SE PARA, a meu pedido, hospedar Pablo Neruda, honra insigne. Desejo proporcionar ao poeta tudo a que tem direito nessa visita ao Rio, acompanhado de Matilde, sua nova esposa. Mobilizo amigos e admiradores: admiradores numerosos, fanáticos, acorrem à redação do Paratodos. Puxando a fila Neném Lampreia que ali e então conheceu Moacir Werneck de Castro: mútua paixão devoradora, imperativa.

O apartamento, mistura de conforto e de bom gosto, em Ipanema, Matilde deslumbrou-se com a praia, o casal, uma simpatia. A esposa loira e lânguida, malfalada, em geral em estado de semiembriaguês quando não total, ardente devoradora de homens: foi rica herdeira de nobres latifundiários, cafezais sem fim, está pobre de marré marré. O marido, bom moço, corno manso e prazenteiro, ao casar-se dera o golpe do baú, esvaziou o baú com competência e chifres. Pablo, hóspede habitual — viajante sem pouso, bardo sem verba de hotel — encontrou na extensa romaria pelo mundo acolhimento e mimo em castelos e mansões de estadistas e de milionários, mordomias principescas, nenhuma mais calorosa e cordial do que a do jovem casal do Rio de Janeiro.

Andavam a doidivanas e o marido em maré baixa, dinheiro escasso, gastaram o que tinham e o que não tinham, pediram emprestado para abastecer a adega com os vinhos chilenos da predileção de Pablo, para fornir a despensa com acepipes refinados, caviar, patês, trufas, salmão defumado, carestias para o paladar fino do poeta. Pablo encantadíssimo com os hospedeiros e a hospedagem: "Preciosos, compadre!".

Conversa vai, conversa vem, Pablo ficou sabendo que a dona da casa possuía em comum com os irmãos o que sobrara do latifúndio herdado com a morte dos pais: resto de terra improdutiva, capoeira brava, permanecia de pé a casa-grande de arquitetura colonial, merecedora de tombamento pelo Patrimônio Histórico e Artístico, coisa de ver-se e de gozar-se, Neruda mostrou-se interessado em ver e em gozar, o casal decidiu promover um fim de semana nas ruínas da fazenda. Em nosso automóvel não cabíamos todos, convocou-se matrimônio amigo, dono de um Mercedes. Lá fomos nós, Zélia e eu, na comitiva, éramos oito contando com os donos da casa: o dinheiro parco não lhes permitira número maior de convidados, Pablo sugerira Vinicius de Moraes, não deu. A loira e o marido reuniram o que restava de vinho chileno, de patê, de salmão defumado — o caviar e as trufas já tinham se acabado —, juntaram as sobras, rumamos para a serra, a propriedade situava-se a alguns quilômetros de Miguel Pereira.

Casa patriarcal de senhores de escravos, pomar em decadência, patos e galinhas ciscando nos destroços da senzala, a tranquilidade, a paz, o ócio, eis-nos parados no tempo, nos dias de ontem, doce fim de semana regado a vinho andino das melhores safras.

O vinho chileno e o refinado de-comer terminaram exatamente no jantar de domingo, na mesma noite devíamos regressar ao Rio. Devíamos mas não regressamos, pois Pablo, regalado, decidiu permanecer ao menos mais dois dias na fazenda: "*Nos quedaremos hasta el miercolis*", decretou. A dona da casa, um pouco ébria como sempre, aplaudiu a decisão com entusiasmo, para comemorá-la esvaziou a última garrafa do tinto chileno, "*un terciopelo*" na poética classificação do hóspede famoso.

O marido pôs as mãos na cabeça. "Que fazer?" No vão de uma janela aberta sobre a noite desabafou comigo, sentia-se humilhado. Alimentar os convidados não era problema de monta, sacrificariam uns patos, umas galinhas, o criador, irmão da dona da casa, que se danasse. O vinho chileno, porém, não havia onde obtê-lo e se houvesse cadê dinheiro para pagá-lo? Tamanho desespero me afetou, entrei em cena: não se aflija pelo vinho.

Segunda-feira cedo, os convidados ainda dormiam, recolhemos, ele e eu, as garrafas vazias, de brancos e de tintos, os chilenos mais nobres e mais caros, enchemos um saco, metemos no carro e lá fomos, o marido e eu, para Miguel Pereira. Num armazém de secos e molhados adquiri — fiz questão de pagar, não era muito dinheiro — vinhos nacionais de marcas mais ou menos semelhantes, com a ajuda do balconista ali mesmo baldeamos os nacionais para as garrafas vazias dos chilenos, arrolhamos bem arrolhadas, de volta à casa-grande os brancos postos a gelar no refrigerador, os tintos à vista na garrafeira.

Pouco afeito aos vinhos rio-grandenses, naquele então muito deixavam a desejar, declarei-me indisposto da barriga, abstive-me. Garrafa por garrafa, o vinho foi bebido todo ele, entre exclamações patrióticas do poeta ao degustá-lo — "não há vinho que se compare ao chileno, o francês tem mais fama, mas não é o melhor" —, discursava Pablo, *connaisseur*. Acompanhado pela dona da casa no copo e nas exclamações, nos elogios à *vendange* andina: tirante o uísque, ela não era *connaisseuse*.

Pequim, 1987.
SINGULARIDADE

EM PEQUIM, FAN WEIXIN, TRADUTOR para o chinês de livros de língua portuguesa, de brasileiros traduziu José de Alencar e Herberto Salles, traz-me exemplar de tradução de *Dona Flor e seus dois maridos*, edição modesta porém decente, Fan está contente com a repercussão do romance da moça baiana.

Folheio o volume, relembro cenas de amor, dona Flor e Vadinho, os dois na cama, a rosa-chá e a pimenta malagueta, desconfiado pergunto a Fan Weixin:

— Como traduziste as patifarias de Vadinho?

Os lábios do tradutor abrem-se num sorriso malandro, quase brasileiro:

— Ao pé da letra.

No fim desse mesmo ano hospedamos na casa do Rio Vermelho um jovem casal de amigos chineses. Ele é Ho-Ping, filho de Eva e Emi Siao (Siao Sam), Eva fotógrafa alemã, Emi um dos poetas mais famosos da China, foi íntimo amigo de Maiakóvski, deputado, biógrafo de Mao, durante vários anos representante da China no secretariado do Conselho Mundial da Paz, na Tchecoslováquia. Ho-Ping, dito Pupsik, nasceu em Praga, alguns meses antes de Paloma: pais bobocas, inventávamos no Castelo dos Escritores[1] fu-

---

1 Castelo de Dobris, perto de Praga, onde Jorge Amado viveu com a família entre 1950 e 1952.

turo noivado entre os dois infantes. Eva e Emi regressaram à China, gramaram dezesseis anos de prisão durante a mal denominada Revolução Cultural, Emi saiu da cadeia muito enfermo, logo faleceu.

Ela é Ting-Li, esposa de Ho-Ping, filha de Liu Chao Shi, que foi presidente da República Popular da China, secretário-geral do Partido Comunista, liquidado politicamente e assassinado durante os anos infelizes do domínio da Bando dos Quatro — os assassinos inventaram que Liu Chao Shi morrera num desastre de avião.

Jovem casal encantador, trocam pernas nas ruas da Bahia, adoram a cidade, o casario, a culinária, os mercados, o povo alegre e cordial. Nos intervalos dos passeios, no jardim da casa do Rio Vermelho, Ting-Li lê *Dona Flor e seus dois maridos* em chinês e em inglês. Pergunto-lhe o que acha das duas traduções. Pensa um pouco, responde:

— Ambas são boas, gostei das duas. Em inglês a história é mais picante, em chinês é mais romântica. Para você ter uma ideia da singularidade de cada uma: em chinês dona Flor chama Vadinho de volta com o coração, em inglês ela o chama com aquilo que tem debaixo das calcinhas.

— E como se diz em chinês aquilo que ela tem debaixo das calcinhas?

Ting-Li sorri, encabulada, pronuncia uma palavra, soou-me linda, um trino de pássaro, me esqueci, que pena.

Bahia, 1988.
OS SAPOS

O SAPO ENORME, DE CERÂMICA, ABANDONADO no jardim da casa de Carybé, exposto à chuva, coberto de limo. Os donos da casa não estão, não posso perder a viagem, grito por Aurélio,[1] transportamos o sapo para o carro. Aurélio chama minha atenção para detalhe precioso: o grande sapo carrega nas costas um filhote pequenino, lindo.

Colocado no parapeito do janelão da sala de jantar, sobre os azulejos de Carybé, as armas de Oxóssi e as de Oxum, o sapão assumiu a presidência da confraria de sapos que se espalha nos jardins, sob a piscina, ao lado da varanda, em cima dos móveis, nas estantes, em todas as partes da casa, pois o sapo é o meu bicho. Sapos de todos os feitios, esculpidos nas matérias mais diversas — cerâmica, pedra-sabão, papel machê, ferro, acrílico, vindos dos quatro cantos do mundo: do México, da Tailândia, da Inglaterra, do Peru, de Ouro

---

1 Aurélio Sodré, motorista de Jorge Amado.

Preto, do Camboja, de Portugal, da China e por aí vai. Até hoje Carybé não se deu conta do roubo, espero que jamais o descubra.

Logo que viemos morar na Bahia, durante meses e meses um sapo-cururu habitou no jardim, numa espécie de tanque ali existente. Também ele enorme, quase do tamanho do que roubei de Carybé, desmedido. Só que o de Carybé é de barro, o nosso era vivo e nos dias de muita chuva abrigava-se na varanda onde cantava sua alegria de viver.

Carybé morria de inveja de nosso sapo-cururu, a cobiça transparecia-lhe no rosto ao ver Zélia coçar as costas do bicho que inflava de contentamento. Zélia gravou-lhe o coaxar poderoso num pequeno aparelho portátil que levamos escondido à casa de Carybé em dia de chuva. Conversávamos no atelier, Nancy servia gostosuras, bebíamos um trago, Zélia achou maneira de colocar o gravador em funcionamento no interior da bolsa semiaberta, o canto do sapo-cururu ressoou, os olhos de Carybé se iluminaram:

— Tão ouvindo? Tem um cururu vivendo no jardim...

Precipitou-se escada abaixo, sob a chuva, até hoje procura seu sapo-cururu.

Rio, Paris, 1991.
A ESTÁTUA

UTILIZO PELA PRIMEIRA VEZ O DIREITO QUE me cabe, na qualidade de premiado, de indicar candidato ao Prêmio Internacional Lênin, indico o nome do compositor (e escritor) Chico Buarque de Holanda.

Do Rio, de onde me dirijo ao júri, escrevo a Chico que está em Paris comunicando-lhe ter levado seu nome à consideração dos jurados do prêmio Lênin. Quais serão esses juízes, quem o presidente? Não tenho a mais mínima ideia. Naquele tempo antigo, presidia o júri o presidente da Academia de Ciências da União Soviética, os vice-presidentes eram o sábio chinês Kuo Mo-jo e o poeta francês Louis Aragon, dele faziam parte, entre outros, Anna Seghers, Ilya Ehrenburg, Pablo Neruda, Aleksandr Fadéiev, hoje todos mortos. Membro do Comitê Central do PCUS [Partido Comunista da União Soviética], Fadéiev era o mandachuva.

Ao chegar a Paris encontro na secretária eletrônica recado de Chico, pergunta-me como se chamará o prêmio Lênin em dezembro, data em que deve ser concedido: "Prêmio Petrogrado, prêmio São Petersburgo?".

Acabo de ver, na televisão, a estátua de Lênin sendo derrubada do pedestal, em Vilna, na Lituânia. Em Moscou passaram-lhe a corda no pescoço, não a derrubaram porque o buldôzer não chegou a tempo, a estátua é enorme, pesada demais para mãos nuas, mesmo raivosas. Leningrado voltou a ser São Petersburgo, creio que não mais haverá prêmio coisíssima nenhuma: a outrora imensa consagração que começou sendo prêmio Stálin que eu e Oscar Niemeyer recebemos... quando? No século passado? Nem prêmio Lênin, tampouco prêmio São Petersburgo, cheguei atrasado pois o comboio da História some na distância em velocidade maior que a da luz. Com a corda no pescoço, vacilo sob o peso da estátua em meu cangote, digo a Zélia:

— O prêmio do Chico foi para a cucuia.

São Paulo, 1945.
CONGRESSO DE ESCRITORES

O PRIMEIRO CONGRESSO DE ESCRITORES BRASILEIROS, convocado pela recém-formada Associação Brasileira de Escritores (ABDE), reunido no Teatro Municipal de São Paulo, ultrapassou de muito os limites de festivo convescote literário para ganhar foros de acontecimento histórico, marco na luta contra a ditadura do Estado Novo ainda no poder mas já abalada nos seus fundamentos pelas derrotas militares de Hitler.

Fui despachado da Bahia para São Paulo pelo pecê com a tarefa de colaborar na organização do conclave, tentar impor-lhe a linha política dos comunistas. A chamada "linha justa" daqueles que estavam de acordo com a direção partidária saída do Congresso da Mantiqueira, pois muitos dela discordavam e só vieram acolher-se ao redil quando receberam ordens expressas de Prestes, ainda preso mas já mandando e desmandando.

Presidi a delegação da seção baiana da ABDE (Homero Pires, Odorico Tavares, Dias da Costa, Alberto Passos Guimarães, James Amado, Edison Carneiro, Jacinta Passos, Vasconcelos Maia, entre outros) e fui um dos vice-presidentes do Congresso. O presidente foi o contista Aníbal Machado, escritor respeitado e bem-visto, considerado equidistante das duas correntes maiores que se debateram no plenário e nos bastidores: a democrática e a comunista.

Da primeira, constituída por liberais, democratas cristãos e sociais-democratas, pode-se dizer ter sido o germe da UDN, partido político de atuação posterior bastante dúbia, e da Esquerda Democrática (depois Partido Socialista). Apoiada por comunistas não alinhados (Caio Prado Júnior, Mário Schenberg que, aliás, não tardaram a se alinhar), obedecia à batuta de

Carlos Lacerda. Carlos rompera com o pecê em 1942, iniciava o percurso político que o levaria, em tempo relativamente curto, ao governo do estado da Guanabara e à chefia civil do golpe militar de 1964. A segunda reunia os comunistas ortodoxos, menos numerosos, porém ativos, atuantes. Entre eles Dionélio Machado, Dalcídio Jurandir, Moacir Werneck de Castro, Barão de Itararé (Aparício Torelly), Raul Riff, Alina Paim. Membro do Bureau Político do Partido, Pedro Pomar deslocara-se para São Paulo com o fim de nos orientar, impedir vacilações e desvios. Eu mantinha contato diário com ele em encontros clandestinos nos quais lhe transmitia informações e ele me dava diretrizes, ditava ordens.

Levadas pela habilidade e pela cortesia de Aníbal Machado, as duas correntes chegaram a um acordo para a redação do documento final, a declaração solene dos escritores brasileiros. Pela primeira vez, no manifesto resultante do Congresso, condenou-se a ditadura do Estado Novo sem no entanto mencionar a pessoa do ditador, Getúlio Vargas, na ocasião nosso aliado, dos comunas. Na sessão de encerramento, Oswald de Andrade, furando o acordo estabelecido sobre número e nomes dos oradores, tomou da palavra e propôs a candidatura do brigadeiro Eduardo Gomes para a Presidência da República, foi o delírio.

Fora das sessões plenárias e das comissões era a festa e que festa! Ininterrupta, delirante, as rédeas soltas. Coquetéis — recordo animadíssimo coquetel em casa de Nelson Palma Travassos, cronista bem-humorado, dono da Empresa Gráfica de Revista dos Tribunais, anfitrião rico e amável, onde reparei em Zélia pela primeira vez —, festinhas, danças improvisadas, bate-coxas animados, comilanças, beberanças e, acima de tudo, a boa fodilhança: como se fodeu nesse Congresso, inimaginável! Vinicius de Moraes, galã de cinema, ia de mão em mão, melhor dito de xoxota em xoxota. Tampouco posso me queixar.

Rio de Janeiro, 1947.
DÚVIDA

DATAS, QUEM AS RECORDA? Sou ruim de datas, não me canso de dizer. Cada um dos apontamentos que venho redigindo significa pergunta aos familiares: lembram-se desse fato? Lembram-se de todos, se bem cada qual o rememore à sua maneira. Em que data se passou? Ninguém sabe dizer com precisão e se escuto de alguém afirmação peremptória é quase certo que comete erro.

No caso do livro de memórias de Nicolás Guillén, o poeta confundiu data e local, esqueceu fatos e detalhes, pois escreve que nos conhecemos na Paris de 1949, quando nosso primeiro encontro se deu no Rio de Janeiro em 1947. Não se lembrou do recital de poemas na ABI, eu o apresentei ao público, exatamente no dia e na hora em que João Jorge nascia. Foi de Nicolás a primeira visita que a recém-parida Zélia recebeu no hospital em Copacabana. Dito o último poema, "*mi pátria es dulce por fuera y muy amarga por dentro*", cessadas as palmas do auditório, atirei-me num táxi, na pressa de ver mulher e filho, Nicolás me acompanhou.

O poeta cubano esteve no Brasil diversas vezes, antes e depois da revolução fidelista, presença sempre marcante, irradiava simpatia. Sua poesia, de acento negro e contestatário, *Canción de cuña para despertar un negrito*, conquistara vasta audiência brasileira, e o mulato risonho, de melenas cuidadas, bom de galanteio, conquistava corações femininos. Maria Ninfomaníaca o recomendava às amigas idem-idem: "Não percam, um fodão!". A propaganda sendo a base do negócio, a freguesia aumentava, Nicolás sempre bem acompanhado. De natural vaidoso, considerava cada aventura, mesmo breve, um caso de amor:

— Maria dos Anzóis Carapuça está apaixonada por mim, compadre. Desesperadamente! — Habituado, considerava o fato normal, mas uma dúvida o perturbava. — Será que ela me ama, a mim, o homem, Nicolás, ou será que se entrega devido aos poemas de Guillén? Que pensas, compadre? — Dúvida atroz, exigia a verdade: a verdade, compadre, diga-me!

Minha resposta foi sempre idêntica, no Rio, em Paris, em Praga, em Moscou, em Havana, praças onde o vi às voltas com loiras loiríssimas, as preferidas se bem não exclusivas: Rosa é mulata, das Antilhas, "Rosa, tu melancólica...", seu amor da vida inteira:

— Apaixonada por ti e por teus poemas, compadre, ama o homem e o poeta, os dois num só, Nicolás Guillén.

Nicolás sorria em concordância, passava o pente nas melenas, contente da vida, não era outra sua opinião. Mas em seguida nova dúvida se impunha, a consumi-lo:

— E se os poemas não existissem, tu pensas, compadre, que ela me amaria? Sem os poemas, ainda assim, me amaria?

Nice, 1990.
O TRISTE FIM

DO CARNAVAL DE NICE ENDEREÇO cartão-postal a Paulo Loureiro[1] no Recife. Durante anos companheiros no Partido Comunista, parceiros na mesa de pôquer com Carlos Pena Filho[2] e Ruy Antunes,[3] anfitrião sem igual na praia deslumbrante, gozador e solidário, amigo de toda a vida, Paulo e eu nos tratamos de velhos bolcheviques, irreversíveis — juntos rimos da tolice e da fanfarronada: "Presido o Júri do Carnaval dos Carnavais, meu Paulo, triste fim de um velho bolchevique".

Bahia, 1964.
GOLPE DE ESTADO

DESPERTO COM A NOTÍCIA, nem por esperada menos infeliz: os gorilas tomaram das armas, depuseram o governo de João Goulart. Na véspera, em conversa com Luiza e Jenner Augusto,[4] eu previra o golpe para daí a quinze, vinte dias.

Os telefonemas se sucedem, sabemos de prisões, casas invadidas, estamos preparados, Zélia e eu, para o que der e vier, quem veio foi Wilson Lins, ideólogo dos milicos. Ao ouvir o anúncio do nome do visitante, Zélia se arma em guerra, comento para arrefecer-lhe o ânimo: Wilson vem nos ver porque é nosso amigo. Poderia acrescentar: o amigo que jamais me faltou, nos momentos mais difíceis sempre presente e solidário.

Conversamos literatura e outras baboseiras, como se os acontecimentos não tivessem acontecido. Ao despedir-se, Wilson recomenda: qualquer coisa me telefonem em seguida, se eu não estiver Anita saberá onde me encontrar. Wilson Lins: nunca falhou.

Ao fim da tarde vou com Antônio Celestino[5] a uma exposição de pintura na Galeria Renot, os óleos de Henrique Oswald recriam as igrejas da Bahia num fundo de mistério, Celestino compra um quadro, compro outro. Gastar dinheiro numa hora dessas, incerta, não será loucura? Não vou concorrer para que os milicos restrinjam minha vida, não modificarei meus hábitos. Penduro a igreja de Henrique Oswald no quarto de dormir.

1 Paulo Loureiro, químico, professor universitário.
2 Carlos Pena Filho, poeta.
3 Ruy Antunes, advogado, professor universitário.
4 Jenner Augusto, pintor.
5 Antônio Celestino, crítico de arte e bancário, português.

Maceió, 1933.
VISITA

EM MEADOS DE 1933 EMBARQUEI NUM PAQUETE do Lloyd Brasileiro, do tamanho de uma caixa de fósforos, o *Conde de Baependi*, arribando do porto do Rio de Janeiro para o porto fluvial da cidade de Penedo, no rio São Francisco, no então distante estado de Alagoas. Levava-me o objetivo único de conhecer pessoalmente o romancista Graciliano Ramos, nome àquela data sem qualquer ressonância junto aos leitores e aos críticos: ainda não havia editado nenhum livro. Acontecera-me ler, porém, os originais de *Caetés*, tomara-me de tamanho entusiasmo que decidi viajar até Alagoas para comunicar ao autor minha admiração, de viva voz. Tinha eu vinte e um anos incompletos e acabara de publicar *Cacau*.

Desconhecido do público e da crítica, o nome de Graciliano começara no entanto a ressoar nos meios literários do Rio de Janeiro; com o tempo viria a afirmar-se no conceito geral como o principal ficcionista da chamada geração de 30. O poeta e desenhista Santa Rosa, risonho mulato paraibano recém-chegado ao Rio — via Maceió, onde servira no Banco do Brasil — trouxera notícia de um literato alagoano, ex-comerciante, ex-prefeito de cidade do interior, por fim funcionário público, na ocasião, se não me engano, diretor da Imprensa Oficial. Os textos dos extraordinários relatórios, apresentados por ele ao deixar a Prefeitura de Palmeira dos Índios, circularam de mão em mão no limitado território literário da então capital da República e das letras pátrias.

Não eram realmente vastos os limites geográficos desse território, iam da travessa do Ouvidor, endereço da Livraria e Editora Schmidt, até a Cinelândia, onde funcionava o movimentado consultório do poeta (e médico) Jorge de Lima e a não menos movimentada redação do *Boletim de Ariel*, na sede da Ariel Editora. Nesses locais — a Editora José Olympio só se mudou de São Paulo para o Rio em 1934 —, os literatos se reuniam para falar de cultura e da vida alheia, comentar livros, elaborar projetos, afirmar ou desancar glórias estabelecidas ou nascentes. População literária pequena, produção editorial reduzida, todos os autores se conheciam, liam-se todos os livros. Penso que naqueles idos não passávamos de uns trezentos os indivíduos que se dedicavam às letras em todo o país. Hoje só no bairro do Rio Vermelho existem mais de cem, na cidade da Bahia mais de mil, Nosso Senhor do Bonfim seja louvado!

Em 1933 os ecos da Semana de Arte Moderna esvaíam-se, afirmava-se o Romance de 30, expressão literária dos movimentos políticos e populares que resultaram na revolução da Aliança Liberal. Em verdade o ciclo ficcional pós-modernista se iniciara em 1928, no rastro da Coluna Prestes, com o lançamento de *A bagaceira* de José Américo de Almeida. Aliás coube a José Américo, ministro da Viação do primeiro governo Vargas, revelar aos confrades residentes no Rio a existência de um romance ainda inédito de autoria do tal prefeito de Palmeira dos Índios, o dos relatórios.

A notícia deu lugar a um telegrama do poeta e editor Augusto Frederico Schmidt ao desconhecido romancista pedindo que lhe enviasse os originais, ele os editaria em livro. Os originais chegaram e foram fazer companhia a vários outros nas gavetas da secretária no gabinete ao fundo da livraria onde o poeta batia papo, namorava por telefone, escrevia seus poemas e buscava como arranjar dinheiro para levar adiante o programa da editora: naquele então a mais importante editora de literatura brasileira.

Os frequentadores habituais da livraria folheavam os originais depositados nas gavetas da mesa do poeta, por vezes levavam um manuscrito para ler em casa. Devo a publicação de *O país do Carnaval*, meu romance de estreia, ao fato de Tristão da Cunha, figura influente na vida literária da época, ter levado consigo os originais que na gaveta fatal aguardavam vez, para terminar em casa a leitura iniciada no gabinete do poeta enquanto o esperava. A opinião de Tristão da Cunha foi decisiva para que Schmidt não só o publicasse como para que ele escrevesse um prefácio.

Li o manuscrito de *Caetés*, fiquei empolgado — não faz muito reli o romance de estreia de Graciliano, não mudei minha opinião de rapazola: a atmosfera da cidadezinha, a escrita admirável. Outros livros de Graça são maiores, o romancista cresceu mas *Caetés* persiste inteiro. Foi tal o impacto que me causou a leitura dos originais que resolvi conhecer o autor pessoalmente, tomei passagem no *Conde de Baependi*, ao chegar a Aracaju estava noivo, sucedia a cada viagem pela costa do Brasil. Um ano depois, em 1934, Schmidt publicou o primeiro romance do mestre Graça, logo depois saiu *São Bernardo* em edição Ariel.

O *Conde de Baependi* deixou-me em Penedo, desde então uma de minhas cidades preferidas, de quando em quando tomamos o carro, Zélia e eu, vamos dormir em Penedo para ver a manhã nascer sobre o rio São Francisco, trazida nas barcaças e nas canoas, andar em meio ao casario, parar à sombra das igrejas e dos conventos. Certa feita levamos conosco nossa amiga Antoinette Hallery,[1] deslumbrou-se em tcheco e em francês: "*Piekne kraśnie! oh la la!*".

---

1 Antoinette Hallery, editora tcheca.

Andando em bonde de burro, ainda circulavam na Penedo de 1933, esperei o automóvel que Valdemar Cavalcanti, com coluna de livros em gazeta de Maceió, sobrinho do prefeito, enviou para me buscar. A viagem, em estrada de terra e buracos, durou o dia inteiro, cheguei a Maceió no fim da tarde, coberto de poeira, no hotel tomei um banho, saí em busca do romancista, fui encontrá-lo num bar, bebia café negro em xícara grande, cercado pelos intelectuais da terra — todos eles reconheciam a ascendência do autor ainda inédito, era o centro da roda. Ficamos amigos na mesma hora.

Desde aquela tarde até a sua morte, acompanhei dia a dia, com admiração e amizade, a vida de Graciliano Ramos e sua criação literária, poucas se lhe comparam. Cheguei de Santiago do Chile às vésperas de sua morte, escalado para falar à beira do túmulo não consegui passar das primeiras palavras. Depois sua filha Luísa tornou-se minha irmã ao casar-se com James; Fernanda, neta de Graciliano, flor dos Ramos e dos Amados, é minha sobrinha, misturaram-se nossos sangues.

Eu o recordo como vi pela primeira vez, na mesa do bar: chapéu palheta, a bengala, o cigarro, a face magra, sóbrio de gestos. Parecia seco e difícil, diziam-no pessimista, era terno e solidário, acreditava no homem e no futuro.

Wrocław, Polônia, 1948.
A MEMORIALISTA

QUE ARTIFÍCIOS USOU MARIA DA BAHIA, natural das Alagoas, para conseguir se misturar aos correspondentes estrangeiros que vieram cobrir o Congresso Mundial dos Intelectuais pela Paz? Quando a conheci na Bahia era estudante e ativista, um azougue, esguia e maneira, mulata cabo-verde, popular nas hostes do Partido Comunista e na Faculdade de Direito. O exemplo do que não deve ser uma militante digna desse título, na estreita opinião de Maria Vitalina, dirigente coroca e puritana. Dirigente, mas não puritano, Mário Schenberg, membro da delegação brasileira ao Congresso, responde à minha pergunta com bonomia:

— Maria da Bahia tem bom molejo de cintura. Cintura de vespa.

Além de mim — sou um dos vice-presidentes do Congresso — e de Mário, nossa delegação é composta por um grupo variado e simpático de intelectuais comunistas, recordo alguns nomes: Arnaldo Estrela e sua mulher, a violinista Mariuccia Iacovino, o escultor Vasco Prado, o pintor

Carlos Scliar, a escritora Zora Seljan, a pianista Anna Stella Schic, o compositor Cláudio Santoro. Por nenhum deles, tampouco por Mário ou por mim, Maria da Bahia demonstra interesse jornalístico — somos prata da casa em meio a tanto ouro internacional —, exige que eu a apresente aos grandes das letras e das artes, para começar a Picasso e a Ilya Ehrenburg. Afinal, argumenta, representa na Europa o diário *O Momento*, órgão baiano do pecê. Desde quando?, me pergunto, mas faço-lhe a vontade.

Ali mesmo, na sala do Congresso, Picasso lhe concede rápida entrevista: veio a Wrocław sobretudo para exigir da tribuna que cesse a perseguição do ditador Videla, no Chile, ao poeta Pablo Neruda, expulso do Senado, caçado pela polícia. Onde, como e quando Maria aliciou o fotógrafo hindu que registra o encontro para o jornal baiano? De braço dado com Picasso, a repórter, íntima do gênio.

Ocupadíssimo, com mil coisas a fazer, Ehrenburg acede em recebê-la para longa entrevista, na qual, a pedido de Maria, deverá analisar em profundidade o significado do Congresso, os problemas da paz e a responsabilidade dos intelectuais:

— Amanhã, às sete da manhã, no meu hotel. — Fornece-lhe o nome do hotel e o número do apartamento.

No dia seguinte, Maria da Bahia me narra o acontecido:

— Bati na porta, ele mandou que eu entrasse, entrei; estava nu em pelo, deitado na cama, me disse: "Tire a roupa, depressa, só tenho meia hora, às sete e meia vou tomar o café da manhã com Fedosséiev". — Fedosséiev, esclareço, diretor do *Pravda*, membro do cc do pcus, é um dos responsáveis políticos do Congresso. Maria prossegue: — Sorriu, abriu lugar para mim na cama, me deu pressa.

— E você?

Sorriso angelical, Maria da Bahia, nascida em Palmeira dos Índios, faz um muxoxo, olha para o chão:

— Obedeci, que podia fazer? — Levanta os olhos, ajeita o cabelo negro e liso: — Ordens de um soviético, tinha de obedecer. Depois, ele me disse: peça ao Jorge que lhe fale do Congresso, pode pôr em minha boca o que ele lhe disser. — Maria da Bahia toma do papel e da caneta, pronta para a entrevista.

Saído do inferno da guerra, batido pela vida, Ilya andava pelos cinquenta anos, aparentava mais, nós lhe dizíamos "o velho". Entendo que Maria vá para a cama com Enrique Amorim, galã latino, mas com Ilya, por quê? Por quê, Maria da Bahia?

Aquele sorriso cândido, os olhos puros, sonhadores:

— Pra quando eu escrever minhas memórias.

Não teve tempo de escrevê-las, morreu num desastre de automóvel ao voltar ao Brasil, dois anos depois. Mas a entrevista — Ilya Ehrenburg, em Wrocław, fala à nossa enviada especial — obteve sucesso, despertou polêmica.

Budapeste, 1951.
HONRA E ORGULHO

ESTOU EM BUDAPESTE EM EFERVESCÊNCIA, em pleno processo Rajk,[1] os processos da era stalinista vão se renovar, agora de país em país, em todas as democracias populares. A ruptura de Tito com Stálin deu o sinal de partida para a grande purga, o Santo Ofício comunista inicia as visitações. Crédulo, incondicional, acredito nas histórias de complôs e traições, vejo em cada um dos acusados inimigo jurado da Revolução, da classe operária, do esplendor do amanhã.

No terraço do bar alguns amigos se encontram para beber comigo, conversar, saudar o camarada brasileiro, escritor bem-visto pelos leitores, as traduções de *Jubiabá* e de *Terras do sem-fim* obtêm sucesso. O tradutor, comunista magiar, vivera durante anos em São Paulo, regressara à pátria após a derrota do nazismo, está presente, ajuda na conversa: quase todos falam francês, mas quando a língua húngara domina, ele me permite seguir e entender a discussão.

Sucede invariavelmente nas reuniões onde um estrangeiro é o centro das atenções que, a partir de certo momento, esgotados os temas de conversa com o hóspede, impõem-se os assuntos de interesse dos nativos, o adventício de participante passa a ouvinte. Assim sucedeu naquela noite em Budapeste: a discussão do processo Rajk deixou de lado as amabilidades literárias, a miséria do terceiro mundo, o erotismo das mulheres tropicais, o bate-papo pegou fogo.

O jovem poeta se exalta, contente de exibi-lo, não abre mão de seu francês sem acento, será que entendo o que afirma, conclusivo? Diz que "a confissão de um dos acusados" — de todos, contam-me depois — "foi arrancada à base de torturas praticadas nos cárceres pela polícia política". Tortura? Devo ter ouvido mal, não falou tortura, certamente, o que foi que ele disse? — pergunto em dúvida, em agonia. Minha honra e

---

[1] Processo político que condenou à morte o dirigente comunista húngaro László Rajk (1909), executado em 1949, reabilitado em 1955.

meu orgulho consistem em saber, de certeza absoluta, que num regime comunista, numa sociedade socialista, jamais, jamais, nunca jamais, um preso poderá ser submetido à tortura: intelectual, moral, muito menos física. Meu espanto, meu pasmo provoca chalaça, debocham de minha santa ingenuidade, devo ser o último dos idiotas, quem não sabe que a tortura come solta?

Arrasado escuto da boca dos presentes no atropelo da língua húngara, na tradução implacável, histórias de arrepiar, detalhes que me atingem no coração, me destroçam, sinto-me desonrado, conspurcado meu orgulho comunista: "torturam, sim, e como!". Os policiais que servem e defendem o regime são os mesmos do tempo da ocupação nazista, a profissão de guardião da ordem está acima e além das ideologias.

Com febre e frio atravesso a primeira noite de dúvida, o coração traspassado, o estômago embrulhado, ânsia de vômito: a polícia comunista me espanca e pisoteia, obriga-me a confessar o que não fiz. Assim começou minha travessia do deserto.

São Paulo, 1981.
ESPERANÇA VÃ

A FUNDAÇÃO DO PARTIDO DOS TRABALHADORES, em pleno regime militar, me entusiasma, o PT nasce nos sindicatos, parido pelas greves dos metalúrgicos, auspiciosa notícia. Vamos ter, por fim, pensei, um verdadeiro partido operário, integrado, orientado, dirigido por trabalhadores. Acaba-se o tempo dos falsos partidos operários — os partidos comunistas e trotskistas, os trabalhistas — nos quais intelectuais, em sua maioria medíocres e presunçosos, pequeno-burgueses arrogantes e vazios, ditam ordens com acento portunhol, arrogam-se representantes do proletariado, em seu nome sonham assumir o poder e mandar brasa. Fardam-se com uniforme de dirigentes revolucionários, leem, sem muito entender, brochuras traduzidas do russo ou do chinês para o espanhol, consideram-se sábios, arrotam teorias, juram por Marx e Lênin, por Stálin (ou Trótski) e Mao, seriam grotescos se não fossem perigosos: no poder não há quem os segure, serão capazes de qualquer estupidez, de qualquer monstruosidade, como está sobejamente provado — Stálin continua a ser o ídolo a imitar.

Conheci e tratei com muitos desses indivíduos, em escalões diversos de poder — por vezes o pequeno poder de uma célula do Partido —, alguns não eram más pessoas, mas estavam todos deformados. De repente perdiam a fisionomia humana, bonecos repletos de ideologia de segunda mão, de marxismo, de leninismo, de maoísmo, aprendida de oitiva, pois não são de muito ler — no particular não lhes nego certa razão, pois Marx reinventado em soviético é dose para elefante, fica tão estulto quanto chato.

Ah! o bode perde o pelo mas não perde o ranço, ao saber da fundação do PT bati palmas, veemente, tomado de entusiasmo, rasguei elogios nas colunas dos jornais, congratulei-me com Eduardo Suplicy. A ilusão durou pouco, logo o PT virou frente de grupelhos e de siglas radicais, os mesmos subintelectuais dos pecês (acrescidos dos padres corajosos e sectários da teologia da libertação), sob o comando de ex-dirigentes stalinistas e maoístas que perderam toda e qualquer perspectiva política, já não acreditam em nada: são apenas aproveitadores. O PT ficou igual a qualquer dos antigos partidos operários, a qualquer dos partidos brasileiros, um saco de gatos.

Em verdade não existem partidos políticos no Brasil com princípios e compromissos, existem frentes onde cabem todos os segmentos ideológicos, onde convivem direita e esquerda no vaivém dos interesses pessoais. Não são partidos, são siglas que se intitulam democráticas, trabalhistas, social-democráticas, liberais, socialistas, sem que tais denominações tenham a ver com tomada de posição, razão de luta ou de governo, uma desfaçatez. E ainda por cima pretendem estabelecer o parlamentarismo. Parlamentarista que sou, tremo de medo. Parlamentarismo sem partidos, ah! esse parlamentarismo à brasileira vai ser uma graça, uma bambochata!

Lisboa, 1989.
A TIA

A CADA ENCONTRO NO RESTAURANTE DE MIMI, no parque Mayer — sem o restaurante Amadora o Parque já não é o mesmo —, António Alçada Baptista apresenta-me à mais bela de ofícios diferentes: a mais bela advogada de Portugal, a mais bela redatora, a mais bela dançarina e por aí vai, são muitas. A mais bela? Maneira de louvar do sedutor: bonitas todas, umas mais, outras menos, charmosas, elegantes, sobretudo apaixonadas. António as pastoreia, ar de frade em férias, pecaminoso.

Ensaísta consagrado, polêmico, António estreou na ficção com romance que fez época, entusiasmo da crítica, prêmios, best-seller, *O nó e os laços*: o começo do livro é um achado. Gosto do romance, mas ainda sinto em certas páginas a presença do ensaísta a debater ideias. Vou me deparar com o ficcionista puro, solto na condução da narrativa, num pequeno romance,

Catarina ou o sabor da maçã — atualmente utilizam o termo novela para designar um romance curto ou um conto longo, a novidade não me seduz, o número de páginas não determina gênero literário. A história me toma e leva no encanto da leitura, a prosa suculenta, os personagens de carne e sangue, não de caneta e tinta, a vida lisboeta, António Alçada se entregando por inteiro ao prazer da escrita: sucesso estrondoso e merecido.

Outro romancinho, *Tia Suzana, meu amor*, delícia igual ao da maçã, descreve as intimidades de pensamento, religião e cama do narrador, um rapazola — o autor fazendo-se de personagem? Só o próprio António poderia responder — e uma sua tia, balzaquiana. Na cama coçam-se mutuamente as costas, catam-se cafunés, trocam beijinhos, mordiscam-se os lóbulos das orelhas, escorrem as mãos dos rostos aos pés, nos altos e baixos e nada mais acontece, acredite quem quiser. Ternura inocente de sobrinho e tia, ela, se bem moça, mais velha do que ele, a camisola de dormir mal encobre a perfeita anatomia, nos dias friorentos o calor, nos dias calorentos o frescor do corpo. Dela decerto, dessa tia meio freira meio diaba, herdou António o ar de frade em férias, prevaricador.

— Tu queres me convencer, António, que jamais tu e tua tia chegaram às vias de fato?

— Primeiro não somos eu e minha tia, são o personagem e a Suzana, tia dele. Mas, ainda que fôssemos eu e a tia, posso te garantir que tudo não passou de ternura, nada além das cosquinhas.

— As cosquinhas, os cafunés, os toques, os beijinhos, os fornicoques, tudo platônico?

— Tudo. Mais pura e inocente que tia Suzana nunca houve.

António Alçada Baptista fala sério, o ar de frade imaculado. Acredite quem quiser, eu hein! não sou daqui, não conheço os costumes locais, os hábitos de cama, na Bahia tia Suzana não escapava.

Rio de Janeiro, 1953.
ANTISSEMITISMO

QUANDO TUDO JÁ ESTÁ EM ORDEM — passagens, passaportes, vistos de saída — para o embarque no dia seguinte, domingo, da delegação de intelectuais brasileiros que irá visitar a União Soviética, um dos privilegiados adoece, abre vaga. Trata-se da segunda delegação, a primeira acontecera no ano anterior, dela haviam participado Graciliano Ramos, Dalcídio Jurandir, Arnaldo Estrela, Mariuccia Iacovino, Sinval Palmeira.

Gastáramos tempo, Maurício Grabois, membro do Bureau Político do Partido, na ocasião dizia-se Comissão Executiva, e eu próprio, responsável na Comissão de Cultura, estudando cada nome detidamente, pesando e comparando, para enviar à pátria do socialismo os melhores, os mais dignos de tal regalia, prêmio sem tamanho. Recordo alguns dos escolhidos: Djanira, José Geraldo Vieira, Miécio Táti, James Amado, Dias Gomes, Lila Ripoll, Cláudio Santoro, Danúbio Gonçalves, todos desse porte, aliando ao talento a lealdade partidária, a solidariedade incondicional à União Soviética.

Vale a pena mencionar que vivíamos a época do stalinismo desvairado: os processos, as condenações, os campos de concentração, o antissemitismo nem por camuflado menos monstruoso. Não era fácil ser, como eu o era, militante comunista, menos ainda alto dirigente como era Maurício Grabois, a quem me ligava velha amizade dos tempos de juventude na Bahia. Inteligente e simpático, de trato agradável, educado, Maurício não exibia o azedume e a prepotência habituais aos mandatários do Partido que viviam na suspeita e na desconfiança, duvidando de tudo e de todos. Morreu comunista, comandante de guerrilha no Pará, lutando contra a ditadura militar.

Coube-me decidir sozinho sobre o preenchimento da vaga, pois, tendo ela acontecido num sábado, eu não tinha possibilidade de ouvir Grabois antes da partida da delegação no domingo, ele vivia e atuava na clandestinidade, nossos "pontos" eram marcados com antecedência. Um nome me ocorreu, por todos os motivos o mais indicado, o do pintor Carlos Scliar, jovem artista de sucesso, cabo artilheiro da FEB, habituado a viagens ao estrangeiro, dono de passaporte. Consegui uma ligação telefônica para Porto Alegre onde ele vivia, convidei-o: ouve, Carlitos: se tens passaporte em ordem e se estiveres amanhã antes do fim da tarde no Rio, com visto de saída, embarcarás à noite para Moscou. "Estarei aí amanhã a tempo de embarcar", garantiu Scliar. Assim foi.

Ao encontrar Grabois na reunião semanal, num canto qualquer do Rio, noite alta, ele estava transtornado, uma fera, não escondia o mau humor, a irritação, a indignação, o medo para tudo dizer:

— O que te passou pela cabeça para escolher Scliar? Eu não tenho nada a ver com isso, já disse a Arruda[1] que a culpa é toda tua. Por que diabo?

— Scliar é um dos artistas mais importantes do Partido, militante firme, ninguém merece tanto a indicação. O que tens contra ele?

---

[1] Diógenes de Arruda Câmara, dirigente comunista.

A voz de Maurício veio da sombra, incerta:
— Ele é judeu...
— Tu também és judeu... — repliquei espezinhando.
— Por isso mesmo... — na voz trêmula do membro do Bureau Político transparecia o medo, dava pena.

Medo de ser afastado, posto fora do Partido, sua trincheira de luta, para ele não havia outra. Então eu também senti medo, medo pânico — tudo, menos ser expulso, retirado do combate, acusado de estar a serviço do inimigo.

Entre meus pertences prezo de forma especial uns poucos objetos, de valor variável, por tê-los recebido de amigos que não cultivam o hábito de presentear, muito ao contrário, têm fama de sovinas — todos eles, sem exceção, consideram a fama injusta.

Possuo uma bolsa retangular, de bom tamanho, que carrego comigo para toda parte, nela guardo meus documentos, talões de cheque, papéis importantes, retratos de meus filhos e dois de Zélia, um recente, outro de 1945, ano em que a conheci. Foi-me dada de presente por Dorival Caymmi, meu irmão quase gêmeo — até hoje Carybé diz que não acredita.

Certo dia — conto a história —, Dorival me apareceu sobraçando bolsa tão maneira, gostei tanto, elogiei demais, terminei pedindo que me desse de mimo, prova de estima: será a primeira, supliquei. Me respondeu que não podia, pois lhe tinha sido oferecida por Stella[1] em data aniversária, impossível desprender-se dela. Ao regressar ao Rio, porém, me mandaria uma igual. Não acreditei na promessa, quem acreditaria? Mas, como diz o dito popular, o impossível acontece, dias depois recebi, enviada do Rio por Dorival, bolsa idêntica e nova: convoquei Carybé e Mirabeau para ter testemunhas do milagre.

Esse senhor Dorival Caymmi, o moço Caymmi, meu parceiro e cúmplice — se ele escrevesse escreveria meus romances, se eu compusesse comporia suas músicas —, ao me oferecer a famosa bolsa, reconhecia ter-me afanado uma quantidade de bengalas, além das que, de moto próprio, lhe ofertei: certa feita atravessei a Europa e o oceano Atlântico levando na mão enorme bastão de pastor do País de Gales, galho de árvore longo, pesado e espinhento. Dos muitos objetos de minha propriedade surrupiados pelo cantor das graças da Bahia, só não lhe perdoo o rádio russo que eu trouxe de Moscou e dei a Paloma, ainda solteira. Dorival o pediu emprestado para ouvir os jogos da Copa do Mundo de 70, nunca mais Paloma pôs a vista no pequeno aparelho, de muita estática, mas ainda em bom estado.

---

1 Stella Maris, pseudônimo de Adelaide Tostes, mulher de Caymmi, cantora.

Coleciona rádios, bengalas, pedras semipreciosas e otras cositas más, *várias outras*. Quando sai de visita a amigos leva ao ombro respeitável embornal, quase um saco de viagem, no qual recolhe o que vai obtendo de casa em casa. Entra em casa alheia, apenas a conversação se inicia, pergunta se alguém ali não tem uma prendazinha para mim — quem resiste ao pedido? Uma prendazinha aqui, outra acolá, quando regressa ao lar, aos braços de Stella Maris, conduz féria vasta, a colheita do dia, espalha em cima da mesa ou do sofá, dá o balanço, feliz da vida. Falo de Dorival Caymmi, meu mabaça, compositor, poeta, doutor honoris causa, obá da Bahia, um dos brasileiros principais: sua canção de amor, melodia linda.

Exibo na casa do Rio Vermelho caótica coleção de arte popular, de certo valor pelo número e procedência das peças e pela qualidade de algumas delas — carta de pescador esquimó gravada em dente de elefante-marinho, presente de Ehrenburg, vaso de opalina com as armas imperiais de Nicolau I, tsar de todas as Rússias, oferta de Sacha Fadéiev e, entre as mais belas, um boi, o maior de todos os bois de barro amassado pelas mãos mágicas de mestre Vitalino de Caruaru, nos primeiros tempos de sua criação artesanal.

Acredite quem quiser, sei que é difícil acreditar, o zebu de Vitalino foi-me dado de regalo por João Condé e eu afirmo que ele estava sóbrio, não tinha febre, saúde perfeita, quando me fez o dom. Um rasgo de loucura desses que levam os indivíduos a atirar dinheiro pela janela. Faz mais de cinquenta anos desse lance incrível, ou seja, há mais de meio século João Condé me roga que lhe restitua o boi, o maior boi de Vitalino, cerâmica sem preço: vale uma fortuna, segundo me diz o incauto ex-proprietário, os olhos marejados de lágrimas, autênticas.

Esse senhor João Condé devia ter-me dado não apenas o boi aqui citado e, sim, toda a sua imensa coleção de peças dos artesãos de Pernambuco, algumas das imagens de santos — possui muitas, nenhuma lhe custou um níquel sequer — e uns quadros do pintor Cícero Dias, dos que lhe afana quando passa por Paris, e ainda não estaria pagando o que me deve. Não me refiro aos originais de romances, cartas e textos, de depoimentos escritos especialmente, o material inumerável com que concorri para os seus Arquivos Implacáveis. Refiro-me às belas que chamou aos peitos fazendo-se passar por mim: naqueles tempos, diziam, nós nos parecíamos. Ele namorava e assinava autógrafos como se fosse eu.

— Autógrafos?
— Muitos, nem imaginas...
— Em livros, João?

— Em livros quando elas me trazem os exemplares, senão em pedaços de papel, não estou para gastar dinheiro comprando teus livros. Se ainda fossem do Zé Lins...

Encontrava-me eu na Argentina, exilado, soube que no Rio um gaúcho me buscava, armado de revólver, para matar-me a sangue-frio, eu o teria feito corno com a ajuda da esposa lá dele, turista às ordens em Copacabana, quando os chifres ele os devia a João Condé, namorador.

Por felicidade tratava-se de um gaúcho da fronteira, meio brasileiro, meio argentino, não era de temer-se. Se o chifrudo fosse paraguaio, o conquistador caruaruense estaria hoje morto e enterrado: na lápide sobre o túmulo, gravado à bala, meu nome, pseudônimo de João Condé.

Paris, 1991.
ÁLVARO SALEMA

A MORTE DE ÁLVARO SALEMA CHEGA-ME PELO TELEFONE, repetida: primeiro Nuno,[1] logo José Carlos,[2] por fim Celestino, solidários, tristíssimos, um telefonema atrás do outro.

Ai, meu Deus! exclamo quando Nuno me diz: "Desculpa chamar-te para má notícia, Salema morreu". Quem foi? — pergunta Zélia ao escutar meu lamento: a cada semana pelo menos um amigo vai-se embora, o vazio se torna maior.

A partir de agora Portugal será menos ensolarado, menos alegre, menos fraterno. Perco o amigo português de toda a minha vida, o amigo perfeito, o de todos os instantes, aquele que tudo sabia e tudo podia entender. Os acontecimentos dos últimos anos, a crise da sociedade soviética deixavam-no enfermo, num silêncio doloroso, percebi que ia se retirando da vida, sem alarde, na discrição com que vivera. Quando estivemos juntos em agosto deste ano aparentava melhor saúde, estás ótimo, eu lhe disse, estou no fim, me respondeu. Senti que não voltaria a vê-lo, ainda bem que vim a Lisboa a tempo de encontrá-lo, de comer à mesa de Elisa,[3] de com ele recordar Ferreira de Castro, Fernando Namora, nossos mortos.

Eu projetara ir a Portugal nesse outubro assistir à posse de Marcos Vinicios Vilaça na Academia de Ciências, aplaudir o colega de duas Aca-

---

1 Nuno Lima de Carvalho, jornalista português.
2 José Carlos de Vasconcelos, jornalista português, diretor do *Jornal de Letras*.
3 Elisa, mulher de Álvaro Salema.

demias, Calá e Auta Rosa[1] estarão na festa, será alegre patuscada. Já não irei, cadê coragem de olhar para o rosto de Elisa, de pronunciar o nome de Álvaro?

Escrevo a Luís Forjaz Trigueiros.[2] Luís não teve ânimo de me telefonar, pediu a Celestino que o fizesse. Estamos órfãos, Luís, do melhor dos amigos, não voltaremos a ter outro igual. Será que conseguiste elegê-lo membro da Academia de Ciências como tanto desejavas, pergunto-lhe, ou não chegaste a convencê-lo?

O homem mais modesto, o mais tímido, o mais corajoso, o mais leal, o mais digno, Álvaro Salema. Em silêncio se retirou de cena, pouco antes do final da tragicomédia, personificava a decência, já não tinha lugar no palco.

Bahia, 1929.
LENITA

DIAS DA COSTA,[3] EDISON CARNEIRO[4] E EU, em 1929, escrevemos em colaboração um romance sob o título de *El-Rey*, publicado em folhetim em *O Jornal*, órgão da Aliança Liberal na Bahia. Um editor do Rio, A. Coelho Branco Filho — jamais o esquecerei, pois foi o primeiro a colocar meu nome na capa de um livro, o primeiro a me ficar devendo direitos autorais —, lançou-o em volume em 1930, capa medonhosa, com o título de *Lenita*. Livrinho com todos os cacoetes da época, Medeiros e Albuquerque o definiu: "Uma pura abominação". Um único subliterato não poderia tê-lo feito tão ruim, foi necessário que se juntassem três.

Rio de Janeiro, 1960.
APOIO ELEITORAL

EDUARDO PORTELLA, um dos meus cúmplices mais permanentes e ativos, o que aprontamos juntos daria para compor volumosa antologia político-literária, telefona-me para pedir uma palavra de apoio a Jarbas Maranhão, candidato a uma cadeira no Senado, por Pernambuco.

Baiano de nascimento, Eduardo é muito ligado à vida pernambucana, cursou a Faculdade de Direito no Recife, mexe com a política local, aliás

---

1 José Júlio de Calasans Neto, gravador e pintor; Auta Rosa, sua mulher.
2 Luís Forjaz Trigueiros, escritor português.
3 Oswaldo Dias da Costa, escritor.
4 Edison Carneiro, escritor e etnógrafo.

mexe e remexe com a política brasileira em geral, com a literatura nem falar. Além de ser pouco ligado à política de Pernambuco, já escrevi manifesto de apoio a Miguel Arraes, candidato a governador, não apenas meu amigo, também correligionário de esquerda. Candidato pelo PSD, conservador, Jarbas Maranhão não pode ser meu candidato, explico a Eduardo, ele não aceita minhas razões, "amigo é para as coisas difíceis, para as fáceis não faz falta a amizade". Termino por lhe prometer uma palavra simpática sobre Jarbas a quem estimo pessoalmente.

Quebro a cabeça em busca da maneira de atender ao pedido de Eduardo sem causar dano à campanha de Arraes. Astucio uma saída velhaca: escrevo uma carta a Jarbas Maranhão composta de três parágrafos, dois pequenos, o do começo e o do fim, um grande, o do meio. No do começo falo bem de Jarbas, político honrado e sério, no do fim desejo-lhe sucesso na campanha. No parágrafo do meio me alongo no elogio a Miguel Arraes e a seus companheiros de legenda, após explicar que não posso apoiar a candidatura de Jarbas pois, homem de esquerda, sustento outros candidatos, exatamente os da chapa "do imbatível Arraes que conduzirá Pernambuco ao progresso e à justiça social". Divirto-me pensando na cara de Eduardo quando ler a carta que eu considero uma obra-prima de malandragem política. Mando a secretária entregá-la em mão própria a Eduardo para que a remeta a Jarbas. Ele me telefona agradecendo sem maiores comentários, a discrição surpreende-me.

Alguns dias depois recebo, enviados por Pelópidas da Silveira,[1] recortes dos jornais do Recife anunciando meu apoio à candidatura de Jarbas Maranhão. Pelópidas, espantado, decepcionado, pergunta: "Qual o motivo dessa carta absurda?". Leio a missiva estampada em todos os jornais: o texto, na viagem de meu apartamento à casa do candidato, reduzira-se bastante. Dos três parágrafos que a compunham restaram apenas os dois pequenos, o elogio a Jarbas Maranhão e os votos de sucesso na campanha. O parágrafo do meio, o grandão, onde eu fazia a apologia de Miguel Arraes e dizia de meu compromisso com sua chapa, fora cortado e jogado fora. Quem teria utilizado a tesoura: Jarbas, no Recife, ao receber a carta ou já saíra do Rio adaptada? Até hoje não sei.

Vinguei-me. Jarbas foi derrotado, eu andava pela Bahia, telegrafei a Eduardo Portella: "Apesar de nosso apoio Jarbote tubulou".

---

[1] Pelópidas da Silveira, político.

Rio de Janeiro, 1983.
OS TIJOLOS

NO SPEECH QUE IMPROVISA ao receber o prêmio Molière, Fernanda Montenegro conta que um de seus avós, operário italiano, trabalhara de pedreiro na construção desse Teatro Municipal do Rio de Janeiro onde tenho a honra de lhe entregar a láurea: mais merecida, impossível.

O avô imigrante colocara os tijolos, levantara as paredes do teatro em cujo palco, com plateia de pé a aplaudi-la, a neta gloriosa, a estrela, busca conter as lágrimas. Gloriosos, ela e o marido, Fernando Torres, e a filha, a outra Fernanda, a jovem, a bisneta do pedreiro, palmilhando os caminhos abertos pela mãe.

Fernanda Montenegro, artista notável, cidadã exemplar, voz e garra na luta pela democracia, concorreu para o fim da ditadura militar. Convidada a assumir o Ministério da Cultura por José Sarney, pediu 48 horas para refletir. Enquanto pesava os prós e os contras, a notícia circulou, quando ela se deu conta a fila dos pretendentes a sinecuras e a mordomias dava a volta no quarteirão. Não houvesse outras razões, bastaria essa para que, apavorada, agradecesse e recusasse.

Rio de Janeiro, 1942.
POLÍTICA

NO MEIO DA NOITE SOMOS RETIRADOS da Casa de Correção, levados à Polícia Central, mais uma vez identificados, notificados da residência obrigatória, cada um na cidade de seu nascimento — no meu caso a polícia se engana, dá-me a capital do estado como domicílio, sou baiano da zona do cacau, nasci no município de Itabuna. Mandam-nos em liberdade por volta das três da madrugada, chove a cântaros.

Somos os seis comunas que, juntamente com mais uma quarentena de exilados, voltaram para a pátria, entregaram-se, quando o governo brasileiro declarou guerra ao eixo nazifascista, os seis que não estávamos condenados nem processados, os demais têm pena a cumprir, vão gramar três anos de prisão até o decreto da anistia. Seis comigo, os outros cinco são Fernando de Lacerda, comunista histórico, exilado na União Soviética desde 1930, o escritor Ivan Pedro de Martins, dois operários gaúchos, não me recordo quem fosse o quinto.

Quase de manhã chego à casa dos pais de Matilde, rebocando Fernando de Lacerda que não tem para onde ir. No dia seguinte a casa da Urca se transforma em centro de agitação política. O primeiro a aparecer foi Carlos Lacerda, sobrinho de Fernando, comuna em vias de romper com o Partido. Tio e sobrinho trancam-se numa sala, conversam a sós, participo da parte final do debate, o desacordo entre Carlos e o Partido é total, ao despedir-se do tio Carlos despede-se de sua fase de militância comunista, vai se transformar em visceral adversário.

Na noite desse primeiro dia de liberdade compareço ao jantar oferecido a Graciliano Ramos, o romancista comemora cinquenta anos de idade, Gustavo Capanema, ministro da Educação, preside o ágape — eta palavrinha mais filha da mãe, aqui a utilizo em homenagem ao ministro. Estão presentes editores, escritores, artistas: José Olympio, Carlos Drummond, Augusto Frederico Schmidt, Lúcia Miguel Pereira, Octavio Tarquínio de Sousa, Samuel Wainer, Valdemar Cavalcanti, Moacir Werneck de Castro, o que há de mais representativo na vida literária do Rio.

Na cabeceira da mesa, em meio à conversa — conta-me no dia seguinte o velho Graça —, Capanema lhe pergunta: "E o Jorge Amado, que é feito dele? Por onde anda?" — sou uma espécie de assombração. "O Jorge está aqui, sentado defronte de nós, saiu ontem da cadeia" — responde o romancista e me aponta com o dedo. Ministro da Educação do Estado Novo, Gustavo Capanema é um liberal, estranho em meio aos dutras e aos góis monteiros. Acena para mim, contente de me ver em liberdade.

Terminado o jantar Capanema aproxima-se, diz-me coisas amáveis, aproveito para lhe anunciar a posição dos comunistas de apoio a Getúlio e ao governo na luta contra o Eixo, no esforço de guerra, chegou a hora de marcharmos juntos, insinuo. O ministro escuta com atenção, mas se abstém de comentários.

Lisboa, 1979.
O GOURMET

ESTAMOS SAINDO PARA O ALMOÇO no restaurante da Mimi, no parque Mayer, Zélia chama-me a atenção: "Olhe quem está ali". Olho, vejo Gilberto Freyre reclinado num dos sofás do hall do Hotel Tivoli, a seu lado Madalena. Dirigimo-nos para eles.

Gilberto acaba de chegar da Espanha onde lhe renderam homenagens, recebeu um prêmio, se não me engano. Noto-o cansado, tomado pela gripe, está com baixo-astral, a gripe derrota qualquer um. Na semana a seguir cumprirá compromissos em Portugal, novas homenagens, mas tem cinco dias seus, chegou sem avisar ninguém, os admiradores não sabem, nem os literatos nem os chatos, deseja aproveitar os cinco dias livres para repousar. Pede-nos reserva sobre sua presença na cidade.

Ligam-me a Gilberto Freyre estima e admiração, não fui vassalo de sua corte mas tive plena consciência da significação de *Casa-grande & senzala* apenas publicado em 1933 e a proclamei aos quatro ventos: em suas páginas aprendemos por que e como somos brasileiros, mais que um livro foi uma revolução. Na cena política coincidimos e divergimos, jamais as divergências resultaram em desestima, levaram ao afastamento. Quando o Estado Novo o agrediu de forma estulta, sujou de infâmia os muros de Apipucos, Anísio Teixeira, Odorico e eu fizemos Gilberto vir à Bahia para receber a solidariedade dos intelectuais da terra, reunidos em torno do pernambucano para denunciar o terrorismo da ditadura. Por ocasião do lançamento do primeiro livro de Zélia, *Anarquistas, graças a Deus*, Gilberto dedicou-lhe artigo consagrador, se já não me tivesse no bolso do colete, me teria comprado para sempre.

Tive a ver com a derradeira homenagem que recebeu em vida. Para organizar as "*belles étrangères*" dedicadas à literatura brasileira no Salon du Livre de Paris, veio ao Brasil, em 1977, um representante do Ministério da Cultura da França, Jean-Claude Terrac, procurou-me na Bahia para anunciar-me que do programa constavam homenagens a Carlos Drummond de Andrade e a mim, sessões solenes, franceses ilustres nos elogios. Respondi-lhe que só aceitaria se elas fossem estendidas a Gilberto, merecia tanto quanto Drummond, muito mais que eu. Assim aconteceu, Jean Duvignaud fez com autoridade e brilho a louvação da obra do mestre de Apipucos.

Quis saber onde íamos almoçar: a gripe o deixara com fastio, sem apetite, no entanto para combatê-la, evitar sequelas, devia alimentar-se, organismo debilitado é pasto dos bacilos, "onde pensávamos almoçar?". Vamos à Mimi, dissemos, expliquei-lhe o parque Mayer e o restaurante Amadora, o encanto das três irmãs, Glória, Amadora, Mimi, a ementa caseira, a freguesia de gente de teatro e de imprensa, não figurava nos guias de turismo, mas que requinte de cozinha! Se desejam provar, venham conosco.

O fastio desapareceu assim que Gilberto saboreou a primeira colher da açorda, seguiu-se o peixe, robalo cozido com couve e batatas, para equilibrar Glória pôs na mesa o frango corado com arroz de manteiga, Gilberto chamando a si entre suspiros, e os queijinhos frescos e os pastéis de nata e o arroz-doce para finalizar à portuguesa. "Não está nos guias de turismo? Pois devia estar", protestou o mestre do Recife degustando o cálice de ginginha, oferta da casa.

Durante os cinco dias de anonimato em Lisboa, Gilberto e Madalena foram habituês do restaurante de Mimi no parque Meyer. A gripe curou-se ao caldo verde, apetite devorador sucedeu ao fastio, que fastio pode resistir ao rim de porco assado na brasa, especialidade de Amadora? Que apetite não se abre de entrada às pataniscas de bacalhau servidas por Glória? Sem contar à sobremesa as recordações de Mimi, ex-corista do teatro de revista — ainda não perdeu a graça juvenil.

Nos cinco dias de ócio, de *gourmandise*, passados em Lisboa, Gilberto almoçou e jantou na Mimi, até que começasse a cumprir as obrigações da celebridade.

Rio de Janeiro, 1967.
OS DOZE

GUIMARÃES ROSA E EU, após o julgamento do prêmio Walmap, cujo júri fora constituído por ele, por Antonio Olinto e por mim, levamos mais de um mês nos divertindo ao telefone com o pretexto de colocar de pé um Prêmio dos Mestres do Romance Brasileiro: júri para ninguém botar defeito, seria formado pelos "doze maiores do atual romance brasileiro", decidira Rosa. O autor de *Sagarana* levava horas ao telefone, adorava: eu já era seu amigo íntimo de intermináveis telefonemas quando o conheci pessoalmente num almoço em casa de Miriam e Pedro Bloch.[1]

Rosa garante o apoio financeiro de um banco de Minas Gerais para dotação grandiosa a fazer de nosso prêmio o mais cobiçado do país, apesar disso terminamos por desistir do empreendimento, pois não conseguimos alcançar a dúzia de mestres prevista para a composição do júri. Chegamos a oito concordâncias, começando, é claro e natural, pelos nossos nomes, o dele e o meu, não fôssemos nós os donos da ideia. Erico Verissimo, Adonias Filho, Josué Montello, Campos de Carvalho, Dalcídio Jurandir, Dionélio Machado, não conseguimos a difícil unanimidade de dois necessária aos outros quatro nomes.

Propus Marques Rebelo, o de *Marafa* e *A estrela sobe*, Rosa recusou: "Bom contista, romancista medíocre". Precisamos de uma mulher, disse eu, citando autora badalada. Rosa implacável: "Ruim demais, tente reler um romance dela, vai ver que não chegará ao fim, se fosse um júri de cronistas

---

1 Pedro Bloch, escritor e médico; Miriam, sua mulher.

ainda vá". Assim gastávamos boa parte da manhã, passamos em revista a ficção nacional, não conseguimos os quatro mestres que nos faltavam.

"O melhor mesmo é desistir", concluiu Rosa, conformado. "Você já pensou na tempestade que iria desabar sobre nós quando descobrissem ter sido nossa a iniciativa e a escolha dos jurados? Já pensou na raiva dos que não estivessem colocados entre os doze? Íamos ser arrastados na rua da amargura."

Abandonamos o projeto, mas não os telefonemas, o prazer da conversa matutina, conversa de sotaque quando vinham à tona nomes de certos confrades, notabilidades.

Rio de Janeiro, 1931.
A PROFESSORA

CONVIDADO PELOS PAIS DE HAROLDO AGUINAGA vou ao Teatro Municipal, companhia italiana monta a ópera de Carlos Gomes, *Il Guarani*. O médico ilustre agradece com o convite o exemplar de *O país do Carnaval*, recém-publicado, que eu lhe enviara com dedicatória, até então pensava que o amigo do filho estudante de direito era um vagabundo a mais a lhe filar a boia. Somos cinco no camarote, o casal Aguinaga, uma senhora da alta, amiga da família, Haroldo e o penetra. Os pais nas cadeiras da frente, nas do meio a grã-fina e eu, ao fundo Haroldo.

Balzaquiana, tendo dobrado o cabo dos quarenta, mas em plena forma, feliz o vice-almirante da Marinha de Guerra que a tem de esposa, a grã-fina para mim é o ideal em matéria de mulher, ideal inacessível, ai! Dela se evola perfume fino, aquele para o qual foi criado o adjetivo embriagador, penetra-me nas narinas, entontece-me, ajuda-me a suportar os dós de peito da prima-dona, Cecy obesa, de busto afrontoso, melenas loiras. Haroldo abandona o camarote, vai fumar no corredor.

Eis que sinto dedos a tocar-me o joelho, sobem pelas coxas, atingem a boa altura, os dedos suaves se estendem em mão que afaga, que cobre, segura, aperta. Volto do susto para o gozo incontido, me esporro, a senhora fita-me nos olhos, morde os lábios, deve estar gozando, penso enquanto inundo a cueca. De pé, ao fundo, de retorno à penumbra do camarote, Haroldo se diverte. Nas escadarias do teatro, apontando a convidada que embarca no automóvel dos Aguinaga, ele me aconselha.

— Vá em frente, Maria Vice-Almirante é maravilha, está doidinha por ti. Vais comer do bom e do melhor e ganhar pijamas de seda — por ora vamos os dois às criadas do Leme e de Copacabana.

Não demora uma semana e Maria Vice-Almirante se despe no Hotel Leblon onde, levado por ela, entro pela primeira vez. Deslumbra-me a juventude do corpo da balzaquiana, conservado em cremes e óleos, aspiro o perfume de fêmea, de mulher civilizada, os seios fartos, um corte de bisturi dá-lhe graça ao ventre, os pelos ruivos da xoxota, flor, joia exótica. Estende-se na cama, as mãos sob a nuca, espreguiça-se, toma de um cigarro, antes que o acenda atiro-me sobre ela, fauno, sátiro, machão, vou comê-la como ela nunca foi comida. Em dois lances a executo, tenho-a no pau desde a noite do teatro, saio dela em gala e em glória, todo eu canto vitória, espero expressões de regozijo, o louvor da tesão, tenho dezenove anos, julgo-me o maior.

Maria Vice-Almirante desata na gargalhada, olha para minha cara, para a estrovenga a meio mastro, quanto mais olha mais ri, dobra a gaitada, aponta-me com o dedo, riso incontrolável: *fou-rire* é o bom termo pois madame usa e abusa do francês. Eu a escuto rir, abobalhado, de súbito ridículo, tenho vontade de ir-me embora.

Por fim, a duras penas, ela se controla, toma de minha mão, faz-me deitar a seu lado, enfia os dedos sábios entre os pelos de meu peito, toca-me os mamilos:

— Que machão, não é? Tolo! Que pensas que eu sou? Vim aqui para quê? Sou um objeto, um buraco de meter, ou uma mulher apaixonada? Tu não sabes nada, pobre ignorante. — O rosto de Maria Vice-Almirante se ilumina: — Melhor assim, vou te ensinar, ser tua professora, quando voltar para a Europa — o marido é adido naval em capital do Velho Mundo, mesmo se eu recordasse em qual eu não diria — te deixarei em ponto de bala. Para as outras, não me importa.

Cumpriu o prometido, o que sei de melhor nessa matéria aprendi com ela, fez-me doutor de borla e capelo, sou-lhe grato: de quando em quando sinto-lhe o odor de fêmea, revejo os seios de pegar e apertar, recordo o xibiu pequeno, os pelos ruivos. Me educou.

Pensar pela própria cabeça custa caro, preço alto. Quem se decidir a fazê-lo será alvo do patrulhamento feroz das ideologias, as de direita e as de esquerda e as volúveis: há de tudo e todas implacáveis. Ver-se-á acusado, xingado, caluniado, renegado, posto no pelourinho, crucificado. Ainda assim vale a pena, seja qual for o pagamento, será barato: a liberdade de pensar pela própria cabeça não tem preço que a pague.

Buenos Aires, 1942.
CONVIVÊNCIA

VOU VISITAR JÚLIO DE MESQUITA FILHO para comunicar-lhe a decisão tomada na reunião de Montevidéu pelos exilados comunistas, ratificada na véspera em Buenos Aires: dado que o Brasil declarou guerra ao eixo nazifascista, colocou-se ao lado das Nações Unidas, nosso lugar, nosso posto de combate é na pátria, o tempo do exílio terminou, a nova tarefa é ajudar o governo no esforço de guerra. Recito meu relambório com convicção e jactância, Julinho Mesquita ouve-me com boa educação e ceticismo:

— Vocês vão se entregar à polícia? É demais.

Discutimos, cada vez que nos encontramos discutimos, mas ao cabo e ao fim chegamos a alguma concordância, mesmo pequena é valiosa. Não naquela vez da despedida.

— Gesto bonito, pode ser, mas tresloucado. — Julinho me fita com comiseração, profetiza: — Vocês ainda vão virar getulistas.

Não deu outra. A "linha justa" do Partido aprovada na Conferência da Mantiqueira[1] iria nos conduzir à aliança com os queremistas, aos braços de Getúlio. Digo até breve, ele me pergunta se pode me ser útil, está às ordens, só falta puxar da carteira, agradeço, de nada necessito. Renovamos as expressões de estima, regresso a Montevidéu, a partida para o Brasil já tem data marcada.

Meu relacionamento com Júlio de Mesquita se iniciou em 1941 quando cheguei a Buenos Aires para escrever *O Cavaleiro da Esperança* e o Partido me deu a tarefa de tratar com os "liberaloides, a gente de Armando Sales de Oliveira", a hora era de alianças na luta contra o fascismo e de convivência com os políticos que rotulávamos de liberais com menosprezo e desconfiança. De início apenas cordial, com o passar do tempo e a repetição dos encontros, o conhecimento se transformou em estima, deu lugar à amizade.

Julinho liderava o grupo de exilados que na Argentina combatiam o Estado Novo sob a orientação de Armando Sales, o ex-candidato à Presidência da República encontrava-se nos Estados Unidos. *O Estado de S. Paulo* fora desapropriado, o governo o chamara a si, de trincheira da liberdade passara a porta-voz da ditadura, Julinho se sentia ofendido e colérico. O *Estadão*, mais que patrimônio da família Mesquita, era patrimônio da democracia brasileira.

---

[1] A conferência de reorganização do Partido Comunista Brasileiro realizou-se em 1942.

Entre nós se estabeleceu um clima de mútua confiança, a fidalguia do quatrocentão paulista venceu meu pé-atrás, durante cerca de dois anos de quando em quando discutíamos política, pesávamos nossos acordos e desacordos, estudávamos o que fazer juntos, eles e nós, não mais nos estranhávamos, deixamos de ser inimigos. Julinho acompanhou com interesse a pesquisa em que me empenhei para escrever a louvação do Cavaleiro da Esperança, recomendou-me livros, lembro-me de um deles, de autoria de Aureliano Leite de quem eu viria a ser colega na Constituinte. Levei para Julinho um dos primeiros exemplares da edição Claridad de *La vida de Luís Carlos Prestes*. O político e jornalista da Revolução Constitucionalista guardara admiração e afeto pela figura legendária de Prestes a quem tratava por Capitão — a patente do jovem oficial quando se revoltou em 1924. Um elo a mais a nos unir, a facilitar a convivência. Éramos homens de princípios, os dois, mas não éramos nem intransigentes nem sectários. A diferença consistia em ser ele educado e eu um porra-louca, mas Julinho achava divertida minha insolência comunista.

Bahia, 1968.
O PAPAGAIO DEVASSO

NA LEITURA DE JORNAIS BRASILEIROS nos dias atuais, agrada-me o avanço da liberdade de linguagem, os palavrões deixaram de existir, quer dizer deixaram de ser considerados como tais. Os vocábulos ditos cabeludos já não passam de palavras normais, desaparecido o preconceito que os discriminava, a censura que os proibia.

Não era assim até há bem pouco tempo, a imprensa levava em conta a pudicícia dos leitores, a falsidade, a hipocrisia, mais ainda a reprovação de órgãos da sociedade, as restrições religiosas. Vejo em minha frente Odorico Tavares erguer os braços para fazer mais eloquente o protesto contra a linguagem do cronista Guido Guerra, literato noviço que ele acolhera nas colunas respeitáveis do *Diário de Notícias*: "Esse sujeito quer fechar o meu jornal!". Guido usara numa crônica a palavra "porreta", expressão correntia na boca dos baianos, vetada nas páginas das gazetas.

Apesar dos esporros e ameaças — "mando-o embora, este é um jornal sério" — Guido persistia no uso e abuso de termos e locuções pouco católicas, ganhara o apelido de "papagaio devasso" pela crueza do estilo, fazia sucesso junto aos leitores. Esse imprudente aparecera com seu jeito canhoto nas rodas literárias, feio, despenteado, as calças ameaçando desabar, abria caminho a toque de caixa, a golpes de tacape, verve e ousadia. Eu acudira, nem sei por quê, a uma tarde de autógrafos, o dito-cujo lançava seu primeiro livro, de crônicas. Apostei no neófito, acontece-me fazê-lo, não tenho tido motivo de arrependimento: poucas vezes dei a mão à palmatória, quase não errei nas previsões. Guido correspondeu à aposta, o cronista cresceu, dele nasceram o contista e o romancista: quando assina novo lançamento em livraria de Demê,[1] a fila se estende rua afora.

No *Diário de Notícias* o mundo vinha abaixo, Odorico anunciava a demissão do réprobo. Não demitia, não passava do esporro, dos gritos, das ameaças, Guido deixava o gabinete prometendo para não cumprir, o poeta Tavares cochichava: "O bandido tem talento, as crônicas levam graça, até Gersina[2] gosta".

Nova York, 1979.
PORTINARI

EM CASA DE JULIE E HARRY BELAFONTE jantamos em família: os pais de Julie, a irmã de Harry, Alfredo Machado está conosco. Harry me diz: "Depois do jantar quero te mostrar uma coisa, uma surpresa, vais gostar".

Encontramos os Belafonte nos quatro cantos do mundo. Com Georges Moustaki vamos jantar com eles em Paris, antes do concerto de Harry no Olympia, uma apoteose. Em companhia de Gregory Peck vamos, pelas ruas de Havana, os Belafonte e nós. Numa festa de iniciação em casa de *santería* Zélia, presente com Julie e Harry, chama a atenção para o fato de que os iniciandos, iaôs de primeiro santo, são quase todos brancos. Em Cuba como no Brasil o candomblé deixou de ser seita de negros para tornar-se religião popular onde as raças se confundem, por vezes as classes sociais. Na Bahia latifundiários, banqueiros e políticos frequentam as casas de santo, em época de eleição os ebós se sucedem, os carregos de Exu, as mandingas de Xangô. Houve ultimamente sensível abertura nas restrições cubanas às crenças de origem fetichista. Quando em 1962 estivemos pela primeira vez na ilha de Fidel, a *santería* era perseguida e proibida, agora é tolerada.

Harry Belafonte desembarca no Rio de Janeiro, os repórteres o aguardam no aeroporto, cercam-no, os microfones das rádios, as câmaras de televisão, ele os enfrenta, gozador:

— Que veio fazer no Brasil?

— Vim visitar meu amigo Jorge Amado.

1 Dmeval Chaves, livreiro.
2 Gersina, mulher de Odorico Tavares.

— E que mais?

— Mais nada, acha pouco?

No dia de meu aniversário, invade-me o apartamento, traz de presente uma estatueta de gesso, medonhosa, roubada no hall do vizinho.

Harry Belafonte não é tão somente o cantor famoso, o astro de cinema, é também um lutador pelos direitos dos homens, o combatente contra o apartheid, o amigo de Martin Luther King. Ao vê-lo comandando o programa comemorativo dos vinte anos do assassinato de King, recordo outro grande negro de quem fui igualmente amigo, Paul Robeson.[1] Têm os dois a mesma estatura, a mesma consciência, representam a dignidade do homem.

Terminado o jantar, Harry e Julie nos levam ao quarto de dormir: sobre a cabeceira do leito, em lugar de honra, um óleo de Candido Portinari, o picadeiro de um circo, desses bem pobrinhos que vão de cidadezinha em cidadezinha — os artistas, os assistentes, um cavalo azul.

— Comprei ontem numa galeria onde fui ver uma exposição de Léger. Estava no acervo, tarei por ele.

Lá fora é o inverno, a neve cobre o pavimento das ruas, no apartamento dos Belafonte reencontro, além do calor da amizade, a cor, a graça, a poesia do Brasil.

Tirana, 1950.
SANGUE

ISMAIL KADARÉ SE APROXIMA DE MIM na recepção oferecida pelo presidente Mitterrand aos quarenta escritores estrangeiros convidados para a abertura do "Fureur du Livre", invenção de Jack Lang — também na relação os brasileiros Nélida Piñon e João Ubaldo Ribeiro, João não veio, desdenhou. O romancista albanês ouviu falar de visita minha à Albânia, mas não sabe a data.

— Em 1950, faz disso mais de quarenta anos, você devia ser menino de calças curtas.

Fui a Tirana para o Congresso Albanês pela Paz, a Albânia me conquistou, a paisagem de olivais, o porto de mar no Adriático, não maior do que o de Ilhéus, o povo orgulhoso dos feitos ainda recentes na guerra contra Hitler e Mussolini, a pobreza e a esperança. A pequena capital, menor que

---

[1] Paul Robeson, cantor norte-americano.

Feira de Santana, em companhia de Wanda Jakubowska eu a percorri de ponta a ponta, na sola dos sapatos. Escrevi na época páginas líricas dando conta do meu entusiasmo. Conheci Enver Hoxha, conversei com ele...

— Ele o recebeu? — admira-se Kadaré recordando-se da grandeza do tirano.

— Eu representava o Conselho Mundial da Paz — esclareço.

Até que Hoxha me deu uma colher de chá, prendeu-me a conversar por mais de uma hora, a contar glórias, a desvendar projetos, a enaltecer Stálin, mas, humanizando-se, recordou o médico Fuad Saad, de São Paulo, com quem dividira quarto de estudante em pensão pobre de Lyon (ou de Marseille?) quando bolsistas na França, os dois. Na despedida, de novo herói, manda recado para Prestes:

— Diga ao camarada Luís Carlos para não esquecer que a Revolução para surtir efeito e se consolidar deve ser sangrenta. Sem correr muito sangue, nada feito.

Onde quer que esteja levo o Brasil comigo mas, ai de mim, não levo farinha de mandioca, sinto falta todos os dias, ao almoço e ao jantar.

Bahia, 1990.
O PORQUÊ DAS COISAS

MEU NETO JORGINHO, FILHO DE RÍZIA, AQUELA MÃE!, caçula de João Jorge, às vésperas de completar seis anos, constata a coincidência de nomes, parece-lhe estranha, me interpela no desejo de entender o porquê:

— Vô, você também se chama Jorge — como eu?

Rio de Janeiro, 1979.
CONTAGEM DE VOTOS

PEDRO COSTA[1] NOS ESPERA COM PALOMA na descida do navio, regressamos da Europa, Zélia e eu, me comunica que José Sarney é candidato à Academia Brasileira. Lastimo, mas não poderei lhe dar meu voto, já estou comprometido.

Fui um dos que incentivaram Orígenes Lessa a se candidatar à vaga aberta com a morte de José Américo. Sou leitor e admirador do paulista,

---

1 Pedro Costa, arquiteto, genro de Jorge Amado.

contista admirável, valoriso o espírito profissional, ainda tão raro no Brasil, que condiciona sua criação literária. Voto em Orígenes com alvoroço, poucos merecem como ele ocupar cadeira na Academia.

Também com satisfação votaria em José Sarney. Não o conhecia pessoalmente quando saiu a primeira edição do *Norte das águas*, mandou-me o livro, li os contos, escrevi-lhe para dizer quanto estimara o livro. Encantou-me o conhecimento íntimo que revelava da vida popular da gente maranhense, ele a recriou numa escrita rica de invenção. Não fosse Orígenes o outro candidato, eu teria sido seu eleitor de cabresto.

Passada a eleição, Orígenes me contou que uma tia sua, bastante idosa, tendo ouvido a notícia pela televisão em Lençóis Paulista, telefonou-lhe para felicitá-lo pelo honroso segundo lugar: soubera pelo jornal das oito, segundo lugar não é para qualquer um. Quando, na eleição seguinte, Orígenes foi eleito, o sucesso do sobrinho já não lhe subiu à cabeça, acostumara-se.

Nas vésperas da eleição de Sarney, Josué Montello, cabo eleitoral imbatível, o apoio de Josué vale meia eleição, declarou a um repórter que seu candidato se elegeria com 26 votos, pelo menos, 26 eram certos, contados a dedo. Sarney foi eleito com 22, teriam bastado dezenove, o repórter cobrou a Josué os quatro que faltavam:

— Em eleição da Academia, para ter 22 votos é preciso contar 26, absolutamente garantidos. Se contar 22 a derrota é certa, não passará de dezessete.

Bahia, 1969.
O SUBVERSIVO

A EDIÇÃO DE JAMES AMADO das poesias completas de Gregório de Matos, edição da maior importância, seja pelo estudo de James que a completa, seja pelo interesse que criou em torno da obra e da personalidade do Boca do Inferno, apareceu em 1969. Primeira edição em sete volumes, inaugurou a editora Janaína, de vida curta e edições limitadas a Gregório e a Fagundes Varela, mereceu o apoio do escritor Luiz Viana Filho, então governador do estado. A cooperação não passou em brancas nuvens: ajuda à cultura ou à subversão, quiseram saber as autoridades fardadas de Brasília, os generais apertaram o crânio, aperrearam a vida do governador, já suspeito por escrever livros. As polícias paramilitares tiveram ordem de investigar sobre esse tal Gregório do Inferno, boca suja que insultava os donos do poder. A Inquisição, ontem e hoje, acabará um dia?

Bahia, 1982.
OS QUEIJOS

PARA COMPLETAR A MANHÃ DE TRABALHO, duro ofício de escrever livros, antes de sair para o almoço numa tasca de Cascais, qualquer delas é a melhor — redijo estes apontamentos no Estoril ensolarado, a primavera começou antes da data —, conto uma história de queijos franceses. Passou-se há alguns anos quando os editores Jean-Claude Lattès e Jean Rosenthal com as excelentíssimas esposas desembarcaram na Bahia pela primeira vez. Não tinham avisado dia e hora de chegada, desceram do avião de madrugada, pelo meio da manhã telefonaram, Zélia e eu nos tocamos para o hotel na pressa de abraçá-los.

Na portaria, à frente do grupo, Jean-Claude empunhava uma baguete de pão francês e uma garrafa de Château Chalon, *vin jaune* de minha preferência, pronunciou breve discurso. "Os franceses quando visitam os amigos levam pão, vinho e queijo, assim o fazemos Françoise e Jean, Nicole e eu ao chegar à vossa casa, à Bahia. Aqui está o pão", entregou a baguete a Zélia, "aqui está o vinho", estendeu-me a garrafa; "quanto ao queijo aqui está ele", exibiu documento da alfândega, o *camembert*, o *roquefort*, o *brie* e o *chèvre* tinham sido apreendidos — é proibida a entrada de queijos no Brasil.

Não adiantou Jean-Claude dizer ao fiscal que "*le plateau de fromages*" me era destinado. Gentil, porém insubornável, o funcionário riu na cara do editor francês: "Já sabemos, todos os queijos que aqui apreendemos são destinados a Jorge Amado, todos, sem exceção".

Moscou, 1953.
OS SEIOS DE VALENTINA

ILYA EHRENBURG APROVEITA A SESSÃO do Bureau do Conselho Mundial da Paz para reunir em torno de Kuo Mo-jo amigos soviéticos e estrangeiros, uma dúzia de pessoas.

Kuo Mo-jo, sábio chinês de fama mundial, na Ásia seu nome é uma legenda, trata-se do único linguista que conhece 50 mil ideogramas, para ler um jornal basta conhecer 3 mil, um professor universitário sabe 6, um erudito 10 mil. Duas vezes ministro de Chiang Kai-shek, representando os comunistas nas alianças com o líder nacionalista, membro do Bureau Político do Partido Comunista que quatro anos antes, em 1949, assumira o poder e proclamara a República Popular da China, da qual é vice-presidente, vice-presidente também do Conselho Mundial da Paz e do

Júri do Prêmio Internacional Stálin, eis alguns dos muitíssimos títulos que Kuo Mo-jo ostenta ou melhor não ostenta, pois é homem simples, sem arrogância, de trato amável e extrema simpatia. Uma das figuras mais notáveis do mundo socialista, um dos líderes mais respeitados do movimento comunista internacional, anda pelos sessenta anos, não aparenta a idade, chinês não tem idade.

Na sala do apartamento, a mesa baixa e longa na fartura dos comes e bebes: peixes defumados, caviar, salmão, as frutas, a vodca, o conhaque, os vinhos da Geórgia e da Moldávia. Nos dois lados da mesa e nas cabeceiras estamos sentados Konstantin Fiédin, Konstantin Símonov, Pudóvkin, os franceses Pierre Cot e Vercors, o romeno Mihail Sadoveanu, o italiano Pietro Nenni[1] e o casal brasileiro. Símonov trouxe a esposa, célebre atriz de teatro, elegantérrima, de beleza cantada em prosa e verso, beleza eslava: os seios pródigos, alvos de leite, saltam do decote generoso, visão fatal. Chama-se Valentina Serova, para ela Símonov escreveu um livro de poemas de amor, sensuais, quase eróticos, que mereceu a reprovação de Stálin: "Por que as editoras gastam dinheiro na publicação de livros dessa espécie?". Com o que foi para o pau toda a poesia de amor da União Soviética, a começar pela de Maiakóvski. Mulher famosa, como se vê, a sublime Valentina: quando morreu, de há muito separada de Símonov, ele compareceu ao velório, depôs junto ao esquife mil cravos vermelhos em memória, mil, nem um a menos.

Sentado em frente à bela, ausente da conversa que rola em francês e ele não fala nenhuma língua ocidental, fala dezoito do Oriente, ademais mandara Liu, seu intérprete, esperar na antessala, Kuo Mo-jo dedica-se a fitar o decote do vestido de gala de Valentina, os olhos presos aos seios fornidos, deslumbrantes mananciais. Cego para tudo o mais, esvaziava por boa educação o cálice de vodca colocado em sua frente. Para livrar-se, bebia-o de um trago, Lluba,[2] dona de casa atenta, voltava a enchê-lo, ele a emborcá-lo.

Na China, é bom que se repita, os seios das mulheres, zona erógena por excelência, são o que existe de mais sagrado, sempre escondidos, desde cedo sujeitos à pressão das faixas de panos que os impedem de crescer, seios pequenos das chinesas, ocultos, tabu absoluto. Seios monumentais de Valentina, praticamente à mostra, os olhos do preclaro dirigente, do insigne homem de Estado, plantados, fixos, nas mamas voluptuosas.

---

1 Fiédin, Símonov, Pudóvkin, escritores e cineasta soviéticos; Vercors, escritor francês, Pierre Cot e Pietro Nenni, políticos francês e italiano; Sadoveanu, escritor romeno.
2 Lluba, mulher de Ilya Ehrenburg.

Distantes do drama, nós discutíamos literatura, arte, cinema, acalorados, só nos demos conta da catástrofe — será a palavra exata? — quando o absurdo aconteceu: Kuo Mo-jo, na aparência inteiro, apesar de toda a vodca que consumira, o rosto impassível, sem tirar os olhos das tetas russas, ubérrimas, teatrais, levantou-se, deu a volta à mesa, parou diante da sra. Símonov, adiantou as duas mãos e com elas tomou-lhe dos seios, nelas os prendeu, dava a impressão que para sempre.

Ali, diante de nós, estarrecidos, Kuo Mo-jo, vice-presidente múltiplo, comunista histórico, o maior sábio da Ásia, eminência, as duas mãos no decote do vestido de Valentina Serova Símonova, uma no seio direito, outra no esquerdo, a segurar, no rosto imóvel estampada a felicidade suprema. Imobilidade assim total, nós, paralisados, sem fala, silêncio igual nunca se vira desde o começo do mundo, não se voltará a ver. Olhávamos embasbacados, emudecidos, estátuas de pedra.

Liu, que não perdia seu chefe de vista, veio da saleta e o tomou pelos cotovelos, com firme delicadeza o afastou e o conduziu para o elevador. Ilya e Lluba, restituídos à vida, foram despedi-lo. Na sala a discussão, literatura, arte, cinema, recomeçou onde se interrompera, se perdera o interesse, ninguém deixava ver: era como se o acontecido não tivesse havido. Desde essa noite de espanto passei a devotar ainda maior estima a Kuo Mo-jo.

Bahia, 1978.
DÓLARES À MÃO-CHEIA

LUIZ CARLOS BARRETO, PAI E MÃE DO ATUAL cinema brasileiro, telefona-me do Rio, virá à Bahia para "tratar de importante assunto de nosso mútuo interesse", marca encontro. Sou amigo de Luiz Carlos de muito antigamente, de seus tempos de repórter fotográfico — excelente fotógrafo — em *O Cruzeiro*, gosto da família toda, de Lucy, de Bruno, de Fábio, de Paula, do craque Cláudio Adão e de dona Lucíola, rainha-mãe, poderosa. Luiz Carlos produziu o filme adaptado de *Dona Flor e seus dois maridos* dirigido por Bruno, sucesso mundial.

Chega no início da tarde, abanca-se, tira o paletó, atira-me com a proposta que ele considera irrecusável, jamais se viu coisa semelhante no cinema nacional, cairei de costas, em delírio de grandeza assinarei:

— Venho te oferecer um contrato de 500 mil dólares pelos direitos de cinema de *Tieta...* — repete: — ...500 mil dólares. — O livro *Tieta do Agreste*, êxito nas livrarias, o filme *Dona Flor*, êxito nos cinemas.

Fita-me, estira as pernas, acende o charuto, sorriso de vitória na cara simpática de nordestino. Sorrio também, toco-lhe no joelho:

— Meio milhão de dólares, Luiz?

Puxa fumaça do charuto, executivo displicente, habituado ao trato de somas fabulosas, aos royalties incríveis, produtor de Hollywood e cercanias:

— Isso! Meio milhão...

— Meio milhão! E tens coragem de dizer que és meu amigo...

— E sou, não é de hoje.

— Dizes que és meu amigo e vens me fazer proposta dessa ordem, proposta de inimigo...

— Hein?

— Tu queres, Luiz, que eu passe o resto de minha vida a te cobrar esse dinheirão, tu a me enrolares até que eu morra de cansaço e de desgosto sem ter recebido sequer um dolarzinho de amostra. Não, tu não és meu amigo, Luiz.

Luiz Carlos se dá conta, o sorriso finório de executivo se dobra em boa gargalhada cearense. Sirvo-lhe uísque, conversamos à la godaça, tarde de amigos, Luiz Carlos demora-se até a hora de ir para o aeroporto, Aurélio vai levá-lo. Na porta, os braços estendidos para a despedida:

— Quer dizer que não aceitas?

Esta foi a primeira peripécia de Tieta no cinema, existiram outras, nenhuma tão generosa em matéria de dólares à mão-cheia.

Bahia, 1966.
MÃE SENHORA

NA MADRUGADA O TELEFONE ME DESPERTA, a voz em lágrimas de Stella de Oxóssi, minha irmã de santo, quase não pode falar:

— Meu irmão, nossa Mãe morreu...

Era domingo, por acaso sou o único obá que se encontra na cidade, devo assumir sozinho os encargos da morte de mãe Senhora, a soberana. No axé reinam o desespero e a confusão, a iyakekerê, Ondina, a desafeta, que só aparece uma vez por ano na festa de Xangô, está presente, as rivais se olham de través, palavras de sotaque em meio ao pranto, a guerra dos santos pela sucessão já começou, devo decidir o que fazer, não penso tomar partido, se bem Stella seja minha irmã e candidata.

— Esta mulher não pode tocar na cabeça de minha mãe!

São quatro horas da manhã, vou ao Gantois buscar mãe Menininha, irmã de santo da morta, ambas de Oxum, única de seu porte, para que tome da navalha e venha retirar o oxu da cabeça de Senhora, libertar o egum. Menininha, Creusa, Carmem, as ebômins e as iaôs, arrancam os cabelos, rojam-se no chão. Volto ao Opô Afonjá trazendo mãe Menininha, encontro Mário Obá Telá,[1] abraço-o aliviado, agora somos dois a providenciar e resolver. Menininha entra no quarto onde está o corpo, descobre a cabeça de Senhora, ergue a navalha.

A notícia invade a cidade e a comove. O enterro sai no fim da tarde da Igreja do Rosário dos Negros, no Pelourinho, se estende pelas ruas, cortejo imenso no caminho do Cemitério das Quintas. Imenso e lento, enterro nagô: dois passos em frente, um atrás, o canto do axexê cobre o choro no adeus à ialorixá que mandava e desmandava.

O babalaô Nezinho[2] recebe a notícia pelo rádio em seu Ilê em Muritiba, vem correndo para alcançar o enterro: depositário da confiança de Senhora, sentava à sua direita no terreiro. No rosto o espanto, não entende o que se passou.

— Eu sabia que a morte fora decretada, mas não era a Mãe quem devia morrer, não era ela que os encantados haviam condenado. Só tem uma explicação: para salvar o ente querido, ela trocou de cabeça, enganou o santo.

Na véspera à tarde eu levara um médico, Menandro Novais, a ver Senhora que sofria, ele a encontrou cansada, agoniada, recomendou repouso. Mais que enferma, desesperada. "Sabia que a morte ia golpear, não lhe restou outra solução, trocou as cabeças", conclui Nezinho, dois passos à frente, um atrás.

Não me peçam para explicar o que significa a troca de cabeças, são coisas da Bahia, quem sabe sabe.

Moscou, 1957. Paris, 1990.
POESIA

TALVEZ DEVIDO À PRAGA DA DECLAMAÇÃO, epidêmica no Brasil dos anos 30, a poesia para mim ficou restrita à leitura, quando muito a dois: ler poesia de amor com a namorada a meia-voz é prazer insólito. Dá gosto ver em Moscou, no parque Górki, jovens casais a curtir Púchkin e Iessiénin, as cabeças encostadas, mãos entrelaçadas nas páginas de um livro. Fugi das declamadoras como da peste amarela, devo no entanto confessar que por mais de uma vez me emocionei ao ouvir dizer poesia.

1 Mário Bastos, remendão de sapatos.
2 Manoel Cerqueira Amorim.

Não faz muito, em Paris, na Sorbonne, Zélia e eu, em companhia de Alice Raillard,[1] ouvimos Maria de Jesus Barroso[2] declamar grandes vates portugueses: Camilo Peçanha, Mário de Sá-Carneiro, José Régio, Fernando Pessoa. Isenta de qualquer grandiloquência, a atriz vive cada estrofe, nos envolve em poesia, límpida nascente de emoção. A língua portuguesa na pronúncia de Maria de Jesus tem o acento da eternidade, a poesia me invade, me penetra, corre em meu sangue, bate em meus ossos.

Outra vez foi em Moscou, vai mais distante. Eram os tempos da abertura de Khruschov, no Teatro de Sátira davam uma peça sobre Maiakóvski, a vida do poeta contada através de seus poemas. O texto da peça era composto somente com versos de Maiakóvski e com as acusações feitas à sua poesia pelos críticos e ideólogos — críticos e ideólogos defecavam insultos e catilinárias de duas latrinas situadas no alto do cenário, crítica latrinária, o asco. No palco quatro atores viviam quatro diferentes Maiakóvski: o revolucionário, o amante, o surrealista, qual o quarto? Ou seriam apenas três?

Não falo nem entendo a língua russa, mas a força tão profunda da poesia mexeu com minhas tripas, comovi-me quase às lágrimas. Jamais esquecerei o momento em que Maiakóvski suicida penetrou no palco para se dar à morte: entrou declamando o poema com que inculpou Iessiénin por se ter suicidado. Arrepiado ouvi.

Dediquei boa parte de minha vida a desancar o imperialismo norte-americano, mal dos males, horror dos horrores, bête noire, vilão do filme, responsável pelas desgraças do mundo, peste, fome e guerra, as tiranias, a ameaça atômica — repeti com afinco e ênfase todas as frases feitas do discurso de esquerda.

Em meio à demagogia, verdades a granel: o desmascaramento, a denúncia da tentativa de domínio econômico e político, dos golpes militares em nossas pátrias da América Latina, ditaduras e ditadores feitos nas coxas dos embaixadores ianques, os Pinochets, os Videlas, a Redentora de 1964. Não me arrependo da artilharia gasta em artigos e discursos, pronunciamentos para desmascarar a impostura, denunciar a agressão, a face do imperialismo é mesquinha e sangrenta.

Repito contudo a dois por três que os bens materiais mais valiosos que possuo, eu os devo ao imperialismo, pilhéria de gosto duvidoso ao ver dos puritanos. Em verdade eu os devo a meu trabalho — ao meu e ao de Zélia, não distingo nem separo: a casa do Rio Vermelho, na Bahia, a mansarda sobre o Sena, no Marais, em Paris.

1 Alice Raillard, tradutora francesa.
2 Maria de Jesus Barroso, atriz portuguesa, mulher do presidente Mário Soares.

Em 1962 a Metro-Goldwyn-Mayer comprou-me os direitos cinematográficos de *Gabriela* — a tradução editada por Alfred Knopf figurava nas listas de best-sellers das gazetas de Nova York e de Los Angeles, pagou-me preço barato, eu era então muito pouco divulgado naquelas bandas. Para mim um dinheirão, ainda por cima em dólares, senti-me rico. A Metro demorou mais de vinte anos para realizar o filme, por duas vezes busquei recomprar os direitos, na segunda tentativa ofereci o dobro do que recebera, por duas vezes a Metro recusou em cartas idênticas: "Não pensamos nos desfazer dessa nossa mercadoria" — mercadoria, a palavra usada.

Com os dólares imperialistas do cinema de Hollywood pude realizar o sonho de ter uma casa na Bahia. Planejada e construída com amor por Gilberbert Chaves, na época jovem arquiteto, colocado hoje entre os maiores, para torná--la singular, além do talento e da perícia de Gilberbert contribuíram artistas da Bahia e dos arredores: Carybé, Mário Cravo, Lev Smarcevski, Genaro de Carvalho, Jenner Augusto, Hansen Bahia, Calasans Neto, Tatti Moreno, Udo Knoff, Chico Brennand, Aldemir Martins, o ceramista José Franco, de Portugal. Portas, grades, placas de cerâmica, azulejos, esculturas, sem falar nos óleos, desenhos, gravuras, peças de artesanato — precisaria vender à empresa ianque os direitos de cinema de outro livro se devesse pagar as doações, as dádivas.

Lev Smarcevski, pintor, arquiteto, mestre de saveiro, navegador, industrial, baiano de Odessa, desenhou e realizou os móveis; o artesão Manu, do candomblé do Gantois, forjou as armas de Oxóssi que dominam a construção e o Exu que guarda e protege a casa. A mando de mãe Senhora, mestre Didi[1] implantou o fundamento, cavocou a terra e nela ocultou o axé aos pés do Compadre, o Exu da potente estrovenga. Zélia e eu plantamos as árvores do jardim, uma a uma, à exceção dos sapotizeiros centenários e da muda de manga carlota: junto às suas raízes, onde estão os bancos de azulejos, quero ser enterrado quando chegar o dia — aproveito a chance e aqui deixo esse rogo para que os meus o cumpram.

Em 1985 a editora Bantam, de Nova York, pagou-me adiantamento relevante pelos direitos de tradução de *Tocaia Grande*, o preço desabitual mereceu comentário do New York Times, possibilitou-me a realização de outro sonho: um pied-à-terre em Paris. Descontados os impostos e a comissão do agente, os cobres da Bantam, somados ao pé-de-meia de Zélia, suas economias, deram na exata para pagar a mansarda do Quai des Celestins: da janela vemos o Sena, a Notre Dame, a Torre Eiffel e na ilha de Saint Louis, bem defronte, o apartamento de Georges Moustaki.[2]

1 Deoscóredes Maximiliano dos Santos, filho de mãe Senhora, personalidade das religiões afro-brasileiras.
2 Georges Moustaki, cantor e compositor grego.

Curitiba, 1941.
PAIXÃO

MARIA A CHINESA DESEMBARCA COM ARMAS E BAGAGENS na cama do hotel de Curitiba, aproveitamos cada minuto da noite de esponsais, agora e sempre, ai cu ladrão!

Buenos Aires, 1942.
SEPARAÇÃO

MARIA A CHINESA ARRECADA ARMAS E BAGAGENS, amanhã irá embora, aproveitamos cada minuto da noite de despedida, agora e nunca mais, ai cu ladrão!

Rio de Janeiro, 1946.
LIBERDADE RELIGIOSA

EM JANEIRO DE 1946 TOMEI POSSE na Câmara Federal de Deputados da cadeira para a qual fora designado pelos votos dos eleitores de São Paulo. Assumira com Prestes o compromisso de exercer o mandato durante três meses, voltando em seguida a meu trabalho de escritor. Fiquei dois anos, até que, num dia de janeiro de 1948, fomos expulsos do Parlamento, eu e meus companheiros de bancada.

Dia triste, de derrota política, a batalha pelos mandatos durara meses, árdua e áspera —, batalha perdida, sabíamos desde o começo. Dia alegre, pois me livrei do fardo da deputação, não nasci para parlamentar, sou refratário às tribunas e aos discursos, só amo fazer o que me dá alegria, o que me diverte. Custou-me esforço colocar-me à altura do mandato, creio que não fui de todo mau deputado, apesar de minhas limitações e das decorrentes da suspeição que cercava a bancada comunista e do sectarismo que dirigia sua atuação. Fiz o possível, tarefa difícil e chata.

Se de algo me envaideço quando penso nos dois anos que perdi no Parlamento é da emenda que apresentei ao Projeto de Constituição — Senado e Câmara reunidos em Assembleia Constituinte, discutimos e votamos a Constituição de 1946 —, emenda que, vitoriosa, mantida até hoje veio garantir a liberdade de crença no Brasil.[1]

---

1 Inciso 6º do artigo 5º da atual Constituição.

A República, ao ser proclamada, decretara a separação entre o Estado e a Igreja — a Católica Romana —, mas a liberdade religiosa que dela devia decorrer não passara do papel, uma farsa. Colocada por inteiro — a teologia da libertação ainda não existia — a serviço da riqueza e do obscurantismo dos senhores de terras e do poder, a Igreja Católica conservou todos os privilégios, todas as regalias. Dinheiro farto dos cofres do Estado para os "colégios de padre", subsídios de todo tipo, consideração oficial, absoluta: o Senhor Bispo mandava e desmandava, os governadores beijavam-lhe reverentes o anel episcopal. As demais religiões, cristãs ou não, comiam o pão que o diabo amassou. Para as apelações protestantes, as tendas espíritas, os cultos populares de origem africana restavam a discriminação, as restrições de todo tipo, a perseguição policial.

Em 1946 andei pelo interior do Ceará em campanha eleitoral, Zélia à minha ilharga, vimos coisas de pôr o cabelo em pé: templos protestantes saqueados, incendiados por massas de fanáticos enfurecidos sob o comando de sacerdotes católicos, a cruz erguida em guerra, aos gritos de Viva Cristo Rei. Os mesmos fanáticos capitaneados pelos mesmos padres que destruíram em poucos minutos o palanque de onde devíamos falar, Zélia e eu, em comício que não conseguimos realizar. Escapamos com vida por entre ameaças de beatas desvairadas e facas de sangrar porcos exibidas por jagunços, nunca vi a morte tão de perto. Zélia recebeu uns empurrões de velhas carolas, quis reagir, temi o pior, por sorte conseguimos embarcar num caminhão e partir em disparada. Liberdade, nem religiosa nem política.

Se protestantes e espíritas passavam maus pedaços, das religiões afro-brasileiras nem falar. Desde mocinho, rapazola cursando a vida popular baiana, inclusive nas casas-de-santo, nos terreiros de candomblé, com Edison Carneiro, Arthur Ramos,[1] Aydano do Couto Ferraz,[2] foi-me dado testemunhar a violência desmedida com que os poderes do Estado e da Igreja tentaram aniquilar os valores culturais provenientes de África. Buscavam exterminar tradições, costumes, línguas tribais, os deuses, eliminar por completo as crenças da gente mais pobre e mais sofrida.

Menino de quatorze anos comecei a trabalhar em jornal, a frequentar os terreiros, as feiras, os mercados, o cais dos saveiros, logo me alistei soldado na luta travada pelo povo dos candomblés contra a discriminação religiosa, a perseguição aos orixás, a violência desencadeada contra pais e mães de santo, iaôs, ekedes, ogans, babalaôs, obás. Não vou me demorar

[1] Arthur Ramos, antropólogo.
[2] Aydano do Couto Ferraz, jornalista.

no que me foi dado ver, os lugares sagrados invadidos e destruídos, ialorixás e babalorixás presos, espancados, humilhados, nunca esquecerei de pai Procópio, as costas em sangue, resultado da surra de chicote no xadrez. Tais misérias e a grandeza do povo da Bahia são a matéria-prima de meus romances, que os leia quem quiser saber como as coisas se passaram.

A emenda da liberdade religiosa custou-me trabalho e astúcia. A astúcia de não colocar o assunto diante da bancada ou em reunião do Bureau Político, de levá-lo diretamente a Prestes, chefe incontestes, talvez por isso mesmo menos sectário, mais aberto que os outros dirigentes. Aproveitei a vinda ao Rio de Giocondo,[1] figura respeitada — comandante militar da revolta de Natal, em 1935, condenado a dez anos de prisão, vivera com nome falso até a anistia, militante provado, homem decente — para em sua companhia ir conversar com Prestes. Familiar do problema, Giocondo o expôs em todos os detalhes, chamando a atenção do secretário-geral para os dividendos que o Partido poderia obter junto ao povo se tomasse a si a defesa das religiões populares, assim conseguimos o aval do dirigente máximo para a emenda. Se eu a houvesse levado à bancada ou ao conjunto da direção, jamais teria obtido autorização para apresentá-la: sendo a religião o ópio do povo, droga ainda pior era o candomblé, barbaria primitiva, incompatível com o socialismo, nossa meta. Quanto a mim, na opinião de vários camaradas, escritor imoral, não passava de pequeno-burguês portador de sérios desvios ideológicos.

Armado com o aval do Cavaleiro da Esperança, comecei por recusar as assinaturas dos componentes da bancada, nem sequer Prestes, senador pelo Distrito Federal, a assinou. De comunista apenas eu, mais fácil fazê-la tramitar como projeto de intelectual conhecido, ligado às seitas afro-brasileiras, bem-visto apesar de comuna. Fosse da bancada a emenda nasceria morta.

O exercício do mandato pela bancada comunista tornara-se cada vez mais difícil à proporção que o clima democrático resultante da vitória das Nações Unidas sobre o nazismo cedia lugar às discórdias da guerra fria. Os deputados dos demais partidos nos olhavam com olhos de suspeita, quando não de repulsa. Qualquer emenda ou projeto da bancada via-se rejeitado *in limine*. "O que estará por detrás disso?", perguntavam-se senadores e deputados do PSD, da UDN, do PTB ou do PST, descobriam na proposição mais inocente o famigerado dedo de Moscou. As gerações atuais não sabem o que significavam o dedo e o olho de Moscou: estavam em toda parte ameaçando

---

[1] Giocondo Dias, foi secretário-geral do PCB.

a sociedade estabelecida, a religião, a moral, os bons costumes, a família brasileira. Havia também o ouro de Moscou, mas essa já é outra história.

Emenda batida à máquina, eu a assinei e fui em busca de Luiz Viana Filho, baiano e escritor, autor de livro sobre *O negro no Brasil*, deputado pela UDN, submeti-lhe o texto da emenda, convidei-o a assiná-la, baiano e escritor ele a assinou. Fiquei à espreita de Gilberto Freyre, deputado por Pernambuco (pela Esquerda Democrática, creio), o mestre de Apipucos não comparecia a todas as sessões, não dava tamanha confiança à Assembleia, quando subia à tribuna o plenário se enchia, as galerias ficavam repletas, os jornalistas agitavam-se indóceis, Otto Lara Resende deve se lembrar. Mal o vi, sequestrei-o dos admiradores, levei-o a um canto, mostrei-lhe a emenda — os xangôs do Recife vão poder dançar em paz —, ele colocou-lhe o valioso autógrafo, comentou em voz baixa, o sorriso sedutor: "Por que não pensei nisso?". Assim andei de bancada em bancada, de deputado a deputado, de Octavio Mangabeira a Milton Campos, de Hermes Lima a Café Filho, de Nestor Duarte a Vargas Neto, obtive para mais de oitenta assinaturas, o apoio de Cirilo Júnior e o de Prado Kelly, líderes do PSD e da UDN. Com a aprovação da emenda, a liberdade religiosa foi inscrita na Constituição, tornou-se lei.

Essa a minha contribuição para a Constituição Democrática de 1946. Transformada em artigo de lei a emenda funcionou, a perseguição aos protestantes, a violação de seus templos, das tendas espíritas, a violência contra o candomblé e a umbanda tornaram-se coisas do passado. Para algo serviu minha eleição, a pena de cadeia que cumpri no Palácio Tiradentes, constituinte apagado, deputado de pouca valia.

Rio de Janeiro, 1932.
COBRA NORATO

DO OCEANO ÍNDICO ONDE NAVEGA num maru qualquer no rumo do Japão, Raul Bopp me envia os originais dos poemas que escreve a bordo margeando a costa da África: ninguém mais convicto da negritude brasileira do que o poeta gaúcho descendente de alemães.

Andejo, Bopp trilhou os caminhos do mundo, os mais longos foram os da Amazônia, ele a entendeu e amou, do encontro com o rio e a selva nasceu o poema brasileiro por excelência, nada maior nos deu o modernismo, intitula-se *Cobra Norato*. Os poemas negros, a Ariel os editou, reunidos sob o título de *Urucungo* com capa de Santa Rosa, a primeira que o paraibano desenhou no Rio.

Juntos com Carlos Echenique alugamos casa em Ipanema — em 1932 o bairro apenas começava a se erguer sobre as areias — para nela residir e receber senhoras de nossas relações, não demorou vivia tanta gente, tanta, na sala e nos dois quartos que Raul teve de mudar-se para um quarto do outro lado da rua. Ficamos amigos no dia em que nos conhecemos e o fomos até o fim de sua vida.

Cônsul no Japão, na viagem dos poemas ia assumir o consulado, revelou-se o mais eficiente diplomata, terminou embaixador também de extrema competência. A obra que imortalizou seu nome, *Cobra Norato*, data de antes, dos idos da antropofagia. Por volta dos anos 60, publicou-se uma edição fora de comércio, a Norato ilustrada com gravuras de Oswaldo Goeldi, o que se pode denominar de ouro sobre o azul.

Rio de Janeiro, 1971.
CASAMENTO

UMA FOTOGRAFIA MOSTRA-ME ENTRANDO na Igreja de São Bento, arrastando Paloma pela mão, vê-se na foto, entre outros amigos, Eduardo Portella, José Mauro Gonçalves, Carlos Ribeiro e Antônio Houaiss. Atravessamos a porta do templo na hora marcada, dez horas em ponto, nunca se viu coisa igual em casamento de certa relevância: unem-se famílias de dois beletristas conhecidos, de presença significativa na vida cultural. Pedro vem correndo para o altar, encontrava-se no confessionário, na sacristia.

Aprendi a pontualidade nos anos vividos na Europa, no Brasil hábito infeliz, sou o único brasileiro pontual, o que me causa os maiores embaraços. Será que desta vez não estou exagerando? Paloma ainda retoca o cabelo, eu já me encontro na porta do elevador. Quem sabe o faço para deixar claro que não vou me dobrar aos costumes da família Costa, de impontualidade legendária, contam-se histórias, algumas hilariantes. Paloma casa-se com Pedro, filho de Nazareth e Odylo Costa, filho.

A cerimônia é presidida por d. Timóteo,[1] chegou expressamente da Bahia. Figura admirável, de rara sensibilidade, distante do habitual dogmatismo católico, tão habitual e estreito quanto o comunista, d. Timóteo é subversivo capitão das hostes da resistência à ditadura militar reunidas em torno de d. Hélder Câmara, Arcebispo de Recife e Olinda, que, nos embates da vida, evoluiu de posições de direita para alianças de esquerda.

---

1 D. Timóteo Amoroso Anastácio, monge beneditino, abade do Mosteiro de São Bento, na Bahia.

Casamento ecumênico, o noivo católico praticante, de família tradicionalmente católica, sobre Odylo li, em artigo de crítico respeitado, tratar-se de poeta católico, a classificação pareceu-me limitadora de uma poesia que se eleva acima de tais contingências ideológicas; a noiva filha de pais ateus, criada à margem de qualquer religião — inclusive das religiões populares, de origem africana, apesar do pai ser obá de Xangô. A esse casamento ecumênico d. Timóteo empresta a graça mágica da poesia, a ternura da amizade, usa palavras simples para falar da vida e do amor, não consigo defender-me da emoção.

Não posso tampouco deixar de sentir certa inquietação, certo temor: conseguirá Paloma adaptar-se à nova família, de usos e costumes tão diferentes dos nossos? Observo o casal diante do monge, atento às palavras sábias e belas. Pedro, menino delicado e frágil, perfil de jovem erudito, devorador de livros, será capaz de mastigar a vida? Por vezes eu o estranho, sogro por demais grosso para genro de natureza tão sensível, timidez e orgulho. Será Paloma capaz de resistir às dificuldades do dia a dia, aos azares e crueldades da vida, da vida e do convívio, às crueldades do amor? Conseguirá atravessar as grandes tormentas e as pequenas misérias? Conseguirá relacionar-se bem com os sogros, com as cunhadas, com os cunhados? Espero que sim, Paloma se parece comigo, tanto, somos iguais em quase tudo. Diferente de João, filho de sua mãe Zélia, a bondade em pessoa, a aceitação da vida, a tranquila segurança, a alegria tranquila. Eu e Paloma somos mais complicados, menos bondosos, menos generosos do que Zélia e João, somos mais egoístas, mais rudes. Em troca possuímos certa malícia, certa flexibilidade, conseguimos contornar os impulsos que podem levar à incompreensão, conduzir ao desastre. Pensando em mim próprio e em minha vida em companhia de Zélia, concedo um voto de confiança a Paloma.

Rio de Janeiro, 1971.
A AGNÓSTICA

APÓS O CASAMENTO DE PALOMA, no automóvel — vamos da igreja dos beneditinos para o almoço em casa de Odylo, em Santa Teresa —, Lalu,[1] toda nos trinques, reclama do sermão de d. Timóteo Amoroso, a seu ver discriminatório em relação à neta:

— Toda hora atirava na cara da menina que ela não é católica, que não foi batizada...

---

1 Lalu, apelido de Eulália Leal Amado, mãe de Jorge.

— Casamento ecumênico, minha mãe, de um católico com uma não católica... Dom Timóteo não estava ofendendo Paloma...

— Nem por se tratar desses modernismos, o frade não precisava contar que Paloma não é católica, botar na boca do mundo... A pobrezinha ali, ouvindo... Também tu e Zélia que necessidade tinham de espalhar que ela não é católica?

E Lalu, seria ela católica? Batizada, com certeza, mas de religião fraca. Tirante as promessas a santo Antônio, o das coisas desaparecidas e achadas, a quem ela tratava de Tonho, com intimidade, não lhe sobrava crença para a sobremesa. Cética e crítica, não acreditava na vida eterna, gostava dessa que se vive na terra, mesmo limitada e vã. Sou bem seu filho.

Londres, 1970.
CHAPLIN

DE PARTIDA PARA A EUROPA vou me despedir de Walter da Silveira,[1] despedir é o verbo correto: Walter está desenganado. Leal e exigente, o amigo mais ciumento de quantos tive em minha vida, indignava-se com supostas desatenções, cobrava. Ao ouvir-lhe a voz no telefone, eu começava por lhe perguntar: me diga, Walter, estamos de bem ou de mal? Do outro lado do fio ele desatava na risada, perdoava-me a desatenção, só ele sabia qual e quando.

Encontro-o contente apesar da enfermidade: recém-publicado, seu ensaio sobre Charles Chaplin recolhe louvores, Glauber gostou, Paulo Gil Soares, no Rio, Fernando da Rocha Peres, na Bahia, desdobram-se em elogios, Walter exibe-me recortes. Pede-me o favor de levar um exemplar com dedicatória para Chaplin, deverei postá-lo na Europa: quer ter certeza de que ele o receberá. Teme que não lhe chegue às mãos o que despachou do Brasil por via aérea e sob registro. Recebo o volume, aceito a incumbência, fique descansado, porei no correio em Londres, minha primeira escala.

Ao fazê-lo, junto ao livro carta que Antonio Olinto traduz para o inglês e eu assino, relembro a Chaplin o Prêmio Mundial da Paz que ele aceitou e recebeu em sua casa na Suíça, falo de Walter, digo quem é, o quanto lhe deve o cinema brasileiro, o amor que dedica à obra do gênio que criou a figura de Carlitos, peço que acuse o recebimento para o endereço do autor do ensaio, na Bahia, acrescento que Walter está morrendo.

[1] Walter da Silveira, advogado e crítico de cinema.

Antes de falecer, Walter recebeu duas cartas, remetidas ambas da residência do mestre maior do humanismo em nosso século: uma do escritório, despacho formal da secretária, acusa a chegada do volume e agradece. A outra, carta pessoal de Charles Chaplin: sensibilizado fala do livro, mensagem de estima e afeto, calorosa.

Rio de Janeiro, 1930-40.
AS BELAS

QUANDO DESEMBARQUEI NO RIO DE JANEIRO, em 1930, subliterato ávido, conheci o "mais belo casal da literatura brasileira" — assim o classificou Augusto Frederico Schmidt ao fazer as apresentações: "Esse aqui — a mão gorda no meu ombro — é um primo do Gilberto Amado".

O mais belo casal, realmente belo, tinha razão o poeta, constituíam-no a cronista Eneida de Moraes, paraense, cabocla linda, e o crítico literário Múcio Leão, pernambucano alto e bem-posto, um regalo de homem como dizia minha prima Maria que rabiscava versos e ornava de chifres a testa rica do marido comerciante de tecidos.

Na década de 30 a 40 a paisagem literária do Rio orgulhava-se de algumas escritoras de invulgar formosura: poetisas, romancistas, cronistas cuja presença desencadeava guerra sem quartel entre os colegas masculinos.

Cecília Meireles, os olhos verdes, ao ver de muitos a mais bela, grande voz da poesia em língua portuguesa. Adalgisa Nery, viúva do pintor Ismael Nery, paixão de tantos — Jorge de Lima, Murilo Mendes, José Lins do Rego —, casou-se com Lourival Fontes, foi a mais deslumbrante das embaixatrizes, escreveu um bom romance. Dinah Silveira de Queiroz, ao tempo esposa do jurista Narcélio de Queiróz, por ela o grande editor perdeu a cabeça mas, bem casada, a romancista desdenhou o potentado. Graciliano Ramos, ao conhecê-la, louvou-lhe o livro de estreia com veemência inabitual. Não sendo de elogio fácil e tendo me dito que ainda não havia lido o romance de Dinah, cobrei-lhe a intrujice. "Ainda não li mas já gostei, quem vier me dizer que é ruim briga comigo." Da beleza de Eneida já falei, manteve-se linda mesmo no fim da vida, quando a moléstia tentou fazê-la ausente e feia sem o conseguir.

A meu ver, entre todas a mais formosa, a sem igual, Yone Stamato, escrevia poemas e transtornou a cabeça de poetas e prosadores, citavam-se os nomes de Cassiano Ricardo e de Menotti del Picchia entre outros em delírio, eu a conheci em 1938, na *Dom Casmurro*,[1] quando a esplendorosa Yone teve um caso com a redação daquele semanário de literatura.

Bahia, 1988.
O JAPONÊS

FLORIANO TEIXEIRA NASCEU NO MARANHÃO há mais tempo do que demonstra, na Bahia engordou mas não envelheceu, patriarca jovial entre filhos e netos. No leme do barco, Alice[2] parece mansa, é destemida, garante a travessia no mar encapelado. O sangue indígena predomina na mistura brasileira do maranhense.

Morou no Ceará onde viveu e conviveu, ninguém de tão boa convivência, fez e desfez na Universidade, fundou Museu, afirmou-se um dos principais desenhistas brasileiros. Lina Bo Bardi realizou em 1963 exposição dos desenhos de Floriano no Museu de Arte Moderna da Bahia, ele veio inaugurar a mostra, ficou de vez e para sempre. Na Bahia Alice pariu Pedrinho, o caçula, e a pintura desabrochou no atelier do Rio Vermelho, ali labuta o artista na criação quotidiana de beleza.

Ilustrou livros de alguns amigos, inclusive meus, deu a Dona Flor a formosura cabo-verde e os modos serenos de Alice, a secreta sensualidade, deitou-se com Lívia, Gabriela, Tieta e Tereza Batista na rede da imaginação e as reinventou, sou seu devedor.

Na casa da rua Ilhéus recebe com cortesia admiradores e fregueses, dá corda à conversa, pois é conversador de natureza. A turista milionária a quem Lew Smarchewski recomendou comprar quadro de Floriano examina as telas e o pintor:

— O senhor é paulista, seu Floriano?
— Eu? Não senhora. Sou maranhense — responde o índio.
— Se não é paulista por que então parece japonês?

Rio de Janeiro, 1968.
OS MABAÇAS

O FILME DE FERNANDO SABINO E DAVID NEVES, *A casa do Rio Vermelho*, um dos doze documentários que a dupla dedicou a escritores brasilei-

---

1 *Dom Casmurro*, revista literária, de 1937 a 1946.
2 Alice, mulher de Floriano Teixeira.

ros, tem vinte minutos de duração dos quais os senhores Carybé e Dorival Caymmi desperdiçam uns seis ou sete a dizer mal de mim, o mocinho da película.

Fernando e David foram à Bahia para a filmagem, os dois figurantes não estavam, exibiram-se depois, no Rio. Disseram horrores, que eu fazia e acontecia, inventava e produzia, pintava o diabo, amarrava o bode, criticaram-me as bengalas, os bonés e o bigode, as camisas coloridas, as bermudas, as sandálias.

Assisto o filme, vejo os dois compadres fazendo minha caveira, no entanto sou o terceiro a formar com eles a trinca dos doutores do povo da Bahia, três obás de Xangô, senhores respeitáveis. Meus dois mabaças, Caymmi e Carybé, não merecem confiança, não são pessoas sérias, línguas de trapo, corações de ouro, a voz e a face da Bahia.

Rio, 1947.
SEMELHANÇA

MÉDICOS E DOENTES SE ATROPELAM para ver passar Maria, a Della Costa, esplendor de beleza: atravessa os corredores da maternidade, vem de visita a Zélia que na véspera dera à luz um menino, João Jorge.

Enfermeiras vão buscar o infante no berçário e o trazem para o banho na presença da mãe feliz. Desnudam-no das fraldas, mergulham-no na água tépida. A atriz examina o corpo do recém-nascido, aponta:

— Olha a piquinha dele... Igualzinha à do pai.

Petrópolis, 1984.
O COMENDADOR

ESCONDIDO EM PETRÓPOLIS, na casa de Glória e Alfredo Machado, confortável e fraterna, trabalho como um forçado no romance *Tocaia Grande*. O telefone insiste, Zélia atende — também ela trabalha em seu terceiro livro de memórias, *Senhora dona do baile* —, vem me tirar da máquina de escrever:

— Não podes deixar de atender, é o embaixador da França.

Francês que sou, de coração, vou ao telefone. O embaixador me comunica que vem de receber notícia auspiciosa, apressa-se a transmiti-la: o governo da França, em ato assinado pelo presidente François Mitterrand, vem de me condecorar com a Legião de Honra, no grau de comendador. Cinco outros condecorados concedem à honraria significação ainda maior, pois são os cineastas Federico Fellini e Joris Ivens, amigo de toda a vida, os escritores Norman Mailer, Alberto Moravia e Yaşar Kemal — também velhos amigos o italiano e o turco. Declaro-me honradíssimo e assim me sinto.

O embaixador fixa data para eu estar em Paris na cerimônia da outorga da condecoração. Desejoso de não interromper a escrita do romance, ao ouvir o embaixador dizer que irá à Bahia na semana seguinte exatamente para entregar a Pierre Verger a Legião de Honra que também acaba de lhe ser concedida, proponho que o diplomata na mesma ocasião me condecore: à Bahia vou num dia, volto no outro, para Paris gastarei uma semana, pelo menos.

O embaixador perde o rebolado, meu desconhecimento do protocolo quase o ofende:

— Nem pense nisso! O senhor recebe a Legião de Honra no grau de comendador, só o presidente da República pode entregar-lhe o título, pendurar a medalha em seu pescoço. Verger é oficial, posso fazê-lo, eu, embaixador da França.

Ah, minha sacrossanta ignorância! Desculpo-me, marco a viagem, sigo para Paris. O presidente Mitterrand acresce à honra que me confere palavras generosas sobre meu trabalho de escritor. Vejo na sala de l'Élysée meus amigos franceses mais queridos, sinto um frio nas tripas, os olhos úmidos. Para Zélia vale como uma reparação, comemoramos no Palais de L'Élysée 35 anos de nossa expulsão da França.

Petrópolis, 1984.
COLUNA SOCIAL

DE VOLTA DE PARIS COM A COMENDA da Legião de Honra, recebo telefonema de Ibrahim Sued, abraço de felicitações. Jornalista bem informado, revela-me que sou o único comendador da Legião de Honra existente no Brasil. Completa, fofoqueiro amável:

— Roberto Marinho e Nascimento Brito vão morrer de inveja, são apenas oficiais.

Dias depois leio na Coluna de Ibrahim que Roberto Marinho foi promovido a comendador, ainda bem, já não estou sozinho.

Fico sabendo também que existe uma associação dos brasileiros condecorados com a Legião de Honra, entro de sócio, mas não frequento.

Bahia, 1928.
ACADEMIA DOS REBELDES

A ACADEMIA DOS REBELDES FOI FUNDADA na Bahia em 1928 com o objetivo de varrer com toda a literatura do passado — raríssimos os poetas e ficcionistas que se salvariam do expurgo — e iniciar a nova era.

Colocada sob a égide de Pinheiro Viegas, poeta baudeleriano, recordo verso de um soneto: "acho o mundo, afinal, drolático e macabro", panfletário temido, epigramista virulento, o oposto do convencional e do conservador, personagem de romance espanhol, espadachim, faleceu em 1932. A antiacademia sobreviveu ao patrono, durou ainda um ano, o último a obter ingresso em suas hostes foi Walter da Silveira.

Único vivo do grupo que compôs a Academia, no exercício da saudade faço o balanço dos livros publicados pelos Rebeldes, por cada um de nós. A *Obra poética* e *Iararana*, de Sosígenes Costa: sua poesia, nossa glória e nosso orgulho; a obra monumental de Edison Carneiro, pioneiro dos estudos sobre o negro e o folclore, etnólogo eminente, crítico literário, o grande Edison; os *Sonetos do mal-querer* e os *Sonetos do bem-querer*, de Alves Ribeiro, jovem guru que traçou nossos caminhos; os dois livros de contos de Dias da Costa, *Canção do beco*, *Mirante dos aflitos*; os dois romances de Clóvis Amorim, *O Alambique* e *Massapê*; o romance de João Cordeiro, devia chamar-se *Boca suja*, o editor Calvino Filho mudou-lhe o título para *Corja*; as coletâneas de poemas de Aydano do Couto Ferraz, a de sonetos de Da Costa Andrade; os volumes de Walter da Silveira sobre cinema — some-se com meus livros, tire-se os nove fora, o saldo, creio, é positivo.

Não varremos da literatura os movimentos do passado, não enterramos no esquecimento os autores que eram os alvos prediletos de nossa virulência: Coelho Neto, Alberto de Oliveira e em geral todos os que precederam o modernismo. Mas sem dúvida concorremos de forma decisiva — nós, os Rebeldes, e mais os moços do *Arco & Flexa*[1] e os do *Samba*[2] — para afastar as letras baianas da retórica, da oratória balofa, da literatice, para dar-lhe conteúdo nacional e social na reescrita da língua falada pelos brasileiros. Fomos além do xingamento e da molecagem, sentíamo-nos brasileiros e baianos, vivíamos com o povo em intimidade, com ele construímos, jovens e libérrimos nas ruas pobres da Bahia.

1 *Arco & Flexa*, revista literária, de 1928 a 1929.
2 *Samba*, revista literária, de 1928 a 1929.

Cannes, 1985.
A QUASE MINISTRA

NOMEADO GOVERNADOR DE BRASÍLIA, José Aparecido de Oliveira deixa o Ministério da Cultura, Sarney, que herdara gabinete composto por Tancredo nos acordos eleitorais, resolve aproveitar a ocasião para ampliá-lo convidando uma personalidade feminina para o cargo vago, gesto inteligente.

Convida Fernanda Montenegro, a atriz recusa, Sarney acaba por descobrir Zélia no Festival de Cannes, oferece-lhe o Ministério, Zélia também recusa, Sarney insiste. Perplexa, Zélia não entende as razões que levam o presidente a fazer-lhe tal convite. São evidentes, lhe digo. Escritora de sucesso, pessoa competente, séria, hábil, simpática, escolha de primeira, ministra retada.

Zélia pergunta-me se falo sério ou se a estou gozando. Nunca falei tão sério e nunca te gozei. Ela pede-me, então, que lhe diga com franqueza: "Mesmo se fosse assim como tu pensas, queria saber o que significaria para ti ser esposo da ministra da Cultura". Resposta na ponta da língua:

— Sarney deseja uma mulher compondo o Ministério, correto. Se aceitares, ele contará com ministra bela, simpática, capaz e...

— ...e...?

— ...e divorciada.

Londres, 1976.
ARTE BRASILEIRA

NA CASA DE CAMPO DE FLEUR COWELL, a alguns quilômetros de Londres, Zélia se alvoroça ao ser apresentada a Janet Gaynor, convidada para o weekend como nós. Janet a teria conquistado ao lhe falar de *Gabriela, clove and cinnamon* se a admiração de Zélia não datasse dos filmes de outrora, dos áureos tempos.

Além da atriz norte-americana, encontro no jardim da mansão inglesa — uma parte da construção data do século XI — outra senhora célebre, essa minha velha conhecida. Falo de Yemanjá, a deusa do mar do povo da Bahia. Aqui chegou, a este jardim britânico, pelas mãos criadoras de Carybé, escultura em madeira de mágica beleza.

Figura ilustre, pintora conhecida, embaixadora de Franklin Delano Roosevelt, amiga do Brasil, Fleur Cowell possui em sua coleção de arte algumas peças brasileiras. Na sala principal de seu apartamento em Picadilly, na casa que pertenceu a lorde Byron, em lugar de honra, talha monumental de Calasans Neto, paisagem da Bahia. No quarto de dormir, atrás do leito antigo, digno de museu, uma tapeçaria de Genaro de Carvalho. Também na casa de campo de Alfred Knopf,[1] em Purchaise, nas aforas de Nova York, deparo-me com tapeçaria de Genaro iluminando a sala de jantar.

No apartamento tríplex de Elsbeth e Hans Juda,[2] em Londres, um grande óleo de Candido Portinari, oferecido por Assis Chateaubriand de quem os Juda são conselheiros para a aquisição de pintura inglesa — as peças que compõem a preciosa coleção que se encontra no Museu de Feira de Santana, bem conservada ao que me dizem, foram por eles escolhidas.

Além do quadro de Portinari, uma igrejinha baiana do *naïf* Cardoso e Silva, meu amigo Cardosinho, figura na sala de visitas dos Juda, colocada entre uma tela de Léger e uma de Chagall, fico indócil ao vê-la: no meio de tantas soberbias a Igrejinha de São Lázaro não desmerece, não faz feio.

Ilhéus, 1924.
OS CORONÉIS DO CACAU

NA RODA DOS NOTÁVEIS, NO CAIS DO PORTO, no mercado do peixe, na estação do trem, eu os acompanho, espio e ouço, eu os aprendo, aos coronéis do cacau. Não contam bravatas, preferem os casos bem-humorados.

Na saga de matar e morrer conquistaram a terra virgem, desbravaram a mata, comandaram jagunços, plantaram as árvores dos frutos de ouro, ergueram cidades, semearam cruzes nos caminhos abertos pelas tropas de burros, nos atalhos das tocaias. Minha mãe Eulália dormia com a repetição sob o travesseiro, o marido, coronel João Amado de Faria, ausente, nos rumos da guerra, à frente dos cabras. Da coragem indômita nasceu a civilização grapiúna (os poetas, os ficcionistas, tantos), batida sobre o sangue derramado. Os coronéis do cacau, eu os aprendo, irão ser meus personagens nas histórias de espantar.

Menino xereta, acompanho meu pai, meu tio Álvaro Amado, dois coronéis, um sério, trabalhador, o outro ladino, aventureiro. Ouço, vejo, me educo com o compadre Braz Damásio, com Basílio de Oliveira, Sinhô Badaró, Adonias Aguiar, Misael Tavares, Domingos Maron. Os árabes são muitos, vieram do Oriente, os turcos de Ilhéus e Itabuna, os Maron e os

---

1 Alfred Knopf, editor norte-americano.
2 Hans Juda e Elsbeth, jornalista inglês e sua mulher, fotógrafa.

Medauar. Os negros são raros mas existem: como esquecer o negro José Nique, herói de minha infância, cercado na mata, baleado, rompendo o cerco, chegando de madrugada lavado em sangue à casa da fazenda de meu pai? A maior parte, inumerável confraria de sergipanos, nação provinda da pobreza do estado vizinho. Alguns poucos se gabam de sangue europeu, quem sabe sangue azul, nobreza e fidalguia. O coronel Ramiro Berbert de Castro — pai de Demostinho,[1] o campeão do porto, tio-avô de Zé Berbert,[2] dele o cronista herdou a verve e a inventiva, os repentes — orgulha-se da ascendência francesa, o nome dos Berbert nos pergaminhos dos corsários.

Na viração da tarde, na sombra das amendoeiras, em frente ao palacete dos Berbert, o coronel Ramiro conta suas andanças na capital de onde acaba de chegar. Grande fazendeiro, riquíssimo, um tanto canguinha, a idade já lhe pesa no andar, se reflete na voz, mas a animação não cede, o coronel não se entrega. Fornece aos ouvintes, seus iguais, notícia fresca de interesse público: "Vem de ser instalada na cidade da Bahia, no largo do Teatro, no alto da ladeira da Montanha, pensão de luxo, raparigas de truz. Funciona sob a direção competente de madame recém-chegada de Paris via Rio de Janeiro, atende por Madame La Chatte". Erudito em termos fesceninos aprendidos com as putas francesas, o coronel ilustra a ignorância grapiúna:

— *Chatte* em francês quer dizer boceta.

Para Nelson Schaun, intelectual maximalista, admitido na roda em consideração à cultura, *chatte* quer dizer gata, de boceta não sabia.

— Pois fique sabendo.

Estando na Bahia, informado da inauguração do Nid d'Amour — ninho de amor, traduz o jornalista Schaun, dando o troco —, o coronel Ramiro comparece ao evento. Foi entrando na sala repleta de mulheres, foi anunciando com a altanaria dos coronéis do cacau:

— Boa noite, meninas. Sou o coronel Pedro Catalão, de Ilhéus.

O coronel Pedro Catalão, de Ilhéus, figura de legenda nas pensões de putas, nos castelos, célebre pela riqueza e pelo fausto, pela prodigalidade, acendia o charuto usando notas de 500 mil-réis em lugar de fósforos. Quarentão, ainda jovem se comparado ao coronel Ramiro Berbert, garboso, elegante, trajes cortados no Rio de Janeiro, sempre na estica, os bigodes em ponta, o topete no cabelo, as botas de montar e o rebenque de prata, Pedro Catalão, o ai-jesus do mulherio. Perdulário, seus excessos engor-

---

1 Demósthenes Berbert de Castro, fazendeiro, homem político.
2 José Augusto Berbert de Castro, jornalista.

davam nas fofocas das comadres, nas cadeiras dos barbeiros, nas rodas de conversa. O raparigal em peso, em Ilhéus, em Itabuna, em Água Preta, na capital, sem excetuar uma que fosse, sonha com a cama de Pedro Catalão, forrada de notas de quinhentos, sem falar na tesão: dava três ou quatro, uma atrás da outra, aquele garanhão — aprendo esses particulares nas ruas de Ilhéus, quando menino. Eduardo Catalão, filho do coronel, futuro ministro da Agricultura de João Goulart, foi meu colega na escola de dona Guilhermina, sua irmã Maria Alice, criança linda, minha primeira namorada, casou com um general, cada vez mais linda.

Coronel Ramiro Berbert tendo se proclamado o coronel Pedro Catalão, viu-se rodeado de mulheres-damas, francesas, polacas, argentinas e uma negra que, pelo volume da bunda, ele pensou nacional e era senegalesa, falava língua enrolada. Madame La Chatte só faltou pôr-se de joelhos para lamber-lhe as botas, as raparigas desfilaram uma a uma diante do milionário, a caftina informava especialidades refinadas de boceta, boca e cu. De preço não se falou, comunicar a tabela da casa ao coronel Catalão pior que ofensa seria gafe colossal. Pedro Catalão pagava sempre o duplo quando não o triplo das tabelas, sem precisar conhecê-las.

— Escolhi duas moçoilas, uma francesa, a outra polaca. A polaca era tão loira que magoava a vista, a francesa era ruiva, as ruivas têm parte com o cão. Cheguei a pensar na negra, deixei para outra oportunidade. Passei a noite com as duas, elas se desdobraram em competência, cada qual mais viciada, faziam de um tudo, a francesa propôs usar um chicotinho, achei demais. Eu rindo por dentro, passando pelo compadre Pedro, um pagode.

Coronel Ramiro Berbert percorre a assistência com o olhar arteiro, vê o menino ao lado do pai no reino dos céus, ouvinte jubiloso:

— É teu filho, João Amado? Ouvi dizer que é inteligente, quem sai aos seus não degenera. — Prossegue o relato: — Atravessei a noite na caçoada de ser compadre Catalão. De manhã, na despedida, meti a mão no bolso, puxei a carteira e a abri na vista das gringas, carteira recheada de notas de quinhentos. Para troçar com o compadre Catalão tirei uma de 100 mil--réis, botei em cima da cama para elas dividirem entre as duas, fui embora. Ficaram sem fala, sem ação: na faina a noite inteira com o coronel Pedro Catalão, cada uma esperava pelo menos duas pelegas de quinhentos, um conto de réis, daí pra mais. E para completar a caçoada...

Encara a roda presa à narrativa, os coronéis em riso, atento o letrado Nelson, o menino em transe, cofia o bigode branco:

— ...para completar a zombaria não tive tesão de propósito.

Eu aprendia os coronéis nas ruas de Ilhéus, os jagunços nas roças de cacau, cursava meus preparatórios antes de vir para as universidades dos becos e ladeiras da Bahia.

Dobris, 1950.
MANDELINKA

PARTICIPEI DE MUITA COISA RIDÍCULA em minha vida, poucas comparáveis à caça que, em companhia de eminentes escritores tchecos e eslovacos e de alguns estrangeiros em férias, empreendi contra a praga das mandelinkas nos arredores do castelo de Dobris. As mandelinkas, arma na guerra fria que se avolumava entre os Estados Unidos e a União Soviética.

Constava que os imperialistas norte-americanos, monstros sem alma, dirigidos pelo FBI e pela CIA, haviam enviado aviões carregados com toneladas de mandelinkas para despejá-las sobre as plantações, os campos de batatas, trigo, cereais. Espécie de besouro ou de lagarta, já não me lembro, a mandelinka reduzia a nada os esforços dos camponeses nas cooperativas em luta pelas safras: assim a fome devastaria os Estados socialistas e conduziria à contestação.

Haveria resquício de verdade ou o alarme não passava de simples conto da carochinha? Nem por isso deixava a população, arregimentada pelos organismos partidários e sociais, de sair à caça das mandelinkas, em campanha nacional. As autoridades alertavam os patriotas: jornais, estações de rádio, cartazes diziam do perigo e reproduziam o inimigo, desenhos em todas as partes. Agora me recordo, tratava-se de um besourinho, a imagem cobria as caixas de fósforo, eu era fumante inveterado: uma espécie de joaninha.

Não escapamos da caça às mandelinkas os escritores residentes ou em férias no castelo, Emi Siao, Jean Laffite, Gabriel d'Arboussier acompanhamos os nacionais ao campo de batatas e o percorremos folha a folha à procura das malditas pulgas ianques atiradas dos aviões. Incapaz, nunca achei nenhuma, outros afirmavam aos gritos vitórias sobre o imperialismo, mas cadáver de mandelinka nunca me foi dado ver.

Em compensação fui o campeão de rapidez, ganhei de todos. Jan Drda, dirigente, responsável, gozador que não podia dar-se ao luxo da dúvida ainda menos da gozação, ao ver-me passar impetuoso e célere, piscava-me o olho na cumplicidade da tolice assumida em nome da ideologia. Piscava-me o olho, logo gritava alerta exibindo entre os dedos gordos invisíveis mandelinkas. Cada coisa!

Lisboa, 1984.
O SOLUÇO

DÁRIO CASTRO ALVES SABE LISBOA DE COR E SALTEADO, as ruas, os becos, as ladeiras, palácios e igrejas, monumentos, os restaurantes de luxo, as tascas, começou a aprender Lisboa lendo Eça de Queirós, completou o curso ao servir como embaixador do Brasil em Portugal. Leva-me a beber licores esquisitos, vinhos do Porto divinos em tabernas conhecidas apenas pelos requintados, é recebido de braços abertos, freguês preclaro e assíduo.

Não conheci embaixador mais competente, creio que sob todos os aspectos, posso dar testemunho da solidariedade humana. Durante o drama de Glauber morrendo num quarto de hospital Dário não cumpriu apenas os deveres do cargo, foi presença constante ao pé do leito. Casado com Dinah Silveira de Queiroz, ele a fez feliz todos os dias, todas as horas desde que a conheceu e por ela se apaixonou. Enferma, Dinah foi encontrar-se com a morte no Brasil, Dário ia e vinha, entre São Paulo e Lisboa, acompanhei seu calvário.

Demorara-se no Brasil ao lado de Dinah, encargos inadiáveis da Embaixada exigiam sua ida a Portugal, os médicos lhe disseram que poderia viajar se fosse por alguns dias, Dinah estava condenada mas o desenlace não seria assim tão rápido, Dário tomou o avião para Lisboa, ao desembarcar soube no aeroporto que o estado da esposa se agravara, estava por um fio. No próprio aeroporto marcou a volta pelo avião da noite, o primeiro a sair para o Brasil, foi à chancelaria despachar os assuntos urgentes, almoçamos com ele na residência, nos telefonemas de São Paulo a vida de Dinah se esvaía.

No caminho para o aeroporto se deteve no Casino Estoril para cumprir obrigação de diplomata: a inauguração de uma exposição de artesanato português, com uma única representação estrangeira, a do Ceará, terra de Dário.

No hall de entrada Dário Castro Alves, embaixador do Brasil, ao lado de Manuel Telles, diretor da empresa concessionária do Casino, aguardava a chegada de Manuela Eanes, senhora do presidente da República, seria ela a inaugurar a exposição. Engolindo o sofrimento, Dário recebia convidados, saudava-os, desculpava-se, vinha para onde estávamos, Zélia e eu, abraçava-nos, continha a duras penas o soluço e as lágrimas.

O embaixador não poderia partir antes que a primeira-dama do país percorresse a exposição de ponta a ponta: para destacá-lo dos estandes portugueses, haviam situado o cearense no fim da mostra. Quando a senhora do presidente chegou, ao cumprimentá-la, eu lhe pedi que, rompendo o protocolo, começasse a visita pelo fim, para libertar o embaixador, deixá-lo partir para o aeroporto, o rosto belo de Manuela Eanes cobriu-se de tristeza. Ladeada pelo embaixador do Brasil e pelo diretor do Casino, inaugurou a exposição, abreviou o ato, demorou-se um minuto diante do artesanato cearense, com palavras de afeto liberou o diplomata.

Acompanhamos Dário ao automóvel, olhou para Zélia e para mim, cobriu o rosto com as mãos, deixou que as lágrimas escorressem, que o soluço escapasse do peito.

Bahia, 1969.
OS OSSOS

COMPAREÇO AO ENTERRO DOS OSSOS DE CORISCO, lugar-tenente de Lampião, morto em combate na caatinga pela polícia fardada. Um sertanejo explicou a Ranulfo Prata:[1] "O sertão vive na balança da desgraça, de um lado a seca e os cangaceiros, de outro lado a polícia militar, sozinha pesa mais que os outros dois".

Ossos escondidos durante anos sob o colchão da cama por Dadá, sua mulher. Eram duas mulheres no bando: Maria Bonita, a de Lampião, e ela, Sérgia da Silva Chagas, a de Corisco. Amparada em muletas, perdera uma perna nos tiroteios, Dadá ganha a vida, sustenta família numerosa com o rendimento do artesanato de bolsas, reproduções dos embornais que costurava para os cangaceiros. Em luta desigual contra o terror, conseguiu resgatar a cabeça de Corisco da exibição no macabro museu que os doutores da falsa ciência instalaram nas dependências da Faculdade de Medicina — ali o poder do latifúndio expôs para exemplo e escarmento as carantonhas de Lampião, de Maria Bonita, de Zé Baiano, de Corisco, dos demais do grupo. Havia quem considerasse esse museu uma casa de cultura.

Falsa ciência, falsa cultura, é o que mais se vê. A cultura nasce do povo, ele a conserva viva e leva avante na realização dos mestres. Privei com alguns dos mestres, dos verdadeiros, no universo da ciência, das letras e das artes: Picasso, Sartre, Frédéric Joliot-Curie, meu privilégio foi tê-los conhecido. Não menor o apanágio de ter merecido a amizade dos criadores da cultura popular da Bahia, de dizer irmão a Camafeu de Oxóssi, de haver sido mote para trova de cordel de Cuíca de Santo Amaro e de

---

1 Ranulfo Prata, escritor.

Rodolfo Coelho Cavalcanti, de possuir casarios de Willys, de Licídio Lopes, igrejinhas de Cardoso e Silva, madeiras do Louco, de acompanhar Pastinha até a última roda de capoeira angola, de ser sócio remido do afoxé Filhos de Gandhy.

Viena, 1954.
A PRESSA

EGYDIO SQUEFF SURGE NO HOTEL em que estou e no qual se hospedam dirigentes partidários, personalidades do Conselho Mundial da Paz. Regressa da China onde permaneceu durante seis meses, enviado pelo pecê para estudar jornalismo — como se Squeff não soubesse jornalismo para ditar cátedra no Rio e em Pequim. Hóspede do partido chinês, habitou numa casa destinada a quadros responsáveis, ambiente fechado de alta hierarquia.

Acompanho-o ao quarto onde deposita a mala e um enorme embrulho em papel pardo, material que o pecê chinês envia para o pecê brasileiro no quadro do intercâmbio ideológico, Egydio guarda o pacote no armário. Somos velhos amigos, na alegria do reencontro desejo prolongar a conversa, saber das últimas realizações da grande república popular, do socialismo na versão maoísta, mas Squeff mostra-se pouco disposto ao bate-papo político. Viajará na manhã seguinte para Paris de onde seguirá para o Rio, trocará de avião no aeroporto. Dispõe de pouco tempo em Viena.

Manifesta extrema urgência de ir às putas, imediatamente: posso emprestar-lhe alguns xelins para o descarrego? Os camaradas chineses forneceram-lhe uns magros dólares, o justo para o hotel austríaco, os táxis, o almoço na escala em Paris, se gastar com mulheres correrá o risco de ficar desprevenido. Estranho a correria atrás das quengas, pois sei que no Brasil Maria Paulistana o aguarda, amante mais ávida e mais sábia não poderia ele desejar, porque não esperar as 48 horas que faltam para o encontro com a bem-amada na cama das sabedorias, dos refinamentos? Squeff não esconde a impaciência:

— Jorge, hoje completam seis meses e cinco dias que não sei o que é mulher. Seis meses e cinco dias reduzido à bronha, meu irmão, à masturbação, seis meses de punheta, não aguento mais. Os chineses só faltaram me capar. Na China trepar fora do lar é crime, quem se atreve paga caro. Caro demais.

— Não me diga... Nem uma chinesinha?
— Nem pensar. Estritamente proibido. Não digo que não houvesse algumas que até dariam com satisfação, mas cadê coragem? Na China, seu Jorge, pior que a castidade só o medo. Chega de punheta, hoje é meu dia, Deus é grande. Passa-me os xelins, depressa.

Passo-lhe os xelins, Squeff se informa na portaria do hotel, sai em disparada.

Você não acredita, Ester Lavigne Sá Barreto, "baiana de Itabuna, parenta de Artur Lavigne e de Raymundo Sá Barreto, ancorada em Blumenau, Gabriela nessas frias alemanhas", em sua carta nega-me o direito à modéstia, pois sendo escritor devo ser de natural vaidoso, cheio de mim ao sol de minhas merdolências. Invocando a qualidade de leitora exige lhe revele ao menos uma das muitas razões que decerto imagino possuir para gabar-me, encher-me de ufania, balão inflado ao vento, não um balão qualquer, mas o próprio Zepelim.

Pois lhe revelarei motivo de vaidade, quando o recordo penso que algo fiz pela terra da Bahia, nossa terra, chão e céu. O motivo é duplo, condiciona a ciência e a arte. Trata-se da descoberta mágica, do encontro da pátria verdadeira, território para a pesquisa e a criação, do desembarque de dois cidadãos eminentes, dois dos que mais concorreram para fazer da Bahia o que ela é, reconstruir-lhe a memória, restaurar-lhe a vida. Homem de ciência o mais velho, etnólogo, historiador, feiticeiro; artista o mais jovem, mestre do desenho e da aquarela, pintor e escultor, um duende, um capeta.

Pierre Verger, aristocrata francês, Fatumbi na África negra, no reino de Oyó, Ojuobá na Bahia, Verger estudou e revelou os laços umbilicais que ligam África e Brasil: o tráfico dos escravos, a saga dos orixás, os ritos afros e os ritos brasileiros dos candomblés, semelhanças e diferenças, a ciência das folhas e da adivinhação, o mistério e a mistura. Um dia o fidalgo gaulês abandonou a partícula, as armas e os brasões, as cartas de nobreza, com a máquina fotográfica a tiracolo partiu para o Oriente: sua obra de fotógrafo, da China a Cuba, da Tailândia ao Haiti, o retrato em corpo inteiro da Bahia dos anos 50, é incomensurável. Maior só a do cientista, a do doutor de la Recherche Scientifique de France, o colaborador de Roger Bastide, o babalaô Fatumbi, professor da Universidade de Ifá no reino de Xangô, especialista de assuntos africanos na Universidade Federal da Bahia, Ojuobá no terreiro do Opô Afonjá, levantado por mãe Senhora, a venerável.

Pierre Fatumbi Ojuobá Verger veio para a Bahia porque leu a tradução francesa de Jubiabá, *ou seja,* Bahia de tous les saints.

Nascido em Buenos Aires de pai italiano e andejo e de mãe brasileira, Hector Julio Paride Bernabó — nome demais para um artista, bom nome para cantor de tango: Julio de Bernabó, el Bandoleón Divino, para cafifa: Hector Paride, el Papito, ele o abandonou pelo de Carybé —, andou por ceca e meca buscando a pátria, pintou o bode no planalto andino, atravessou os pampas a cavalo envergando poncho vermelho e barrete frígio para engabelar Nancy — e a engabelou —, um dia leu Jubiabá em tradução argentina, embarcou para a Bahia.

Recém-desembarcado passou a pintar painéis por encomenda de Anísio Teixeira, de Edgard Santos e de Clemente Mariani, revestiu a cidade de arte e personagens. Fez bori no Opô Afonjá, mãe Senhora tocou-lhe a cabeça com a navalha, mãe Menininha do Gantois deu-lhe o adjá a segurar, Oxóssi lhe ordenou desenhar, pintar e esculpir, fixar a cidade e o povo, a memória e a vida. Recriou a Bahia inteira, de suas mãos nascem as mulatas, os pescadores de xaréu, as iaôs, as ekedes, os capoeiristas, as putas, na gravura, na aguada, no desenho, no óleo, e os orixás talhados na madeira estão no Museu do Negro, paridos no trato da goiva e do macete. Carybé amigou-se com a Bahia e a fecundou.

Dei à Bahia o sábio e o artista, acha pouco? Tenho ou não motivo para vaidade? Não foi você, diz-me o bom senso, quem os trouxe na barra do mistério, foi o pai Jubiabá para quem Gilberto Gil compôs uma canção e Nelson Pereira dos Santos rodou um filme. Recolho-me à minha modesta condição, intérprete menor do povo da Bahia, com o que me basta e sobra.

Paraty, 1979.
TELEGRAMA

A CONVITE DE BRUNO BARRETO ASSISTO à tomada de algumas cenas do filme *Gabriela* que ele dirige para a Metro-Goldwyn-Mayer. Paraty merece a câmera de Carlo de Palma, mas por que filmar aqui o que se passou nas terras do cacau? Nada em Paraty recorda Ilhéus, são a água e o vinho, não entendo o porquê da escolha. Após o jantar Marcello Mastroianni recita-me os termos do telegrama que enviou a Sophia Loren dias atrás.

Sophia escapou por três vezes de viver personagens meus. Nos idos de 50 Sergio Amidei transformou *Mar morto* em cenário de filme, ofereceu à jovem atriz o rol de Lívia. Na ocasião mostrou-me carta na qual Sophia aceitava o papel após ter lido o livro: "Encanta-me a ideia de viver essa negrinha brasileira". Depois a Metro a contratou para fazer três filmes nos Estados Unidos, um dos quais seria *Gabriela*, cenário de Dalton Trumbo, a diva só participou do primeiro, história de uma freira italiana: tendo engravidado abriu mão do contrato, a Metro abriu mão da filmagem. Por fim convidada por Lina Wertmüller para ser Tieta, não apenas aceitou como se sujeitou à cadeia para viver a moça do Agreste — a falência do Banco Ambrosiano enterrou o projeto, a produção não chegou a começar.

Processada na Itália por motivos relacionados com o imposto de renda, Sophia embarcou para Roma a fim de cumprir o compromisso assumido com Lina, passou um ou dois dias no xilindró até que o juiz a mandasse em paz. Na mesma ocasião Mastroianni, Nacib da nova *Gabriela*, viu-se obrigado a seguir para Assunção em busca de visto brasileiro de trabalho. Leu nos jornais notícia da detenção de Sophia, enviou-lhe telegrama: QUEM PODERIA IMAGINAR QUE NOSSAS CARREIRAS TERMINARIAM DE FORMA TÃO LASTIMÁVEL: EU NO PARAGUAI, TU NA CADEIA — IO IN PARAGUAY, TU IN GALERA.

Bahia, 1991.
PELÉ

QUE SER DECENTE É PELÉ, nascido Edson Arantes do Nascimento, grande brasileiro, igual aos maiores. Artista incomparável da arte do futebol, igual não houve antes, não haverá de novo, moleque de Minas Gerais deslumbrou os povos, menino de dezesseis anos ganhou a Copa do Mundo na Suécia, durante décadas alegrou os olhos e os corações, cada gol uma obra-prima, gênio da redonda, símbolo da dignidade do esportista.

Leio nos jornais declaração sua a propósito da tragédia que outro grande do futebol está vivendo: Diego Maradona. Nas brumas da droga, nas malhas da máfia, denunciado, acusado, processado, expulso, castigado, arrastado na rua da amargura, exposto à fúria e ao nojo, prato feito para os chacais da imprensa, para o orgasmo dos invejosos: os rancorosos que não perdoam os grandes, pedem a cabeça, decretam o fim do pobre pibe deslumbrado com a glória, por ela corroído. É preciso ser Pelé para carregar a glória às costas com simplicidade.

Pelé diz a palavra justa, aquela que eu queria ouvir: plena de grandeza humana. "Não é hora de acusar Diego, de apontá-lo com o dedo em riste, degradá-lo, enterrá-lo em vida no estádio vazio, fugir dele como da peste. Há que apoiá-lo no transe fatal, ajudá-lo, estender-lhe a mão, dizer-lhe: meu irmão, amanhã o estádio estará repleto, a bola rolará e de teus pés ela partirá para o gol da vitória e o delírio da torcida." É bom encontrar um ser decente em meio a tanta mesquinhez, ao ódio desatado na ronda dos escrotos: sobram, pululam, se esporram.

Certa mídia brasileira detesta Pelé e busca empanar-lhe a glória. Para que sua grandeza merecesse loas ele deveria ser bêbado e mau-caráter, vegetar na miséria e na atribulação.

Paris, 1948.
OS ÍDOLOS

AO EMBARCAR PARA A EUROPA, em janeiro de 1948, levava na bagagem o desejo de conhecer alguns escritores de minha admiração, os que haviam iluminado com poemas e romances os anos da guerra, quem sabe teria a oportunidade de vê-los, saudá-los, talvez conversar com eles, os meus ídolos.

Anna Seghers, a da *Sétima cruz*; Ilya Ehrenburg, o de *A queda de Paris* e dos artigos de fogo e sangue, crônica da bravura e do heroísmo no front russo-alemão; Mikhail Chólokov, o da saga do Don, os romances desmedidos; os poetas da resistência francesa, Paul Éluard, "liberdade escrevo teu nome...", e Louis Aragon. Esses os principais. De quase todos me tornei amigo, tive o privilégio.

Anna e Ilya, amigos mais que amigos, me enriqueceram, me fizeram melhor. Paul Éluard, fraterno de Neruda, com ele convivi de perto, levei-o a participar de tarefas brasileiras, a falar em ato de solidariedade a Prestes, cuja liberdade estava ameaçada: Éluard, um encanto de pessoa.

Convivi também com Louis Aragon, trabalhei com ele em tarefas partidárias, Aragon fez traduzir e publicar dois livros meus. *Seara vermelha*, antes da edição em livro saiu em *Lettres Françaises* com xilogravuras de Scliar, para o desconhecido escritor brasileiro, que eu era, uma glória. Com Aragon não fui além da estima literária e da convivência partidária, por mais de uma vez esbarramos um no outro: Aragon e sua corte, não nasci cortesão, nasci amigo.

Apenas conheci Mikhail Chólokov e de logo o detestei. Levado por Ilya, fui receber na estação os delegados soviéticos ao Congresso de Wrocław, entre eles estava Chólokov. Saltou bêbado do trem, apareceu uma única vez na sala do congresso, bêbado embarcou de volta para Moscou.

Quanto mais soube dele mais dele me afastei: homem do aparelho do partido, da intriga e da denúncia, grão-russo chauvinista, provocador, contavam histórias de arrepiar a propósito de sua atuação e de seu dogmatismo. Apenas dogmático, sectário, estreito, ou pior que isso, policial? Não me arrisco a uma conclusão.

Na sala do II Congresso dos Escritores Soviéticos, em 1954, ao vê-lo da tribuna denunciar confrades, acusando-os de inimigos do socialismo,

Anna Seghers, sentada a meu lado, murmurava: "É um fascista! Não passa de um fascista!". Estremecia de indignação.

Tão mesquinho, mísero indivíduo, tão grande, imenso romancista! Depois de Liev Tolstói, pode ter havido alguém tão grande, mas não maior. Só a epopeia da *Guerra e paz* pode se comparar à do *Don silencioso*. Nem por lhe repudiar a ação política deixei de admirar os romances de Chólokov. Na luta contra o sistema soviético, o governo dos comunistas, Soljenítsin, com o apoio e o aplauso de muitos, tentou retirar-lhe a autoria dos romances — negá-los, impossível —, anunciando que teriam sido escritos por um fulano qualquer. Coloquei a denúncia de quarentena, em luta política toda arma é válida e não há honradez de grão-russo que se mantenha íntegra: tão grão-russo chauvinista Soljenítsin quanto Chólokov, e aos dois acrescento outro gigante em prosa e verso: Pasternak.

Mau-caráter, péssimo cidadão, infame delator, sem dúvida, mas daí à novela de televisão do roubo de originais e de sua apropriação, há um abismo. Nem por ignóbil indivíduo, Chólokov deixou de ser para mim o romancista que deu um nó em minhas tripas.

Frankfurt, 1976.
O AGENTE GRATUITO

ESTÁVAMOS NUM COQUETEL OFERECIDO por importante editor alemão, no quadro da Feira do Livro de Frankfurt, conversávamos, Alfredo Machado, Klaus Piper[1] e eu, quando vi o escritor Osman Lins, que se aproximava.

— Conhece Osman Lins? — perguntei a Alfredo.

— Pessoalmente não.

Fiz as apresentações. Surpreendeu-me a reação de Osman Lins ao ouvir o nome de Alfredo Machado: o rosto do contista pernambucano iluminou-se num sorriso caloroso.

— Alfredo Machado? — estendeu a mão: — Eu estava à sua procura querendo lhe ser apresentado. Para lhe agradecer...

Voltando-se para mim, explicou:

— Você sabe, Jorge, que devo a Alfredo Machado estar traduzido em alemão? Foi ele quem, sem ser meu editor nem meu amigo, sem nunca ter me visto, enviou meus livros para a consideração da editora alemã que

---

[1] Klaus Piper, editor alemão.

passou a me publicar. Foi meu agente literário com a diferença que não me cobrou comissão...

Assim era Alfredo Machado: quantos escritores brasileiros devem à sua iniciativa, gratuita e generosa, tradução e publicação em outras línguas? Sei de uns quantos, alguns dos quais nem sequer eram seus editados, tampouco seus amigos: para Alfredão importava apenas a qualidade do livro, o talento do autor.

Sou de um tempo em que ao ouvir bater na porta se dizia: "Se é de paz pode entrar". Quem bate à porta é de paz e de amizade, o ator Zé Trindade, artista de cinema e de televisão, celebridade desde os tempos das chanchadas, agora percorre o interior do país, faz a alegria das plateias das cidadezinhas.

Com as empregadas da casa aprendo a humildade, a não me vangloriar, a importância é sempre relativa, dou-me conta. Ouço a cozinheira Agripina dizer a Eunice[1] que vem lhe informar quem chamou à porta e ela fez entrar:

— Zé Trindade? Não me diga! Seu Jorge é mesmo importante, é amigo de Zé Trindade.

Tem razão. Zé Trindade na tevê, na tela do cinema, no rádio, em pessoa, é ídolo popular queiram ou não os elitistas da cultura, uns bestalhões, sua amizade me dá status, importância. Agripina, Eunice, Detinha vêm espiá-lo do corredor, a meu convite entram na sala, se aproximam deslumbradas, estendem as mãos a Zé Trindade, ele as abraça, repete um bordão de rádio, careta cômica de televisão, o riso se espraia.

Praga, 1951.
SIBELIUS

EM MEIO À MASSA DE NOTÍCIAS, artigos, reportagens, documentos, o in memoriam imediato à morte de Alberto Moravia, mestre romancista, companheiro cordial, encontro curiosa referência a meu nome.

Em crônica nas páginas de *La Repubblica*, um colaborador do jornal comenta indignado a injustiça de Moravia falecer sem ter recebido o prêmio Nobel, revela que assim aconteceu devido à oposição tenaz do acadêmico sueco Artur Lundkvist ao nome do autor de *La Romana*. Lundkvist, "um dos cinco membros da Academia que escolhem a cada ano o Nobel de literatura", esclarece o articulista. Acrescenta: "o mesmo

---

[1] Eunice Ferreira, arrumadeira na casa de Jorge Amado.

Lundkvist que impediu que o Nobel fosse concedido a Kazantzákis e se opõe ao nome do brasileiro Jorge Amado". Meu nome, hein! Falado para o Nobel, discutido, navego em mar de rosas, a citação deixa-me regalado mesmo se os suecos me passam para trás: nunca me imaginei candidato ao Nobel.

Quando do assunto que aqui passo a relatar, meu compadre Pablo Neruda, de quem Lundkvist era amigo, traduzira poemas do *Canto general* para o sueco, me informou: "Artur está furioso contigo, não engoliu o veto a Sibelius,[1] eu tentei convencê-lo que não tinhas culpa, mas ele não quis me ouvir". Anos depois outro compadre meu, Miguel Ángel Asturias, aliás prêmio Nobel, de volta de conferências em Estocolmo, me perguntou em Paris diante de um assado de javali digno de qualquer prêmio: "Que história é essa do prêmio a Sibelius que sabotaste, compadre? Lundkvist tomou raiva de ti, te detesta". Limpo o molho de javali que me escorre pelo queixo, digo a Miguel não faltar razão ao ensaísta escandinavo: vou te contar o sucedido, compadrito.

Na mesma oportunidade da fundação, em 1949, do Conselho Mundial da Paz, instituiu-se o Prêmio Mundial da Paz com uma dotação em dinheiro de 15 mil dólares (pagos pelos soviéticos), a ser distribuído anualmente a três personalidades da literatura, das artes plásticas, da ciência, do cinema, da música. Os premiados seriam escolhidos por um júri internacional integrado por dirigentes do movimento da paz.

Membros do júri, somos escolhidos Pierre Cot e eu para os postos de presidente e de secretário. Na minha qualidade de secretário, coordeno as candidaturas à láurea e aos dólares, levo os dossiês aos demais componentes do júri, informo ao mesmo tempo os caciques soviéticos que manejam as rédeas do Conselho, não escondo que, devido ao cargo, eu detinha certo poder de manobra e decisão, respeitados os limites políticos. Entre os membros do júri contava-se o acadêmico sueco Arthur Lundkvist, representante dos partidários da paz escandinavos.

Lembro aqui, para informar sobre a importância do Prêmio Mundial da Paz, algumas das figuras que o receberam: Picasso, Charles Chaplin, o poeta turco Nazim Hikmet, o romancista islandês (depois prêmio Nobel) Halldór Laxness, Joris Ivens, Wanda Wasilewska, Rafael Alberti, Shostakóvitch, Leopoldo Méndez, Chi Pai-Shi, a cineasta polaca Wanda Jakubowska, um brasileiro: Josué de Castro.

---

[1] Jean Sibelius, compositor finlandês.

Apresentado por Lundkvist, constava da relação inicial de candidatos, naquele ano de 1951, o nome do compositor Sibelius. Antes mesmo que a relação se tornasse oficial, fui chamado às falas por Aleksandr Korneichuk, dramaturgo — assisti em Moscou uma única peça de sua autoria, chinfrim —, vice-presidente da Ucrânia, membro do Comitê Central do Partido Comunista da União Soviética. Fora das funções oficiais e da responsabilidade partidária era conviva amável, dado às mulheres e à bebida, o lado mais simpático do personagem. Em 1952, no Congresso Mundial de Viena, apresentei-o a Maria Della Costa, a atriz participava da delegação brasileira, Korneichuk deslumbrou-se, perdeu a cabeça.

Ao convocar-me não estava deslumbrado, estava categórico, colocou o dedo em cima do nome de Sibelius na lista dos possíveis candidatos, disse: "Esse jamais!". Compositor famoso, ardente patriota, Sibelius compusera canções e hinos de exaltação a seus compatriotas que com parcos recursos se batiam contra os exércitos soviéticos na guerra russo-finlandesa de 1939: Sibelius estava no índex, a União Soviética queria vê-lo morto e enterrado. Korneichuk, casado com a romancista Wanda Wasilewska, de origem polaca, cidadã soviética, conselheira de Stálin, feia e severa: *malgré tout ça* pessoa de bom trato, éramos amigos, por ela o dirigente soubera da candidatura do compositor antes que eu lhe desse conhecimento da lista. Os prêmios não eram decididos sem a aprovação dos soviéticos.

Informei Korneichuk da posição de Pierre Cot, simpático à candidatura de Sibelius, ele não se comoveu: "Diga a Cot que esse jamais, se ele quiser venha falar comigo". Pierre Cot, eminente político francês, deputado, ex-ministro da Aviação, um dos aliados mais considerados do Partido Comunista da França, personalidade forte, subiu nas fumaças ao receber o recado de Korneichuk, esbravejou, arrotou importância e brios. "Afinal quem decide de prêmios e premiados? O júri internacional ou o pecê da União Soviética? Vou lhe dizer as últimas", confiou-me, ao partir para o encontro com o vice-presidente da Ucrânia, admirei-lhe a integridade e a coragem, o estofo de herói.

Regressou manso, em companhia de Frédéric Joliot-Curie, presidente do Conselho Mundial, grande cientista, prêmio Nobel, comunista convicto. Decerto Frédéric ajudara Pierre Cot a engolir o sapo, um sapo--cururu: o nome de Sibelius foi riscado da lista. Quem não engoliu o sapo, não lhe atravessou na garganta, foi Lundkvist, ficou safado da vida, largou o júri e o movimento da paz, recolheu-se à sua Academia da Suécia. Não sei se brigou com Korneichuk e com Pierre Cot, duvido.

Levei a culpa, alguma tive, não fui contudo o autor do crime, não passei de mero cúmplice. Carreguei com a culpa inteira, o que me aconteceu repetidas vezes, devo a circunstâncias como essa alguns de meus mais sinceros e contumazes desafetos.

Se Artur Lundkvist se opõe a meu nome nas discussões do Nobel devido ao fracasso da candidatura de Sibelius, não lhe tiro a razão. Se porém me nega pão e água por lhe parecer de baixa extração os romances que escrevo, a razão lhe sobra. Não escrevo para ganhar prêmios, outros motivos me inspiram e me ordenam, não receber o Nobel não me aflige, nunca pensei merecê-lo, conheço meus limites melhor que qualquer dos críticos que desancam meus livros. Ao demais opino ser um infeliz o escritor que trabalha e cria em função de prêmios e honrarias, mesmo quando o prêmio é porreta, a grana supimpa e o candidato a candidato é merecedor: se rebaixa, faz-se pequeno, desmerece a sua criação.

Conheço alguns desses aflitos no Brasil e em Portugal, vivem em correria e ansiedade que seriam dramáticas se não fossem cômicas. Sofrem horrores nas agruras da competição, da cavação, rastejam no delírio da autopromoção, oferecem triste, ridículo espetáculo. Para eles o prêmio Nobel não é sonho, é pesadelo.

Lisboa, 1974.
DITADURAS

ENTRAMOS EM PORTUGAL POR ELVAS, Zélia empunha o volante de um Peugeot 504 repleto de bagagens — naquele então viajávamos de navio, a travessia do Atlântico durava uma semana de lazer, eu levava para o Rio Vermelho caixas e caixas de livros e de arte popular. Hoje a viagem dura onze horas de terror num avião, duas malas de roupas, chama-se isso de progresso. Recomendo:

— Vamos bem devagar, meu amor, esta pode ser nossa última estada em Portugal, vamos ver tudo, coisa a coisa, para guardar nos olhos.

Na fronteira a polícia fardada nos interrogara, pretendera abrir todos os volumes, nem em tempos de Salazar tal absurdo acontecera. Perco a paciência, puto da vida faço o maior esporro, e quando o alferes me pergunta o que contém o caixão que ele pensa termos escondido no interior do carro, respondo: contém munição, se quer saber, armas, bombas. Por sorte um capitão atende aos meus berros, leitor de *Gabriela* pede autógrafo, libera carro, livros, passageiros.

Amo por demais essa parte de Portugal, é verão, as casas, as flores, o povo — numa dessas aldeias, na de Grândola, nasceu a canção da vila morena, sinal para o levante dos cravos. Vamos devagar, Zezinha, ela trauteia a canção de José Afonso, por vales e montes vamos.

O pecê português avança para o poder com sede e fome, atropela. O primeiro-ministro Vasco Gonçalves se não tem a carteirinha do Partido está decerto entre os encapuçados, conheço as reprises desse filme, todas. Se não bastasse o modelar sectarismo de Cunhal,[1] sem paradigma, outros partidos ditos do proletariado, dirigidos por intelectualoides, grupelhos ainda mais estreitos, importaram do Brasil o stalinista Arruda Câmara para presidir as purgas. No comando militar Otelo de Carvalho, tão fero herói quão chucro político. Chico Lyon de Castro[2] conta-me que os comunas quiseram apropriar-se da Europa-América, ele resistiu, mas não sabe o que poderá vir a acontecer.

No Hotel Tivoli — dois ou três andares estão ocupados por retornados angolanos —, Fernando Namora me revela seus temores:

— Será a ditadura, a pior de todas, seu Jorge, aquela contra a qual não podes lutar, fazeres a menor crítica. Se a fizeres serás escorraçado, o labéu de vendido, de traidor te marcará a face. Quem lutava contra Salazar era um patriota, um bravo, contra Cunhal será o último dos fascistas. Ditadura de esquerda, vade retro!

Vade retro, ora pois, alvíssaras, não aconteceu. De Ramalho Eanes a Mário Soares navega a democracia, consolidada. Deus é brasileiro, nunca duvidei, mas desconfio que imigrou, veio viver em Portugal.

Paris, 1974.
AS ROSAS

POR POUCO MINHA PAIXÃO PELO FUTEBOL me fez perder a amizade de Françoise Xenakis, não tivesse a escritora superado com bom humor a decepção da negativa abrupta em resposta à sua gentileza de marcar dia e hora para me entrevistar:

— Na mesma hora do jogo Brasil e Polônia? *C'est de la folie. Impossible.*

Foi durante a Copa do Mundo de 1974, Copa infeliz, a partida iria decidir quem ficaria em terceiro lugar, perdemos. Só me dei conta da gafe que cometera após ter enfiado os cornos da derrota, falado mal do técnico —

---

[1] Álvaro Cunhal, político português, secretário-geral do PC.
[2] Francisco Lyon de Castro, editor português.

técnicos éramos todos nós, brasileiros, àquela época de futebol tricampeão do mundo, hoje andamos mais sujos que pau de galinheiro.

Dizer a um intelectual francês que se recusa hora para uma reportagem literária quando se está lançando um romance é mais que gafe, indelicadeza, é erro indesculpável. Estava indo para as livrarias a tradução francesa de *Tenda dos Milagres*, Françoise, boa amiga, responsável por literatura e livros em *Le Matin*, se propunha a dar-me espaço em seu jornal, badalar o livro, duas páginas de entrevista — e o imbecil mandava a oferta às favas para assistir pela televisão um *match* de futebol. Creio que me perdoou por imbecil, relevou o absurdo.

Amiga de longa data, Françoise Xenakis atribui-me ter-lhe feito a cabeça em outros tempos. Em 1949 leu *Les chemins de la faim*, tradução de *Seara vermelha*, tornou-se comunista por uns anos, enveredou pela literatura para sempre. Nos idos de 60, relembrando as leituras da adolescência, Françoise escreveu que mandaria uma rosa durante um ano, a cada dia, ao editor que reeditasse a tradução francesa de *Seara*. Desde então desabrocharam em edições as rosas de Françoise, as rosas da amizade.

Fazenda Lovera, São Paulo, 1960.
O POETA

EM 1960 ZÉLIA E EU TIVEMOS O PRIVILÉGIO de acompanhar Simone de Beauvoir e Jean-Paul Sartre Brasil afora, empreitada excitante e divertida. Um dos maiores êxitos da viagem do filósofo existencialista ele o obteve em Araraquara, a notável conferência pronunciada ante um público de estudantes em frenesi, Sartre carregado em triunfo. Dela voltávamos no rumo da capital paulista, íamos pernoitar na Fazenda Lovera, hóspedes do casal Júlio de Mesquita Filho.

O diretor de *O Estado de S. Paulo* reunia naquela noite numerosos convidados para um jantar em homenagem às duas celebridades internacionais cuja estada no Brasil merecia do jornal paulista cobertura espetacular. Cobertura ao jeito do *Estadão*, ou seja: noticiário completo e isento, um repórter designado especialmente para acompanhar Simone e Sartre em suas andanças brasileiras e, ao mesmo tempo, o comentário polêmico nas páginas opinativas — a controvérsia, a crítica, a rejeição do discurso esquerdista dos visitantes, da pregação revolucionária. Sartre vivia a campanha da independência da Argélia, porta-bandeira e porta-voz dos patriotas argelinos que se batiam contra o exército francês de ocupação.

O jornal tratava com respeito os insignes, não regateava elogios ao filósofo dublê de romancista e teatrólogo, à memorialista, cujos livros, os dela e os dele, exerciam tamanha influência sobre o pensamento dos intelectuais e das massas populares. Em troca, nos editoriais o *Estadão* baixava o pau, de rijo, no posicionamento político, na mensagem dos visitantes, teses libertárias que iriam desembocar na conquista de Paris pela juventude francesa em maio de 68. Jornalismo como deve ser e em geral não é.

Jantar grandioso, não sei quantos convidados, o que São Paulo tinha de mais representativo, a intelectualidade tupiniquim e os magnatas. Comida de se lamber os beiços, os vinhos, os licores, a doçaria afro-brasileira, as frutas incomparáveis e o à vontade da aristocracia quatrocentona. Na cabeceira da mesa central os donos da casa e os homenageados. Eu estava numa das mesas laterais, ao lado de Carlão, filho de Julinho, um dos jovens herdeiros dos Mesquita, meu camarada, morreu moço, uma lástima. Acompanhávamos de longe a animada conversa entre hospedeiros e hóspedes, Julinho gastando seu francês da Sorbonne, falando sem parar, Sartre a ouvir, atento.

— Imagino as barbaridades que o velho está dizendo a Sartre... — debochado, Carlão desata em riso, eu o acompanho.

O diálogo entre o filósofo francês e o jornalista brasileiro durou todo o jantar, animadíssimo. Julinho parecia empolgado, segundo Carlão estaria tentando convencer o pai do existencialismo, o revolucionário *enragé*, a aderir a De Gaulle. Carlão e eu passamos a inventar os termos da conversa que prosseguia na cabeceira da mesa, Julinho veemente, Sartre atônito, atravessamos o rega-bofe a adivinhar e a rir.

Terminado o festim Sartre e Simone se recolheram ao quarto preparado no capricho para eles, o pinico de louça antigo arrancou exclamações de Sartre, aplausos de Simone, nós os acompanhamos para dizer-lhes boas-noites e saber como se sentiam. Apesar de habituado ao trato dos políticos, das personalidades, dos grandes do mundo, Jean-Paul Sartre estava de fato impressionado:

— Nunca vi ninguém igual a Monsieur Mesquitá — acentuava o a —, é fascinante. Nunca vi ninguém tão conservador, tão reacionário. O que ele me disse é inimaginável! Por vezes pareceu-me estar ouvindo alguém da Idade Média.

Pensei explicar-lhe o fenômeno Júlio de Mesquita Filho, mas a noite ia avançada, deixei para fazê-lo na viagem para São Paulo. Não foi preciso, tudo ficou claro na manhã seguinte. Claro ou ainda mais obscuro, não posso garantir.

Após a fartura régia do café com leite de fazenda brasileira, antes de embarcarmos no automóvel, Julinho Mesquita levou seus hóspedes a percorrer os cafezais que se estendiam a partir dos fundos da casa-grande. Ia na frente, entre Sartre e Simone, falava, explicava, um pouco atrás, cercados por pessoas da família, Zélia e eu nos encantávamos com o verdor e o viço da plantação.

No carro, em caminho da capital paulista, Sartre pareceu-me perturbado como se sentisse abalado seu saber sem dúvidas. Me disse mais ou menos o seguinte:

— Esse Brasil é um país absurdo, surrealista tu dizes, mas isso não diz tudo, não explica nada, o Brasil não tem lógica, nunca se pode ter certeza. Quando se pensa ter entendido logo nos damos conta de que cometemos erro, de que o certo é diferente, um disparate.

Fitou a mim e a Zélia, pediu explicação:

— Me digam como é que um homem tão reacionário, tão estreito como Monsieur Mesquitá, de repente, ao falar dos cafezais, se transforma num poeta, o mais terno e amoroso? Um poeta, o que ele me disse foi pura poesia, estou feliz de tê-lo conhecido.

São Paulo, 1988.
O PRAZER DA VIDA

ZÉLIA FOI PASSAR O DIA em casa de Luiz Carlos,[1] meu irmão Joelson vem almoçar comigo no hotel, conta-me que está tomando aulas de desenho.

— De desenho? — pergunto, sorridente, já não me espanto.

— Creio que levo jeito — responde-me ele, sério.

Doutor Joelson Amado, Joca na intimidade, o irmão do meio, o melhor de nós três, dos filhos de dona Eulália e do coronel João Amado de Faria. Durante anos diretor do departamento de neuropediatria do Hospital do Estado, médico pediatra de grande clientela, curou a dor de barriga e o defluxo de filhos de milionários e de gente famosa — da atriz Glória Menezes, do pintor José Moraes, do escritor Ricardo Ramos, de Regina e Boni Oliveira, dos netos de Segall, filhos de Beatriz e Maurício — e dos rebentos de todos os membros do Partido Comunista, Comitê Estadual de São Paulo, estes últimos numerosos e gratuitos. Sua clínica ocupava um andar inteiro em edifício de consultórios médicos no centro da cidade.

---

[1] Luiz Carlos Veiga, filho de Zélia.

Nesse tempo de medicina e de vida social, jantares, coquetéis, recepções, Joelson não tinha sossego, entrava às sete da manhã no Hospital, almoçava correndo, o bip ao lado do prato para atender mães agoniadas, vivia morto de sono, sem tempo para nada: viagens, passeios, diversões, ócio, proibidos. Tampouco sobrava tempo a Fanny, sua esposa, foniatra, professora universitária, para viver a vida. Tímido, circunspecto, introvertido, cansado, de pouca conversa e menos riso, Joelson estava ficando solene e chato, preocupava-me.

Um dia a vista começou a lhe faltar, a ameaça de cegueira se acentuou, obrigando-o a abandonar a clínica, o dr. Hilton Rocha, sumidade mineira e mundial, salvou o que lhe restava de visão. Condenado ao ócio, desde então Joelson dedicou-se a viver, acumulando, numa ânsia de quem quer reaver o tempo perdido, ocupações e interesses os mais variados. É hoje um homem alegre, jovial, extrovertido, de muita conversa e muito riso, o oposto do chato e do solene, a mais feliz das criaturas que conheço.

Faz teatro, toca piano, dança tango, dá-se à declamação de poesia, é ginasta, pratica a natação e, como se não bastasse, conta-me que vai estudar desenho. Viaja, passeia, curte os filhos, as noras e os netos, a sogra, os cunhados, os sobrinhos, a parentela toda, sábio conselheiro, animado companheiro — não faz distinção entre os descendentes de seu sangue grapiúna e os do sangue judeu de Fanny. Por falar em Fanny, Joelson me deve tê-la conhecido em 1945, quando ela era minha secretária, a mais competente que já tive: melhor esposa não existe.

James, o caçula dos três irmãos, viu Joelson representar, ator secundário num teatro de amadores. Fortemente impressionado, resumiu sua opinião numa frase um tanto ou quanto enigmática:

— É uma coisa!

Bahia, 1967.
A PASSIONÁRIA

O TELEFONE ME TIRA DA CAMA às cinco da manhã. O pai de José Luís Pena, colega de João Jorge, me informa que o filho dele e o meu foram presos de madrugada com mais uma centena de estudantes durante vigília universitária de protesto. Não é a primeira cadeia de João Jorge, não será a última.

Decido acordar Wilson Lins, governista poderoso, amigo certo, ligo o telefone, o próprio Wilson atende:

— Estou chegando agorinha mesmo da polícia, consegui soltar quase todos, mais de cem. Ficaram presos só dezoito, os contumazes, vão ser ouvidos, depois serão mandados embora. João se encontra entre os dezoito, estive com ele, está bem. O Artur de Mirabeau também ficou entre os perigosos.

Artur Sampaio, filho de Mirabeau, por quê? Não o sabia perigoso. Menino ótimo, sério, estudioso, cursa administração de empresas para ser de futuro executivo poderoso, assim será. Em matéria de contestação estudantil à ditadura eu o sei apenas solidário, seu nome não se inscreve entre os dos promotores das badernas que tanto inquietam os gorilas. Curioso, busco saber por que o colocaram entre os dezoito.

Por ser irmão de Maria, esclarece-me Artur em liberdade, paguei por ela, na hora do bafafá capou o gato. Maria Sampaio, agitadora, é bem a filha de Norma, não tem papas na língua nem meias medidas, passionária adolescente, bela, ardente, flama libertária. Nada lhe contém o impulso, bem o sei.

Alguns dias antes ela comandara a vaia — a maior de minha vida — com que no Teatro Castro Alves a estudantada protestou contra a decisão do júri de música popular do qual fizemos parte Cyva de Oliveira,[1] Dorival Caymmi e eu, a convite de Carlos Coqueijo Costa.[2] A meninada torcia por certas músicas de protesto, se boas ou más pouco importava, importava, sim, a contestação. Em geral ruins, perderam para as merecedoras, proclamados os resultados foi aquela vaia. Moças e rapazes gritavam na plateia, desatinados, sob as ordens de Maria Sampaio. "Traidores!", insultavam.

— Traidores de quê? — pergunta-me Caymmi, sem entender. — As músicas que premiamos são as melhores.

Melhores ou piores, não se tratava disso. Ainda vejo Maria Sampaio de pé em cima da cadeira vaiando aos berros seus bons tios Dorival e Jorge, ambos de seu afeto, nem por isso a salvo do sectarismo adolescente, da assuada.

Não sendo esportista não tenho recordes a exibir, nenhum. Nenhum? Menos verdade, tenho um e esse não é de se desprezar, aqui o exibo: percorri o Brasil, de ponta a ponto, em estado de prisioneiro político, talvez não seja o único a tê-lo feito, mas estou nesse campeonato.

Nos primeiros dias de 1937, às vésperas do golpe do Estado Novo, fui preso em Manaus, acusado de ali ter ido para preparar, em conluio com o folclorista Nu-

---

1 Cyva de Oliveira, cantora, diretora do Quarteto em Cy.
2 Carlos Coqueijo Costa, jurista e compositor.

nes Pereira, uma insurreição de índios da Amazônia, nada mais, nada menos. Depois de dois meses de cadeia, um tanto ou quanto pândega, embarcaram-me no navio Pedro I, sob a vigilância de tira federal em visita à família amazonense nas festas de fim de ano. Durante cerca de vinte dias, de porto a porto, desci a costa brasileira, de Manaus ao Rio de Janeiro. Em Belém a polícia armou um fuzuê a bordo, me trancou no camarote, nas demais escalas, à parte não poder desembarcar, tudo correu tranquilo. No Rio levaram-me à polícia, à noite me puseram em liberdade.

Tendo regressado do Uruguai e da Argentina, encontrava-me em Porto Alegre, em agosto de 1942, ia todas as noites à redação do Correio do Povo para saber dos últimos telegramas da guerra e bater papo com Raul Riff. Tomávamos média com pão e manteiga num botequim em frente, onde a polícia, numa meia-noite, me tomou preso, na manhã seguinte meteu-me no trem em companhia de um delegado. A viagem de Porto Alegre ao Rio durou uns quatro dias, em São Paulo mudamos de trem, fiquei no xilindró uns meses, soltaram-me a tempo de ir passar o Natal na fazenda com o coronel João Amado e dona Eulália.

Bahia, 1968.
O MALDITO

POR VIAS TRAVESSAS RECEBO OS ORIGINAIS de um livro de poemas, acompanhados de palavras escritas à mão: leia, guarde, um dia conversaremos, você me dirá o que acha. Conheço bem a letra, não faz falta assinatura: o autor dos poemas comanda a guerrilha urbana, sequestra embaixadores, liberta presos políticos, caçam-no todas as polícias, as civis e as militares, torturadores e gorilas, chama-se Carlos Marighella.

Poemas ardentes e ingênuos, mais revolução do que inspiração, musicaram alguns na Nicarágua: o grande poema de Marighella foi sua vida, tem da epopeia e da *berceuse*, devotamento e luta, a determinação, a pureza, o destemor, a lealdade. Eu o conheci rapazola, cursava a Escola Politécnica da Bahia, tomado preso ainda adolescente cumpriu pena de dez anos de prisão, passou a juventude entre as grades da cadeia, não perdeu o ânimo, não se fez amargo, conservou o riso de menino, sabia rir como poucos são capazes, riso franco, sadio, confiante. Homem de ação e não teórico arrogante, a poesia marcou cada instante de sua vida.

Depois que o assassinaram seu nome foi tabu: maldito, não era pronunciado nem ouvido, nem sugeri-lo se podia: censuraram música de Jorge

Ben, "Meu amigo Charles", Charles podia ser Carlos, Carlos Marighella. Fraternos desde a adolescência, juntos prosseguimos na difícil travessia da esperança e do desespero — eu o vi chorar ao escutar o relato dos crimes de Stálin, perdêramos nosso pai —, militava na determinação e no escrúpulo, eu o sabia feito de ternura e ira. Em 1974 rompi com o tabu, escrevi sobre ele no *Bahia de Todos-os-Santos*: "Retiro da maldição e do silêncio e aqui inscrevo seu nome de baiano, Carlos Marighella".

Um dia chegou-me à casa do Rio Vermelho um telegrama anônimo mandado de São Paulo. Comunicava que os ossos de Carlos Marighella, se não aparecesse pessoa da família para reclamá-los, seriam atirados à vala comum: quem telegrafou não sei, por que a mim, entendo. Levei o telegrama ao irmão de Carlos, funcionário da Petrobras, e a Carlinhos, meu sobrinho. Os dois tomaram o ônibus para São Paulo, foram resgatar os ossos.

A memória de Carlos nós a resgatamos tempos depois ao enterrar aqueles ossos no Cemitério das Quintas, na Bahia, à sombra de monumento concebido por Oscar Niemeyer, pronunciei umas palavras, houve quem chorasse.

Rio de Janeiro, 1954.
A IMPACIENTE

COSTUREIRA A DIAS, NA MÁQUINA A PEDALAR, Quitéria conta e reconta sua vida: pernambucana, da caatinga, em Recife costurava para nossa amiga Otília Barbosa,[1] veio para o Rio, Zélia a adotou. Sertaneja, troncuda, busto farto, rosto largo, olhos miúdos, um fio de navalha, cabeleira presa, o pente de tartaruga enfiado no coque, um monumento: possuída por um espírito das trevas — é espírita militante — certo dia soltou a cabeleira, a juba inundou a sala de costura, coisa de ver-se. Quem inventou a expressão "um breve contra a luxúria" o fez, estou certo, pensando em Quitéria.

No meio da conversa a revelação me surpreende: Quitéria refere-se a uma filha, reside nos arredores do Recife, é casada, está grávida:

— Uma filha, Quitéria? Vai ter neto? E eu que pensava que você fosse donzela.

Quitéria fita-me, percebo o protesto na nesga dos olhos quase fechados:
— Donzela? E eu lá tenho paciência para isso?

---

[1] Otília Barbosa, irmã do poeta Odorico Tavares.

Praga, 1950.
O SECRETÁRIO

NÉGRE AUX VASTES ESPOIRS, meu conhecido das plaquetes publicadas por Pierre Seghers, editor de poesia, encontro René Depestre, rapazola, num beco sem saída em Praga. Posto fora da França, o exilado haitiano, moço poeta, militante comunista, recém-casado, buscara asilo na Tchecoslováquia, onde o Partido assumira o poder, pátria socialista. Enfim em paz para dedicar-se à poesia e à luta pela liberdade de seu país distante e pobre.

Nem paz nem meia paz, Praga vive o terror do processo Slánský,[1] o medo e as denúncias, prisões repletas. Depestre teme pela esposa, a bela Edith, judia romena, suspeita de espionagem. Por que suspeita, ninguém sabe, mas a fuxicaria predomina e as ameaças crescem. Os organismos que acolheram René vivem a covardia ambiente, desconvidam o convidado, há quem lhe sugira solução conforme os tempos: abandonar a esposa, renegar a companheira, a suspeita é ela, não ele, o poeta reage, indignação e asco. Assim o encontro sem ter para onde levar a mala de exilado e sua bela judia, por judia posta na pauta dos duvidosos.

Convido-o a vir para Dobris, para o Castelo dos Escritores onde residimos, Zélia e eu, René aceita mas será que a União dos Escritores aceitará? Vou falar com Jan Drda, secretário-geral, membro do Comitê Central, herói da resistência contra o nazismo, autor da *Barricada muda*, livro consagrado, meu amigo. Drda considera o caso, é homem decente, mas o clima pesa inclusive sobre ele, não se sente seguro. Convidar René a União não o fará, mas juntos encontramos uma fórmula que permitirá a hospedagem do casal Depestre no Castelo: nomeio René meu secretário, a responsabilidade é minha.

Foi assim que, por um breve período, o escritor René Depestre, o de *Hadrianna de tous mes rêves*, hoje celebridade literária, Prix Renaudot, foi meu secretário, apenas nominal, sem obrigações, sem salário: pode trabalhar sua poesia *minerai noir* enquanto as mulheres dos escritores tchecos morriam de ciúmes ao ver Edith estendida ao sol, no parque do Castelo, seminua, o corpo suspeitoso de judia bela.

---

1 Processo político da era stalinista que condenou à morte um grupo de comunistas tchecos; Rudolf Slánský (1901) foi executado em 1952 e reabilitado em 1955.

Belgrado, 1986.
A DESTERRADA

O QUE VIM FAZER AQUI? — no coquetel oferecido pelo embaixador Cláudio Garcia de Souza aos hóspedes brasileiros em Belgrado, escuto queixa da senhora iugoslava, considera-se desterrada, consome-se nas saudades do Brasil, pergunta o que veio fazer na pátria onde nasceu.

Pátria, em verdade sua pátria, é o Brasil onde desembarcou aos dois anos de idade com os pais imigrantes, onde cresceu, estudou, adolescente carioca igual a tantas meninas da Tijuca e da Vila Isabel, namorou, noivou e se casou com moço iugoslavo, funcionário administrativo da Embaixada. Com a guerra a Embaixada esvaziou-se, o jovem funcionário, porém, não abandonou os encargos do posto, resguardando os pertences, cuidando dos acervos com responsabilidade e eficiência, sem salário, subsistindo só Deus sabe como.

Retornaram à normalidade ao fim da guerra as relações diplomáticas, o patriota prosseguiu na Embaixada, peça importante nos serviços da missão, incansável. Assim atravessou os anos até chegar a idade de aposentar-se, quando regressou à Iugoslávia, levando a esposa para lá viverem modestamente da aposentadoria, como modestamente haviam vivido do salário no Brasil.

A senhora não se conforma, tudo na Iugoslávia lhe é estranho, clima e costumes, a maneira de viver. No Brasil ficaram os gostos, os hábitos, os interesses que são os seus. "O que vim fazer aqui", pergunta, "se esta não é minha terra, apenas o lugar onde nasci, minha terra é aquela onde cresci, vivi, labutei, envelheci." De tudo sente falta: do calor, da cordialidade, do não-me-importismo, do "deixa para lá", do "dá-se um jeitinho" e das novelas de televisão:

— Como passar o resto da vida sem minhas novelas? Nem umazinha que seja para matar saudades. No ano passado, uma vez por semana, aos sábados, davam um capítulo da série sobre Lampião e Maria Bonita, era meu dia de rir e de chorar, minha hora de alegria. Agora nem isso, como suportar?

Rio, Buenos Aires, Santiago, 1953.
ENTERRO

TOMO O AVIÃO PARA SANTIAGO, com escala em Buenos Aires, recebo com alívio a tarefa da viagem, possibilita-me deixar para trás a agonia de Graciliano, à beira da morte num leito de hospital. Sou de absoluta covardia diante da morte de amigos. No Rio vacilo entre o sofrimento da visita ao velho Graça e a vergonha de não estar ao lado de Heloísa na vigília atroz. Vou a Santiago botar de pé um congresso continental de cultura, decisão do Conselho Mundial da Paz, de cujo Bureau sou membro.

Em Buenos Aires trato do assunto com os camaradas do Partido argentino, encontro Rodolfo Ghioldi e Codovilla na última lona, na maior depressão com as notícias alarmantes da saúde de Stálin: é como se nosso pai estivesse à morte. Depois, na noite da avenida de Mayo leio no placar de um jornal a informação, nem por esperada menos tremenda, do falecimento, fico parado, solitário, perdido, os olhos secos, o coração apertado.

No aeroporto de Santiago, Neruda, Volodia Teitelboim,[1] Rubén Azocar, outros amigos e camaradas, arrasados: usam gravatas negras em sinal de luto. Apenas desembarco recebo um telegrama do Rio, ordem expressa para voltar pelo primeiro avião. Não encontro lugar nos grandes aviões, disciplinado arrisco-me no dia seguinte num voo via Assunção e São Paulo, viagem péssima em velho bimotor, com tempestade sobre o solo paraguaio. Zélia me espera no aeroporto, como eu imaginava fora convocado para compor a delegação do Partido ao enterro de Stálin. Apenas, naquele meio-tempo em busca de avião, os dirigentes do pecê soviético trataram de enterrar Stálin, decerto no medo que ressuscitasse e outra vez assumisse as rédeas do poder. Tão depressa, não dera tempo de avisar.

Não acompanho os funerais de Stálin, levo ao cemitério o corpo de Graciliano Ramos, deram-me a tarefa de falar à beira do túmulo em nome do Partido. Tento fazê-lo, as lágrimas crescem em soluços, deixo a despedida partidária a Dalcídio Jurandir.

Durante quase vinte anos fui "insubmisso", ou seja, alguém que não cumpriu a lei do serviço militar obrigatório, deixou de se apresentar para ser incorporado às fileiras do Exército. Antimilitarista, com horror a tudo que cheira (mal) a caserna e a farda, não obedeci à chamada, desertei.

Quando eu fora convocado, Anísio Teixeira intercedera por mim junto a um general qualquer, deram-me um ano de prazo para que de novo comparecesse e envergasse o uniforme. Terminado o prazo eu andava não sei onde, não compareci, passei a insubmisso. Situação incômoda, obrigou-me a praticar várias outras irregularidades para ir vivendo sem o documento comprobatório de estar em dia com o serviço militar.

---

1 Volodia Teitelboim, escritor chileno, secretário-geral do PC.

Candidato a deputado por São Paulo, em 1945, não juntei a caderneta militar à documentação exigida para a validação da candidatura. Prometi fazê-lo em 24 horas, não o fiz, como poderia fazê-lo se não a possuía? Salvou-me a eleição a falta de seriedade — a boa falta de seriedade — com que as coisas são feitas no Brasil: jamais alguém reclamou a falta do documento.

Cassação de mandatos à vista, perseguição provável a Prestes, o Partido decidiu minha ida para a Europa em missão de denúncia e protesto, como viajar se não tinha passaporte e como obtê-lo sem o indispensável documento militar? Giocondo Dias propôs-me ir tirá-lo na Bahia onde presidia a Comissão de Recrutamento o famoso general Lobo, na época coronel, creio, o mesmo capitão Lobo que foi carcereiro de Graciliano em Recife e mereceu do escritor perfil definitivo nas Memórias do cárcere: "O Lobo é bom sujeito", Giocondo conhecia a vida e os homens.

Ao ver-me o comandante Lobo riu com gosto: "Tive em mãos seu dossiê, devia lhe prender, mandei arquivar, você já passou dos 35 anos, tem direito a carteira de reservista de última categoria. Já está preparada, faltando apenas o retrato, trouxe?".

Entregou o retrato ao ordenança:

— Só que você vai jurar a bandeira em ato público, com direito a ombro-armas dos soldados, toque de corneta e discurso meu.

Assim foi: tropa em posição de sentido, as cornetas, os tambores, a bandeira desfraldada, discurso anticomunista do comandante, jurei fidelidade, recebi a caderneta de última categoria, deixei de ser insubmisso, continuei antimilitarista, ainda o sou.

Bahia, 1970.
REVELAÇÃO

REGALADO ESCUTO STELLA MARIS, o nome da cantora de blues no rádio carioca substituiu o de Adelaide Tostes que um dia Samuel Wainer e eu demos em casamento a Dorival Caymmi numa vara de família no Rio de Janeiro. Cercada de parentes e aderentes, na casa baiana da Pedra da Sereia, Stella revela que um primo qualquer — a família Tostes é inumerável — fizera a caridade a uma prima de quinze primaveras, incompletas e urgentes. A ex-estrela da Rádio Mayrink Veiga usa para contar o conto a língua clássica de Gregório de Matos:

— Comeu-lhe os tampos todos, a boceta e o cu, não fez por menos...

A velha tia, Tostes mineira, hóspede dos Caymmi, maior de sessenta anos, há mais de vinte viúva de leito papai-mamãe, dedicada desde então a novenas e trezenas, desconhece tais hábitos das cidades grandes, se assombra:

— E cu se come, minha filha?

— Come, minha tia, cu se come...

O corpo da beata estremece sob o impacto da revelação:

— Virge! Só de ouvir me arrupeio!

Bahia, 1964.
LÍNGUA PORTUGUESA

EM LISBOA DISSERAM A LUÍS FORJAZ TRIGUEIROS que na Bahia o calor, além de tórrido é constante, jamais faz frio. Luís viaja ao Brasil em missão cultural, pede a Maria Helena que coloque na mala apenas roupas leves, as mais leves. Assim desembarcou desvestido com elegância para o verão feroz.

Ora, em lugar de calor senegalês, uma onda fria abateu-se sobre a cidade, frio ainda mais difícil de suportar devido à umidade, o escritor sentiu-se enregelar. Dado que o inverno se manteve, não lhe coube opção senão ir à compra de agasalho. Luís se informou, rumou para a rua Chile, a de comércio fino e caro de prendas de vestir cavalheiros e senhoras. Deteve-se ante uma loja: ali se exibia a peça exata que buscava para com ela resguardar o peito, evitar o resfriado, a gripe, a pneumonia: Luís Forjaz pretende-se chegado a enfermidades nos brônquios e pulmões, o perigo de gripe o horroriza. De lã, chique, discreta, na cor preferida, estava à sua espera. Luiz adentrou o estabelecimento, o vendedor acorreu solícito, colocou-se a seu serviço.

— Desejo comprar uma camisola — informou o literato luso, sorrindo com a delicadeza que o caracteriza.

Não menos delicado o balconista:

— O cavalheiro se enganou, aqui só vendemos artigos masculinos, mas na loja em frente, de artigos para senhoras, o senhor encontrará variado estoque de camisolas...

Não tendo entendido, algum engano havia, Luís insistiu:

— Eu disse camisola...

— Já lhe disse que não temos. — O caixeiro elevou a voz desconfiando que o simpático freguês fosse surdo de nascença.

— Como não tem, se acabo de ver na montra uma camisola castanha na medida própria?

— Onde disse ter visto camisola?

O balconista sentiu-se perdido, além de surdo o freguês falava língua desconhecida, nem espanhol, nem francês, menos ainda inglês, dialetos que o rapaz identificava, familiar de sotaques e pronúncias. Não sabendo o que dizer, riu e coçou a cabeça. Um parvo, persuadiu-se Luís Trigueiros, e, sem mais delongas, tomando-o gentilmente pelo braço — aos parvos deve-se tratar com firmeza sem no entanto abandonar a cortesia —, levou-o até a porta de onde, triunfante, mostrou-lhe na montra a camisola castanha:

— Ali está ela, a camisola, quanto vale?

A risada do rapaz não era mal-educada, mas continha uma ponta de deboche:

— Ilustre cavalheiro, fique sabendo que em bom português o senhor quer comprar um pulôver marrom igual ao que está na vitrine, não é isso? Por que não disse logo? Um suéter porreta e o preço é de arrasar...

Encontrei Luís no hotel envergando a camisola castanha, ou seja, o pulôver marrom, não sendo ainda o brasileiro competente que viria a ser anos depois devido aos azares da política, o escritor estava indignado:

— O gajo diz-me duas palavras em francês, uma em inglês e afirma estar falando em português, em bom português.

— Em nosso bom português, Luís, o do Brasil.

Hoje Luís Forjaz Trigueiros traça na maciota nosso misturado português de mestiços, mas para escrever sua prosa escorreita, forte, terna e colorida, conserva-se fiel ao português de Portugal, à língua de Camões.

Moscou, 1954.
LE CRAPAUD

CHEGAMOS À CASA DE LLUBA E ILYA para o almoço. Lida, a cozinheira, é minha leitora, se desdobra ao saber que estarei à mesa, come-se e bebe-se do melhor em casa dos Ehrenburg. O dono da casa está ocupado em conferência com um mandachuva do *Pravda* que veio lhe dar as coordenadas do Partido para uma série de artigos sobre política externa, matéria da qual Ilya é uma espécie de porta-voz do governo soviético. Enquanto aguardamos, bebemos vinho da adega de Goebbels.

O presidente da Academia de Ciências, personalidade com acesso aos segredos, telefonara a Ilya para transmitir-lhe notícia sensacional, de primeira mão, privilégio de uns raros, está num pé e noutro. "Saiu a sentença condenando Béria¹ à morte?" — pergunta Ilya, o telefonema acontece durante o julgamento do ex-patrão da polícia política. "Que Béria nem meio Béria", o acadêmico perde o comedimento: "falo-te de assunto da maior gravidade e tu me vens de Béria, coisa à toa. Sei de ciência certa que amanhã pela manhã serão postos à venda nos *gastronomes* do centro de Moscou os vinhos da adega de Goebbels, aconselho-te acordar cedo, reunir toda tua gente, assim poderás comprar a maior quantidade possível de garrafas."

Entre os bens valiosos, indústrias, máquinas, ouro e prata, requisitados pelo Exército Vermelho quando da tomada de Berlim, levados para Moscou, encontrava-se a garrafeira de Goebbels, a maior da Europa, a mais rica em vinhos de classe, confiscados das reservas, das caves mais bem servidas dos países vinícolas ocupadas pelas tropas hitleristas, sobretudo da França. Guardados durante quase dez anos, transladados para anônimas garrafas, em todas o mesmo rótulo: vinho, sem qualquer outra indicação, foram postas à venda por preço mais barato do que o pago pelos vinhos da Moldávia ou da Geórgia. Ilya e Lluba madrugaram, convocaram Lida, a mãe de Lida, o chofer, as duas secretárias, os pais das secretárias, a filha Irina, o genro, não sei mais quem, um batalhão — entre eles conseguiram adquirir cerca de oitocentas garrafas, um pouco mais. Depois a fila engrossou, os soviéticos compravam e pagavam sem perguntar o que estavam comprando, produto posto à venda logo se esgotava: assim era.

Roleta-russa, a cada garrafa que se abre: que prêmio nos caberá agora? Seja qual for a procedência, a casta, o ano, a *cuvée*, sempre de classe superior, sempre néctar dos deuses, os vinhos da adega de Goebbels, cuja venda foi o fato mais importante acontecido entre a morte de Stálin e a abertura do XX Congresso,² comparado com ele a condenação e a execução de Bária não passavam de *faits divers*, acidentes de pouca monta. Enquanto esperamos, degustamos: além dos vinhos o caviar, o salmão defumado, os *sprots*, se ainda não provaram *sprots*, vão depressa provar para saber o que é bom.

Ilya sai do gabinete, apresenta-me ao chefão do *Pravda*, oferece-lhe vinho de Goebbels, o porreta prefere vodca, emborca de um trago, vai-se embora. Ilya toma da garrafa do tinto, classifica-o *bordeaux*, saboreia devagar, busca adivinhar-lhe a safra e o *château*, o que sabe de vinhos é parte

---

1 Béria, dirigente comunista executado após a morte de Stálin.
2 Congresso do PCUS no qual Khruschov denunciou os crimes de Stálin.

de sua legenda. Enquanto Lida serve a mesa, coloca os pratos fumegantes, Ilya relata detalhes do encontro com o dirigente.

As paredes do gabinete do escritor eram cobertas por gravuras e desenhos de mestres franceses, coleção milionária. Em frente à escrivaninha uma gravura de Picasso, *Le Crapaud*, prova do artista com dedicatória. Ao bater os olhos no quadro, sapo disforme, desintegrado, o homem do *Pravda*, teórico do realismo-socialista, estremece nas bases, desvia a vista da ignomínia: a isso os capitalistas chamam de arte, exclama à beira da apoplexia. Como é possível que o camarada Ehrenburg pendure tais excrescências, podridão da burguesia, nas paredes de seu apartamento. E esse tal de Picasso se diz comunista, é o cúmulo.

Ilya interrompe-lhe a catilinária:

— O camarada sabe o título dessa gravura, o que ela representa?

— Não, não sei... O que sei...

— Representa o imperialismo norte-americano.

Humaniza-se o ideólogo, volta a contemplar o quadro, balança a cabeça, livre da ameaça de infarto, pratica a autocrítica:

— O imperialismo norte-americano? Agora entendo, Picasso é membro do Partido francês, não é? Camarada direito, que talento!

Maceió, 1979.
O SEQUESTRO

DIANTE DO HOTEL, DE VOLTA DA SESSÃO SOLENE na Academia de Letras de Alagoas, Luciana foi sequestrada, levaram-na seis indivíduos, ocupavam dois fuscas: além do constrangimento, a falta de conforto.

Luciana Stegagno-Picchio, professora emérita, personalidade marcante na cultura e na vida literária italianas, conhece como ninguém as literaturas de Brasil e Portugal, autora de uma *História da literatura brasileira* sem similar em nossas edições, organizadora da obra poética de Murilo Mendes, trabalho de gigante, pesquisadora, articulista, ensaísta, mestra de gerações — de suas aulas e de seu exemplo nasceram brasilianistas da qualidade de Giorgio Marotti, Giovanni Ricciardi e Maria Luisa Cusati —, sua dedicação à literatura brasileira só se compara à de Alice Raillard, na França, de Thomas Colchie nos Estados Unidos. O que devemos, nós brasileiros, a Luciana, não se pode pagar, não há como.

Adido cultural do Brasil junto à Embaixada na Itália, Mauro Santayana quis demonstrar nosso reconhecimento, propôs ao Itamaraty fosse concedida a Ordem do Cruzeiro do Sul a Luciana. Em lugar da Cruzeiro do Sul o ministro, ou um burocrata qualquer respondendo pelo ministro no setor da Cultura, diminuiu a gratidão para uma condecoração em ordem menos importante, Mauro ficou safado da vida, com toda razão (um beijo, Vânia,[1] de Zélia e meu, para ti e Mauro). Ao saber do caso entro em contato com meu cúmplice Napoleão Saboia, levamos o assunto a Sarney, o presidente decreta a Cruzeiro do Sul, faz questão de entregar a insígnia pessoalmente ao vir à França para o bicentenário,[2] Luciana acabou ganhando duas homenagens, melhor assim.

Pois se despedira ela do presidente da Academia e da excelentíssima esposa que a tinham acompanhado até o hotel, ainda na porta Luciana escutou um psiu e o seu nome dito em voz baixa, olhou e viu no outro lado da rua o moço a acenar. Luciana estava cansada, a sessão se prolongara em coquetel: ao tilintar dos copos despertaram os graves senhores que cochilavam enquanto na tribuna ela discorria sobre poesia, dizia poemas de Murilo Mendes em português e em italiano, analisava-os com perspicácia e autoridade. Na recepção, a fadiga cresceu: batida de caju, de coco, de limão, casquinhas de siri, conversa com um e outro, explica Quasimodo ao governador, Montale à primeira-dama, gastar talento e erudição em reunião social é tarefa estafante. Ainda assim, bem-educada, Luciana atendeu ao chamado do jovem, adiantou-se para o fusca do qual de súbito saltaram mais dois rapazes. Cercada, viu-se metida no automóvel, sem violência, mas com determinação, um moço segurava-lhe o pulso decerto para impedir qualquer tentativa de reação. Um dos tipos avisara: "Trata-se de um sequestro, não grite, não reaja, não tente escapulir". O carro partiu em marcha acelerada, um segundo fusca dava-lhe cobertura.

Luciana nunca tinha sido sequestrada antes, quando jovem fora raptada ao menos duas vezes, mas é grande a diferença entre rapto e sequestro, as violências de amor deixam gratas lembranças. Agora temia o pior, pois os assaltos sucediam-se em todo o Brasil, marginais trocavam reféns por dinheiro, no caso dela que dinheiro? Quem sabe seriam terroristas internacionais, o terrorismo campeava, mas ela não era líder nem exercia mandato no Parlamento, que interesse teria para o terror político? Os três que iam no carro não tinham cara de terroristas — "como é cara de terrorista?", perguntou-se, não sabia —, mas bem de rapazolas, quem sabe hippies, tarados sexuais? Saíram da cidade, rumaram para as bandas das lagoas, foram

---

1 Vânia, mulher de Mauro Santayana.
2 Bicentenário da Revolução Francesa.

parar num chalé isolado. O bandido mais idoso — teria uns vinte e cinco anos, parecia o chefe do bando —, aquele que a tomara pelo pulso, deu-lhe a mão para ajudá-la a sair do fusca.

Vivenda confortável, na sala de jantar mesa servida com as especiarias alagoanas, sururu em cinco temperos diferentes, caranguejos, camarões, lagostas, refresco de pitanga e de cajá, água de coco, havia também uísque caso ela preferisse. Os seis sequestradores se apresentaram, declinaram nomes e títulos, um título único ostentado pelos seis: somos poetas. Ali estava *au grand complet* a diretoria provisória do Grupo dos Poetas Jovens das Alagoas, dois deles com brochuras de poemas editadas, os demais à espera de editor, o que a segurara pelo pulso — com delicadeza — era o presidente.

Marginais da literatura oficial, adversários da academia, do conservadorismo, do passadismo, das gerações poéticas de 50 e de 60, eram os modernos, os da nova poesia, da novíssima. Tinham sequestrado Luciana para poder com ela conversar, discutir, debater, confraternizar, admiravam-na, conheciam seu trabalho, tinham lido artigos e ensaios, dela sabiam tudo, o humanismo e a humanidade. Queriam ouvi-la discorrer sobre poesia, mas na Academia não punham os pés, que ela perdoasse o atrevimento, mas não podiam agir de outra forma para tê-la com eles em convívio de cultura e amizade, de amor — eram poetas, mereciam indulgência.

Proclamaram-na Rainha dos Poetas Jovens das Alagoas, o bate-papo se prolongou noite afora, seis jovens ardentes, plenos de talento, Luciana ouviu-lhes os poemas até a madrugada. Permaneceram juntos até a barra da manhã, quando foram assistir ao nascer do sol à beira da lagoa. Nem sequestradores em busca de resgate, nem terroristas, nem tarados sexuais, poetas apenas, belos rapagões.

Na Pedra do Sal,[1] à brisa do mar, Luciana me conta a aventura alagoana, o sequestro, em verdade rapto a recordar os da juventude, doces lembranças. Dá-me os nomes dos sequestradores, vou receber livros e poemas manuscritos, vão me escrever. Escrevem-me até hoje, enviam-me brochuras, poemas, recortes de jornal, acompanho-lhes a carreira, os sucessos. O grupo se dissolveu, a diretoria provisória abdicou do mandato, mas para os jovens poetas das Alagoas Luciana continua Rainha da Poesia, conselheira e inspiradora.

---

1   Pedra do Sal, casa de praia de Jorge Amado.

Nova York, 1963.
A TINTA E O SANGUE

ALFRED KNOPF DECIDE PUBLICAR A TRADUÇÃO em língua inglesa de *Grande sertão: Veredas*, pede-me prefácio, dá-me pressa. Eu o redijo no quarto de hotel, desabituei-me de escrever à mão, custa-me esforço, nele defendo duas teses que causarão escândalo nas províncias literárias do Brasil.

Começo por afirmar que Guimarães Rosa não é romancista mineiro e, sim, baiano, Montes Claros não é planalto de Minas, é sertão da Bahia. Pode parecer brincadeira mas empresto à ideia significação literária. Desejo aproximar a ficção de Rosa de *Maria Dusá*, de Lindolfo Rocha, escritor baiano, nascido mineiro, distanciá-la de *O mameluco Boaventura*, de Eduardo Frieiro, mineiro de nascimento e letras. Quero filiar a criação de Rosa à narrativa nordestina, escrita com sangue, não com tinta.

Ainda discuto tinta e sangue ao recusar os termos em que a crítica brasileira, em sua grande maioria, situa a grandeza do escritor. Todos os louvores, levados ao exagero do faniquito, da histeria, são dedicados à escrita do autor de *Sagarana*. De fato, por maiores sejam os elogios à línguagem de Rosa — a língua brasileira é uma antes dele, outra depois —, são todos justos e merecidos. Mas contesto as afirmações dos louvaminheiros que se masturbam ante a pesquisa e a fantasia linguísticas de Rosa: não reside na escrita o fundamento de sua obra, não é ela que a faz eterna e universal.

Por mais extraordinária seja a importância da escrita, ela se reduz à proporção que a obra de Rosa ganha mundo e se faz traduzir em línguas diferentes. Em espanhol já se atenua, em italiano, em francês se limita ainda mais, em inglês, em alemão, o trabalho da língua se dilui, a invenção das palavras, a novidade da frase vai se desfiando, a teia de aranha se desfaz. O que restará dela quando a ficção de Rosa chegar ao chinês, ao coreano, ao georgiano, ao armênio, em vez do alfabeto latino, a composição em hieroglifos, signos, ideogramas? O que restará da palavra fabricada no laboratório, a frase composta com a tinta na ponta da caneta? Já nada restará da escrita, da linguagem, da invenção formal.

Restarão, imortais, o sangue da gente recriada pelo criador de personagens, a cor, o odor, os sentimentos, os locais, os hábitos descritos pelo criador de ambientes, restarão o Brasil e o povo brasileiro, o sertão desmedido, a desmedida bravura, a ânsia e o amor, restará o sangue quando a tinta se apagar de todo. A criação de Guimarães Rosa conquistará o mundo e permanecerá no tempo, não porque ele pesquisou e inventou uma escrita nova, diferente, ela será universal e eterna porque Rosa escreveu com sangue e não com tinta as histórias do seu povo.

São Paulo, 1945.
OSWALD

ABRO UM JORNAL, SE NÃO ME ENGANO O *Diário de S. Paulo*, caio das nuvens: catilinária de Oswald de Andrade contra mim. Nossa amizade, fraterna, vinha dos anos 30, ele, Raul Bopp e eu sempre juntos. Sozinhos, Raul e eu o sustentamos contra os ataques e o silêncio, na hora em que os literatos juravam por Mário em desvario, recusavam Oswald com engulhos, não lhe davam vez.

Começo a saber do que se passou por intermédio de Pedro Pomar, dirigente nacional do pecê com jurisdição sobre São Paulo: Oswald o procurara para queixar-se, disposto a abandonar o Partido no qual ingressara (ou voltara a ingressar) poucos meses antes. A decisão não me surpreendeu, Oswald não era homem para suportar a disciplina partidária, as tenazes do centralismo democrático, forma de sujeição férrea, absoluta. Surpreenderam-me, isso sim, as acusações feitas a mim, elevado por ele à condição de mandachuva do Partido, e de imbatível garanhão, espécie de tirano sexual a profanar a família paulista, a tornear chifres de cabrões, a descabaçar donzelas. Pior que isso, atribuiu-me opiniões que eu não expressara, restrições de todo tipo a figuras determinantes da cultura, inclusive e sobretudo a ele, Oswald.

Aos poucos fico a par da intriga nos mínimos detalhes, a fofocagem, a salafrarice. Oswald se magoara por não ter sido indicado candidato à Câmara Federal na lista do Partido, nela figuravam escritores: Monteiro Lobato, Caio Prado Júnior, José Geraldo Vieira e eu — Lobato renunciou à candidatura antes da eleição. Quanto a mim, na medida de minha influência, tudo fizera para que Oswald figurasse na chapa, cheguei a ir ao Rio conversar com Prestes, dizer-lhe da importância cultural do pai da antropofagia, Prestes não o considerava confiável, Arruda pôs uma pedra sobre o assunto: "Não traz nem meia dúzia de votos".

A sordidez da intrigalhada me enojou: envolveram Oswald numa teia de mentiras, convenceram-no de que eu, com medo da concorrência, o sabotara, responsável único pela ausência de seu nome na chapa do pecê. Fiquei sabendo quais os instigadores principais, o mau poeta, o editor rancoroso — não recordo os nomes, risquei-os da memória. Furiosos por não terem sido eles também nomeados candidatos, sem coragem de acusarem a direção, voltavam-se contra mim. Não fui ouvido nem cheirado na confecção da lista, dei um único palpite, já o referi: tentei obter vaga exatamente para Oswald, não fui levado a sério, cortaram-me as asas.

Não o procurei para tentar esclarecer o mal-entendido, o fato dele ter acreditado que eu agira em seu detrimento feriu-me fundo, ofendeu-me, achei que não lhe cabia direito de duvidar de minha amizade. Deixamos de nos ver e de nos falar. Por algum tempo ele continuou a me atacar, em momento algum ergui a voz, não escrevi uma única palavra contra ele, conservei intactos a admiração e o bem-querer.

Só voltei a ver Oswald uma vez, pouco antes de sua morte, num coquetel em São Paulo, estava numa cadeira de rodas, apertamo-nos as mãos, nos emocionamos os dois, sou de choro difícil, saí da sala para não chorar em público.

Bahia, 1981.
A SOLUÇÃO

VOU AO CHAME-CHAME VISITAR MIRABEAU no dia de seu aniversário, completa setenta anos, saúde de ferro, está inteiro, segundo me diz, querendo dizer que não nega fogo, as namoradas aí estão de prova.

Viúvo, Mirabeau vive sozinho na casa da rua Ary Barroso onde nos reuníamos para o pôquer aos sábados e domingos — ele, eu, Odorico Tavares, Wilson Lins, Yves Palermo, vez por outra David Araújo e Carlinhos Mascarenhas, o mão de gato — residência, atelier, museu. As mesas holandesas vindas da loja dos Moreira,[1] os armários, as escrivaninhas, os pesos de papel, os quadros de Carybé e Jenner Augusto, as esculturas de Mário Cravo e as dele próprio, Mirabeau Sampaio, escultor premiado, no hall de entrada o Cristo e a Pietà, duas peças de madeira, belas. E a coleção inigualável de santos antigos, cerca de quinhentas imagens — a Nossa Senhora de frei Agostinho da Piedade, uma das quatro únicas peças assinadas pelo mestre santeiro, o maior após Aleijadinho, não há dinheiro que a pague, custou meia pataca a Mirabeau.

Pintor, recria em suas telas as santas da coleção, vende bem, clientela numerosa e fiel, confidencia-me: "Para manter a tarifa, faço abatimento se

---

[1] Casa Moreira, um dos principais antiquários da Bahia, dos irmãos Manolo e José Alberto Moreira.

me pagam à vista, aumento o preço se o pagamento é parcelado. Certa feita perdi a cabeça, dei um quadro de graça, sabes a quem? A Fafá de Belém, já lhe havia feito abatimento, pois gosto de ouvi-la cantar, mas quando ela se dobrou na gargalhada e espiei pelo decote do vestido, perdi o bom senso, dei-lhe a tela de presente". Desenha e pinta, come com apetite, ouve música, conversa com os amigos, seu prazer maior, o preferido. O preferido? Não sei, pois Mirabeau namora muito e o gosto do namoro é pelo menos igual ao do convívio dos amigos.

Eu o vejo quase todos os dias e todos os dias ele tem uma história a me contar, referente às namoradas, são muitas, todas elas de 23 anos incompletos, menos as "contemporâneas" dos tempos d'antanho, saudosistas, que lhe trazem presentes, gravatas, lenços, cuecas de agasalho. Catitas e dadivosas todas elas, de categoria social e estado civil variáveis: estudantes, balconistas, secretárias, bem ou mal casadas ou por casar, noivas em flor, cândidas, vigaristas, personagens cativantes. Por vezes coincido com uma delas, Mirabeau a apresenta e rápido a despede. Revela-me em segredo que não confia em Carybé: além de lhe roubar imagens, tenta bolinar suas namoradas. Também Caymmi se comporta mal, toma liberdades com as moças.

Na visita dos setenta anos Mirabeau me narra historinha exemplar que revela seu bom caráter e a finura de aflita pretendente. Era ela esposa de um amigo de seu filho Artur, vitorioso executivo. Conhecera-lhe o marido ao tempo em que os dois moços frequentavam a Escola de Administração, comparecera à festa de formatura e ao casamento do rapaz: esteta, casara-se no meio artístico. Bailarina de profissão, morena de truz, levada dos diabos, a esposa ama as artes e os artistas do palco e do pincel, se apaixona fácil, presenteia o marido com chifres esculpidos, cinzelados. Como não podia deixar de acontecer, apaixonou-se por Mirabeau, e quando se apaixona a morena investe disposta a realizar seus sonhos.

Viu-se Mirabeau cercado, solicitado, perseguido, a estrela do balé resolvera dormir com ele custasse o que custasse, ele tirava o corpo fora, se negava, em atenção ao marido dela, amigo de seu filho Artur, a fogosa não desistia, recomeçava. Estavam os dois nessa punheta moral quando um dia a dadivosa aparece excitadíssima:

— Vai ser hoje, Miraba, vai ser hoje! Fulaninho, coitadinho, viaja hoje de tarde para o Rio, de noite venho dormir aqui, em tua cama, vai ser um conforto!

Mirabeau arregalou os olhos, assumiu ar digno, próprio para impor respeito e colocar ponto final na arrelia:

— Não posso fazer uma coisa dessas, minha filha, impossível. Teu marido é amigo fraterno de Artur, é como se fosse meu sobrinho, é gente minha. Fique sabendo que mulher de amigo meu, para mim, é homem... — repetiu, enfático: — ...é homem.

— Homem? Pra você eu sou homem, Miraba?

— Exatamente.

— Então me enrabe, Miraba, me enrabe esta noite, vai ser o máximo.

Mirabeau termina de contar, fita a distância, pensativo. Pergunto:

— E você, Mirabeau, enrabou?

Ele, sincero:

— Mais ou menos.

Bahia, 1968.
A MALDIÇÃO

COM PIERRE VERGER, PERSONAGEM MÚLTIPLO, cientista, professor universitário, ensaísta, fotógrafo, aristocrata, repórter, feiticeiro da linha de Ifá, Fatumbi na África, Ojuobá na Bahia, visitamos casa de santo no subúrbio de Portão, estou no rastro da revolta dos negros malês, ocorrida em 1832, a personalidade do alufá Licutã me fascina.

Trabalho no romance *Tenda dos Milagres*, Pedro Arcanjo é a soma de muita gente misturada: o escritor Manuel Quirino, o babalaô Martiniano Eliseu do Bonfim, Miguel Sant'anna Obá Aré, o poeta Artur de Sales, o compositor Dorival Caymmi e o alufá Licutã — e eu próprio, é claro. De todos eles Arcanjo incorpora um traço, uma singularidade, a preferência, o tom de voz, o gosto da comida, o trato das mulheres, a malícia. Tento saber mais acerca do alufá e da nação malê.

No terreiro vazio, além de nós dois, somente a mãe de santo e a feita que, a pedido de Pierre, ela convocou para a conversa. Iaô de beleza delicada, frágil, mulata cor de canela, cabelos longos, nariz afilado, grandes olhos cismarentos. Cordial, sorridente, conversa descontraída, é filha de Oxum, o charme e o dengue. Costureira, tem dois filhos, conta do marido chofer de caminhão, "ogã de Oxóssi como vosmicê, meu pai, okê".

Ao ouvir porém a pergunta de Verger sobre a possível origem malê, para Pierre, conhecedor, tal origem é evidente, a iaô se fecha em copas, vão-se o sorriso e a cordialidade, repele a insinuação com repugnância e medo: "Malê, eu? Me desculpe, meu pai, nunca soube disso, se ouviu falar fique sabendo que é conversa de sotaque de gente que não tem o que fazer e fica futricando a vida alheia". Nervosa, encurta a conversa, toma a bênção, vai-se embora, escarreirada: foge da maldição que persegue o povo malê. Mãe Mirinha do Portão, filha de Yemanjá, guardiã do caboclo Pedra Preta, confirma: ninguém aceita ter nas veias sangue muçurumim, de onde vem a maldição, ela própria não sabe, sabe apenas que existe e apavora.

Nós o sabemos, Pierre e eu. Não nos surpreende a discrição, a negativa ouvida de tantas bocas: "Sou de nação iorubá, congo, angola, gêge, nagô, ijexá, não tenho avô malê, Deus me livre e guarde!". Os malês durante quatro dias, quando da revolta, ocuparam e governaram a cidade da Bahia, após a derrota os senhores de escravos, os donos do poder destituídos pelos negros durante aqueles quatro dias absurdos, ordenaram a repressão mais brutal, mais violenta, mais arrasadora: a ordem era matar todos os malês, homens, mulheres e crianças, não deixar rastro sobre a terra.

Assim foi feito. Bárbara, implacável, na competência da selvageria, por onde os carrascos passaram a maldição se implantou. Persiste ainda hoje, cento e cinquenta anos após, a designação malê provoca calafrios, desata o medo pânico. "Malê, ah não, meu pai."

Bem pouca coisa consegui sobre o alufã. A revolta dos malês tem tentado vários escritores que andaram buscando informações inexistentes. Mestre Pedro Calmon, historiador competente, baiano ainda mais, em seus começos escreveu uma novela sobre a conspiração dos negros muçulmanos. Muçulmanos e racistas, não quiseram o apoio dos outros negros, por bárbaros e fetichistas, a revolta se limitou e a derrota provocou o fogo do inferno, o genocídio da nação malê, a maldição que perdura e apavora.

Pelo gosto de Lalu os filhos teriam sido médicos, os três, ela tinha em alta consideração o exercício da medicina, o título de doutor: um médico, costumava dizer, levanta o nome da família.

Somente Joelson, o do meio, deu a Lalu a felicidade do filho doutor, formado em Faculdade de Medicina, portador do estetoscópio e do termômetro. Para cúmulo da alegria, médico de crianças, pediatra. Joelson, o preferido mesmo antes do diploma de médico, pois foi seu nascimento que devolveu a Lalu o gosto de viver, perdido com a morte de Jofre aos três anos de idade na gripe espanhola. Lalu se entregou à dor, deixou de lado qualquer vaidade de elegância, qualquer vestígio de alegria, foi choro e abandono. O coronel João Amado, contudo, com-

petente como era, conseguiu engravidá-la, Joelson nasceu — 55 centímetros, um bitelo —, Lalu renasceu das cinzas.

Não lhe bastando a circunstância, Joca atendeu ao aviso de Lalu, quando ela o viu médico, de anel de esmeralda e bata branca, sentiu-se realizada. Quanto aos outros dois, também objetos de entranhado amor, esses se haviam desviado para os caminhos incertos da literatura. Sem falar que os três, inclusive o esculápio, em certo momento se inscreveram comunistas. Ora, Lalu amava dizer com orgulho que seus três filhos tinham horror à política e não a praticavam. Se alguém lhe recordava a militância partidária, Lalu respondia com desprezo:

— Partido Comunista? Um partidinho de merda, não conta.

Hoje, nem de merda. Na União Soviética foi proibido, aliás a União Soviética já era. Sei que é assim e não acredito.

Lisboa, 1981.
FUNERAL

ALÉM DOS IRMÃOS DE SANGUE, de entranhado amor, o doutor tranquilo e jovial e o canhoto das arestas, hoje polidas, tive e tenho irmãs e irmãos filhos de outros pais que não dona Eulália e o coronel João Amado, nem por isso de amor menos entranhado. Além de Lila,[1] que morreu aos quinze anos, mal a conheci, não houve tempo e ocasião, e do filho e da filha que Zélia pariu de nosso leito, tive e tenho filhos que não fiz, arrebanhei-os nos desvãos da vida e os quis e quero como se os houvesse feito. Em Lisboa assisto à agonia de filho bem-amado, como me foi possível suportar a descida de Glauber Rocha ao inferno?

Levei um ano para me recuperar do mês atroz: Glauber no hospital morrendo, os olhos esbugalhados, tentando manter-se inteiro, guloso da vida vivendo anelante os dias derradeiros, eu, Zélia e João Ubaldo derrotados, os únicos a amá-lo deveras em meio à multidão que lhe enchia o quarto de fumaça e ilusão.

Após a feijoada, num domingo, comentamos com João e Berenice[2] preocupados: ele está verde e tosse sem parar. Três dias depois o telefonema sobressalta-me no hotel: Glauber hospitalizado em Sintra, tuberculoso, vomitara sangue. Fomos buscá-lo, João e eu, e o transportamos para Lisboa, começaram os exames, o temor, a esperança: não, não tem câncer, exames negativos, a festa no hospital. Tinha câncer de pulmão, dele mor-

---

1 Eulália Dalila Jorge Amado, filha do primeiro casamento de Jorge Amado.
2 Berenice, mulher de João Ubaldo Ribeiro.

reu dias depois. Entupindo o quarto, a récua dos aproveitadores a conversar, a fumar, a cheirar, a corvejar, o desamor. No leito, as faces encovadas, os olhos de pedinte, Glauber não queria morrer, ai não queria, tinha ainda muito que fazer, era um menino.

Se às onze da manhã eu ainda não chegara ao hospital, o telefone soava: "Cadê você, também me abandonou, não vem mais me ver?". Lá ia eu, vazio, um zumbi nas ruas de Lisboa, trespassado. Ainda vejo na fresta da porta o olhar de desespero, de adeus para sempre adeus, quando partimos do hospital quase correndo, Zélia, João e eu, para não vê-lo na maca a caminho do avião. Embarcaram-no a tempo de morrer no Brasil.

O funeral coube às carpideiras, aos que na antevéspera tanto concorreram para sua morte, os que o enterraram em vida — "me sinto enterrado num poço de merda", me disse no Rio, antes de partir para a Europa —, os que o acusaram de traidor, vendido, covarde, gorila, filho da puta. Esses que hoje são as viúvas de Glauber Rocha, vestem luto, choram lágrimas de crocodilo, se aproveitam, se apropriam, usufruem. Deles o funeral, são os coveiros.

A memória, porém, do menino terrível e terno, o cangaceiro antônio das mortes, deus e o diabo na terra do sol, são jorge vencendo o dragão do mal, xangô no toque do barravento, na hora de filmar e de afirmar, a memória escapa aos velhacos, aos aproveitadores, aos festivos da mídia: face do povo, renasce cada vez que filme seu é exibido na tela de um cinema.

Luanda, 1979.
O ANGOLANO

ENTRE OS HERÓIS APRENDIDOS NOS BANCOS ESCOLARES, dou preferência ao índio Poti, ao negro Henrique Dias, dois brasileiros, empunharam armas ao lado de escassos patriotas portugueses, puseram a correr os holandeses — a corte portuguesa já dera a colônia por perdida.

Em Luanda, uma das faces da Bahia, a outra é Lisboa, o diretor do Museu Histórico, Henrique Abrantes, exibe-me troféus de guerra, alguns de épocas remotas, outros da luta recente pela independência. Ao ouvir-me citar o nome de Henrique Dias, perguntou-me se eu sabia que o negro, personagem da história do Brasil, era natural de Angola. Espanto-me, não sabia, pensava-o filho de africanos nascido em senzala do Nordeste. Nasceu aqui, garante-me o diretor, apoia-se em documentos, pode exibi-los se eu quiser, dispenso.

Conta-me uma história que dá nova dimensão ao herói do manual de História do Brasil. A expedição militar que saiu do Rio de Janeiro com o objetivo de expulsar os holandeses de Angola deveria ter contado com a bravura e a competência comprovadas de Henrique Dias. Designado capitão do batalhão dos negros, importante troço das tropas, na última hora foi destituído do comando e afastado da viagem. Os secretas a serviço do governo da colônia haviam descoberto um plano subversivo, trama do angolano — Henrique Dias não pretendia se limitar à expulsão dos holandeses, seu projeto libertário era botar para fora de Angola os invasores batavos e na mesma vassourada os colonizadores lusos, proclamar a independência.

Aqui fica a informação como a recebi, nem tirei nem acrescentei, eu a deixo aos cuidados dos doutos da categoria de Thales de Azevedo, José Calasans, Dias Tavares, ou seja, Luís Henrique.

Nice, 1990.
A PRIMEIRA-DAMA

NO HOTEL, FIM DE TARDE, TARDE DA CÔTE D'AZUR, o sol de inverno descende sobre o mar, comentamos, Zélia e eu, o sucesso de Gil no show da véspera, ele o merece, sobretudo na hora da orfandade do filho, tão sofrida. O telefone soa, no hall a dra. Annie Sidro, doutora em sociologia e em Carnaval — seu livro sobre o Carnaval de Nice é um monumento — está com ela uma senhora, acaba de chegar de Bucareste via Paris, veio à França na comitiva do primeiro-ministro Petre Roman, em visita oficial. Deslocou-se até Nice para encontrar o professor de direito que a orientou quando, bolsista romena, preparava tese de doutorado, ao saber que estou na cidade deseja cumprimentar-me. Resmungo palavrões ante a invasão do nosso fim de tarde, *noblesse oblige*, descemos ao encontro da brava Annie.

Noblesse oblige e vale a pena, pois deparamos com senhora menor de trinta anos, de extrema beleza e extrema elegância, um pedaço de descaminho. Nervosíssima, tensa a não mais poder, na Romênia sucedem motins e a violência tomou conta das ruas de Bucareste, manifestações hostis ao governo provisório do Comitê de Salvação Nacional, presidido por Ion Iliescu. Postada no hall do hotel, os derradeiros raios de sol a iluminam, ela fulge ao crepúsculo, declara chamar-se Dana e deseja falar comigo.

Na mesa do bar, Dana molha os lábios no copo de uísque, inicia discurso inflamado, interminável, conta de seu país em convulsão, da capital liberta e ocupada. Narrativa dura, de crueldade e espanto: a luta contra o regime feudal de Ceaucescu, ditadura de terror e sangue, a tragédia dos torturados, dos assassinados, do massacre; a tragédia do ditador deposto e de sua mulher, os corpos expostos, o povo em cólera, a libertação substituindo o medo e o silêncio pelo ódio e pelo desejo de vingança, caça às bruxas, confusa: quem é quem, quem deve ser preso agora e quem logo depois. A narrativa é tétrica, os dias vividos em cativeiro ela e o marido, Dana estremece ao contar, acende cigarro sobre cigarro, esvazia o copo de uísque, as doses se sucedem. Annie, Zélia e eu estamos esmagados sob tamanha opressão, a vida intelectual reduzida a zero, a miséria das massas populares, a ditadura de Ceaucescu só é comparável às de Hitler e de Stálin.

Dana cita o marido a cada instante, ele é ídolo e paixão, seu deus menino, um grande homem, declara, um professor, um mestre. Levantado contra Ceaucescu, a ele a Romênia deve em grande parte o fim da tirania, a queda do ditador. Tanto ela fala no marido e em seus feitos que, curioso de saber, me animo a perguntar: seu marido, quem é ele?

— Sou Dana Iliescu — me responde.
— A esposa do presidente?
— Sou eu.

Porra!, exclamo, quer dizer, não exclamo, penso: esse camarada presidente tem bom gosto e apetite, já sessentão escolheu para esposa mulher moderna, juventude, elegância e formosura reunidas, a primeira-dama da Romênia é de ninguém botar defeito. A conversa se prolonga até a hora em que Annie Sidro, cônscia de suas obrigações carnavalescas, nos leva para o palanque. Despedimo-nos de Dana, tocados por sua angústia e seu devotamento, ela deve regressar na manhã seguinte para Paris. No palanque, vendo o desfile dos carros alegóricos, comentamos a aflição da primeira-dama: saída da ditadura, a Romênia busca o caminho difícil da democracia por entre manifestações, protestos, choques sangrentos, ameaças, pavores. Pelas últimas notícias Bucareste é devastado campo de batalha.

No dia seguinte, após o almoço, o telefone nos devolve Dana Iliescu, a viagem adiada por 24 horas, quer nos ver para cumprir ordens do marido presidente da República. Tivera-o ao telefone, contara do encontro com Zélia e comigo, ele ordenou que ela voltasse para nos oferecer uma taça de champanhe, prova da estima em que nos tem.

Dana quer vir imediatamente, ela precisa de apoio, a pobrezinha, compadece-se Zélia, coração materno, desisto da sesta, descemos ao encontro da primeira-dama da Romênia. Recuso o champanhe, ofereço uísque, ela também prefere, a conversa da véspera recomeça. Dana conta intimidades da família, é a segunda esposa de Iliescu, viúvo quando ela o conheceu na Universidade e se apaixonaram: não consigo saber se ela era aluna, colega ou assistente dele, fosse o que fosse acabaram na cama, casaram-se, são cônjuges felizes. Dana passou a manhã comprando presentes para os netos do marido, para o filho do primeiro casamento e para a nora, alimentos, vestuário e brinquedos, em Bucareste não há o que comprar. Ainda bem que a agitação diminuiu, o presidente pode respirar, Dana aproveita e nos convida a visitar a Romênia, faz trinta anos que lá estivemos pela última vez. Aparece no hotel o moço Tawil,[1] veio combinar almoço para o dia seguinte, ao ver Dana fica deslumbrado, ao saber quem é toma da máquina fotográfica, exerce a profissão de jornalista. Dana traça o uísque com coragem, fala, fala, conta, conta sem parar, Tawil está nas nuvens, que reportagem vai mandar para *A Tarde*: a primeira-dama da Romênia, salve! Dana se despede horas depois, partirá pela manhã, em Paris se reintegrará à comitiva do primeiro-ministro.

No terceiro dia, manhãzinha, Dana ao telefone: seu avião partirá no fim da tarde, convida-se para o almoço marcado na véspera com o repórter, simpatia de rapaz, virá nos encontrar no hall do hotel. Abandono a ideia de pizzaria, reservo mesa em restaurante de classe, não se pode levar a modesta pizzaria de pobretões uma primeira-dama, mesmo que seja de um país tão conturbado, *noblesse oblige*.

Dana surge no apogeu da elegância, comprara uns trapos em Nice, uns quantos vestidos, blusas, pulôveres, sapatos finíssimos, alguma roupa íntima, camisola francesa. No aeroporto de Paris trocará de avião, assumirá o lugar de honra na comitiva do primeiro-ministro, à noitinha estará nos braços do presidente matando saudades. Esta noite vai ter! sussurro no ouvido de Zélia, ela me fita, olhar de repreensão, o casal Iliescu a comove, o amor a uni-los deixa Zélia exaltada, ordena-me "mais respeito, por favor" — sinto-me pequeno.

Almoçamos bem e caro, Eduardo Tawil, repórter competente, fotografa, toma notas, redige, sai do restaurante direto para o fax que levará ao povo baiano notícias quentes de Bucareste em fogo, entrevista com a primeira-dama da Romênia, matéria de primeira página, e notícia do almoço na coluna de July. Dana se despede pela terceira vez, juras de amizade, *à bientôt*. Lá se vai ela *promenade* afora, saltos altíssimos dos sapatos, elegância suprema, xale ao pescoço e ao vento. Não posso impedir-me de

---

[1] Eduardo Jasmim Tawil, jornalista.

imaginá-la à noite nos braços amorosos de seu presidente, mas não me atrevo a revelar a Zélia meus pecaminosos pensamentos, salafrários: feliz noite, caro presidente, formosa primeira-dama, amantíssimos!

O conhecimento de Dana torna ainda maior nosso interesse pelos acontecimentos da Romênia, acompanhamos a campanha eleitoral, os debates, as dificuldades, a eleição para a Presidência da República: Iliescu, candidato a continuar no posto não mais devido a acordo político e, sim, eleito pelo povo — o que, aliás, aconteceu: votação consagradora.

Na ocasião leio em *Le Figaro* ampla reportagem sobre a jornada eleitoral. Foto em duas colunas ilustra a matéria: Iliescu em companhia da esposa deposita o voto na urna. Grito:

— Zélia vem ver tua amiga primeira-dama votando...

Zélia acorre:

— Quem, Dana? Me mostre...

Um tanto quanto envelhecida, em verdade bastante. A primeira-dama da foto é outra, senhora simples e idosa. Zélia, de queixo caído, a voz diminuída:

— Mas essa não é Dana...

— Dana não é a primeira, deve ser a segunda-dama.

Em 1991 vamos à Itália, sou membro do júri do Prêmio de Literatura Latina da União Latina, será concedido pela segunda vez. Da primeira foi outorgado a Juan Carlos Onetti, mestre romancista uruguaio, o segundo será ganho por José Cardoso Pires, mestre romancista português. Faz parte do júri o escritor romeno Dan Haulica, temos amigos comuns em Bucareste e em Paris, o fato dele ser leitor e admirador de Luandino Vieira apressa nossa confraternização. Haulica é amigo de Iliescu, íntimo. Zélia conta-lhe a história de Dana: após a foto denunciadora, Zélia concedera-lhe categoria de amante, imaginara história de amor adulterino, ilegal e exaltante paixão devoradora, nascida e vivida na luta pela liberdade, tentei concorrer com detalhes insinuados pela camisola francesa, fui vetado: "Você só pensa nisso".

Dan Haulica ouve, surpreso, indignado, nega a Dana qualquer crédito, nem esposa, nem amante, Iliescu é seriíssimo, corretíssimo, jamais deu-se a aventuras, viveu e vive para o lar, cidadão recatado. Ademais nunca teve filhos, muito menos netos, são ele e a esposa e se bastam. Digo a Zélia:

— Acabas de perder até os netos de Iliescu, quanto a mim perdi a noite de amor presidencial e a camisola. Não nos restou nada.

Será verdade? Sendo de caráter duvidoso, devo confessar que guardo da jovem ex-primeira-dama, formosura maior, elegância de tacos altos fulgindo ao sol do crepúsculo no hall do hotel, dela guardo viva lembrança — eu e os leitores de *A Tarde*, da Bahia — ainda lhe concedo a cama presidencial por mais pudico seja o mandatário. Não o sei anacoreta nem capado, e Dana é um pedaço de mau caminho, encruzilhada de Exu, passo perdido, o mistério que a envolve ainda não foi de todo desvendado, ainda aguardo o fim do enredo, que meu amigo Dan Haulica me perdoe, meu caráter é suspeitoso.

Rio de Janeiro, 1960.
LITÍGIO

JOÃO GILBERTO AO TELEFONE, aflito:
— Jorginho, recebi uma convocação do juiz para estar em São Paulo na quinta-feira, não posso ir, tenho programa de rádio, preciso de um advogado que me represente. Você que conhece todo mundo em São Paulo me arranje um, que seja bom.

Durante apresentação na capital paulista, Joãozinho desentendeu-se com um colega, rebentou o violão na cabeça do fulano, corre processo na justiça, o cantor da bossa nova não sabe para onde se virar.

Prometo cuidar do assunto, ligo para Luiz Coelho em São Paulo, além de escritor de bons livros policiais, o único no Brasil, não sei de outro, Luiz é advogado de banca prestigiosa e boa-praça. Conto-lhe das peripécias de Joãozinho com o violão e de suas agonias jurídicas, no outro lado do interurbano Luiz escuta, ao cabo e ao fim responde:

— Estou a par, mas infelizmente não vou poder representar o João Gilberto. Vou te dar o nome de três colegas, todos os três de primeira ordem, qualquer deles ficará feliz de cuidar do caso — fornece nomes, endereços, telefones, horários: praça boníssima, amigo prestimoso, Luiz Coelho.

Resta-me uma pergunta e a faço:
— Tu não podes por quê? Vais viajar?
— Não, nada disso. É que sou o advogado da outra parte.

Rio de Janeiro, 1961.
ANTICOLONIALISMO

AINDA MUITO JOVEM, MAS JÁ DE EXTREMA COMPETÊNCIA, Eduardo Portella viu-se nomeado presidente (ou diretor, não importa: o chefão) do Instituto Afro-Asiático que Jânio Quadros acabara de criar. O Instituto foi um dos principais sustentáculos da política exterior que Jânio buscou implantar, rompendo com a tradicional submissão do Itamaraty às ordens do Departamento de Estado norte-americano: a política exterior do Brasil era traçada em Washington.

Eleito presidente da República, Jânio Quadros, maluco e visionário, rompeu com essa humilhante tradição, em sua mesa de trabalho viam-se os retratos de Nasser, Nehru e Tito, o Brasil passou a figurar no mapa do terceiro mundo. Já é tempo de fazer-se justiça a aspectos positivos do governo de Jânio que significaram a ruptura com hábitos e posturas atrasados, retrógrados, com a mentalidade colonial dos governantes. Por essas e outras foi corrido do poder: a renúncia não passou da tentativa de sacudir a nação, levantar o povo para impedir a deposição já decidida nos quartéis, pelos militares, de acordo com a embaixada dos Estados Unidos.

O Instituto Afro-Asiático significou também o abandono do apoio do governo brasileiro, irrestrito, a Salazar e à ação colonialista do governo português, o reconhecimento da guerra de libertação travada em Angola, Moçambique, Guiné-Bissau. Pela primeira vez órgão oficial do governo brasileiro ousou contestar o colonialismo lusitano. Entre outras medidas revolucionárias — emprego o adjetivo em seu sentido maior e não na esquerdizante limitação ideológica —, tomadas pelo Instituto, vale a pena citar o fato de ter trazido ao Brasil uma delegação de guerrilheiros angolanos: com o golpe de 1964 foram presos e torturados, se não me engano estava entre eles o poeta Costa Andrade.

Alguns nomes de conselheiros e funcionários do Instituto bastam para identificar-lhe a capacidade e os rumos: Josué de Castro, Maria Yedda Linhares, Fernando Henrique Cardoso, Candido Mendes, Clarice Lispector, James Amado, José Mauro Gonçalves, nomes que dispensam comentários. Portella criou importante coleção de livros, puxo pela memória, cito alguns títulos: *Dois caminhos da revolução africana*, de Moacir Werneck de Castro, *Nacionalismo e desenvolvimento*, de Candido Mendes, *Contos negros da Bahia*, de Deoscóredes Maximiliano dos Santos — esse autor de nome tão esdrúxulo outro não é senão o mestre Didi, dos candomblés da Bahia, filho de sangue de mãe Senhora, venerável ialorixá.

Com sua disposição para o estudo e para a administração da cultura, Eduardo Portella não só trouxe para a mesa dos debates os problemas da África e da Ásia, como ajudou a traçar os caminhos da política africana no Brasil. Com seu livro *África: Colonos e cúmplices* deu-lhe régua e compasso.

Sob sua direção, a revista *Tempo Brasileiro* divulgou ideias, definiu problemas, colaborou para a tomada de posição de inúmeros intelectuais.

Portella, apenas nomeado, com a seriedade que o caracteriza, buscou de imediato atualizar-se a respeito da realidade afro-asiática, capacitar-se. Foi à livraria dos irmãos Zahar, Jorge e Ernesto, e ali deixou encomenda sem tamanho: ensaios, estudos, romances, volumes de poesia, de Senghor a Césaire, passando por D'Arboussier, cartas geográficas, mapa-múndis, livros de arte, uma biblioteca, empenhou os salários de um ano, fatura imensa. Ernesto Zahar prometeu urgência, ainda assim a carga preciosa demorou a chegar ao Rio, consignada de Londres onde o correspondente dos Zahar havia reunido o material procedente de Dakar e Tóquio, Lisboa e Luanda, Pequim e Hong Kong, Colombo e Adis Abeba e por aí vai.

Afinal chegou, uma dúzia de caixões de variadas dimensões. Avisado, Portella correu à livraria, talão de cheque em punho, camionete para transportar as Áfricas, a árabe e a negra, as Ásias pegando fogo, recolheu mapas, álbuns de arte, o romance, a poesia, a livralhada, pagou a nota, uma fortuna. Arruinado e contente, tocou-se para casa. Antes mesmo de começar a abrir os caixões buscou-me pelo telefone para alardear a boa-nova, foi me encontrar na Livraria São José:

— Jorge, os livros...

— Eduardo? Te procurava feito doido. Já sabes ou não? O governo caiu, Jânio renunciou, os gorilas ameaçam não dar posse a Jango, a confusão é geral...

Do outro lado da linha, a voz murcha de Portella:

— Renunciou? Os militares vão assumir? E eu que acabo de pagar os livros que encomendei, chegaram hoje, agorinha mesmo. Fiquei a pão e água.

Marcamos encontro, discutimos, reunimos gente, começamos a agir para sustentar Goulart, garantir-lhe a posse, fizemos misérias, foi divertido às pampas. Quanto aos livros, Eduardo os leu, um a um. Minha sobrinha Mariana herdou o mapa-múndi.

Roma, 1948.
O PODER

TOMAMOS O ÔNIBUS EM PARIS PARA ROMA, vamos assumir o poder. Oficialmente nossa viagem se destina a cobrir para a imprensa comunista do Brasil as eleições italianas, somos três com credenciais de correspondente estrangeiro, Zora Seljan, Carlos Scliar e eu. Zora fará as reportagens e algumas entrevistas, Scliar desenhará cenas de rua e retratos de dirigentes, caberá a mim entrevistar Togliatti e Pietro Nenni, fazer a análise política da vitória. Da vitória, sim, pois o Partido Comunista Italiano vai ganhar as eleições, subirá ao poder, formará o novo gabinete em aliança com os socialistas de Nenni. Participaremos da grande festa, hurra!

Os comunistas perderam as eleições, os democratas cristãos conservaram o governo, estávamos os três na redação de *L'Unitá* curtindo notícias falsas quando Togliatti chega e declara: perdemos. Abatidos fomos jantar pizza com Darío Puccini[1] numa cantina barata, já não podemos esbanjar, não conquistamos o poder. Zora rasga e joga numa lata de lixo a reportagem mais verídica e emocionante das eleições, tempo perdido. Para não perder tempo, queria tê-lo livre para a festa, redigir com antecedência o noticiário da vitória eleitoral, contando como acontecera, detalhes saborosos, a grandiosidade da comemoração, o povo nas ruas com bandeiras, a música e as estrofes do hino *avanti popolo*, reportagem para entusiasmar e comover. Mais prudente, Carlitos deixou para fazer os desenhos depois, fizera apenas um, a redação de *L'Unitá* lotada de jornalistas estrangeiros, em primeiro plano Dominique Desanti, enviada de *Action*, e Oleg Ignátiev, do *Konsomólskaia Pravda* de Moscou.

Perdemos as eleições, nem por isso a viagem foi inútil ou triste. A derrota não limitou as festividades, no encontro em casa de Guttuso[2] estava meio mundo, de Moravia a Zavattini, de Carlo Levi a Desanti, de Emilio Sereni a Giancarlo Pajetta, sem falar nas condessas comunistas fervorosas, iniciei em Roma minha colheita de amizades, prossegui em Florença: Vasco Pratolini, em Milão: Elio Vittorini. Darío Puccini já havia traduzido *Capitães da Areia*,[3] traduziu depois outros livros meus, bate-se até hoje pela literatura brasileira, como se fosse escritor nascido no Rio de Janeiro. Fala o português na perfeição, pronúncia carioca, foi-lhe ensinado por moça brasileira com quem teve amores — aprendeu na cama, não há forma melhor de se aprender os idiomas do que trocando língua, boca na boca em ais de amor.

Zora retorna a Paris onde tem tarefas a cumprir, Carlitos e eu vamos para Gênova esperar Zélia que chega do Rio com João Jorge. Do cais eu a vejo no deque do navio, o infante ao colo, minha madona, o coração dispara no peito, enfim a terei nos braços, não há poder que se compare.

1   Darío Puccini, professor universitário, escritor.
2   Renato Guttuso, pintor.
3   *I banditi del porto*, Edizioni di Cultura Sociale.

São Paulo, 1945.
O ADMIRADOR

SOU BOM DE CADEIA, TIREI DE LETRA as minhas prisões, nem depressivo nem ruidoso, será que hoje suportaria o xadrez com igual desenvoltura? Numa de minhas prisões aconteceu algo tragicômico, merece relato. Ainda durante o Estado Novo, em meados de 1945, a polícia política de São Paulo montou uma armadilha na sede do Comitê de Ajuda às Nações Unidas, leia-se à União Soviética, sala que pouco a pouco se transformara em sede de todos os organismos, alguns fantasmas, ligados ao Partido Comunista. Todas as tardes eu lá aparecia para encontros políticos, pequenas reuniões, receber e transmitir tarefas. Ao chegar naquele dia encontrei a polícia, à frente o delegado Luiz Apolônio, famoso. Na sede do Comitê ou em suas residências foram presas cerca de quinhentas pessoas, intelectuais, sindicalistas, ativistas. Caio Prado Júnior e eu, após breve passagem na Central, fomos mandados para a Casa de Detenção, ocupamos a cela onde Monteiro Lobato cumprira pena por ter afirmado que existia petróleo no Brasil.

Numa sala enorme, o assoalho coberto de colchões, encontramos preso único o pintor Clóvis Graciano. O que fazes aqui? — perguntei e ele respondeu: "Estava te esperando". Tentamos obter que colocassem Clóvis na cela de Lobato, não conseguimos. Por volta de duas da manhã puseram-nos em liberdade, a mim e a Caio, na porta do presídio Frota Moreira nos esperava. Oswald de Andrade ficou fulo porque não o prenderam, desconsideração.

A história ligada a essa prisão que merece relato tem a ver com um leitor mineiro, de passagem por São Paulo. Telefonou-me, comprara a coleção de meus livros, vendia-se pelo crediário, pedia-me para autografá-los, marquei-lhe encontro na sede do Comitê às quatro horas, fui levado preso às três, o meu leitor entrou em cana uma hora depois, em vez do autor encontrou os tiras.

No dia seguinte meu apartamento virou uma babilônia, parentes de presos reclamando medidas, havia uma senhora espanhola cuja filha sindicalista fora levada pela polícia, que me responsabilizava aos berros pelo que pudesse suceder à moça: "Minha filha é virgem!". Caio Prado e eu fomos discutir com o chefe de Polícia,[1] bacharel bem-humorado, as prisões começaram a ser relaxadas, 24 horas depois da trampa policial estavam todos na rua, inclusive a virgem imaculada. Todos menos um, o meu leitor: esse permanecia preso com sua coleção de livros, pois por ele ninguém se inte-

---
[1] Pedro de Oliveira Ribeiro Sobrinho.

ressara. Preso permaneceu por uns dois dias e permaneceria longo tempo se a família, estranhando não ter ele voltado a Minas na data marcada e não ter dado notícias, preocupada com seu desaparecimento, não começasse a procurá-lo nos hospitais, com passagem pela morgue, foi encontrá-lo na cadeia, acusado de comunista. Decerto abandonou a coleção de livros na cela onde habitara dois ou três dias, não sei exatamente quantos.

Viana do Castelo, 1992.
GASTRONOMIA

NO ALMOÇO, O MOLHO A ESCORRER-ME PELO QUEIXO, desfaço-me em elogios à galinha ao molho pardo, Nuno me corrige com conhecimento de causa:

— Repare na ementa — lê em voz alta: — "Arroz de galo de pé descalço" ou seja ave solta a ciscar ao chão, o sabor é outro que não o dos frangos de aviário que não sabem a nada.

Nuno Lima de Carvalho, cidadão múltiplo, jornalista, crítico de arte, especialista em pintura *naïve*, também em turismo, em gastronomia nem se fala, confrade-mor da Confraria dos Gastrônomos do Minho, que poderosa confraria! Conhece os restaurantes do país um a um, os pratos ele os conhece todos quando não os inventa e os batiza: deve-se a Nuno o "arroz-doce à prior de Vila Franca", gulodice a comer e a repetir, de cujo abuso nasceu a sentença do padre Sérgio:[1] "Antes faça mal que sobre". Arrasta-me pelo norte de Portugal, inauguro lápides em casas de pasto de renome e tradição, se meus livros forem de todos esquecidos restará a memória do glutão nas placas comemorativas de almoços e jantares, opíparos. No roteiro dos opíparos, do melhor ao melhor, vou do Vítor em São João del-Rei ao Natário em Viana do Castelo, o bacalhau do Vítor! o pão de ló do Natário, os rissóis de dona Custodinha!

Em Viana, no Salão Nobre da Câmara, celebram-se as glórias de Manuel Natário e de dona Custódia, sua esposa, pasteleiros. São condecorados, recebem diploma e medalha, elogios nos discursos de governadores e presidentes de conselho, feliz o país que festeja cozinheiros, condecora pasteleiros, concede à mesa, à culinária, categoria de tema de cultura conforme ensinamento de Miguel Torga, escritor português à medida de seu povo.

[1] Padre Sérgio Augusto Pereira, diretor do Seminário de Viana do Castelo, jornalista, gastrônomo, careca, boa-pinta.

No jantar faço praça do cabrito assado ao forno, Nuno aponta-me a cozinha da tasca, me ensina:

— O segredo está nos fornos de lenha, é preciso conservá-los, impedir que os apaguem, que substituam brasa de lenha pelo gás ou pela eletricidade.

O ajudante de cozinha revolve as brasas, sobem labaredas do forno de lenha: que não os extingam, pelo amor de Deus! O molho do cabrito escurece os beiços do bom Nuno Lima de Carvalho, um colosso, na estatura, na gastronomia, na amizade: ele limpa os lábios com um gole de vinho verde, adora vinho verde.

Bahia, 1985.
BARBA

MÁRCIO TAVARES D'AMARAL, FILÓSOFO E POETA, ilustre professor universitário, grave catedrático, letrado familiar de Joyce e de Kafka, incorrigível líder estudantil, saudoso das passeatas e das molequeiras, com as mãos sobre a boca imita sons de saxofone, as sirenes dos carros de polícia e das ambulâncias, com acento alfacinha canta músicas de protesto de Sérgio Godinho. Está hospedado na casa do Rio Vermelho com Teresa, flor dos Costa, conversamos enquanto ele faz a barba.

Conversa longa, Márcio não leva menos de meia hora a barbear-se: "Um dia demorei apenas 25 minutos, mas aconteceu somente naquela vez", me diz. Eu não gasto mais de cinco minutos, admiro-me de diferença tamanha, Márcio me explica:

— Você conhece o verbo escanhoar? É o que eu uso. Você conjuga outro: raspar a barba, para ser sincero uma xucrice.

Conto-lhe que Graciliano Ramos fazia a barba com navalha antiga, nunca usou gilete. Os olhos de Márcio se iluminam:

— Isso é o suprassumo, não chego a tanto.

Barba escanhoada, Márcio aproxima-se do muro, desata a sirene da polícia na rua Alagoinhas: vizinhos saem portas afora a ver o que ocorre. O riso de Teresa tranquiliza os passarinhos.

Paris, 1949.
PALOMA

DE MINISTÉRIO EM MINISTÉRIO, de repartição em repartição, acompanho Pablo Picasso pelas ruas de Paris, no esforço para resolver o problema da estada de Pablo Neruda na França. Trotávamos de déu em déu, o dia é especial para o pintor: Françoise, sua mulher, fora para o hospital com dores de parto. Ele desejava menina, se chamaria Paloma: a paloma da paz, desenho de Picasso, cobre os muros da cidade na propaganda do Primeiro Congresso Mundial dos Partidários da Paz que vai se iniciar no dia seguinte na sala Pleyel.

Neruda desembarcara em Paris uma semana antes, habilitado com passaporte falso que o identificava cidadão guatemalteco don Antonio dos anzóis carapuça, de bastos bigodes, adido cultural, qualquer coisa assim. O passaporte lhe fora fornecido por Miguel Ángel Asturias, embaixador da Guatemala na Argentina que, ao atender à necessidade do amigo, punha em jogo o cargo e a carreira. Não hesitara um minuto quando Pablo, fugitivo do Chile onde havia sido expulso do Senado, lhe colocara o problema.

A princípio conhecida apenas por mim e por Alfredo Varela — o romancista de *El río oscuro*, dirigente do pecê argentino —, por Laurent Casanova, responsável no Bureau Político do pecê francês pelos problemas culturais e pelo movimento da paz, por Louis Aragon e Françoise Leclerc em cujo apartamento estava hospedado, a presença do poeta, secretíssima, logo se tornou segredo de polichinelo. A comitiva de admiradores engordava a cada dia com a chegada para o Congresso de intelectuais latino-americanos: Juan Marinello, Nicolás Guillén, Miguel Otero Silva, Alfredo Gravina, o pintor Venturelli. Passaporte ilegal, Pablo estava impedido de participar do conclave e corria o risco de ser detido e posto fora da França a qualquer momento.

De autoridade a autoridade, Picasso encaminha a solução, eu o acompanho, sou de pouca ajuda mas faço-lhe companhia. De meia em meia hora entramos num bistrô, Picasso telefona para o hospital, pede notícias da parturiente, fica sabendo que Françoise ainda não deu à luz. Numa dessas vezes, porém, a pergunta é acolhida com hosanas: nascera a menina Paloma, a mãe passa bem, Picasso exulta.

Ora, o problema de Neruda, àquela hora, estava praticamente resolvido, restavam detalhes finais, deles eu poderia me encarregar sozinho. Vai ver tua filha e tua mulher, propus, Picasso recusou: "Só quando terminar". O Ministério do Interior e o Quai d'Orsay encontraram por fim a solução: Pablo deixaria a França de carro, a polícia da fronteira estaria avisada para não criar problema, voltaria assim que tivesse passaporte em ordem.

Na Suíça, onde La Hormiga[1] o aguardava, um ex-cônsul do Chile, admirador incondicional, prolongara velho passaporte chileno que Delia trouxera de Santiago. O ex-cônsul, aposentado, guardara os timbres e os carimbos, poderiam ser de utilidade um dia, foram. Assim o poeta regressou a Paris não mais na pele de don Antonio dos anzóis carapuça e, sim, na do chileno Neftalí Ricardo Reyes, seu nome verdadeiro. Ainda não oficializara o pseudônimo, o que fez quando retornou ao Chile: nem Antonio dos bigodes, nem Neftalí Reyes, para sempre Pablo Neruda, poeta e militante.

Picasso cuidou do caso até vê-lo completamente resolvido, me encarreguei da viagem, designei guarda-costas, dois jovens comunas brasileiros no gozo de bolsas de estudo em Paris, Paulo Rodrigues e Alberto Castiel, levaram o bigodudo don Antonio à Suíça, trouxeram Delia e Pablo para a França, ele de passaporte legal e sem bigodes.

De volta ao hotel contei a Zélia as andanças do dia, os telefonemas de Picasso para o hospital, o nascimento de Paloma.

— Se um dia tivermos uma filha ela se chamará Paloma — decide Zélia, arrebatada.

O caso se deu em 1949, nossa Paloma nasceu em 1951. Até parece de propósito, a sementinha foi posta em Varsóvia durante o Segundo Congresso Mundial dos Partidários da Paz, a paloma de Picasso nos muros da cidade, inspiradora.

Bahia, 1991.
PLEBISCITO

RECEBO A VISITA DO PREFEITO DE JANDAÍRA, cidadezinha situada no norte da Bahia, na divisa com Sergipe, a praia de Mangue Seco, a mais bela do mundo — por uma vez sou peremptório — fica em seus limites. Vem convidar-me para a festa da mudança do nome do município: Jandaíra, obedecendo ao decidido em plebiscito pela população, passará a se chamar Sant'Ana do Agreste, nome da cidade imaginária onde decorre grande parte da ação do romance *Tieta do Agreste, pastora de cabras.*

A ação do romance e a da novela *Tieta*, escrita por Aguinaldo Silva, produzida pela Globo, baseada em meu romance. A novela bateu recordes de audiência — segundo leio em artigo de crítico paulista de televisão as novelas baseadas em meus romances destinam-se ao sucesso porque as putas

---

[1] La Hormiga, apelido de Delia del Carril, na época mulher de Neruda.

que descrevo são pessoas estimáveis, sofridas porém direitas, se escreveu com a intenção de me chatear perdeu o tempo e o latim, enganou-se, me sensibilizou. Nas ruas e largos de Sant'Ana do Agreste, na gente ali posta a circular e a viver, o povo de Jandaíra reconheceu sua cidade.

Houve mesmo quem reclamasse, eu teria sido injusto e incorreto ao trocar o nome da cidade, pois fora em Jandaíra que Tieta vivera e armara tantas e tão boas. Me acontece ser assim acusado de quando em quando: Bruno Barreto, no desejo de explicar o acento italiano de Nacib, dublado por Mastroianni no filme *Gabriela*, disse, em entrevista aos jornais, que tendo realizado uma pesquisa em Ilhéus, descobrira que Nacib não era árabe e, sim, italiano. Vejam a que está sujeito um romancista: Bruno rouba-me a nacionalidade de personagem que eu criei, os habitantes de Jandaíra acusam-me de sabotar sua cidade: eu desconhecia a existência de Jandaíra quando escrevi *Tieta*.

Prometo ir com Zélia, o prefeito me informa que Roberto Marinho também se comprometeu a comparecer, vai ser festa de arromba.

Casablanca, 1989.
A HISTÓRIA DA MULHER DE SEU VIEIRA

APROVEITO PARA CONTAR A HISTÓRIA da mulher do sr. Vieira, tal como se deu, tintim por tintim, circulam versões desencontradas, cada qual conta o conto à sua maneira, a maioria ouviu o galo cocoricar mas não sabe da música a metade.

Estávamos Calasans Neto e Auta Rosa, Zélia e eu em Casablanca, hospedados em um dos dois melhores hotéis da cidade, Auta descobriu uma barata no quarto, comunicou a Zélia, o hotel foi para a lista negra. Como viajaríamos naquele mesmo dia para Marrakech, decidimos visitar o outro melhor hotel, no lado oposto da praça, bisbilhotar conforto e limpeza, nele reservar acomodações para nossa volta, uma semana após, se valesse a pena.

Na portaria buscávamos informações sobre os quartos quando um senhor ainda jovem, bem-posto, ar esportivo, que me fitava curioso, perguntou-me se eu era brasileiro, escritor e se meu nome era... Efusão patriótica, troca de gentilezas, o compatriota ao saber ao que vínhamos elogiou o hotel, limpíssimo, nem sombra de baratas, propôs mostrar-nos seu apartamento para que julgássemos. Tentei recusar, quem disse, dona Rosa e dona Zélia queriam comprovar as vantagens, aceitaram, impuseram, acompanhamos o sr. Vieira — "Vieira, de Santa Catarina", se apresentara — ao oitavo andar. Tomou a frente, bateu à porta, foi aberta por uma criança de seus cinco anos. "Onde vai a corda vai a caçamba", disse o anfitrião, não sei por que a declaração me fez imaginá-lo viúvo a correr coxia com a filha órfã. Entramos às apalpadelas pelo corredor ao lado da casa de banho, o apartamento mergulhado na mais negra escuridão. Vieira adiantou-se quarto adentro, direto para o janelão, eu atrás dele, os demais atrás de mim. Num repelão Vieira abre as cortinas, a luz matinal de Casablanca invade a habitação, ouve-se um grito de mulher: "Vieira, o que é isso?". "É Jorge Amado, minha filha", explica o bom leitor no auge do contentamento, aponta-me com o dedo, em seguida me informa: "Essa aí é minha esposa". Olho e vejo essa aí estendida nua em pelo no leito de casal, êxtase, visão, como direi? Não direi nada, nada disse, apenas arregalei os olhos, essa aí ergueu o busto, a luz banhou-lhe os seios, aleluia! Dona de casa civilizada convidou-me a sentar na cama, convite que não estendeu aos demais, certamente por não lhe terem sido apresentados: o marido pronunciara apenas o meu nome.

Sentei-me por um instante fugidio, pois Zélia já dava por visto e aprovado o apartamento, agradecia e se mandava, arrastando-nos na pressa de sair, ainda hoje não entendo o motivo de tanto açodamento: Vieira acompanhou-nos à porta, a criança pela mão, dissemos muito obrigado, despedimo-nos. A caminho do elevador comentei com Calasans, as senhoras iam à frente:

— Lavaste os olhos, hein, Calá?
— Lavei os olhos, como?
— Ora, como! Com a nudez da mulher de seu Vieira.
— Nudez? Que me contas, que história é essa?

Ora pois, após cruzar a porta, aturdido pela escuridão, Calasans Neto deixara-se ficar no corredor do apartamento, não chegara a entrar no quarto e eu não me dera conta. Ao saber do acontecido acometeu-lhe ataque de loucura, queria a pulso retornar com o pretexto de ter esquecido o boné, quem sabe a esposa do Vieira continuava nua como eu a vira.

— Teu boné está em tua cabeça, Calá. Dormiste no ponto, agora é tarde.

Partimos para Marrakech, lá estivemos durante uma semana. Constatei que nem as maravilhas da cidade, nem a medina, nem sequer o topless das suecas à beira da piscina no oásis, nada conseguia retirar a cabeça de Calá da mulher de seu Vieira que ele, ai, não vira nua por preguiça.

Voltamos a Casablanca, fomos nos hospedar no hotel sem baratas onde havíamos reservado cômodos. Na recepção, antes mesmo de entregar o passaporte, Calá quis saber de seu Vieira.

— Vieira? O senhor se refere ao brasileiro da mulher bonita? — com as mãos o funcionário traçava-lhe as formas do corpo: — *Quelle femme, cher Monsieur!* — estalou a língua, som concupiscente, informou: — Viajou ontem para o Rio de Janeiro.

Aí fica a história verdadeira. O mais que contam, o artista armado de binóculo, trepado numa palmeira para brechar o quarto do casal Vieira, e outras estripulias, não passam de invenções a engrossar o folclore do mestre Calá, rei de Itapuã, imperador do Abaeté.

Rio de Janeiro, 1946.
ANTISSALAZARISMO

SUBO À TRIBUNA DA ASSEMBLEIA NACIONAL CONSTITUINTE, sou deputado eleito por São Paulo, leio e comento carta que venho de receber de Portugal. Escrevem-me dois jovens, declaram-se meus leitores, leituras clandestinas, pois os livros de minha autoria são proibidos na metrópole e nas colônias portuguesas.

Requisitório contra o salazarismo, a carta denuncia a opressão reinante, depoimento comovente, os signatários apenas saíram da adolescência, moços que se iniciam nas lides da cultura: no quadro da ditadura do Estado Novo português a ação cultural se entremeia com a luta política. No Brasil estamos em lua de mel com a democracia reconquistada pelos exércitos das Nações Unidas, a presença dos pracinhas brasileiros nos campos de batalha da Europa ajudou a derrubar o nosso Estado Novo, em parte cópia do lusitano, meu discurso é ouvido com atenção, ainda não há quem se atreva a assumir a tribuna para contestar a denúncia, defender o lúgubre ditador.

Os jovens signatários da carta chamam-se José Rabaça e António Alçada Baptista, mais de vinte anos depois irei conhecê-los pessoalmente. Convidado em casa de Rabaça, industrial e jornalista, no sopé da serra da Estrela, ele me pergunta: "Recorda-se de uma carta que provocou discurso seu na Câmara? Lembra-se das assinaturas? Não se lembra? Eram a de António Alçada Baptista e a minha".

Somos hóspedes de António Alçada Baptista na casa de pedras que ele possui na serra, a casa mais bela do mundo, segundo Odylo Costa, filho, não discuto, mas ajunto que é também a casa menos cômoda do universo. Foi ele quem nos trouxe a jantar com os Rabaça. Ensaísta brilhante e polêmico, António Alçada Baptista, ainda não é o romancista que irei ler e amar daí a alguns anos. Mas já o admiro e estimo. Mesmo na discordância de posições e ideias, como não admirar-lhe a escrita cristalina, a seriedade e a cultura de intelectual europeu, como não estimar a flexibilidade quase brasileira, a ânsia de entender e conviver?

Praia, 1986.
O REQUEBRO

ENCAMINHAMO-NOS PARA A SALA ONDE se dará o banquete oferecido pelo presidente da República de Cabo Verde ao presidente da República do Brasil: Sarney veio a Praia em visita oficial.

Zélia aperta-me o braço, faz-me parar, sorri. Em nossa frente, no corredor, a sra. Aristides Pereira, mulher do presidente, primeira-dama do país, a simpatia em pessoa. Não se imaginando seguida, ouvindo a música que vem da sala, antes de nela penetrar, executa um passo de dança, parece um gingado de samba, é um requebro de morna, ritmo e baile de Cabo Verde, o mesmo dengue, idêntico meneio de ancas, a bunda em vaivém.

Ulan Bator, 1952.
O DIRETOR DE DIVISÃO

APENAS DESEMBARCAMOS AS CONFUSÕES linguísticas começaram no aeroporto de Ulan Bator repleto de autoridades: membros do governo, dirigentes do Partido, representantes da União de Escritores, do Movimento da Paz, da União das Mulheres para saudar Zélia e Rosa, da Juventude Comunista, dos Pioneiros e por aí vai. Nossa visita à Mongólia é acontecimento nacional sem precedentes, ninguém demonstra interesse pelo mais antigo e menos importante país de democracia popular. Encravada entre a União Soviética e a China, dois terços do território constituídos pelo deserto de Gobi, nação de pastores sujeita ao regime do socialismo real, desconhecida e menosprezada, a ex-Mongólia Exterior, desde 1921 independente, ignorada pelos intelectuais comunistas, proibida aos turistas, recebe a visita de um membro do Bureau do Conselho Mundial da Paz. Mais do que isso, de personalidade condecorada com o Prêmio Internacional Stálin, no caso eu próprio, e de um poeta famoso, Nicolás Guillén. Lembro-me das delegações, das bandeiras, dos aplausos à descida do avião, mas o que guardo até hoje no fundo dos olhos é a visão do imenso vale gelado, em derredor as montanhas altíssimas, cenário tão esplendoroso poucas vezes vi em minha vida. Faz um frio de trinta graus abaixo de zero.

O ministro da Cultura, futuro primeiro-ministro, aproxima-se do microfone, discursa em mongol, um intérprete traduz para o russo, "vocês estão em minhas mãos", gaba-se Zélia, única de nós quatro a saber umas quantas palavras da língua russa. Segue-se a tradução para inglês, o intérprete é um baixinho, engrola rápido as palavras, "continuam em minhas mãos, em boas mãos", sussurra Zélia, única de nós quatro a entender e a maltratar a língua inglesa, de lá para cá seu inglês fez-se opulento, não o era quando baixamos do avião em Ulan Bator, muito ao contrário, era bem parco. Cobro da poliglota a tradução, Zélia responde-me impávida: "Deu-nos as boas-vindas", ranjo-lhe os dentes, devolvo-lhe o gracejo, estamos em boas mãos, não é? Estamos é no mato sem cachorro.

Desconhecendo o mongol, o russo e o inglês, não me esforço para agradecer em francês, faço-o em português, mas termino vivando em russo: *za mir!* viva a paz! Não houve tradução, imagino o espanto dos radiouvintes que me escutaram em baianês, em homenagem a eles gastei a saudação soviética, aprendida nos congressos.

Os carros nos conduzem ao hotel, nas ruas o povo se exibe em trajes mongóis, casacos, gorros, botas, peles de carneiros, cores vivas, os homens se nos afiguram altos, as mulheres lindas. O ministro, as autoridades, os representantes das organizações sociais que nos acompanham vestem-se à europeia, fazem triste figura nos trajes ocidentais, diminuem de estatura, perdem a personalidade. Creio que as roupas europeias, peças de alfaiataria moscovita, pertencem ao governo para uso acidental, quando indispensável, é o caso.

No hotel somos apresentados a estrambótico personagem, enverga uma espécie de guarda-pó branco sobre a calça e o paletó de defunto bem menor. Não conseguimos saber quem fosse, por mais Zélia se esforçasse, Rosa Guillén pensa que seja um barbeiro, aconselha: "Aproveita, Nicolás, para podar as melenas". O baixinho sobra nas roupas emprestadas, o grandão não cabe nas que lhe tocaram, ambos de meia-idade, todos os mongóis, exceto as crianças, aparentam estar entre os trinta e os quarenta anos.

Lá vamos em companhia oficial e numerosa visitar a cidade, o intérprete traduz para o inglês as explicações do ministro diante dos poucos edifícios de tijolos ou de cimento, Zélia se empenha, dá para reconhecermos os palácios do governo e do Parlamento, a sede do Comitê Central, a Universidade. Bem mais do que as contadas construções de arquitetura soviética, medonhosa, nos interessam as tendas espalhadas no vale, centenas e centenas, de lã espessíssima de camelo, redondas, amplas, confortáveis, a chaminé no centro, pastores bigodudos, mulheres gordas: a outra cidade, a provisória, muito maior e mais atraente do que a de pedra e cal.

Durante o inverno os pastores acorrem do deserto, erguem suas tendas, a população da capital duplica. Naqueles começos de 1952 o censo acusava 50 mil habitantes permanentes em Ulan Bator, no inverno ultrapassava os 100 mil: a população total da República não atingia 1 milhão de pessoas. Detemo-nos diante do palácio do Deus vivo — antes da invasão dos japoneses a Mongólia era uma teocracia governada por Buda redivivo —, construção chinesa, de madeira, bela, existe ainda outro convento budista na cidade. O Deus vivo aliou-se a Sukhe-Bator para expulsar os russos-brancos que haviam substituído os invasores japoneses na opressão ao povo mongol, após a vitória manteve-se no poder até morrer, em 1924, quando a Mongólia independente proclamou o regime socialista. Os 100 mil monges dos tempos passados reduziram-se a mil, dos mil mosteiros sobraram cem. Ao fim de nossa estada visitamos o Buda vivo, mais que vivo, vivíssimo, se não está inscrito no Partido é simpatizante, faz-nos o elogio do governo comunista.

Perdemos boa parte das explicações do ministro. Com a ajuda do baixinho Zélia consegue transmitir-lhe nosso apelo angustiado: um intérprete de francês, pelo amor de Deus, de Marx e de Lênin, nossos deuses, se houver de espanhol melhor ainda, pois Rosa não fala outra língua. Voz de lástima, o ministro confessa: não existe na República quem domine o francês, espanhol nem sonhar: gestos expressivos de impotência, sinto-o humilhado, causa-me dó. Devemos nos contentar com o intérprete de inglês na tradução de Zélia, continuamos em suas mãos: reconhecido eu as beijo, ao senti-la deprimida.

Jantar pantagruélico sob o olhar atento do senhor do guarda-pó, de pé em nossa frente. Quem será ele, que função exerce? Não é barbeiro como o viu Rosa, Zélia o enxerga diretor do restaurante. Nicolás e eu, a seu convite, provamos a bebida nacional, cachaça feita de leite de jumenta, achamos abominável, mas como ele insiste na dose, repetimos, de gole em gole começamos a apreciá-la.

O programa marca para a manhã seguinte encontro com os membros do Governo, no Palácio, e visita à sede do Comitê Central, à tarde sessão no Parlamento, ida à Universidade, como faremos para entender e responder saudações, manter conversa?

Estamos a findar a primeira refeição do dia, não menos pantagruélica, eis que surge o ministro da Cultura acompanhado por um senhor de meia-idade (como todos os mongóis) apresenta-o aos gritos: "*Françuski! Françuski! Bonjour!*", exclamamos em uníssono, "*Bonjour*" contesta em voz baixa, quase inaudível o tradutor de francês tão reclamado, haviam-no descoberto, existia.

Já atrasados partimos a correr para o Palácio do Governo, tentei puxar conversa com o intérprete, mas ele não deu trela. Sentamo-nos em torno à mesa de reuniões do Ministério, ao lado das mais altas figuras da Mongólia, os chefões, os grandes do Partido, o primeiro-ministro inicia a saudação. O intérprete traduz lentamente, palavra por palavra, no rosto mongol insondável, imperscrutável, percebo a tensão que lhe vai no peito. Voz monocórdia, francês correto com o acento russo dos locutores soviéticos. Nicolás e eu agradecemos, contamos de Cuba, a Cuba de Batista, e do Brasil, em mongol o intérprete é rápido e vibrante. Partimos para o Comitê. O ministro exulta.

Fazemo-nos amigos do intérprete, ele nos narra sua história: os anos tranquilos de professor primário, de repente o terror, os suores frios, o pânico daquela madrugada quando a polícia política invadiu sua habitação, despertou-o e o levou sem lhe dar qualquer explicação. Nosso pedido de um tradutor francês pusera os órgãos de informação em polvorosa, busca aqui, busca acolá, interroga nos quatro cantos da cidade, de casa em casa, terminaram por obter da boca de uma funcionária da Biblioteca Nacional informação da existência de um professor de primeiras letras, modesto cidadão, conhecido por "o francês", por se dedicar ao estudo dessa língua: infelizmente me esqueci como se diz "o francês" em mongol, Zélia tampouco se recorda. Na ocasião decorei a expressão e a usava para falar com ele, não consegui jamais pronunciar-lhe o nome, só mesmo Zélia foi capaz de guardá-lo e repeti-lo.

Sozinho, sem professor, sem escola, sem Aliança Francesa, sem curso de qualquer espécie, aprendera a língua que o seduzira ouvindo as transmissões em francês da rádio soviética. Descobriu na Biblioteca Nacional uma gramática francesa — de tanto a estudar ele a sabia inteira, de memória — e três livros em francês, dois romances de Alexandre Dumas, *Os três mosqueteiros* e *O conde de Monte Cristo*, o terceiro era um tratado de vinhos e queijos. Ele os lera e relera dezenas de vezes, os decorara, conhecia na ponta da língua D'Artagnan e Edmond Dantès, o *camembert*, o *roquefort*, o *chèvre*, as melhores safras dos *bordeaux* e dos *bourgognes*. Cada noite escutava as transmissões em francês da Rádio de Moscou, não perdia uma.

Por pouco morre de susto quando os agentes da polícia política invadiram-lhe o quarto e o levaram. Considerou-se perdido: moeda corrente do stalinismo, as denúncias e as condenações, os processos políticos sucediam-

-se nas democracias populares. Quando o interrogaram sobre seu interesse pela língua francesa compreendeu que ao estudá-la e ao escutá-la cometera crime contra a Pátria e o Partido a ser punido com a morte. Confessou.

Para surpresa sua, em vez de meterem-no no xadrez, meteram-no em trajes europeus, mal cabia nas calças, o paletó comprimia-lhe o peito, não abotoava. Conduziram-no à sede do Comitê Central onde lhe deram a tarefa de servir de intérprete a um detentor de Prêmio Internacional Stálin, a um poeta famoso e às suas mulheres. Estavam com pressa, aproximava-se a hora do encontro no Palácio do Governo, arrastaram-no para o hotel, na porta entregaram-no ao ministro da Cultura.

Começou seu *métier* de tradutor do mongol para o francês, traduzindo membros do Gabinete, dirigentes, ministros, o secretário-geral, o primeiro-ministro. Até o momento em que respondeu ao nosso *bonjour*, jamais havia ele pronunciado uma única palavra em francês, nenhuma, nunca, jamais. História para não se acreditar, sucedeu na República Popular da Mongólia, em fevereiro de 1952, quando lá estive com Zélia e os compadres Rosa e Nicolás Guillén.

Tornamo-nos amigos do intérprete que aos poucos foi se descontraindo, por ele ficamos sabendo que o senhor do guarda-pó era médico, responsável pela nossa saúde. Por curiosidade aqui transcrevo o nome do doutor, letra por letra: Ludvsanderjiin Zolzhargal, quem puder que o pronuncie. O tradutor do inglês continuou traduzindo para Zélia, opinei que ela não devia ter direito às traduções de nosso *françuski*, Zélia deu de ombros, mostrou-me a língua.

Propusemos aos intérpretes e às moças da Organização de Mulheres postas à disposição de Zélia e de Rosa que retomassem os trajes mongóis, ficaram felizes. Cresceu a formosura das jovens, cresceu a estatura do baixinho, nosso francês virou outro homem: elegante, forte, impávido. Ao despedirmo-nos perguntei como lhe poderia ser útil, pediu-me que assinasse para ele as edições em francês de revistas soviéticas, *Temps Actuels*, *Litterature Soviétique*, *Cahiers du Communisme*, as que houvessem. Assim o fiz ao chegar a Moscou, assinei-as por cinco anos, o prazo máximo.

Em dezembro daquele mesmo ano encontrei-me em Viena, no Congresso Mundial da Paz, com o ministro da Cultura, chefe da delegação mongol, perguntei-lhe pelo intérprete de francês: como ia, o que fazia, retornara a dar aulas na escola primária?

— Escola primária? Está maluco? — falava em russo, uma austríaca competente em vários idiomas traduzia. — Íamos perder uma preciosidade tal? Hoje ele é o diretor da Divisão Francesa do Ministério do Exterior, criada após vossa visita.

Romancista de putas e de vagabundos, classifica-me com menosprezo um graúdo da crítica literária. A classificação me agrada, passo a repeti-la para definir minha criação romanesca.

Gosto da palavra puta, simples e límpida, tenho horror aos termos prostituta, marafona, pejorativos e discriminatórios. Em três palácios de governo relembrei que sou apenas um romancista de putas e de vagabundos, colocando o acento na palavra puta, com júbilo. No Palácio do Planalto, em Brasília, na cerimônia da criação por José Sarney, então presidente da República, da fundação cultural que leva meu nome. No Palácio do Conselho de Estado, em Sófia, na Bulgária, ao receber o prêmio Dimítrov. No Palácio de Belém, em Lisboa, quando o presidente Ramalho Eanes me retirou da condição de "escritor maldito" e me entregou a Ordem de Santiago da Espada. Em toda circunstância, a meu lado, as putas e os vagabundos.

Bahia, 1967.
A PASSEATA

POUCO AFEITA À MENTIRA, incapaz de trapacear, Paloma nos anuncia que naquela tarde participará da passeata dos estudantes, manifestação de rua contra a ditadura militar, o irmão João Jorge, universitário, é um dos organizadores. Paloma vai completar dezesseis anos, secundarista, aluna do Colégio de Aplicação, será sua primeira passeata. Ar decidido, disposta a discutir se encontrar resistência familiar: certos pais de exaltado discurso esquerdista ficam em pânico na hora dos filhos se exporem, assumem a prudência e a proibição. Aviso dado e não contestado, Paloma parte heroica.

Zélia se apronta às pressas, recolhe a chave do carro, diz-me "até logo":
— Onde vais?
— Se você pensa que vou deixar milha filha sozinha na passeata você não me conhece.

Sorrio, eu a conheço, e como! Lá se vai ela, entre preocupada e álacre, de retorno aos dias paulistas de 1945, ao fim da guerra. Passeatas, comícios, Zélia era a própria animação, subia nos palanques, discursava, porta-bandeira nos desfiles. A paixão ela a herdou do pai anarcocomunista, vítima da ditadura, saiu da prisão para morrer em casa, chamava-se Ernesto Gattai, técnico e piloto de automóveis.

No Colégio de Aplicação a diretora apavorada tenta impedir que os alunos tomem parte na manifestação. Patética apela para Paloma, exemplo de bom comportamento:

— Pensa em tua mãe, Paloma!

Zélia salta do carro na porta do colégio, a diretora exulta:

— Tua mãe veio te buscar, graças a Deus.

Paloma grita sua decepção:

— Mãe!

— Vim para a passeata, vamos.

Os meninos despencam como frutos maduros de uma árvore que alguém sacudisse. Ao lado da filha estreante, a veterana subversiva faz o percurso de perigos, entoando hinos, gritando slogans, reclamando democracia. Na janela, na casa do Campo Grande, Nair e Genaro de Carvalho reconhecem, assombrados, Zélia em meio à meninada. João Jorge vai na frente, na primeira fila, a dos comandantes, aponta a irmã e a mãe aos camaradas: "Minha mãe!".

Mãe e filha chegam em casa numa alegria de primavera, comentam os lances do percurso, têm os olhos injetados. Os soldados desembarcaram das viaturas brandindo os cassetetes, atirando bombas de gás lacrimogêneo, dissolveram a passeata. Zélia me avisa:

— Não perco mais nenhuma.

Rangoon, 1957.
A BAGAGEM

DOU DOIS CONSELHOS E NÃO COBRO por nenhum dos dois. Aprendi às minhas custas, e no caso referido em primeiro lugar aprendi às custas de Zélia: ao se ver à venda objeto que se deseja comprar, deve-se comprá-lo de imediato. Deixar para depois, para mais adiante, corre-se o perigo de nunca mais encontrar o que tanto se queria possuir.

Em Karachi, no Paquistão, Zélia descobriu na vitrine o par de sapatos de sua vida: desejados, lindos, exatamente iguais aos que vira nos pés da grã-fina do Itamaraty cujo marido servira na Índia, desde então sonhara um dia desfilar calçando maravilha semelhante. Íamos apressados, ela ainda quis parar, efetuar a compra, forcei a mão. Argumentei: recém-desembarcados no Paquistão, viajaríamos a Índia, o Ceilão, a Birmânia — sapatos como aqueles sobrariam nas lojas, ainda mais bonitos e com certeza mais baratos, Zélia conformou-se, desistiu. Rodamos Paquistão,

Ceilão, Índia, Birmânia, de norte a sul, de leste a oeste, vimos coisas de assombrar, nunca mais encontramos sapatos iguais aos que não deixei Zélia comprar. Ainda hoje não esqueceu, de quando em vez me cobra os sapatos de sua vida.

Aconselho igualmente não se deixar bagagem seguir viagem desacompanhada, corre o perigo de perder-se, conosco aconteceu na Índia e dessa desdita Zélia teve culpa, não somente ela, também Pablo Neruda. Vindos de Colombo, baixamos do avião em Madras, a vacina contra o cólera nos derrubara, a alfândega superlotada. Estávamos mortos de cansaço, viajáramos de madrugada, desembarcáramos doidos para o repouso no hotel. Percorreríamos a Índia, nos deteríamos em Bombaim e Nova Delhi, em Calcutá tomaríamos o avião para Rangoon. Arriado num banco, assisti Zélia e Pablo confabularem com os guardas alfandegários: deixaríamos com eles a bagagem, para recebê-la em Calcutá, ao fim da excursão. Protestei, protesto débil de moribundo, não tive sucesso, apelei para Matilde, absteve-se, vi com olhos de despedida minha máquina de escrever ser entregue a destino incerto. Pablo, vais perder o pacote com os originais de teu novo livro de poemas. "Homem incrédulo, não confias no terceiro mundo?" — acusa-me de reacionário.

Para cada casal pequena bolsa de viagem, o espaço maior, mais do dobro, destinado aos trapos da senhora: combinações, camisetas, blusas, *foulards*, anáguas, cintas, sutiãs. Ao cavaleiro coube o direito a uma camisa, uma cueca, um par de meias, dois lenços e olhe lá.

Lá fomos nós pela Índia a nos abarrotar de beleza e de miséria, em certo momento, em meio a tanta miséria, eu já não conseguia vislumbrar a beleza. No hotel de Bombaim, vendo-me chegar sozinho ao quarto, a camareira me propôs menina de doze anos por não sei quantas rupias, poucas, diante de minha recusa informou que em vez da menina podia ser menino da mesma idade, os ingleses por vezes preferiam. Estendeu-me a mão de bruxa, cobrava a proposta e a informação. Em Nova Delhi, as crianças miseráveis nos acompanhavam pelas ruas cantando cantigas de esmoler, Zélia ainda guarda a melopeia nos ouvidos, havia um aleijado, igual a um sapo, andava sobre as mãos, mais rápido que os demais — voltávamos correndo para o hotel. Em Calcutá os monges budistas e os crentes em geral defecavam nas aforas do templo, cada pedra uma obra de arte, cada passo um monte de merda.

Quanto à bagagem, como eu previra, desaparecera nos caminhos da Índia, prolongamos nossa estada em Calcutá para esperá-la, não chegava —

as vacas sagradas ocupavam a via pública, os mosquitos também sagrados alimentavam-se de nosso sangue ateu, e os macacos ah os macacos eram os reis da Índia, mandavam e desmandavam, subiam em nossas costas, tentavam arrancar nossas gravatas, metiam a mão nos bolsos, nos pescoços, puxavam os pelos do peito, só faltava nos enrabar.

Cúmplices, responsáveis pelo sucedido com as malas — malas, bolsas, sacos de viagem, máquina de escrever, manuscrito de poemas —, Zélia e Pablo concluíram que a bagagem fora enviada para Rangoon. Por que haviam de enviá-las a Rangoon, procurei saber, não via motivo nem maneira, não me responderam, ao chegar a Rangoon lá não estavam, por que haviam de estar? De mau humor, sem roupa para mudar, infeliz, tão por baixo eu estava que me faltava ânimo até para atirar o malfeito na cara de Zélia, cara que a coitada não sabia onde esconder. Na de Pablo não adiantava, os poetas são seres superiores, colocam-se acima dessas contingências.

Em Rangoon chovia sem parar, nossos agasalhos na bagagem perdida, fartos de debater o assunto criamos multa em dinheiro para quem se referisse a *"las valijas"*, Pablo fugia ao pagamento referindo-se a *"las innombrables"*, eu pendurava-me ao telefone tentando contactar o cônsul brasileiro de Calcutá, jamais consegui completar a ligação. Nas ruas, acreditando-nos norte-americanos, os nacionalistas exaltados nos insultavam, nos ameaçavam, o que devíamos fazer? Apanhar sem revidar, aplaudindo a surra anti-imperialista ou nos juntarmos a eles na manifestação subversiva correndo perigo de cadeia birmanesa?

Em Rangoon comemoramos o Dois de Julho, data da independência da Bahia e do aniversário de Zélia. Para os festejos, Pablo escreveu um poema, só me recordo do primeiro verso: *"En este Rangoon de mierda..."*.

Aproveito a bagagem desaparecida — perdida para sempre, pensei na ocasião, na China a recuperamos mês e meio depois de tê-la abandonado em Madras, como foi parar em Pequim até hoje não sei, milagres acontecem até nos países comunistas, Buda é grande e Mao é seu profeta — aproveito a arrumação das bolsas de viagem no atropelo da alfândega hindu para revelar de público, com veemência e asco, minha repulsa a duas peças do vestiário feminino.

Os peitorais, que horror! Podem designá-los com o nome que preferirem — os pomposos: corpete, porta-seios, os graciosos: corpinho, sutiã — para mim esses panos que as mulheres amarram no peito para esconder e deformar os seios são peitorais medievais e na maioria feios. Mesmo os pequeninos, leves, finos, bonitinhos, de filó e renda que mais mostram do que escondem, mesmo esses destinados à prática da sacanagem, marcam e alteram o viço dos seios, desfiguram e enfeiam. Os seios devem viver soltos sob o vestido, a blusa, a bata — ah, o vislumbre dos seios negros no decote da bata das baianas vendedoras de acarajé, gostosura maior do tabuleiro — por que ter vergonha dos seios, escondê-los como se fossem deformações, obscenidades? Soltos sob o vestido, ainda mais desejáveis do que na exibição do topless.

Que dizer, então, das monstruosas cintas de borracha que as mulheres usam para comprimir, reduzir, esmagar a bunda no desejo de aparentar o visual de esqueleto — os ossos estão em moda, moda mais burra, quem gosta de osso é cachorro já dizia seu Ernesto, pai de Zélia, amante da boa carne. As tais cintas, sucessoras dos cintos de castidade da Idade Média, deformam, maltratam, magoam a parte mais formosa e delicada da anatomia feminina. Refiro-me à bunda em seu conjunto, em sua complexidade, com as riquezas que contém na frente e atrás, em cima e embaixo, não preciso enumerá-las. Tenho por essas cintas de borracha, ou do que sejam, mais do que aversão, tenho repugnância, são medonhas e, ademais, cheiram mal — nunca cheirei nenhuma, mas estou convencido de que fedem. Mulher metida numa dessas cintas vira robô, avantesma, quem teve curiosidade de ver ficou sabendo.

Devia-se votar uma lei nos parlamentos do mundo proibindo por anti-higiênico e anti-estético o uso de sutiã e de cintas, lanço meu grito de guerra: liberdade para os seios e as bundas, basta de opressão! A beleza deve ser exibida, não há por que escondê-la, dela se envergonhar. Encabeço um manifesto de repúdio aos peitorais e às cintas de borracha (e similares) — já conto com três assinaturas além da minha: a de Carybé, a de René Depestre e a de meu genro Pedro Costa, pessoas as três de reconhecido bom gosto.

Taipa, 1970.
O BUSTO

FERREIRA DE CASTRO NOS ENSINA o norte de Portugal no verão sem mácula, de cidade em cidade, de aldeia em aldeia, conhece cada recanto, paisagens e histórias, de Oliveira dos Azemeis onde nasceu à fronteira espanhola. Mesmo com o calor de julho veste-se para o rigor do inverno, não abandona o terno pesado, o colete e o chapéu, não sei de ninguém com tamanha fobia a resfriados, nenhum francês o ganha no repúdio às correntes de ar. No carro pede a Zélia que lhe cante o "Luar do sertão", cantiga em que é vidrado.

Perto de Guimarães, na localidade de Taipa, ergueram-lhe um busto, os portugueses se orgulham do romancista traduzido em todas as línguas, carregado de prêmios — vem de receber a Águia de Ouro de Nice, atribuído por um júri internacional presidido por Miguel Ángel Asturias. O busto no parque da aldeia, à sombra das árvores, próximo a um banco onde conversam labregos na folga do domingo. Louvo o gesto da municipalidade e da gente do lugar, a homenagem, o autor de *A selva* não comparte de meu entusiasmo:

— Uma pena, botaram-me a perder o veraneio. Todos os anos, no verão, vinha aqui para uns dias de descanso. Antes do sol se pôr, à tarde, sentava-me naquele banco — aponta o banco junto ao busto —, conversava sobre a chuva e o bom tempo, a vida e a morte, com os patrícios, sabem coisas, contavam-me das pessoas e dos costumes, os detalhes com que se fazem os romances. Sabes como é.

O vento na praça, Ferreira de Castro ajeita o cachecol:

— Conheciam-me como "o homem do chapéu" porque ando de cabeça coberta para não apanhar defluxo, não sabiam quem eu fosse, conversavam à tripa solta, eu era um deles. Agora, acabou-se, não serei eu quem irá sentar-se diante do busto, papel ridículo. Deixei de vir ao veraneio, a conversa se perdeu, já nada me contam, passei a ser Vossa Excelência, dão-me boa-tarde e se despedem, uma tristeza. Vamos embora antes que pensem que vim aqui para vos exibir o busto, pavonear-me.

Rio de Janeiro, 1932.
O APRENDIZ DE ROMANCISTA

APRENDIZ DE ROMANCISTA, EMBRIAGADO COM O sucesso de crítica de *O país do Carnaval*, escrito em 1930, publicado em 1931, escrevo a correr *Ruy Barbosa número 2*, na mesma linha romanesca de influência europeia, debate intelectual de ideias (sic), bobageira. Gastão Cruls, escritor de presença marcante na vida literária, dirige uma nova editora, a Ariel, e uma revista mensal, importantíssima, o *Boletim de Ariel*. Colaborador da revista, deixo os originais do novo romance com o autor de *A Amazônia que eu vi* que, uma semana após, concorda em publicá-lo, sem entusiasmo ao que me parece.

Excetuando-se artigo áspero de António de Alcântara Machado — senti-me infeliz por ser admirador irrestrito do contista de *Brás, Bexiga e Barra Funda*, mas nem por isso lhe retirei minha admiração, permaneço irrestrito —, a crítica foi de rara benevolência para com meu primeiro romance. Os três grandes críticos da época, mestre João Ribeiro, Medeiros e Albuquerque e Agripino Grieco, foram unânimes no louvor do estreante. João Ribeiro augurou-lhe êxitos, prognosticou-lhe carreira brilhante na ficção nacional. Medeiros e Albuquerque, que havia considerado *Lenita* "uma pura abominação", saudou *O país do Carnaval* com entusiasmo. Agripino Grieco, panfletário mordaz, contundente, arrasador, livro que passasse pelo crivo de sua análise estava consagrado, talvez por ser amigo de Pinheiro Viegas, patrono da Academia dos Rebeldes, Grieco excedeu-se nos elogios. Eu me pavoneava nas livrarias, na Católica, na Schmidt, na Garnier, de crista alta. Nunca mais consegui a mesma complacência dos críticos, a partir do segundo romance passei a receber pau de criar bicho.

Quanto à venda, não podia me iludir: dos mil exemplares da edição Schmidt, eu próprio devo ter adquirido mais ou menos metade da tiragem para oferecer a amigos e conhecidos. Como não recebi direitos autorais, o poeta dublê de editor era bom de poesia, ruim de pagamento, a estreia em livro custou-me parte considerável das mesadas remetidas de Ilhéus pelo coronel João Amado.

Não só me pavoneava, também namorava, batia papo nos cafés e nas livrarias, ia à Faculdade fazer baderna, e lia, lia muito. Sou desde moço e até hoje infatigável devorador de romances. Terminada a escrita do volumoso *Ruy Barbosa número 2*, dediquei-me aos livros de sucesso naquele então: *A bagaceira*, de Zé Américo, *Menino de engenho*, de Zé Lins, *Judeus sem dinheiro*, de Mike Gold, *Passageiros de terceira*, de Kurt Klaber, *A torrente de ferro*, de Serafimóvitch, *A derrota*, de Fadéiev, *A cavalaria vermelha*, de Bábel — a fase inicial da literatura soviética possuía uma aura romântica, era ardente e vigorosa, ainda livre e criadora. Lendo *A bagaceira* virei escritor brasileiro, lendo os russos, o alemão e o judeu norte-americano desejei ser romancista proletário. Escrevi *Cacau*, nada tinha a ver com *O país do Carnaval*. "Será um romance proletário?", perguntava na nota de entrada. Voltei a Gastão Cruls, pedi devolução dos originais de *Ruy Barbosa número 2*, em casa os destruí. Deixei com o contista os originais de *Cacau* para que os lesse e opinasse. Alguns dias depois Gastão — alto, elegante, finíssimo, o cigarro na ponta da piteira longa, ser civilizado — me disse apontando para as páginas datilografadas de *Cacau*:

— Quase tudo que está aqui é bom, mas é pouco. Você, porém, ainda não pode fazer mais. De qualquer maneira *Cacau* vai ser um grande sucesso, vou publicá-lo imediatamente.

Assim fez. Com ilustrações de Santa Rosa, as primeiras do desenhista que revolucionou as capas e as ilustrações dos livros brasileiros, *Cacau* esgotou em quarenta dias a edição de 2 mil exemplares: a proibição de venda por subversivo, decretada pela polícia carioca, ajudou o sucesso de público. A liberação deveu-se à intervenção de Oswaldo Aranha e a vigoroso protesto de *O Globo*.

Livrinho maniqueísta, mas que livrinho retado!

Rio de Janeiro, 1970.
O BATAVO

GILBERTO AMADO CHEGA DA EUROPA, me convida para jantar, é portador de carta que me envia seu colega soviético na Corte Internacional de Justiça, somos primos, damo-nos bem um com o outro. Mestiço sergipano de boa cepa, cidadão importante, Gilberto foi deputado, senador, embaixador no Chile e na Finlândia, é jurista eminente, eminente literato, personalidade de proa na vida brasileira, move-se cercado por uma corte de admiradores.

Antes que cheguem Odylo e Magalhães Júnior, também convidados, Gilberto leva-me ao gabinete, desdobra sobre a mesa de trabalho preciosidade recebida de presente em Amsterdã onde estivera: pergaminho antigo, mapa traçado quando da derrota dos holandeses, ao fim da tentativa de colonização das terras do Nordeste. A carta mostra lugares de Pernambuco, Alagoas, Sergipe, norte da Bahia, localidades nas quais famílias vindas da Holanda ou constituídas no Brasil pelos invasores deixaram-se ficar, não quiseram voltar à pátria de origem. Lá está em Sergipe, mais exatamente em Estância, terra de nosso avô José Amado, de nossos pais, o nome de família dos Amado. Gilberto aponta com o dedo:

— Somos holandeses! — exulta com a descoberta.

— Será? — exponho minhas dúvidas: — Não te esqueças que na comitiva de Nassau vieram para a colônia holandesa os judeus que ao fugir da Inquisição em Espanha e Portugal se abrigaram na Holanda, Nassau os trouxe para o Brasil, muitos aqui ficaram. Não te esqueças também que existe Amado às pampas em Portugal, na Espanha, no Médio Oriente, quem sabe esses Amado de Estância eram judeus sefardins? Batavos ou judeus, gente boa.

Gilberto olha-me com pouca simpatia, enrola o mapa, guarda-o na gaveta, que eu saiba não voltou a exibi-lo nunca mais.

Não existe, nunca existiu, decerto jamais existirá guerra tão estúpida, tão monstruosa, tão fratricida, quanto esta em que se confrontam judeus e árabes no massacre de populações civis, no terrorismo, no holocausto de inocentes, no preconceito, no atraso, no racismo. Guerra de família, ah o ódio entre os irmãos!, não há guerra assim tão desatinada, despida de qualquer razão, guerra para servir a interesses dos fabricantes e traficantes de armas, dos comerciantes da morte: deviam estar na cadeia, estão nos palácios, dão ordens aos governos. No Médio Oriente, semitas uns e outros, primos-irmãos, árabes e judeus matam e morrem por terceiros: fruto da guerra fria, telecomandada de Washington e Moscou, essa guerra, mais que outra qualquer, é a negação do humanismo, é o cancro do racismo, a lepra da intolerância, a Aids do espírito de seita: tenta apresentar-se luz do tabernáculo, pedra sagrada de Meca e de Medina, quando é o oposto da fé e da cultura.

Ah, essa guerra entre irmãos judeus e árabes, noite da Idade Média na madrugada do século XXI, é necessário terminar com ela o quanto antes. Para que existam, livres e fraternos, o Estado de Israel, pátria de judeus, e o Estado da Palestina, pátria de árabes, a poesia do rei Salomão, a inventiva de Sherazade, Moisés e Maomé nasceram do mesmo ventre de mulher na travessia do deserto.

Quando da Guerra dos Seis Dias, na cidade de São Paulo, no país do Brasil onde as raças se misturaram, uniram-se judeus e árabes, brasileiros uns e outros, desfilaram no mesmo cortejo de paz e humanismo, juntos disseram não à carnificina, ah o orgulho de ser brasileiro cresceu dentro de meu peito, orvalhou meu coração. Depois as missões diplomáticas dos países árabes e de Israel impediram, usando de todos os meios de pressão, que a manifestação se transformasse em exemplo para o mundo. Velho brasileiro mestiço, tenho em minhas veias sangue judeu e sangue árabe, prossigo na passeata de São Paulo: enquanto durar a guerra imunda não aceitarei convite ou honraria que me venha do Estado judeu, do mundo árabe, sou o irmão de Amós Oz, o mabaça de Naguib Mahfouz, quero atravessar a fronteira dos Estados da Palestina e de Israel, no dia da paz, quando a família dos semitas de novo se sentar à mesa para repartir o pão.

Wrocław, Polônia, 1948.
OS CAVALOS

COMPANHEIROS DE VELHA DATA em reuniões, conclaves e comícios no Montevidéu, reencontro Enrique Amorim, o romancista uruguaio de *El caballo y su sombra*, no Congresso Mundial de Intelectuais pela Paz, em

Wrocław. Convida-me para assistir à projeção de um documentário cinematográfico sobre criação de cavalos na amplidão dos pampas, ou seja, na vastidão de sua fazenda na Banda Oriental: Enrique é latifundiário, o que não o impede de ser comunista.

Em nossas pátrias da América Latina, propriedade latifundiária e militância comunista se deram sempre às mil maravilhas, poderia citar extensa relação de opulentos senhores de terra que acumulam posições de esquerda do maior radicalismo. Como me confidenciava meu inesquecível Giovanni Guimarães ao chegar à idade madura fazendeiro e maoísta: quanto mais cresce a fazenda mais à esquerda tenho de me posicionar para que saibam que não renego minhas convicções. Ria aquela risada feliz que ainda hoje ressoa em meus ouvidos, ah Giovanni, que saudade!

Na pequena cabine de cinema, invejo Enrique Amorim cercado de mulheres, jovens e irrequietas líderes feministas a rodear o macho latino, alto, espadaúdo, risonho, bonito, milionário, comunista, *bell'uomo* na voz cristalina de Maria de Firenze, *bella donna*. Na tela cavalos e éguas, de raças apuradas, correm livres nos campos infinitos para a linha do horizonte, as crinas ao vento, as narinas dilatadas, alimárias magníficas, feitas de força e elegância. Vestido de gaúcho, garboso na indumentária folclórica, o romancista Amorim à frente dos peões, cavalga sobre o pasto verde e os corações das convidadas.

Logo a correria cessa, cavalos e éguas são levados para o cruzamento — na intenção do aprimoramento da raça, explica Enrique, competente e malicioso. Filmadas nos mínimos detalhes, em grandes planos, as cenas do acasalamento dos equinos animam a assistência, ouvem-se gritinhos incontidos, risos nervosos. Maria de Praga, assessora da delegação tchecoslovaca, deixa escapar exclamação de êxtase quando a tela inteira é ocupada pelo membro descomunal de um cavalo pampa no ato de montar uma égua negra que estremece nas patas: "*Christa Pana!*", grita, empolgada. Enrique aproveita para explicar que o calibre desmesurado é atributo dos uruguaios, dos cavalos e dos homens. Maria da Bahia, que em verdade é alagoana, pequena jornalista sem jornal, sente umedecer-se a calcinha de rendas, suspira, bate palmas.

Enrique Amorim é conduzido em triunfo, qual das marias o terá primeiro? O documentário é bem filmado, mas outra coisa é ver de perto cavalos e éguas cruzando na fazenda, fascinantes, explica Enrique: na tela falta o perfume do campo, embriagador.

São Paulo, 1944.
O QUADRO

APÓS O JANTAR SEGALL LEVA-ME AO ATELIER, além de dona Geny estão conosco Lucy Citti Ferreira e Sérgio Milliet, encontro-me de passagem por São Paulo, vim da Bahia para o lançamento de *São Jorge dos Ilhéus*.

Ligam-me a Lasar Segall laços de amizade nascidos de minha admiração, sou tarado por sua pintura. Com a inconsciência da idade escrevo sobre arte, afirmo besteiras, mas acerto ao colocá-lo nas alturas, proclamá-lo o mestre principal: a afirmação agrada ao brasileiro provindo das estepes com passagem pela Alemanha.

Não sei quem mais se assombra, se Lucy, se Sérgio, quando Segall espalha no chão do atelier quatro ou cinco guaches, cada qual mais belo: escolha um entre eles, me diz. Anuncia em alta voz: "Vou lhe dar um quadro de presente, amigo", balança a cabeça como se ele próprio duvidasse. Engulo em seco, termino por me decidir: a moça na rede dentro da paisagem tropical. A moça, decerto Lucy, aluna e modelo.

Estendo a mão para tomar posse da dádiva, Segall é mais rápido, volta a guardá-la: vou colocar *passe-partout*, entregarei depois. Regresso à Bahia sem o guache, em começos de 1945 venho viver em São Paulo, alugo apartamento na avenida São João, penduro nas paredes telas de Pancetti, Graciano, Flávio de Carvalho, Quirino da Silva, Rebolo, Nonê de Andrade, ofertas dos artistas. Janto com frequência em casa de Segall, um dia venço o embaraço, reclamo o presente feito há quase um ano, o quadro oferecido, jamais entregue, desejo tê-lo em meu apartamento. "Não há dúvida, tem razão, amigo", concorda Segall: "não me esqueci, tive propostas e não vendi." Espero sair com o guache, saio com as mãos vazias, não me atrevo a reclamar.

Dias depois Segall me telefona, passará pelo apartamento após o almoço. Chega na hora marcada acompanhado por um operário armado de martelo, pregos e outros apetrechos, sob o braço o quadro, emoldurado: moldura branca, até hoje a conservo igual. Segall escolhe o centro da parede principal de onde faz retirar meu retrato pintado por Quirino, manda que o operário tome as medidas, estabeleça o espaço, coloque os grampos, ele próprio, Lasar Segall, pendura a paisagem com a moça na rede: a sala do apartamento se ilumina e se engrandece. Afasta-se, olha, volta, ajeita, toma distância para ver melhor.

— Parabéns, amigo, soubeste escolher, uma beleza de quadro. Custa-me desprender-me dele.

Vez por outra Segall aparecia, visita honrosa, agradecia. "Não vim visitar você, amigo, vim visitar meu quadro, estava com saudades." Sentava-se em frente a admirar.

Paris, 1988.
NENÉM

GILBERTO[1] TELEFONA DE LYON, acaba de chegar do Rio, traz-me a morte de Neném, ele a carrega ao colo como se leva uma criança no embalo dos braços, eu a recebo pela segunda vez, dias antes fora o frio telefonema do jornalista pedindo opinião sobre o secretário-geral do Partido Comunista Brasileiro. Não consigo conter o pranto, choramos juntos, o filho de Giocondo e eu: uma parte de mim se foi, a melhor, a mais brava, a mais decente. Gilberto soluça: "Morreu com teu nome na boca".

Já me haviam contado: quando saía da inconsciência e retornava ao mundo por alguns instantes, perguntava por mim, éramos siameses. Juntos batalhamos, erramos e aprendemos. Aprendemos na carne a diferença entre a grandeza dos ideais e a miséria da ideologia, ficamos sabendo que o grande homem pode diminuir em anão quando o vírus do mando — ainda que seja nesga ínfima do poder absoluto — lhe invade o sangue e lhe atinge o coração. Havíamos aprendido tudo o que havia a aprender e ninguém mais podia nos enganar, mas não ficamos nem áridos nem pérfidos, conservamos intacto o sonho que iluminou nosso percurso.

Morreu Giocondo Dias, agora sou metade apenas. Penso em Anna Seghers: a escritora e o militante, a alemã e o brasileiro, cravejaram a certeza no peito, jamais renegariam mesmo se a evidência os deixasse — e os deixou — sozinhos em meio à multidão de camaradas. Soldado, com os galões de cabo, comandou o levante militar de 1935 em Natal, deram-no por morto com não sei quantas facadas, não o levaram preso, não se prende defunto, Giocondo segurou o fio de vida, costurou as feridas, marchou em frente, sustentado por Lurdes prenha de meses.

Viveu clandestino boa parte de sua existência, na Bahia com nome falso era a cabeça do pecê, quem de fato o dirigia, sob a cobertura do operário mandado do Rio pela direção, tinha bom senso, ouvia e aprovava, e a algaravia dos arruda-boys que arrotavam marxismo — alguns ainda o arrotam e peidam. Sós nós dois, ele e eu, sabíamos por fora e por dentro e podería-

---

1 Gilberto Santana Dias, físico.

mos contar a saga daqueles anos da guerra na Bahia, Giocondo colocou de pé e pôs a andar o maior movimento de massas pela democracia, contra o fascismo, até então visto no Brasil, o povo desfilou nas ruas conduzindo os retratos de Churchill, Roosevelt, Stálin, gritava viva Stálin, por mais que desejassem não foi possível impedir. Giocondo comandou do esconderijo, seu esconderijo era o meio da rua, o povo em torno.

Após a breve vida pública na legalidade, dirigente, deputado, ouvido e acatado, desceu de novo aos porões de clandestino, por mais de dez anos cuidou da segurança de Prestes. No império dos militares, comandou mais uma vez da ilegalidade, nos encontrávamos nas esquinas do mundo, nas encruzilhadas do Brasil, já então sabíamos como as coisas eram e se passavam, modesto e discreto Giocondo sorria, ternura e desengano, jamais o desencanto pela vida: abandonar, isso nunca, tomava-me do braço, afirmativo: "Mais além da merda chegaremos à relva de flores, ao rio de águas puras, à decência do homem".

Na primavera eu o vi enamorado, Lurdes era insubstituível, ele sabia, mas Giocondo não abria mão de viver em plenitude. No comício de Lisboa, ele observava a reação de Maria, a militante vibrava a cada palavra de Cunhal, o orador perorava estreitezas definitivas do começo do mundo leninista, nada aprendera. Giocondo sorria, conhecia o enredo da primeira à última linha, mas o ardor dos camaradas portugueses, o entusiasmo de Maria, o comoviam.

Sou metade de mim mesmo, tomo dos braços de Gilberto, coloco sobre os ombros a morte de Neném. Sua mãe, la mamma italiana, sua mulher Lurdes e eu próprio, os três e mais ninguém, o tratávamos por Neném.

Praia de Maria Farinha, 1960.
CANSAÇO

ENCOSTADO NO COQUEIRO, AMARO AMARELO LOUVA a nudez da alemã: estendida ao sol, na popa do barco, os pelos loiros, ela e o marido rumam para o mar largo. Amaro Amarelo ajuda o alemão a colocar a embarcação em ordem enquanto a gringa despe o maiô e assume o sol para doirar o corpo, bunda, seios e ventre, brancarrona. Se Deus quiser e o ajudar, Amaro Amarelo ainda há de comer uma brancarrona, Nosso Senhor não irá abandoná-lo para todo o sempre no álveo. Amaro também é cristão e batizado, no entanto somente dr. Paulo merece regalias do céu, uma atrás da outra, cada qual mais loira: o dia de sorte de Amaro chegará.

Informa sobre o regime dos ventos, os cuidados a tomar na navegação, não cobra pela estafa, mas aceita a moeda de níquel que o cabrão lhe dá, sendo um esteta considera-se pago com a visão do xibiu de frau Katherina, moedas de ouro.

Amaro Amarelo, amarelo pelo macilento da pele, moço de mais ou menos trinta anos, já aposentado pelo Instituto, como não sei — ele diz "sou do Institute", assim explica o ócio permanente à sombra dos coqueiros ou na rede pendurada na choupana de palha. Dedica-se em tempo integral, sem solução de continuidade, a não fazer nada, ocupação na qual é imbatível. Protegido de Paulo Loureiro por ser bom de papo e por conhecer na ponta da língua a vida e os amores da vizinhança nas duas margens de Maria Farinha, a do mar e a do rio, qual a mais luminosa?

Diante de nós, nos fundos da casa dos Loureiro, outro Amaro, Amaro da Conceição, constrói um banheiro para proporcionar a quem chega do mar, coberto de sal, o luxo de uma chuveirada antes de transpor o postigo. Aprecio e celebro a competência e a rapidez de Amaro da Conceição na preparação do barro, na colocação dos tijolos, no manejo da colher de pedreiro, a parede cresce a olhos vistos. Também Amaro Amarelo acompanha o movimento do operário, seu xará e seu contrário, os vaivéns, a azáfama para concluir a tarefa contratada. Amaro Amarelo ergue o corpo, esquece a xoxota da alemoa, os chifres do alemão, queixa-se:

— Fico tão cansado vendo seu Amaro da Conceição trabalhar que até sinto dor nas costas, não aguento mais tanto trabalho, vou pra rede descansar um pouco.

Moscou, 1954.
COMPLÔ

ANNA SEGHERS ME TELEFONA do Hotel Nacional, fica defronte da praça Vermelha — Zélia e eu estamos no Metropol, diante do Bolchoi, em companhia de Neruda e de Guillén. "Acabo de chegar", me diz, "preciso falar contigo com a maior urgência, imediatamente": a voz nervosa. Anna veio a Moscou como eu e tantos outros escritores dos cinco continentes convidados a assistir o Segundo Congresso dos Escritores Soviéticos, evento de extrema significação no universo da esquerda intelectual.

Anna não veio apenas para o Congresso, deve também participar da reunião do júri do Prêmio Internacional Stálin, é jurada: quanto a mim sou premiado, a maior das honrarias que recebera até então, dá-me na União

Soviética status de diplomata, importância de dirigente. É sobre o prêmio Stálin que Anna deseja me falar. Umas quantas pessoas pelo mundo afora acreditam em mim, atribuem-me poderes que eu não tenho, capacidade de resolver qualquer problema, não sei por quê. Anna Seghers é uma dessas irresponsáveis.

O problema que a aflige e ela me transmite para que a aconselhe parece-me de gravidade incontestável, refere-se a Bertolt Brecht. Jantei com Brecht em casa de Anna — ela e o dramaturgo moram no mesmo edifício de quatro pisos em Berlim Leste, Anna no segundo, ele no quarto, se não me engano —, sou amigo de Helena Weigel, sua mulher, colegas no júri do Prêmio Internacional da Paz, do Conselho Mundial. Com Brecht só vim a ter maior contato quando da filmagem por Alberto Cavalcanti da peça *O senhor Puntila e seu criado Matti*, na Wien Film. Penso ter concorrido para que o teatrólogo e o cineasta pudessem se entender: de início se estranharam.

Acontece que Brecht passou a ser olhado com desconfiança pelo pecê alemão, partido de um sectarismo além do imaginável. Sem que fosse levada em conta sua vida inteira dedicada à causa do socialismo, a obra extraordinária do dramaturgo foi acusada de formalista, não se enquadrava nas normas do realismo socialista ditadas por Jdánov. Para começo de conversa, o Partido decidira, segreda-me Anna, retirar-lhe o uso do teatro que os soviéticos lhe haviam deixado quando se retiraram de Berlim, no qual Brecht e sua companhia Berliner Ensemble se instalaram e realizam trabalho de repercussão mundial.

Anna parte para a luta em defesa do amigo, arma-se o complô. Está aflita: "Vão fazer a vida de Bertolt impossível, tu sabes como são essas coisas, não preciso te dizer. Mas há uma maneira, uma única, de parar com tudo isso e lhe garantir segurança, tranquilidade, a paz necessária a seu trabalho". E que maneira é essa? "Obter para ele o prêmio Stálin: se o tiver ninguém ousará tocar nele e em seu teatro. Quero que me ajudes, o júri vai se reunir daqui a quatro dias."

Foi uma correria. Primeiro a conversa com Ehrenburg, no apartamento da rua Górki, Anna conta nos dedos os votos certos para Brecht: o de Ilya, o de Neruda, o dela, quem sabe o de Aragon, o "velho" a interrompe, brusco:

— Não perca tempo com isso. O que importa é o apoio de Sacha — Sacha é Aleksandr Fadéiev que, no júri, representa o PCUS, a cujo Comitê Central pertence, membro efetivo — se ele achar que está bem ninguém vai discutir. Só há uma coisa a fazer: falar com ele.

Toma do telefone para marcar o encontro, marca, recomenda a Anna: "Vá com Jorge, Sacha gosta dele". Era verdade, Fadéiev me estimava, considerava-me um camarada direito, em quem se podia confiar. Lá fomos nós, Anna e eu, conversar com o secretário-geral da União dos Escritores Soviéticos.

Foi mais fácil do que pensávamos. Exposto o problema, o autor de *A Jovem Guarda* não vacilou um momento, emprestou total apoio à sugestão de Anna, deu-lhe sua aprovação. Colocaria o nome de Bertolt Brecht na relação dos premiados, dos possíveis premiados, retificou, pois quem dava a última palavra, segundo ele, era o Bureau Político do Partido. Seria verdade? Não sei, não era fácil saber onde a verdade, onde o jogo de interesses. Fosse como fosse, Bertolt Brecht teve o prêmio, o pecê alemão arrepiou carreira, desistiu de incomodá-lo. Incomodar, verbo fraco, nem de longe dá ideia das misérias a que o sujeitariam, o poço de infâmias em que o afundariam.

São Paulo, 1984.
CAPIM-BARBA-DE-BODE

NA PLATEIA DO TEATRO, sentada entre mestre Calá e o prefeito de São Paulo, Mário Covas, Auta Rosa exclama: "Não, não acredito...".

Não acreditava no que seus olhos viam, seus ouvidos escutavam: no palco Dorival Caymmi e Carybé cantam a cantiga do capim-barba-de-bode: "Uai uai meu capim-barba-de-bode...".

Completo cinquenta anos de livro publicado, em meio ao festival comemorativo posto de pé por João Agripino Doria — força da natureza, amigo devotado e perigoso: você se descuida ele organiza um programa de homenagens —, companhia paulista de teatro remonta adaptação argentina de *Dona Flor e seus dois maridos*, eu a vira dois anos antes em La Plata, a história de dona Flor em ritmo de tango.

Ao fim do espetáculo os artistas me chamam ao palco, ao agradecer anuncio a presença na sala do compositor Dorival Caymmi, aquele que ensinou a Vadinho o passo do siri-boceta, assim está contado no romance. Sob aplausos, Caymmi sobe à cena, a plateia reclama-lhe demonstração da dança baiana, ninguém a conhece. Dorival promete se exibir se Carybé, também presente, vier cantar com ele a melodia ideal para o baile do siri-boceta, a música do capim-barba-de-bode, Carybé não vacila, serelepe junta-se aos artistas, na boca da cena ele e Caymmi cantam e bailam: "Uai uai meu capim-barba-de--bode/ faz tempo que nós não vai/ faz tempo que nós não fode!".

A plateia delira, Dona Flor, Vadinho, o farmacêutico Madureira dançam o passo do siri-boceta, o elenco inteiro faz coro com Dorival e Carybé, Auta Rosa não acredita, o prefeito aplaude: "Uai uai meu capim-barba-de-bode".

Bahia, 1970.
PODER ESCRITOR

NAS GAZETAS A NOTÍCIA DO PROJETO DE CENSURA aos livros do professor Alfredo Buzaid, ministro da Justiça no governo Médici. Vivemos o momento mais negro da ditadura militar: a tortura é o pão quotidiano do regime, o cerco aos democratas se estreita: cárceres repletos, sequestros, assassinatos. Sucedem-se leis e decretos, liquida-se a cidadania. Pelo projeto em vias de ser lei, será estabelecida a censura prévia para a publicação de livros: obrigatoriedade do envio dos originais aos censores, a publicação será permitida na íntegra ou com cortes ou simplesmente proibida.

Tomo do telefone, ligo para Erico Verissimo em Porto Alegre:

— Leste o projeto de censura?

— Que horror! Precisamos fazer alguma coisa.

— É o que venho te propor. Somos os dois escritores mais lidos do país, os de maior público, é tempo de exercermos nosso poder.

Proponho a Erico, e ele imediatamente aceita, redigirmos e assinarmos declaração dizendo que jamais, em nenhuma hipótese, enviaremos originais à censura prévia mesmo que isso signifique renunciar à publicação de nossos livros no Brasil. Ali mesmo, ao telefone, encontramos entre os dois os termos enérgicos da declaração e combinamos a estratégia a adotar para que ela apareça nos jornais. Ele em Porto Alegre, eu na Bahia, daremos cópia às folhas locais e às sucursais dos órgãos cariocas e paulistas, algum há de publicar. Assim fazemos.

Vou ver Jorge Calmon[1] na redação de *A Tarde*, ele lê a declaração, garante-me o maior destaque. Vou aos demais quotidianos da cidade e às sucursais, Florisvaldo Mattos era correspondente de jornal do Rio, vibrou. Tiro e queda: na manhã seguinte o documento assinado por Erico e por mim está na maioria dos matutinos do Rio, de São Paulo, de Porto Alegre, da Bahia. Os escritores começam a emprestar solidariedade, telefonam, escrevem, telegrafam às redações dando-nos apoio: o primeiro

---

[1] Jorge Calmon, jornalista, diretor de *A Tarde*.

a fazê-lo, se bem me recordo, foi o poeta Lêdo Ivo. Manifestos contra a censura prévia recolhem assinaturas, o protesto se amplia em movimento nacional.

Declaração dúbia do ministro, promete reexaminar o projeto, termina por engavetá-lo, a censura prévia não resiste ao impacto, vai para a lata do lixo autoritário. Para alguma coisa há de servir possuir grande público, leitores em profusão, merecer carinho e respeito: o poder dos escritores.

Paris, 1991.
A INJUSTIÇA

PELA MANHÃ, JOSÉ GUILHERME MERQUIOR ao telefone: um dos prazeres durante as estadas em Paris, o bate-papo descontraído com Zé Guilherme. Nem sequer o fato dele saber tanto sobre temas nos quais sou a suma ignorância chega a perturbar o gozo da conversa, pois ele torna fácil o assunto mais árido, não cultiva a presunção, não se arroga a professor.

Nossa amizade percorreu caminho de pedras, em priscas eras Zé Guilherme desancara não sei mais qual dos meus romances ou todos eles, já não recordo, recebi na circunstância vários recortes da reprimenda — sobram sempre os prestativos, os pressurosos que remetem, com palavras de repúdio, repúdio no papel, júbilo no coração, o que se escreve de negativo sobre o confrade, artigo positivo ninguém perde tempo e selo de correio com envio e comentário. Não sou dos que consideram inimigos os colegas pouco afeitos aos meus livros, persisti a ler e a admirar o jovem erudito. Quando nos vimos pela primeira vez ele pareceu-me estranhar a cordialidade do defunto. Estabeleceu-se entre nós relacionamento cortês que pouco a pouco cresceu em amizade bem mais valiosa para mim do que elogio em artigo de jornal.

Zé Guilherme conta-me com verve e agudeza almoço de casamento na aristocracia francesa, compareceu à festa no castelo medievo da família materna, a paterna vive em iates e aviões, possui multinacionais, convescote de fidalgos e milionários, mijo-me de rir. Não foi, porém, para caricaturar a festa do casório que me telefona, mas para me dizer que, vizinho de mesa de Maurice Druon, por ele soube...

Antes que me diga o que soube, eu o interrompo para falar de Druon: tu sabes o que é amor à primeira vista, mas tinhas conhecimento de amizade à primeira vista? Amizade à primeira vista a que nos ligou, ao romancista de *La fin des hommes* e a mim, conhecemo-nos em jantar de Josué

Montello de quem é parente por serem os dois mestiços maranhenses, demo-nos conta de imediato que éramos amigos de infância, temos muito em comum o potentado das letras e o pobretão. Estimo a novelística de Druon, a qualidade da escrita e a força da narrativa, mais além dos títulos acadêmicos sua presença se afirma na popularidade dos leitores.

Correção de diplomata, Zé Guilherme não me interrompe, escuta-me até o fim, quando acabo de gastar os adjetivos ele concorda nos elogios a Druon e me diz que também o dito-cujo falara bem de mim e lhe anunciara o que decerto eu já sabia... Sabia o quê, Zé Guilherme? "O prêmio, homem!" Que prêmio? Ao dar-se conta que não sei de nada, lastima-se da inconfidência, desconversa, fala de outra coisa, assunto não lhe falta. Embarco com ele em riso e em gozação, o bate-papo com Zé Guilherme é o que se pode pedir de melhor para começar a jornada, esqueço por completo a inconfidência interrompida.

Três ou quatro dias depois, durante coquetel na Gallimard, outro amigo, outro potentado da literatura francesa de quem sou devoto não é de hoje, Jean d'Ormesson, me felicita pelo Prêmio Mundial Cino Del Duca que vem de me ser concedido, membro do júri presidido por Druon, votou em mim. Ao lado, Zé Guilherme me cutuca, gozador: era o prêmio a que se referira na conversa ao telefone.

Na entrega do diploma e do cheque, sentado na primeira fila, lá estava ele, esquálido, a palidez, os olhos fundos, comido pela doença, a cabeça derrubada entre as mãos, Hilda o sustentava, foi a última vez que o vi. Mesmo enfermo, condenado, viera abraçar o confrade e companheiro. De tudo quanto se passou naquele dia, nada me deixou mais abafado, mais tenso de emoção, quanto a presença de quem ia morrer daí a um mês. Ai a injustiça dessa morte, José Guilherme em plena maturidade criadora, ai a injustiça!

Rio de Janeiro, 1954.
INTERNACIONALISMO

SABENDO QUE ESTOU DE VIAGEM PARA A EUROPA com escala na Polônia, Ziembinski me procura, a aflição o transtorna, problema delicado, pede-me ajuda. O governo da Polônia há algum tempo o pressiona para que ele retorne à pátria a qualquer preço, as autoridades do Ministério da Cultura dão-lhe urgência, marcam prazo, exigem resposta imediata. Não saberão por acaso que o cidadão polonês Zbigniew Ziembinski já não existe, existe um brasileiro com esse nome, ator, diretor, tão brasileiro ou mais do que os aqui nascidos?

A guerra trouxe Ziembinski para o Brasil, a ele, a Turkov e a Madame Stipinska. Todos sabem o que a vinda e a permanência de Ziembinski significaram para o teatro brasileiro: uma coisa antes dele, outra depois. Na Polônia deixara um filho, em duas ocasiões levei-lhe algum dinheiro enviado pelo pai. Um rapagão, cursava o Conservatório Dramático de Varsóvia, apresentei-o ao poeta Iwaszkiewicz[1] que, segundo soube, o protegeu.

Turkov, após algumas montagens extraordinárias, zarpou para Israel, Madame Stipinska deslumbrou nos palcos do Rio, o apelo da pátria levou--a de volta para ser a primeira-dama do cinema e do teatro poloneses. Com o retorno da atriz deu a louca nos polacos, queriam o *metteur en scène* fosse como fosse, tinham necessidade dele, apelavam para seu patriotismo, mestre Ziembinski estava atropelado. Só via uma maneira de escapar à imposição do ministro da Cultura, de convencer os responsáveis: a recusa do pecê brasileiro. Se o pecê se opusesse à sua partida, os poloneses deixariam de insistir, para alguma coisa havia de servir o internacionalismo proletário. Era indispensável que eu fosse portador da negativa do Partido brasileiro, que a levasse aos altos escalões do polonês, só assim o deixariam em paz. Vendo-o tão aflito, disse-lhe que ficasse descansado, o Partido exigiria sua permanência no Brasil.

Ao dar-lhe garantias arriscava pouco, conhecendo os intestinos do Partido tinha certeza que a opinião dos mandatários seria, como foi, a de atender ao pedido. Na reunião com a direção para receber as últimas instruções coloquei o problema de Ziembinski, obtive o acordo, levei o recado e o transmiti. Nem tudo era erro lá por cima, existiam acertos. Ao expor o problema de Ziembinski só não disse que adiantara a resposta sem a ter, era piroquete mas nem tanto.

Ponta Delgada, 1989.
PRÊMIO CAMÕES

ESCUTO MIGUEL TORGA QUE PRONUNCIA O DISCURSO, vejo na tribuna um homem inteiro, não se lhe sente a idade, o rosto marcado de camponês, a força das palavras se estende sobre a sala, prende e arrasta os ouvintes, por vezes dureza de pedra, de súbito a carícia de uma nascente

---

1 Jarosłav Iwaszkiewicz, poeta polonês.

de água. Estamos dominados pelo sortilégio, esse senhor que lê um discurso escrito, sozinho na tribuna, sem outros instrumentos além das folhas de papel e a pronúncia exata, esse senhor é um mágico em número de prestidigitação, que seduz e arrebata a plateia. Assim o tem feito durante os muitos anos de vida e de trabalho, o escritor Miguel Torga: na poesia, na ficção, na extensa e densa narrativa do *Diário*, esse prestidigitador da palavra escrita recriou a vida e a iluminou.

Não basta dizer que falo do escritor Miguel Torga, é imprescindível completar a afirmação: o mágico na tribuna, lendo seu discurso, é o escritor português Miguel Torga, a condição portuguesa condiciona e esclarece a obra realizada, a vida vivida.

Enquanto escuto a oração com que o mestre agradece o prêmio Camões, concedido pela primeira vez por um júri composto de escritores portugueses e brasileiros e atribuído, como não podia deixar de ser, a Miguel Torga, eu me pergunto o motivo por que não lhe foi dado ainda o prêmio Nobel. Pergunta cretina, talvez, já que Torga e sua literatura estão acima dos prêmios, sejam eles quais forem, os pequenos ou os grandes, nem sequer o cheque que por vezes os acompanha faz falta à pobreza do escritor. Um escritor que se preza não escreve para obter prêmios e, sim, para se comunicar, dizer e refletir, considerar, compreender, recriar a vida, servir ao homem.

De qualquer maneira ao me fazer a pergunta não posso deixar de constatar a indiferença, a desestima, o descaso revelados pela Academia da Suécia em relação à língua portuguesa. E o faço quando penso em escritores portugueses da altura de Ferreira de Castro e Fernando Namora que morreram sem o prêmio Nobel — para citar apenas dois entre outros igualmente merecedores, pois para que a esses dois fosse outorgado assinei petições, fiz declarações, como aliás o fiz por Miguel Torga. Quando penso que os romancistas brasileiros Erico Verissimo e Guimarães Rosa, o poeta Carlos Drummond de Andrade tampouco foram distinguidos com o Nobel, concluo que realmente nossa língua portuguesa (as diversas línguas portuguesas, a de Camões e a de Alencar, a de Luandino Vieira e a de Baltasar Lopes) não é levada na devida consideração pelos acadêmicos suecos. Resta-nos ainda esperar, pois o senhor que ocupa a tribuna em Ponta Delgada, nos Açores, é um rijo português, que carrega sem esforço o peso dos anos.

Bahia, 1991.
O LIVREIRO

NA SOLEDADE DA VOZ EM DESAMPARO, Edivaldo Boaventura[1] recorda Zitelmann de Oliva na tribuna da Academia de Letras da Bahia. A emoção perpassa na sala, se estende.

Na mesa, sobre o estrado, Lygia[2] como se fosse talhada em pedra, sinto a lágrima nascer e se apagar na face de Clarinha. Atrás de mim Ró, meu sobrinho, o rosto do pai, a saudade. Wilson Lins, na presidência da cerimônia, está de volta ao passado, relembra um tempo que se foi. Quase a meu lado, Jorge Calmon fita o vazio que se povoa de lembranças. Zitelmann atravessa a sala.

É um jovem estudante, vem até onde estou e me sorri. Decerto faz calor, pois o suor escorre do rosto do rapazola apenas saído da adolescência, carrega pacotes de livros, títulos proibidos pela ditadura do Estado Novo. Militante antifascista, o moço empapado de suor é uma espécie de livreiro subversivo que exerce seu comércio de política e cultura nos desvãos da ilegalidade.

Estamos em 1943, enfrentam-se os exércitos das Nações Unidas e do Eixo nazifascista, a guerra está presente e comanda a vida de cada um de nós na cidade da Bahia — a cidade da Bahia de então, provinciana e fascinante com seus 300 mil habitantes, seriam tantos? Na guerra contra o fascismo e a ditadura, Zitelmann de Oliva, estudante pobre, precário livreiro, soldado da democracia ocupa seu posto de combate nas fileiras da cultura junto a alguns dos que hoje nos reunimos nesta sala para ouvir Edivaldo. Outros não puderam vir, partiram antes de Zitelmann: Giovanni, Giocondo, o negro Batista,[3] Jacinta Passos.[4]

No passar do tempo, o livreiro subversivo fez-se fundador de jornal, diretor de banco, professor universitário, membro da Academia, figura de proa da vida intelectual, patriarca. Com a mesma paixão juvenil de comunista converteu-se ao catolicismo, tornou-se íntimo de Deus. Quanto a mim, velho ateu, por devoção a Zitelmann acabei freguês em Paris de loja de objetos católicos de extremo bom gosto. A cada viagem ali buscávamos, Zélia e eu, peça de artesanato para a coleção do amigo: figura de presépio polonês, medalha antiga, a madeira de um santo medieval. Há poucos dias,

---

1 Edivaldo Boaventura, educador.
2 Lygia, mulher de Zitelmann de Oliva.
3 João Batista de Lima e Silva, jornalista.
4 Jacinta Passos, poeta.

regressando da Europa, rompemos com o hábito, Zitelmann já não está para receber lembrança de viagem, deixou a Bahia, a família, os companheiros. Na voz de Edivaldo Boaventura o reencontramos, atravessa a sala, vem ficar a meu lado, sorri, coloca a mão no ombro de Ró.

Paris, 1988.
QUAI DE LA TOURNELLE

NO CAMINHO DOMINICAL DO QUAI DE CÉLESTINS para o pequeno restaurante chinês, Rue du Sommerard, nas vizinhanças da Sorbonne, vamos devagar, Zélia e eu, no gozo da beleza: envoltos na doce luz do outono, paramos nos buquinistas ao longo do cais do Sena. Nas pontes, casais de namorados se detêm para o beijo e a carícia. Assim como nós o fazíamos, Zélia e eu, quando naquele antanho habitamos o Paris da Rive Gauche, dos estudantes e dos exilados. Por que não fazê-lo novamente agora, quarenta anos depois, se o rio é o mesmo Sena, as pontes se conservam iguais e a luz do outono não mudou nas torres da Notre Dame, se ainda somos namorados? Nesta cidade de Paris, também os velhos têm direito ao beijo.

De repente vejo no buquinista, ao preço de vinte francos, exemplar da edição francesa de um livro de Monteiro Lobato, sob o título de *La vengeance de l'arbre et autres contes*. Tradução de *Urupês*, eu não sabia de sua existência — deve, no entanto, estar consignada no catálogo de autores e livros brasileiros traduzidos em francês, organizado no capricho por Estela dos Santos Abreu — tradução de Georgette Tavares Bastos, viúva do poeta, tradutora aplicada e entusiasta de vários livros brasileiros inclusive de um meu, *Dona Flor*. São passados dez anos da publicação. *Urupês*, livro de minha predileção, fico a pensar: será que a tradução francesa teve êxito? O volume na mão tenho a impressão que conduzo e exibo um pedaço do Brasil no Quai de la Tournelle.

Bahia, 1991.
LATINIDADE

TELEFONEMA DE PARIS, ENCOMENDA DE ARTIGO para um número especial de *Le Nouvel Observateur* a propósito do quinto centenário da Descoberta da América. Tema: Brasil, país latino. Digo que sim, escreverei, ponho-me a pensar.

Brasil, país latino? Somos latinos, nós, brasileiros? Uma espécie rara de latinos, a verdade é que somos mestiços, mulatos mais brancos ou mais negros, da cor de cobre dos índios. Zélia, filha de pai e mãe italianos, nascida em São Paulo, será ela latina? De sangue, vá lá, culturalmente com certeza não.

Usamos na Bahia duas expressões, criadas ambas, penso eu, pelo norte-americano Donald Pierson, para definir nossa proclamada latinidade e nossa sonegada condição africana. Diz-se "branco baiano" àqueles mestiços de pele clara e alta posição social: "brancos baianos" foram, por exemplo, os irmãos Mangabeira, João, o grande jurista, e Octavio, deputado, ministro do Exterior, governador do estado. Diz-se "mulata branca" àquelas mestiças alvas, por vezes loiras, cuja negritude desponta nos lóbulos das orelhas, nos lábios grossos, na bunda roliça e pujante. O bom exemplo de "mulata branca" é Marta Rocha, a formosa baiana que não foi eleita Miss Universo por ter duas polegadas a mais de ancas, as duas polegadas imortais da mistura de sangue alemão com sangue negro.

Escorial, 1990.
CACHÊ

CONVIDADOS A PARTICIPAR DOS CURSOS DE VERÃO da Universidad Complutense, ficamos hospedados no Escorial em próprio da Universidade construído em priscas eras por Franco para hospedar convidados estrangeiros em visita ao "Valle de los Caídos".

Participarei de mesa-redonda que estudará a literatura de língua portuguesa no quadro de seminário sobre a novelística espanhola, o colonialismo cultural espanhol reduz as literaturas de língua portuguesa a uma única literatura e a coloca como apêndice da novelística espanhola, enquanto Zélia intervirá em outro seminário cujo tema é "política e imigração". Além de mim estão na mesa-redonda o romancista português Cardoso Pires, o professor espanhol Perfecto Cuadrado, o poeta brasileiro Cláudio Murilo, diretor da Casa do Brasil.

O autor de "Alexanda Alpha" me pergunta se já me pagaram o cachê que nos é devido por nossa participação, modestas 45 mil pesetas, ele, Cardoso, já as embolsou. Ainda não, me queixo, ele propõe-se a me acompanhar até o local do pagamento. Lá vamos, recolho as pesetas, timidamente Zélia pergunta se ela não terá também cachê a receber por sua família de imigrantes e seus anarquistas. Não só tem como lhe pagam, diante de nós, do romancista luso e do baiano, 90 mil pesetinhas, exatamente o que recebemos ele e eu reunidos (e humilhados). Acusamos o colonialismo espanhol por tal discriminação: literatura de língua portuguesa (literaturas, corrijo) 45 mil, imigração política, o dobro. Zélia, nas asas da ufania, pergunta se não queremos algum emprestado.

Sou deveras incompetente, inepto, a lista das coisas que todo mundo sabe fazer e eu não sei é longa. Aqui inscrevo apenas alguns exemplos: não sei dançar, cantar, assoviar, nadar, multiplicar, dividir por mais de dois números, empregar os verbos, pronunciar corretamente, dirigir automóvel (mas já soube andar de bicicleta com razoável equilíbrio). Não sirvo para grande coisa.

Paris, 1948.
A APOSTA

ENCONTRO PICASSO NA ENTRADA DO EDIFÍCIO, tomamos o elevador, agradeço-lhe a presença, sorri: agradecer por quê se sou amigo de Pablo? O gabinete de Aragon no *Ce Soir* está como sempre repleto de literatos, a turma de *Les Lettres Françaises* ali se encontra diariamente para receber as bênçãos, ouvir os pareceres de Sua Santidade o papa Louis, abraço Pierre Daix e Claude Morgan, confraternizo com o grego André Kedros às voltas com as provas de seu primeiro romance, *Un navire en pleine ville*.

Representantes dos pecês do Chile, da Argentina e do Brasil, nos reunimos com Aragon e Picasso para estudar e tomar medidas em defesa de Pablo Neruda, vítima de perseguição desencadeada no Chile: expulso do Senado, posto na clandestinidade, sob ameaça de prisão, faz-se necessário protestar. Decidimos o envio imediato de telegrama a Videla,[1] responsabilizando-o pelo que possa vir a suceder ao poeta, reclamando para ele garantias de vida e plena liberdade. Telegrama a ser assinado pelos grandes da cultura francesa, capaz de impressionar os políticos chilenos. Os comunas latino-americanos residentes em Paris colherão as assinaturas, redigimos o texto, libelo acusatório, pauta de exigências, estabelecemos lista de personalidades a serem procuradas.

---

1 Gabriel González Videla, presidente do Chile de 1946 a 1952.

Cito o nome de Jean-Paul Sartre, causo escândalo, os de *Les Lettres Françaises* riem em minha cara, pisei nos calos de Aragon que se enfurece: "Sartre", um inimigo, "jamais assinará". Naquele momento as relações do filósofo existencialista com o Partido Comunista da França eram péssimas, xingavam-se com ferocidade e competência. Ouso discordar de Aragon, afirmo o contrário: considero possível obter-se a assinatura do filósofo pois, acompanhando a atuação de Sartre, comprovo que, mesmo em divergência com os comunistas, jamais assume posições reacionárias. Aragon range os dentes, acusa-me de nada entender de política, sou um inconsequente, cobre Sartre de impropérios, a firmeza de Louis nas posições de Partido atinge a grosseria, diria que me olha com raiva se não fosse com desprezo. Mantenho-me firme, proponho-me a ir pessoalmente buscar a assinatura do renegado e a de Simone, aposto que vou consegui-las. Aragon, ainda sarcástico porém mais calmo, aceita a aposta: nem assinatura nem meia assinatura, quanto mais as duas: "Vá se quiser, receberá um não redondo, em pagamento da aposta espero ouvir a autocrítica do camarada". Existencialismo e autocrítica, modas da época.

Eu estivera com Jean-Paul Sartre uma única vez, na sede da editora que então publicava seu teatro e lançara a tradução de *Terras do sem-fim*. Ao ser-me apresentado, foi mais que cortês, disse-me ter lido o *Terras* e ter gostado, nadei em mar de rosas, a vaidade levou-me a acreditar. Igual a todo o mundo literário, eu sabia de hábitos de Sartre, dos almoços no Lipp onde ele e Simone tinham mesa cativa, lá apareci com a cópia do telegrama, Sartre me reconheceu, mais um motivo da vanglória, expliquei-lhe os percalços de Neruda, mostrei-lhe o texto da mensagem a Videla, pedi-lhe a assinatura e a de Simone. Não houve a menor hesitação, Sartre assinou, Simone também, agradeci, só faltei beijar-lhes as mãos, me toquei envolto em júbilo: não havia nas ruas de Paris àquela hora literato mais feliz.

No mesmo gabinete de *Ce Soir* voltamos a nos encontrar os três comunas latino-americanos para a entrega das assinaturas obtidas. Zélia sagrara-se campeã absoluta, folha repleta, metade da Câmara de Deputados, Senadores, a negritude em peso: Senghor, Aimé Césaire, D'Arboussier, Houphouët-Boigny.[1] Sem exteriorizar a satisfação que me ia n'alma, sem tripudiar — quem era eu? —, exibi a cópia do telegrama

---

1   Léopold Senghor, Aimé Césaire, poetas, deputados; Gabriel d'Arboussier, Felix Houphouët-Boigny, deputados e dirigentes do Rassemblement Démocratique Africain.

com as assinaturas de Sartre e de Simone. Aragon tomou da folha de papel, examinou os jamegões, balançou a cabeça, decerto exercendo a autocrítica propôs: "O nome dele deve encabeçar a lista". Não encabeçou: o nome de Sartre seguiu-se ao do poeta de Les yeux d'Elsa — sei poemas de memória —, os cardeais não aceitaram: "Isso não, Louis, primeiro tu, ele depois".

Tornei-me amigo de Sartre e de Simone, viajamos juntos pela Europa, no dia mais longo do ano passamos fome em Helsinque, percorremos o Brasil de norte a sul, em 1950 ele fez publicar *Cacau* em *Les Temps Modernes*, em 1961 foi a vez de *Quincas Berro Dágua*. Certa feita, na década de 70, almoçávamos com ele e Simone no Lipp, Sartre me revelou que sabia da aposta com Aragon: inconfidência de um membro do Colégio de Cardeais, os cardeais não merecem confiança.

Rio de Janeiro, 1932.
A CADELINHA LULU

ALTA MADRUGADA, CURTINDO A BEBEDEIRA, de volta da farra, constatamos ao chegar a Copacabana, Raimundo Magalhães Júnior[1] e eu próprio, que uma linda e bem tratada cadelinha lulu, alva de leite, perfumada, nos acompanha. Tínhamos vindo a pé da Lapa onde havíamos ido às putas caras: acontecia em dias de pagamento. Magalhães era habitué de mais de uma pensão, feio como o diabo, sortudo com as mulheres, fama de machão. Eu me desenvolvia por entre as domésticas de Copacabana e Leme, vez por outra uma patroa para desenfastiar.

Recordávamos a pensão onde havíamos bebido e praticado, ficava na rua Conde de Lage, mas não fazíamos a mais mínima ideia de que artimanhas teríamos usado para que a cadelinha nos seguisse na longa marcha para a zona sul. A visão da pequena companheira de viagem curou-nos do resto da cachaça, lá voltamos nós para o alegre *rendez-vous* em busca da proprietária do animal. Encontramos a pensão em alvoroço, a dona da cadela fora de si, num mar de lágrimas, loira como os trigais maduros do verso célebre, propunha-se francesa. Atracou-se com a lulu, "*mon amour, mon petit*", foi a festa. Magalhães aproveitou-se, ficou para a festa. Sóbrio e sozinho retomei a marcha na fímbria da manhã.

---

1 Raimundo Magalhães Júnior, escritor.

Fort-de-France, 1991.
MULATARIA

NA MAIRIE DE FORT-DE-FRANCE ZÉLIA E EU somos recebidos por M. le Deputé Maire que outro não é senão nosso velho amigo Aimé Césaire, grande poeta da língua francesa, mestre das Antilhas e da negritude. Trago para ele os dois volumes da nova tiragem das poesias de Gregório de Matos na edição de James Amado. Falamos de poesia, de mestiçagem, de música, o nome de Dorival Caymmi vem à tona, Caymmi andou por aqui, trazido por Annick Thebia-Melsan,[1] cantou para o povo da Martinica suas cantigas da Bahia.

No seminário com o tema "literatura e cana-de-açúcar" onde falei sobre José Américo de Almeida e José Lins do Rego, encontro pessoas, o romancista Xavier Orville, o professor Émile Éadie, que recordam a passagem do moço baiano, moço ainda hoje, os cabelos brancos, a cadência da música, a sabedoria do povo. Gregório de Matos, Aimé Césaire, Léopold Senghor, Gabriel d'Arboussier, Jacques Roumain,[2] Lima Barreto, Jacques Alexis,[3] Nicolás Guillén, René Depestre, Henri Lopès,[4] Dorival Caymmi, Gilberto Gil, quantos e quantos mais, inumeráveis, músicos, poetas, romancistas — Simone Schwarz-Bart, por exemplo, para citar uma mulher, que romancista! —, mulataria sem igual na força da criação, na originalidade da mistura.

Luanda, 1979.
NOVELA DE TELEVISÃO

CONVIDADO DE AGOSTINHO NETO NÃO O ENCONTRO durante a estada em Angola, manda-me recado por António Jacinto,[5] está de partida para Moscou onde vai se operar, e não regressa, sua morte comove o povo. Na difícil situação em que Angola se encontra, o poeta presidente era fator de confiança, é triste o aspecto do país, a fome se instala.

Como se estivesse na Bahia percorro Luanda de ponta a ponta, nem em Luanda nem em Lisboa me sinto fora da Bahia, somos angolanos e portugueses ao mesmo tempo, misturados. Viajo pelo interior, não vou longe,

---

1 Annick Thebia-Melsan, diplomata francesa, foi adida cultural no Brasil.
2 Jacques Roumain, escritor haitiano.
3 Jacques Stephen Alexis, escritor haitiano.
4 Henri Lopès, escritor congolês.
5 António Jacinto, poeta angolano.

a guerra civil não permite andanças maiores, mas posso constatar aqui e ali os males da ideologia, repetidos. Na cooperativa socialista em que foi transformado o imenso latifúndio — terá havido de fato alguma mudança ou mudou apenas o rótulo, o patrão? — cooperadores benévolos vindos da Bulgária em nome do internacionalismo proletário não conseguem conviver nem congraçar-se, enquanto os angolanos convivem às maravilhas e se congraçam com técnicos brasileiros de empresas que ali estão para ganhar dinheiro. No hotel onde nos hospedam em Luanda, o diretor, camarada iugoslavo mandado para ajudar o socialismo afro, é um príncipe loiro, solidariedade superior, distante e fria.

— E os cubanos? — pergunta-me em Lisboa Fernando Namora: — São populares?

— Não me pareceu.

— Os chamados libertadores nunca o são — reafirma o romancista. — Entre libertador e conquistador a distância é pequena, não cabe um passo de soldado.

Os camaradas angolanos levam-me ao bairro proletário por excelência, o "muceque operário", dizem de boca cheia, para um encontro com quadros e militantes, comparece muita gente. Espero ter de discutir política, falar do Brasil, das injustiças sociais, da ditadura militar, de problemas do socialismo, busco preparar-me. Ao contrário do esperado, à exceção de duas ou três perguntas de dirigentes destinadas a dirigir o debate, não o dirigem, as demais, de homens, mulheres, jovens em grande maioria, se reportam à novela de televisão adaptada de *Gabriela, cravo e canela* que vem de ser dada na cadeia oficial e única.

— Me diga, camarada, é verdade que Gabriela morreu num desastre de caminhão?

O interesse dos presentes se refere às figuras da novela, seus destinos, para os que aqui a assistiram não existem limites entre a realidade e a ficção. Nossa acompanhante, irmã do ministro da Defesa, quer saber de Zélia se Mundinho Falcão e Gerusa, personagens, tinham se casado após o término da transmissão. Zélia me acusa de ter impedido o matrimônio, sujeito mais ruim.

Contam-me que para manter a pureza ideológica das massas, a projeção de cada capítulo era precedida e sucedida por um comentário a cargo de teórico do comitê central alertando sobre desvios e incorreções no conteúdo do enlatado. O comentário posterior durou pouco, deixaram de fazê-lo ao constatar que, ao fim do capítulo os assistentes desligavam imediatamente os aparelhos. Os anteriores duraram até o último episódio, denunciando as impurezas da obra: os telespectadores, no receio de perder o começo do capítulo, aturavam a aula de marxismo-leninismo, preço a pagar.

Rio de Janeiro, 1935.
O FUNCIONÁRIO PÚBLICO

SECRETÁRIO DE EDUCAÇÃO DO DISTRITO FEDERAL na administração de Pedro Ernesto, Anísio Teixeira me convida para seu gabinete, um conto de réis por mês, ordenado bem-vindo, sou pai de família, mulher e filha.

Começo a trabalhar, trabalho maneiro, cuido da agenda de Anísio, represento-o em almoços, eis que acontece a quartelada de novembro. Octalles Marcondes leva Anísio de automóvel para São Paulo a tempo de evitar a prisão do secretário demissionário, limpo as gavetas do gabinete, caio fora antes da chegada da polícia.

Funcionário público pela primeira e última vez, não completo um mês no cargo, não dá sequer para receber o ordenado.

São João de Meriti, 1946.
A REDE DE CASAL

A CASA, SIMPLES E AGRADÁVEL, situava-se no alto de pequena colina, a chácara toda media 21 mil metros quadrados cobertos por oitocentas laranjeiras. Pés de toranjas de duas ou três variedades, limeiras, limoeiros, pés de fruta-pão, sapotizeiros, goiabeiras, mangueiras, mamoeiros, completavam o pomar. Uma louca criação de aves — galinhas de raças, patuaçus, gansos, marrecos — animava o Peji de Oxóssi, nosso esconderijo, situado entre Caxias e São João de Meriti, no estado do Rio. Nele Zélia e eu curtimos enfim nossa lua de mel.

Vivíamos juntos desde julho de 1945, mas não nos sobrara tempo para namorar tanto quanto desejaríamos: eu dirigia o quotidiano paulista do Partido Comunista, o *Hoje*, tarefa que tomava a maior parte de meu tempo, Zélia se revelara imbatível ativista da Comissão de Finanças. Como se fosse pouco, a campanha eleitoral começara. Candidato a deputado federal, eu saía nos fins de tarde para comícios noturnos no interior, chegava pela madrugada. Resolvemos transferir a lua de mel para depois das eleições.

As eleições realizaram-se em novembro, deputado eleito deixei com a direção do Partido minha carta de renúncia, partimos de viagem eu e Zélia. Viagem de núpcias, já era tempo.

Apenas começávamos a sentir o sabor da lua de mel, passáramos alguns dias no Rio Grande do Sul, na chácara de Henrique Scliar, estávamos no Uruguai, devíamos ir a Buenos Aires, quando chegou telegrama urgente de Prestes reclamando minha presença no Rio daí a três dias. Comuna enquadrado, tomei o primeiro avião para o Brasil, Zélia comigo, ansioso para saber o motivo da intempestiva convocação.

Outro não era que o de tomar posse da cadeira de deputado. Ora, eu condicionara a aceitação de minha candidatura — escritor já bastante popular, meu nome traria votos para a legenda do Partido — à garantia de que, se eleito, renunciaria ao mandato dando lugar à convocação do suplente. Queria retornar a meu trabalho literário, já bastante comprometido pela atividade de militante. Recordei a Prestes o compromisso assumido pela direção. Antes de viajar entregara a Arruda Câmara o documento de renúncia. Prestes estava a par, salientou que fora ele quem levara a direção a admitir a minha exigência — podia um militante por acaso fazer naquele então qualquer exigência, justa, mínima, fosse qual fosse, ao Partido? Por isso mesmo sentia-se no direito de apelar para minha consciência de comunista responsável: que iriam dizer aqueles eleitores que tinham votado em mim, sobretudo os não comunistas, se eu não assumisse? Iriam acusar o Partido de ter usado meu nome para obter votos, estratagema sujo, malandragem, os inimigos se aproveitariam para fazer a maior exploração e por aí afora, aquela argumentação. Propôs-me assumir o mandato por três meses e então efetivar a renúncia. Três meses, nem um dia a mais, assegurou-me Prestes.

Resolvemos não alugar apartamento no Rio onde certamente o Partido me sobrecarregaria de tarefas, além das decorrentes do trabalho parlamentar, e ocuparia o tempo de Zélia, a Comissão Nacional de Finanças ameaçava requisitá-la. Na intenção de escrever um romance já amadurecido na cabeça, *Seara vermelha*, preferi ficar o mais longe possível do Comitê Central. Assim adquirimos o sítio de laranjeiras e nele vivemos durante ano e meio: um caseiro bastava para cuidar das plantações e das aves: as aves merecem capítulo à parte. Nina, sua filha, se ocupava da casa.

O casal húngaro que plantara o terreno e elevara a casa tinha o gosto europeu do conforto e, ao lado da vivenda, à sombra das árvores, construíra uma espécie de pátio, local de lazer, sítio de repouso. Enredadeiras subiam pelos pilares de alvenaria, flores explodiam em cada recanto, mesa rústica onde pousar pratos e copos, garrafas, sobre as lajes do chão espreguiçadeiras estendidas, penduradas dos galhos das mangueiras redes cearenses, brancas e amplas, de varandas bordadas, redes de casal. Assim era o Peji de Oxóssi, pequeno paraíso.

Ali transamos, indóceis, adoidados, nossa tão adiada lua de mel. Zélia parecia uma menina; o alemão, nosso vizinho, pensava que ela fosse minha filha, aliás passei a vida ouvindo a mesma repetida pergunta sobre Zélia: é sua filha?

Acordava cedíssimo, trabalhava no romance boa parte da manhã, por vezes a ele voltava à noite — ah o bom tempo em que varava a noite batucando na máquina cenas e capítulos. Após o almoço, às treze horas, tomava um carro de aluguel, contratado por mês para me levar e trazer do Peji a Caxias — os dez por cento dos proventos de deputado que o Partido me deixava davam exatos para pagar essa condução: eu devia viver de meus direitos autorais, segundo a direção. Em Caxias embarcava no ônibus que me depositava na praça Mauá, daí trotava até o Palácio Tiradentes onde funcionava a Assembleia Nacional Constituinte formada pela Câmara e pelo Senado reunidos. A sessão começava às quatorze horas, eu assistia, participava — extremamente ativo na Comissão de Educação e Cultura —, quando os trabalhos se encerravam fazia o caminho de volta, em geral chegava em casa entre sete e oito horas da noite. Por vezes, em dias de sessão noturna, não tinha hora de chegar.

Terminado o jantar Zélia e eu costumávamos descansar no pátio onde corria a brisa, eu lhe contava os acontecidos do dia, ela ouvia ávida por detalhes sobre a atuação da bancada comunista — a primeira num parlamento brasileiro. Por vezes adormecíamos no embalo da rede. Numa daquelas redes cearenses, de casal, João Jorge foi feito, em noite de lua cheia, à luz das estrelas e ao ruído dos grilos.

Bahia, 1956.
O JUMENTO

NA DÉCADA DE 50, O ALEMÃO KARL HANSEN VIVIA numa cabana na praia de Amaralina, na Bahia, em companhia da mulher Rosa e dois filhos, a menina, o menino e de um jumento batizado Sigmund Freud, animal de estimação da família, montaria do alemão. Sendo o jegue pequenino e Karl grandalhão, o cavaleiro fazia a alegria dos pescadores e dos capitães da areia, ao vê-lo montado no asno, os pés tocando o chão, indo de visita a Carybé no Rio Vermelho. Naquele então, Amaralina era um dos extremos da cidade, o mais distante fim das linha de bondes.

Mocetão, Karl viera de Hamburgo para o Brasil com um irmão arquiteto, o irmão permaneceu em São Paulo, ele descobriu a Bahia, ali assentou a tenda de campanha, casa de barro batido, adquirida a crédito a um peixeiro. Vivia pobremente do comércio de arte gráfica, cavava a madeira, nela gravava a vida da gente da cidade, era xilógrafo. Da janela do bar São Miguel, no Pelourinho, observava o vaivém das putas e dos marginais, o resultado foi um álbum de gravuras, hoje preciosidade. Eu o conheci quando o realizava, prefaciei a edição. Dez anos depois escrevi o texto para outro álbum de Hansen, também gravuras do Pelourinho, via crucis de uma nação de pobres: artesãos, raparigas, bêbados, desordeiros de todo tipo, crianças sem pai nem mãe. Profeta e marinheiro, deixara de ser Karl Hansen era Hansen Bahia, na saudade, na aflição da distância juntara o nome da cidade ao de família para marcar o chão de sua arte, a pátria de adoção. Trouxera com ele das brumas de Hamburgo a segunda esposa, Ilse. A jovem alemã, valquíria de tranças loiras, desembarcara trajando manto bordado em Adis Abeba: leões e lanças, a pantera e o Leão de Judá, o casal vivera na Abissínia, fundara e dirigira a Escola de Belas-Artes, capricho do Négus. Em dois tempos a hamburguesa virou baiana de saia rendada e turbante na cabeça, os pescadores diziam-na Inaê, rainha do mar.

Ao rever Ilse que deixara menina ao partir de Hamburgo para viajar o mundo, Hansen se apaixonara pela mocetona: aprendiz de artista ela o olhava com olhos de discípula em êxtase, Hansen sonhou casar-se. A diferença de idade porém o assustou, resolveu consultar pessoa experiente, seu pai (lá dele), abalizado bebedor de cerveja, habitava casa de campo nos arredores. Pediu-lhe a bênção, explicou-lhe o dilema: sofria paixão de adolescente na idade madura, a noiva, lolita rechonchuda. Não seria mais certo escolher noiva já entrada em anos? O pai refletiu, considerou:

— Mulher velha come tanto quanto mulher moça, até mais, adoece muito mais, gasta dinheiro em remédio. Case com a moça, faz melhor negócio.

— Meu papai é um poeta — comenta Hansen ao contar o caso.

Casou e foi feliz, Ilse se devotou por completo a seu mestre de arte e de amor, não conheci casal assim unido, tão perfeito. Quando ele morreu, ela não resistiu à solidão, foi reencontrá-lo na rua dos Gravadores no céu das putas, dos vagabundos e dos artistas.

Durante a primeira residência na Bahia na década de 50, um dia, de manhã cedinho, o alemão Karl encontrou na soleira da porta, na areia, uma enorme pedra de âmbar, pesava quilos, o mar ali a deixara de presente para o artista mais pobre do Brasil e da Alemanha reunidos. "É âmbar, não é âmbar", desentenderam-se Karl e Rosa, o gravador recolheu uma amostra do pedregulho, tomou o bonde, deu a amostra a examinar aos irmãos Moreira. "Âmbar, dos melhores, se a pedra é grande, vale fortuna, você está rico para o resto da vida."

Laudo em punho, Hansen somou os níqueis, tomou um táxi para chegar mais depressa com a notícia alvissareira. Chegou, Rosa dormia ao sol, ao saber da pureza e do valor do âmbar, contou-lhe o sucedido: Sigmund Freud, o jegue, esfomeado, fome de séculos, fome nordestina, devorara com gosto e rapidez a dádiva do oceano, fruto do mar, inesperada gulodice, fizera as honras à fortuna do alemão. Hansen não se alterou, não era de alterar-se por tão pouco, que iria fazer com a dinheirama, uma dor de cabeça, dela se livrara: alisou o focinho do jegue, beijou-lhe a testa, foi trabalhar a madeira, seu ofício.

Recebo presentes de comer e de beber, guloseimas de amigos espalhados pelo mundo, mimos de bem-querer: excitam o paladar, exaltam o coração.

Sou tarado por pitu, só de pensar em pitu escalfado em ovos fico com água na boca. Fruto do rio mais saboroso que qualquer fruto do mar, camarão, lagosta, lagostim, seu reino é o rio Cachoeira, na região do cacau, tem o gosto de minha infância grapiúna. Dois amigos, fazendeiros de cacau e letrados (não há contradição, existem em número maior do que se pensa, basta citar Adonias Filho, Itazil Benício dos Santos, Florisvaldo Mattos, Hélio Pólvora), abastecem-me de pitus: Moysés Alves, de Itabuna, Raymundo Sá Barreto, de Ilhéus. Moysés ama a pintura, coleciona quadros; Raymundo ama a literatura, escreve memórias de Ilhéus, vale a pena ler.

Do Piauí, Liete, princesa da família Tajra, envia ainda quente do forno um prato de raro sabor, sublime: frito de capote, sabem o que é? Se não sabem tomem o avião para Teresina, lá descobrirão, quitute de se comer até fartar: galinha-d'angola e farinha de mandioca, parece simples, mas não é.

Nascido para artista de cinema, reduzido pelos fados à pá de pedreiro, pobre de Jó, Rufino gasta as economias que não tem, toma uns cobres emprestados, traz-me o teiú que encontrou à venda no subúrbio da cidade. Escrevi sublime para o frito de capote, digo divino para o teiú moqueado. O teiú é um lagarto, ao vê-lo nas mãos dadivosas de Rufino, o banqueiro Antônio

Celestino torceu a cara, convidei-o para o almoço do teiú, traçou três pratos e pediu mais.

O senador Lourival Baptista, vice-presidente do Comitê Mundial da Luta Contra o Tabagismo, com sede em Londres, ex-governador do estado de Sergipe, nasceu baiano em Feira de Santana, fomos colegas no Ginásio Ypiranga. Envia-me isopores repletos de sorvetes, ah incomparáveis, da Sorveteria Cinelândia, de Aracaju: são mais de quarenta sabores, vão da jaca ao umbu, do jenipapo ao tamarindo, do cacau à pinha, do caju ao cajá, da graviola à pitanga, um desperdício, um abuso! Um detalhe: os sorvetes da Cinelândia não engordam.

Os requintes da doçaria portuguesa: o pão de ló mandado de Viana do Castelo, prenda de dona Custodinha e siô Manuelsinho, Custódia e Manuel Natário, pasteleiros de Nossa Senhora da Agonia. Os pastéis de nata, os de Belém, encomendas de Clarinda e Nuno Lima de Carvalho a cada portador: às vezes o portador não resiste, come-me os pastéis de nata, "melaram na viagem" me disse um deles quando cobrei a remessa. Nuno Simões, fidalgo de esquerda, militante antissalazarista, fornecia-me vinho fino, aquele que os desalumiados intitulam vinho do Porto, de velhas idades, de safras preciosas, ainda possuo meia dúzia de garrafas. Outro que também já morreu, José Machado Leite, mandava-me caixas de conhaque Macieira, começou a mandá-las quando saiu a edição portuguesa de Tenda dos Milagres, em 1968. Invadiu o Hotel Tivoli no comando de duas caixas, duas dúzias de garrafas, me disse: "Às páginas 278 de Tenda dos Milagres Pedro Archanjo bebe conhaque Macieira". Já que falo de portugueses, quero lembrar os quilos de bacalhau que Alves Redol nos enviava para Paris quando eu e Zélia lá vivíamos na pobreza do exílio.

Começara a escrever Dona Flor e seus dois maridos, pedi a minha comadre Norma Sampaio para ir visitar a proprietária da Escola de Culinária Sabor e Arte — eu copiara o nome da placa à porta da casa na rua do Sodré — para lhe explicar que iria usar e abusar do nome de sua escola no novo romance. Norma voltou com a autorização e a novidade: dona Edna Leal era prima carnal de Lalu, minha prima em segundo grau. De então para cá nas festas de aniversário, nas de fim de ano, de são João, no Dois de Julho, a qualquer pretexto, Edna nos envia bolo sem tamanho, delícia confeitada, obra de arte, presente de dona Flor: publicado o livro os vizinhos passaram a designá-la com o nome da personagem.

Glutão que sou, guloso, comilão, adoro receber esses de-comeres, as garrafas preciosas de vinho fino — invenção de Deus inspirado pela paisagem do Alto Douro —, mas não sei fritar um ovo, cozinhar uma salsicha, parvo também em culinária. Apesar disso em meus romances reproduzo receitas da *cozinha baiana — não perde em refinamento para nenhuma outra. Posso garantir pela qualidade e exatidão das receitas, são testadas, podem utilizá--las sem receio, foram-me fornecidas por cozinheiras mãos de fada: Anália, patroa do Yemanjá, ai as moquecas de Anália, Dete, da ilha de Itaparica, ai o mingau de puba, o cuscus de tapioca de Dete, ai! As receitas de dona Flor eu as copiei do caderno de Dorothy Alves, esposa de Moysés: quando Aldemir Martins recorda os pitus que comeu na mesa farta e esmerada dos Alves lambe os beiços e suspira.*

Rio de Janeiro, 1987.
BATISMO

PALOMA, MINHA FILHA, maior de 35 anos, mãe de duas filhas, converteu-se ao catolicismo, vai se batizar. Por amor, creio eu.

Paris, 1986.
MAÇONARIA

JOÃO JORGE ESTÁ DE FÉRIAS EM PARIS, inaugura nossa mansarda sobre o Sena, no Marais. Intriga-me, certo fim de tarde, vê-lo todo enfatiotado, terno azul, sapatos pretos, camisa social, gravata, ele que se veste tão informal, sandálias, calça Lee, t-shirt. Desejo saber a razão dos trajes solenes.
— Vou visitar uma loja maçônica.
— Loja maçônica? Para fazer o quê, meu filho?
— Sou portador de mensagem de minha loja na Bahia.
— Tua loja? És maçom? Desde quando?
— Há muitos anos.
Este mundo é um espanto, tem razão o poeta Fernando Assis Pacheco.

Bahia, 1966.
AEROPORTO

NO AEROPORTO ZÉLIA E EU AGUARDAMOS NERUDA QUE, estando no Brasil, vem passar o fim de semana conosco na Bahia, matar saudades. Esbaforido aparece Ariovaldo Matos, a quem eu dera a informação. Ariovaldo publica um semanário, tem dificuldades de dinheiro e de censura, vive entre a redação e a cadeia.

Pablo viajara ao Brasil para a cerimônia de inauguração em São Paulo do monumento em memória de García Lorca. Obra de Flávio de Carvalho, menos de uma semana após a solenidade o monumento foi destruído pelos esbirros da ditadura militar, as forças armadas não estimam os poetas.

Acompanhado por Matilde, Pablo desce do avião, nos abraçamos peito contra peito, face contra face, faz tempo que não nos vemos. Tendo vindo para o júbilo do reencontro fraterno na cidade predileta — o casario, a música, a capoeira, o vatapá, os camarões e as lagostas — e não para a masturbação dos funerais, Pablo sussurra-me ao ouvido, a voz magoada:

— *No me preguntes por nadie, compadre, se murieron todos. Restamos solamente nosotros.*

Sob a batuta de Ariovaldo, as baianas cercam o poeta, atam-lhe ao pulso a fita do Bonfim, a branca, a de Oxalá, dão-lhe as boas-vindas.

Rio de Janeiro, 1953.
EXPOSIÇÃO

PANCETTI ZANGA-SE COMIGO, AMEAÇA ROMPER RELAÇÕES, fazer escândalo, considera-me um ingrato, não mereço a fama de bom amigo, não adianta dar-lhe explicações, não as aceita. Exige que eu intervenha junto ao pecê e junto às autoridades soviéticas para que seja realizada em Moscou uma exposição de suas obras — considera minha intervenção decisiva, ai de mim!

Bem que gostaria de ver a pintura de Pancetti exposta não apenas em Moscou mas em todas as capitais do mundo, mas o reconhecimento internacional das artes plásticas brasileiras torna-se difícil por se encontrarem limitadas aos cânones da Escola de Paris. Será que existe pintor nacional, à exceção de Lasar Segall, tão judeu alemão quanto brasileiro, capaz de interessar os críticos e os colecionadores europeus? Refiro-me à pintura e à escultura, não falo do desenho e da gravura: Aldemir Martins obteve o grande prêmio de desenho da Bienal de Veneza. Para a repercussão mundial falta aos nossos pintores realizar pintura brasileira, não apenas na temática e nas cores, mas também na inventiva plástica, deixar de copiar a Escola de Paris, fazer como fizeram os mexicanos: a pintura do México é nacional, não está presa às modas da Europa. Por isso mesmo que original e própria, se projeta, se impõe mais além das galerias e das coleções do país. Falta aos nossos artistas criar a expressão brasileira das artes plásticas. Enquanto não o fizerem somente os *naïfs* existirão no mercado internacional. O embuste do sucesso e das vendas em mostras na Europa, em galerias alugadas pelos artistas, retumba no noticiário da imprensa brasileira, nas colunas sociais: a arte de Fulaninha, de Sicrano ou de Beltrano conquistou Paris.

No caso da União Soviética a coisa se complica devido a razões ideológicas: as teses de Jdánov, o teórico de Stálin para a literatura e as artes, consideram arte degenerada tudo quanto foge aos limites da academia. As telas de Picasso, de Chagall, de Matisse, de toda a grande pintura moderna, estão trancadas em salas do Ermitage, proibidas ao público, não são mostradas nem expostas. Exposição de Pancetti, nem pensar.

"Basta que fales com Ehrenburg e estará tudo resolvido", decreta o pintor, dou-me conta que realmente acredita em sabotagem de minha parte, fico indignado, ele não tem direito de duvidar de amizade tantas vezes comprovada. Ao mesmo tempo não posso lhe dizer a verdade sem lhe ferir a vaidade: duvido que Ilya aprecie sua pintura. Quanto às autoridades soviéticas junto às quais Pancetti valoriza minha influência, para elas a pintura de nosso marinhista está condenada pelo regime, excluída das salas de exposição: se não exibem Picasso por que irão exibir Pancetti?

Certa feita, naqueles idos de 50, Neruda, patriota chileno, amigo devotado, pretendeu obter de Ehrenburg prefácio, ao menos uma frase, para o catálogo de José Venturelli,[1] seu patrício e protegido. Ilya examinou uma a uma as reproduções que Pablo lhe entregara, ia vendo e exclamando: "*Execrable!, horrible!, abominable!*". Pablo não chegou a formular o pedido.

O mesmo Ilya Ehrenburg obteve durante o consulado de Khruschov que lhe fosse permitido montar uma exposição de quadros de Picasso. Apesar das limitações de todo tipo, nenhuma notícia nos veículos de comunicação, sala acanhada, distante do centro de Moscou, uma única porta para entrada e saída dos visitantes, o desconforto, ainda assim a mostra foi sucesso sem medida. A notícia correu de boca em boca; marcado o vernissage para as dezessete horas, ao meio-dia começou a se formar a fila, às quatro da tarde era impossível entrar na rua lotada pela multidão que ameaçava invadir o local, forçar a porta fechada, que se abriu a meio enquadrando Ilya: vocês esperaram mais de trinta anos por essa exposição, esperem mais meia hora, não deem pretexto para que retirem a autorização.

O pedido de Pancetti, a exigência para que eu lhe consiga convite para expor seus quadros em Moscou, sala onde fazê-lo, passou-se bem antes da abertura de Khruschov, durante a ditadura ideológica de Jdánov: expo-

---

1 José Venturelli, pintor chileno.

sição de Pancetti, nem pensar. Mas não há razão que o convença, se não expõe em Moscou, em Leningrado, em Kíev, em Tbilíssi, o culpado sou eu e mais ninguém. Termino por me irritar e mandá-lo às favas: brigue se quiser, dane-se. Danou-se, brigou comigo.

Paris, 1991.
A PREMIADA

JACK LANG[1] FAZ-ME SUBIR AO ESTRADO no momento da entrega do Prêmio Nacional de Tradução a Alice Raillard. Estamos na Ópera Garnier, assistimos à cerimônia da outorga dos Prix National des Arts et des Lettres.

Cada vez que entro no salão nobre da Ópera de Paris sinto-me ofuscado pela beleza, naquela tarde ainda mais, pois o prêmio dado a Alice é um pouco meu, sou seu traduzido, o único presente entre os brasileiros que ela traduziu e deu a ler ao público francês, os demais não estão em Paris. Alice traduziu João Ubaldo, Campos de Carvalho, Antonio Olinto, Darcy Ribeiro, Raduan Nassar, Dyonélio Machado, o poeta João Cabral, e esse vosso servidor. Leitora das grandes editoras, militante de nossa literatura, muitos dos livros brasileiros relacionados nos catálogos das casas francesas ali estão por recomendação e esforço seu, de Antônio Torres a Chico Buarque, a ela devemos a publicação da *Obra poética* de Drummond, das *Memórias do cárcere* de Graciliano.

Concorro com minhas palmas para as ovações com que a audiência saúda Maria Casarès, prêmio de teatro, e Juliette Gréco, prêmio da canção. Aplaudo quando se dirigem ao tablado o cineasta Jacques Doillon, o poeta Jacques Roubaud, o pintor Luc Boltanski, quando o prêmio de literatura é remetido a Louis-René des Forêts, Alice está em boa companhia. Pergunto-me quando no Brasil premiaremos os grandes tradutores, como Ivo Barroso e Cláudio Veiga, os dois transpuseram para o português do Brasil os poetas da França, em matéria de prêmios ainda estamos no regime das igrejinhas e das cavações, ainda não atingimos a seriedade.

Esse prêmio nacional coroa a obra de uma tradutora excepcional, coroa igualmente um devotamento de todos os instantes, muito devemos a Alice, bate-se por nós, ergue alto as bandeiras de nossa ficção e de nossa poesia. Eu a encontro às voltas com os poemas de Ferreira Gullar, após haver terminado a tradução do *Livro de histórias* do pajé da ilha de Itaparica, com-

---

1 Jack Lang, ministro da Cultura da França.

padre João Ubaldo. Não sabe apenas de seus traduzidos, sabe de todos os demais que valem a pena, é devota de Moacyr Scliar e de Márcio Souza, de Fernando Sabino e de Ignácio de Loyola Brandão. Quanto a mim, além da tradução de ao menos meia dúzia de romances, devo-lhe o livro de *Conversations*, meu retrato de corpo inteiro na moldura da amizade.

Autor feliz por ter tido tradutores da qualidade de Conrad Detrez, Jean Orecchioni, Georges Boisvert, Isabel Meyrelles, a eles e a Alice devo meu público de língua francesa. Jack Lang dá-me a palavra, digo apenas que sou melhor escritor nas traduções de Alice Raillard do que nos originais em língua portuguesa.

Madri, 1966.
TUDO AZUL

PREPARO A VIAGEM À EUROPA DE TODA A FAMÍLIA, Zélia, João Jorge, Paloma e eu: João voltou ao Brasil em 1952 falando tcheco com acento francês, tinha cinco anos de idade, Paloma nascera em Praga. Desejamos mostrar a Europa a nossos filhos adolescentes, estabelecemos ao sabor das circunstâncias políticas um roteiro para excursão que durará os meses das férias escolares.

Obtive o visto espanhol que até então me fora negado, em troca a entrada em Portugal me foi recusada mais uma vez, compro passagens em pequeno navio cujo porto de destino é Vigo, na Galícia, com escalas nas Canárias e em Lisboa. Dizia-se "os navios dos galegos" a esses barcos modestos, quase familiares, pois neles embarcavam e deles desembarcavam os galegos da Bahia em visita a Pontevedra. Se a recusa portuguesa me incomodava, não conhecer Portugal era uma das tristezas de minha vida, derrotava-me a impossibilidade de ir à França, não poder voltar a Paris, andar no Boul'Mich' com João, como costumávamos fazer, ele menino: festejou no Hotel Saint Michel seu primeiro aniversário, não poder iniciar Paloma nas belezas da cidade tão amada, mostrar-lhe a Notre Dame e o Louvre.

Lembrei-me que amigos meus, Anna Seghers, Pietro Nenni, expulsos da França pelas mesmas razões que eu e Zélia, pediam e obtinham visto de entrada quando necessitavam vir às reuniões do Movimento da Paz; um visto especial, limitado no tempo: no máximo quinze dias, e no espaço: circulação reduzida a determinados lugares. Escrevi então uma carta a Guilherme Figueiredo, ao tempo exercendo as funções de adido cultural na embaixada do Brasil, um adido diferente: não fez do cargo mordomia, trabalhou pela difusão da cultura brasileira, não procurou traduzir e editar livro seu, e sim dos confrades.

Conhecia e era amigo de Guilherme de toda a vida, ao menos de toda a vida literária: creio ter sido dos primeiros a saudar a estreia do romancista com artigo entusiasta quando da publicação de *Trinta anos sem paisagem*. Juntos lutamos contra o Estado Novo — luta que levara o pai de Guilherme, general Euclides Figueiredo, à prisão por longos anos —, concordamos e discordamos nas reuniões e congressos da ABDE [Associação Brasileira de Escritores], ele da esquerda democrática, eu comunista, nossa amizade se reforçou nas diferenças. Visto com olhos de suspeita pelos sectários do pecê, Guilherme era autor popularíssimo na União Soviética e nos países de democracia popular, sua dramaturgia — *A raposa e as uvas*, *Um deus dormiu lá em casa*, para citar apenas duas peças — triunfava nos teatros do mundo socialista, de Moscou a Pequim, de Praga a Sófia, de Varsóvia a Bucareste e Budapeste: os demais autores brasileiros não lhe chegavam aos pés em popularidade.

Escrevi carta a Guilherme recordando minha situação, infeliz sem direito a entrada e permanência na França, Zélia em idênticas condições, referi-me ao tal visto especial, pedi-lhe para se informar sobre o que devíamos fazer para recebê-lo. A resposta não tardou, além das explicações, a papelada que eu e Zélia deveríamos preencher solicitando os vistos excepcionais. Nosso pedido seria considerado pelas autoridades, Guilherme acreditava que obteríamos quinze dias em Paris. Vibramos de entusiasmo ante a perspectiva de mostrar Paris a Paloma, rever com João o Jardim do Luxemburgo: preenchemos a papelada, juntamos as fotos requeridas, botei o envelopão no correio para Guilherme. Embarcaríamos para Vigo daí a quatro dias, pedi que ele, se a conseguisse, remetesse a autorização de entrada para a embaixada do Brasil em Madri.

Partimos com a decepção de não poder descer em Portugal, mas com a ilusão de visto francês, mesmo limitado, uma coisa compensava a outra. Em Lisboa recebemos a boa-nova: as autoridades lusas nos permitiam desembarcar desde que minha presença não fosse notícia na imprensa, as esperanças parisienses cresceram: o governo do general De Gaulle não haveria de ser mais drástico do que o de Salazar.

Andamos a Galícia, seguimos de trem para Madri, na embaixada encontrei telegrama de Guilherme: "Tudo azul, pode vir tranquilo", só faltei desmaiar de emoção. Quinze dias depois, de automóvel, chegávamos à fronteira da Espanha com a França, as crianças na maior animação, Zélia e eu inquietos, temendo o controle da polícia francesa. Apresentamos os passaportes, o policial os examinou, pôs-lhe os carimbos de entrada, entramos. Em Paris, num restaurante de Les Halles, o Les Halles antigo, o de mercado de alimentação, diante de uma perna de javali e de um vinho tinto generoso, Guilherme nos contou como as coisas se passaram.

Recebidos os materiais que eu lhe mandara, os pedidos de visto, fora em pessoa levá-los à repartição competente do Ministério do Interior, ou seja, da polícia, e os entregara ao funcionário de serviço. Enquanto ele os protocolava e determinava prazo para a resposta, Guilherme, impulsivo de natureza e de família, foi se enchendo, acumulando raiva, o sangue lhe subia à cabeça. Assim, quando o funcionário lhe estendeu as senhas com os números dos processos, ele recusou recebê-las e pediu de volta a papelada. Segundo me contou, desejou rasgá-la ali mesmo nas fuças do *monsieur*, tão indignado estava com a humilhação a que nos sujeitavam, a mim e a Zélia, as autoridades francesas, mas sentiu-se coibido devido à missão diplomática que exercia. Conhecendo-o como o conheço, ainda hoje me pergunto se não será verdadeira a versão corrente, os papéis rasgados ali mesmo, ante o assombro do senhor do ministério.

De volta à casa, na rua Tilsitt — nome de rua, título de romance de Guilherme — ainda arfante de raiva, escreveu carta a André Malraux, ministro da Cultura, expôs-lhe os fatos a partir da decisão do governo Jules Moche, tomada e posta em execução em dezembro de 1949, até a solicitação de visto especial, de apenas alguns dias com circulação limitada: "Veja, caro ministro, como é tratado na França um escritor brasileiro". Carta enviada, três dias depois Guilherme é convocado ao Ministério das Relações Exteriores: no Quai d'Orsay lhe comunicam que haviam sido canceladas todas as medidas tomadas contra mim e Zélia há dezesseis anos por um governo submisso aos vaivéns da guerra fria.

Não apenas nós tivemos permissão de voltar à França e de amá-la de corpo presente — todos os demais a quem na mesma ocasião foi negada permanência e entrada em território francês tiveram seus direitos restabelecidos e entre eles se encontravam Pablo Neruda, Mário Schenberg, Carlos Scliar, Ana Stella Schic, Jacques Danon, vinte outros, pelo menos.

Em certa ocasião, não podendo mais suportar o exílio das ruas de Paris, Neruda entrara de automóvel pela fronteira da Suíça, não lhe pediram o passaporte, feliz da vida hospedou-se em casa de amigos no subúrbio, de onde foi retirado pela polícia dois dias depois e colocado na mesma fronteira com a Suíça. Também Carlos Scliar, convidado ao vernissage de exposição de nossa amiga Vieira da Silva, tomou o avião — tanto tempo passado, mais de dez anos, imaginou terminadas as restrições —, desembarcou no aeroporto de Paris, entregou o passaporte, o policial consultou o livrinho, aquele, viu-lhe o nome, quiseram embarcá-lo de volta para o Brasil no primeiro voo, Carlitos teve a maior dificuldade em obter que o deixassem seguir para a Bélgica. Conforme se comprova não somos apenas nós, Zélia e eu, que devemos o privilégio da França a Guilherme Figueiredo e a André Malraux.

Tudo azul, ainda bem: obrigado, amigo e companheiro, merci, Guilherme Figueiredo.

Tantas vezes passei diante da casa de Jacques Prévert na Cité Vernon, nas proximidades do Moulin Rouge, sinto pena de não ter tocado à porta: Jacques, sou eu, venho do Brasil, sei teus versos, escuta: "Jamais d'été jamais d'hiver/ Jamais d'automne ni de printemps/ Simplement le beau temps tout le temps", *uma estrofe de "Barbara":* "Quelle connerie la guerre", *é epígrafe de romance meu, temos o mesmo horror à guerra, o mesmo amor à gente simples. Os presunçosos, os fátuos, os cheios de si, não amam teus versos, são incapazes da poesia. Faltou-me coragem de chamar-lhe à porta, o medo de incomodar, de ser intruso.*

Pensei em ir ver Erskine Caldwell ao sabê-lo em Paris a caminho da Bulgária. Venho de longe, lhe diria, em 1937, em Nova York, assisti A estrada do tabaco, *depois vi o filme de John Ford, devorei os teus romances, acho que nos parecemos ao contemplar o campo e recriar a vida como o pequeno pode se parecer com o grande. Igual a ti eu desejei que os países tivessem um Ministério da Paz em vez de um Ministério da Guerra como ocorre para desgraça dos povos. Além do receio de molestar, não tive ânimo de roubar tempo ao romancista, é curto o tempo de criar e de viver.*

Eu estava em Moscou quando os escritores festejaram os 85 anos de Serafimóvitch. Torrente de ferro *foi um dos primeiros romances soviéticos que eu li, e que romance! Desejei me incorporar ao grupo de confrades russos que ia cumprimentá-lo, não quis passar por intrometido, perdi a ocasião de conhecer alguém que me influenciara.*

Por medo, por pudor, por timidez, deixei de expressar minha admiração, dizer de minha estima, de meu amor fraterno a tantos de quem fui devoto, invade-me o desgosto. No caso de C, porém, meu sentimento é de remorso, pois dele eu era devedor, jamais pude lhe dizer de minha gratidão. Admirava-o desde a juventude, da leitura de La condition humaine, *há cenas do romance que se me gravaram na cabeça, ainda hoje as vejo como numa tela de cinema, penso que li toda sua obra de ficção, de* Les conquérants *a* L'espoir.

Por duas vezes Malraux teve influência decisiva em minha travessia francesa. Foi dele, segundo me consta, a opinião que levou a editora Gallimard a publicar, em 1938, a tradução de meu romance Jubiabá:[1] *os tradutores, Michel Berveiller e Pierre Hourcade, haviam sujeitado o manuscrito à sua leitura e aprovação. Foi ele igualmente que, acionado por uma carta de Guilherme Figueiredo, se moveu e obteve a anulação das medidas tomadas contra Zélia e contra mim, em dezembro de 1949, quando nos vimos postos fora da França e impedidos de voltar. Por que não fui procurá-lo para lhe dizer muito obrigado, se tanto desejei fazê-lo? Chegava a Paris, pensava: desta vez vou vê-lo, mas em seguida me perguntava: com que direito irás, pequeno escrevinhador, um joão-ninguém no rol das coisas, com que direito irás incomodar quem dirige um ministério ao sol da glória? Nunca consegui a coragem necessária, capaz de vencer o temor de ser chato, o horror de ser inoportuno.*

Não sei sequer como ele era no trato com as pessoas, mas sei que o cidadão esteve à altura do criador, penso em André Malraux e o vejo na cabine do avião nos céus da Espanha em guerra.

Rio de Janeiro, 1952.
O MUNDO DA PAZ

TAREFA POLÍTICA, DE VOLTA DA UNIÃO SOVIÉTICA e dos países de democracia popular do Leste Europeu, escrevo livro de viagens, o elogio sem vacilações do que vi, tudo ou quase tudo parece-me positivo, stalinista incondicional silenciei o negativo como convinha. Para falar da Albânia plagiei título de Hemingway: *A Albânia é uma festa.* Em verdade ainda não era o pesadelo em que se transformou, estava começando.

Publicado no Brasil pela editora do pecê, *O mundo da paz* vendeu cinco edições em poucos meses, valeu-me processo na justiça, acusado de autor subversivo. Convidei João Mangabeira para meu advogado, mas não cheguei a ir a juízo, o magistrado a cargo do processo mandou arquivá-lo com sentença repleta de sabedoria: "De tão ruim, o livro não chega a ser subversivo, é tão somente sectário". Em verdade, não escreveu "de tão ruim", o acréscimo quem o faz sou eu, autocrítica tardia mas sincera.

Dei razão ao meritíssimo, retirei *O mundo da paz* de circulação, risquei-o da relação de minhas obras, busco esquecê-lo mas, de quando em vez,

---

[1] *Bahia de Tous les Saints*, Paris, Gallimard.

colocam em minha frente um exemplar com pedido de autógrafo. Autografo, o que posso fazer se o escrevi?

Rio de Janeiro, 1966.
SUBILATÓRIO

MIÉCIO TÁTI[1] ME TELEFONA, ninguém sabe mais do que Miécio sobre meus livros, meu trabalho literário, sabe mais do que eu. Pede o significado exato da palavra subilatório, que mais uma vez vem de encontrar em *Dona Flor e seus dois maridos*, mas já a lera antes em outros romances de minha lavra.

Subilatório, meu compadre: palavra mais pedante, mais fidalga, mais excêntrica, mais singular, popular e erudita, mágica para tudo dizer, longa de escrever, difícil de pronunciar, palavra mais que baiana, soteropolitana, significa ânus ou seja cu.

Deve-se usar de preferência, como ensina mestre Edison Carneiro em seu vocabulário do falar baiano,[2] para designar o fiofó de mulher loira, negra, morena, mulata, cabo-verde desde que seja bela e tenha o cu em flor.

Bahia, 1977.
SEGUNDO CONGRESSO AFRO-BRASILEIRO

OS ANAIS REFLETEM E EXPÕEM AS DIFERENÇAS a marcarem os dois Congressos Afro-Brasileiros: editados[3] pela José Olympio os do primeiro, realizado em Recife em 1934, sob a égide de Gilberto Freyre, os do segundo, reunido na Bahia em 1937, posto de pé por Edison Carneiro, saíram numa coleção de estudos dirigida por Arthur Ramos.[4] Diferenças patentes.

O Primeiro Congresso foi esforço e compromisso de intelectuais, a participação direta do povo negro quase não existiu, ficou reduzida à festa oferecida aos congressistas por pai Adão em seu xangô. Na Bahia, também o Segundo Congresso contou com a participação de mestres da categoria de Donald Pierson, Arthur Ramos, de Edison e do maestro Camargo Guarnieri, teve além disso a presença efetiva, na organização e nos debates, de figuras ímpares da cultura negra, basta citar a ialorixá Aninha e o

---

1   Miécio Táti, escritor.
2   Edison Carneiro, *A linguagem popular da Bahia*, Rio de Janeiro, edição do autor, 1951.
3   Na coleção Documentos Brasileiros.
4   Editora Civilização Brasileira.

babalaô Martiniano Eliseu do Bonfim, na época uma espécie de papa das religiões de origem africana. Os grandes candomblés da Bahia, das diversas nações, festejaram o evento, o peji de Yemanjá, no Axé Opô Afonjá, foi inaugurado durante o Congresso. Aninha me levou a ver o orixá, suspendeu o candeeiro sobre as comidas do santo nas gamelas de barro, abriu a cortina, do outro lado estava Yemanjá: uma nascente de água.

O Congresso da Bahia significou um passo adiante nos estudos sobre o negro brasileiro, foi tarefa dos intelectuais e do povo. A presença da África não se reduziu a tema para o estudo de eruditos, foi passo de dança, cantiga ritual, depoimento vivo. Coube-me a honra de saudar, em nome dos congressistas, mãe Aninha e pai Martiniano, eles eram a origem e o futuro.

Ainda está por avaliar-se a importância de Edison na implantação e no desenvolvimento dos estudos sobre o negro no Brasil, não apenas os livros que escreveu e publicou, hoje clássicos, mas também a atuação quotidiana. Todos nós fomos levados às casas-de-santo por sua mão de iniciado. Por ter sido o pioneiro, marcou com as cores políticas da esquerda o mistério dos axés. Não por acaso, quando os inimigos da democracia estabeleceram a ditadura do Estado Novo, os candomblés foram abrigos de perseguidos, esconderijos de comunistas. O próprio Edison encontrou refúgio no peji de Oxum, no Opô Afonjá. Ainda ekede, mãe Senhora, guardiã da casa do encantado das águas mansas, estava no segredo, cuidou do fugitivo, aprendeu e ensinou.

Lisboa, 1991.
ELOGIO

NO DECORRER DA CONCATENAÇÃO E DA ESCRITA destes apontamentos, por mais de uma vez, ao menos três, pensei me referir ao Tivoli, hotel de Lisboa, dar testemunho. Ao redigir o apontamento onde recordo Gilberto Freyre saindo do hall do hotel para ir almoçar no restaurante da Mimi, cheguei a abrir parêntese para cantar loas ao Tivoli, a louvação se alongou, extralimitou da nota, abri o parêntese, não cheguei a fechá-lo, sobrou.

Mas hoje aconteceu-me ouvir de Vinagre,[1] um dos chefes da portaria, meu correligionário de ideias, a informação de que estou completando 25 anos de hóspede do Tivoli, a data exige comemoração. De fato aqui nos hospedamos, Zélia, João Jorge, Paloma e eu pela primeira vez em janeiro de 1966. Era inverno, João Jorge completara dezoito anos, barba à Che

---

1 António dos Reis Vinagre.

Guevara, universitário subversivo e namorador, vestia calças Lee desbotadas com gloriosos rasgões, envergava sectário sobretudo russo, o meu celebérrimo Couraçado Potemkin, metido nele cruzei os invernos socialistas, de Praga a Pequim, de Ulan Bator a Sófia, de Varsóvia a Budapeste, de Bucareste a Moscou, desafiei o frio e a neve, os cinquenta graus abaixo de zero na travessia da Sibéria: tecido grosso, gola de pele, vinha até os pés, não havia frio para ele. Vinha até os pés mas ainda assim dava para ver que João Jorge calçava tênis e não usava meias, o pessoal do Tivoli se perturbou: ainda não vira hóspede tão original.

Como disse, por mais de uma vez tomei da máquina de escrever para redigir um apontamento sobre o Tivoli, por que não o fiz? Creio que por puro e simples preconceito: vão pensar e dizer que não me cobram a estadia ou que me fazem abatimento, puxo o saco dos proprietários para levar vantagem, sei lá que mais. Assim sendo começo por dizer que pago o preço do quarto, não gozo de redução nem de outras mordomias, fico à vontade para proclamar que o Tivoli é o único hotel do mundo no qual o hóspede encontra, ao mesmo tempo, conforto das cinco estrelas máximas e o calor humano de uma pensão familiar. Disse conforto, digo luxo pois a tapeçaria de Lurçat no restaurante é um luxo de nababos. O Tivoli é o oposto desses hotéis americanos, frios e solitários, onde o cliente é uma coisa, uma conta, um cartão de crédito, não é uma pessoa. O Tivoli é hotel e casa de família, aqui vai de graça a propaganda pois o louvor é merecido e o velho marinheiro deseja consigná-lo na escala de Lisboa, entre as boas lembranças da navegação de cabotagem.

Ilha de Marajó, 1977.
CHOVE NOS CAMPOS DE CACHOEIRA

O MONOMOTOR SOBREVOA A ILHA DE MARAJÓ, dia encoberto, céu de nuvens, chove sem parar, somos convidados dos Steiner, Ruth e Rodolfo, vão conosco no avião.

Os Steiner, nossa família paraense — temos parentes em todas as comarcas do Brasil —, possuem fazendas em Marajó, criam búfalos, zelam pelas tartarugas. Nossa amizade se iniciou com o cruzamento de cachorros *pugs*, coube a Mister Pickwick, macho de nossa criação, ser de minha maior estima, comer o cabaço da mais linda cadelinha *carlin*, chegou donzela ao Rio Vermelho, voltou prenha para Belém — devo a Picuco e a Popota o conhecimento desses Steiner do Pará, gente de primeira.

Dádiva do rio Amazonas ao mar Atlântico, situada entre águas que se chocam e se misturam, a doce e a salgada, solo encharcado, jamais terra firme, tampouco superfície líquida, território de mangue, pasto de lama onde os pés se afundam, a ilha de Marajó, diferente de tudo quanto eu vira. O gado pasta na planície a perder de vista.

De súbito, como se a violência da chuva o atirasse de encontro à terra, o aparelho desce sobre uma povoação construída em cima de palafitas: cabanas, casas pequenas, quase uma taba de índios. Rodolfo me diz o nome do lugar, chama-se Cachoeira, ali se desenrola a ação de romance de Dalcídio Jurandir, Ruth completa a informação: "O romance de estreia, *Chove nos campos de Cachoeira*".

Sei do livro, não só por tê-lo lido em originais como porque fui eu quem criou o Prêmio de Romance Dom Casmurro quando redator-chefe do semanário de Brício de Abreu. Não tínhamos dinheiro para dotação da láurea mas obtive com Omer Mont'Alegre, diretor literário das Edições Vecchi, contrato de publicação do romance vencedor e constituí júri mais valioso do que um cheque magro: Álvaro Moreyra, Jorge de Lima, Oswald de Andrade, Erico Verissimo, José Lins do Rego, já não lembro todos, júri numeroso e consagrador. Concorrendo com mais de cem candidatos, o romance de Dalcídio foi escolhido por unanimidade, o prêmio revelou ao público brasileiro um dos grandes de nossa ficção. Com *Chove nos campos de Cachoeira*, Dalcídio iniciou a saga do Extremo Norte, dez volumes, dez obras primas.

O avião volta a subir, a chuva engrossa, tento abafar o medo para admirar a paisagem onde o gado pasta. Descemos na pista da fazenda, a única de cimento em toda a ilha. Espera-nos a montaria, veículo extraordinário, canoa feita para navegar no rio, desliza em terra sobre a lama do mangue puxada por três cangas de búfalos. Saí de Marajó onde se misturam mar e rio alguns quilos mais gordo, culpados os pitéus da cozinha paraense, do pato no tucupi ao sarapatel de tartaruga. De lembrança levei comigo carga completa de bicho-de-pé, eu andava descalço no mangue, no pasto e no curral.

Havana, 1986.
REFLEXÃO

NA SEDE DO COMITÊ CENTRAL a conversa com Fidel se prolonga, além de Zélia está presente Bolaños,[1] vice-ministro do Exterior, deixará o

---
[1] Jorge Bolaños, diplomata cubano.

cargo para ser embaixador de Cuba no Brasil: Sarney vem de restabelecer relações diplomáticas com a ilha dos barbudos, rompidas pelos gorilas em 1964.

Fala-se das coisas, tantas, comuns ao Brasil e a Cuba, laços que são a garantia de um intercâmbio positivo nos terrenos mais diversos, se ademais de estima houver respeito mútuo. Há muito o que fazer para recuperar o tempo perdido seja na aplicação do conceito que determinou por decênios a política externa brasileira: "o que é bom para os Estados Unidos é bom para o Brasil", seja na tentativa cubana de exportar revolução.

Dias antes eu escutara longo discurso de Fidel — qual dos seus discursos não é longo? — na inauguração do Instituto de Cinema Latino-Americano, colocado sob a presidência de García Márquez, Fidel se declarara homem de reflexão. Nem sempre o foi, mas acredito na sinceridade do discurso: eu o creio disposto à meditação antes de partir para o ato impetuoso, basta considerar a melhoria do relacionamento com a Igreja Católica e com os padres — os da teoria da libertação, de preferência. Atento a tais propósitos, coloco na mesa das reflexões problema que me parece primordial como fator de amizade: somos primos-irmãos, os brasileiros e os cubanos. Possuímos, brasileiros e cubanos, um motivo maior de compreensão e de unidade, a nos distinguir dos demais povos latino-americanos — somos gente do mesmo sangue, produto da mesma mistura, únicos no continente. Reafirmo, acentuo: de fato os únicos pois, além de indígenas e latinos, somos africanos de origem e crença, de cultura e hábitos, não é mesmo, Comandante? Não encontro no entanto referência a essa afinidade, não vejo que se lhe dê a importância devida. Nem em Cuba, tampouco nos documentos, no discurso, nas proposições da esquerda brasileira, como se não fosse patente o sangue africano que nos identifica, a Cuba e ao Brasil, e, ao mesmo tempo, nos diversifica em relação aos demais países da América Latina.

Nossa mistura é a mesma, é idêntico o nosso sincretismo cultural, digo a Fidel, e lhe proponho seja feito um esforço de conhecimento e de aproximação entre os valores negros da cultura brasileira e da cultura cubana. Constato com prazer a existência em Cuba de uma abertura religiosa, padres brasileiros estão sendo esperados em Havana, e a santeria já não é perseguida e condenada por bárbara e contrarrevolucionária — com Julie e Harry Belafonte, Zélia pôde assistir, na véspera, a uma festa de iaôs. Por que não iniciar então intercâmbio entre o candomblé e a santeria, ambos de origem iorubá, são idênticos os deuses da Bahia e os de Santiago de Cuba. Se vão chegar sacerdotes católicos para dizer missas nas igrejas da ilha, por que não trazer a Havana, para a festa de Xangô, as ialorixás: Stella de Oxóssi, Olga de Alaketu, Creusa do Gantois? Por que não enviar aos terreiros da Bahia para a festa de Yemanjá, no Dois de Fevereiro, os babalorixás cubanos? Ou será que as religiões populares, desembarcadas dos navios negreiros, valem menos para os barbudos do que a Igreja de Cristo aportada nas caravelas de Colombo?

Solto na sala do Comitê Central os orixás para a reflexão de Fidel Castro naqueles dias em fase de abertura do regime farto de problemas, com eles se defronta o visitante em cada esquina de Havana.

Praga, 1951-2.
O MEDO

POSSO TOCAR O MEDO COM A MÃO. Erguido em nossa frente o muro da devassa na visitação do Santo Ofício comunista. Separa vida e morte, a morte infamante dos traidores, ninguém está a salvo das ameaças, nem o mais ilustre nem o mais poderoso: bocas trancadas, olhares fugidios, a dúvida, a desconfiança, o medo.

Nas forcas stalinistas balouçam os cadáveres dos mais poderosos dos principados tcheco e eslovaco, ainda ontem senhores da corda e do baraço, Slánský, Clementis, Gaminder, a cúpula do Partido. Antes já tinham executado Rajk na Hungria, a onda de processos e purgas se alastra no mundo socialista, as confissões e as sentenças. Em Praga Artur London escapou da morte, pegou prisão perpétua: também ele confessara os crimes monstruosos. Certamente os renegados o enganaram, pois é-nos impossível, a Zélia e a mim, acreditar que Gerard,[1] herói da Espanha e da Resistência, o mais leal dos comunistas, seja um traidor.

Nós o conhecemos, a ele e a Lise, sabemos que são gente de bem, incapaz de felonia, a palavra traição não cabe no vocabulário de quem dedicou a vida à causa. Lise é posta contra a parede da fidelidade à Revolução, querem que renegue o marido, mandam-na para o trabalho manual numa fábrica de material de aviação. A ela e a Antoinette, a brava Antoinette, amorosa de camarada brasileiro, assessora de Gaminder.

Tratei com Gaminder, secretário de Relações Exteriores do Partido Comunista da Tchecoslováquia no poder, atento e amável escuta-me pedinte do pecê brasileiro na ilegalidade, potentado concede as graças, os fa-

---

[1] Gerard, nome de Guerra de Artur London.

vores. Lembro o desvelo com que cuidou da viagem de Lygia e Anita, irmã e filha de Prestes, fugitivas do Brasil para o exílio em Moscou. Antoinette me atende na sede do Comitê Central, me anuncia ao chefe, volta: espere um pouco, ele vai receber o camarada, demora-se fazendo sala.

Certa feita apresentei-me acompanhado de companheiro paulista, trocaram olhares, a labareda crepitou, juraram-se amor eterno, prometeram-se em esponsais. Coisa mais difícil do mundo, casamento de russa ou de nacional de qualquer democracia popular com estrangeiro, aconteciam paixões, a batalha pelo casamento uma epopeia. Que o diga Octávio Araújo,[1] viveu anos em Moscou antes de obter consentimento, disso sabe também Guido Araújo,[2] atravessou os círculos do inferno para levar Mila de esposa de Praga para a Bahia. E os que tentaram e não conseguiram? Conheço ao menos duas dúzias a começar por Fernando Santana,[3] até hoje uma tcheca loira sonha com o mulato inzoneiro. Imagine-se então se a presumida noiva se chama Antoinette, está sob suspeita, posta em castigo, pretensão absurda, mais que impossível. Recolhi lágrimas e bramido: as que ela chorou, o grito que ele não pôde reprimir.

Esforço-me para cumprir com meu dever, não é fácil ser digno, decente, quando o medo ergue a muralha da desconfiança e do equívoco, cada palavra, um simples gesto, pode levar ao Tribunal da Inquisição. Também eu tenho medo, não estou isento, não sou Bayard, *le chevalier sans peur et sans reproche. Sans reproche* sim, pois me sinto acima de qualquer suspeita, considero-me militante devotado, leal, fiel, intransigente, considero a União Soviética a pátria de todos os oprimidos e vejo em Stálin o pai dos povos e de cada um de nós. Que posso temer, se é assim? Não, porém, *sans peur*: quando penso em London que acredito inocente, o pavor me invade. Mas vou em frente, não intimorato e, sim, apreensivo, sustenta-me o ânimo o fato de ser Prêmio Internacional Stálin, recompensa maior à fidelidade incondicional. Me atrevo, mas o faço encagaçado, e o faço porque se não o fizesse perderia o gosto de viver e decerto perderia Zélia. Vou em frente, creio possuir certa margem de imunidade que me permite a honradez, moeda rara.

Em Budapeste peço para visitar György Lukács caído em desgraça, retiraram-lhe postos e honrarias, exigência dos ideólogos soviéticos do realismo socialista, o filósofo magiar é um herético formalista, mas eu o

---

1   Octávio Araújo, pintor.
2   Guido Araújo, cineasta.
3   Fernando Santana, político, dirigente comunista.

admiro e estimo desde nosso encontro em Wrocław, seguido da leitura de livro seu sobre teoria literária. O secretário do pecê húngaro, responsável pelas relações com os partidos estrangeiros, olha-me com estranheza, promete providências para atender-me, cumpre o prometido, encontro-me com Lukács, falamos disso e daquilo, nenhuma referência à situação em que se encontra. No edifício do Comitê Central, ao estender-me a mão, o camarada secretário murmura, inesperado: "Quero lhe agradecer por seu pedido" — agora sou eu quem olha com estranheza o dirigente.

Em Bucareste faço pedido idêntico com maior afoiteza, pois a contingência é menos grave: consigo ver e abraçar o romancista Zaharia Stancu, destituído da secretaria-geral da União de Escritores Romenos e do Comitê Central do Partido. Stancu passou a vida a subir e descer a escada do poder, ora nas alturas, ora na merda.

Zélia encontra Lise na rua, em Praga, convida-a a vir nos ver em Dobříš: a solidão das famílias dos condenados é total, o medo destrói relações, apreços, amizades. Gesto de maluca, ai somos um pouco loucos, Zélia e eu, não conseguimos conter impulsos. Acolhemos Lise, a mulher do renegado, veio almoçar conosco num domingo, no Castelo dos Escritores onde habitamos. Ela chega com os filhos e a mãe, indomável espanhola, quando transpomos a porta do restaurante em tão reprovável companhia, cessa o ruído das conversas, morre o riso das facécias, silêncio tumular. Somos irresponsáveis, irresponsável é o termo que emprega, menos a me censurar do que a me justificar, a escritora tcheca Marie Pujmanová, prêmio nacional: "Você é estrangeiro, por que se mete em assunto nosso? Está se expondo".

Dias de medo, malditos, desgraçados, prolongam-se em semanas e meses infelizes. As dúvidas crescem, não devemos duvidar, não queremos duvidar, queremos continuar com a crença intacta, a certeza, o ideal. Nas noites insones, nos contemplamos, Zélia e eu, um nó na garganta, vontade de chorar.

Évora, 1987.
PREFERÊNCIA

LEITORA DE ÉVORA, AMÁVEL E EXALTADA como sabem ser as portuguesas, cobra-me em carta opinião sobre Fernando Pessoa. "Todos falam sobre Pessoa, o maior entre os maiores, não ouço sua voz no coro dos encômios. Que motivo determina esse silêncio estranho? Diga-me o que acha da poesia dele, por favor."

Poeta extraordinário, imenso poeta, quem pode negar a grandeza de Fernando Pessoa? Não eu, certamente. Mas por que, cara Manuela Miranda Mendes, classificá-lo, categórica, "o maior entre os maiores"? Mania mais intolerante essa do maior e do melhor de todos que nós brasileiros herdamos de vocês, portugas. Onde fica o caolho Camões, aquele que, no dizer do povo da Bahia, vê mais com um olho só do que nós com os nossos três? O dos *Lusíadas* ou o dos *Sonetos*, conforme o gosto do leitor, para meu gosto o dos *Sonetos*.

Poeta imenso, ninguém duvida, mas Pessoa não é o meu poeta português: pondo de parte os citados sonetos de Camões, hors-concours, meu poeta lusitano é Cesário Verde, enche-me as medidas.

"E entre os vivos?" Curiosa e provocadora você quer saber e cita três nomes ilustres de poetas verdadeiros. Desculpe-me, Manuela, meu poeta português vivo não é nenhum dos três de sua preferência, o de minha predileção, cuja poesia singular me faz pensar e me comove, chama-se Fernando Assis Pacheco, labuta na redação de *O Jornal* para ganhar o pão e o vinho quotidianos, descansa no regaço da sra. Rosarinho, é pai de moças lindas, em geral arquitetas, e do dr. João Pacheco, jovem erudito. No dia em que Fernando reunir em volume sua poesia impura, você, Manuela Miranda Mendes, na Universidade de Évora ou em praça pública vai proclamá-lo o maioral.

Ouça e me diga se não tenho razão: "uma parte da vida é o que somos/ outra parte o que para nós inventam".

Bahia, 1928.
O CANDIDATO

NAS PÁGINAS DE UM LIVRO DE ANDANÇAS E LEMBRANÇAS do romancista Herberto Salles, deparo com o louvor do contista Dias da Costa, meu compadre Oswaldo, em tantas circunstâncias meu irmão. Quando menos espero, eis que vem fazer-me companhia.

Dos Estados Unidos, um desses pesquisadores universitários que dedicam a vida a estudar determinado assunto ou determinado aspecto de um assunto e o estudam em profundidade, até a exaustão, são incríveis de tão devotados, Mister William Rouele que se especializou em "literaturas de língua portuguesa na Rússia tsarista e na União Soviética", me remete a relação completa até a data, dos autores brasileiros traduzidos nas diversas línguas da União Soviética: ali está a *Canção do beco*, de Dias da Costa, em versão para o ucraniano. Não posso lhe dar sequer a surpresa da notícia, Oswaldo se foi de viagem para sempre, sem saber que possuía leitores em Kíev. Contista da admiração de Graciliano Ramos e de Sérgio Milliet, ainda no mês passado Claude Couffon que sabe tudo sobre as literaturas de línguas espanhola e portuguesa, poeta e ensaísta, Prix National de La Traduction, me falou sobre o conto de Oswaldo, "Alucinação", pensa colocá-lo numa antologia: obra-prima de humor, assinala.

Em plena organização da Academia dos Rebeldes e às vésperas do lançamento da revista literária *Meridiano*, que, é claro, iria revolucionar a literatura nacional, aparece-nos, na sede da Academia em embrião, segunda mesa à esquerda no Bar Brunswick, atrás da praça Municipal, um jovem desempregado, magro, baixo, elegante, simpático, propõe-se a coletar anúncios para a futura revista nas cidades do Recôncavo para onde tenciona viajar no rastro de xoxota andeja.

Tomou lugar à mesa, entrou direto na conversa maligna, de sotaque, e que sotaque tinha o baixinho! Ao se despedir, no fim da tarde, voltaria no dia seguinte pela resposta, quisemos saber a opinião de Pinheiro Viegas:

— Para literato, ótimo, para agenciador de anúncios, nulo.

Sem os anúncios de Oswaldo, mas com um artigo seu, virulenta pasquinada contra o parnasianismo, a revista *Meridiano* circulou, primeiro e único número. Não revolucionou a literatura nacional, mas fez um barulho danado nos currais baianos da subliteratura, entre os grupos do *Arco & Flexa*, do *Samba* e os avulsos, empenhados todos em guerra mundial contra o academicismo e a se entredevorarem na guerrilha urbana das injúrias, dos doestos, dos xingamentos, a baixaria modernista.

Ninguém tão terno amigo, devorador de romances igual a mim, jogador de canastra e de buraco, num tempo antigo boêmio debochado nas ruas da Bahia: acontecia passarmos, Oswaldo e eu, uma semana inteira hospedados em pensão de putas, nossas namoradas, xodós como se dizia.

Para mim meus romances só existem enquanto os escrevo, ao colocar a palavra fim ao pé da página, o romance que me consumiu o juízo e me comeu as carnes deixa de existir — não é bem isso: continua a existir, mas já não é meu. Passa a pertencer aos outros: editores, críticos, tradutores, leitores, aos leitores sobretudo. Meu, exclusivamente meu, somente durante o tempo dos dedos no teclado da máquina de escrever na busca dos caminhos da narrativa, quando concebo e levanto ambientes e personagens, pouco a pouco os desentranho da cabeça, do coração, dos culhas e os vejo vivos no papel, chorando e rindo — duro, difícil, emocionante ofício o de escritor. Há quem diga que o faço bem, há quem diga que o faço mal, eu o faço o melhor que posso, não busco outra ocupação, pois não sei fazer mais nada.

Não tenho o hábito de reler meus livros, raras vezes uma página aqui outra acolá por casual necessidade. Não os releio nem os reescrevo como fazem diversos literatos. O livro a meu ver tem data — na concepção, na escrita, no conteúdo, na criação artística e humana — data que corresponde à personalidade do autor quando o elaborou e escreveu. Delimita a experiência adquirida até então, a posição perante o mundo e a vida, a maneira de ver e de pensar, os ideais, a ideologia, as limitações, as aspirações, designa um homem em tempo e circunstância que já não se repetirão. Se reescrevo o livro serão outros o tempo e a circunstância, também o livro já não será o mesmo, ainda que melhore a escrita, a composição da história, a condição dos personagens, ao reescrevê-lo eu o perdi, ao burilá-lo eu o reneguei.

As reedições de meus livros saem iguais às primeiras, apenas as gralhas vão em constante aumento, Paloma, que os andou relendo para saber o que os personagens comem, me informa que os erros gráficos se contam por milhares. Tampouco jamais buli nas dedicatórias, também elas são datadas — mesmo em se tratando de pessoas a quem deixei de estimar nem assim lhes retirei o nome da oferenda mesmo se retirei o indivíduo do meu bem-querer. Refiro-me, é claro, às edições brasileiras, as traduções escapam a meu controle. Lá estão os nomes todos, um a um — quando escrevi o livro estimava ou admirava o fulano a quem o dediquei, se depois ele se revelou calhorda, o nome permanece na dedicatória datando a escrita e a ingenuidade do autor.

Moscou, 1951.
CARTA

COM CUIDADO EXTREMO, Fiódor Keliin abre a pasta de couro, retira a de papelão, de entre as folhas de papel almaço que o protegem extrai o manuscrito amarelado, bem inestimável, relíquia: carta de Maksim Górki de punho e letra.

A Fiódor Keliin muito deverão as literaturas de línguas portuguesa e espanhola, hispanista histórico traduziu e divulgou na União Soviética autores da Península Ibérica e da América Latina. Houve quem o criticasse por colocar métrica e rima nos poemas de versos livres de Neruda — "em russo sou êmulo de Púchkin", graceja Pablo —, a verdade é que o bom Keliin se bateu por nossas letras junto às editoras e às revistas literárias.

Nos idos de 30 se batia por Eça de Queirós sem obter êxito, as editoras fechavam as portas ao romancista português.

Exibe-me a carta, vejo a letra de Górki no alfabeto cirílico, o russo é autor de minha devoção, com ele aprendi a amar os vagabundos, devorei-lhe os contos, os romances, o teatro, na primeira viagem à União Soviética corria a ver *Bas-fond* declamado em língua de gringo comunista, só faltei chorar. Keliin me conta o episódio da carta que lhe deu a vitória na peleja com o sectarismo dos editores.

Eça havia sido traduzido nos começos do século, um único livro, depois da Revolução de Outubro não voltara às livrarias. Os originais da tradução de *O crime do padre Amaro* sob o sovaco, Keliin ia de editora em editora. Desesperava-se quando Górki retornou da Itália e passou a comandar a vida literária, decidiu escrever-lhe expondo o problema, pedindo sua intervenção junto às editoras. Não esperava resposta, intervenção talvez, arriscar não custa. Recebeu resposta, aquela carta que ufano me mostrava no quarto do Hotel Metropol.

Aponta-me com o dedo uma linha, traduz a frase de Górki sobre o autor de *Os Maias*: "Eça de Queirós é um dos cumes do romance mundial". É preciso dizer que não demorou a aparecer nas livrarias a tradução de *O crime do padre Amaro*? Logo seguida pela de *A relíquia*, Keliin não costumava dormir no ponto.

Fiódor Keliin recolhe o manuscrito entre as folhas de papel almaço, coloca-o na pasta de papelão que guarda na velha pasta de couro, trazida da Espanha, lá estivera, no front de Madri, durante a guerra.

Rio de Janeiro, 1961.
BOATOS

EDUARDO PORTELLA E EU AGITAMOS a vida política e intelectual através da coluna (lidíssima) de José Mauro Gonçalves na *Última Hora* de Samuel Wainer. Inventamos sucessos, atribuímos proposições, frases e ditos a figuras de relevo, mandamos brasa. Nada, no entanto, irrefletido e gratuito, cada nota que pomos em circulação tem razão de ser, nosso objetivo é a democracia.

Propalamos a candidatura de Augusto Frederico Schmidt a senador por Sergipe, os políticos sergipanos entram em crise, pomos na boca de Barbosa Lima Sobrinho, pessoa de nossa admiração, frase de espírito a propósito de Jânio e Juscelino, a frase faz sucesso, nós a escutamos repetir nas rádios, na televisão. Ouvido por uma rádio Barbosa Lima nega a autoria da frase, mas a elogia: "Não é minha mas é boa". A cada manhã alimentamos a coluna de José Mauro de informações, autênticas todas: se não o eram passam a ser.

Na luta contra os milicos, após a renúncia de Jânio, em defesa da posse de João Goulart, dias de incertezas e ameaças, bolávamos e espalhávamos boatos, tudo quanto pudesse prejudicar os golpistas, transmitíamos por telefone, circulavam, acontecia-nos recebê-los de volta. Num começo de noite, Eduardo me telefona, a excitação na voz:

— Acabam de me telefonar de Brasília, sabes o que acontece? Desentendimento entre os generais... Ouça...

Revela-me detalhes do desacordo entre os chefes militares. Notícia sensacional e, sobretudo, de fonte fidedigna.

— Não te entusiasmes, Eduardo, tu te esqueces que esse boato nós o inventamos hoje de manhã. Voltou enriquecido, é normal. Mas a fonte fidedigna somos nós, tu e eu.

Paris, 1992.
OS DIREITOS HUMANOS

ASSINO A CARTA PARA MADAME WEIL; membro do júri, não poderei comparecer à reunião onde serão escolhidos os contemplados com o Prix de la Mémoire, concedidos anualmente pela Fondation France Liberté. Estamos de partida para Zurique, Zélia e eu, vamos participar de encontro com leitores no quadro de uma promoção sobre a cultura brasileira. Penaliza-me não estar presente, em ocasiões anteriores dei meu voto à fundação da ilha de Gorée, ao organismo que defende os direitos do povo curdo, diariamente violados no Iraque, na Turquia, à Amnesty International, o trabalho realizado pela Amnesty parece-me digno do maior apreço sobretudo pela isenção — talvez por isso mesmo nem sempre é reconhecido.

Por falar em prêmios, considero as contingências que os cercam, penso em injustiças e em erros, me pergunto, tenho vontade de perguntar em altos brados: por que ainda não foi concedido a Danielle Mitterrand o prêmio Nobel da paz? Ninguém o merece tanto, ela é hoje o símbolo dos direitos humanos, de sua defesa intransigente. A presidente da Fondation France Liberté é exemplo e incentivo, onde quer que se erga a bandeira dos direitos negados e agredidos, lá se encontra a combatente de dedicação sem fronteiras e sem limites. Onde estão os parlamentares da Noruega que não lhe outorgam a láurea do bom combate?

De Danielle Mitterrand se poderia dizer, para nomeá-la, que se trata da esposa de François Mitterrand, um dos poucos estadistas contemporâneos, em nossos dias somente Mikhail Gorbatchov possui sua estatura, primeira-dama da França cujos destinos seu marido preside, não é pouca coisa. Eu direi porém que ela é não apenas a mulher do presidente da República, Madame Mitterrand — ela é isso e muito mais: é Danielle Mitterrand, não passeia pelas capitais em visita oficial, viaja em defesa da liberdade, não se alimenta com as gaiatices, os desfiles de moda, a fofocagem que são o prato de cada refeição das primeiras-damas das cortes republicanas. Não se exibe no palco das iluminuras sociais, é a defensora dos direitos humanos nas arenas da luta, do protesto, da solidariedade. Mais que a esposa do presidente, é a companheira do socialista, do europeu Mitterrand, François e Danielle se completam.

São Paulo, 1968.
TARDE DE AUTÓGRAFOS

— VEJO E NÃO ACREDITO! — contaram-me que José Olympio exclamara incrédulo diante da foto estampada em *O Estado de S. Paulo*. Outros também acharam incrível, no entanto sucedeu.

A foto mostrava a fila de leitores à espera de autógrafo na Livraria Teixeira por ocasião do lançamento da primeira edição de *Tenda dos Milagres*. Em grande plano, de pé, ao lado do autor no ato de dedicar um exemplar, um leitor espera. Esse leitor é ninguém mais ninguém menos que Júlio de Mesquita Filho, ali postado em toda sua altura e em toda sua majestade. Só mesmo vendo para crer: o diretor de *O Estado de S. Paulo* numa sessão de autógrafos na intenção de solicitar assinatura de um escritor.

Quatro ou cinco dias antes eu lhe enviara o *Tenda* com dedicatória afetuosa, por que cargas-d'água viera ele pessoalmente à livraria, trazendo a reboque um dos fotógrafos do jornal? Ao chegar adquirira o livro, fizera questão de pagar, o livreiro tentara oferecer, entrou na fila que se estendia rua afora, ah isso era demais, o editor e o livreiro foram buscá-lo, trouxeram-no até a mesa onde eu assinava, cumprimentou-me, passou-me o volume, autografei, Julinho mandou que o fotógrafo repetisse a chapa, abraçou-me, foi-se embora.

No dia seguinte, em página nobre, clichê em duas (ou três?) colunas, o *Estadão* noticiava a realização da tarde de autógrafos, dava conta da presença na livraria de Júlio de Mesquita Filho em busca de autógrafo em exemplar do *Tenda dos Milagres*, novo sucesso do romancista et cetera e tal, elogios a granel, a maior propaganda para o livro. Maior ainda a prova de consideração, incrível. No Rio, José Olympio olhava a foto, não acreditava no que seus olhos viam.

Na véspera, ou seja, no dia do lançamento, o *Estado* publicara artigo de Arnaldo Pedroso d'Horta arrasando o livro e o autor. Arnaldo era meu desafeto desde a publicação de *Os subterrâneos da liberdade*, razões de ordem política, não perdia vaza para esculhambar-me. O *Estadão* concedia — e certamente ainda concede —, total liberdade de opinião a seus colaboradores, o artigo fora estampado como devido. Julinho porém quis provar de público sua estima e a do jornal pelo livro e pelo autor. Arrebanhou fotógrafo, com ele dirigiu-se para a Livraria Teixeira, a foto registrou o acontecido: eu a lhe entregar o *Tenda dos Milagres*, ele a recebê-lo.

— Vejo e não acredito! — exclamou José Olympio.

Devia no entanto acreditar, pois conhecia Julinho Mesquita de longa data e longo convívio. A presença do diretor de *O Estado de S. Paulo* na tarde de autógrafos me envaideceu, mas não me surpreendeu.

Rio, 1961.
O COLARINHO E A PROPOSTA

AO INGRESSAR NA ACADEMIA BRASILEIRA o imortal (sic) recente, de fardão novinho em folha, tem a ilusão que irá reformar a instituição, limpar-lhe o ranço, acabar de vez com os preconceitos e as pequenezes, fazê-la como ela devia ser, a Academia, e não será jamais.

Eleito em 1961, ao vestir o fardão para ir tomar posse da cadeira cujo primeiro ocupante foi Machado de Assis, tendo como patrono José de Alencar, cadeira para romancista, sentindo-me afogar pelo infame colarinho de celuloide, peço a Zélia uma tesoura, com urgência, e o reduzo a metade da altura, posso respirar. Tão grande a surpresa de Zélia, não lhe deu tempo de protestar e impedir o sacrilégio.

Nessa ocasião o prêmio Machado de Assis, o maior do cenáculo, destinado a recompensar a cada ano a obra completa de um escritor, tinha a mísera dotação de 25 mil cruzeiros. No mesmo ano de 1962 a Editora

Nacional, de Octalles Marcondes, criara, para compensar livro de poesia inédito, prêmio de 400 mil cruzeiros, dezesseis vezes maior que o Machado de Assis. Não tive a menor hesitação: na primeira sessão que compareci após a posse redigi, assinei e entreguei à Presidência proposta formal aumentando a dotação de nosso prêmio para 500 mil.

Austregésilo de Athayde recebeu o papel, leu, balançou a cabeça, disse: "Remeterei ao plenário em tempo útil". Até hoje, trinta anos depois, minha primeira e única proposta não chegou ao plenário para discussão e votação. Tempo útil da Academia Brasileira.

Lisboa, aeroporto, 1953.
O JANTAR

SE ME PERGUNTASSEM QUAL O PRÊMIO MAIOR que me foi dado receber em minha vida de escritor, o momento culminante, eu responderia sem vacilar:

— O jantar na sala de trânsito do aeroporto de Lisboa.

A foto do famoso jantar, publicada no livro de Álvaro Salema,[1] foi reproduzida por José Carlos de Vasconcelos no *Jornal de Letras* de Lisboa: apareço sentado entre Ferreira de Castro e Maria Lamas,[2] vê-se ao fundo o famigerado inspetor da PIDE, Rosa Casaco, envolvido depois no assassinato do general Delgado. Mário Dionísio,[3] um dos presentes, recordou em artigo no mesmo *Jotaele* os detalhes daquela prova de amizade, de solidariedade, ação de luta contra o salazarismo no apogeu, quem a consideraria possível?

Voltando de Moscou, via Estocolmo, telegrafo a Ferreira de Castro pedindo-lhe que venha me ver no aeroporto de Lisboa, onde demorarei uma hora na sala de trânsito durante a parada do avião. Escritor maldito, sem direito a visto de entrada, via-me limitado à sala de trânsito nas sucessivas viagens que entre 1952 e 1960 realizei à Europa.

Fora encarregado de consultar Ferreira de Castro sobre a possibilidade de lhe ser conferido o Prêmio Mundial da Paz. Contava com o prestígio do romancista para que pudesse romper o cordão de isolamento que a polícia política estabelecia em meu redor, mas não confiava demasiado, o salazarismo não era de brincar em serviço. Daquela

---

[1] *Jorge Amado: Presença em Portugal*, editor Europa-América.
[2] Maria Lamas, escritora portuguesa.
[3] Mário Dionísio, escritor e pintor português.

vez brincou. Ou apenas quis utilizar o jantar como uma trampa para identificar, confirmar, observar inimigos do regime capazes de audácia tal, temerários?

Imagine-se minha surpresa e minha comoção ao deparar-me na sala de trânsito não só com o autor de *A lã e a neve*: vários escritores portugueses — alguns rostos conhecidos, a maioria conhecida só de nome — ali me esperavam para saudar e abraçar o companheiro com entrada proibida em Portugal. Sentaram-me ao centro da grande mesa, de um lado Ferreira de Castro, na cadeira do outro lado iam-se revezando os demais, um de cada vez, para duas palavras de afeto. Rápida hora de exaltação, ninguém comeu os manjares servidos, era outro o alimento com que se alimentavam a luta e o sonho.

Admiro-me com a quantidade dos fotógrafos, acionam as câmaras sem parar, insistindo em registrar todas as presenças, comento com Alves Redol:[1]

— Muitos fotógrafos, hein...
— Um é nosso, os outros são da PIDE — me explica.

Noite sem comparação, essa da sala de trânsito em Lisboa. Embarquei no avião de coração repleto, no aeroporto a polícia salazarista cerca, detém, interroga promotores e convivas do jantar.

Leitores me interrogam, por carta ou de viva voz, querendo saber o que penso das adaptações de romances de minha autoria para o cinema, o rádio, o teatro, a televisão. Vários livros meus foram transformados em cenários para filmes, peças de teatro, novelas e séries de tevê, deles foram extraídos balés, histórias em quadrinhos.

Repito o que já disse e escrevi: a adaptação de um romance para qualquer outro meio de comunicação é sempre uma violência contra o autor. Por melhor que seja a adaptação, haverá sempre algo fundamental que se modifica, diminui ou cresce, se deturpa ao ser transferido das páginas do livro para o palco ou para as telas, a grande dos cinemas, a pequena das televisões.

É natural que assim suceda. Ao escrever um romance realizo trabalho artesanal, sou um artesão tentando alcançar a arte literária. Quando inicio um livro somos apenas eu, a máquina de escrever, o papel em branco. Esse caráter artesanal desaparece quando o romance é adaptado: cinema, rádio, televisão são o oposto do artesanato, são indústria e comércio, o produto a ser oferecido, a ser visto ou ouvido (e não lido) deve corresponder às exigências do mercado. Para realizar um filme não bastam o autor, o papel em branco, a máquina de escrever (máquina de escrever no meu caso de velho atrasadão, os jovens escrito-

---

[1] Alves Redol, escritor português.

res como dona Zélia Gattai, Fernando Sabino, João Ubaldo Ribeiro utilizam computadores, salve eles!). Da realização de um filme participa pequena multidão: o produtor, o diretor, o cenarista e o cenógrafo, os diretores de fotografia e de som, o compositor, os músicos, os intérpretes, os técnicos de toda espécie, de iluminação, de vestuário e bote gente nisso, um nunca acabar. Na televisão acresce a audiência, o público, os telespectadores que, sentados ante os vídeos assistem os episódios da novela e sobre ela, sobre a história e os personagens exercem influência decisiva: um simples figurante se cai no gosto do público pode passar a personagem principal, as tramas se desdobram em função da audiência. O autor do romance sente-se agredido a cada instante, de repente não mais reconhece sua obra.

Por que então você aceita que adaptem seus romances, se sabe que irá se chatear, se aborrecer, sofrer? Por três motivos, volto a responder, os três de igual importância. Começo por constatar que mesmo nas piores adaptações, naquelas que mais se distanciam da obra original, de seu conteúdo, de sua verdade, algo resta daquilo que o escritor quis dizer, da emoção que desejou transmitir, algo permanece, se reafirma, quase sempre o essencial. Esta a primeira razão.

Em segundo lugar porque a obra escrita alcança um público de alguns milhares de leitores, a tiragem de 10 mil exemplares já é considerável, um best-seller brasileiro anda pelos 20 mil e olhe lá, existem os casos excepcionais, os exageros de 100, 200 mil, bem raros os verdadeiros. Enquanto isso os filmes, as novelas e séries de televisão são vistos por milhões de espectadores, incluindo milhares e milhares de analfabetos sem possibilidade de acesso ao livro. Tieta — falo da novela de televisão escrita por Aguinaldo Silva baseada em meu romance — era vista cada noite por 50 milhões de apaixonados, segundo me informam. Aquele algo que restou de meu romance alcançou essa massa imensa.

Para ser honesto devo acrescentar o terceiro motivo, também ele substancial. Sou um escritor que vive exclusivamente dos direitos autorais provenientes das edições, traduções e adaptações de meus livros, não tenho outra fonte de renda.

Aproveito para responder a outra pergunta: se acompanho o trabalho do adaptador, se com ele discuto, concordo, discordo, exijo modificações, fidelidade et cetera e tal. Nada disso, não me envolvo com a adaptação, deixo inteira e completa liberdade ao adaptador, não quero saber de nada, de nada, absolutamente. Penso que uma adaptação para ser boa deve ser recriação e não pastiche da obra adaptada. Se o autor se mete vai dar em droga.

Para terminar, um conselho dado de graça, fruto da experiência. Se você não quer sofrer com a adaptação de seu romance, meu confrade, não assista ao filme, à novela, à peça, à desgraceira. Receba os direitos autorais adiantados, cobre alto, o mais alto que puder, é uma compensação — e não assista, recuse ir ao cinema, ao teatro, evite a televisão, se não quer se aporrinhar.

Rio de Janeiro, 1947.
INFRAÇÃO À LEI

DEVE-SE DE QUANDO EM QUANDO INFRINGIR A LEI, praticar ato proibido. Maneira de se protestar contra leis injustas, ilegítimas ou idiotas. Eu o fiz e ainda o faço, hoje cometo pequenas infrações, no passado pratiquei algumas substanciais devido quase sempre à minha atividade política.

Quando João Jorge nasceu, o Código Civil considerava adulterinos os filhos dos casais sem certidão de casamento: ambos desquitados e não havendo divórcio, Zélia e eu vivíamos em doce amigação, nem assinatura de juiz da vara de família, nem bênção de padre para tapear — com o matrimônio religioso alguns acasalados buscavam legitimar a união.

Adulterino, João? Por que se não cometíamos adultério, apenas nos amávamos? Não tive dúvidas, rumei para o cartório de registros de nascimentos e sob minha fé de deputado federal comuniquei a vinda ao mundo de João Jorge, filho legítimo de Jorge e Zélia Amado, cônjuges. Dois outros deputados, meus colegas de bancada, Claudino José da Silva e Gervásio de Azevedo, testemunharam em falso, assim João foi filho legítimo e não adulterino.

Hoje quando infrinjo, transgrido a lei, eu o faço para protestar, afirmar minha posição contra preconceitos e injustiças, violências. O fato de romper com a lei iníqua deixa-me sempre alegre e confortado.

No mar Báltico, 1951.
FURACÃO

NO FERRYBOAT QUE NOS TRANSPORTA da Alemanha para a Suécia, Halldór Laxness come peixe cru, a travessa em sua frente servida com fartura, é noite de breu, sopram ventos de inverno no mar Báltico. Animação de escritores em torno do islandês, os franceses Vercors e Jean Laffite, o argentino Alfredo Varela, o romeno Sadoveanu, o chinês Emi Siao, o uruguaio Gravina, vamos todos à reunião do movimento da paz. Varela e Laffite acompanham Halldór no repasto dos peixes crus, abstenho-me.

O furacão desaba, cerca o barco, faz dele gato e sapato, entendo por que se compara navio a casca de ovo na tempestade, marinheiros passam apressados, amarram objetos, a animação decai, os literatos entreolham-se no cagaço e no mal do mar em fúria, começa a retirada. Zélia foi a primeira, quase o vento a arrasta e a atira às vagas, um marinheiro chegou a tempo de ampará-la, ajuda-a a descer para o *wagon*: nosso trem vai no bojo do ferryboat. Emi, marinheiro da poesia, segue-lhe o exemplo, Vercors e Gravina o imitam, Varela pede pinico, Laffite resiste, gosta de peixe cru, de súbito se levanta e parte com urgência, vomita no corredor. Insensível que sou ao enjoo no mar, benefício das viagens do menino, do adolescente entre a Bahia e Ilhéus nos navios da Bahiana, acompanho Halldór na mesa mas não na refeição, a aguardente sueca me esquenta o peito. O romancista me espia pelo canto do olho, até quando se manterá a resistência do confrade brasileiro?

Sou leitor de Laxness desde meus anos de exílio no rio da Prata, lera edições argentinas de *Salka Valka* e *El pueblo independiente*, tenho sua novelística em grande estima e o disse de público ao remeter-lhe o Prêmio Internacional da Paz, do Conselho Mundial, alguns anos depois Laxness ganhará o prêmio Nobel. Na coleção Romances do Povo, publiquei a tradução brasileira de *Estação atômica*, a Editora Vitória, do pecê, não lhe pagou direitos, tampouco os recebi da editora de Reykjavík que, a conselho de Halldór, traduziu *Mar morto* ao islandês, ele o lera em alemão.

O furacão brinca com o ferryboat, o vento uiva, as ondas varrem o convés, estamos encharcados, Halldór dá por finda a refeição, oferece-me o braço para chegarmos ao corredor, aceito, estou bêbado, rio à toa: posso não ser tão bom romancista quanto tu mas sou um velho marinheiro, capitão de longo curso. No *wagon* Zélia me conta sua odisseia, a história cura-me a cachaça, sinto-me culpado, por que a deixei partir sozinha?

Em Estocolmo, Halldór leva-nos a ver a adaptação cinematográfica de *Salka Valka*, filme sueco, Zélia aplaude, eu prefiro o romance. Em 1958, somos, Laxness e eu, os primeiros escritores ligados por cordão umbilical à União Soviética a protestar contra a campanha (vil) desencadeada em Moscou contra Pasternak, a quem havia sido atribuído o prêmio Nobel: o *Doutor Jivago* era best-seller mundial. Romance de interesse limitado, em compensação a poesia do russo é desmedida.

Privei com Halldór Laxness, boa amizade dos tempos da campanha pela paz, mas, quando me lembro dele, eu o vejo na mesa do barco, a travessa de peixe cru em sua frente, para o romancista da Islândia era como se o furacão não existisse.

Bahia, 1928.
REMORSO

INCONSEQUENTES NEM TANTO, IGNORANTES DECERTO, arrasávamos reputações literárias, sob a pecha de academicismo, parnasianismo, passadismo. Ser passadista, crime sem perdão, nós, os Rebeldes, fazíamos justiça sumária, enterrávamos livros e autores. Nem imaginávamos que pudéssemos ser a Jovem Inquisição Literária desembarcada na Bahia.

Comigo, tudo bem, na frente da batalha dos modernistas contra os passadistas. Escrevia horrores a propósito de tantos e tantos outros que depois vim a ler e a admirar, de alguns me fiz amigo, estimei: Afrânio Peixoto, por exemplo, presença determinante na vida cultural, ser adorável. Só me deu remorso naquele então de pasquinadas o insulto a Coelho Neto, de todos o mais agredido, reduzido à última expressão: lhe neguei pão e água, para sempre o condenei por medíocre prosador, insignificante romancista. Coberto de vergonha, pois dele havia lido o *Rei negro* e gostara, gostara do estilo e da inventiva. Não tínhamos o direito de gostar.

Praga, 1991.
CAÇA ÀS BRUXAS

PRESIDO À SESSÃO DEDICADA AOS INTELECTUAIS e à democracia no Fórum Cultura e Democracia, reunido em Praga sob os auspícios da Unesco e do presidente Havel, da Tchecoslováquia. Estão inscritos para debater o tema os romancistas André Brink, da África do Sul, Tahar Ben Jelloun, de Marrocos, o húngaro György Konrád, presidente do Pen Club Internacional, o presidente do Conselho Nacional de Cultura do México, Victor Flores Olea e Jean-Daniel, diretor de *Le Nouvel Observateur*. Os problemas se avolumam com a abertura para a vida democrática dos países até ontem satélites do império soviético.

Antes de passar a palavra aos oradores inscritos, eu a concedo a Graça Machel, viúva de Samora Machel, líder do povo moçambicano na luta pela independência, vitimado num desastre de avião. Pedira-me que lhe concedesse a oportunidade de ler declaração assinada pelas mulheres presentes ao Fórum que se consideram discriminadas, não obtiveram direito à tribuna. Concordo, lhe concedo a palavra, o protesto feminista ressoa na sala. Ao romper com o protocolo da reunião, exerço, creio, a democracia, tão falada e badalada, tão limitada e desservida.

Ao abrir a sessão pronuncio algumas palavras de inquietação e alerta que repercutiram além dos limites da sala de debates, do âmbito do Fórum. Inquieta-me ver iniciar-se nova caça às bruxas, ameaça mortal à débil democracia que tenta se estabelecer sobre as ruínas das ditaduras apeadas do poder no Leste Europeu.

Na União Soviética, o presidente da Rússia, Boris Iéltsin, ainda ontem membro do Bureau Político do PCUS, tenta colocar seu antigo partido na ilegalidade, num gesto tão antidemocrático quanto os que praticara ao tempo de dirigente marxista-leninista. Correta e necessária, a decisão de retirar o pecê do aparelho do Estado, das repartições civis e militares, privá-lo dos privilégios de partido único, de força dirigente. Mas colocar os comunistas na ilegalidade, negar-lhes o direito a pensar e a opinar, é repetir o autoritarismo bronco e brutal do regime marxista derrotado. Onde a democracia recém-conquistada?

Assusta-me a explosão de uma nova caça às bruxas, a perseguição ideológica, em nome da democracia, àqueles que ontem, por essa ou por aquela razão, de consciência, de seita ou de vil interesse, não importa, foram ou são comunistas, exerceram atividade partidária com maior ou menor responsabilidade. Vejo crescer nos países das antigas democracias populares a tendência a delatar, a perseguir, a condenar, vejo impor-se a mesma desgraçada realidade política que caracterizou a era comunista. Inclusive na Tchecoslováquia, em contradição com sua revolução pacífica, sem sangue e sem desespero, mesmo em Praga sinto a voz de vingança e de ódio pedir leis iníquas, antidemocráticas.

Alarmado levanto a voz para protestar: devemos distinguir entre os que enganaram e os que foram enganados. Se não tomarmos cuidado para impedir a caça às bruxas, em lugar de sustentar a democracia, estaremos possibilitando que das cinzas do stalinismo ressurja o fascismo, e tenhamos de novo o massacre e o genocídio.

Jean Daniel, o primeiro dos oradores, retoma minhas palavras e delas retira a consequência justa e necessária. "Devemos condenar Górki porque ele secundou Stálin? Devemos esquecer *A mãe, Os vagabundos, Bas-fond*, a obra imortal do humanista?"

Rio de Janeiro, 1939 – São Paulo, 1944.
PARECENÇA

NAS PROXIMIDADES DO ANTIGO TEATRO FÊNIX encontro Procópio Ferreira, por que a cara amarrada e o despropósito se somos amigos do peito?

— Gritei teu nome para te cumprimentar no outro lado da avenida, fizeste ouvido mouco, não me respondeste, pensei que estavas armado em besta.

Joracy Camargo confirma a desatenção: cruzara comigo, eu passara a seu lado como se não o visse. Não fui eu o desatento, explico, e, sim, James Amado, irmão caçula.

Dez anos mais moço, éramos parecidíssimos, James é Jorge cagado e cuspido, dizia o coronel João Amado, apesar da diferença de idade havia quem nos tomasse por gêmeos. Joelson, o do meio, saíra à família de Lalu, homens altos e bonitos.

Em 1944, na cidade de São Paulo, durante o coquetel com que se festejava a publicação de *São Jorge dos Ilhéus*, na Livraria Brasiliense, aproveitando a aglomeração, Maria Mão Boba correu a mão maneira pelos baixios de James, trabuqueou o croquete do jovem literato pensando trabuquear o do festejado autor. A expressão "trabuquear o croquete" não é minha, é de Dorival Caymmi, definição poética para audácias manuais.

A mão boba da sabidona serviu para desmascarar a incoerência de James. Não respondera à saudação de Procópio, simulara não ter visto Joracy, mas não rejeitou o impulso da afoita: "Não sou ele, mas sou o irmão muito mais moço, estou escrevendo um romance, sou bom na queda, vai ganhar com a troca, experimente".

Rio de Janeiro, 1957.
TRADUÇÃO RUSSA

DESEMBARCO DE MOSCOU, corro ao hospital para visitar José Lins do Rego, os médicos dão-lhe poucos dias de vida, trago-lhe um presente, *O moleque Ricardo* em língua russa, edição publicada na União Soviética em 1940, logo esgotada, ao fim e ao cabo consegui um exemplar.

Sobre essa tradução várias vezes conversamos, ele nunca acreditara que ela existisse, as repetidas afirmações não passariam de balela, invenção de amigos comunistas no desejo de "cretinizá-lo". Nem mesmo quando lhe contei, ao voltar ao Brasil em 1952, ter visto um exemplar na Biblioteca Lênin, tê-lo tido em minhas mãos: "Viu mesmo?" — duvidou.

A cada ida à União Soviética empenhava-me na busca do livro, falei com meio mundo, com todos os que se interessavam por literatura brasileira, editores, críticos, tradutores. Soube por Iúri Kalúguin[1] que o tradutor (ou a tra-

---

1 Iúri Kalúguin, jornalista soviético, tradutor de livros brasileiros.

dutora) possuía um único exemplar, não o podia ceder, terminei por desistir. Imagine-se minha alegria quando em 1957 o mesmo Kalúguin me entregou o volume que pertencera à tradutora — era tradutora, sim. Morrera, Kalúguin confiscara o exemplar, guardara para mim, Zé Lins vai ficar contente.

Trago o livro comigo, o moleque Ricardo falando russo, apenas chego fico sabendo que o romancista está às vésperas da morte, toco-me para o hospital, lá encontro João Condé à cabeceira do enfermo. Entrego o volume a Zé Lins, a alegria inunda-lhe o rosto: "É verdade, existe, eu não acreditava". Folheia o volume, espia as páginas como para se convencer, já não cabe dúvida nos olhos úmidos.

Na porta do elevador João Condé soluça no meu ombro.

Na Bahia leio A Tarde *diariamente, em Paris* Le Monde, *é um vício, não passo sem eles, se não os leio fazem-me falta: têm a cara do lugar. Nos outros lugares leio o que me vem à mão, sem preferência.*

Na China, ao tomar dos jornais, compreendi o que é a dor de ser analfabeto, não podia sequer traduzir o alfabeto cirílico para o latino como buscava fazer em Moscou, empunhando o Pravda. *Em Xangai publicavam um tabloide de quatro páginas em inglês,* Xangai News, *e eu que de inglês sei menos que qualquer chofer de táxi, li-o de cabo a rabo, como se estivesse lendo português. Em Ulan Bator, na Mongólia, caiu-me nas mãos um volume em alemão, me pareceu de leitura fácil. Pude dar-me conta que tratava de espécies animais.*

Luanda, 1979.
O PREÇO PAGO EM SANGUE

NO ALMOÇO DE DESPEDIDA OFERECIDO pelos escritores de Angola ao confrade brasileiro, no brinde de Luandino Vieira a confidência:

— Paguei com sangue a leitura de teus livros.

Narra acontecimento de 1954: o colonialismo português, opressão política, a censura a jornais e livros, a luta áspera. Indo para casa, passou na livraria para dar uma olhadela, o livreiro lhe fez sinal que esperasse a partida do freguês. Mostrou-lhe então, com as precauções devidas, a preciosidade rara e cara: os três volumes de *Os subterrâneos da liberdade*, edição brasileira recém-saída, recém-chegada, recebida e vendida por vias travessas, o negociante arrisca-se, para arriscar-se cobra alto.

Assanhado, Luandino pergunta o preço, consulta os bolsos, conta os caraminguás, nem metade do necessário, onde arranjar o resto? "Não venda, venho buscar", avisa, parte à procura de quem possa lhe emprestar a quantia avultada para o pobre subversivo, não será fácil. Vai em agonia, eis que depara em seu caminho com um banco de sangue aberto no hospital. Nem um minuto de vacilação: entra, arregaça a manga da camisa, estende o braço, a veia, vende sangue, sangue bastante para completar o pagamento dos volumes dos *Subterrâneos*, volta em marcha forçada à livraria.

Os cristais da fraternidade na voz de mestre Luandino:

— Paguei com meu sangue a leitura de teus livros, meu irmão.

Rio de Janeiro, 1945.
HERESIA

NO ASSOMBRO, A BOCA ABERTA, ZÉLIA A DURAS PENAS contém o protesto italiano, o acanhamento a impede de clamar contra o absurdo, acabava de ser apresentada aos sogros, conhecimentos de três dias: engoliu o sapo, sapo-boi. Acompanhara-me ao Rio para que meus pais a vissem e aprovassem, o coronel João Amado a recebe com efusão, dona Eulália a estuda com olhos de desconfiança.

Na batalha pela conquista do afeto do Coronel e de Lalu, Zélia, cozinheira graduada em massas por seu pai Ernesto, peninsular de boa boca e rígidos princípios culinários, prepara aquela macarronada, receita de família, o molho é segredo que passa de pai a filho. Tendo provado, o dr. Joelson Amado se declara devoto dos méritos da cunhada, não lhe poupa elogios, enche o prato, esfrega as mãos. Dona Eulália faz ar de desagrado, torce a cara, o que não a impede de servir-se com fartura e repetir. O prato maior, porém, o macarrão transbordando pelas bordas, é do chefe da família, o Coronel gosta de comer bem e bastante.

Zélia segue-lhe os movimentos à espera da garfada e do louvor à qualidade da cozinha da nora paulista, o gosto do pitéu será dado de relevo na apreciação da escolha da companheira feita pelo filho. O Coronel, também ele, é estrito em seus princípios: recusa o queijo ralado, corta uma banana em rodelas e as coloca sobre o macarrão. Depois toma do farinheiro, cobre a massa feita no capricho com a farinha de mandioca, acompanhamento indispensável a qualquer prato, seja qual for. Revolve macarrão, farinha, banana, enfia o garfo, enche a boca, a mistura sabe-lhe bem.

Nem sequer o grunhido de aplauso restabelece o equilíbrio emocional de Zélia, diminui o seu assombro, olha-me boquiaberta: "Macarrão com farinha e rodelas de banana, mamma mia, heresia!".

Heresia ou inovação? De mim nunca ousei experimentar, desejo manter a paz na freguesia, mas estou quase certo que a farinha de mandioca deve dar sabor especial, superior, à cozinha italiana: custa experimentar?

Monte Estoril, Portugal, 1992.
DIGNIDADE

TELEFONO A OSCAR NIEMEYER, em nome de Sérgio Machado, para convidá-lo a ilustrar livro póstumo de Carlos Drummond de Andrade, *Amor natural*, poemas eróticos que a Record está em vias de publicar. Juntar Drummond e Niemeyer será o máximo, proclama o jovem editor na esperança de resposta positiva.

A ideia interessa a Oscar, tudo depende do tempo, promete estudar o assunto. Conversamos sobre o mundo que vira pelo avesso, o que falta ainda acontecer? Estraçalha-se o que parecia definitivo, desfazem-se certezas implacáveis, riscam-se do mapa nações, Estados, federações, dissolvem-se ideologias, enterram-se teorias ditas científicas, apaga-se o farol que iluminava o mundo. Havíamos de viver, Oscar e eu, para assistir à desagregação da União Soviética, ainda bem que Prestes morreu antes. Também Giocondo Dias foi poupado de presenciar o fim do sonho que motivou nossa vida. De certa maneira, no que se refere à atuação dos comunistas no Brasil, Giocondo foi um precursor da perestroika.

Leio nos jornais ter sido Oscar o primeiro a assinar o manifesto de um novo partido comunista, o antigo muda de nome. "Onde há miséria, deverá haver um comunista de pé na tentativa de construir um mundo novo", declara o arquiteto. Não conheço ninguém mais coerente que Oscar, incapaz de vacilar. Certa feita, voltávamos da Europa num paquete italiano, tinha havido o Vigésimo Congresso do pecê soviético, vivíamos a era de Khruschov, a denúncia dos erros e crimes de Stálin, no tombadilho conversávamos o mundo e as mudanças, nada abala a convicção de Oscar:

— Grande mesmo, seu Jorge, foi o Zé dos Bigodes.

Por maior possa ser a discordância, impossível negar a dignidade com que um dos grandes artistas do mundo de hoje, o arquiteto Oscar Niemeyer — "a arquitetura é minha vida" — se mantém irredutível.

Vilarinho das Furnas, Serra do Gerês, 1970.
O CAIXÃO DE DEFUNTO

O ENGENHEIRO JOÃO VASCONCELOS, primo de Antônio Celestino em cuja casa no Minho estamos passando uns dias, leva-nos, a Zélia, a Paloma e a mim, serra do Gerês abaixo, à localidade de Vilarinho das Furnas, pequena aldeia condenada a desaparecer do mapa com a abertura das comportas da barragem construída no vale para alimentar a nova hidrelétrica.

Tomamos por carreiros ínvios, a distância é longa, aliás há uma semana não faço outra coisa senão marchar pela serra do Gerês em companhia de Celestino e do primo João — "o senhor engenheiro agrônomo", dizem os serranos — que conhece a região palmo a palmo. Dia histórico, o dia derradeiro de Vilarinho das Furnas, amanhã o vilarejo já não existirá, encoberto pelas águas. Vamos assistir ao êxodo dos habitantes.

Nas fraldas da montanha, lá no fundo a aldeia, em pedra e em rosas vermelhas e amarelas, as flores explodem nos portais das casas, as cabras pastam cachos de uvas verdes na rua comprida, plantada de vinhedos. Foram trazidas das montanhas, agrupadas, acompanharão os pastores na expatriação. Em frente às moradas se acumulam os pertences, reduzidos bens da pobreza, postas em cestos as galinhas cacarejam, os campônios vão e vêm recolhendo objetos: arrancados de seu chão, de seu dia a dia. Pessoas de idade madura, a maioria, muitos velhos, muitas velhas, apoiados em bengalas e cajados, aglomeram-se na hora da partida. As posses da aldeia e de cada um dos aldeões levadas para os carros de boi que transportarão Vilarinho das Furnas para o desterro. Em frente às cabras, sinto-me profeta, não estou ao sopé da serra do Gerês, estou no Velho Testamento.

O engenheiro recolhe a pedra do batente de uma casa, vai levá-la de memória, não pode conter as lágrimas, mas as mulheres e os homens parecem de pedra como as casas, faces duras, cavadas, olhos vidrados, barba por fazer, bigodões, calças de pano grosso, as camisas e os coletes, cabeças cobertas com chapéus. Não ouvi lamúrias, soluços, rogos de praga, blasfêmias, lágrimas apenas as do engenheiro João. A sobriedade do povo na desgraça, eles partem, condenados, abandonam a vida que viveram, o chão que habitaram, os vinhedos que plantaram, as roseiras ao pé das portas, desabrochadas, rosas em sangue: amanhã tudo terá terminado, em vez da aldeia será o lago. Disseram que a morte é necessária ao progresso.

Eis que o cortejo atinge o fim, a população de Vilarinho das Furnas remonta a serra, os últimos a partir levam o caixão de defunto que transportava os mortos para o cemitério: um único caixão bastava para todos.

Bahia, 1956.
O PROXENETA

ACERTO COM MINHA AMIGA MARIA DE SÃO PEDRO, mãos de fada no tempero das moquecas, almoço de arromba para convidados portugueses, escritores presentes às Jornadas Luso-Brasileiras. O restaurante de Maria de São Pedro situa-se no velho Mercado Modelo, o primeiro, o verdadeiro, atende saveiristas, comerciários, a fama da cozinha de minha comadre ainda não se espalhara, três ou quatro intelectuais o frequentamos: Wilson Lins, Odorico Tavares, Godofredo Filho, eu próprio. Assim começou a celebridade, hoje o restaurante que ostenta o nome da grande cozinheira, no novo Mercado, é atração turística. Não desonra o antigo: Luiz Domingos, filho de Maria de São Pedro, obá de Xangô, cultua os orixás e zela pela memória daquela que foi mestra maior na arte da cozinha.

Proponho a Maria fechar o restaurante ao público a partir das treze horas, quando a freguesia habitual já foi servida, para receber meus convidados. Tirante o pintor Cícero Dias, que realiza exposição retrospectiva no Museu de Arte Moderna — no hall do Teatro Castro Alves —, os outros comensais são portugueses ilustres: Joaquim Paço d'Arcos e Maria da Graça, sua esposa, João Gaspar Simões e Isabel da Nóbrega, na ocasião marido e mulher, Jorge de Sena, Adolfo Casais Monteiro, Urbano Tavares Rodrigues, não me lembro de todos, coubemos apertados numa Kombi. Almoço de alta qualidade, o esplendor da cozinha baiana, do arroz de auçá ao efó, do vatapá à moqueca de siri mole, do caruru à galinha de xinxim, ao quitandê, os mondrongos lamberam os beiços, a conversa decorreu cordial, apesar de se encontrarem à mesa adversários políticos, inimigos de morte. Tarefa ingente, eu reunira figuras ligadas ao governo português e opositores ferozes do salazarismo. Sendo eu próprio opositor feroz, não discriminei: jamais discriminei fosse quem fosse por pensar dessa ou daquela maneira. Tudo correu bem, pois eram educados uns e outros e a Bahia é a pátria da convivência e do comedimento.

Na volta para o hotel mandei o chofer parar a Kombi por um momento na ladeira da Montanha diante dos castelos ali estabelecidos, nas portas e janelas putas seminuas palitavam os dentes, acenaram convites. Informei aos nobres congressistas de além-mar:

— Aqui se localiza, como veem, parte do meretrício da cidade, existem castelos também na praça da Sé, na ladeira de São Francisco, e até na Barra Avenida, castelos de luxo, preços salgados. Esses daqui não são tão caros, no Pelourinho e na Carne Seca estão os barateiros.

Atentos, portugueses e portuguesas ouviam em silêncio minha dissertação sobre o meretrício da cidade. Sério, compenetrado, apontei o famoso puteiro de Mãezinha, onde exercem francesas, portenhas e mulatas nacionais; baixando a voz, revelei:

— Aquela ali, uma das pensões de raparigas mais frequentadas, pertence a Odorico Tavares.

— A casa? — indagou uma senhora.

— A casa não sei a quem pertence, falo do negócio.

— A quem? — estranhou o romancista Paço d'Arcos.

— A Odorico Tavares.

— O Jorge Amado se refere ao nosso amigo, ao poeta, ao jornalista, ao diretor dos Diários Associados?

— Esse mesmo, nosso querido Odorico.

— Não é possível! — protestou não sei mais quem.

Cícero Dias meteu colher de sopa na conversa:

— Não é só esta pensão que ele possui, Odorico é comanditário de mais três, de muita freguesia. Embolsa um bom dinheiro.

Ante o espanto geral, as senhoras escandalizadas, explico:

— Pensavam que realmente Odorico compra santos antigos, quadros de pintores célebres, vive no luxo, um nababo, um perdulário, com o mísero salário que Assis Chateaubriand lhe paga? Sua largueza quem a sustenta são essas infelizes raparigas... — Mandei que a Kombi prosseguisse para o hotel.

No hall do hotel ainda persistiam o pasmo e a reprovação, as senhoras não escondiam o desapontamento, dr. Odorico, pessoa tão distinta, quem diria — eis que vejo na rua dirigindo-se para a entrada o discutido poeta Tavares. Abandono o grupo às suas estranhezas, alcanço Odorico, conto-lhe a história, ele se aproxima da roda de escritores que emudecem ao vê-lo, as senhoras retiram-se sem responder ao boa-tarde. Odorico baixa a voz, avisa:

— Aproveitando que as senhoras foram à sesta quero informar aos caros amigos que possuo em bairros da cidade algumas casas de tolerância, pensões de mulheres da vida — aqui dão o nome de castelos. Já dei ordens às caftinas para fazerem quinze por cento de desconto nos preços de tabela para os estrangeiros participantes das Jornadas.

O silêncio se faz maior a cada palavra do diretor dos Associados, Odorico não perde o rebolado:

— Respondo pela qualidade das mulheres: são o escol, a nata, a fina flor, as francesas são as mais caras mas, se querem um conselho, recomendo as negras.

Escritor, jornalista, diretor de dois quotidianos, íntimo do governador, membro da Academia, um dos donos da cidade, Odorico Tavares. Companheiro sem comparação na mesa de pôquer, na ciranda da poesia, no prazer da vida, no amor à arte, no trato das pessoas, gozador como ele só, o que inventamos daria para volumoso livro de absurdos. A roda se desfaz, persiste no hall do hotel uma atmosfera de constrangimento.

Carlos Eduardo da Rocha[1] me contou que alguns congressistas, sabendo-o íntimo de Odorico, vieram lhe perguntar se era necessário apresentar credencial para obter abatimento, pediram os endereços.

Berlim, 1972.
HERÓI POSITIVO

JÜRGEN GRÜNER, DIRETOR DA VERLAG VOLK UND WELT, me escreve narrando o drama que passou a viver após a reunificação da Alemanha. Aquela que foi a monumental editora de literatura estrangeira da finada República Democrática Alemã, a Alemanha do Leste, está ameaçada de não sobreviver à transformação de empresa estatal em empresa privada, de não poder superar as dificuldades nascidas da livre concorrência.

A notícia deixa-me penalizado, da Volk und Welt só posso falar bem. Detentora dos direitos de tradução de meus livros na RDA, ela os publicou, a todos eles, boas traduções, belas edições, gráfica primorosa, tiragens enormes, pagou-me os direitos autorais, tudo nos conformes.

Minto quando digo que publicou todos os meus livros, houve uma exceção, um livro que a Volk und Welt não traduziu nem publicou. Em 1972 recebi carta do responsável literário (sic) da editora: recusava-se a editar

---

[1] Carlos Eduardo da Rocha, poeta e crítico de arte.

Tereza Batista cansada de guerra, dava-me a razão, ideológica: uma puta não pode ser herói positivo de um romance.

Herói positivo, sabem o que isso significava na literatura do mundo do socialismo real, esse que se acabou? Se não sabem não procurem saber, não paga a pena.

Paris, 1948.
O NÚMERO

PARIS, CASA DE PICASSO, EM TORNO À MESA DE JANTAR, somos uns poucos na tentativa de convencê-lo a comparecer ao Congresso de Intelectuais pela Paz que se vai reunir em Wrocław, na Polônia: Louis Aragon, Aleksandr Korneichuk, Pierre Gamarra, Emilio Sereni e a cineasta polonesa Wanda Jakubowska, cujo filme de estreia triunfa nas salas de cinema. Wanda está sentada ao lado do pintor.

Picasso, intransigente na recusa, não irá, peçam-lhe outra coisa, pode doar um quadro, se preciso. Comparecer, jamais, perda de tempo, tem mais o que fazer, deve pintar. Gastaram-se todos os argumentos, caíram todos no vazio, terminamos por desistir, o Congresso não contará com a estrela de Guernica. Queijos e vinhos, comenta-se o filme de Wanda Jakubowska.

Picasso demora o olhar no braço nu da cineasta, vê o número gravado, pergunta de que se trata.

— Meu número no campo de concentração onde estive durante a guerra.

Picasso passa de leve a ponta dos dedos no braço da moça de Varsóvia, olha para nós, dirige-se a Aragon:

— Eu vou, podem contar comigo.

Foi e fez discurso, esteve o tempo todo. Depois desenhou, para outros congressos, a paloma signo da paz. Tocara com os dedos a desgraça da guerra, o terror.

Ilhéus, 1929.
A FONTE

O LIVRO DE JOSÉ PAULO PAES SOBRE A POESIA de Sosígenes Costa veio situar o poeta grapiúna no lugar que lhe compete na lírica brasileira: não apenas um dos maiores, um dos raros a não se parecer com nenhum outro, estrela solitária. De primeira grandeza. José Paulo já lhe havia concedido o prêmio Jabuti, quando da publicação da *Obra poética*, concede-lhe agora o reconhecimento da crítica e da história literárias.

Sosígenes conservara-se inédito até 1959 quando alguns amigos reunimos seus poemas na *Obra poética*, revelação, bem poucos o conheciam. Recordo minha surpresa ao ouvir a pergunta de Carlos Coqueijo Costa, nos começos das carreiras de jurisconsulto e de compositor — Coqueijo era múltiplo, fazia de um tudo e bem —, queria o endereço de Sosígenes que se mudara de Ilhéus para o Rio, pretendia musicar versos do vate do cacau. De Sosígenes e de seus poemas quase nada se sabia.

Na Academia dos Rebeldes venerávamos Artur de Sales, mas em se tratando de modernos jurávamos por Sosígenes, membro da Academia, opúnhamos seu nome aos da constelação do *Arco & Flexa*: Godofredo, Carvalho Filho, Ramayana, Hélio Simões. Nascido em Belmonte, cujo mar cantou, "o mar deixou muita cousa: aqui por estes quintais, vivia em Ilhéus, dentro da noite, Ilhéus rebrilha/ qual grande búfalo de fogo", secretário da Associação Comercial, retraído ao extremo, poucas amizades. Entre as quais dona Eulália e o coronel João Amado que o estimavam por sabê-lo poeta e pelo esmero da educação. Sosígenes aparecia para almoçar, demorava-se a cavaquear, a comentar a vida da cidade, mesmo recluso estava a par de tudo, glosava com mordacidade, o coronel se regalava.

Minha prima Diná passava as férias em nossa casa, tínhamos a mesma idade, bonitona, despreconceituosa, moderna, assanhada, "sapeca" dizia minha mãe, apostou comigo que namoraria Sosígenes, modificando-lhe os hábitos sexo-sentimentais, duvidei. Fez-lhe a corte, conseguiu, arrulhavam à noite na meia-luz da varanda deserta, o namoro entusiasmou o coronel. "Estão vendo? O que dizem dele não é verdade, gosta de mulher, vive nos agarros com Diná." O coronel gostaria de levar os maldizentes para ver e crer.

Diná esperava acordada que eu chegasse do puteiro para dar-me relatório do chamego, os progressos do poeta no conhecimento de seu corpo de mulher, polegada a polegada, beijo a beijo. Uma noite a encontrei feliz, cantou vitória: "Sabes onde me beijou hoje? Adivinha!". Lá? — quis saber. "Lá!", me respondeu.

A malícia deu lugar ao devaneio: "Sabes como ele chama aquela lá? Adivinha. Chama de fonte: bebi em tua fonte, me disse, lindo, não é?". Na noite seguinte me deu a ler o poema que para festejar o acontecido Sosígenes escrevera e lhe entregara copiado à mão, se intitula "Vou na fonte beber água": "bebo então a água de teu rosto/ nesta redoma cheia de sabão/ como se bebe água de flor com gosto/ nesta bacia que se abriu no chão".

Os radicais da negritude nacional são mulatos brasileiros, uns mais escuros, outros mais claros, cujo único ideal na vida é serem negros norte-americanos, de preferência ricos.

Rio de Janeiro, 1954.
OS ANARQUISTAS

DESLUMBRA-ME A CONVERSA DOS DOIS VELHOS ANARQUISTAS, o escritor e a operária: o mundo liberto das injustiças e dos preconceitos, nem o poder do Estado, nem a lei fosse qual fosse. Trinta anos depois escreverei um romance, *Tocaia Grande*, nascera naquele dia quando dona Angelina chorou de emoção ao abraçar Tomás da Fonseca.

Tomás da Fonseca, prosador ilustre, em Portugal mais do que ilustre, uma legenda viva, símbolo da resistência ao fascismo, da audácia do pensamento livre: o sonho da sociedade sem fronteiras de qualquer espécie. Angelina D'Acol Gattai, imigrante italiana, tinha quatro anos de idade quando desembarcou no Brasil, a família de camponeses vênetos de Pieve di Cadore veio trabalhar nas fazendas de café de São Paulo após a abolição da escravatura. Aos nove anos Angelina entrou de operária têxtil numa fábrica do Brás, na pauliceia desvairada. Fez-se anarquista ao conhecer Ernesto, os Gattai vieram de Florença, atravessaram o mar nos porões imundos para realizar o sonho do agrônomo Giovanni Rossi: fundar nas selvas do Paraná a Colônia Cecilia, experiência de sociedade anarquista na América, sob o patrocínio de d. Pedro II, imperador — já então era o Brasil um país surrealista.

A colônia durou quatro anos, a mesquinhez do quotidiano a liquidou, mas as ideias libertárias afirmaram-se e floresceram na cidade de São Paulo das primeiras indústrias e dos grêmios das classes laboriosas. Angelina namorou o mecânico Ernesto nas reuniões e festas operárias — imigrantes italianos, espanhóis e portugueses encontravam-se, discutiam, discursavam, declamavam, encenavam peças. As poesias e as canções anarquistas da península, as peças de Pietro Gori: Angelina, primeira-dama no palco proletário. Ressoava o canto da Catalunha em fogo: "*— ¿Dónde vas con paquetes y listas/ que tan pronto te veo correr?/— Al*

Congreso de los anarquistas/ que reclaman un derecho: vivir./ — Escúchame un momento se quieres,/ Anarquista ¿qué quiere decir?/ — Es la inmensa falange obrera/ que reclama el derecho a vivir". Os poemas de Guerra Junqueiro, os livros de Tomás da Fonseca, a italiana Angelina, anarquista brasileira, declamava o vate português, sabia de memória trechos incendiários do prosador. Mesmo quando o marido Gattai subiu na vida, de motorista dos Prado, paulistas quatrocentões, passou a agente dos automóveis Alfa Romeo, de libertário virou militante do Partido Comunista, Angelina manteve intacta a quimera, o sonho.

Ancião, as barbas brancas desciam-lhe sobre o peito, de passagem pelo Rio, Tomás da Fonseca veio me visitar, ao escritor como ele também proibido em Portugal, amigo de seu filho Branquinho,[1] eu o recebi no alvoroço da admiração, abertos os braços do bem-querer: jamais uma visita me honrara tanto. Enquanto conversávamos política e letras, Zélia saiu correndo em busca de dona Angelina, por feliz acaso também no Rio, em nossa casa, para comunicar que seu ídolo, dela, Angelina, estava na sala tomando cafezinho.

Dona Angelina não acreditou: Tomás da Fonseca, ali em pessoa? Impossível. Repreendeu a ousadia da filha, que, com tal atrevimento, lhe faltava ao respeito, levando na chalaça suas ideias e seus mitos. Fez-se necessário que eu a fosse buscar para que viesse à sala e, em lágrimas, beijasse as mãos ossudas do ancião. Ficaram a conversar.

Dona Angelina declamou trechos dos livros de Tomás da Fonseca, sabia páginas inteiras de memória, agora eram os olhos do escritor que se iluminavam. A tertúlia prosseguiu em utopia, Zélia e eu ouvintes deslumbrados.

Roma, 1985.
VASCO PRATOLINI

A NOTÍCIA DA MORTE DE VASCO PRATOLINI despenca sobre mim na tarde enevoada de Paris, cerca-me de lembranças, entristece-me. Estivemos juntos pela última vez em 1985, em Roma, num jantar em casa de Giuseppe De Santis,[2] serão de saudade, um tanto quanto melancólico: somente nós, os três casais, e o mundo de recordações a nos ligar. Os anos de após-guerra, a militância, a criação comprometida com o povo e com o ser humano, dois romancistas e um cineasta, três antigos comunas

---

1 Branquinho da Fonseca, escritor português.
2 Giuseppe De Santis, cineasta italiano.

que juntos viveram um sonho de fraternidade, festa de esperanças que se transformou em funeral de ilusões.

Poucos romances contemporâneos tocaram-me de forma tão profunda quanto *Cronache di poveri amanti*, quando o li, em 1948, história de amor no quadro de Florença, grande e justo sucesso que situou Pratolini na primeira fila da literatura italiana. *Riso amaro*, filme de De Santis deslumbrou-me nos últimos anos da década de 40 com seu humanismo popular, sua graça picaresca.

O vinho, os queijos, a pasta feita na hora, três amigos, três sobreviventes, quarenta anos depois. Não nos liga apenas a literatura e o cinema, a arte, liga-nos a vida que um dia vivemos, acontecimentos que testemunhamos, movimentos de que participamos, testemunhas e protagonistas.

Um fato, Guttuso na tribuna do Congresso dos Intelectuais pela Paz, em Wrocław, na Polônia; um detalhe, um nome recordado, Alberto Cavalcanti filmando em Viena; um grito de cólera, ai Lukács condenado em Budapeste, um olhar de ternura, um gesto de amizade, a solidariedade inteira e incontida, te lembras? Passamos a noite a nos lembrar, pela madrugada concluímos que, apesar de tudo, valeu a pena.

Rio de Janeiro, 1947.
O SIGNATÁRIO

CERTA TARDE, EM MARÇO OU ABRIL DE 1947, não garanto pela precisão da data, Villa-Lobos apareceu na Comissão de Educação e Cultura da Câmara Federal, da qual eu fazia parte, representante da bancada comunista, e onde gozava de certo prestígio, pois trabalhava duro.

O grande compositor brasileiro, um dos brasileiros maiores, se empenhava na divulgação do canto orfeônico nas escolas municipais do Rio de Janeiro, se entregava, num trabalho apaixonado, à organização e manutenção de não sei quantos corais de crianças e jovens, admirável cruzada pela educação musical, que nem sempre obtinha das autoridades o apoio necessário — que projeto cultural realmente válido merece apoio das autoridades no Brasil? Villa-Lobos veio à Câmara dos Deputados, à Comissão de Educação e Cultura, em busca de verbas.

O autor das *Bachianas brasileiras*, mundialmente famoso, possuía alguns hobbies conhecidos, o charuto, o jogo de bilhar, a mentira: gozava fama de grande mentiroso. Recordo ter ouvido de Erico Verissimo engraçadíssima história de uma conferência pronunciada por Villa-Lobos, se não me engano em Washington, proferida em português. Admirador do compositor, encontrava-se Erico entre o público quando soube que surgira um problema: a pessoa que devia assegurar a tradução da conferência não comparecera, o tempo passava, os ouvintes impacientes. Os responsáveis solicitaram a ajuda de Erico, que assim se viu na tribuna, ao lado do conferencista, a traduzir o que ele contava, histórias incríveis, absurdas, segundo o romancista de *O tempo e o vento*:

— Dizia coisas espantosas com a maior naturalidade do mundo, nunca vi ninguém mentir tanto. Começou por declarar que tinha nascido na selva, numa tribo de índios guerreiros... A partir daí não parou mais.

Naquele dia, na Comissão de Educação e Cultura, no Palácio Tiradentes, após ter obtido meu total apoio à sua demanda de verbas, conhecendo minha posição política e querendo me agradar, Villa puxou uma baforada do charuto e me informou:

— Acabo de ser convidado para reger minhas obras numa série de concertos em Moscou.

Eu sabia, havia lido a notícia nos jornais, felicitei-o, dei testemunho da popularidade de suas composições na União Soviética, várias vezes as escutara transmitidas pelas rádios soviéticas, disse-lhe como e quanto o sucesso de sua criação musical concorria para fazer o Brasil conhecido no estrangeiro. Villa puxou mais fumaça do charuto:

— Você sabe quem assina o convite?

Isso eu não sabia, perguntei se teria sido o diretor da Orquestra Sinfônica de Moscou ou da Orquestra Sinfônica da República Federativa da Rússia, quem?

— Bote sinfônica nisso, veja se adivinha.

— Chostakóvitch? — aventurei impando de orgulho patriótico.

Mais fumaça, um sorriso, a revelação:

— Quem assinou foi Lênin, do próprio punho.

Diante do meu espanto, estávamos em 1947, o grande Villa:

— Está duvidando? Trago o convite para você ver.

Rio, 1975.
ACADEMIA

NO VOTO EM ELEIÇÃO PARA A ACADEMIA BRASILEIRA DE LETRAS prevalece sempre a circunstância, independente da condição literária dos candidatos, inclusive dos laços de afeição. Não me foi possível votar em Odylo

Costa, filho, sogro de Paloma, meu amigo de priscas eras — estamos os dois na fotografia histórica que registra o "jantar da nova geração", em 1932. Odylo era o mais jovem dos "novos", saudados com carinho pelos "velhos" Álvaro Moreyra e Peregrino Júnior. Quando Odylo me telefonou de Lisboa para declarar-se candidato, já eu estava comprometido com Joracy Camargo: concitara o teatrólogo a apresentar-se, não podia abandoná-lo.

Candidato meu primo Genolino Amado, cronista aprazível, deixou um volume de memórias gostoso de se ler, dividi os escrutínios — o que fiz poucas vezes em mais de trinta anos de acadêmico. Dois votos para Genolino, cuja candidatura o coronel João Amado, seu tio, sustentava, dois votos para Bernardo Élis, excelente contista, companheiro de lides partidárias em nosso tempo de bardos comunistas. No apartamento do Rio de Janeiro, onde estava de passagem, entreguei aos dois a carta que acompanha os votos do ausente, voltei para a Bahia. Bernardo, gentil e ingênuo, deixou com Genolino a carta e a tarefa de nela colocar, em envelopes fechados, os sufrágios para os quatro escrutínios. Ao que parece Bernardão não teve voto meu, pagou caro a boa educação — candidato à Academia não pode confiar, confiou, fodeu-se.

Na eleição em que foi eleito, não pude votar em Bernardo apesar da admiração pelo escritor e da estima pelo companheiro. Acontecia a candidatura de Juscelino Kubitschek, não era escritor, não era meu amigo, mantínhamos relações de mútua simpatia, apenas. A circunstância política levou-me a votar nele e até fui acusado por Ney Braga, ministro da Educação do general de plantão, de ser o inventor da candidatura Kubitschek. Não era verdade: o mentor, o grande eleitor de Juscelino foi Josué Montello, seu amigo de todos os instantes.

Lendo o *Diário do entardecer*, vejo que Josué, em conversa com Juscelino, antes da eleição, lhe ensinara o que repetiu a um jornalista, tempos depois: para obter vinte votos acadêmicos é imprescindível contar com 26, ao menos. Juscelino cultivava o otimismo, esperou a quase unanimidade, decepcionou-se com a derrota, contou, como voto certo, votos que não teve.

Uma tarde, eu estava no Rio, Juscelino veio me ver, fofocar a eleição, deleitável tarefa de candidatos e acadêmicos. Acabara de chegar de João Pessoa, fora visitar José Américo: "Vai votar em mim", me disse, satisfeito.

— Tem certeza?

— Absoluta. Quando presidente fiz-lhe favor de monta, referente a seu filho militar. Ontem, ao visitá-lo, ele recordou o fato, declarou-se meu devedor.

— Ele lhe disse que sufragaria seu nome?

— E era preciso? Não disse, mas é óbvio.

Eu sabia que José Américo, pessoa cara a meu coração de amigo, tão grande brasileiro, ia votar em Bernardo Élis, compromisso que vinha da eleição anterior. Tomei do telefone, liguei para a Paraíba, falei com o mestre de *A bagaceira*. Confirmou-me que votaria em Bernardão, prometera, cumpriria. Fazia-o constrangido, pois devia inesquecível favor a Juscelino, não podia, porém, faltar à palavra empenhada. Outros, vários outros deixaram de votar em Kubitschek pressionados pelos gorilas para quem a derrota do ex-presidente, civil e democrata, tornara-se ponto de honra. Eleição mais vergonhosa do que essa só a que derrotou San Tiago Dantas, logo após o golpe de 1964 — antes do golpe San Tiago estava mais que eleito, o medo leva a misérias, a baixezas: o medo e as gorjetas.

Bahia, 1974.
JORNALISMO

EDWALDO PACOTE[1] TOMOU A PEITO A NOVELA *Gabriela*, da Globo, a primeira adaptada de romance meu: encomendou a Aldemir Martins e a Carybé uma exposição de "gabrielas" para marcar o acontecimento. Aldemir fez os desenhos sob os créditos, imagens do Nordeste que de logo marcaram a qualidade da realização.

Infatigável, Pacote vem à Bahia comunicar-me que a Globo decidiu entregar o papel-título a uma jovem comediante praticamente desconhecida, seu nome é Sonia Braga. Não a conheço nem de figura nem de nome, nunca a vi em pessoa, nem na televisão. "Veja *Vila Sésamo*, um programa infantil", aconselha-me, "ela aparece num segundo papel, verá que é uma boa atriz." Quanto à figura, Pacote exibe-me revista onde Sonia posa nua, magnificência. Propõe-me fazer a apresentação da Gabriela à imprensa na casa do Rio Vermelho, com a presença de jornalistas do Rio e de São Paulo, Recife e Porto Alegre, assim conhecerei Sonia pessoalmente. Marca a data, Zélia determinará comes e bebes.

O primeiro a chegar para o encontro é Gilberto Mansur, jornalista de São Paulo, para mim um ilustre desconhecido. Recebo-o com cortesia, ele, no curioso hábito dos repórteres brasileiros, de causar impacto, atira-me com uma pergunta à cara, antes mesmo de servir-se do uísque escocês legítimo, Zélia trata bem os jornalistas e os atores.

---

1 Edwaldo Pacote, jornalista.

— Por que você impôs Sonia Braga à Globo para o papel de Gabriela?
— Como é que você sabe que eu impus Sonia Braga à Globo?
— Em São Paulo é público e notório, todos sabem.
— Porque Sonia é minha amante.

Mansur olha para mim, hesita por um instante, explode em riso, aceita o uísque, desde então somos amigos. Depois chegam os demais, Sonia pela mão fraterna de Edwaldo, faço sala à estrela da novela:
— Tenho muito prazer em conhecê-la. Somos amantes, sabia?

Sonia Braga, minha filha, três vezes minha filha, por Gabriela, por dona Flor, nos vídeos de televisão, nas telas dos cinemas, na camarinha do candomblé do Gantois sou seu pai pequeno, Sonia, cavalo de Yemanjá galopando sobre o mar.

Rio de Janeiro, 1956.
O SOBREVIVENTE

VALÉRIO KONDER,[1] QUE NÃO ME RETIROU SUA ESTIMA quando deixei de militar no Partido Comunista, dá-me notícia da campanha desencadeada contra mim, pela direção do Partido, no estrangeiro: disseram cobras e lagartos, fui tratado de traidor e vendido. Diógenes de Arruda Câmara, na época uma espécie de dono do Partido (e da verdade), declarou numa reunião do Comitê Central: em seis meses ele deixará de existir como escritor e homem de esquerda. Vamos acabar com ele.

Nas fofocas que me chegam a esse propósito, uma me entristece: Pedro Motta Lima, meu velho amigo e camarada de longo caminho, andara fazendo minha caveira mundo afora, na União Soviética, na Bulgária, em Cuba, sei lá onde. Entristeço-me, mas compreendo: comunista imemorial, bolchevique comprovado, obediente às ordens recebidas, meu bom Pedro deve ter dado seu recado de coração apertado, disciplina é disciplina, não lhe guardo rancor. Outros cumpriram as ordens alegremente, sempre fui visto com desconfiança pelos intelectuais cooptados à direção partidária, o que esses disseram e fizeram não chegou a me entristecer.

O que me admira até hoje é que a afirmativa do enraivecido dirigente não tenha se convertido em realidade, que sua previsão não se tenha cumprido. Sobrevivi, quem o diria.

---

[1] Valério Konder, médico sanitarista.

Sendo o antidoutor por excelência, o antierudito, trovador popular, populachero, *escrevinhador de cordel, penetra na cidade das letras, um estranho nos saraus da* inteligentzia, *universidades da França, da Itália e do Brasil fizeram-me doutor honoris causa, vamos lá saber por quê.*

No Brasil, a alegria superou a honra, pois na Universidade da Bahia elevaram-me doutor ao lado de Carybé e de Caymmi e na do Ceará vestiram comigo a toga do saber na solene cerimônia Eduardo Portella e Aldemir Martins, quatro doutores de verdade, criadores de cultura. Se não me pretendo mestre como eles, deles sou mabaça, corre em nossas veias o mesmo sangue mestiço do povo brasileiro, condiciona nossa arte e nossa literatura.

Paris, 1985.
ERUDIÇÃO FALHA

A CADA VISITA AO DUPLEX DE PIERRE SEGHERS,[1] Zélia e eu admirávamos a grande tela de Di Cavalcanti, pendurada no alto da escada, reencontrávamos o Brasil, o sol e as mulatas, Di lhe ofertara o quadro quando da visita de Pierre ao Rio de Janeiro, em 1956.

Um dia, enquanto o casal Seghers descansava na tranquilidade do campo, em Créteil, um ladrão erudito, à frente de quadrilha especializada em roubo de arte, penetrou no apartamento, deixou as paredes nuas, levou toda a coleção. Toda, exceto o quadro de Di que restou solitário sobre a escada: a erudição do chefe da gangue não incluía a arte brasileira.

Valdemar Szaniecki, dito Lindinho quando pobre e malhado juiz de futebol na Bahia, tendo vindo a São Paulo arbitrar uma partida, gostou da praça, trocou o apito pelas artes plásticas, especializou-se em Pancetti, Di e Carybé, tornou-se logo milionário, possui edifícios de apartamentos, quadra de tênis, campo de golfe, dá-se ao luxo de compor música popular, escrever letras, parceiro de Tom Zé, nascido na tribo de Moisés é filho de santo de Olga do Alaketu, Lindinho sincretizou Jeová com Oxalá! Os bolsos repletos de dólares, vasculha as capitais europeias em busca de quadros de revenda certa no Brasil, lucros polpudos. Zélia lhe contou do quadro de Di, o que sobrara da mão baixa do ladrão, Valdemar atacou e quando Lindinho ataca, quem lhe pode resistir? Trouxe o quadro de volta para o Brasil onde o cedeu — Lindinho não vende, cede — por preço astronômico.

---

1   Pierre Seghers, editor francês.

Em termos de mercado de arte internacional, Valdemar o comprou barato, ainda assim pagou por ele bom dinheiro, Pierre Seghers ao embolsar os dólares fez autocrítica:

— Não imaginei que um quadro do Di Cavalcanti valesse tanto. Nem eu nem o canalha do ladrão.

São Paulo, 1945.
OS GATTAI

CELEBRAMOS CAIO PRADO JÚNIOR NA LIVRARIA repleta de admiradores. Paulo Mendes de Almeida aponta-me Wanda meio escondida à sombra de uma estante:

— Veja como é bela! Repare no rosto, rosto de escudo, uma beleza hereditária, de séculos.

Os poetas sabem, eu apenas confirmo: a irmã mais velha de Zélia é realmente bela, o rosto plácido, sonhador, escudo de Veneza. Não tive tantas oportunidades como desejaria de conviver com Wanda, com seu marido José, com seus filhos, mas ouço-lhe a cada dia o louvor na boca da irmã caçula. Zélia guarda-lhe intacta a admiração de menina, para ela Wanda simboliza a perfeição.

Tampouco conheci de perto os irmãos, Remo e Mário, Tito de apelido, não foram de minha intimidade. Radical, Tito cultivava da boca para fora a aspereza e a intransigência, mantinha correspondência com Zélia, estivesse ela onde estivesse cobrava-lhe a fidelidade comunista. Da boca para dentro era protético de fama e clientela. Seu cliente James Amado o promoveu a dentista — almas irmãs, confraternizaram na má-língua, línguas de trapo —, até hoje faz o elogio do profissional e do cidadão. Levou-lhe clientes, Ricardo Ramos entre outros — no atelier do perito cresceu a animação do bate-boca, o ranger das dentaduras em roda de sotaque.

Quem eu conheço de sobejo é Vera, a irmã do meio, privei com ela, com seu marido Paulo, homem bondoso, inteligente e lido, fomos amigos. O filho único do casal, meu sobrinho Fábio, está na relação dos seres de meu carinho, trata-se de uma espécie de força da natureza desencadeada na família. Igual a mim, nasceu destinado à carreira cinematográfica, igual a mim as agruras da vida impediram-no de realizar a vocação. Ainda assim foi mais longe do que eu, não passei de obscuro coadjuvante do cinema nacional na fase heroica das chanchadas, fase áurea: não havia subvenções oficiais, mas havia público, espectadores.

Fábio iniciou com brilho o que deveria ter sido ininterrupta cadeia de sucessos, assistente de direção de Mário Brasini em dois filmes na década de 50, nos dois figurou de ator, demonstrou aptidão, sobrava-lhe bossa, iria longe com certeza não fosse tão frágil a estrutura da cinematografia brasileira. Mário Brasini gabava a qualidade do assistente, eu enalteço os méritos do ator.

No primeiro filme uma aparição fugaz, apenas, não deu para guardar memória. No segundo, porém, coube a Fábio viver o papel — curto mas inesquecível — de repórter fotográfico: em meio à massa de fãs, espreitava a chegada de famosa estrela para fotografá-la à sua revelia. Quando a gloriosa desceu do carro, Fábio gritou-lhe o nome para tê-la de frente para a objetiva: "Gilda!". Sua única aparição, sua única fala, mas que aparição, que fala! Quem viu *O filho do cangaceiro* jamais esquecerá aquele grito saído das entranhas, "Gilda!", jamais esquecerá a expressão do repórter fotográfico no momento de acionar a câmera, realmente o ponto alto da película. Quem viu o filme? Se desejam saber, Zélia e eu o vimos ao menos três vezes, Janaína, João Jorge, Paloma, levados pela tia Vera, mãe coruja, foram à matinê durante todas as tardes enquanto a película de Brasini ocupou a sala do cinema Ricamar, em Copacabana. Mas, ah, que vocação resiste às inconsequências do Brasil? Uma lástima, não me conformo.

Vera foi perfeita na dedicação a Zélia, não a desamparou jamais. Enquanto a caçula vivia o exílio nos descaminhos da política, ela a substituiu nos cuidados com Luiz Carlos; no Rio tomou conta de João Jorge e de Paloma, possibilitando à irmã a circum-navegação pelos avessos do mundo.

Um dia Zélia decidiu contar suas memórias de filha de imigrantes italianos, ao tomar da máquina de escrever levava na retina a imagem de dois heróis de sua infância: o pai Ernesto, revolucionário, preso político, campeão de corridas de automóvel, a intrepidez e a flama, e a irmã Wanda, a do rosto de escudo, a bela de Firenze nascida em São Paulo. Ao terminar a escrita de *Anarquistas, graças a Deus*, a esses dois heróis se haviam somado as figuras, quem sabe ainda mais sedutoras, da mãe Angelina, operária, e da irmã Vera, a do meio; haviam crescido nas páginas do livro para o primeiro plano na foto da família.

Quem definia Vera com precisão era dona Angelina — quando alguém vinha comentar as viagens da filha mais moça, andanças europeias, africanas, asiáticas, do Bósforo ao mar Báltico, do rio Amarelo ao mar Negro, ela repetia a afirmação: "Zélia nasceu com a estrela mas Vera, essa sim, é um colosso. Está em casa bem do seu, eu digo: Vera, vamos a São Caetano visitar tia Joana e ela em dois tempos está pronta, de chapéu na cabeça e sombrinha na mão. Um dia eu lhe disse: Vera, tenho necessidade de ir a Santos, não sei como fazer, pois acredite o senhor: não passou meia hora estávamos as duas no ônibus para Santos, imagine! Vera, sim, é um colosso!". Concordo e dou testemunho, Vera é poderosa.

Nenhum dos cinco filhos paridos do matrimônio da vêneta D'Acol com o toscano Gattai permaneceu no gueto da imigração, europeus de olhos azuis, casaram-se todos eles com gente de outras procedências. Não apenas os cinco irmãos Gattai: os italianos aqui chegados em busca de trabalho ou de liberdade logo misturaram sangues e costumes com os nacionais. Para me limitar à família, uma filha do Tito, Marice (*Ma* do pai Mário, *rice* da mãe Clarice, adoro esses nomes estrambóticos, afirmação pública do amor dos cônjuges), casou-se com um filho de árabes, a prima Odila uniu-se em matrimônio a um japonês, o citado Fábio tomou de esposa a cabocla Carmem no interior de Minas — a relação da mistura ocuparia páginas e páginas, mesclam-se sangues europeus, africanos, asiáticos, indígenas, forjam a raça brasileira, *evviva*! axé!

Jamais esquecerei o assombro de Zélia ao ver-se tratada de carcamana em Paris, num banquete de políticos e intelectuais, creio que foi Emilio Sereni quem ergueu o copo para beber a brindar a beleza da mulher italiana ali tão bem representada pela camarada Gattai.

— Italiana, eu? — protestou, espantada. — Desde quando?

Brasileira de quatro costados, o dengue, o requebro, o samba no pé, aliás ali mesmo deu prova: presente ao rega-bofe estava João Saldanha, pebolista e pé de valsa, ele e Zélia fizeram uma demonstração de como se dança o samba digna de profissionais em boate carioca. O cinema, a vocação de Fábio, qual a de Zélia? A tela dos cinemas, o palco dos teatros, o vídeo das cadeias de televisão, as pistas de dança? Em qualquer que fosse seria ídolo, nasceu artista, as agruras da vida não lhe deram chance: as agruras, ai.

Moscou, 1954.
MONSIEUR LE PRIX

O PRAVDA PUBLICA A LISTA DOS CONTEMPLADOS com o Prêmio Internacional Stálin, notícia de destaque na primeira página, vibro de contentamento, entre os merecedores da suprema distinção leio os nomes de Bertolt Brecht e de Nicolás Guillén. Por Brecht me interessei junto a Sacha Fadéiev, eu e Zélia sustentamos o ânimo de Nicolás na agonia da espera.

Rosa ficara em Havana, Nicolás convida Zélia para lhe entregar a medalha e o diploma, ele os receberá em sessão plenária do Congresso dos Escritores Soviéticos. Para o Congresso viemos a Moscou, o cubano é nosso vizinho no corredor do hotel, a qualquer pretexto envia-nos bilhetes, assina-se Monsieur le Prix. Feliz como uma criança, nós também.

O nome nos jornais, os poemas no rádio e na televisão, na boca das declamadoras, praga soviética, o vate nos convoca e nos senta diante do vídeo para escutar o recital de uma delas: gorda e rouquenha, um dinossauro. Nicolás saboreia com deleite os poemas em russo e os identifica, elogia a megera, também nós a aplaudimos, por que empanar a alegria do amigo? Porreta!, exagero em baianês.

Redijo um telegrama endereçado a Nicolás, peço a Marina[1] que o traduza, do posto de correio instalado no recinto do Congresso eu o despacho para o Metropol. Mensagem de paixão ardente, declaração de amor, proposta de cama, assina-o suposta admiradora, apenas o prenome, Natacha. Termos exaltados: "Meu poeta genial, meu vate tropical, fiquei deslumbrada ao ouvir teus poemas na televisão, sou uma brasa acesa pelo fogo de tua poesia, estou apaixonada, quero te encontrar o quanto antes" e por aí afora de ardência em ardência. Lembro-me do final do telegrama: "Te amo, te amo, te amo, telefona-me, telefona-me" — seguia-se a assinatura.

Empunhando o telegrama, acompanhado pela intérprete, Nicolás invade-nos o quarto:

— Compadres, tem uma mulher em Moscou apaixonada por mim, me enviou um telegrama, só que é meio burra, pede que eu lhe telefone e não manda o número...

São Paulo, 1972.
O CONCORRENTE

NO DIA DO LANÇAMENTO DE *Tereza Batista cansada de guerra*, em São Paulo, recebo convite para ir à mesma hora a outra tarde de autógrafos: o livro se intitula *Um cão uivando para a lua*, o nome do autor é Antônio Torres, nada me diz. Trata-se de um estreante.

Por se tratar de estreante e baiano decido passar na livraria onde meu concorrente se exibirá antes de ir para a Siciliano autografar o romance de Tereza. Está comigo Calasans Neto que cavou na madeira 25 talhas

---

[1] Marina Kontrizin, intérprete soviética.

para ilustrar a história da moça sertaneja, o livro é tanto dele quanto meu. Por ele fiquei sabendo que Torres é baiano, do sertão como Tereza, e boa-praça. Não o encontramos, bom brasileiro impontual, chegará com atraso, eu sou pontual, tenho pressa, hora marcada, compro um exemplar do *Cão* e o deixo com pedido de autógrafo e votos de sucesso na carreira. Leio o romance ao recebê-lo, descubro um romancista e tanto, aposto em Antônio Torres.

Aposto bem, aquele primeiro livro é o começo de uma das obras mais realizadas do moderno romance brasileiro. No decorrer de vinte anos, dos uivos do cão às aventuras de um táxi em partida para Viena, passando por *Essa terra*, um clássico que se impôs em não sei quantas línguas, o moço sertanejo mostrou-se digno concorrente. Fizemo-nos amigos, ele já o era de Calá, de Myriam Fraga, de Guido Guerra. Amigos meus, de outras plagas, também apostaram no jovem Torres: Alice Raillard, Tom Colchie, a alemã Ray-Güde Mertin, fiéis da literatura brasileira em busca de novos valores. Não por acaso Severo Sarduy[1] escolheu *Um táxi para Viena d'Áustria* como primeiro lançamento brasileiro em sua coleção na Gallimard, Nouvelle Croix du Sud.

Vinte anos de trabalho, outro dia Antônio me escreveu:

— Só agora com o *Táxi* me sinto um escritor profissional.

Custa trabalho e tempo, exige paciência, força de vontade. Os que pensam que é fácil se estrepam.

Rio de Janeiro, 1983.
LE TROUBADOUR ET LE PRESTIDIGITATEUR

REVEJO YVES MONTAND NA RECEPÇÃO oferecida em sua honra pela Air France no Rio de Janeiro e volto a me conturbar com a pergunta que então me fez e a resposta que ele próprio deu, uma opinião apenas, coisa à toa na aparência, para mim significou premonição.

Não sei sobre o que teriam conversado, na mastigação do peru, na degustação dos vinhos, o *troubadour* francês e o homem de letras brasileiro — mineiro, vale acentuar, a referência pode ser importante na solução do enigma. Apontando Otto Lara Resende que se evolava, sim se evolava para as bandas da cozinha, Montand indagou como se de antemão conhecesse a verdade: "*Qui est ce Monsieur? Un écrivain, je sais, mais plus que ça,*

---

[1] Severo Sarduy, escritor cubano.

bien sûr". Sem esperar minha resposta, completou: "*Un prestidigitateur, c'est ça!*". Olhamos, Otto Lara já não era, se esfumara.

Levo um soco no peito ao ouvir a notícia da morte de Yves Montand, estamos em Paris, não faz uma semana Zélia me chamou, "venha correndo, para vê-lo na televisão": Yves jubiloso em Saint Paul de Vence trazendo pela mão o filho de três anos. De novo Zélia me chama, a voz dorida, a má notícia: fere-me a violência da morte inesperada, ficamos em silêncio, envoltos na tristeza.

Nós o conhecemos, a ele e a Simone Signoret, em 1948, na França, nos anos de exílio, de euforia comunista, tempo de certezas, as dúvidas não haviam ainda começado. Jean Cassou nos apresentou em casa de André Wurmser, nas jornadas da paz fiz-me amigo de Simone. Transcorridos muitos anos, ela presidiu o jantar, promovido por Jean-Claude Lattès, com que a editora Hachette comemorou meus setenta anos, reunindo amigos franceses antigos e recentes.

Mais de quarenta anos são passados, ainda hoje trago comigo a emoção que me dominou quando, no Théâtre du Chatelet, interrompendo o canto — o concerto intitulava-se *Chansons populaires de France* —, Yves Montand disse o poema "Barbara", de Jacques Prévert, um calor de labareda me envolveu e acalentou.

Em 1983, a pedido de Madeleine Archer, responsável pelos prêmios Molière, escrevi uma carta a Yves Montand insistindo para que viesse ao Brasil, sua presença nos ajudaria a varrer a ditadura moribunda. Yves veio e com ele vieram a filha de Simone, Catherine Allégret, e Jorge Semprún, o romancista espanhol mabaça de Montand. Ovacionado no Teatro Municipal, quando se pensava que os aplausos iam terminar eles redobravam, não tinham fim, o *troubadour* pôde dar-se conta da significação de sua presença na festa dos artistas cariocas.

Restou por explicar o problema da definição, "um prestidigitador": pareceu-me perfeita até onde pode ser perfeita a tentativa de definir-se aquele que prossegue sendo para nós, seus compatriotas e devotos, esfinge indecifrável. Vim a saber que houve um segundo encontro, o que conversaram não foi revelado, mas de volta a Paris o *troubadour* se referiu, segundo me contaram, ao caráter aliciador do personagem e à aura de mistério a revesti-lo. Quando o revi, me perguntou: "*Et lui, comment ça va?*". Não falou o nome, não era necessário.

"*C'est un prestidigitateur!*", acertara em cheio. Quando da pergunta feita na recepção, provocado em meus brios, contei do saber e da malícia, da sutileza, do imprevisto, da obscura evidência, da contraditória exatidão do guru mineiro. Yves Montand ouviu-me em silêncio como se tudo aquilo para ele não fosse novidade, como se houvesse entendido o abstruso numa única conversa e soubesse Otto Lara Resende de cor e salteado, enquanto para nós do terceiro mundo a incógnita persiste, pois Hélio Pellegrino[1] levou consigo a chave da adivinha, quando embarcou para a viagem, aquela que sabeis.

Bahia, 1962.
OS ESCULTORES

AGNALDO[2] MORREU MENINO AOS 36 ANOS, vítima da doença de Chagas, um charlatão dublê de tira de polícia aplicou-lhe injeção milagrosa, tiro e queda na cura da enfermidade tida por incurável. Com ele se enterrou a mais excepcional vocação de escultor já revelada no Brasil.

Moleque de Itaparica, começou criança a ganhar a vida, na ilha exerceu o ofício de caieiro, antes de vir para a capital. Na Bahia foi trabalhar no atelier de Mário Cravo, cortava e preparava madeira para as peças do escultor: a fase das esculturas em madeira parece-me fundamental na obra de Mário, basta citar o *Antônio Conselheiro* que Pietro Maria Bardi comprou e ofereceu ao Museu de Arte Moderna da Bahia, a *Tentação de santo Antônio* que se encontra na Secretaria de Planejamento, no Centro Administrativo, a *Yemanjá* que sobrevoa a sala de jantar da casa do Rio Vermelho, o *Cangaceiro* que eu fui visitar em clube de Vitória, o *Capoeirista* que domina o hall de um hotel em Brasília. O tempo destruiu peças igualmente importantes quando Mário se voltou para outros materiais, o ferro, o aço, a pedra-sabão, a fibra de vidro e se desinteressou pelas peças cortadas na madeira.

Labutava Agnaldo a debastar madeira para o mestre, Mário o viu talhando pedaços de pau, nada disse, apenas ficou de olho nos exercícios do negro alto, forte e bonito, operário competente, quem sabe mais que isso. Não se passou muito tempo, num sábado, ao efetuar o pagamento da semana, Mário lhe informou:

— Agnaldo, você está despedido.

— Despedido? O que foi que fiz? — Agnaldo não entendia a razão do desemprego.

— Não fez nada de mal, você está despedido do trabalho mas venha todos os sábados receber o salário da semana. — Agnaldo continuava

---

1 Hélio Pellegrino, psicanalista.
2 Agnaldo dos Santos.

sem entender, entendia cada vez menos. Mário riu seu riso debochado e generoso: — Se você continuar aqui, brincando com madeira, nunca vai passar de um sub-Mário Cravo, nunca vai chegar a Agnaldo. Vá pra casa, meta a cara, quando vier aos sábados receber a grana traga o que fez pra me mostrar.

Já escrevi que compadre Mário é uma força da natureza por capricho dos deuses desencadeada na Bahia, ferreiro de Exu saído dos infernos, bigodes arrogantes, devassos, a boca de gargalhadas, um dos pais da arte moderna da Bahia. A arte moderna da Bahia começou com ele, com Genaro de Carvalho e Carlos Bastos, a esses primeiros se juntaram Carybé, Rubem Valentim, Mirabeau, Jenner Augusto, Hansen Bahia. Mário foi o mestre principal da geração que se seguiu à primeira leva revolucionária, influiu sobre jovens plenos de talento e de vocação: Calasans, Lev, Antônio Rebouças, Fernando Coelho, Tatti Moreno, Jorge Costa Pinto. Sem falar que forjou Cravo Neto na cama de Lúcia, santa Lúcia. Filho de sangue, Mariozinho, mas os artistas baianos quase todos nasceram em seu atelier, de seus ensinamentos. Mário foi fundamental e definitivo.

Escultor único em sua singularidade, primeiro sem segundo, Agnaldo não se assemelhou a nenhum outro. Possuo na casa do Rio Vermelho a *Virgem com a coroa de pregos*, tem a face negra, o corpo de baiana, madona mulata, brasileira. O *Oxóssi* está no apartamento do Rio, veio da África no navio negreiro, na selva do Brasil Agnaldo o recriou jagunço, herói do cangaço, vaqueiro do sertão, orixá mulato no bando de Lampião. Mestiços a madona e o orixá, África e Europa, não mais a África, não mais a Europa, o Brasil. Representante da cultura mestiça brasileira, conquistou o Grande Prêmio Internacional de Escultura no Festival de Arte Negra, em Dakar.

Nos começos da vida artística, ainda sem fama e sem fregueses, Agnaldo talhou carrancas e as vendeu como se as tivesse obtido no rio São Francisco, trabalho de anônimos, são as mais belas carrancas que existem, Carybé possui uma delas, animal fantasmagórico, dragão, uma das coisas, tantas, que ele tem e eu invejo.

Vejo Agnaldo nos dias finais, tomado pelo mal de Chagas, custava-lhe talhar o orixá no tronco de árvore. Levados por mim a seu atelier, dois compadres meus, pernambucanos, Paulo Loureiro e Ruy Antunes, compraram as últimas peças que realizou. As demais tinham ido para o marchand que contratara por dez réis furados sua produção e o explorou durante a vida inteira.

Rio de Janeiro, 1942.
CHEQUE

POSTO EM LIBERDADE, APÓS ALGUNS MESES de xadrez, a polícia política dá-me oito dias para sair do Rio, ir para a Bahia, cidade onde devo permanecer com residência obrigatória e obrigatória apresentação à Delegacia de Ordem Política e Social uma vez por semana — jamais me apresentei.

Não tenho um centavo, não sei como me arranjar para partir, cumprir a ordem. Aníbal Machado vem em meu socorro, obtém com seu irmão Cristiano, diretor de companhia de navegação fluvial no rio São Francisco, futuro candidato à presidência da República, passagem de graça em navio de sua empresa, de Pirapora a Juazeiro, a ideia de navegar o São Francisco me encanta. Dessa viagem irá nascer *Seara vermelha*, romance que escrevi em 1946.

Falta-me, porém, dinheiro para o resto, para o trem do Rio a Pirapora, para as despesas durante a viagem, a passagem de Juazeiro à capital baiana, onde buscá-lo? Eis que recebo recado de Bibi Ferreira: soube de minha libertação, quer me falar, tem assunto a tratar comigo. Casada na época com Carlos Lage, empresário rico, Bibi montara companhia própria, marca-me encontro no Teatro Fênix onde se apresenta em peça adaptada por Miroel Silveira de *A moreninha*, de Macedo. Inicia sua esplêndida carreira de sucessos, antes representara ao lado de Procópio Ferreira, seu pai, juntos fizeram um Molière extraordinário: intérprete de Molière fora de série, se Procópio houvesse nascido francês estaria na galeria dos gênios do palco, dos imortais.

Assisto ao espetáculo: radiante de juventude e sedução Bibi contracena com Graça Melo, esbanja talento, domina a plateia que a aclama, conversamos em seu camarim. Bibi almeja viver no palco a figura fatal de Eugénia Câmara, cômica portuguesa do século passado, a grande paixão, o desvairado amor de Castro Alves, encomenda-me peça sobre a vida do poeta dos escravos, não pode haver tema mais apaixonante, Bibi acha que sou o indicado para escrevê-la. Nunca escrevi teatro, não sei como fazê-lo, não me tenta, começo a explicar por que não posso aceitar a proposta, antes que diga não Bibi toma da caneta, assina um cheque de 20 mil cruzeiros, coloca-o na minha mão. Balanço a cabeça, de acordo, aceito a prebenda, já tenho o dinheiro para as despesas de viagem. Bibi não quis sequer contrato, confia em mim, de assinatura basta a do cheque. Saio do Fênix com os cobres e a prebenda.

Quebro a cabeça durante cerca de dois anos: não nasci dramaturgo, sofro de desvio profissional, só sei conceber em termos de romance. Finalmente com muito esforço e pouca técnica coloco uma peça no papel, de início intitulada *O amor de Castro Alves*, passou a se chamar *O amor do soldado* para evitar confusão com o *ABC*. Em 1944 vou ao Rio, levo os originais e os entrego a Bibi, mas ela já não está à frente da companhia, não tem possibilidades de montar a peça encomendada. Fica com o texto datilografado, segundo ela, o manuscrito e a dedicatória valem os 20 mil cruzeiros do adiantamento, não lhe devo nada.

Primeira e única incursão na dramaturgia, pecinha mais ruim, a culpa é de Bibi. Felizmente jamais foi levada ao palco e eu não reincidi, não repeti a tentativa: variadas vezes têm-me proposto cheques gordos para escrever novela de televisão, obra de teatro. Mesmo continuando pobre e necessitado, não voltei a embolsar o cheque e aceitar a prebenda. Bastou-me uma vez quando Bibi Ferreira quis viver Eugénia Câmara. Fico imaginando que imortal Eugénia não seria a cômica portuguesa na paixão de Bibi: amorável e dissoluta, na abolição com o poeta, seu herói, na cama com seu menino Ceceu, a comê-lo e traí-lo, devassa como está nos versos de amor que para Eugênia ele compôs em desvario: "Eu quero ver teu peito intumescido,/ ao sopro da volúpia arfar erguido...".

Por maiores esforços tenha feito, jamais consegui localizar no céu as estrelas da constelação do Cruzeiro do Sul — uma de minhas frustrações: todo mundo vê, será que vê?

Monte Estoril, 1992.
O NÃO CANDIDATO

DA BAHIA, AO TELEFONE, Rosane lê-me em dólares telegramas de candidatos à vaga de Chico de Assis Barbosa na Academia Brasileira de Letras, estou no monte Estoril, em Portugal, escrevendo ao sol do inverno manso, gostosura.

Apenas ela desliga, Luís Forjaz Trigueiros chama e me diz que recebeu carta de Ascendino Leite, não sei por que cargas-d'água penso que o romancista paraibano também é candidato. Antes que se esclareça o quiproquó fico desgostoso, pois desejando tanto votar em Ascendino, já tenho compromisso para a vaga do Chico. Se alguém merece a Academia é Ascendino, pelos romances e mais ainda pela série de volumes de seu *Diário*, que cobre a literatura e a vida literária brasileiras contemporâneas. Obra singular em nossas letras, tão pobres de diários e memórias.

Polêmico, discutidor, brigão, Ascendino passou a vida comprando barulhos e desafetos, mas nas horas decisivas comportou-se sempre de forma correta e generosa. Assim agiu durante as perseguições de 64, após o golpe militar, defendendo inimigos, assumindo a liberdade de pensamento e de expressão, o oposto do que dele disseram e afirmaram. Escritor de primeira, confrade de primeiríssima.

Respiro aliviado quando Luiz esclarece o engano: Ascendino não é candidato à Academia, ainda não é, espero que o seja um dia para que eu tenha o prazer de lhe dar meu voto.

Meu materialismo não me limita, respondeu Pedro Archanjo na Tenda dos Milagres, *quando o intelectual estranhou que um materialista exercesse funções de babalaô de candomblé — aqui repito a afirmação do sábio do povo, pardo, paisano e pobre, ao reafirmar meu materialismo imune ao vírus da Aids ideológica.*

São João del-Rei, 1969.
OS NOVOS-RICOS

NA CASA SENHORIAL DE SÃO JOÃO DEL-REI, ao lado da Póvoa do Lanhoso, nas cercanias de Braga, habitam os pais de Antônio Celestino, avô de netos meus, amigalhaço. O pai, seu Pedrosa, em verdade é padrasto: dona Virgínia das Dores, viúva, casou-se com o professor Pedrosa, letrado, diretor de colégio, afável criatura. Ela, a fidalga, Virgínia das Dores Simões d'Almeida Pedrosa, outrora Celestino, conserva-se bela e altiva, a nobreza da casta e das virtudes, escreve versos — uma das netas lhe herdará a vocação.

Pai amantíssimo de três filhas, a do meio mãe de meus netos, ainda o é mais da filha caçula, a dos poemas, não esconde a vaidade quando lhe gabam os versos de Carminha.[1] Baiano do Minho, esse sr. Celestino, bancário a vida toda, banqueiro por uns tempos, é um dos responsáveis pelo florescimento das artes modernas na Bahia. Diretor do Banco Econômico, com o aval de Miguel Calmon e o apoio de Ângelo Calmon de Sá, abriu carteira para o financiamento de exposições e a venda de quadros e esculturas, iniciativa de evidente importância para as finanças sempre incertas

---

1 Maria do Carmo Celestino, poeta.

dos artistas. Em *A Tarde* exerce a crítica de arte, douta e moderna, não direi imparcial, pois Celestino é devoto da amizade e a amizade é partidária. Escreveu um livro, *Gente da terra*, sobre os plásticos da Bahia, os de sua preferência: Carybé, Carlos Bastos, Floriano, Calá, Fernando Coelho, Mário Cravo, a curriola toda.

Impossível esquecer a manhã sinistra do incêndio do antigo Mercado Modelo, o verdadeiro: assisti Celestino abrir crédito imediato para os barraqueiros em pânico. E o vi chorar quando se deparou pela primeira vez com o casebre em ruínas onde vivia em Pau da Lima o pintor Cardoso e Silva. Ameaçado de solidão na viuvez, teve a sorte de casar-se com a sra. Maria da Conceição Esteves de Oliveira, da nobreza rural, planta maçãs, colhe olivas, produz azeite e vinho e todos a conhecem e estimam por Sãozinha, professora da escola dos meninos pequenos. Em mais de um romance eu o coloquei de personagem, saiu-se bem, com honra e brio, Antônio Celestino, personagem e tanto.

Me perdi falando do amigo, mas quero contar dos pais, o professor, lido, civilizado, e a senhora altiva e bondadosa, havia ainda o velho tio padre, enfermo. Em torno, nas terra de lavrar, os campônios, hábitos feudais: eu os enxergava na cozinha onde bebiam um trago para calentar, o inverno do Minho é rigoroso. Relações de respeito e estima com os senhores da Casa do Ribeiro, soberana, uma distância de castas e o paternalismo.

A pobreza levou à imigração dezenas de milhares de portugueses, repetindo os que no passado haviam embarcado para o Brasil encaminharam-se para a França, a Alemanha, a Inglaterra, os países ricos da Europa, em busca de trabalho. Bom imigrante o português, nós o sabemos: muitos deles tiraram o pé da lama, economizaram, vieram e vêm aplicar o dinheiro na terrinha santa, que as benesses do primeiro mundo não conseguiram fazê--los esquecer. São os "franciús", os "avec", constroem residências dotadas de conforto, medonhosas, as "casas estilo *maison* com janelas tipo *fenêtres*" conforme se diz em Braga, conspurcam a paisagem do Minho, do Alto Douro, dos Trás-os-Montes.

Estava eu curtindo o frio inverno em casa de dona Virgínia e seu Pedrosa, quando Amélia, a mocinha que cuida da cozinha e dos gatos, veio anunciar a presença à porta de um casal de antigos servos, de volta a Portugal, em férias. Haviam imigrado dez anos antes para a França, acabavam de levantar nas imediações sua *maison*. Queriam cumprimentar os ex-patrões.

Testemunhei a mudança dos hábitos imposta pela realidade: o surgimento dos novos-ricos na província portuguesa. Onde recebê-los perguntavam-se em dúvida a fidalga e o professor, na cozinha como sempre o tinham feito ou deviam convidá-los à sala de visitas? Afinal já não eram os mesmos pobretões, servos da terra. Durou pouco o ataranto, dona Virgínia e Seu Pedrosa decidiram, disseram a Amélia que os fizesse entrar na sala. Lá os vi, sentados no sofá, o casal bem-posto, bem vestido, ele de gravata, ela nos trinques da Galerie Lafayette, novos senhores. Ainda assim diziam Vossa Excelência aos antigos patrões, em reverência diante dos fidalgos, é mais difícil mudar por dentro do que por fora.

Rio de Janeiro, 1960.
TELEFONEMA

QUASE MEIA-NOITE, NA SALA ANTÔNIO MARIA[1] dedilha o violão, dá--nos a conhecer composição recente, frevo apenas concluído, o telefone soa, atendo com impaciência, voz de mulher pergunta se sou o próprio.
— Sou sua leitora, daquelas, compro e leio todos os seus livros. Acabo de suspender a leitura de *Os velhos marinheiros* para lhe telefonar.
Sob o título de *Os velhos marinheiros*, o editor reunira num volume as histórias de Quincas Berro Dágua e do capitão Vasco Moscoso de Aragão, a edição vinha de ser posta à venda. A leitora prossegue, exaltada:
— Parei de ler na página onde o capitão está bêbado e desmoralizado na pensão miserável de Belém, não tive coragem de prosseguir. Estou telefonando para lhe dizer que se você não o reabilitou, não lhe restituiu a dignidade e a alegria, jamais voltarei a ler um livro seu.
Retorno ao frevo, à conversa na sala, dou notícia do telefonema. Antônio Maria escuta, ri seu riso de boca escancarada, confessa:
— Eu também parei na mesma página, levei dois dias para retomar a leitura, tive medo que o capitão fosse se matar.

Paris, 1991.
GRAHAM GREENE

VAI-SE DA VIDA UM DOS ESCRITORES CONTEMPORÂNEOS de minha admiração: Graham Greene habitava em Antibes, eu o conheci no Rio de Janeiro em tempos de antanho. Conversamos duas ou três vezes, Zélia e eu jantamos com ele em companhia de Zora e Olinto.

---

[1] Antônio Maria, compositor e jornalista.

A obra do romancista eu a estimo entre as maiores de nossa época: discutiu todos os problemas, assumiu posições de vanguarda, aumentou a população com personagens que andam por aí mais vivos do que nós. Por ser escritor agradável de ler-se e por ser dos mais lidos, por ser popular em todos os sentidos, os ressentidos não lhe amam os livros nem lhe suportam a fama, relegam-no à vala comum dos fáceis.

Pensei reencontrá-lo em Moscou, em 1989, na reunião do Comitê Diretor da revista *Literatura Estrangeira* — que fim teria levado a publicação que a partir do primeiro número significou audácia e abertura na divulgação das literaturas estrangeiras na União Soviética? Graham Greene e eu fazíamos parte do Comitê Internacional da revista. Graham Greene não pôde ir, a saúde não lhe permitiu a viagem, ainda bem pois iria sofrer demais, como eu sofri, com a visão da União Soviética se desmantelando, os problemas, os rancores, os nacionalismos, os radicalismos, a incerteza.

Eu o reencontro nos artigos que lhe estudam a obra e a personalidade nos jornais e revistas da Europa. No *Jornal de Letras* de Lisboa, Francisco José Viegas informa sobre idiossincrasias de Greene: "Nunca perdoou a Burgess determinadas imprecisões sobre seus livros, nem a Lundkvist, da Academia Sueca, o ter dito que o Nobel nunca poderia ser atribuído a Greene". Lundkvist, o fatal: em matéria de rejeição estou em boa companhia, além de Alberto Moravia, Graham Greene.

Bahia, 1965.
REENCARNAÇÕES

CARDOSO E SILVA, DITO CARDOSINHO. Poeta, três coletâneas de sonetos editadas, centenas de sonetos inéditos, comida para os ratos na pocilga onde habitava em Pau da Lima — "alimentam-se de poesia", comentava puxando fumaça do cachimbo. Filósofo, duas plaquetes de elucubrações metafísicas, pintor *naïf*. Vivia da venda das pequenas telas que conduzia embrulhadas nas páginas de *A Tarde*, as igrejas da Bahia, as famosas e as capelinhas, a Igreja de São Francisco, a do Bonfim, a capela de São Lázaro, pintou-as todas, possuo uma quantidade. Alfredo Machado quando vinha à Bahia comprava ao menos meia dúzia e dobrava o pagamento: os preços de Cardosinho eram dez réis de mel coado, nunca se vendeu beleza a tão baixo preço. Maçom, espírita — kardecista, corrigia —, pobre de Cristo sem ter onde cair morto, vivia em alegria, amor à vida só comparável ao de Norma Sampaio ou de Calasans Neto. Cardosinho, uma das mais doces criaturas que conheci e estimei, eu trazia-lhe das viagens cachimbos raros e boinas bascas. Com sua boina, seu cachimbo, sua gargalhada, Cardoso e Silva. Assinava-se Cardoso e Sa∴, após o a o sinal maçônico.

Diziam-no mentiroso, acusação injusta. As histórias fantasmagóricas que contava ele as vivera todas em suas 57 reencarnações, as comprovadas. Algumas desastradas, abomináveis. O mau ladrão, na cruz ao lado de Jesus, não era outro senão ele. Reencarnara na pele do cardeal Pierre Cochon, o patife que, vendido aos ingleses, condenou Joana d'Arc à fogueira. La Pucelle d'Orléans, mesmo depois da canonização, santa de altar, não o perdoou, não lhe dava trégua, continuava a persegui-lo na ânsia de vingar-se. Em certa ocasião tentou matá-lo, quase mata a mim e a Camafeu de Oxóssi quando, na companhia de Cardosinho, íamos a um almoço no Mercado, não fosse Aurélio o volante que é, teríamos desencarnado. A donzela surgiu a cavalo, de lança em punho, envergando a armadura, saíra de uma nuvem, investiu. Atropelou o automóvel, quis transpassar com a lança o pescoço de Cardoso Cochon, errou por pouco, quando me dei conta o pintor estava estendido no chão do veículo, escondendo o rosto, pedindo perdão.

Teve igualmente reencarnações da melhor qualidade, foi profeta, secretário de Moisés gravou as tábuas da lei, eremita no deserto, o poeta Omar Khayyam e o tribuno Danton. A reencarnação perfeita, a mais feliz, deu-se no Ceará no século passado: nasceu jumento lerdo e pacífico, propriedade do cônego Alencar, o pai do romancista de *Iracema*, no lombo o conduzia da Igreja para a casa da comadre, trabalho maneiro, capim farto, boa vida.

Soldado português, em Itaparica, na guerra contra os holandeses, padre católico devasso, parceiro de Gregório de Matos na pândega com as putas, senhor de engenho e de escravos, escravo malê, chefe de motim. Várias vezes o acompanhei a visitar túmulo seu no pequeno cemitério da Igreja do Pilar: ali Cardosinho estava enterrado ou seja Pedro Miguel Tibiriçá, herói da Independência. Capitão no Batalhão dos Periquitos, sob as ordens do general Pierre Labatut, morreu em combate nas aforas da cidade da Bahia.

Cardosinho aponta-me os desenhos gravados no mármore da lápide: "Repare na reprodução da assinatura, a letra é igual à minha, veja o formato do rosto, traços iguais aos meus, eu era valente e bonitão". Narra peripécias, a travessia bélica do Recôncavo, a febre nacionalista que o levou a mudar o nome — deixou de assinar-se Perdigão para ser Tibiriçá — amores com fidalgas e mucamas, ri a risada de hemiplégico, feliz da vida eterna.

Paris, 1986.
DOMÍNIO PÚBLICO

EM AUDITÓRIO ILUSTRE DE PARIS, sob a presidência de Jack Lang, Georges Raillard analisa em profundidade a poesia de Carlos Drummond de Andrade, alvo da homenagem dos intelectuais franceses, a Gallimard prepara a edição de suas poesias completas, a presença universal do poeta nos engrandece, espero que lhe concedam o prêmio Nobel. No Rio de Janeiro, no desfile das escolas de samba, enredo da Mangueira, Carlos Drummond vem de ser proclamado campeão do Carnaval. No salão de Paris consagram-no literatos refinados, os mestres europeus; na passarela do samba, o povo brasileiro.

Penso no claro enigma de Carlos Drummond de Andrade. Raríssimos os poetas e prosadores cujas criações deixam de lhes pertencer, transformam-se em domínio público, em bem de todos. Assim sucede com a obra poética de Carlos Drummond, poeta tão distante da facilidade — sua poesia por vezes tão difícil, sempre à altura da obra-prima, deixou de pertencer ao vate tímido e recatado para se tornar sentimento e condição dos brasileiros, influiu sobre todos, sem exceção, e a todos emocionou. Qual de nós não diz que "tinha uma pedra no meio do caminho", repetindo verso seu? Que homem do povo — quantos deles analfabetos — não perguntou na hora da dificuldade: "e agora, José?", repetindo verso seu? Drummond é o exemplo do poeta que extralimitou do livro e sensibilizou a nação inteira, inclusive aqueles que nunca o leram, sequer um verso. Sua poesia fez-se dito popular, frase correntia, samba-enredo de escola de samba, rosa do povo. Depois de Castro Alves, somente ele, nenhum outro.

São Luís do Maranhão, 1977.
RECONCILIAÇÃO

ESTOU FAZENDO A BARBA NA MANHÃ do hotel em São Luís, o rádio ligado, ouço a notícia da morte de Carlos Lacerda, sobressalto-me, a gilete corta-me o queixo, ardem-me os olhos. Vejo-me rapazola nos comícios da Aliança Nacional Libertadora, nos corredores da Faculdade de Direito, petulante autor de *Cacau*, depois na redação de *Diretrizes*, primeira fase, a comunista: sempre juntos, Carlos e eu.

Fomos amigos de todos os momentos na década de 30, fraternos, em dias de luta, de perseguição, Carlos escondido após a intentona de 1935, os anos difíceis do Estado Novo, compusemos a quatro mãos letra para música de Dorival Caymmi, canção romântica: "Nossos passos pela estrada,/ o teu corpo nos meus braços...".

Depois nossos caminhos políticos se bifurcaram, Carlos tomou as estradas que conduzem ao poder, prossegui militante comunista. As divergências ideológicas não cavaram abismo entre nós, as boas relações pessoais persistiram até que Carlos em editorial na *Tribuna da Imprensa* agrediu Zélia com grosseria. Ela se ofendeu, tinha razão, tanto mais que carregara ao colo Sérgio primeiro, Sebastião depois, infantes um e outro, em conjunturas precárias quando Carlos buscava trabalho em São Paulo e Ziloca para cuidar dos filhos tinha o apoio das amigas: Zélia, Aparecida Mendes, Isabel, devotadas. Solidário com Zélia rompi relações com o pasquineiro.

Amigos comuns, Wilson Lins, Alfredo Machado, João Condé, tentaram repetidas vezes reaproximar-nos. Alfredo ameaçou levá-lo à casa do Rio Vermelho, pedi que não o fizesse, era a casa de Zélia e eu não a via disposta à indulgência. Um dia, pouco antes de sua morte, o correio me trouxe exemplar de livro de Carlos, *A casa de meu avô,* e uma palavra dele: "Tudo que desejo é não morrer teu inimigo", senti um frio nos ovos. Mostrei livro e recado a Zélia, ela nada disse.

Tampouco eu lhe disse que tomei de um exemplar de *O gato Malhado e a andorinha Sinhá,* nele coloquei dedicatória afetuosa como se jamais houvesse acontecido desavença, mandei-o para Carlos. Soube que, por acaso, chegou em dia de seu aniversário e ele o exibiu à família e aos amigos; o melhor presente, dissera.

Na manhã de São Luís, após o silêncio, o choque da notícia, Zélia fala:
— Você respondeu a ele, eu sei.

Balanço a cabeça em assentimento, sempre pensei que ela adivinhara, nunca havíamos tocado no assunto.
— Ainda bem.

O choro irrompe incontrolável, podemos então recordar os dias de amizade.

Bahia, 1958.
O BLEFE

DE PASSEIO NA BAHIA, HÓSPEDE DE ODORICO, seu parente afim, Carlos Pena Filho incorpora-se à roda de pôquer: em Pernambuco é presença certa nos torneios em casa de Ruy Antunes ou de Paulo Loureiro, ao lado de Marcos e de Benaia. Ri com as histórias de Mirabeau, ele as escuta pela primeira vez, nós as sabemos de cor e salteado, na opinião de Yves Palermo, confirmada por Odorico, além de falastrão Mirabeau é trampolineiro, narra os casos para desviar a atenção dos parceiros na hora do blefe.

Também Carlinhos, sem intenção malévola, conta anedota acontecida no Recife: literatos dados à boemia, Mauro Mota, Ariano Suassuna, Otávio Freitas Júnior, Marcos Vinicios Vilaça, Edilberto Coutinho, Marcos Accioly, outros que tais, bebem e discutem no Bar Savoy, celebrizado por Carlinhos num poema: "Nas mesas do Bar Savoy/ o refrão tem sido assim:/ são trinta copos de chope,/ são trinta homens sentados,/ trezentos desejos presos,/ trinta mil sonhos frustrados".

Entre os assíduos um amigo de Mauro, boêmio de muita classe e poucas letras, passa horas a beber uísque e a ouvir as discussões sobre poesia, estética, marxismo, o soneto e o concretismo, de Sartre a Ferreira Gullar, de Ascenço Ferreira a João Cabral, o neorrealismo, o formalismo, o realismo socialista e outras baboseiras. Um dia, nos vapores do uísque, se enche, perde o respeito, abre o coração:

— Nunca vi se gastar tanto tempo discutindo assuntos tão sem propósito, tão áridos, tão chatos quando se poderia estar falando de boceta, assunto lindo, conheço onze variedades...

Rimos, Mirabeau não ri, especialista, pesquisador, sábio boceteiro:

— Onze variedades, santa ignorância! Só de chupeta já selecionei cinco categorias, na contagem geral cheguei a 27 espécies de xoxotas.

Parado a ouvir, Odorico não replica a aposta, rápido Mirabeau recolhe a mesa, sem suspender o discurso, detalha a diversificação dos grelos, entre grandes (de machonas), médios e pequenos, roxos e róseos, pode citar para mais de vinte tipos — não resiste, abate o jogo sobre as fichas: dois pares brancos.

— Ladrão! Cínico! Vigarista! — brada Odorico fora de si.

Na mão de Odorico, inútil, a sequência máxima, com seus dois pares de nove Mirabeau arrastou a mesa no blefe das bocetas.

Cama de casal, exijo nas portarias dos hotéis, sou casado com comunhão de corpos. Não abro mão do corpo bem-amado no trânsito da noite, calor, desvelo, segurança.

Bahia, 1960-80.
PARTIDAS E CONTRAPARTIDAS

PINTEI E BORDEI COM MEUS AMIGOS, eles pintaram e bordaram comigo, preguei peças, inventei partidas, enrolei, fui enrolado, burlas e intrujices, dei e recebi o troco, zombei, zombaram, o que Carybé não aprontou às minhas custas?

Aprontou tantas e tais e eu caí como um patinho, fosse contá-las escreveria um livro, reduzo-me a duas delas às quais reagi, levando a melhor: as outras ele que as conte para rir de novo, o trapaceiro. No momento rio eu, se me dão licença.

Apenas nos instaláramos na Bahia, despedi um jardineiro, por incompetente. Ao saber, Carybé, de conluio com Tibúrcio Barreiros, procurador do Tribunal do Trabalho, armou uma daquelas, me deixou de início nas vascas da agonia. Utilizando papel timbrado do Tribunal, os dois patifes forjaram uma convocação em boa e devida forma — para dar-lhe autenticidade falsificaram a firma de um juiz —, marcando-me audiência para o dia seguinte, às duas da tarde. Eu deveria explicar por que não pagara o devido ao trabalhador vítima de demissão sem justa causa, o dito-cujo apresentara queixa, motivo para processo e julgamento. Vi-me arrastado na rua da amargura, acusado de burguês explorador do proletariado, sujeito a multa elevada e ao escárnio público.

Fulo da vida, havia pago mais do que o devido, procurei Walter da Silveira, advogado de sindicatos operários junto às Varas de Trabalho, contei-lhe do jardineiro, indenização e gratificação, mostrei-lhe a convocatória, Walter estranhou: tudo ilegal. Brigão por natureza, ao ver a assinatura do juiz entrou em transe: "Esse indivíduo é um mau-caráter, meu inimigo, aproveito a irregularidade, vou acabar com ele, fique descansado, deixe comigo". Marcamos encontro no Tribunal na hora aprazada.

Ao chegar em casa Zélia revelou-me a tramoia e os autores. Estreante em tais enredos, Tibúrcio telefonara às gargalhadas, despejara o saco. Em troca Zélia lhe informou que eu saíra para encarregar Walter da Silveira de minha defesa, Tibúrcio tremeu nos alicerces, Walter era osso duro de roer. Diga a Jorge que largue de mão, tudo não passou de brincadeira, Walter é maluco, volto a telefonar.

Voltaram a telefonar, ele e Carybé. Pedi a Zélia para atender às chamadas e dizer aos dois comparsas que, para me vingar, decidira topar a provocação, iria ao Tribunal assistir Walter atirar com a convocatória na cara do juiz. Foi um deus nos acuda, Tibúrcio em pânico, o posto de procurador ameaçado, Carybé sentindo-se responsável pela demissão do amigo; eu os cozinhei o dia inteiro, só à noitinha concordei em abandonar a causa, desobrigar o advogado.

A dificuldade foi obter que Walter desistisse da pendência, queria a todo transe desmascarar o juiz, desmoralizá-lo. Tive de apelar para os ritos da amizade: vais prejudicar a carreira de Tibúrcio, só então se acalmou e achou graça.

De outra feita Carybé afanou no atelier de Mirabeau — fora visitá-lo, não o encontrara — imagem de Nossa Senhora esculpida por frei Agostinho da Piedade, uma das quatro únicas peças assinadas pelo famoso santeiro do século XVIII, joia da não menos famosa coleção de imaginária, vale uma fortuna, menina dos olhos do colecionador, inveja e cobiça dos demais. Colocou a imagem no carro, dirigiu-se à casa do Rio Vermelho, subiu a pequena escada que leva à porta de entrada, depositou a santa no batente, tocou a campainha, caiu fora sem ser visto. Fui abrir, deparei com a peça, identifiquei a mão de gato de Carybé, recolhi a imagem e a guardei em lugar seguro, disse a Zélia: vamos nos divertir às custas do compadre.

Passado algum tempo Mirabeau telefonou: "Carybé não tem jeito, roubou a Nossa Senhora de frei Agostinho, telefonei, negou, atribuiu a você, disse que a viu aí no Rio Vermelho". A mim?, protestei. Tu sabes que não sou de brincar com santos de coleção, muito menos com peça de tal monta — era verdade —, deve estar em casa dele, isso sim. Mirabeau ficou um tanto inquieto: "Vou falar com ele de novo", disse, "brincadeira tem limite: a Pietà vá lá, ele já roubou mais de dez vezes, numa delas levou uma semana para restituir, mas a peça assinada de frei Agostinho já é demais". Botei lenha na fogueira, lembrei-lhe o quadro de Jenner: tens toda razão, Carybé está abusando, imagine se ele perde a imagem ou se decide ficar com ela? Onde anda o quadro de Jenner que ele tirou de teu escritório na vista dos empregados e até hoje nega? Mirabeau subiu a serra.

Seguiu-se telefonema de Carybé, falou disso e daquilo, terminou por perguntar se não tínhamos — Zélia, eu ou dona Eunice — atendido à porta e lá encontrado um objeto. Objeto? Na porta? Lá não tínhamos ido, se a campainha soara não a ouvíramos, talvez ainda esteja lá, vou ver, Carybé ficou à espera ao telefone. Fui, voltei: na porta não tem nada, compadre, o que aprontaste desta vez? Afobou-se e terminou por confessar que deixara na porta a Nossa Senhora de frei Agostinho da Piedade, "simples pagodeira, é claro". Fiz-me de alarmado: perdeste o juízo, compadre? Largar peça de tamanho valor fora da porta, dando sopa, nos tempos que vivemos, de furtos e assaltos? Em mim Carybé não confia, mas confia em Zélia e quando a comadre confirmou nada termos encontrado, Carybé perdeu o rebolado.

Não tardou a aparecer, vasculhou a casa sem encontrar a santa que eu escondera no armário de Lalu, nem Lalu sabia. No entremeio eu telefonara a Mirabeau para acalmá-lo — aflito, queria chamar a polícia —, também ele veio nos visitar, juntos acompanhamos o desespero de Carybé, penou as penas do inferno, até que Zélia, não suportando ver tanto padecimento do compadre, deu o serviço.

Nessas duas vezes eu ganhei, nas demais, tantas e tantas, ganhou ele, o sr. Hector Julio Páride Bernabó, todo esse nome e embusteiro.

Cascais, 1991.
VAMOS ACABAR COM ELE

NO CORREIO REENVIADO DE PARIS, carta de Otto Lara Resende, deixo as demais de lado, dou-lhe a merecida primazia. O guru comenta a tempestade que desabou sobre a cabeça de Fernando Sabino, motivada pela publicação de seu recente *Zélia, uma paixão*, biografia romanceada, a vida e os amores da ex-ministra da Economia, Zélia Cardoso de Melo, ainda tão jovem e já tão falada, o nome na boca do mundo.

Humor e indignação ottorresendianos nos comentários sobre a "traumática experiência de Fernando". Os ataques, as acusações ao livro pelos patrões da crítica literária, de repente guardiões da moral pequeno-burguesa, da hipocrisia da sociedade, e por líderes feministas em crise de histeria, desatados uns e outras em fúria e pudicícia nas revistas e jornais cariocas e paulistas. "Uma boa parte", constata Otto, "deve ter sido dita da pela inveja e sentimentos menores. Você sabe, melhor que ninguém, que entre nós escritores ou artistas não podem fazer sucesso e sobretudo ganhar dinheiro para sobreviver. Tem de passar fome na sarjeta e morrer logo, não mais tuberculoso, mas de Aids."

É isso aí. A baixaria dos literatos de plantão nas colunas da imprensa escrita esteve à altura dos 200 mil exemplares vendidos em dois meses e dos direitos autorais correspondentes. Ademais Fernando exibe saúde de ferro e é escritor agradável, o antichato por excelência, como aguentar tanta coisa sem explodir de inveja?

Fernando Sabino, escritor profissional em país de amadores, trinta anos de sucesso, desde o lançamento do romance de estreia, *O encontro marcado*, publicado em 1956. Êxito tão grande, o autor se assustou, ficou com medo que um segundo romance não saísse à altura do primeiro, emigrou para a crônica, gênero do qual fez-se mestre, crônica sempre marcada pelo ficcionista em férias. O susto durou 25 anos quando por fim o estreante de *O encontro marcado* publicou *O grande mentecapto*, o segundo romance repetiu o sucesso do primeiro. Seguiu-se um terceiro, *O menino no espelho*, obra-prima, o livro de Fernando Sabino de minha preferência. Três romances, dúzia e meia de volumes de crônicas, contos, viagens, entrevistas, deram a Sabino posição excepcional em nossas letras, público enorme e fiel, sempre crescente. Tanta fama, uma fábula de direitos autorais, traduções, adaptações, viagens aos States, à Europa e para culminar o indivíduo se anuncia baterista de jazz, ah insuportável! A ordem correu entre a gentalha: "Vamos acabar com ele".

Não foram razões literárias, discordâncias estéticas que ditaram a opinião dos críticos, quem a comandou foi a inveja cumprindo a ordem emanada dos calhordas: "Vamos acabar com ele". Aliás alguns dos articulistas escreveram horrores do livro, do autor e da biografada, declarando ao mesmo tempo que por precaução não haviam lido *Zélia, uma paixão*. Boa crítica é isso, se querem saber, o resto é bobagem, atraso de uns pobres-diabos por aí.

Bahia, 1935.
O PREÇO DA GLÓRIA

DIRIGIDA POR DIAS DA COSTA, a revista *O Momento*, de inflamado conteúdo antifascista e evidente influência do Partido Comunista, no âmbito da luta contra o integralismo, divulga em suas páginas centrais entrevista de Pedro Rego, ilustrada com o retrato do filósofo.

Tipo de rua, vagabundo profissional, achacador impenitente, Pedro Rego é o criador do movimento filosófico intitulado "nossismo", de concepção mística e de positivas consequências para as finanças do aliciante Pedro Rego — vive dos emolumentos (parcos) com que os simpatizantes contribuem para a expansão da nova doutrina. Pedro Rego comanda o *Nosso*, navio que "navega numa lágrima" e se dirige ao fim do mundo onde, em data a ser marcada, correrá a loteria instituída pelo criador do nossismo e os prêmios serão distribuídos. Pedro Rego vende a preço razoável — não há preço fixo, depende do freguês —, bilhetes para a viagem no oceano da lágrima com direito a concorrer aos prêmios funambulescos quando chegar o dia do sorteio, ou seja, o dia do juízo final. O filósofo não intenta enganar quem quer que seja nem criar seita ou organização partidária, apenas recolhe uns trocados para a cachaça quotidiana, copiosa.

Estava na ordem do dia naquele ano de 1935 a famosa tômbola lançada pelo escritor Plínio Salgado, chefe nacional da Ação Integralista, movimento político de corte fascista: influências do salazarismo e do corporativismo romeno. A tômbola destinava-se a fortalecer as finanças do partido dos galinhas-verdes (assim nós, os da esquerda, designávamos o movimento de direita). A entrevista com Pedro Rego era uma gozação em regra na teoria e na ação dos integralistas, a tômbola denunciada como assalto à bolsa dos incautos. Pedro Rego estabelecia as diferenças entre sua honrada loteria e a fraudulenta do chefe nacional, entre a filosofia liberal do nossismo — cujo mestre e guia era o general Juracy Magalhães, àquele tempo governador do estado — e a doutrina reacionária do integralismo. Pedro Rego lavava a égua, Dias da Costa mandava brasa.

Na banca de jornais de Ibrahim, comuna exaltado, na praça Municipal, exposta, aberta nas páginas da entrevista, exibindo a foto do filósofo, a revista vendida ao preço de quinhentos réis o exemplar. Ufano, Pedro Rego vai e vem pela rua Chile à cata de pacóvios ou de bonacheirões de quem tomar algum, *O Momento* na mão, a satisfação sobrando dos olhos e da boca. Morde o freguês nos cobres para a viagem do *Nosso*, vende-lhe o bilhete, embolsa o subsídio, dá-lhe de brinde o exemplar da revista, volta à banca de Ibrahim, retira do bolso a pequena moeda, com ela bate no balcão, anuncia:

— Vou mandar quinhentos réis à merda, vou comprar *O Momento*.

Empunha a revista, retorna à rua Chile.

Bahia, 1963.
O JARDIM

ANNA SEGHERS SENTADA EMBAIXO DO SAPOTIZEIROS, no jardim. João Jorge trouxe a mesa de armar, mesa de jogo, Paloma a cadeira de *metteur en scène* de cinema, Anna escreve contos cuja ação se desenrola na Alemanha — viveu na França, no México, viajou o mundo do exílio, a saga espantosa está contada em *Transit*, mas seu tema e sua humanidade são alemães.

Nasceu para ser fiel, era exata por mais parecesse ser estouvada, habitante do mundo da lua — porque penso na lua ao pensar em Anna? Pela beleza decerto, não conheci mulher mais bela, não conheci ser mais adorável, minha irmãzinha Anna, quando morreu me senti sozinho, diminuído, faltava-me uma parte do coração. No jardim Anna escreve, mestre maior do conto e do romance como quem mais o seja, o compromisso cumprido até o fim não lhe limitou a grandeza criadora. Na recente caça às bruxas, no ajuste de contas, há quem busque negá-la, esmaecer a luz que ela acendeu em seu percurso de escritora, da *Sétima Cruz* ao conto do juiz íntegro, testamento literário e político, lido em Mayence, cidade natal de Anna, nas comemorações de seus noventa anos. As fogueiras do preconceito terminarão por se apagar, a visita da Santa Inquisição se encerrará, a criação de Anna Seghers permanecerá no ápice da literatura alemã, impossível escamoteá-la, as trevas da noite não conseguem impedir a afirmação do dia.

Nasceu Netty Reiling, o pai era antiquário, em 1928 publicou seu primeiro livro e aderiu ao Partido Comunista, passou a ser Anna Seghers, escritora e militante. Na manhã do jardim, toma do lápis, escreve, o sol da Bahia em seus cabelos brancos. O marido, professor Schmidt — László Radványi — foi ditar conferências em Recife, a convite de Paulo Cavalcanti[1] — uma neta de Paulo um dia habitará Berlim leste, estudando a obra de Anna. Professor Schmidt não se contenta em ser sério, é solene, o oposto de Anna, catedrático de materialismo dialético na Universidade Marx-Engels-Lênin, marxista integral zela pela pureza da doutrina, ideólogo construído em aço. No entanto dão-se bem: Anna, o pássaro canoro, a ave solta no céu, a ternura, a decência, a alegria de viver, e o irredutível teórico, o guardião da doutrina — como se sabe e se diz, o amor não conhece barreiras, supera qualquer fronteira, vence qualquer distância.

Anna na roda de amigos, quem mais devota da amizade, quem mais fraterna? No picadeiro da ação política, na tentativa de vislumbrar o futuro, Anna, gentil domadora, dança com seus três ursos, assim dizia de Ilya, de Pablo e de mim, confiava em mim, acreditava-me capaz de desatar o nó, de indicar a rota e resolver o problema. Roda de amigos, tantos, a vida inteira, um deles se chamou György Lukács, filósofo, quis traçar os rumos da literatura comunista na incerteza das circunstâncias, nos currais do pecê ousou pensar por sua cabeça, tentou acender uma lanterna na escuridão do stalinismo, pagou caro a audácia do pensamento e da ação, penou misérias. Ministro da Cultura no governo de Imre Nagy foi condenado à morte como os demais, não se atreveram a enforcá-lo, viveu prisioneiro o resto de seus dias, no opróbrio, na solidão, pregada ao peito a estrela da traição, judeu, dissidente, renegado, homem livre. No degredo afirmava a liberdade, György Lukács.

---

[1] Paulo Cavalcanti, escritor.

Ao ver-me aparecer na fímbria do jardim, Anna suspende a escrita e propõe: "Vamos escrever uma carta a György? Vive tão abandonado, quem sabe a carta chegará às suas mãos?". Redigimos a missiva de carinho e de saudade. Soube por Anna que o condenado a recebeu, sentiu o calor da amizade, havia quem pensasse nele e o sustentasse. Anna me explica num gorjeio:

— Cada qual seu erro, o de György é a dúvida, o meu é a certeza. Ele deixou de acreditar, eu acredito e acreditarei mesmo contra a evidência.

Mesmo contra a evidência, assim Anna marchou soldado raso até a morte: "cada qual seu erro", me disse no jardim. Anos depois, um dia, seu filho Pierre[1] buscou no jardim da casa do Rio Vermelho, à sombra do sapotizeiro, o rastro da mãe: a doçura, a intransigência, a lealdade, tudo nela foi por demais.

Rio de Janeiro, 1953.
DIREITOS AUTORAIS

RECEBO UMA CARTA DE HOWARD FAST, trata de direitos autorais, ao que parece a ele os devo e não lhe pago.

Conheci Howard Fast em Paris, em 1949, no Congresso Mundial dos Partidários da Paz, ele e Paul Robeson eram os expoentes da delegação norte-americana. De Robeson fiquei amigo e o fui enquanto ele viveu, com Howard Fast tratei pouco apesar de ser admirador babado de *Spartacus* e de *Meus gloriosos irmãos*. Em 1956, como resultado da denúncia do stalinismo por Khruschov, escreveram-se numerosos livros, sobretudo dois deles me agradaram: *O retrato*, de Oswaldo Peralva —, tudo que nele está contado é a expressão da verdade — e *O deus nu*, de Fast, sofrido e emocionante.

Em 1953 eu criara a coleção Romances do Povo na editora do pecê, dirigida à época por Alberto Passos Guimarães, escolhia os livros, os tradutores quando era o caso. Inaugurei-a com a tradução de *Gouverneurs de la rosée* (*Os donos do orvalho*), de Jacques Roumain, publiquei Dalcídio Jurandir, Alina Paim, Anna Seghers, Hálldor Laxness, Ting Ling, Boris Polevoi, Ferreira de Castro, entre outros bons autores. Dois livros de Howard Fast: *Spartacus* e *Sacco e Vanzetti*.

A carta de Fast relata que seu agente literário comunicava-lhe a existência de edições piratas no Brasil, de dois livros tem certeza, obteve exem-

---

[1] Pierre Radványi, físico.

plares, uma das obras vítimas da vigarice, *Spartacus*, anda pela segunda tiragem. O agente cita os nomes da editora e do diretor da coleção, anuncia processo, providências drásticas, ao ler meu nome Fast pede-lhe que espere, vai me escrever, perguntar o que se passa. Escreve-me, pergunta-me o que se passa, respondo-lhe: a coleção existe, sou o diretor, escolho os títulos, os tradutores, aí termina minha responsabilidade, o estabelecimento dos contratos, o pagamento dos direitos são assuntos que competem à editora, o agente deve se dirigir à empresa, nada tenho a ver. A Editora Vitória, aviso, pertence ao Partido Comunista Brasileiro, solicito um favor a Howard Fast: se conseguir receber um tostão que seja, me avise por telegrama, a Vitória me deve uma fortuna, cinco edições do *Mundo da paz*, não sei quantas do *Cavaleiro da Esperança*, nem um vintém furado de direitos autorais.

Nada mais cansativo, mais estafante, mais terrível do que as reuniões ditas sociais, coquetéis, recepções, jantares, festinhas, outras chatices semelhantes.
 A obrigação de ser inteligente, os convidados esperando as frases de efeito, a profundeza, o brilho do escritor: é de lascar. Fico apavorado se não tenho jeito de escapar, como ser inteligente ao fim da tarde ou na mesa de jantar de cerimônia, com gravata e paletó? Emburreço por completo, dá-me aquela inibição, emudeço, perco o dom da fala, ainda mais parvo do que no dia a dia.

Rio, 1936.
EDITOR

  JOSÉ OLYMPIO AO ESTABELECER SUA EDITORA no Rio de Janeiro, em 1934, revolucionou a indústria editorial brasileira e possibilitou aos escritores nacionais atingirem o público, até então extremamente restrito. Ao comentar a promoção desmedida de livro da autoria de figura prestigiosa — os jornais não falavam de outra coisa, os críticos endeusavam o autor e a obra, lhe concediam prêmios —, opina em nossa conversa matinal, quotidiana, sou empregado da editora:

— Nenhuma promoção faz um livro ruim se transformar num bom livro. O noticiário, a crítica de encomenda, os elogios a granel podem enganar o público durante certo tempo, pequeno. De repente, cessado o foguetório, o livro acaba, de vez.

 José Olympio entendia de livros e autores. Revolucionou a indústria editorial, a afirmação é correta mas, em verdade, sua empresa, a Casa como ele dizia ao se referir à editora, jamais perdeu os contornos patriarcais que caracterizavam a edição brasileira de antes da Segunda Guerra Mundial. A Casa viveu sempre à sombra do poder do Estado, primeiro sob a proteção de Getúlio, depois dos militares da Redentora. Proteção que lhe dava segurança e permitiu a José Olympio investir com coragem e visão nos autores nacionais, a Casa foi pátria e família de mais de uma geração de literatos — poetas, ficcionistas, cronistas, ensaístas — do modernismo aos jovens dos anos 40: o romance de 30, os estudos brasileiros. Louve-se ademais a isenção política, plumitivos das ideologias mais opostas, esquerda e direita, comunas e integralistas, José Olympio não fazia distinção: livro bom, ele editava.

Tinha a generosidade dos patriarcas. Lúcio Cardoso, grande romancista, não possuía público numeroso, as tiragens de seus livros não ultrapassavam os mil exemplares, enquanto José Lins do Rego saía de 5 mil na primeira edição. José Olympio contratava com Lúcio uma edição de 2 mil exemplares, pagava direitos correspondentes aos 2 mil, imprimia mil. Dobrava assim o público do autor de *Salgueiro*, o público e os direitos autorais.

Pequim, 1986.
EMBAIXADOR

ALFREDO MACHADO TOMA CONHECIMENTO da carta que escrevi a José Sarney recusando o posto de embaixador do Brasil na França. Estava eu em Pequim quando o então presidente da República me telefonou do Palácio do Planalto para transmitir-me o convite: ao amigo agradeci, recusei ao presidente. Não me considero competente para exercer o posto, nulo que sou em economia para citar apenas uma das matérias sobre as quais deveria tratar e resolver. Sarney demorou a aceitar minha recusa, insistiu durante mais de um mês, mas como fiz pé firme terminou por desistir de fazer-me embaixador.

— Só mesmo você para recusar a Embaixada na França. Você não tem jeito, é maluco.

— Recusar a Embaixada não é nada. Não esqueça que em 1950 rompi relações com a editora Gallimard.

Decisão muito mais grave, desistência muito mais difícil, realmente acontecera. Jovem escritor brasileiro, me vi em 1938 traduzido para o francês e publicado pela editora Gallimard, quase me empanzinei de glória, considerei-me o máximo, vi-me famoso e rico. Depois de ter reeditado, após a guerra, em 1949, a tradução de *Jubiabá*, a Gallimard comprou-me os direitos em língua francesa de *Capitães da Areia*. Enquanto o livro estava sendo traduzido, Roger Caillois regressou da América do Sul e fundou na editora a coleção Croix du Sud, destinada a escritores dos países da América Latina.

Estando de partida para a Tchecoslováquia, procurei Claude Gallimard e lhe pedi que a tradução dos *Capitães* não fosse incluída na nova coleção. Expliquei-lhe a razão, nada tinha a ver com Roger Caillois, um bom amigo e, sim, com minha ojeriza aos guetos, a Croix du Sud era, a meu ver, um gueto de autores latino-americanos. Claude Gallimard disse-me que fosse descansado, prometeu-me providências no sentido de atender a meu pedido. Estava eu em Praga quando *Capitaines de sable* foi publicado na Croix du Sud, decerto Claude Gallimard esquecera o prometido. Logo depois uma reedição de *Jubiabá* foi colocada ela também na coleção. Afastei-me da Gallimard, levei anos para voltar às boas com a grande editora francesa, que atualmente possui em seu catálogo vários livros meus.

Editor, Alfredo Machado concorda que me afastar da Gallimard foi ousadia maior do que recusar a Embaixada, foi loucura.

Não se esqueça de que eu era um jovem de trinta e poucos anos. Hoje, velho de 75, sou capaz de recusar a Embaixada, mas não sei se teria o topete de brigar com a Gallimard.

Paris, 1990.
O BAIANO DE PARIS

POLÍTICO CAPAZ, PORÉM FRIO, de muitas bocas ouvi a afirmação peremptória sobre Luís Viana Filho. Tenho razões para contestar a definição: ao negar calor humano ao autor de *O negro na Bahia*, ela lhe diminui a personalidade solidária. Em duas ocasiões pude medir a inteireza do baiano de Paris — nasceu na capital francesa mas foi registrado brasileiro nato em cartório da rua da Misericórdia[1] — e hoje quando ele já não está entre nós desejo dar testemunho de seu humanismo.

Gravemente enfermo, obstinado comunista, o mais pobre dos pobres, mestre romancista da Amazônia, Dalcídio Jurandir foi candidatado por Marques Rebelo e por mim ao prêmio Machado de Assis, da Academia Brasileira. Contra seu nome levantaram-se resistências numerosas, obs-

---

1 Em Salvador, Bahia.

tinadas, não somente pelo fato de Dalcídio manter-se inscrito no pecê, subversivo malvisto pelos donos do poder, sobretudo devido a incidentes políticos ocorridos na área literária, nos quais o romancista desempenhara papel de relevo. De fato Dalcídio fora figura central no conflito — por pouco degenera em pugilato — que conduziu à ruptura entre as correntes constitutivas da ABDE. Nascida na preparação do histórico Primeiro Congresso de Escritores,[1] a ABDE, após uma primeira diretoria unitária, foi terreno de luta sem quartel entre os comunistas e os liberais. As divergências se acentuaram no Segundo Congresso,[2] a briga chegou ao extremo de batalha campal em 1949 quando da eleição de nova diretoria.

A direção do pecê decidira obter o comando da Associação, mesmo que custasse o preço da divisão dos escritores brasileiros, na ocasião eu já estava cumprindo tarefas na Europa, mas sei de ciência certa ter Dalcídio discordado do ponto de vista do Partido, voto vencido na Comissão de Cultura presidida por Astrojildo Pereira. Por isso mesmo que discordara, foi-lhe dada — era a regra partidária — a tarefa de fazer cumprir a decisão tomada pela maioria da Comissão — em realidade decisão ditada pelo Bureau Político, apenas referendada pelos míseros literatos sem nenhuma possibilidade de independência *vis-à-vis* da direção.

Assim, lá se foi Dalcídio para o sacrifício. Na assembleia da ABDE em que deveria ser eleito o novo presidente coube ao autor de *Chove nos campos de Cachoeira* o comando das hostes comunistas. O que se passou na famigerada reunião não me cabe relatar, pois não estava presente: a história da vida literária guarda memória de fatos lastimáveis. Trocaram-se acusações, insultos, as mães dos líderes dos dois campos foram xingadas, houve ameaças de bofetões. Tudo culminou quando Dalcídio — e esta foi a imagem que dele restou —, no cumprimento da tarefa recebida, arrancou, a muque, das mãos do poeta Carlos Drummond de Andrade, o livro de atas da reunião. Desde então o romancista do ciclo do Extremo Norte ficou marcado: o vilão principal, o vil bandido, o agressor, aquele monstro. Pobre Dalcídio, doce e terna criatura, o índio sutil: manifestara-se contra a decisão sectária, o sectarismo era estranho à sua natureza, mas, comunista convicto, sujeito à disciplina do Partido, cumprira a tarefa recebida, fazendo das tripas coração. Tantos anos decorridos, alguns senhores acadêmicos vacilavam em lhe conceder o prêmio que sua obra novelística merecia por demais.

1 Reunido em São Paulo, em janeiro de 1945.
2 Reunido em Belo Horizonte, em 1947.

Marques Rebelo telefona-me do Rio para a Bahia às vésperas da votação: faltava a Dalcídio um voto para abiscoitar os cobres, os parcos cruzeiros da dotação da láurea máxima da Academia iriam servir para a compra dos medicamentos caríssimos. Telefonei ao acadêmico Luís Viana Filho — um dos chefes de fila dos escritores atropelados pela disciplina partidária de Dalcídio —, fui vê-lo em sua casa baiana, perguntei se ele era capaz de esquecer o passado e votar no vilão da história. Luís tomou do papel e da caneta, entregou-me o voto com o qual Dalcídio ganhou o prêmio Machado de Assis.

De outra feita, eu me preparava para viajar à Europa, Glauber Rocha telefonou-me de Los Angeles em estado de desespero, ameaçava suicidar-se se não pudesse voltar imediatamente para o Brasil: "Me mato", gritava. Fiquei alarmado.

Glauber exilara-se após vigorosa atuação contra a ditadura militar, nas colunas de *O Pasquim*, em manifestações de rua, inclusive participara da vaia ao marechal Castello Branco, em frente ao Hotel Glória. Manifestação de repúdio promovida por intelectuais, a comitiva do marechal atravessara por entre insultos, ofensas, xingos, da comitiva fazia parte Luís Viana Filho, chefe da Casa Civil da Presidência. A condição de escritor fê-lo merecedor de apupos preferenciais dos manifestantes, logo presos.

Andou Glauber de ceca em meca com seu gênio, sua rebeldia, sua ânsia de fazer cinema. No exílio realizou dois longa-metragens, um filme espanhol, outro africano. No mais, pelo mundo afora as portas se fecharam para ele, seja na área capitalista, seja na área socialista, inclusive sua aventura cubana foi das mais frustrantes. Terminou nos Estados Unidos, ali queimou os últimos cartuchos de paciência e de esperança, tampouco nos States lhe deram trabalho, roteiro a realizar. Entrou em crise, telefonava-me diariamente: "Se não puder voltar me mato".

De novo fui visitar Luís Viana Filho na casa baiana tão aprazível e acolhedora, mais uma vez lhe perguntei se ele era capaz de esquecer o passado, mesmo tendo se sentido ofendido e magoado. Relatei-lhe o drama de Glauber: se existe alguém capaz de resolver o problema, esse alguém é você, pode obter do governo — estávamos no governo Geisel, Golbery era o homem forte no Planalto — garantias para a volta de Glauber. Mas garantias reais — no governo Médici, Zuzu Angel havia obtido licença para o retorno do filho: "Pode vir, nada acontecerá". O rapaz desembarcou, foi preso e em seguida assassinado de maneira a mais cruel.

"Vou ver o que se pode conseguir", respondeu-me Luiz, "fique descansado, farei o possível." E o impossível? — perguntei. "Sim, o possível e o impossível", concluiu. Marcamos encontro em Londres onde ele devia estar daí a alguns dias. De tudo dei conhecimento a Glauber: "Luís Viana? Acreditas?". Eu o conheço bem, acredito.

Na data combinada recebi, em Londres, telefonema de Luís Viana, falava do Brasil, adiara a viagem, mas o problema de Glauber já o havia resolvido, nosso amigo podia regressar ao Brasil quando melhor lhe parecesse. Eu quis saber se havia garantia absoluta que nada de ruim lhe iria suceder. Nada, respondeu Luís, tenho a palavra de Golbery e a do presidente Geisel.

Voltou, assim, Glauber Rocha ao Brasil pela mão de Luís Viana Filho, não foi incomodado, realizou seu derradeiro longa-metragem, *A idade da terra*. Vale acrescentar que, ao retornar, Glauber viu-se vítima do mais terrível patrulhamento, a ralé dos radicais o insultou e caluniou de traidor e vendido, disseram-lhe todas as baixezas e o fizeram com a maior ferocidade, com o ódio dos nulos, dos mesquinhos ideólogos. Sei quanto Glauber se sentiu ferido: "Estou envolto em infâmia, afogado em merda", me disse um dia.

Recebo em Paris a notícia da morte de Luís Viana Filho. Nesta cidade nasceu o baiano ilustre, filho de pai igualmente ilustre, tiveram os dois o privilégio de governar a Bahia. Ao recordar o baiano de Paris, que aprendi a estimar na luta contra o Estado Novo, e de quem não me afastaram as divergências, desejo dizer de seu calor humano, o oposto da frieza política que lhe atribuíram. Eu o revejo ao lado de seus iguais: Dalcídio Jurandir, Glauber Rocha, Luís Viana Filho, três mestres da cultura brasileira.

Bahia, 1980 – Paris, 1990.
CONCORDÂNCIA

TONY CARTANO[1] SEMPRE SE MOSTROU GENEROSO a propósito das traduções de meus livros, sobre eles escreveu elogios por mais de uma vez. Em artigo no *Magazine Littéraire*, porém, baixou o pau, de rijo, em *Os subterrâneos da liberdade*[2] quando apareceu a edição da Messidor, incriminando o autor por ter-se sujeitado aos cânones do realismo socialista ditados por Jdánov. Tony conta-me de sua surpresa ao receber carta minha, da Bahia, concordando com as críticas feitas ao romance.

Dez anos depois, Dominique Fernandez[3] dedica uma página em *Le Nouvel Observateur* a falar bem de mim e de meus romances, ao aplaudir

---

1 Tony Cartano, romancista francês.
2 *Les souterrains de la liberté*, Éditions Messidor.
3 Dominique Fernandez, romancista francês.

o livro *Conversations avec Alice Raillard* — além das traduções de *Tereza Batista* e de *Tenda dos Milagres*, entre outras assim perfeitas, devo a Alice o renome de seu livro e a amizade.

Dominique desestima, porém, *O país do Carnaval*, que vem de aparecer em francês sessenta anos após eu tê-lo escrito, denuncia em meu primeiro romance a influência malsã das letras europeias, imitação barata. Escrevo-lhe uma carta para dizer de minha concordância com a crítica feita a *O país do Carnaval*, salva-me saber que dois anos depois do primeiro livro publiquei *Cacau*, outra coisa, liberto para sempre dos modismos europeus.

De Tony Cartano já era amigo quando lhe escrevi sobre os *Subterrâneos*, de Dominique passei a ser amigo a partir da carta que lhe enviei a propósito de seu artigo sobre o livro de Alice Raillard.

Paris, 1948.
PRESENTE DE ANIVERSÁRIO

JOÃO JORGE COMPLETA UM ANO DE IDADE, nossa pobreza impede festas e presentes, ainda assim Zélia reúne amigos no quarto do Hotel Saint Michel, em torno de um ponche de champanhe e *fraises du bois*: Alfredo Varela, André Kedros, Renaud de Jouvenel,[1] Adelita e Héctor Poleo,[2] Misette[3] — que é de casa — e a turma brasileira: Vasco, Jacques, Zora, Henda, Santoro, Jamile e Israel Pedrosa, Castiel, Paulo Rodrigues. Madame Salvage, a dona do hotel, comparece sobraçando garrafas de conhaque, Carlos Scliar traz uma lata de goiabada brasileira.

Escrevo um romancinho, *O gato Malhado e a andorinha Sinhá*, história de amor, do amor impossível de um felino e um passarinho, meu presente para o aniversariante a fim de lhe ensinar a ter horror aos preconceitos. O conto termina mal com a vitória do preconceito: a andorinha casa com um rouxinol, o gato parte para a solidão pior que a morte. Se o escrevesse hoje, o romancinho terminaria com a vitória do amor, a derrota do malefício: eu era jovem, ainda não acreditava no impossível.

Não me limitei ao livro. Na intenção de bem educar João Jorge compus a letra de uma canção guerreira para que ele a cantasse com Misette no reino quotidiano do Jardim do Luxemburgo, nos passeios matinais no Boul'Mich'. Pensei que ainda a guardasse na memória, ledo engano.

---

1 Renaud de Jouvenel, escritor francês.
2 Héctor Poleo, pintor venezuelano; Adelita, sua mulher.
3 Marie Louise Nadreau, *marchand d'art*.

Recorro a João Jorge: de todos os presentes até hoje por ele recebido, foi o de que mais gostou, ainda a cantarola, sabe a letra inteira. João manda que Jorginho, o filho caçula, atenda ao meu pedido:
— Cante para seu avô o hino da vitória.
Sete anos de malícia, o moleque se executa:
— Joãozinho/ Piça d'Aço/ Foi à caça/ Foi à caça/ Joãozinho/ Piça d'Aço/ Que caçou?/ Que caçou?/ Bucetinha/ Bucetinha/ Piça d'Aço/ Já caçou/ Joãozinho/ Piça d'Aço/ Já caçou.
Para ser cantada com a música da *Internacional*.

São Paulo, 1933, 1938, 1945.
O REVOLUCIONÁRIO

O JARGÃO ESQUERDISTA REDUZIU A SIGNIFICAÇÃO das palavras "revolução" e "revolucionário", deu-lhes conteúdo ideológico estreito, limitado, retirou-lhes a amplitude e a grandeza. Também a direita concorreu para a falsificação, não fez por menos: classificar o golpe de Estado militar de 1964 de revolução é desconhecer, deturpar a verdade dos fatos, cada qual sua salafrarice. Revolucionário passou a identificar qualquer borra-botas a militar em partido ou grupelho dito operário ou marxista, os teóricos de oitiva nos diversos desvios do leninismo, do trotskismo, do stalinismo, do maoísmo, os simpatizantes do sistema soviético de governo, enquanto pessoas, fatos, livros realmente revolucionários perderam o direito a serem considerados como tais. Revolução virou etiqueta de ditadura, revolucionário é corruptela. Quem sabe agora, com o desmascaramento das ideologias, possamos reencontrar a dimensão, a amplitude real de palavras de conteúdo tão denso e expressivo, espero que aconteça.

Devido a tal deturpação o aparecimento de livros determinantes, *Casa-grande & senzala*, o romance *A bagaceira*, não foi considerado fato revolucionário no âmbito do pensamento e da criação nacionais. Figuras decisivas na evolução da sociedade, portadores do fermento revolucionário, não foram reconhecidas como tais, ao contrário, se viram tachadas de conservadoras, de reacionárias. Assim sendo, rótulos os mais diversos e absurdos foram pespegados à personalidade revolucionária de Flávio de Carvalho, arquiteto, artista, inovador, agitador — às experiências, ao debate desencadeado: da rua ao palco, do projeto à construção, do salão de arte ao figurino provocador, deles tudo se disse sem se dizer o essencial. Em certas ocasiões o apuparam, noutras o condenaram, jamais foi concedida à sua obra e à sua atuação a importância que uma e outra mereciam e continuam a merecer. Se alguém renovou no campo da cultura brasileira, esse alguém chamou-se Flávio de Carvalho, gigante paulista na estatura e na valentia, no arrojo. Na coragem de pensar, de empreender, de realizar.

Eu o conheci quando fui a São Paulo pela primeira vez, em 1933, em companhia de Santa Rosa. Hospedamo-nos em casa de Tarsila do Amaral e Osório César,[1] na ocasião marido e mulher — haviam recém-chegado de Moscou, ir à União Soviética naquele então era aventura cercada de dificuldades, viagem de espantos — realizavam uma exposição de cartazes soviéticos, insólitos e românticos, no Clube de Artistas Modernos, organismo criado e dirigido por Flávio de Carvalho, na época o centro de cultura mais sério do Brasil, o que colocava a proposta mais avançada. Ali pronunciei conferência sobre as crianças nas plantações de cacau, autografei o livro ilustrado por Santa Rosa, assisti ao *Bailado do deus morto*, de Flávio, que espetáculo!, logo proibido pela polícia política. A censura não dava tréguas ao CAM, trazia-o no cortado, vigiava-lhe as promoções, a montagem da peça de Oswald de Andrade, *O homem e o cavalo*, viera de ser vetada, as autoridades de olho, prontas para intervir e proibir: Flávio personificava a subversão em marcha, ameaçava a ordem e a moral.

Fiquei amigo de Flávio nessa ocasião e o fui enquanto ele viveu. Entre os artistas brasileiros foi ele sem dúvida o que mais ousou, estendeu a ousadia ao limite extremo, refiro-me por exemplo aos desenhos da mãe em coma, recordo o escândalo. Foi aquele que levou a pesquisa mais longe, não se limitava nem se deixava intimidar pela crítica, pelo desdém, pelo ataque dos revolucionários profissionais, os de carteirinha. Revolucionário foi ele, Flávio de Carvalho, o artista, o cidadão.

Desconheceram seu estudo sobre a psicologia das massas, relatada em *Experiência nº2* [1931], livro que está a exigir reedição urgente, publicam tanta besteira sobre psicanálise por que não trazem de volta às livrarias a pesquisa pioneira de Flávio, realizada no perigo das ruas e não na masturbação dos gabinetes. Riram dele nos jornais quando exibiu nas avenidas de São Paulo o traje ideal para nosso clima: hoje parece-nos inconcebível como se escreveu tanta tolice sobre o desfile do saiote. Flávio estava avançado sobre o tempo.

A ação era-lhe tão necessária quanto a criação, todo ele ímpeto e generosidade, fundador do Clube dos Artistas Modernos, organizador do

---

[1] Osório Thaumaturgo César, psiquiatra.

Salão de Maio. Colaborei com ele na preparação do Segundo Salão, em 1938 — vivi uns tempos em São Paulo à procura de trabalho, o Estado Novo fazia-me a vida difícil. Geraldo Ferraz e eu fomos ao Rio em busca de quadros, Santa Rosa nos ajudou, Geraldo inventara o Club dos Mulatos Gordos, assumira a Presidência, nomeara Santa Rosa o primeiro vice, o segundo era Gobbis.[1] Inventei os títulos dos quadros que Flávio pintara para o salão, me fez presente de um deles, *A avó*, mas de imediato o tomou de empréstimo, nunca mais o devolveu.

O atelier de Flávio ficava em edifício situado na esquina de Barão de Itapetininga com a praça da República, ademais de atelier, era sala de reunião, lar, campo de batalha sexual — sobravam as candidatas, artistas e simpatizantes, tantas, inesquecíveis, Flávio as devorava, não escapava uma. De uma quero citar o nome, negra de beleza peregrina, foi esposa de pintor surrealista, alemão negreiro. De natureza dadivosa, divertia-se polígama, que corpo Senhor meu Deus, possuo retrato seu pintado por Rebolo, mas só lhe mostra o rosto, o demais nada ficava a dever. Não, não vou citar-lhe o nome, para quê?, mais do que o nome vale a lembrança, a recordação. No mesmo andar do edifício morava Quirino da Silva, pintou meu retrato, um senhor retratista.

Meu retrato Flávio o pintou em 1945, o meu, o de Guillén, o de Neruda. Pablo posou na Fazenda de Valinhos, em matéria de artes plásticas era um tanto acadêmico, ao ver o quadro pronto, comentou: "Não é um retrato, é uma natureza-morta". Arquiteto de projetos discutidos no Brasil e no estrangeiro, Flávio construíra as primeiras casas modernas de São Paulo, no Pacaembu, inventara a casa da Fazenda Capuava,[2] maravilha, a imensa porta de entrada. Com o mesmo entusiasmo se entregava à arte e às tarefas de fazendeiro, às colheitas de figos, à venda de leite na capital, forneci-lhe o nome para a empresa leiteira, José e sua Boa Vaca. Reunia amigos em Capuava, hospedagem farta e alegre, serões de música e bate-papo. Convidado, carregando o violão e a maleta, Dorival Caymmi desembarcou do carro, entrou na calçada que levava à porta do paraíso, deparou com a pianista Mercês da Silva Telles, alta, torneada, beleza grega, nua na piscina, doirando ao sol o corpo de estátua, Dorival largou mala e violão, exclamou: "Está pra mim!", começou a executar o passo do siri-boceta.

A experiência número dois, a massa ofendida, em desvario, a procissão de Corpus Christi desatinada atrás do homem de chapéu na cabeça desa-

---

1 Vittorio Gobbis, pintor.
2 Em Valinhos, a casa projetada em 1929 foi construída em 1938.

fiando a lei da seita, a número três foi o desfile do *new look* no viaduto do Chá. Nunca se soube qual a experiência número um, será que J. Toledo, seu confidente, seu testamenteiro, no livro monumental que está preparando sobre Flávio vai nos revelar o segredo? Somente ele sabe o código que permite abrir o cofre.

Antes que eu houvesse aparecido no campo da liça para travar o combate decisivo e conquistar a praça inexpugnável, Flávio cantou Zélia em plena rua, ela se dirigia à Light para pagar a luz, ele atrás no galanteio. Por um lado honesta, por outro jovem, Zélia o desdenhou, não lhe correspondeu aos acenos, às palavras doces, achava-o velho e feio e, sendo comunista, definia-o "burguês liberaloide, rico e maluco", enfim, "um reacionário". Ainda bem, em certas horas a ideologia tem valor e vez.

Londres, 1968.
MACUNAÍMA

OS DEVOTOS DAS CAMINHADAS no calçadão de Copacabana — Zélia é um deles e me arrasta — já possuem inclusive um jornalzinho, redigido pelo dr. Cardoso,[1] médico com tendência a literato, irmão de minha amiga Maria Cardoso. Ao ritmo da caminhada, o jornalista quer saber "qual entre os nossos contemporâneos é ou foi o maior dos brasileiros". Essa medida do maior bole com meus nervos, refiro dez ou quinze maiores, de José Américo de Almeida a João Guimarães Rosa, para lembrar apenas dois escritores. Admira-se que eu não cite Getúlio, Eduardo Gomes, Mascarenhas de Morais, espanta-se ao ouvir alguns dos nomes por mim citados, "por que Grande Otelo?", me pergunta.

Entre os contemporâneos decerto existe brasileiro tão eminente quanto Grande Otelo, não duvido, nenhum porém maior. Pequeno, magro, feio, chegado à boemia, sem eira nem beira, o oposto do solene e do sensato, não sei de brasileiro mais importante, eu não vacilaria em dizer o maior se tal medida não me parecesse absurda, errada, restritiva.

Em mil circunstâncias eu o vi único, sem igual, quero apenas recordar uma delas, impossível esquecê-la. Aconteceu em Londres quando da apresentação aos ingleses do filme de Joaquim Pedro, adaptado do romance de Mário de Andrade, *Macunaíma*, com Otelo vivendo o herói sem nenhum caráter. Trajando terno rosa-shocking, colete e gravata-borboleta, Grande

---

[1] Dr. Francisco Stolze Cardoso.

Otelo, Macunaíma em carne e osso, improvisou, com verve, eloquência e erudição, discurso em língua inglesa para saudar o Lord Mayor da capital da Grã-Bretanha, num banquete de celebridades internacionais. Só vendo e ouvindo para crer. Grande Otelo, gênio.

Não invejo quem quer que seja. A riqueza, o talento, o sucesso, a glória de meu próximo e de meu distante não me afligem, sou capaz de admiração, de bater palmas, aplaudir, gritar hosanas, carregar em andor, gosto de fazê-lo. O sucesso de um amigo é meu sucesso, não precisa ser amigo, basta ser patrício, baiano, brasileiro, por vezes nem isso, basta que lhe descubra talento, vocação. Alegra-me deparar com um poeta, com um romancista jovem, estreante de inspiração verdadeira, saio a anunciar o acontecimento.

Imune à inveja, sou livre para a admiração e a amizade, que beleza! Nada mais triste do que alguém que sofre com o êxito dos demais, que é escravo da negação e do azedume, que baba inveja, rasteja no despeito, um infeliz.

Frankfurt, 1970.
GABO

NOS PORTOS DO MUNDO ENCONTRO Gabriel García Márquez. Em Barcelona ele nos espera em companhia de Carmen Balcells, a agente literária, terror dos editores, o editor Alfredo Machado a estimava: ela briga para defender os autores. Fomos tomar o café da manhã em botequim das proximidades. Em Cartagena, do navio avistamos Gabo e Mercedes, sua mulher, vamos saborear o café da Colômbia na residência dos pais do prêmio Nobel. Em Havana jantamos em sua casa na companhia de Fidel Castro.

Leio García Márquez de há longo tempo, não sei se fui eu quem recomendou *Cem anos de solidão* a Glauber Rocha ou se foi Glauber quem chamou minha atenção para o livro do colombiano. Gabo escreveu dois romances definitivos: o dos *Cem anos* e *O amor nos tempos do cólera*.

Eu o conheci pessoalmente há mais de vinte anos num encontro de escritores da América Latina [Frankfurt, 1970], decorrido no quadro da Feira de Livros de Frankfurt, no qual professores e estudiosos alemães demonstraram conhecimento e interesse acerca das literaturas de nossos países e uma boa parte dos convidados hispano-americanos exibiu-se despudoradamente em busca de editor. Ainda outro dia recordei com Eduardo Portella a indignação de Adonias Filho, pouco afeito à disputa feroz por um lugar ao sol no mapa do universo literário, ao assistir à competição de títulos alardeados pelos candidatos a traduções e artigos, Adonias ficou sufocado: "Não vim aqui para isso", nos disse, a Eduardo e a mim, éramos os três brasileiros presentes, corpos estranhos na algazarra castelhana dos confrades. Chamou-me a atenção o comedimento de García Márquez, em silêncio numa ponta de mesa, sem participar na feira das vaidades.

Vindo de Moscou, Gabo telefona-me em Paris para dar recado de Doc Comparato, pergunto em que hotel se hospeda, ouço-lhe o riso:

— Jorge, quando um escritor latino-americano chega a certa idade, se tem juízo, deve fazer o que fizeste, comprar um apartamento em Paris — dá-me o endereço e o telefone.

Rio de Janeiro, 1946.
O DISCURSO

ENQUANTO OS PERITOS ORGANIZAVAM OS TRABALHOS da Assembleia Nacional Constituinte, durante cerca de uma semana subiram à tribuna representantes das diversas bancadas para o histórico da ditadura do Estado Novo e da luta pela democracia. Já não recordo todos os oradores, mas lembro ainda discurso de Octavio Mangabeira, em nome da UDN, peça oratória dita de improviso por ator de grande classe. Consta que Octavio escrevia os discursos, depois os burilava, decorava e os recitava diante do espelho ensaiando a gesticulação, no Parlamento os improvisava da tribuna, um espetáculo.

Para falar em nome da bancada comunista nesta primeira rodada de retórica parlamentar foi designado Claudino José da Silva, deputado pelo estado do Rio, o primeiro negro retinto a ocupar cadeira na Câmara Federal — esse, sim, o primeiro. Homem de poucas letras, soletrava com dificuldade, pessoa de fina educação, a fina educação do povo, apesar de possuir apenas uma muda de roupa, era dos congressistas mais elegantes, o mais elegante de todos, segundo Ivete Vargas.

Marighella e eu, quem sabe por baianos, fomos nomeados redatores dos discursos a serem pronunciados por camaradas pouco afeitos à escrita. Nossa prova inicial, o discurso lido por Claudino, ganhou foros de peça incomparável, ficou famoso nos anais da Constituinte de 1946 pela extensão. Dividíramos o tema em quatro partes, duas a serem redigidas por Carlos, duas por mim, pusemo-nos ao trabalho, resultou oração veemente, patética e sobretudo longa. Escritas as quatro partes tornou-se necessário juntá-las num todo com unidade, passamos a estabelecer o que Marighella intitulou de "pontes", as pontes a ligar as quatro partes, o número de páginas duplicou.

Da colaboração, trabalho consciencioso e um tanto divertido, resultou um senhor discurso, de fôlego, de muito fôlego: o bom Claudino levou quatro horas e 25 minutos, contados no relógio, a pronunciá-lo da tribuna da Assembleia. Parlamentares eleitos após oito anos de ditadura, na euforia democrática do após-guerra, no início dos trabalhos da Constituinte senadores e deputados compareciam em massa às sessões, sentavam as bundas nas cadeiras, não tugiam nem mugiam, escutavam os oradores com atenção, evitando cochilar, aplaudiam forte. No caso de Claudino ouviam com atenção redobrada por se tratar de representante da bancada comunista, ainda por cima negro, deixá-lo falando sozinho seria tirar certificado de reacionário com ranço fascista.

Claudino na tribuna guaguejando o discurso interminável, Marighella, suplente de quarto secretário sentado na ponta da mesa diretora, acenava para mim, piscava o olho, gozando a caveira de pessedistas e udenistas. Puxávamos as palmas, ele lá em cima, eu cá embaixo, os colegas de todas as bancadas, unânimes, acompanhavam. Quando por fim Claudino desceu da tribuna e fomos todos abraçá-lo, Nestor Duarte, moleque como ele só, murmurou-me ao ouvido: "Que peça, puta merda!".

Bahia, 1985.
SIC TRANSIT GLORIA

DESÇO A LADEIRA DO PELOURINHO com Jacques Chancel que filma um programa sobre a Bahia para a televisão francesa. Os capitães da areia — que fornecem aos turistas verdades históricas em troca de moeda de vintém — nos cercam, apontam para o sobrado, hoje um hotel, onde morei adolescente em 1927, eu tinha quinze anos:

— Naquela casa Jorge Amado nasceu no ano de 1500.

Não faz falta traduzir, Jacques, poliglota, entende e se diverte:

— És um notável da cidade desde 1500... — goza-me a glória de séculos.

De séculos porém efêmera, um dos meninos me reconhece, avisa aos companheiros: "Cala a boca, gente, não vê que é o pai do professor? O professor, assim chamado, é João Jorge, meu filho, sociólogo, durante anos funcionário do IPAC [Instituto do Patrimônio Artístico e Cultural da Bahia], ocupava-se com a população da área constituída em sua maioria por marginais e putas. Ocupou-se sobretudo com as crianças, de parceria com a atriz Haydil Linhares fundou para elas um teatro, espero que ainda funcione.

Contente com a popularidade de João entre a molecada, prossigo com Jacques em direção ao largo onde ele vai documentar o desfile dos Filhos de Gandhy. O largo está repleto de turistas franceses, descobrem o compatriota famoso, assediam-no, aplaudem-no, calorosos: foi preciso vir ao Brasil para encontrar em carne e osso o figurão da rádio e da tevê, Jacques distribui autógrafos. Dou-lhe o troco, gozo-lhe a glória atlântica:

— Notável és tu, notabilidade universal...

Os Filhos de Gandhi, no fausto dos trajes de Carnaval, conduzindo o estandarte e a cabra, ocupam o Pelourinho, cercados por capitães da areia e por turistas, Jacques assume a direção da equipe de filmagem, o batuque irrompe, o cortejo se organiza.

Karachi, 1957.
ACOMPANHAMENTO

COM ARLETE SOARES[1] ACOMPANHAMOS em Veneza os funerais de Stravínski, as obséquias na Basilica dei Santi Giovanni e Paolo, oficiados por meia dúzia de padres católicos e outros tantos popes ortodoxos, uns e outros na pompa do ritual, a música do desvario, o incenso em labaredas, o pássaro de fogo nos turíbulos, o coro em língua russa, coisa de ver-se e de ouvir-se. A gôndola com o esquife singra o rio dei Mendicanti no rumo do cemitério, a marcha fúnebre se evola da nave da Basílica, cobre os canais e os palácios da Sereníssima.

O povo dos candomblés acorre em luto, o enterro de mãe Runhó sai do Bogun, no Rio Vermelho, atravessa a cidade em direção ao cemitério das Quintas, o acompanhamento semelha uma cobra, desmedida sucuruju, Oxumaré desdobra o arco-íris no céu da Bahia. Runhó morreu às vésperas dos cem anos de idade, dias antes mandara me chamar para se despedir. Dois passos à frente, um atrás, os cânticos jejes, Margarida de Yansã, feita na roda do Axé, seu marido Aurélio, ogã de sala, o povaréu e os encantados, outro ogã do terreiro do Bogun, o poeta Jeovah de Carvalho, lavado em lágrimas, discursa à beira do túmulo. Mãe Runhó embarca no arco-íris.

Nas ruas de Karachi, entre automóveis, bicicletas, ônibus, a criança vestida de trapos empurra uma espécie de carriola armada com sobras de tábuas, de fabricação caseira, leva o corpo do avô, velho sem idade, seminu, exposto ao sol, no rumo da cova rasa — sem acompanhamento, a morte apenas, trivial.

---

[1] Arlete Soares, editora e fotógrafa.

Rio de Janeiro, 1960.
REELEIÇÃO

SENTINDO-SE POPULAR, APLAUDIDO pelo povo devido ao caráter democrático, progressista de seu governo — a implantação da indústria automobilística, a construção de Brasília —, quando se aproximava o fim do mandato, Juscelino Kubitschek sonhou com a possibilidade de reeleição. Não era fácil, a Constituição proibia, mas... Consultou Otto Lara Resende, o oráculo lhe disse: "Quem sabe um manifesto encabeçado por homens de cultura poderia dar início ao movimento". Fui contatado juntamente com alguns outros escritores.

Para começo de conversa, Eduardo Portella e eu pusemos de pé uma carta de reivindicações referentes à política interna e externa, reivindicações reclamadas por muitos intelectuais e pelas massas populares. Se Juscelino se comprometesse com tal programa talvez fosse possível lançar-se uma campanha pela reeleição. Eram quinze ou vinte itens, quantos e quais já não guardo memória, sei, porém, que o presidente ao examiná-los concordou com todos menos com um. Aquele que reclamava posição independente do Brasil na guerra pela independência das colônias africanas sujeitas ao império luso: exigíamos que o governo brasileiro deixasse de apoiar o poder salazarista na reação contra os movimentos independentistas, deixasse de ser sabujo e se proclamasse neutro. Juscelino, até então entusiasmado com nosso programa, arrepiou carreira:

— Isso não. Não posso fazer uma coisa dessas com doutor António.

Dr. António era António de Oliveira Salazar, os políticos brasileiros, mesmo os que se intitulavam progressistas, lambiam as botas do ditador de Portugal. Quem veio romper com tais dependências, históricas e humilhantes, da política externa do Brasil foi mesmo Jânio Quadros, queiram ou não aqueles que escrevem a História ao sabor das ideologias.

Viena, 1956.
O PARAGUAIO

FAMINTO, FOME DE COMIDA E DE MULHER, assim encontro o compositor José Asunción Flores, meu camarada, personalidade de relevo no pecê paraguaio, meu amigo de velha data, vem-me consignado pelos companheiros argentinos, traz-me carta de Rodolfo Ghioldi.[1] Passa por Viena

---

[1] Rodolfo Ghioldi, dirigente do PC argentino.

a caminho de Moscou, os soviéticos demonstram interesse por suas composições, a celebridade do autor de *India* e sua posição política abrem-lhe as portas da União Soviética.

Asunción recebera as passagens enviadas pelos russos — Buenos Aires, Londres, Viena, Moscou e vice-versa —, é tudo quanto tem para a viagem intercontinental. Pobre de pobreza guarani, total, os pesos conseguidos com Elvio Romero,[1] compatriota e correligionário de partido e de penúria, ele os gastou no aeroporto de Buenos Aires em sanduíches e frutas: gordo e glutão, eterno esfomeado. Não importa, não terá problemas de nenhuma espécie, pois é convidado da União de Músicos Soviéticos, está por conta da União Soviética, a União Soviética é poderosa e rica, nada lhe faltará a partir do momento em que ponha o pé no avião, sua confiança nos poderes do socialismo é absoluta.

Não decorreu com tanta facilidade quanto pensara. As confusões começaram no aeroporto de Londres, onde desembarcou por volta do meio-dia, após travessia longa e cansativa — naquele tempo de aviões a hélices, o voo Buenos Aires-Londres devia durar boas trinta horas, talvez mais. O amigo Elvio, viajante experiente, havia-lhe explicado: "Desembarcas, te levam para a sala de trânsito, o voo para a Áustria sai uma hora depois, ficas atento, quando ouvires chamar os passageiros para Viena, embarcas, em Viena terá gente te esperando, tudo em ordem, não pode haver complicação".

Houve. Asunción não falava outra língua além do guarani e do espanhol: desembarcou, levaram-no à sala de trânsito onde se sentou à espera que anunciassem o embarque para Viena, devia suceder daí a uma hora, não sucedeu. Quer dizer, sucedeu o voo para Wien, como iria o compositor adivinhar que Wien era Viena? Sobraçando a pasta repleta de composições, ouvido atento, como recomendara Elvio, não ouviu jamais a palavra mágica, Viena, pronunciada ao microfone. Chegara à sala de trânsito pouco depois do meio-dia, às seis da tarde, apertado para fazer pipi, morto de fome, sem saber a quem se dirigir, Asunción, de hábito cidadão calmo, afobou-se.

Elvio lhe recomendara não abandonar a sala de trânsito, mas Asunción não teve alternativa, abriu uma porta, enxergou do outro lado balcão com letreiro: INFORMATION, dirigiu-se para a moça que atendia, começou a explicar a situação, a lady ao balcão não falava espanhol, Flores ia tentar a língua guarani, estava quase mijando nas calças quando, ao escutar

---

[1] Elvio Romero, poeta paraguaio.

os gritos: *"Soy el compositor Asunción Flores, autor de India"*, um senhor elegantérrimo se aproximou e lhe perguntou o porquê de tamanha agitação. Tratava-se do embaixador da Argentina em Londres, acabava de chegar de Manchester, ouviu a história de Asunción, começou por indicar-lhe o toalete, esperou que voltasse.

Admirador do músico paraguaio — quem não o era na América Latina? — tratou de resolver-lhe os problemas, vários: visto de entrada na Inglaterra válido por 24 horas, revalidação da passagem, reserva de lugar no primeiro voo do dia seguinte para Viena. Levou-o a um hotel próximo do aeroporto, pagou-lhe quarto e jantar, pela manhã mandaria o chofer ajudá-lo no embarque. Tudo em ordem, para finalizar pediu o autógrafo do compositor: *"Mi mujer canta en el baño sus guaranias"*.

Foi assim que, sobraçando a pasta repleta de partituras, da qual jamais se separava, Asunción Flores chegou a Viena com atraso de um dia. Ninguém a esperá-lo, sua salvação foi a carta de Ghioldi para mim, no envelope o endereço da sede do movimento da paz. Lá conseguiu chegar, me encontrou, paguei o táxi.

Asunción morria de fome, começava a morrer de fome cinco minutos após ter almoçado, levei-o a um restaurante, estava conosco a camarada que o Conselho Mundial da Paz designara para me servir de intérprete, austríaca gorducha e sardenta, baixota, Asunción dividia os olhares de gula entre ela e o *goulash*, "faminto de comida e de mulher", assim se declarara ao abraçar-me, exigindo que eu lhe resolvesse as aflições — era dos que acreditavam que eu poderia solucionar qualquer problema. Fez-me uma revelação: "Cidadão paraguaio", disse-me, "após quatro dias sem mulher já não leva em conta idade, raça e sexo", ele completara cinco dias.

A sardenta, vendo-o gesticular, ansioso, quis saber o que se passava, porque estava tão agoniado o camarada Flores — de quem eu já lhe dera as coordenadas, informando-a sobre as guarânias e a popularidade. Expliquei-lhe ser ele paraguaio e que um paraguaio após quatro dias sem mulher et cetera e tal. Perguntei-lhe se ela não se dispunha a resolver o problema do camarada, ali estava excelente ocasião para pôr em prática o internacionalismo proletário. Ouviu-me com atenção, depois mediu Asunción de alto a baixo, gordo e calvo, a cabeça um queijo do reino, quis saber:

— Ele é mesmo muito célebre?

— *Très célèbre! En Buenos Aires les femmes se battent pour coucher avec lui...*

Novo exame do físico do paraguaio, o resultado pareceu-me pessimista:

— Célebre somente na América Latina, não é?

Vi a situação periclitante, Asunción em maus lençóis, recorri aos princípios:

— Não esqueças que as músicas dele vão ser tocadas em Moscou, será a glória universal. — Senti que a abalara, fui decisivo: — Tarefa de partido, minha bela.

Argumento é argumento, a sardenta sorriu para o careca. Paguei a conta, me retirei discreto, deixei-os tête-à-tête, afinal Assunción me acreditava capaz de resolver qualquer problema, não podia abandoná-lo no álveo.

Rio de Janeiro, 1939.
OS DEZ MAIS

A REVISTA ACADÊMICA, NASCIDA ÓRGÃO ESTUDANTIL na Faculdade de Direito, transformada em magazine de cultura, ganha-pão de Murilo Miranda, literato por analogia e parentesco, era de periodicidade irregular, saía quando Murilo arranjava anúncios ou patrocínio, realizou em cinco ou seis números um concurso para saber quais os dez melhores romances brasileiros. Votavam apenas escritores, a relação dos votantes fora publicada na revista, cada qual compunha uma lista de dez romances de sua preferência, as listas eram divulgadas nas páginas da *Acadêmica*.

A apuração final considerou os dez autores mais votados e de cada um deles o livro com maior número de sufrágios, se tivesse considerado os dez livros teriam entrado na relação dois romances de Machado, *Dom Casmurro* e *Memórias póstumas de Brás Cubas*. Se não me falha a memória os dez mais foram — não estão em ordem de votação, já não a relembro: *Dom Casmurro*, *Iracema*, de Alencar, *Memórias de um sargento de milícias*, de Manuel Antônio de Almeida, *O cortiço*, de Aluísio, *Os corumbas*, de Amando Fontes, *Angústia*, de Graciliano, *Banguê*, de Zé Lins, *Caminhos cruzados*, de Erico, *Macunaíma*, de Mário de Andrade, *Jubiabá*, de minha autoria — vale lembrar que o concurso aconteceu em 1939.

Graciliano deixou para votar na última apuração, mostrou-me sua escolha, dois fatos chamaram-me a atenção. O "velho" — não completara ainda cinquenta anos, por que o tratávamos de "velho"? — votava apenas em nove títulos, deixava um lugar vago, não lhe perguntei a razão, desconfiei que, por modéstia, falsa modéstia, não colocava na relação romance seu. Perguntei-lhe porém por que não votara em *Os corumbas*: romance de Amando Fontes, considerado na época o máximo, recolhia quase unanimidade dos sufrágios. Graça bebeu um gole de café, puxou a fumaça do cigarro Selma, estávamos no café Mourisco, esquina da rua do Rosário com a avenida Rio Branco:

— Esse filho da puta não votou em mim. — Passou a outro assunto, a seu ver de maior valia: — Tu pensas que daqui a vinte anos ainda haverá quem nos leia?

O concurso foi acompanhado com interesse pelos escritores, agitou os meios literários, provocou debates na Livraria José Olympio, no consultório de Jorge de Lima, na redação de *Dom Casmurro*, mas ninguém contestou o resultado. Não sei tampouco de romancista que tenha cabalado voto, se o concurso dos dez mais acontecesse hoje ia ser um deus nos acuda com cabo eleitoral e leilão de sufrágios. Um detalhe para que se saiba como era malvista, na época, a literatura de Oswald de Andrade: o rebelde paulista só obteve um voto, dado por mim a *Serafim Ponte Grande*, meu e único.

Desistir agora, não — disse eu a Paloma quando, machucada, ela pensou em pedir o boné e ir embora. Estamos numa briga, vamos brigar até o fim. Depois farás o que quiseres, o que te parecer melhor. Não agora. Perdi muitas brigas em minha vida, paciência, mas não fugi de nenhuma, fui sempre até o fim.

Paris, 1992.
A POETA E A FUNDAÇÃO

DA BAHIA ROSANE ME ENVIA O LIVRO DE POEMAS de Myriam Fraga, *Os deuses lares*, ilustrações de Calasans Neto. A dupla é imbatível, Calá nasceu para ilustrar a poesia de Myriam, os poemas e as monotipias são da mesma matéria, visceral.

Leitor cativo de Myriam Fraga, tomo do livro e constato que seu canto atingiu a madureza, a densidade dramática, a sabedoria da palavra precisa e mágica. Que poeta, meu Deus! Que Deus a abençoe, o deus da Fundação, o compadre Exu. "fuso e roca/ roca e roca/ tinjo e lavo/ lavo com água e/ mornos sais/ o corpo/ as feridas/ na fímbria/ no remoto" — vou parar senão transcrevo o livro todo, verso a verso.

Nós o lemos juntos, Zélia e eu, não sei de prazer maior que o de ler poesia com a namorada, em conluio. Invadido de remorsos, acuso Zélia: a culpa é tua, foste tu a inventar a Fundação onde Myriam se encerra dia e noite no trabalho, na luta, na estafa, no planejamento, na realização, na busca mesquinha e heroica de dinheiro para poder levar avante a cultura, no afã de criar condições para a literatura e a arte na Bahia, para o estudo do romance brasileiro, pauta de afazeres pejada de problemas.

Myriam teria escrito e publicado nesses anos pelo menos três livros de poemas, sem falar no lazer abandonado, a casa de praia em Mar Grande, os fins de semana na fazenda, já não lhe sobra tempo para nada, vive amarrada às cadeias de mil dificuldades, carrega nas costas essa tal de Fundação, a tua Fundação. Zélia não se abala, diz estar certa que Myriam o faz com prazer, além de poeta é combatente, as dificuldades não a assustam, ao contrário, a seduzem. Quanto à poesia, que eu não me incomode, a poesia brota e resplandece, vive dentro de Myriam e nada a impedirá.

Quando digo que Zélia é a responsável pela existência da fundação cultural estabelecida no Pelourinho, nascida da doação de meu acervo literário leva meu nome, digo a verdade. Não fosse Zélia o acervo estaria a essa hora em universidade norte-americana.

Começara por me desfazer de minha biblioteca, nunca foi grande, mas eu já não tinha, fosse na Bahia, fosse no Rio, onde botar tantos livros. Passei a doá-los a bibliotecas públicas, muitos volumes foram para Lençóis Paulista onde funciona a Biblioteca Orígenes Lessa. A partir de certo momento, atendendo sugestão feita por Carlos Cunha, venho doando os livros à Biblioteca da Academia de Letras da Bahia. Guardo apenas uns poucos tomos, de minha preferência absoluta, mestres que me marcaram, amigos a quem quero, uns quantos álbuns, poucas centenas de volumes, bastam e sobram. Também o acervo se acumulava, onde guardar tanta papelada?

Pesava eu propostas recebidas de universidades americanas, da Pensilvânia e de Boston, desejavam receber o acervo em doação, propunham-me zelar por ele, colocá-lo à disposição dos interessados em pesquisá-lo, criando para tanto verbas e espaços. Eu testemunhara, durante minha estada na Penn State University [1971], como tais universidades trabalham com eficiência e dedicação. Estava quase a decidir-me, Zélia se opôs com determinação à minha ideia de oferecer a organização estrangeira documentos, correspondência, livros, fotos, diplomas, a massa dos guardados: "Esse acervo só sairá do Brasil, da Bahia, se passarem por cima de meu cadáver, tem de ficar aqui, é o seu lugar". No decorrer de quase meio século de coabitação aprendi que não adianta discutir com Zélia, perco sempre, até agora não ganhei uma.

O escritor José Sarney, na época presidente da República, em cerimônia no Palácio do Planalto instituiu a Fundação [1986]. Ao agradecer eu disse esperar que a Casa não se transformasse num museu, fosse realmente centro de cultura para o estudo da literatura baiana e do romance brasileiro, trabalhasse em conjunto com os outros organismos culturais. Acrescentei que sendo na Casa apenas personagem, não me envolveria em sua administração nem no planejamento das tarefas. Por fim, referindo-me à doação por James Amado de escultura de Tatti Moreno, coloquei a Fundação sob a proteção, os cuidados de Exu, entregue ao seu desvelo.

Sob a grande placa das três raças que se misturaram, os índios, os negros e os brancos, arte de Carybé, erguido diante da Casa, Exu preside o destino da Fundação, ali foi plantado o fundamento na noite de inauguração. Dos diversos axés e ilês vieram as mães e as filhas de santo para o canto e a dança em seu louvor. Antes o presidente da República, acompanhado pelo ministro da Cultura, Celso Furtado, pelo ministro das Comunicações, Antonio Carlos Magalhães, pelo governador do estado, João Durval Carneiro, declarara a Fundação inaugurada. D. Timóteo aspergiu a água benta da Igreja Católica, o babalorixá Luiz da Muriçoca soltou a pomba branca do culto do candomblé, Casa do sincretismo e da miscigenação. No palco armado no largo desfilaram à noite os músicos e intérpretes que, de uma ou de outra maneira, estão ligados a meu trabalho de escritor, foram comandados por Nilda Spencer, minha amiga, grande dama do teatro da Bahia. Mais de 20 mil pessoas lotavam o Pelourinho na noite da inauguração [maio de 1987]. Ao lado de Waldir Pires, governador eleito, e de José Aparecido de Oliveira, governador de Brasília, assisti de uma janela ao começo da festa, não tive condições de ficar até o fim, o coração tem seus limites.

Aqui nestas lembranças desejo apenas agradecer a todos e a cada um dos que concorreram para a existência e a atuação da Casa, são muitos. José Sarney que a instituiu, Antonio Carlos Magalhães, Celso Furtado, Waldir Pires, João Durval Carneiro, ministros e governadores, Lafayette Pondé Filho, presidente do Banco da Bahia, Renato Martins, da Odebrecht, Mário Gordilho, Germano Tabacof, reitor da UFBA, que preside seu destino desde a instalação, os que compõem os Conselhos, os que nela trabalham: Rosane Rubim, Zilá Azevedo, Maria de Lurdes, cito apenas as que começaram com a Casa, ao poeta Claudius Portugal que inventou e dirige a revista *Exu*, órgão da Fundação. Quando me anunciou o projeto temi pelo futuro do organismo, a revista iria devorar-lhe o patrimônio, ser arauto da subliteratura, nunca cometi engano tamanho, a revista é uma beleza e não custa um centavo aos cofres magérrimos que Myriam administra.

Diretor executivo, Myriam Fraga moureja buscando solução para os problemas, não se queixa, não se abate por mais difícil pareça e seja a manutenção da Casa, a execução dos projetos. Myriam dirige a Fundação em poesia, em fuso e roca, no embruxedo, na fantasia, dona e comparsa, no esconjuro e na esperança, um ato de amor que ela repete a cada dia, a poeta Myriam Fraga.

Agradeço também a Zélia: "Só passando sobre o meu cadáver!". Não fosse ela, a Casa não teria nascido, a papelada estaria nos States.

Bahia, 1987.
ALMOÇO

AO DESPEDIR-SE, ÂNGELO CALMON DE SÁ me abraça:

— Só mesmo você conseguiria esse impossível, não creio no que vi hoje aqui. — Refere-se ao almoço no qual, para festejar a inauguração da Fundação Casa de J. A. reuni os opostos, os adversários, os inimigos políticos e até inimigos pessoais.

Sentaram-se para almoçar na casa do Rio Vermelho naquele dia 303 pessoas, fora os penetras, não sei quantos: no costume local o convidado traz a família toda, bem-vindos todos. Vínhamos das eleições para o governo do estado, para senadores, deputados federais e estaduais, os combatentes ainda não haviam deposto as armas. Como se haviam xingado, ofendido, de ladrão, corno e canalha, as senhoras mães não escaparam da baixaria sem limites. Zélia e eu recebemos nossos convidados sem querer saber o que pensavam uns dos outros, Sarney com Marly, Antonio Carlos, Celso Furtado, José Aparecido, o governador que deixava o cargo, João Durval, o que ia assumir, Waldir, o prefeito em exercício, Manoel Castro, o prefeito eleito Mário Kertész, não faltou ninguém. Pedro e Paloma tiveram a missão de dispor os convidados nas mesas usando a conveniência e o respeito, seria demasia colocar inimigos lado a lado. Certo deputado, neto miúdo de um grande baiano, deu entrevista aos jornais dizendo que não compareceria, invocou razões políticas, em verdade creio que não apareceu pelo simples motivo de não ter sido convidado. Todos os convidados vieram, não houve brigas, atritos, rosnar de dentes, a paz reinou e se afirmou a boa educação.

Estavam governo e oposição, os políticos e os intelectuais, os ricos e os pobres, Victor Gradin e Camafeu de Oxóssi, o poeta soviético Ievtuchenko, o francês Francis Combe e o baiano Carlos Capinan, Combe escreveu um poema de luz e sombra sobre a Bahia. "Sucesso total", assim noticiou em sua coluna a convidada July, generosa amiga.

Ai, para mim não foi tão total assim o sucesso do almoço que dona Zélia e eu oferecemos a Germano Tabacof e a Myriam Fraga, presidente e diretora executiva da Fundação: conto o fracasso, carregarei a vergonha comigo até a cova. Havíamos decidido não servir uísque, escritor que vive de direitos autorais não tem verba para oferecer uísque a trezentos convidados, a boca livre seria à base da batida e da cerveja. Encomendáramos não sei quantos engradados de cerveja, metade para o almoço, metade para a festa da Fundação, à noite. Na geladeira restavam apenas umas poucas garrafas, as do consumo diário.

É meu costume, quando recebemos, dar uma volta a ver como estão servidos os convidados. Assim fiz, pedi licença a Marly, deixei a mesa, saí pelo jardim, pela varanda, pela piscina, a saudar a uns e a outros, perguntar se não faltava nada. Numa das mesas almoçavam Antonio Carlos e Walter Moreira Salles, eu os cumprimentei, perguntei se precisavam de alguma coisa, Antonio Carlos disse que haviam pedido mais cerveja ao garçom, o dito-cujo não trouxera, sumira. Decerto esqueceu, vou providenciar agorinha mesmo, coisa de minutos, saí às pressas.

Dirigi-me à cozinha, lá soube que não era possível servir cerveja por não haver em casa uma só garrafa, as poucas existentes antes haviam sido rapidamente consumidas, os engradados comprados para o almoço não haviam chegado à rua Alagoinhas, toda a encomenda fora enviada à Fundação. Impossível remediar a ocorrência, dar jeito na situação, fazer fosse o que fosse, na maior confusão, sem saber como agir, faltou-me ânimo para voltar à varanda, deixei ministro e banqueiro a ver navios.

Walter Moreira Salles, velho amigo, fora de gentileza extrema: deslocara-se a Brasília para assinar no Planalto a ata de instituição da Casa, viera à Bahia para a solenidade da inauguração, ficara para o almoço, nunca mais tive cara para procurá-lo e quando, em momento da maior dificuldade, Myriam me disse que pensava visitá-lo em busca de socorro, eu pedi que não o fizesse, Walter Moreira Salles passara sede em minha casa.

Paris, 1991.
JACQUES TATI

VIZINHOS QUE SOMOS EM PARIS DA ÓPERA BASTILHA, tendo acompanhado durante dois anos a construção do edifício, Zélia e eu subimos pela primeira vez suas escadarias, convidados de Costa-Gavras para o Festival do Cine Mémoire. O Festival se inicia com a projeção de *Playtime*, filme de Jacques Tati.

Estivemos presentes à estreia mundial de *Playtime* num cinema próximo aos Champs-Élysées, em 1967. Na versão original o filme durava três horas com um intervalo de quinze minutos entre as duas partes que o compunham, a película foi remontada para duas horas de projeção. Adorei revê-lo, tenho pela obra de Tati mais do que admiração e apreço, tenho-lhe amor. *Jour de fête*, *Les vacances de Monsieur Hulot*, *Mon oncle*, *Trafic*, sempre os revejo, mas não havia voltado a assistir *Playtime*, das películas mais importantes de sua tão pequena e tão imensa produção (dele conheci também um documentário sobre circo). Situo Tati entre os monstros sagrados do cinema (para usar expressão de Zé Berbert) entre os maiores, os principais, seus filmes me divertem e me comovem. Mestre do cinema e do humanismo, tudo nele é decência, fraternidade, compreensão, amor ao homem, guarda distância da violência, da mesquinhez, da discriminação, das modas, nele tudo é eterno, nada é transitório.

Vi Tati em pessoa uma única vez, por ocasião da venda de livros autografados pelos autores em benefício do Comité National des Écrivains, promoção anual que movimentava toda Paris, a começar pelo presidente da República, dela participei nos anos 48 e 49. Em 49 dirigi-me ao local onde Anna Seghers e eu, os dois únicos estrangeiros, autografaríamos, passei diante do estande de Georges Sadoul, éramos amigos, apertei-lhe a mão, enxerguei Tati ao seu lado, estrela a acompanhar o ensaísta nos autógrafos.

A propósito de Jacques Tati, Sadoul contou-me, em 1953 se não cometo erro, divertida história. Sadoul fora ao Brasil, visitou o Rio, a Bahia e São Paulo. No Rio eu e Alex Viany lhe fizemos sala, na Bahia Walter da Silveira o comboiou, em São Paulo espantou-se ao encontrar em casa de Silveira Sampaio um gato siamês que atendia pelo nome de Sadoul. Quis saber o porquê do batismo, ficou sabendo: o gato assim se chamava em homenagem a ele, Georges, prova da admiração que Silveira Sampaio lhe devotava. O gato era manso, Georges o teve ao colo, a homenagem o comoveu, deu-lhe a medida de seu renome, da repercussão de sua obra de crítico de cinema em terras tão distantes.

A história que me contou se passara no dia dos autógrafos no Comité National des Écrivains a que me referi acima: fila grande diante de Sadoul que autografava sem parar. De repente deu-se conta de que escrevera no exemplar do *Histoire de l'art du cinéma...* o nome de Jacques Tati e não o seu, comentou para o *metteur en scène*:

— Imagina que escrevi teu nome em vez do meu num exemplar.

— Num exemplar? Em mais de cinquenta. Há pelo menos meia hora que eu assino Georges Sadoul nos livros onde assinaste Jacques Tati. Como vês, tudo bem. — Ao contar, Sadoul comenta: parecia uma cena de filme de Jacques.

Durante a estada no Rio e em São Paulo, Sadoul passou a maior parte do tempo nas cinematecas cariocas e paulistas, assistindo filmes brasileiros, reafirmou sua opinião sobre Humberto Mauro, colocava-o na lista dos cem diretores mais importantes do cinema.

Admirador de Sadoul e de Tati, eu o sou igualmente de Costa-Gavras, também ele um mestre do cinema e do humanismo, sua câmera denuncia a opressão e o ditador. Sinto-me vaidoso da estima em que tem meu trabalho de romancista. Zélia e eu comemos comida grega em seu apartamento da Rue Saint-Jacques, ele e Michèle comeram feijoada na mansarda do Quai des Celestins. Agora o tenho mais próximo e fraterno, liga-nos o amor que dedicamos a Jacques Tati, somos da mesma confraria.

Porto Alegre, 1942.
CONSPIRAÇÃO PALACIANA

HOMENAGEM DE DESPEDIDA EM MONTEVIDÉU aos exilados brasileiros que regressam à pátria — o Brasil declarou guerra ao Eixo nazifascista, decidimos ser nosso dever cooperar com o governo no esforço de guerra, iremos impávidos para a cadeia. Ato político, gesto altissonante, de repercussão, alguns milhares de uruguaios se reúnem para saudar os últimos românticos. Discursos, hinos, vivas às nações unidas, à União Soviética, aos líderes, a Churchill, a Roosevelt, a Stálin, Stálin à frente e acima, Deus é bigodudo e nasceu em Góri, na Geórgia. Rodolfo Ghioldi ao fim da oratória chama-me para conversa a sós, anuncia-me a decisão dos pecês da Argentina e do Uruguai:

— Tu não irás com eles.

Irrompo em desagrado, por que motivo tentam roubar-me a glória de estar entre os patriotas que se oferecem em holocausto? Rodolfo aplaca minha ira: tranquiliza-te, irás amanhã para o Brasil, apenas não irás no trem com os demais, vais de avião cumprir uma tarefa em Porto Alegre, de importância. Passa a explicar, escuto com atenção, tem a ver com Prestes, sinto-me recompensado.

O interventor do estado do Rio Grande do Sul é o general Cordeiro de Farias, no futuro será marechal, no passado foi um dos comandantes da Coluna Prestes, ressaltei-lhe a coragem e a capacidade militar em *O Cava-*

leiro da Esperança, deve estar coçando os ovos de contente. Minha missão é procurá-lo, obter um encontro, explicar-lhe a posição dos comunistas solidários com o governo de Getúlio na guerra contra o Eixo e lhe dizer como seria desejável e útil que ele, Cordeiro de Farias, fizesse uma visita a Prestes de quem se proclama amigo. Romperia o isolamento em que vive há sete anos o comandante em chefe da Coluna — minto: o comandante em chefe foi o general Miguel Costa, Prestes era o chefe do estado-maior, ou seja, aquele que mandava, ditava ordens inclusive a Miguel Costa. Os camaradas dirigentes dos dois partidos comunistas consideravam que tal proposta, provindo de mim, escritor conhecido, autor do livro badalado no qual o general Cordeiro fazia figura de herói, teria possibilidades de ser aceita e levada a cabo. Rodolfo entrega-me a passagem de avião, aperta-me contra o peito, sei quanto Carmen e ele gostam de mim, nossa amizade vem dos tempos perseguidos da intentona.

Desembarco em Porto Alegre, hospedo-me com Henrique Scliar, o velho anarquista recebe-me com o afeto de sempre, não me faz perguntas. Durante a viagem amadureci um plano de ação, não pude fazê-lo antes, a noite eu a ocupara em despedida: Maria Condessa dos Seios de Limão, fidalga rural, viera de *la hacienda* na província do Oriente, o marido me enviava uma caneta de ouro, prenda de leitor e sócio. Para que não a esquecesse, a condessa deu-me a calçola negra e mínima, perfumada de boceta. Católica praticante ela não trepava, pecava o pecado da carne, fogueira de lenho sagrado, gozava em latim: "*Mea culpa, mea maxima culpa*". Saía da cama para o confessionário.

Manoelito d'Ornellas, escritor de projeção regional, meu amigo, é secretário de Educação do estado. Tenho o endereço da residência, espero o fim da tarde para visitá-lo. Vou devagar pela rua tranquila, deserta de passantes, chego em frente à casa térrea, pela janela aberta vejo Manoelito sentado à escrivaninha lendo, bato palmas à porta. A esposa vem abrir, ao reconhecer-me contém um grito, manda-me entrar, rápida tranca a porta, vai chamar o marido, aproveita para fechar as janelas, sou um zumbi.

Converso com Manoelito na obscuridade da sala, a dona da casa foi providenciar um cafezinhho: explico o problema, reage bem, coloca-se às ordens. "Vou falar com o interventor em seguida, me espere aqui, volto com a resposta." A senhora chega com as xícaras de café: "Coei agorinha mesmo", sorri refeita do susto. "Jorge vai jantar conosco", avisa Manoelito, "eu vou sair mas não demoro." Ela move a cabeça em concordância, pede licença, deixa-me só por um momento, vai à cozinha dar ordens para reforçar a boia. De regresso faz-me sala, é inteligente, fala de livros, pergunta pelo Uruguai. Manoelito retorna, o general me espera à meia-noite, no Palácio.

Da meia noite às três e meia da manhã o general Cordeiro de Farias e eu discorremos sobre a política mundial e a brasileira, os percalços da guerra, os prognósticos. Começamos pelo panorama das frentes de batalha, Manoelito me acompanhara para introduzir-me, participa, ele e eu arriscamos palpites, mas o general, falastrão e simpático, teórico em assuntos militares, pontifica. Manoelito se despede, deixa-me a sós com Cordeiro de Farias, entro no assunto, dou o meu recado.

Falo da posição dos comunistas, igual no mundo inteiro, tudo pela guerra, abandono do radicalismo, mudança se necessário do nome do partido — vem de acontecer em Cuba onde os comunistas e o ditador Batista se uniram em frente antifascista —, o que importa é derrotar Hitler, tudo o mais torna-se secundário, as palavras de ordem convocando à luta contra o Estado Novo já não têm razão de ser, nem a agitação social, reivindicações e greves, o importante é unir toda a nação em torno do governo, em torno de Getúlio. Cordeiro, dublê de militar e de político, ouve interessado.

Chego a Prestes, falamos de meu livro, eu o escrevi para ajudar a anistia dos presos políticos, sabemos que há um longo caminho a palmilhar antes de consegui-la, Cordeiro agradece-me os elogios feitos à sua atuação, relata circunstâncias, diz bem de Prestes, do comandante e do homem de princípios: nem por discordar da ideologia marxista e condenar o comunismo, deixou de admirá-lo e de estimá-lo, "na minha vista", diz, "não admito que se levante a voz contra ele". O acento sincero, a voz firme, sinto-me animado, avanço com a proposta da visita.

Visitá-lo? O general resta pensativo, como a pesar e a medir os prós e os contras. Bem que gostaria de visitá-lo, a situação de Prestes o confrange, não há direito de tratá-lo com tamanha crueldade, não esconde sua pouca estima por certas figuras do governo. Promete-me fazer uma *démarche* junto a Getúlio, tentará obter a autorização, mas será que Getúlio conseguirá dobrar Dutra, Filinto, Góes Monteiro, os demais centuriões do regime? Tem dúvidas, "Getúlio chuta com os dois pés, equilibra-se entre as tendências que se hostilizam no seio do governo, de um lado Lourival Fontes, de outro o coronel Afonso de Carvalho, mulato e nazista, imagine-se!" Não tem papas na língua, parece sentir prazer em abrir o jogo, revelar seu pensamento. Quanto à visita, Orlando Leite Ribeiro já tentara junto a Vargas salvo-conduto para visitar Luís Carlos, não conseguira, os dois maiores amigos de Orlando são exatamente Prestes e Getúlio. O general tentará mas tem dúvidas sobre o resultado, é pessimista. "Vá ficando por aqui", diz-me em despedida, "mas se receber ordens do Rio não terei outro jeito senão mandar lhe prender, quanto à visita vou mexer meus pauzinhos, vamos ver que bicho dá." Leva-me até a porta de saída, os soldados de guarda batem continência.

Manhãzinha chego à casa de Henrique Scliar, espera-me em vigília, pensou que eu tivesse sido preso. Preso? Ainda não. Estou chegando do Palácio, de conspirar com o general interventor, guarde sigilo. Meto a mão no bolso em busca de lenço para enxugar o suor do rosto, em vez de lenço elevo na mão o trapo negro, a calcinha de Maria Condessa dos Seios de Limão, na sala o odor de almíscar selvagem, o velho Scliar aspira: "Que perfume!". Concordo, morto de saudade, desejo boa-noite, levo a relíquia comigo, vou dormir.

Bahia, 1974.
NUDISMO

EM 1974 DEU-SE A CASUALIDADE de se encontrarem ao mesmo tempo na Bahia três equipes de cinema, uma francesa, duas brasileiras, filmando adaptações de livros meus, boa parte das filmagens aconteceu na área do Pelourinho, cenário de vários romances de minha autoria. Ali Nelson Pereira dos Santos, assistido pelo filho Ney e pela sobrinha Tizuka[1] montou o escritório da produção de *Tenda dos Milagres*, enquanto Bruno Barreto o fazia no largo da Palma, para *Dona Flor e seus dois maridos*. Marcel Camus, os bolsos repletos de francos franceses para produzir *Os pastores da noite*, alugara o antigo terreiro do Caboclo Pedra Preta, casa de santo onde fui, em tempos idos, levantado ogã de Yansã por Joãozinho da Gomeia.

Os três diretores rodaram cenas no largo do Pelourinho e em ruas adjacentes, sendo que dois deles, Marcel e Bruno, tinham em seus roteiros locações na Igreja do Rosário dos Negros, pediram minha intervenção junto ao cardeal para obter as autorizações necessárias. Pedi, o cardeal, amável, concordou, daria ordens. Disse e cumpriu, dentro e fora do templo Bruno rodou as sequências finais da película.

Filmagem realizada numa tarde de domingo, dez vezes ao menos a mesma tomada foi repetida, pois a multidão reunida no largo para assistir entrava em delírio ao ver José Wilker — o Vadinho do romance — desta-

[1] Tizuka Yamasaki, cineasta.

car-se de trás de uma coluna na porta do templo, nu em pelo, dar a mão a Sonia Braga dona Flor, que saía da igreja pelo braço de Mauro Mendonça, o farmacêutico Teodoro, descerem os três, de braços dados, felizes a ladeira — a gritaria, as vaias, os aplausos explodiam à visão dos quimbas de Vadinho, comprometiam o fundo musical, festivo, o som dos sinos. Bruno quase perde a cabeça, o povo gostou demais.

Dias depois, pela manhã, recebo telefonema aflito de Marcel. Acompanhado de figuração vasta, cerca de cinquenta pessoas, homens de branco, mulheres em trajes de baiana, fora impedido pelo pároco de entrar na igreja: proibição de qualquer filmagem no interior do templo e nas escadarias. Com uma mão na frente e outra atrás, em desespero, Marcel apelava para mim: falasse com o cardeal para renovar a ordem com urgência, cada minuto custava uma fortuna à produção.

Não foi fácil conseguir d. Avelar Brandão[1] ao telefone, o secretário me informou com sequidão que Sua Eminência estava em retiro espiritual. No sufoco forcei a mão, dei um esporro, o xibungo recuou da má educação, consegui que fosse portador de um recado. D. Avelar saiu do retiro ou da mentira, veio ouvir-me. Narrei-lhe o drama de Camus com cinquenta extras pagos à hora esperando na rua diante da porta trancada da Igreja. "É verdade", disse-me o cardeal, "a permissão foi retirada devido ao sucedido no domingo durante a filmagem de *Dona Flor*: cenas de nudismo no interior do templo, houve quem falasse em bacanal, católicos revoltados, beatas em desmaio e faniquito."

Expliquei o sucedido, nem bacanal nem nudismo, invenção de solteironas. A única pessoa nua, e assim mesmo nem de todo nua, coloquei um cobre-sexo na vara de Vadinho, estivera sempre do lado de fora da igreja, envolto num roupão até o momento em que dera o braço a Dona Flor na escadaria: jurei pela alma de minha mãe, consegui convencer d. Avelar, um quarto de hora depois Marcel invadia o adro, ocupava a igreja para filmar o batismo do filho do negro Massu, tendo de padrinho a Ogum, orixá dos metais, ocasião em que Exu pintou e bordou, segundo conta a história. Ninguém protestou, as beatas puritanas, as vitalinas encruadas silenciaram, não clamaram aos céus, não fizeram escândalo. Ao contrário do nudismo, o sincretismo não causou revolta, não provocou grita, escarcéu, reafirmou-se a realidade da Bahia: filhas de santo entraram em transe na igreja, seis Oguns compareceram, cavalgaram seus cavalos, testemunharam o batizado, um cortejo de padrinhos.

---

1   D. Avelar Brandão foi cardeal primaz do Brasil de 1971 a 1986.

Bahia, 1962.
ZUCA

APRENDO COM ZUCA[1] A NÃO TER PRESSA. Tirante Aurélio, que exerce as funções de chofer e é pau para toda obra há cerca de trinta anos, rapaz moderno quando chegou, hoje com fios de prata na carapinha, Zuca foi o empregado de mais longa permanência na casa do Rio Vermelho. Instável população de secretárias, bibliotecárias, arrumadeiras, cozinheiras, lavadeiras, moços de recado, alguns de prolongado exercício, de vários fomos e permanecemos amigos. Valdomiro que cuida da piscina e com ela mantém misteriosa relação, caminha para alcançar o recorde de Zuca, mas ainda não chegou lá: por vinte anos Zuca exerceu o posto de jardineiro.

De jardinagem pouco ou nada entende, em troca é matador de formigas de inestimável capacidade, num combate sem tréguas acabou com as formigas que infestavam o terreno quando o compramos, acabou com os formigueiros da casa e os de todo o bairro. Técnico competente, Antonio Carlos o nomeou funcionário público, ganhou cabo eleitoral de devotada eficiência. Coração de ouro, pai de dez filhos de seu sangue, a eles acrescentou os órfãos que criou em meio às dificuldades de pobre: se faltou pão alguma vez, jamais faltou carinho.

Baiano rematado, descansado, risonho, simpático, boa-praça: o tempo lhe pertence, Zuca o governa, dispõe dele a seu bel-prazer, não se sujeita a horários. Vou a um pomar, compro mudas de pitangueiras, trago para casa, digo a Zuca que as plante, ele as arruma junto à rampa, "à espera" — à espera de quê? Só ele sabe, interrogo:

— Zuca, quando vai plantar os pés de pitanga?

— Hoje é segunda-feira... — Zuca faz as contas nos dedos: — ...sexta-feira eu planto, professor. — Trata-me por professor com deferência.

— Sexta-feira? — Também eu faço as contas nos dedos: — Daqui a cinco dias? Não pode ser, Zuca.

— O professor quer antes? Então planto na quinta...

— Quinta? Muito tarde, Zuca.

— Muito tarde? — admira-se, mas se conforma: — Então na quarta...

— Antes da quarta, Zuca.

— O professor está com pressa, não é? Planto amanhã...

— Amanhã não, Zuca. Hoje, agora.

Zuca olha-me com estima e comiseração, atropelo o tempo e a vida:

---

[1] José Laurêncio Carvalho.

— O professor é interessante. Tem cada uma...

Violentado, mas não convencido, vai plantar as pitangueiras, cresceram lindas, jamais deram pitangas. Peço explicações a Zuca, com a voz calma e cantada me esclarece:

— Machearam, professor, acontece muito. Também, plantadas naquela correria...

Bahia, 1967.
OS CLÁSSICOS

NA LIVRARIA DE DEMÊ PAGO CONTAS ELEVADAS, repetidas, livros às mãos-cheias comprados por João Jorge — ponha na conta de meu pai —, toda uma biblioteca de marxismo-leninismo.

O retrato de Che Guevara, foto de Korda, a mais reproduzida em todo o mundo, preside o quarto de João na casa do Rio Vermelho, as prateleiras ocupadas pelos mestres do materialismo dialético, pelos ideólogos do comunismo soviético, Marx e Engels, Lênin, Bukhárin, Stálin, os porretas todos, não falta nenhum. Duas edições de *O capital*, uma espécie de resumo em português, outra completa, encadernada, soberba, em espanhol. Numerosos volumes em espanhol, Demê os importa por vias travessas, custam os olhos da cara. Um volume em francês, *Le fils du peuple* com dedicatória de Maurice Thorez[1] para "*le camarade brésilien J. Amado*", surrupiado de meu acervo.

As edições nacionais, quase todas, trazem o selo da Civilização Brasileira, a editora de Ênio Silveira, amigo e companheiro. Ênio carrega nas costas vários processos, habitué das comissões militares de inquérito, não se emenda, corre novos riscos, camarada de coragem comprovada: continua a editar autores proibidos, presta serviço à causa, afirma liderança entre a *intelligentsia*, ganha dinheiro.

Examino a estante pejada de ideologia. Constato — com certa satisfação, confesso — que meu filho não leu uma linha sequer dos clássicos da revolução proletária, os tomos estão virgens como saíram dos prelos de Ênio. Nisso João Jorge imita os dirigentes do pecê: não lê os clássicos do marxismo, os mestres do leninismo, pergunto-me quem os lê, muito vendidos, pouco lidos — como sucede hoje em dia com romancistas em voga, nacionais e estrangeiros.

---

1 Maurice Thorez, secretário-geral do PC francês.

Dirigente estudantil em luta contra os gorilas no poder, jovem comuna sectário porém bem-humorado, João Jorge escreve peças infantis, colabora no teatro de arena, comanda passeatas, namora à farta, nas horas vagas (raras) frequenta o curso de sociologia na Faculdade de Filosofia e, se não lê os clássicos, lê romancistas e poetas. Os livros de ler estão espalhados pelo quarto, não merecem as honras da estante, largados em cima das cadeiras, ao pé da cama, ao lado da latrina. Examino autores e brochuras, as leituras do adolescente: Dumas, Castro Alves, Eça de Queirós, Machado de Assis, Steinbeck, Aluísio de Azevedo, *Lolita*, de Nabokov, *A mãe*, de Maksim Górki — afinal um soviético. Quero saber: entre eles, qual o preferido? João Jorge não vacila: "Gosto de Eça de Queirós, ele é o tal". Aprovo mas continuo a interrogar: que livro de Eça? *A ilustre casa de Ramires*? *Os Maias*? João Jorge aprecia *Os Maias*, acha João da Ega o máximo, não leu *A ilustre casa*, mas o Eça que prefere é o de *A relíquia*. Aconselho-o a ler Dickens e Mark Twain. Diz-me que de Twain já leu *Tom Saywer* e *Huck*, eu lhe proponho os contos, vou ao gabinete buscar *Mr. Pickwick*.

Eis que por coincidência Ênio Silveira aparece na Bahia, vem receber o título de cidadão baiano que a Câmara Municipal lhe concedeu. Conta-me das dificuldades que a editora atravessa, a perseguição política, a luta pela sobrevivência. Ajudo-o a vender uma batelada de títulos da boa literatura que ele também edita ao governador do estado, Antonio Carlos Magalhães. Antonio Carlos não é ingênuo, está por nascer quem o poderá enrolar, sabe que, ao comprar livros de Adonias Filho, Guilherme Figueiredo, Nabokov, Steinbeck, Hemingway, Campos de Carvalho, está subvencionando a tradução e a difusão dos subversivos do marxismo-leninismo, ele o faz em sã consciência. Ênio me agradece a solidariedade que demonstro à Civilização Brasileira.

— Solidariedade com tua editora? Não é de hoje. Não sou eu, por acaso, quem a sustenta? Gasto fortunas com a cultura marxista de João Jorge. Vives às custas de meu filho, caro Ênio.

Após trinta anos de vida em comum, de amigação — gosto demais da palavra amigação, usada para nomear o que o código de família denomina concubinato, tenho aversão à palavra concubinato, má e feia, filha do preconceito e da discriminação —, Zélia requer, no uso da lei, o direito de usar meu sobrenome, assinar-se Amado. Na Bahia perde a causa, o juiz encagaçou-se, ignomínia; em São Paulo ela a ganha, junta Amado a seu nome de solteira.

Não tarda, Nelson Carneiro vence a guerra do divórcio, eu e Zélia nos casamos. Três anos depois, dona Zélia sai do sério, escreve e publica um livro,

Anarquistas, graças a Deus, *em cujas páginas narra sua infância de filha de imigrantes, italianos anarquistas e católicos, no quadro de uma São Paulo afarista onde nasciam o capitalismo com os matarazzo e os crespi e o movimento operário na sede das Classes Laboriosas e de outros grêmios culturais e reivindicativos. O livro fez sucesso, ainda o faz, repetem-se as edições, é traduzido, virou série de televisão na transposição (magnífica) de Walter Avancini. Dona Zélia tomou gosto, anda pelo quinto volume de memórias sem falar nas histórias para crianças. Não querendo usar muletas na caminhada literária, assinou seus livros com o nome de solteira, voltou a ser Zélia Gattai, renome nacional, por pouco tempo lhe servi de arrimo.*

Para mim, nem Amado nem Gattai, apenas Zélia, quando não Zezinha.

Rio de Janeiro, 1939.
URCA

TEMPOS BICUDOS, POBRE DE JÓ, sou redator-chefe de *Dom Casmurro*, semanário de literatura, espécie de *Nouvelles Littéraires* traduzidas em brasileiro por Brício de Abreu, bon vivant com muitos anos de Paris, o cargo não me rende vintém furado. Tampouco o de redator de *Diretrizes*, na primeira fase da revista de Samuel Wainer. Vivo de biscates.

A ditadura do Estado Novo fecha-me as portas, dificulta as oportunidades de trabalho, tentei São Paulo, sem sucesso. Escrevo sob pseudônimo para *Carioca* e *Vamos Ler!*, revistas do grupo de A Noite, meus amigos Magalhães Júnior e Antônio Vieira de Melo facilitam-me uns caraminguás semanais. Redijo diálogos para chanchadas, colaboro com Alinor de Azevedo e Moacyr Fenelon em cenários para filmes da Atlântida, Carmen Santos, a inesquecível, compra-me os direitos cinematográficos de *Mar morto*. Faço de um tudo e mais que tudo participo da atividade do pecê.

Os tempos são bicudos porém alegres, meu apartamento na Urca, ao lado mesmo do Cassino, é uma espécie de república das letras e das artes em festa permanente. Nele se hospedam por alguns meses ou alguns dias uma caterva de iluminados: o pintor Carlos Scliar, o cineasta Fernando de Barros, o arquiteto português Eduardo Anahory, a artista plástica Teresa d'Amico, ávida e travessa.

Scliar nos sustentou durante meses pintando os retratos das irmãs e de outras parentas de Maria de Ademar de Barros: aluna de piano de Mário de Andrade, apaixonou-se pelo professor, arremeteu, Macunaíma fugiu-lhe dos braços. No desgosto ela se tornou amante oficial de Ademar, interventor do estado de São Paulo, dinheiro farto, automóvel de luxo, Cadilac, romântica ao luar do galanteio, devassa no leito da suruba, flor de pessoa. Era nossa patronesse, convidava-nos a jantar, servia patê de foie gras e champanhe Veuve Clicquot. Que fim terão levado as aquarelas de Scliar, retratos de família, Maria de Ademar e as irmãs, todas bem amigadas, ela com o governo de São Paulo, as irmãs com milionários: amoráveis, boas de cama.

Vivemos igualmente às custas de *A arte de ser bela*, livro de receitas de maquiagem assinado por Fernando de Barros, maquiador a serviço da perfumaria Coty que lhe encomendara o volume para presentear com ele a freguesia. Fernando chegara ao Brasil em 1938 em companhia de Chianca de Garcia, na intenção de filmar *Capitães da Areia*, sendo *Capitães* livro proibido filmaram *Pureza* de Zé Lins. Escrevi o livro de Fernando em duas noites, Scliar fez as ilustrações, Anahory desenhou a capa, Zélio Valverde editou. *A arte de ser bela* nos deu de-comer e de-beber, dinheiro para o aluguel do apartamento: bons tempos.

A partir das nove da noite o apartamento se enchia de visitas, as convidadas de Anahory, condessas e *midinettes*, as de Fernando, senhoras de alta estirpe, coristas do Cassino, freguesas da Coty, estrelas do teatro de revista, clientela vasta a dos dois mondrongos. Vinham os namorados de Teresa, ela os revezava, variava muito, açambarcadora, durante três semanas foi noiva de Otávio Malta, figura grada, jornalista de renome, capa preta do Partido, nossa ligação com o Bureau Político, ainda noiva perspegou-lhe chifres, Malta abandonou a raia. Apareciam os artistas, a banda de Scliar, Cheschiati começava a esculpir, Athos Bulcão já era gordo, carregavam telas, pincéis e tintas, suavam talento por todos os poros.

Para completar a festa, a turma de *Diretrizes*, os literatos, os políticos, os subversivos: Samuel, Malta, Moacir Werneck, Carlos Lacerda, Noel Nutels, e uma trupe de judias casadas e solteiras, uma sardenta se chamava Bertinha, morreu adolescente, quis-lhe muito, dediquei-lhe um livro. Moacir Werneck de Castro noivava Lygia Fagundes Telles, novel ficcionista, já então uma beleza, não tanto ainda quanto hoje. Maria de Ademar e as irmãs não faltavam, eram da família, ao menos primas, seriam irmãs não fosse incesto.

Terminado o show no palco da Urca, as grandes estrelas subiam ao apartamento, davam o ar de sua graça, gente no tope da fama, d'aquém e d'além--mar: Sylvio Caldas, Pedro Vargas, Beatriz Costa, Grande Otelo, a mexicana Elvira Ríos, Jean Sablon, Ary Barroso, Dircinha e Linda Batista. Uma noite Sylvio chegou apavorado, na pressa do horário do show atropelara um homem na avenida da Ligação, fui em busca do Rolas, no Cassino. Beatriz Costa tornou-se amiga e comadre, viera pela mão de Anahory, a franja do cabelo, a verve, a picardia, o riso, o improviso, a graça portuguesa, o palavrão palavra doce, a Beatrizinha como lhe dizíamos. Nos cinemas triunfava com a *Aldeia da roupa branca*, de Chianca, em carne e osso na ribalta, tripudiava.

A grande sensação foi a visita, certa noite, quase madrugada, de Josephine Baker, atuava no Cassino, chegou com Teresa d'Amico, acompanhada por Oswald de Andrade e Julieta Bárbara, sua mulher. Não sei como ela e Teresa se haviam conhecido, pareciam íntimas, amigonas, amigadonas.

Tempos difíceis, nem dinheiro, nem democracia, apesar disso fazíamos a festa e enfrentávamos o Estado Novo, éramos jovens, insolentes.

Rio de Janeiro, 1946.
A ESTRELA

RECÉM-CHEGADO AO RIO PARA CUMPRIR O mandato de deputado na Constituinte de 1946, recebo na Câmara bilhete de Carmen Santos, apraza-me: "Te espero para jantar às nove horas, projeto um filme sobre Castro Alves, uma superprodução, direção de Mário Peixoto, história tua, estejas às nove sem falta".

Hoje irás conhecer Carmen Santos — mostro o recado a Zélia —, amiga querida, pessoa ótima, deusa do cinema: alongo-me a gabar a beleza, o charme, a elegância, o talento da comediante de *Favela de meus amores*, proprietária dos estúdios da Brasil Vita Filmes. Em 1934 Carmen comprou uma opção por dois anos para a filmagem de *Cacau*, em 1943 estabeleceu outra opção, também por dois anos, sobre *ABC de Castro Alves*, em 1938 adquiriu por cinco anos os direitos cinematográficos de *Mar morto*. Não realizou nenhum dos três filmes, mas os dinheirinhos dos contratos chegaram sempre na hora certa: para ser apenas escritor, para sobreviver sem outro ofício, comi da banda podre.

Descemos do táxi, dou o braço a Zélia, toda nos trinques: para elegante, elegante e meia, dá gosto vê-la, jovem madona: penetramos o portão da mansão confortável e acolhedora na Tijuca. Pensei encontrar Mário Peixoto, mas Carmen está sozinha, faço as apresentações:

— Zélia, minha mulher...
— Oh!

Zélia sorri, Carmen cobre os seios com as mãos, surpresa. Não está com os seios nus, apenas quase: sem sutiã, a blusa transparente realça-lhes a beleza. Veste calças leves, sem outros panos, livre de combinação, anágua, a seda tênue, translúcida, revela as formas do corpo, a formosura da estrela:

— Desculpe-me, pensei que ele vinha só, não sabia que tinha se casado.

Zélia, perfeita, não se perturba: "Esteja à vontade, está tão elegante, nos unimos em São Paulo durante a campanha da anistia".

Carmen nos deixa na sala com as bebidas, os tira-gostos:

— Vou telefonar para Mário, dizer que venha.

Aproveita para mudar a blusa e as calças, retorna elegantérrima, conjunto negro e sóbrio. O cineasta de *Limite* não tarda a aparecer.

Paris, 1991.
A PERGUNTA

O NETO JORGINHO, oito anos incompletos, pergunta à avó Zélia, 75 completos:

— Vó, você ainda transa com o avô?

Nova Delhi, 1957.
DESTINO DA POESIA

O AR DE VÍTIMA DOS ACONTECIMENTOS, Neruda traduz-me a notícia no jornal de língua inglesa, data atrasada, deixado no hotel por um turista:

— Assim não é possível, não pode ser. Esses soviéticos não são sérios, compadre — na foto sobre a notícia, Khruschov e Tito trocam beijos no aeroporto de Belgrado.

Após o sucesso sem tamanho de *Canto general*, o livro maior, aquele que inscreveu o nome de Pablo entre os primeiros poetas de nosso tempo, o vate chileno e comunista voltara às prateleiras das livrarias com *Las uvas y el viento*, coletânea de poemas políticos, a denúncia do imperialismo norte-americano, fator de guerra e de miséria, a louvação do heroísmo soviético e dos líderes das recentes nações socialistas nascidas no rastro das vitórias do Exército Vermelho na Segunda Guerra Mundial. Poemas maiores, poemas menores, a altura não é a mesma do *Canto*, mas nada do que Pablo escreve é de se jogar fora, há sempre um verso imenso, a poesia vive com ele. Um dos poemas mais vibrantes faz a apologia de Tito, comandante dos povos iugoslavos, pai da pátria, maior do que ele só mesmo Stálin. Traduzido de imediato em todas as línguas da Federação de Repúblicas da Iugoslávia.

A Editorial Losada, na Argentina, anunciava a segunda edição de *Las uvas y el viento* quando se deu a ruptura de Tito com Stálin, aquilo que sabemos, o juízo final. Enfurecido contra Tito, o traidor, Pablo retira do volume o panegírico, em seu lugar coloca poema de fúria, de denúncia, de desmascaramento: de herói dos povos, Tito é rebaixado a cão de fila do imperialismo, com os aplausos dos soviéticos e de todos nós.

Depois muita água correu, aconteceu o Vigésimo Congresso do PCUS, a denúncia dos crimes de Stálin, a reabilitação de Tito, a viagem de Khruschov a Belgrado, na mão o ramo de oliveira, ao tempo em que uma editora chilena, a Nascimento, preparava nova edição das *Uvas*. Pablo me exibe no jornal o discurso de Nikita ao desembarcar do avião e cair nos braços do marechal: "Querido camarada Tito".

— Escute, compadre, e me diga se está direito: querido camarada Tito! — Pablo se sente enrolado nas malhas da política, lastima o destino das uvas ao sabor dos ventos soviéticos: — Escute e me diga, compadre, o que devo publicar na edição que está no prelo? O elogio ou a descompostura? Assim fica difícil ser poeta engajado. Como é que pode?

Aconselho Pablo a retirar Tito das páginas do livro, de uma vez para sempre, ficará a coberto das oscilações políticas. Sobretudo, compadre, não escreva ainda a louvação a Khruschov, é melhor esperar até ver que bicho dá.

Rio de Janeiro, 1963.
MELANCOLIA

O QUE A ACADEMIA, falo da Academia Brasileira de Letras, nos dá não é nem a imortalidade (sic!), nem a glória (puf!), nem sequer a respeitabilidade, nada disso. Nos dá apenas e isso, sim, é muito, paga a fatuidade, o transitório, o disparate, o que ela nos dá é a convivência, a amizade. Entrando para a Academia — pela porta dos fundos, a do engano, penso eu — ganhei novos e bons amigos: Antônio da Silva Melo,[1] Clementino Fraga,[2] pude privar com Pedro Calmon com quem tratara apenas em rápidos encontros.

Na sala de sessões, quando compareço, sento-me entre um novo amigo, não o conhecia antes, Afonso Pena Júnior, beleza de pessoa, culto, inteligente, agradável, e um velho amigo, terno amigo, Álvaro Moreyra. A casa dele e de Eugênia foi minha casa quando, menino de dezoito anos,

---

1 Antônio da Silva Melo, escritor, médico, professor.
2 Clementino Fraga, escritor, médico, professor.

desembarquei no Rio de Janeiro, um filho a mais: a família era grande, os filhos que Álvaro fez em Eugênia e ela pariu e os adotados por ela e por Alvinho.

Discursa um acadêmico, Alvinho volta-se para mim, me diz:

— Ontem à noite me vi num programa de televisão, gravado dias antes. Só aí me dei conta de como estou acabadozinho, fiquei com tanta pena de mim...

Melancólica, a voz de Alvinho. Melancólica e forte, voz de surdo, ressoa alto, interrompe o orador.

Praga, 1950.
A CHAUVINISTA

MARIA DA BAHIA PASSA POR PRAGA no rumo de Paris, vem de Sófia. Maria da Bahia porque o solar da família fica no Corredor da Vitória, nas vizinhanças do Campo Grande.

Embusteira, apresenta-se como afilhada de Graciliano Ramos por ter nascido em Palmeira dos Índios, nas Alagoas, declara-se minha parenta: "Então não sabes que Tenente andou aos tombos com Maria Minha Irmã Caçula?". Tenente é James Amado, ao tempo redator-chefe de O Momento, gazeta do pecê baiano. Subcunhado e confidente, ouço com deleite seus particulares de xibiu e coração.

Por jornalista, enviada especial de O Momento, credencial fornecida pelo cunhado Tuna (a danada sabe todos os apelidos de James), por ativista do Partido, sobretudo por morena, galante e fogosa, Maria da Bahia viaja pelas democracias populares a convite, com direito a transporte, hospedagem e mordomias variadas. Leitos ilustres a acolheram em Budapeste, Belgrado, Bucareste, em Berlim Leste, em Varsóvia e Wrocław, em Bratislava, em Sófia. Em Paris, um ano antes, de volta da Iugoslávia, confidenciou-me a cama presidencial de Tito, herói e marechal, será mentira, será verdade, impossível tirar a limpo. Falta-lhe Moscou, Ehrenburg garantira-lhe convite da União de Escritores Soviéticos, não cumpriu. Detém-se em Praga, hóspede da União de Jornalistas da Tchecoslováquia. Em Sófia quem a recebeu foi um parente de Dmítrov a quem ela conhecera na Embaixada da Bulgária, em Paris, Maria da Bahia é bem relacionada nas cortes socialistas.

Erguendo os cálices de *slivovice*, brindamos no bar do Hotel Praha o próximo regresso aos penates da jornalista brasileira. Maria da Bahia lava a alma, não vê a hora de voltar, o Brasil lhe faz falta, admiro-me, nunca a pensara chauvinista. Explica-me:

— Não aguento mais dar o cu em húngaro ou em eslovaco, não posso mais. Quero ser chamada de puta em brasileiro: sua vaca! Ouvir dizer e entender para me acabar no gozo. Em língua socialista, ouvindo sem entender, não dá para gozar como se deve, perde-se o melhor, o frenesi.

Os olhos sonhadores de Maria da Bahia, de pureza imaculada. Esvazia o cálice, o secretário-geral dos jornalistas a recolhe no Tatra Plan negro a que os dirigentes têm direito e a leva no cair da tarde.

Por pouco saio correndo atrás do automóvel oficial para dizer a Maria da Bahia e assim a ajudar no frenesi do orgasmo que puta em língua tcheca se diz "*curva*", palavra bonita, sinônimo de "sua vaca". Poderia lhe ser útil na hora do enrabanço.

Bahia, 1965.
AS GULOSAS

UM RUÍDO SUSPEITO ME ACORDA, apuro o ouvido, parece-me provir da sala de jantar. Levanto-me evitando fazer barulho, saio do quarto, avisto luz acesa na cozinha. Vou em passo de gato, surpreenderei o ladrão, a surpresa será a melhor arma, não tenho revólver em casa. Aliás nunca possuí nem usei revólver, na Câmara de Deputados eu era o único parlamentar desarmado, me lembro do assombro de Silvestre Péricles de Góes Monteiro quando abri o paletó e ele constatou a ausência de pau de fogo em minha cintura: "Você é maluco".

Na cozinha, o que vejo? Dona Angelina, mãe de Zélia, e minha mãe Lalu, envergando uma e outra camisolas de dormir como convém a viúvas idosas, chupam mangas — manga se chupa, não se come, caso se deseje fruir o prazer completo —, rostos lambuzados. O mel escorre dos lábios para o queixo, mancha as pulcras camisolas. Chupam as mangas com avidez e competência, o ruído que me pareceu suspeito procede das bocas das duas senhoras no gozo da fruta colhida no jardim da casa, mangas carlotas suculentas.

Regresso ao quarto, pé ante pé, para que as duas não me vejam, morreriam de encabulamento. Aproveitam a calada da noite para o pecado da gula, o sabor das mangas chupadas assim às escondidas torna-se divino. Lalu e Angelina estalam as línguas.

Onde quer que eu chegue, nas comarcas do mundo, províncias e metrópoles, vilarejos, encontro mesa posta e escuto uma palavra amiga.

Alguém me diz: "Li teu livro, companheiro, ri e chorei, me comovi. Tereza Batista mudou minha vida, Pedro Archanjo me ensinou o pensamento livre, a pensar por minha cabeça, aprendi com Quincas a não ser o outro e, sim, eu próprio, com o comandante Vasco Moscoso de Aragão troquei o medíocre pelo sonho, aprendi o amor com Gabriela e dona Flor dele me deu a medida exata: mais poderoso do que a morte. És escritor porque eu existo, teu leitor: chorei e ri, me emocionei ao ler teu livro".

Onde quer que eu chegue tenho mesa posta e alguém me diz uma palavra amiga. Esse o prêmio, a razão e o compromisso.

São Paulo, 1945.
POGROM

O SUJEITO É UM MONSTRO, UM BANDIDO, acredite, amigo...

Lasar Segall aparece no apartamento da avenida São João para meia hora de papo. Repete que não veio me visitar e, sim, ao quadro que me tendo dado de presente em 1954, me entregou um ano depois a duras penas. Conta-me a ameaça que o violenta, o terror a que está sujeito pelo miliardário americano, monstro sem entranhas.

Judeu russo, Segall veio ao Brasil pela primeira vez em 1912, ano em que nasci, voltou em 1918, tornou-se brasileiro para sempre. A guerra contra o nazifascismo lhe inspirou três quadros belos e terríveis, grandiosos painéis: *Pogrom, Navio de imigrantes, Guerra,* sendo que o menor dos três, *Pogrom,* parece-me o mais belo e o mais dramático.

Dos Estados Unidos chegou um rei de qualquer coisa, judeu riquíssimo, malas de dólares na bagagem, vidrou ao ver a tela do *Pogrom*, decidiu comprá-la. Pede preço, "não está à venda", responde o pintor, o milionário declara que "à venda ou não ele vai levá-la", faz oferta, alta, Segall recusa, engaja-se a peleja. O americano volta todos os dias, refastela-se na cadeira diante do quadro e tome oferta em dólares e pagamento à vista, o dinheiro está na pasta ao lado, o sádico exibe as notas verdes. No outro lado da trincheira, Segall recusa, disposto a conservar a tela em seu acervo. O desespero na voz, me diz:

— Amigo, esse sujeito é um demônio, tenta-me, oferece-me cada vez mais dinheiro, tanto nunca vi em minha vida, não sei até onde posso resistir. Quer levar meu quadro, tenho medo de ceder, amigo!

Não cedeu, Segall gostava de dinheiro, mas gostava ainda mais dos quadros que pintava, resistiu à avalanche de dólares, *Pogrom* permanece no acervo do Brasil.

Paris, 1991.
SURREALISMO

EXTASIADA NA MESA DO BISTRÔ à margem do Sena, Kristina Hering conta uma história surrealista, história de espantar mesmo no tempo em que vivemos, quando o impossível se faz quotidiano:

— Fiquei certa que tinha enlouquecido.

Tradutora de profissão, Kristina traduz do francês, do espanhol, do português para o alemão, fala o português com pronúncia lusitana, vem de concluir a tradução do volume das *Conversations* de Alice Raillard, está traduzindo livros de Zélia, veio a Paris conversar com suas autoras. Ainda lhe é difícil acreditar que pode inscrever-se numa excursão de fim de semana, embarcar num ônibus em Berlim, desembarcar em frente à Notre Dame. Como aceitar então o que se passara antes, durante sua ausência em Cuba, não dava mesmo para acreditar.

Duas informações são necessárias para que se possa entender a história de Kristina. A primeira saber-se que antes da reunificação da Alemanha ela era cidadã da República Democrática, ou seja, da Alemanha Oriental, habitante de Berlim Leste, sujeita a todas as restrições possíveis. A segunda refere-se a programa existente na União Soviética e em cada um dos países do socialismo real, patrocinado pelas uniões de escritores. Anualmente distribuíam-se algumas bolsas a tradutores para que pudessem visitar durante um mês país de língua de sua especialidade: ganhavam as passagens e uma ajuda de custo mínima para os gastos pessoais.

Durante exatos quinze anos Kristina candidatou-se a uma dessas bolsas para qualquer dos países de fala francesa, espanhola, portuguesa, a França encabeçava a lista, logo vinham a Espanha e o Brasil. Durante quinze anos esperou em vão, mas no décimo sexto foi contemplada com uma bolsa para Cuba, um mês na ilha de Fidel. Cuba não encabeçava sua lista mas, enfim, Kristina não via razão para jogar fora a oportunidade de viajar. Arrumou a mala, tomou o avião em Berlim Leste para Havana.

Andou Cuba inteira, adorou, fez amizades, traçou projetos de trabalho, passado o mês embarcou de retorno à Alemanha Oriental — mesmo vivendo sob o mesmo regime do socialismo real, existiam diferenças entre

Cuba e República Democrática Alemã, Cuba era o trópico. Os familiares a aguardavam no aeroporto no maior assanhamento, querendo saber como ela tinha recebido a notícia.

— Notícia? Que notícia?

— A do muro.

— Que muro?

— O nosso, o de Berlim.

Quando Kristina viajara a polícia atirava e matava quem tentasse atravessar o muro, os mortos contavam-se às dezenas, os presos às centenas.

— O muro de Berlim? O que aconteceu? Não sei de nada. — Baixou a voz para perguntar: — Quantos mataram nesse mês?

Durante sua ausência, o mês em Cuba, o muro de Berlim ruíra, deixara de existir, de dividir Berlim em dois, de separar as duas Alemanhas, apenas Kristina não sabia de nada. Se a imprensa cubana noticiara o fato ela não lera a informação e nenhuma pessoa com quem tratara lhe contara fosse o que fosse, a queda do muro era tabu em Cuba. Ainda no aeroporto relataram-lhe as ocorrências, simplesmente ela não acreditou. Meteram-na no carro e a levaram onde estavam as sobras do muro de Berlim, atravessaram para o outro lado, Kristina continuou sem acreditar.

— Olhei, vi, cruzei o muro e continuei a não acreditar. Primeiro pensei que tinha morrido, que existia uma outra vida, eu chegara ao paraíso. Depois pensei que simplesmente tinha enlouquecido, custou trabalho convencer-me de minha sanidade mental, de que não estava louca de jogar pedra, as pedras do muro de Berlim.

Kristina respira fundo os ares de Paris, a liberdade.

— Por vezes ainda penso que estou louca e que de repente vou ficar sã e o muro lá estará inteiro, a polícia atirando. Dá-me uma aflição, quero continuar louca, não quero me curar.

Maceió, 1933.
SE CHAMAVA AUGUSTO

CICERONE NAS RUAS E GRAÇAS DA CIDADE, Aurélio Buarque de Holanda leva-me ao puteiro na noite morna de Maceió. O futuro dicionarista, novel literato, popular entre o mulherio, que o trata pelo apelido com intimidade, é disputado: "Contigo vou de graça, Belo Corpo".

Apaixono-me por Lindinalva, filha de usineiro arruinado, abandonada pelo noivo. Estendidos na cama conversamos no intervalo, no quarto o olor de alfazema, o toco de vela ilumina santo Antônio. Lindinalva é loira de trigais maduros (a imagem é velha e gasta, eu sei, mas é porreta), eu irei colocá-la inteira no *Jubiabá*, a Aurélio a devo, aproveito para de público agradecer a prenda. Certa vez, em sessão comemorativa de seu aniversário, pensei fazê-lo na Academia, Pedrinho Calmon me desaconselhou: o local não era apropriado, cairia mal.

Houve um momento — como direi? falta-me a palavra justa, direi que foi um momento inolvidável. Lindinalva vira de bruços: "Bote atrás, menino, tu nem sabe como gosto, gosto demais" — lençol de oiro a crina se desdobra até o coxim da bunda. Bunda arrebitada de sinhazinha de engenho, nas cambiantes do melaço, mel de cana-caiana, rego de açúcar mascavo e o precipício. Lindinalva volta o rosto para mim, olhos azuis de água-marinha: "Estudei no colégio de freiras mas Augusto, meu noivo, se chamava Augusto, me viciou".

Hamburgo, 1968.
MON AMI GEORGES

A NEVE TOMBA SOBRE HAMBURGO, a cidade envolta em bruma, em frente a um cinema o cartaz exibe imagens de filme pornô: a nudez da *Fräulein*, mamas vultosas ao gosto ianque, riso de deboche, segura um disco com o retrato de Georges Moustaki na capa e o mantém sob o mamilo intumescido, o rosto desfeito em orgasmo. Mesmo em fotografia *mon ami* Georges provoca paixões. "Paixão", uma de suas palavras, a outra é "liberdade".

Quando estamos em Paris — acontece com frequência —, nos reunimos com Georges todo tempo, juntos em nossos restaurantes, o chinês, o marroquino, o italiano, o grego, o do Jura onde se bebe *vin de paille* à sobremesa, os bistrôs franceses, foi Georges quem nos levou a Au Pont Marie, de Magalie.[1] Nossos amigos e os dele tornaram-se amigos comuns, Marta, Serge Reggiani, os Raillard, Albert Cossery, Antoinette, Anny-Claude,[2] Zbitch,[3] tantos mais, cresce a cada dia a família, *les amis* de Georges. Escalamos, Zélia lépida, eu arfante, as escadas que conduzem ao duplex no sexto andar da rua Saint-Louis-en-l'Île, no qual *le pâtre grec* pastoreia rebanho de cabritas e ovelhas, companhia feminina numerosa e juvenil — coloco o acento sobre o adjetivo juvenil, a mais idosa vem de cumprir dezoito anos.

1 Magalie Griffoul.
2 Anny-Claude Basset, aeromoça e ecologista.
3 Zbigniew Wieckowski, pintor.

Grego de Alexandria, judeu errante, árabe em guerra, parisiense naturalizado por Edith Piaf, marujo no mar Mediterrâneo, em seu itinerário de cantiga e aventura teria de arribar ao porto da Bahia, capital geral da Costa d'África e das Caraíbas, enseada da sabedoria e do mistério, irmã gêmea de Alexandria. Ali desembarcou na década de 60 a convite de Vinicius de Moraes. Hóspedes do poeta, a seu pedido foram recebê-lo no aeroporto as atrizes Alexandra Stewart e Susana Vieira.

Buscavam táxi quando um executivo ao volante de Mercedes importada lhes ofereceu carona. Disseram-lhe aonde queriam ir e a quem iriam acolher. O galã, admirador de Alexandra, devoto de Susana, colocou-se às ordens, nada tinha a fazer, flanava em Itapuã, poderia levá-las e esperar para trazê-las de volta com o compositor de quem era igualmente fã, assoviou a melodia de "Le métèque". Embarcaram, o galante perguntou a Susana se não o estava reconhecendo. Não, não estava, quem era ele?

Orgulho ferido, o cidadão declinou nome completo, para Alexandra nada significava, para Susana sim: "Sou Mariel Mariscot", disse. Apesar da parecença com as fotografias nos jornais, Susana duvidou: "Está pilheriando". Se duvida suspenda o tapete ao pé do banco, Susana suspendeu, deu com a metralhadora ao alcance da mão do motorista. Também Alexandra viu a arma, quis saber a razão, Susana traduziu em francês, trocou em miúdos, o nome do dono do automóvel que tão gentilmente as conduzia: "O bandido mais temido do país, já ouviu falar no Esquadrão da Morte?". Pois era o chefe em pessoa, condenado a trinta anos de prisão, fugido da cadeia. A estrela do cinema riu exaltada: "Que país o Brasil, único no mapa-múndi, loucura igual não existe".

Gentileza em pessoa, Mariel Mariscot depositou o compositor na porta da casa do poeta, mas declinou do convite que lhe foi feito para assistir, daí a dois dias, no Teatro Castro Alves, ao show de Vinicius e Toquinho com a participação de Moustaki: desculpassem, não podia abusar da complacência da polícia. Assim aconteceu o desembarque de Georges no Brasil, como não amar e não adotar o país surrealista? Georges o adotou, fez-se músico brasileiro, parceiro de Tom Jobim, de Chico Buarque, de Toquinho.

A "*Bahia des pécheurs, des marins, des filles du port*", tornou-se lar e musa, inspirou-lhe duas canções que correm mundo, no Rio Vermelho Georges encontrou um "*petit coin du paradis*". Quantas vezes retornou, quantas retornará? Estava entre os músicos brasileiros na audição de *Le Grand Échiquier* que Jacques Chancel dedicou à Bahia, ao lado de Caymmi, Caetano e Gil, cantou com Bethânia e Gal, um baiano a mais.

Voz solidária, presente onde quer que a liberdade reclame adesão e apoio, canto de amor erguido pelos palestinos, pelos líbios, pelos curdos, por Nelson Mandela, por Otelo de Carvalho, por quem mereça e necessite: a paixão e a liberdade, matrizes da criação de Moustaki. Eu poderia contar um montão de histórias, testemunhei algumas, reduzo-me a uma única, basta para dar a medida de meu amigo Georges.

Teve ele amores passageiros com viandante árabe, a estrangeira habitou curta semana de cinco dias de desvario na ilha de Saint Louis, disse *"à bientôt"* em despedida, não deixou endereço para correspondência. Dela Georges veio a saber dias depois pelo noticiário dos jornais: fora presa ao desembarcar no aeroporto de Tel Aviv, o grosso de sua bagagem era constituído por bombas que, acionadas, teriam destruído metade do Estado de Israel. Interrogada pelas autoridades, declarou ser esposa do compositor francês, mundialmente conhecido, Georges Moustaki.

Surpreso, mas não embaraçado, Georges tomou conhecimento do depoimento. Para a semana de convivência não houve juiz de família, tampouco mulá ou pope, rabino ou padre, apenas desejo mútuo e mútua outorga, nem por isso o compositor (mundialmente conhecido) desmascarou a terrorista, ela o nomeara esposo, ele não a desmentiu, deu-lhe assistência e afeto.

Condenada a larga pena, enquanto esteve a cumpri-la por várias vezes recebeu a visita de Georges, cantava para ela e para as demais presidiárias, tornou-se camarada da diretora do presídio. Batalhou para diminuir-lhe a pena e o conseguiu, posta em liberdade, após cumprir três anos, para ela Georges alugou apartamento nas proximidades do seu, a moça o ocupou por breve tempo, partiu a cumprir seu destino.

Bahia, 1965.
AS ÂNFORAS DO RECÔNCAVO

NAQUELES TEMPOS DIVERTIA-ME enviando aos amigos de passagem na Bahia potes de barro, porrões para guardar água, os maiores e mais feios que encontrava à venda na feira de Água dos Meninos, mantinha em casa uma dezena de reserva para atender às eventualidades.

Na década de 60, o único hotel decente da cidade era o da Bahia, situado no Campo Grande, lá se hospedavam os visitantes de categoria. No dia do regresso, na hora da saída para o embarque, o viajante recebia a prenda: envolto em papel de presente, o porrão de barro, sem o menor valor artístico, em compensação descomunal, um trambolho daqueles. Acompanhado de cartão gentil — cheguei à perfeição de mandar imprimir cartões de visita com os nomes dos lordes: "Receba o ilustre amigo essa lembrança de viagem, ânfora do Recôncavo, peça de artesanato, recordação da Bahia". Entregue quando o ilustre amigo estava a sair para o aeroporto, que jeito senão juntar o mimo à bagagem. Mimo? "Podia ser menor", ouvi Afrânio Coutinho murmurar, eu presenciava sempre que possível o bota-fora do homenageado. Ouvia os resmungos, não passavam de resmungos, pois o cartão a acompanhar o presente revelava a identidade do ofertante, figura de realce: o governador Luiz Viana Filho, o prefeito Antonio Carlos Magalhães, o jornalista Odorico Tavares, o diretor do Museu do Estado Carlos Eduardo da Rocha, o banqueiro Clemente Mariani. Quem iria largar no hall do hotel lembrança atenta e decerto valiosa de Sua Excelência? "Um estorvo sem dúvida, mas que delicadeza!"

Rio de Janeiro, 1970.
TEMA DE CONVERSAÇÃO

ADOLFO BLOCH OFERECE NO EDIFÍCIO DA *Manchete* almoço em homenagem ao editor português Francisco Lyon de Castro, reúne mesa graúda, diretores da empresa, escritores, Fernando Sabino, Carlos Heitor Cony, Pedro Bloch, Paulo Mendes Campos, os acadêmicos Raimundo Magalhães Júnior, Adonias Filho, Josué Montello. De Adonias e Josué — e de Dalcídio Jurandir, Wilson Lins, Antonio Callado — Chico Lyon irá publicar edições portuguesas em série brasileira dirigida com devotamento e competência por Álvaro Salema.

Na mesa, após o habitual protocolo das matérias de interesse do forasteiro, no caso problemas editoriais, a censura salazarista agride a indústria e a literatura, a conversa recai em tema de agrado dos nacionais. Vem à baila assunto apaixonante, empolga a assistência — à exceção do hóspede português, todos os demais convivas são conhecedores do tema, teóricos com maior ou menor prática, a matéria lhes é familiar desde a juventude: as casas de putas, nacionais e estrangeiras. Não o baixo meretrício, é claro: castelos, pensões elegantes, discretas, caríssimas, o suprassumo. A erudição dos vários debatedores, diretores da empresa e escritores, é vasta, abrange a geografia e as especialidades. Explicam, narram detalhes, relembram momentos, incidentes, personagens, fornecem endereços.

Raymundo viveu anos nos Estados Unidos, traça os mapas da luxúria ianque, o que sabe em teoria e prática daria para mais de um volume. Adolfo é universal, *globe-trotter*, Europa, Ásia, América. Fernando por demais imaginoso parece-me pouco confiável. Desfilam ao sabor da conversa as *maisons closes*, os motéis, os castelos, os puteiros para milionários e personalidades, de cidade em cidade, os roteiros da libertinagem. Ao que me recordo Cony foi de bom aviso no que se refere ao produto nacional.

Chico Lyon ouvia, pareceu-me siderado, a conversa sem peias, a tagarelice libidinosa transcende os hábitos, ultrapassa as contingências do editor lusitano. Em certo momento um dos peritos — qual deles? diretor da empresa, escritor? Se fizer um esforço de memória talvez possa recordar, valerá a pena? — a voz severa, mastigando o filé macio, aponta o garfo para o peito do convidado, queixa-se veemente e amargo:

— Em sua terra, meu amigo, é terrível, o hábito intolerável...

— O que lhe parece intolerável? — Chico feliz com a volta da conversa aos assuntos políticos, quer saber que coisa mais terrível é essa, assim tão insuportável, em Portugal, decerto a censura, as prisões, a perseguição...

— Nem censura, nem perseguição, muito pior. Entro numa pensão, escolho uma cachopa, vou com ela pro quarto, na hora agá a gaja me pergunta: como poderei servir melhor Vossa Excelência? Não há tesão capaz de resistir a Vossa Excelência, meu amigo, brocho cada vez que ouço.

Na pausa do riso, pergunto a Lyon de Castro:

— Diga-me uma coisa, Chico: num almoço de escritores e editores na Europa-América, esse tema de conversação seria debatido à mesa, como aqui?

Hábitos de recato, hábitos de dissimulação, os costumes severos, pudicícia ou fingimento, realidades do além-mar. Atropelado na távola redonda da *Manchete*, perplexo, Chico estremece na cadeira, esquece a fina educação, deixa escapar o que lhe vai no pensamento:

— Nem na Europa-América, nem em nenhuma mesa portuguesa.

"Vossa Excelência!", rosna Adolfo, ainda inconformado.

Até hoje não aprendi a empregar corretamente os verbos — "retificar" e "ratificar" — tenho de parar e pensar antes de usá-los.

Paris, 1991.
MONTEIRO LOBATO

DESDE QUE, HÁ ALGUNS ANOS, encontrei num buquinista volume da tradução francesa de *Urupês*, toda vez que sigo pelos diversos cais do Sena procuro outro exemplar para com ele presentear um amigo francês interessado em bons autores brasileiros. Até agora busca inútil, não perco a esperança.

Em minha opinião de leitor, o escritor principal do Brasil na década de 20 não foi nenhum dos papas do modernismos e, sim, Monteiro Lobato. Refiro-me ao contista de *Urupês* e de *Cidades mortas*, prosa moderna (despida dos tiques modernistas), recriação amorosa e contundente de certa sociedade brasileira da época — dessa sociedade tudo que resta hoje são os contos de Lobato.

Monteiro Lobato não participou do movimento modernista e até se posicionou contra num famoso artigo de crítica à não menos famosa exposição de pintura de Anita Malfatti aí pelos idos de 1918. Artigo feroz onde Lobato, pintor acadêmico de fim de semana, classificou a artista de prostituta ou coisa que o valha — a baixaria da crítica brasileira é antiga. Não foi, contudo, essa posição conservadora que determinou o esquecimento atual da obra do contista. O escritor Monteiro Lobato foi vítima de outro segmento de sua vasta produção literária, o dos livros infantis, popularíssimos. A série do *Sítio do Picapau Amarelo* com Pedrinho, Narizinho, a boneca Emília, o marquês de Rabicó, dona Benta, a negra Anastácia obteve um sucesso tal, tão descomunal (perdura até hoje, segundo me dizem) que escondeu o outro Lobato, o maior.

De sua obra de literatura infantil não sou apreciador, por vários motivos. Mas que grande, que extraordinário contista, agradável de ler-se (sei que atualmente o fato de um livro ser agradável de ler-se não significa virtude e, sim, defeito), cheio de graça, pleno de humor, de conhecimento da vida e do povo brasileiros!

Aproveito para anotar o reconhecimento que devo a Lobato: antes de nos termos conhecido pessoalmente, o mestre paulista saiu do sério ao ler *Mar morto*, em 1936: exaltou-se, fez-me elogio tão grande como jamais voltei a receber.

Pequim, 1952.
ÓPERA DE PEQUIM

LOGO NA PRIMEIRA NOITE DE PEQUIM, deslumbrados, Rosa e Nicolás Guillén, Zélia e eu fomos levados ao teatro para assistir à representação de uma ópera milenar — tudo na China é milenar, o recente tem quinhentos anos. A ópera de Pequim assistida *in locum* em nada se parece com o espetáculo circense, em geral de alta qualidade, que percorre o mundo sob o mesmo nome. Na China é peça de teatro, texto poético, música estridente, o povo adora. Na sala repleta, os espectadores bebem chá, comem bananas, chupam tangerinas, mascam sementes de abóbora e amendoins enquanto os atores evoluem no palco. Para nós tudo é novidade e encanto.

Naqueles idos eu armava as piores molecagens aos meus amigos, algumas divertidas, outras de mau gosto, quem conviveu comigo foi vítima. Assim o fiz na noite da ópera de Pequim ao ver Nicolás e Rosa em desespero querendo saber o que se passava no palco, o intérprete deles, um velho senhor, morto de cansaço, adormecera antes da peça começar. Abriu os olhos com o ruído da orquestra, mas logo voltou a dormir, a música o embalava (sic), deu-nos trabalho acordá-lo no final do espetáculo.

Nicolás e Rosa ficaram na minha dependência, eu lhes repetia em espanhol o que Liu, nosso intérprete, meu e de Zélia, nos traduzia em francês, aliás não repetia nada do que Liu dizia — inventava outra história, e que história! Da mais baixa pornografia. A ópera contava da guerra que o imperador levava a cabo, com o apoio decisivo da favorita, para desbaratar os inimigos que tentavam destroná-lo, exércitos se enfrentavam, uma epopeia. Na minha versão o imperador decidira vingar-se das traições da favorita, ninfomaníaca que transava com uns e outros, sobretudo com afetado malandrim, escriba do palácio. O dito-cujo adentrara a cena executando o passo do jovem letrado — no teatro chinês reconhece-se a profissão do personagem pelo passo peculiar a cada um — que adotei de imediato: tentei imitá-lo enquanto estive na China, sem êxito apreciável.

Vingança à altura dos chifres imperiais: mandou entregar a adúltera aos cortesãos que a quisessem possuir, a bacanal se desenrolou no palco. Não contente, colocou-a à disposição da soldadesca, por fim o arremate da cópula da favorita com os cavalos. A ausência de cenários, absoluta, tudo no faz de conta, facilitava minha trapaçaria, embuste absurdo, inacreditável.

Inacreditável, Nicolás, porém, acreditava, eu lhe sussurrava devassidões, ele se assombrava, Rosa, de ouvido atento, deixava escapar exclamações, "oh! hein? ah! *Dios!*". Zélia continha-se para não rir, durou horas — a representação de qualquer ópera de Pequim dura horas, é preciso ter paciência de chinês para aguentar.

Ainda recordo uma passagem: após desmascarar e mandar prender o primeiro-ministro conspirador, a favorita entra em cena num palanquim de faz de conta, transportada aos ombros dos criados, fatigada deita-se em cima dos coxins a descansar. Na minha versão erótica a favorita, após ter sido estuprada por um batalhão de soldados, atira-se semimorta sobre as almofadas. "*Pobrecita*", disse Rosa, "que horror", exclamou Nicolás. No faz de conta da entrada em cena dos cavalos, atingiu-se o cúmulo da emoção: os cavalos vão traçá-la, comuniquei aos compadres estarrecidos. Quadro movimentado e feérico, o dos cavalos disparados cruzando o palco, entre a favorita e o imperador, sempre no faz de conta da dança e dos ouropéis, prestava-se a qualquer interpretação.

Decorridos alguns dias fomos recebidos, os quatro, na União dos Escritores Chineses, encontro com os maiorais da literatura e das artes, do teatro e do cinema, com os ideólogos do Partido. Falamos sobre Cuba e Brasil, Nicolás declamou em espanhol, tudo bem, gentilezas, elogios a granel, solidariedade revolucionária. Para finalizar os companheiros chineses pediram que opinássemos sobre o que nos era dado ver na República Popular da China, jovem nação socialista — estávamos em fevereiro de 1952, Mao assumira o poder em fins de 1949. Sobretudo critiquem os erros, assim nos ajudarão a corrigi-los.

Línguas de louvor as nossas: tudo a aplaudir, nada a criticar. Nicolás, porém, atendendo à solicitação feita, reclamou um esclarecimento: não entendia por que punham em cena num teatro de Pequim ópera como aquela a que assistira, por que motivo? O ideólogo explicou que realmente o conteúdo da ópera era um tanto quanto feudal, o argumento situava-se em passado distante, amores de imperador e favorita, a guerra pelo poder absoluto, mas que fazer se o povo não podia passar sem as óperas, espetáculo tradicional e popular? Como ainda não tinham obras novas, de conteúdo socialista, viam-se obrigados a apresentar as do tempo do feudalismo.

"Não se trata de feudalismo e sim de pornografia", replicou Guillén, devassidão tamanha jamais vira em cena nem sequer no *bas-fond* de Nova York. "Pornografia? Não estou entendendo" — estranhou o porta-voz do pecê chinês. Não consegui me conter, o *fou rire* se me escapou e descabido ressoou no auditório da União de Escritores. Nicolás fuzilou-me com o olhar, buscou o que dizer, a indignação não lhe permitia encontrar as palavras de cólera para me insultar e condenar. Fitou-me, eu ria, Zélia ria, Rosa entendeu e riu seu riso sonoro das Antilhas, de repente aconteceu o imprevisível, Nicolás se juntou a nós na gargalhada, poucos sabiam rir com tanto gosto. "Compadre", me disse entre frouxos de riso, "nunca mais vou acreditar em ti."

Discretos, os chineses não fizeram perguntas, mas Rosa exigiu de Zélia o entrecho verdadeiro da ópera, queria saber tintim por tintim a história das guerras e dos amores do imperador da China e da favorita, fiel e devotada, casta.

Lisboa, 1966.
AUTÓGRAFOS

O NAVIO SE APROXIMA DO CAIS, a primeira pessoa que vejo, agitando os braços, é Luiz Henrique, está em Portugal pesquisando para um livro. Grita, não ouço nada, logo diviso Ferreira de Castro, Álvaro Salema, Francisco Lyon de Castro e Odylo Costa, filho. O navio atraca, sobem a bordo. Luizinho, alvoroçado, dá-nos a boa-nova: "Podem desembarcar, foi permitido".

Ao tomar o barco na Bahia recebera a notícia de que o governo português mais uma vez me negara entrada enquanto o espanhol me concedera o visto até então recusado. Tomamos o navio para Vigo, vou com Zélia e os filhos em viagem à Europa. Paloma nasceu em Praga, não festejara um ano quando veio para o Brasil. João Jorge foi para Paris em 1948, voltou de Gênova em 1952, aos cinco anos incompletos. Sobre a entrada na França nada sei, devo encontrar notícias de Guilherme Figueiredo em Madri, quem sabe me darão o visto de quinze dias que solicitei.

O direito de desembarcar em Lisboa eu o devo aos esforços reunidos de Maria de Lourdes Belchior e Odylo Costa, filho, adidos culturais, ela de Portugal no Brasil, ele do Brasil em Portugal. Ao saber no Rio que eu obtivera o visto espanhol ao mesmo tempo que me eram fechadas as portas lusitanas, Maria de Lourdes tomou o avião para Lisboa, gritando escândalo. Também Odylo se moveu, moveu céus e terras, o direito de desembarcar foi-me concedido com uma restrição: proibidas notícias na imprensa, devo passar anônimo. Noticiário nos jornais não me interessava, meu interesse era Portugal, o país e o povo. De Lisboa o navio irá ao Porto antes de chegar a Vigo, Lyon de Castro mete-nos no automóvel, arrancamos pelas estradas, iremos embarcar no Porto, viagem inesquecível.

Dois meses depois estamos de volta, para estada maior. O editor aproveita, promove sessão de autógrafos, desconhece a interdição de meu nome na imprensa, coloca anúncio nos jornais convocando os leitores para encontro comigo na Sociedade Nacional de Belas-Artes, às três da tarde. Foi o fim do mundo, os leitores abandonaram a clandestinidade, às onze da manhã a fila já se estendia rua afora, dezenas, centenas de pessoas. Escoltado por Beatriz Costa e Raul Solnado, pelas meninas Eunice e Zélia, assinei durante horas e horas, perdi a conta. Havia quem trouxesse malas repletas de livros, todos proibidos, comprados por baixo do pano, lidos nos esconsos das prisões, no campo do Tarrafal. Cada qual tinha uma história para contar, me lembro de um camarada que havia lido *Capitães da Areia* transcrito em pequenos pedaços de papel, passados de cela em cela. Fui acarinhado, ouvi loas que não eram loas e, sim, ternura, beijaram-me a face e me disseram "amigo, companheiro". Se emoção matasse, eu teria morrido naquela sessão de autógrafos em Lisboa.

Rio de Janeiro, 1979.
MAESTRIA

ASSUMO O TELEFONE, LIGO PARA A BAHIA, uma chamada atrás da outra, ao governador, ao prefeito, ao diretor da Bahiatursa, a amigos: a José Calasans,[1] autoridade máxima a respeito de Antônio Conselheiro e da guerra dos pobres, a Antônio Celestino, ao historiador Luís Henrique Dias Tavares, ao escultor Mário Cravo que talhou no tronco da mangueira a figura do enviado de Deus, ao pintor Sante Scaldaferri: com as tintas sujas da miséria e da opressão, com a tinta rubra da esperança, Sante pintou o sertão, a fome e a luta. Busco abrir caminho para a travessia da caatinga projetada por Mario Vargas Llosa: planeja escrever um romance sobre a saga de Canudos — e o escreve, *La guerra del fin del mundo*.

Em Londres o romancista peruano me falara de seu intento, não me entusiasmei, mostrei-me reticente: um romance com o tema da guerra sertaneja, o Brasil dos beatos e cangaceiros? Temi que Mario fosse se meter em camisa de onze varas, pois sendo, como sou e se sabe, limitado no que se refere à criação literária não sei trabalhar senão a realidade que conheço por tê-la vivido, sou ficcionista de dois temas únicos, as terras do sem fim do cacau, a vida popular da cidade da Bahia, voltejo em torno deles, repito cenários, personagens, emoções. Daí ter-me assustado com a notícia.

Tema suntuoso o de Canudos, onde o grande romance brasileiro a recriá-lo? Inspirados pelo livro de Euclides, alguns tentaram fazê-lo sem maior sucesso, ninguém conseguiu igualar a grandeza de *Os sertões*. Dispõe-se agora um índio peruano, mestiço de espanhol, a enfrentar o desafio, eu o vi perdido nas trilhas do sertão, em meio aos jagunços, incapaz de entendê-los. Mario, porém estava entusiasmado, calei minhas reservas, prometi-lhe apoio.

Em julho de 1979, Mario chega ao Brasil para presidir congresso do Pen Club, cobra-me a promessa de colocá-lo em contato com quem possa ser-lhe de utilidade na Bahia, tomo do telefone, falo com meio mundo,

---

[1] José Calasans Brandão da Silva, historiador.

encomendo e recomendo, boto de pé sua estadia. Quando dou a tarefa por terminada, Patricia, mulher de Vargas Llosa, em tom de zombaria, louva sorrindo minha maratona ao telefone:

— Só faltaste arranjar mulher para Mario.

— Para isso ele não precisa de ajuda — respondo ao sorriso e à zombaria.

Guia e passaporte do romancista, Renato Ferraz me conta que na caatinga homens e mulheres diziam-no "o argentino", as mulheres apaixonaram-se, os homens se fizeram seus amigos. Quanto ao romance, ao receber o exemplar da edição espanhola que o autor me enviou, ainda temeroso, não o li de imediato. Só o fiz quando Mario reclamou opinião. Enganei-me, Deus seja louvado! Aquilo que nós, brasileiros, não arriscamos fazer, o peruano o fez com maestria, por fim se escreveu o romance de Antônio Conselheiro, a saga sertaneja de Canudos ganhou dimensão universal.

Bahia, 1972.
CINQUENTENÁRIO

TELEFONEMA DO RIO, A VOZ DE CAYMMI, inimitável, canta uma cantiga nova, que beleza!, audição em primeira mão, privilégio.

— Que achas da oração que acabo de compor para Menininha? Gostas?

Mãe Menininha do Gantois festeja cinquenta anos de sacerdócio, de elevação a mãe de santo, era uma menina quando da sucessão de Quitéria, sua avó de sangue. Na história dos candomblés da Bahia não se tem notícia de festa igual. Para as comemorações Dorival compôs a "Oração a Mãe Menininha": "E a mão da doçura, hein?/ Tá no Gantois/ e a Oxum mais bonita, hein?/ Tá no Gantois", o canto irrompe e se eleva em todo o território do Brasil. Carybé, Pierre Verger, James Amado, Waldeloir Rego, Mário Cravo, Dorival Caymmi e eu constituímos a comissão dos festejos, para o presente Manolo Moreira nos cedeu a preço de banana colar antigo, de ouro, uma placa foi afixada na porta do Axé: "há cinquenta anos Menininha do Gantois zela, no posto de ialorixá, com exemplar dedicação e perene bondade pelos orixás e pelo povo da Bahia".

Assim tão grande e bela nunca vista, a festa cresceu no terreiro sagrado do Ilê Iyá Omin Axé Iyamassê, a multidão sobrou na praça em frente, encheu as ladeiras e as ruas em derredor. Na sala prestam reverência o governador, o prefeito, ex-governadores, senadores, deputados, industriais, banqueiros, comerciantes, os grandes do mundo e o povo da Bahia, reunidos. Pela manhã o abade de São Bento, d. Timóteo, rezou missa no altar da Virgem Maria, Oxum é Nossa Senhora da Aparecida. Menininha está além e acima das divergências de classe e de credo, é a rainha-mãe do Brasil. Filha de escravos, só não nasceu escrava porque já havia a Lei do Ventre Livre: essa a nossa realidade mágica, goste quem quiser, quem não quiser que se dane de raiva.

Na madrugada daquele dia das comemorações, no segredo da camarinha, Oxalá chega das lonjuras para saudar a mãe da bondade, a Oxum que preside o destino e sabe o amanhã. Cavalgando Carmem, sua montaria, Oxalá dança e canta em louvor de Menininha, conduz o ebó do cinquentenário e o deposita em minhas mãos, vou colocá-lo aos pés do encantado, no coração do mistério. Honra maior não me foi dada em minha vida.

Paris, 1949.
PERDE-SE A MÃO

CONHECI MICHAEL GOLD EM 1937 quando estive em Nova York, voltando do México para o Brasil. *Judeus sem dinheiro*, primeiro (e único) romance de Mike, obtivera sucesso mundial, no Brasil de 30 foi um estouro, ainda me lembro do artigo com que Genolino Amado o saudou: "Quem ler esse livro e não se comover é um cretino" — mais ou menos isso. Na década de 80 Alfredo Machado o reeditou, passou despercebido.

Fui procurá-lo na redação de *The Daily Worker*, o jornal do pecê norte-americano: comunista militante, Mike assinava uma coluna diária. Contei-lhe de seu livro no Brasil, simpatizamos, levou-me a um teatrinho no Harlem onde representavam peça sua. Reencontrei-o em Paris, em 1949, nossos hotéis eram próximos, víamo-nos todos os dias, viajamos juntos pelo mundo socialista, congressos às pamparras. Num voo para Praga, dois motores do quadrimotor pifaram sobre a Alemanha, íamos lado a lado, demo-nos as mãos esperando a morte, ainda bem que a morte não chegou.

Mike conseguira enfim libertar-se das tarefas diárias do Partido, viera escrever em Paris o segundo romance, *Chomeur*, sobre o tema do craque financeiro de 1929. Anunciado 25 anos antes, o escritor não conseguira tempo para realizá-lo, militava. Agora, sim, livre em Paris, dedicava-se à escrita do romance: obrigação única, tarefa exclusiva. Nos fins de tarde, no Boul'Mich', sentados à mesa do café, Mike, cada vez mais abatido, desanimava:

— Perdi a mão, já não sei escrever romance, levei demasiado tempo sem fazê-lo, perdi a mão.

Morreu sem ter escrito *Chomeur*, gastou a vocação e a vida em míseras tarefas de militante, artigos, reuniões, crítica e autocrítica, tanta tolice, perdeu a mão.

Nenhum de meus detratores, esses tantos que não perdem vaza para dizer mal de mim, sabichões cuja missão crítica é negar qualquer valor a meus livros, nenhum deles conhece tão bem minhas limitações de escritor quanto eu próprio, delas tenho plena consciência, não permito que me iludam os ouropéis e os confetes.

Sei também, de ciência certa, existir nas páginas que escrevi, nas criaturas que criei, algo imperecível: o sopro de vida do povo brasileiro. Não carrego vaidade, presunção, e sim, orgulho.

Rio de Janeiro, 1956-8.
PARATODOS

O *PARATODOS*, QUINZENÁRIO DE CULTURA, datado do Rio e de São Paulo, durou de abril de 1956 a setembro de 1958, a ele dediquei todo meu tempo durante dois anos e meio, tirante uma viagem ao Oriente, em 1957, e a escrita de *Gabriela, cravo e canela*. Tarefa árdua, bastante divertida.

Fundado por um grupo de intelectuais, provindos em sua maioria das hostes do pecê — uns quantos se haviam afastado, deixando de militar, era o meu caso, o de James, outros perseguiam inscritos, mas se aproveitavam da abertura determinada pelo Vigésimo Congresso para assumir posições democráticas —, o *Paratodos* exerceu papel de relevo na vida intelectual, influiu, agitou, marcou época.

A equipe com cargos de direção na empresa e no jornal era constituída por Oscar Niemeyer, Moacir Werneck de Castro, James Amado, Alberto Passos Guimarães e por mim próprio. Entre os redatores e responsáveis por setores e sessões, estavam Dalcídio Jurandir, Dias da Costa e Renard Perez (literatura), Vera Tormenta, Anna Letícia e Mark Berkowitz (artes plásticas), Alex Viany (cinema), Antônio Bulhões (teatro), a sucursal de São Paulo era assegurada por José Geraldo Vieira. Entre os principais colaboradores vale citar os nomes de Joaquim Cardoso — grande poeta, notável crítico de arte, escreveu do primeiro ao último número —, Álvaro Moreyra, Barão de Itararé, Vinicius de Moraes, Miécio Táti, Paulo Mendes Campos, Maria de Lourdes Teixeira, Ruggero Jacobbi, Moacyr Félix, Antonio Olinto, Ary de Andrade, Ênio Silveira, Roberto Alvim Correa. Importante núcleo de artistas assessorava a redação: Oswaldo Goeldi, Carlos Scliar, Iberê Camargo, Fayga Ostrower, Darel. O ilustrador era Otávio Araújo. Cito apenas alguns nomes, é longa a lista daqueles que colaboraram, de uma maneira ou de outra, com o *Paratodos*, em compensação minha memória é fraca, devo estar esquecendo gente importantíssima.

Zélia deu ajuda decisiva, andou o Brasil de norte a sul, de leste a oeste angariando dinheiro, o jornal viveu sempre no vermelho, raros anúncios de editoras, nenhuma verba oficial, nem sequer o famigerado ouro de Moscou. Os salários não passavam de abstrações para aqueles que formalmente os deviam receber, outros não tinham nem mesmo promessa de estipêndio. Oscar botou um bocado de dinheiro no jornal, eu botei um pouco, mais não tinha, trabalhávamos à míngua sem perder o bom humor, ninguém se queixou, muito ao contrário.

O *Paratodos* significou tentativa, a única que eu conheço, de estabelecer livre e sadia convivência entre os intelectuais brasileiros, entre os criadores nos campos das letras e das artes. A época ajudava: governo de Juscelino, democrático, desenvolvimentista, a fundação de Brasília e o crescimento industrial, reinavam o otimismo e a confiança entre a população, nunca mais aconteceu.

Já que se fala em Brasília, aproveita-se para registrar que a nova capital foi objeto da crítica e do combate os mais violentos, Juscelino alvo de calúnia, insulto e negação: a quase totalidade dos intelectuais cariocas juntou-se contra a construção de Brasília numa guerra sem quartel, cruel, por vezes infame. As modas de então eram mais cordiais que as de hoje, menor a baixaria. As mazelas, porém, da vida cultural já proliferavam: os sabidos, os mesquinhos, os safardanas.

Paris, 1949.
CIDADÃO ARGENTINO

NOS CORREDORES DO CONGRESSO MUNDIAL DA PAZ, na sala Pleyel, espanta-me ver Miguel Otero Silva, venezuelano orgulhoso de sua cidadania, quase chauvinista, declarar-se cidadão argentino, de Buenos Aires, ao fornecer nome do hotel e número da suíte à jovem Marie de la Banlieu, militante do pecê francês em trabalho voluntário, encantadíssima com o camarada latino-americano. Miguel Otero é charmoso quarentão, machista como devido, bem falante, o acento hispânico torna ainda mais sedutor o seu francês fluente.

Poeta e romancista, homem político, líder comunista, senador, milionário, dono de cavalos de corrida, proprietário e diretor de *El Nacional*, um dos dois maiores diários de Caracas, por que cargas-d'água o venezuelano ilustre se diz argentino?

— Cidadão argentino, Miguel? Desde quando?

— Desde que saio em viagem, apenas tomo o navio ou o avião revisto-me com a nacionalidade argentina. Medida das mais oportunas, aconselho-te a adotá-la.

— Oportuna? Por quê?

— Porque se te declaras argentino não pesarão sobre tua pátria e teus patrícios os ônus dos vexames que causares, das tolices que disseres, das *tonterías* que praticares, dos erros, das gafes e do resto — acentua a palavra, "*y de lo demás*", como se quisesse dar-lhe significação especial.

— Que resto?

— Levas para a cama nupcial uma preciosa, como a que viste conversando comigo ainda agora, reparaste na elegância? Na hora da verdade fracassas, sobrevém a impotência, o fracasso fica por conta do argentino.

— Impotente, tu, o galã das Caraíbas?

— *Sucede a los mejores, hermano. Pero el ridículo queda con el porteño* — cantarola a música de *Mi Buenos Aires querido*.

Não demoro a seguir o conselho de Miguel Otero. Por dever de solidariedade nacional, marco presença na sala do Congresso, ouço com ouvido mouco interminável lenga-lenga em francês de ginasiano: frases feitas, repetidos slogans políticos. Na tribuna um desembargador de Belém do Pará, antifranquista tão combativo quanto chato deságua infindável repertório de lugares-comuns, haja saco! Roger Vailland entra na sala, senta-se a meu lado, presta atenção ao orador, francês precário, pronúncia amazônica, relambório. O romancista de *Drôle de jeu* não tarda a se encher:

— *Qui est-ce, l'emmerdeur?*

— *Un juge de l'Haute Cour de l'Argentine, très célèbre a Buenos Aires.*

Roger ouve um pouco mais:

— *Juge, celui là? Célèbre? Sais-tu ce qu'il est, l'argentin? Un con! C'est ça qu'il est.*

Quantas vezes já salvei a honra do Brasil, graças ao conselho de Miguel Otero Silva, bom conselho?

São Paulo, 1947.
OFERTA

VENHO A SÃO PAULO, SERÁ MINHA ÚLTIMA VIAGEM na condição de deputado federal ao estado que me elegeu, a batalha da cassação dos mandatos comunistas aproxima-se do fim, estamos em dezembro, a cassação irá acontecer nos primeiros dias de janeiro.

Recebo recado de Júlio de Mesquita Filho, quer me ver, tem assunto sério a tratar comigo. Atendo ao chamado, tenho aliás o hábito de visitá-lo sempre que volto a São Paulo. Recebe-me com a gentileza habitual, a educação de lorde inglês acrescida pela estima em que me tem. Mandou me chamar porque deseja que eu leve recado seu a Luís Carlos Prestes, secretário-geral do Partido Comunista. Comentamos os acontecimentos, a cassação está à vista, Prestes vai perder a cadeira de senador da República.

— E as imunidades — acrescenta Julinho, a voz pausada.

O diretor de O Estado de S. Paulo é um democrata, respeitoso dos direitos humanos em geral e do direito de opinião em particular, a melhor prova é seu jornal. Anticomunista — aquele anticomunista! — é igualmente radical na defesa da liberdade de expressão, condena a censura e a perseguição políticas. Combate o fascismo português, acolhe e emprega no Estadão intelectuais emigrados, perseguidos por Salazar, o comunista Miguel Urbano ocupa posto de relevo na redação. Na conversa Julinho demonstra-se pessimista em relação à contingência democrática sob o governo Dutra, sente ameaçadas as garantias, violentados os direitos constitucionais: o quadro parece-lhe inquietante. O Partido Comunista já foi posto na ilegalidade, sua existência legal não completou dois anos, vai acontecer a cassação dos parlamentares — o que ainda impede o desencadeamento da reação é a existência da bancada. Julinho teme que as medidas restritivas se ampliem, que a ação da polícia política volte aos contornos do passado ainda próximo, Dutra nasceu da ditadura, ainda ontem seu sustentáculo militar. Teme que Prestes seja alvo da violência, prisão, processo, mesmo sua vida pode ver-se ameaçada. Diz-me que ele fez por isso, não há dúvida, suas posições merecem discussão e crítica, seus pronunciamentos merecem repulsa, mas nem assim cabe direito à proibição, à perseguição.

Topando a provocação de um deputado, Juracy Magalhães se não me falha a memória, Prestes afirmara da tribuna que, em caso de guerra entre o Brasil e a União Soviética, se colocaria ao lado da União Soviética, pois ela jamais atacaria o Brasil, se guerra houvesse, seria de agressão ao socialismo. Mesmo assentadas em tais razões, a declaração foi de exemplar estupidez política, deu pasto à reação, custou o registro eleitoral do Partido Comunista, Prestes pagou caro pelo sectarismo (que não era somente dele, era de todos nós). Júlio de Mesquita Filho, conservador até a medula, reacionário para usar a palavra com que tantos o queriam limitar, é um ser humano de horizonte amplo e generoso, um democrata, repito. De longa data estima Prestes e o admira, nem por ter o Cavaleiro da Esperança aderido ao comunismo Julinho deixou de estimá-lo e de admirá-lo. Quis me ver para mandar um recado a Prestes:

— Diga ao Capitão — é como o trata — que, assim seja cassado, venha para minha fazenda, ficará o tempo que quiser, e não lhe imponho nenhuma condição, não o restrinjo em nada, pode receber e despachar. Lá ninguém ousará molestá-lo, minha fazenda é meu reino, lá mando eu e mais ninguém. Diga ao Capitão que ele será bem-vindo.

Paris, 1989.
VOCAÇÃO

"QUEM ME DERA SER PORTUGUÊS para votar em Mário Soares para a Presidência da República", telegrafo ao presidente Mário Soares, vem de ser reeleito no primeiro turno, maioria absoluta.

Combatente antissalazarista o mais determinado e consequente, sujeito à perseguição, à cadeia, ao exílio, irredutível, não guardou rancor nem travo de amargura, militante da liberdade, na luta contra o autoritarismo preparou-se para o governo democrático. Ainda assim para explicar a qualidade de sua presidência é preciso entender que ele nasceu com o destino da Presidência da República, nasceu para ocupá-la, ninguém pode exercê-la com mais competência: os outros são eleitos, ele além de eleito veio ao mundo para cumprir a sina, a curul presidencial.

Mitterrand também nasceu com a mesma vocação e a cumpre com excelência, mas uma coisa é ser presidente da França, outra, mais difícil, é o ser de Portugal — ou será o contrário? Difícil ser presidente seja onde for e do que for, como disse João Nascimento Filho ao recusar a presidência da Banda de Música de Estância, em Sergipe.

O segredo reside, creio eu, no fato de Mário ser um democrata, ou seja, o oposto do ditador: não é o poder que o tenta e o avassala — o poder corrompe e agride — e, sim, o exercício da Presidência da República para o qual nasceu predestinado, tarefa a ser cumprida na alegria do compromisso com o povo e a cultura, um ato de amor, não mais que isso.

Rio de Janeiro, 1957.
O GROSSO

MEU SOBRINHO PAULO, FILHO DE FANNY E JOELSON, é uma criança adorável — em minha exclusiva opinião, a dos demais é outra, negativa. Paulo, quatro anos, loiro, forte, genioso, de grossura impecável, não falha nunca. Bruto, responde mal, olha com raiva, fecha-se em copas, eu me divirto com sua má educação, com elogios a alimento, contra todos eu o sustento: apoio decisivo.

Nosso vizinho Mira y López,[1] educadíssimo, encontra Paulo no elevador:
— Como vai, jovem?
Paulo, na tampa:
— Não vou!

Transformou-se em executivo competente e atencioso, nem por isso lhe retirei meu bem-querer. Vejo-o babado a brincar com os filhos lindos, espero que um deles herde a esplêndida grosseria do pai, terá meu elogio, meu apoio, contra todos o sustentarei.

Bahia, 1980.
PURISMO

NÃO SEI QUE ESPÉCIE DE BABAQUICE atacou Verger, padre François[2] e os demais velhinhos filhos de santo, ogãs, babalaôs, sábios titulares do candomblé baiano, mestres de tudo quanto se refere às seitas afro-brasileiras, ao sincretismo religioso e cultural, estudiosos das relações África × Brasil, conhecedores das similitudes e das diferenças, sabendo que elas existem e por que existem, de repente, sem prévio aviso, se fazem puristas africanos, negros imaculados. Pretendem que cerimônias, rituais, designações, a língua iorubá, o culto nagô, o candomblé enfim se processe na Bahia igualzinho ao da África, sem tirar nem pôr: muito se tirou, muito se pôs.

Estabeleceram para tanto um projeto e o levaram a cabo. Tempo perdido, resultado nulo, mais poderosa que qualquer ideologia, mesmo baiana, é a realidade que determina e impõe régua e compasso.

Resolveram os bons velhinhos, os veneráveis, montar uma casa de santo na cidade da Bahia que fosse a reconstituição exata de candomblé de Lagos ou de Porto Novo, na costa ocidental da África, desaprenderam o que sabem por estudo, pesquisa e experiência. Compraram terreno nas proximi-

1 Emilio Mira y López, médico e professor espanhol.
2 Padre católico François de l'Espinay.

dades do aeroporto, construíram terreiro, casas de residência e hóspedes, camarinha, pejis para os orixás, a morada dos eguns, tudo na perfeição, gastaram bom dinheiro, desembolsaram economias.

Escolheram a dedo um filho de Xangô, dançarino singular, soberbo mocetão, feito por mãe Senhora em barco de iaôs no Axé Opô Afonjá, nascido cavalo de santo de Zora, sua mãe pequena, moço baiano de pura cepa, e o levaram a Lagos para fazer dele sacerdote africano, babalorixá à medida e à imagem dos ritos nagôs, como são praticados nos templos da Nigéria e do Benin.

Após movimentada temporada de iniciações, trabalhos, ebós, o aprendizado da dança e do canto originais, o aperfeiçoamento da língua iorubá, trouxeram o mancebo de volta aos pejis baianos e o entronizaram babalorixá no novo terreiro de pureza exemplar. Ali pai Balbino, o africano, devia zelar pelos preceitos chegados à Bahia nos navios negreiros, não permitir que se deturpassem como sucedera antes. Os velhinhos esfregavam as mãos no regozijo da experiência posta em prática: o puro, o puríssimo candomblé da África negra por fim estabelecido na terra do sincretismo.

Quantas casas de santo existem na Bahia, digo na cidade, mais de mil, de mil e duzentas tenho notícia, no Estado multiplicam-se, os atabaques roncam no Rio e em São Paulo, no Recife, em São Luís, em Porto Alegre, no imenso território do Brasil, sem falar na umbanda, pois a umbanda já é outra história. São terreiros de nações diversas: nagô, jeje, banto, congo, ijexá, angola e tantas mais, além dos inumeráveis candomblés de caboclo. Alguns de muita grandeza, a Casa Branca (Axé Ya Nassô), o Gantois (Axé Iyamassê), o Cruz Santa (Axé Opô Afonjá), o Alaketu, o Bate Folha, congolês, o Bogum, jeje, o terreiro angolano de Ciríaco e a Aldeia de Zumino Reanzarro Gangajti, casa de caboclo do pai de santo Neive Branco. Centenas de pequenos ilês batem vez por outra, alguns uma vez por ano na festa do dono da casa: Oxumarê, Tempo ou Ossain. Na Itália Patrizia Giancotti festeja a cada 31 de dezembro sua Yemanjá vinda da Bahia num saveiro; em Paris Severo Sarduy dá a comer ao Exu Sete Pinotes, Senhor da Encruzilhada da Muriçoca.

No Brasil os negros originários de tribos diferentes misturaram-se nas senzalas, os senhores de escravos impediam a formação de quistos nacionais. Quando ainda negros recém-chegados já os sangues tribais se mesclaram, angolanos e sudaneses, nagôs e malês e todas as demais nações antes mesmo que se desse a grande mistura com os índios e os brancos. Todo candomblé baiano — seja angola, seja jeje, seja congo ou ketu, seja candomblé de caboclo, pode virar a nação a um sinal da mãe de santo: os atabaques mudam o ritmo da dança, no terreiro orixás, enkices e caboclos confraternizam. Nosso pai Oxalá habita na Colina Sagrada do Bonfim, após a festa no terreiro vem repousar no altar-mor de Nosso Senhor Jesus Cristo na basílica católica em cujo adro se celebra na terceira quinta-feira de janeiro a festa mais bela que se possa conceber, a maior do sincretismo religioso em todo o mundo, a procissão das águas de Oxalá.

Quem mais sabe disso tudo é Pierre Verger, mais que ninguém nos revelou a face mestiça da verdade, pois ele é Ojuobá, os olhos de Xangô, tudo enxerga, nada lhe escapa. Ei-lo sentado à mão direita do babalorixá Balbino no Ilê Axé Opô Aganjú, empunha o adjá, à esquerda padre François, os dois franceses zelam pela pureza afro do ritual. No terreiro a festa se desenrola no rigor da intransigência, não fosse o povo misturado, a mulataria de todas as nuances da amálgama, se poderia pensar que a festa decorresse num templo de Oyo, no reino de Xangô, ou de Ketu, no reino de Oxóssi. Pierre e François sorriem, sorriso de vitória, de deleite: Balbino, o africano, dança a dança guerreira de Xangô, martelo de duas cabeças, kauô kabiesile, lança erguida, fulguração.

Waldeloir Rego, o da *Capoeira de Angola*, livro clássico, não sabe apenas de capoeira, sabe o bê-á-bá completo da vida comunitária dos terreiros, sabe do conjunto e dos detalhes, de cada pormenor, o mais secreto, pois Oxalá, seu pai, lhe deu direito e obrigação de tudo saber quando mãe Senhora lhe tocou a cabeça com a lâmina da navalha e o proclamou Ekerin Magbá. O riso escorre pelos cantos dos lábios de Ekerin Magbá, confidencia-me o que se passa no Ilê:

— Apenas os velhinhos vão às suas casas repousar, no terreiro troca-se de nação, a festa nagô se dá por terminada, a orquestra bate caboclo nos atabaques e os índios velhos, os juremeiros, os pajés, os pais-joão, as marias-padilha, juntam-se aos orixás na dança agora improvisada, no canto em português, o sincretismo se impõe, não resta fumaça da pureza que os mestres foram buscar na África. Sultão das Matas e Oxóssi, Laje Grande e Ogum, Rei da Hungria e Yemanjá, Rei das Ervas e Ossain, Rompe Nuvem e Yansã. Balbino é Flecha Negra, caboclo esplêndido, tão singular quanto Aganjú, seu Xangô.

Apagado o sorriso, Waldeloir se recolhe ao mistério:

— Eu não lhe disse nada. Está rebocado se contar.

Viena, 1952.
OS MAUS ALUNOS

"UN NÈGRE RACINE D'ARC-EN-CIEL", encontro René Depestre e sua Edith no mato sem cachorro, em Viena, nos corredores do Congresso

Mundial dos Partidários da Paz. Mais uma vez posto fora da França, onde pousar "*la petite lampe haitienne*", onde "*crier la joie de vivre*"?

Busco e encontro porta de saída para o poeta do Haiti, sou patriota vodu de quatro costados, leitor de Jacques Roumain, governador do orvalho, leitor e amigo de Jacques Stephan Alexis, "*compère général soleil*", no terreiro do Bogum assisti Oxumaré desembarcar do arco-íris vindo de Port-au-Prince em voo rasante, sou cúmplice de René Depestre. No Mundial de Viena decidiu-se a realização de um Congresso Continental Americano de Cultura em Santiago do Chile, pátria de Neruda, regime democrático, pecê forte e legal, sou o responsável pela organização diante das altas esferas. Primeira medida, coloco René no secretariado do Congresso, representante da América Central e das Antilhas, para alguma coisa vale ser haitiano, assim descolo com o movimento da paz passagens para ele e Edith, de Marseille a Valparaiso: "*Va mon nègre courir a toute bride les esperances du monde*". Juntos com Neruda, Volodia Teitelboim, Diego Rivera, Elvio Romero, uns quantos mais, fizemos o Continental, trabalhamos duro, divertimo-nos a valer.

Do Chile, René e Edith mudam-se para o Brasil onde residem alguns anos entre Rio e São Paulo, depois o poeta prosseguirá a correr coxia mundo afora, esperanças e desesperanças. Breve temporada no Haiti no início da dinastia Papa Doc, seu ex-parceiro de pôquer no exílio parisiense, a longa permanência em Cuba, pátria de refugiados, entusiasmo e desencanto, jornalismo em Moscou, os casamentos após Edith e antes de se acolher ao porto seguro de Nelly, "*tu es le sablier de la douceur*". Não o perco de vista em sua travessia, de poema em poema, de narrativa em narrativa, *La femme-jardin* e *Hadriana*, reencontro-o aqui e acolá, em seu correr de brida solta até assentar a tenda de escritor no interior da França, o riso permanece alegre e caloroso, permanece acesa "*la petite lampe sur la mer*".

Na clandestinidade do Partido Comunista Brasileiro, nos idos de 1953, fomos colegas no Curso Stálin. De olhos vendados, várias horas de percurso, chegávamos ao local do curso clandestino, qualquer parte na zona rural, durava um mês de lições ditadas pelos dirigentes. Mas já estávamos os dois, René e eu, tomados pelas dúvidas e certas proposições dos professores nos deixavam arrepiados. A nós e a Alina Paim, também aluna, também invadida pelo desassossego.

Lembro-me como se houvesse acontecido ontem de uma aula sobre a revolução chinesa, a referência do conferencista a documento do pecê de Mao recomendando que os filhos denunciassem os pais, obrigação de militante: vencer os sentimentos burgueses de família, cumprir o dever revolucionário. Não se tratava de invenção maoísta, novidade: na União Soviética haviam levantado estátua a um menino que assim agira — espionara os pais e os denunciara, levara-os ao patíbulo, herói stalinista. O professor perora contra a moral burguesa.

Sentado junto a mim na primeira fila, René me cutuca, no outro lado da sala o olhar aflito de Alina Paim, desarvorada. Lições que não conseguimos aprender, valores que não conseguimos aceitar, comunistas inconsequentes que já somos, incapazes de vencer as abusões, de abandonar sentimentos soezes de amor aos pais.

— Denunciar os pais... Preferia me matar — considera Alina na hora do recreio.

— *Quelle connerie!* — cospe René, apaga o cuspe com o pé.

— Dose para elefante — digo eu.

Espavoridos, três maus alunos de marxismo-leninismo no Curso Stálin.

Bahia, 1991.
DOU A MÃO À PALMATÓRIA

POR PURO ACASO, COM CERTA MÁ VONTADE e um tanto admirado inicio a leitura de entrevista do sr. Fausto Silva nas páginas amarelas da revista *Veja*: vamos lá ver as asneiras que esse idiota esbraveja. A admiração resulta do fato de que em princípio essas páginas amarelas são ocupadas por personalidades quase sempre eminentes, ao menos distintas, merecedoras da deferência. Ora, o sr. Fausto Silva não é outro senão o apresentador de televisão Faustão que aos domingos comanda programa de grande audiência: nem eminente, tampouco distinto, no melhor dos casos um porra-louca, se não imbecil de pai e mãe: sobram no humorismo da tevê.

Devo confessar nunca ter assistido ao programa do Faustão, apesar das reiteradas recomendações de João Jorge que busca reduzir minhas idiossincrasias: "Dá uma espiada, pai, você vai gostar, é muito bom, tem graça e imaginação". Resisto, não aceito o conselho, nenhum outro motivo além do preconceito: esses jovens de hoje se contentam com bem pouco, adoram qualquer porcaria de programa, uso a precaução, defendo-me da tolice e da impostura. Sou de pouca televisão, tirando o noticiário e o futebol, Chico Anysio e Jô Soares, raramente fico desperto diante do vídeo, mas o uso com constância, não existe melhor sonífero: ligo o aparelho, não resisto cinco minutos à burrice, ao ridículo, entrego-me ao sono reparador, ronco ao ritmo dos clipes de rock, a atroada me embala. O programa do Faustão? Nesta não me pegas, João, o senso de humor de tua geração não é o meu, sou antigo.

Vamos ver o que diz esse cretino, começo a ler, caio de costas, não é nenhum cretino, não esbraveja asneiras, afirma coisas corretas e não barbaridades, analisa com rara acuidade a televisão brasileira, faz o processo de nossa vida cultural, dos hábitos mesquinhos, das mazelas, a denúncia vai do patrulhamento ao desejo de acabar com o que é bom — o que é bom choca e irrita nossos intelectuais, eles detestam a perfeição e o sucesso. Vou de surpresa em surpresa: o jovem é um homem que sabe o que diz e diz coisas que valem a pena ler, a entrevista enche-me as medidas. Faustão não é eminente, menos ainda distinto, mas é um brasileiro que conhece nossa realidade, a sociedade em que vivemos, observa e critica com precisão, um porreta. Entrego os pontos.

Aprendi algumas coisas boas no Partido Comunista, inclusive a autocrítica: reconhecer o erro, dar a mão à palmatória, sempre o faço com prazer. Dou a mão à palmatória, no começo da tarde de domingo estiro-me na gasta cadeira de papai para assistir o programa do Faustão: sentei-me ainda desconfiado, decerto não tardaria a ressonar com a presepada. Dou as duas mãos à palmatória: não dormi, acompanhei a sucessão de quadros com interesse, ri, me diverti, sobra a razão a João Jorge, o tipo tem graça e imaginação, fico com a impressão que também ele se diverte com a loucura, o disparate, por vezes a grossura do programa, inscrevo-me entre os admiradores radicais do Faustão, que conheci sr. Fausto Silva afirmando acerbas verdades nas páginas amarelas da revista.

Paris, 1992.
TOM JOBIM

"NO BRASIL, O SUCESSO É OFENSA PESSOAL", releio em revista francesa, *L'Autre Journal*, a afirmação de Tom Jobim, vítima permanente das patrulhas.

Verdade verdadeira, deve-se no entanto estabelecer a distinção, dar nome aos bois: a inveja, a calúnia, a salafrarice são dogmas das elites, prática da *intelligentsia*; do povo são o louvor e o bem-querer. No desfile das escolas de samba, Tom Jobim é enredo da Mangueira, que importam o insulto, o vômito do escriba do jornal? Vacina infalível, o amor do povo imuniza contra a peçonha dos amargos.

Varsóvia, 1953.
AS GALINHAS

VARSÓVIA COBERTA DE NEVE, o vento do polo Norte: ao entrar no hall em ruínas do Hotel Bristol, deparo com José Guilherme Mendes junto à calefação; conhecidos de velha data, confraternizamos. O jornalista realiza uma série de reportagens sobre a implantação do socialismo na Polônia, está encantado com o socialismo e com a Polônia, jura pelo sucesso dos projetos do governo.

Ao jantar vibra de entusiasmo narrando as peripécias da jornada, dia movimentado, de manhã à noite na cooperativa agrícola Aurora Vermelha. Não viu as plantações de batatas, o campo está gelado, mas visitou a criação de aves, a granja exporta ovos e galinhas para os *gastronomes* de Moscou. Almoçou em companhia dos heróis do trabalho socialista em casa do presidente da Aurora Vermelha, rega-bofe com vodca e vinho, discursos, brindes, internacionalismo camponês. Os camaradas polacos expõem as vantagens da economia socialista para o cultivo da terra e o trato avícola, recitam estatísticas, quadro róseo, comem com apetite, bebem com sede e competência. Bom orador, Zé Guilherme descreve a miséria no latifúndio brasileiro, os senhores e os servos da terra, a seca do Nordeste implantada pela burguesia para obter verbas do governo podre, regalias, quadro funesto, os convivas se emocionam às lágrimas, Zé Guilherme é eloquente, cita Prestes e Josué de Castro, e tome vodca que ninguém é de ferro. No clube da cooperativa, à tarde, improvisam arrasta-pé em honra do hóspede brasileiro, o jornalista é pé de valsa, as roceiras eslavas são loiras e fogosas. Escutamos o relato, eu e o tradutor de meus livros, Eugeniusz Gruda — por falar nele, que fim terá levado em meio à confusão polaca?

Antes de prosseguir na leitura das reportagens de José Guilherme, vale um parêntese para contar do tradutor: emigrara menino para o Brasil, estabeleceu-se comerciante no interior do Paraná, o negócio prosperava, veio a guerra, a ocupação da Polônia, a divisão do território entre as tropas nazistas e as soviéticas. Patriota, o jovem Gruda não vacilou: vendeu os bens, embarcou num cargueiro para Londres, escapou aos submarinos nazistas, inscreveu-se no Exército da Polônia Livre, organizado na Inglaterra sob o comando do general... como era mesmo o nome?

No primeiro dia de exercício o recruta Gruda, destinado como todos os demais componentes do batalhão — o Exército não passava de algumas centenas de polacos — à invasão aérea da Polônia, paraquedas às costas, subiu a uma torre de madeira para treinar os saltos. Saltou, o paraquedas não abriu, esborrachou-se no chão, quebrou razoável quantidade de ossos, saiu do hospital aleijado da perna esquerda, foi desmobilizado. Terminada a guerra, libertada a Polônia das tropas de Hitler (não das de Stálin), os ingleses mais que depressa despacharam os polacos, soldados e capengas, para a pátria liberta da ocupação alemã, proclamada pelos soviéticos república democrática popular em vias de construir o socialismo.

Até então Gruda mantivera-se apenas patriota, em Varsóvia, com os novos donos do poder, fez-se comunista com presteza e veemência, o aleijão da perna, atestado de luta antifascista, lhe proporcionou modesto emprego na União dos Sindicatos, engordava o salário mínimo com os direitos autorais das traduções de meus livros. Eu era muito traduzido e bastante lido na Polônia de então — "o único escritor comunista que os jovens estimavam ler", disse-me Roman Polanski ao me visitar na Bahia —, cito a circunstância para acrescentar que, apenas desembarcava em Varsóvia, o tradutor informava a chefia de sua repartição de minha chegada e de como ele, Gruda, me era indispensável: o Prêmio Internacional Stálin necessitava de sua assistência permanente, com o que obtinha licença com vencimentos, assistia-me no café da manhã, no almoço, no jantar, malandro brasileiro desterrado no inverno da Polônia, sabidório tirando de letra o socialismo, Gruda me divertia, me fazia rir. Para ele eu era uma espécie de divina providência.

No dia seguinte — casacão, luvas, cachecol, gorro de peles —, Zé Guilherme saiu pela manhã para visitar indústrias recém-instaladas, voltaria somente à noite, marcamos encontro para a hora do jantar. Resolvi pregar-lhe uma peça, meus amigos eram vítimas de minhas molecagens, ninguém escapava. Expliquei o projeto ao tradutor, ele adorou, dirigimo-nos ao mercado, comprei a peso de outro quatro galinhas e um galo — sobravam-me zlotys, pois as editoras polacas, na época, não pagavam os direitos em divisa. Metemos as penosas no carro, levei-as para o hotel. Enrolei o fulano da portaria, obtive a chave do apartamento de Zé Guilherme, subimos com as aves, abrimos a porta e as soltamos no quarto, pude ver o galo pular para a cama.

Gruda trouxe de casa papel timbrado da União dos Sindicatos, utilizava-o em sua correspondência particular, tinha blocos e envelopes de reserva, enquanto esperávamos Zé Guilherme para jantar, ditei e Gruda traduziu para o polonês missiva assinada pelo presidente de imaginário sindicato dos criadores de aves de poleiro: os membros do sindicato, informados das terríveis condições de vida dos camponeses brasileiros, haviam decidido enviar-lhes de presente um galo de raça e algumas galinhas, poedeiras de exceção, provas do sucesso dos métodos socialistas de produção. Os galináceos se destinavam a cooperativa de camponeses pobres, poderiam dar início a uma criação que os resgatasse da miséria. Escrita e assinada à mão, jamegão incompreensível, a carta impressionava.

Zé Guilherme demorava a chegar, a fome apertou, fomos para o restaurante, já estávamos no fim da refeição quando o jornalista apareceu:

— E então, as fábricas? — perguntei

"Formidáveis", disse Zé Guilherme, sentando-se, tomando do menu. Nós o sentimos tenso, ele desabafou: "Depois conto a visita às fábricas, antes quero falar de um problema que surgiu e me preocupa". Tirou a carta do bolso: "Eu a recebi ao chegar, quer traduzi-la?", pediu a Gruda. Tradução feita, Gruda comentou, ovante: "Isso é que é solidariedade revolucionária, como polonês e comunista sinto-me orgulhoso". Pôs-se de pé, apertou a mão de Zé Guilherme, eu me continha para não rir. Dobrou a carta, meteu-a no envelope e a entregou ao destinatário: "É preciso respondê-la". O jornalista parecia-nos abatido, confuso: comovedor exemplo de internacionalismo, concordou com Gruda, "porém um tanto quanto embaraçoso, em verdade um estorvo".

— As galinhas? — perguntei.

— Sujaram o quarto todo, subiram na cama, cagaram tudo.

Por pouco não caí na gargalhada, me segurei. Zé Guilherme queria conselho, como se livrar das aves. Assumi ar grave, preocupado. De nenhuma maneira podes devolver o presente, seria ofender o poder socialista, os camponeses da Polônia. Vamos buscar uma solução conveniente. Para começo de conversa José Guilherme redigiu carta ao presidente do sindicato dos criadores de galinhas agradecendo a generosidade em nome dos camponeses brasileiros, Gruda a guardou, ia traduzi-la em casa, a tradução acompanharia o original em português. Estudamos longamente o que fazer com as penosas, a vodca ajudava. Vendo o amigo num beco sem saída, o tradutor, em prova de amizade, aceitou guardar as aves, por aquela noite, no pequeno quarto onde morava, levou-as consigo num táxi, após tê-las caçado no apartamento de Zé Guilherme e lhes atado os pés e as asas, sabia coisas. Partiu feliz da vida, Zé Guilherme deu-lhe com que pagar a corrida e dar gorjeta ao chofer que resmungara ao ver a bagagem galinácea. Ao despedir-se, Gruda prometeu enviar a carta logo pela manhã, sem falta. Quanto a Zé Guilherme, eu o ajudei a retirar os lençóis da cama, sujos de cocô de galinha, fediam. Quis emprestar-lhe um dos meus, recusou, a colcha de lã, grossa, por sorte estava limpa, nela se enrolou.

No outro dia lhe contei a verdade, pois sofria horrores ao pensar que o quisessem obrigar a levar as galinhas e o galo para o Brasil, carga insólita. De tão aliviado que ficou não se zangou, ainda forneceu uns cobres a Eugeniusz Gruda destinados à compra de temperos para o escaldado de galinha. Cozinheiro de mão-cheia, Eugeniusz Gruda se queixou: "Galo mais velho nunca vi, carne mais dura que sola de sapato".

Bahia, 1985.
OS CABRÕES

ALMOÇO EM RESIDÊNCIA DE AUTA ROSA E CALÁ em homenagem a dois baianos honorários, hospedam-se na Casa Real de Itapuã quando em visita à pátria de adoção: Frances Switt e padre Michel Schooyans. Convidados em grande número, comida farta e de primeira — o sarapatel de Aíla só se compara ao da mãe de Dmeval Chaves, santa, ao falecer levou a receita para o reino de Deus — bebida variada, uísque, conhaque, as batidas celebradas da dona da casa, do Liebfraumilch alsaciano ao gaúcho Capelinha os vinhos do gosto dos anfitriões, água de coco para matar minha sede, regalia de amigo.

Frances ocupa quarto no primeiro andar, padre Michel, estudioso das festas populares do fim e do começo do ano, das novenas da Conceição da Praia à procissão da Lavagem do Bonfim, repousa no quarto do andar de baixo, tem entrada independente. Observo o padre e a diplomata em prosa e riso, interpelo Auta Rosa para debochar:

— É ele quem sobe ao quarto dela ou é ela quem desce ao quarto dele?

Auta quase se ofende, responde rebarbativa:

— Michel é padre de verdade, pronunciou os votos e os cumpre, é pedra do saber, fortaleza da castidade, direito como ele só. Por Frances não boto a mão no fogo, por Michel boto as duas e não me queimo.

Tanta convicção me tolhe a malícia, declaro-me testemunha do comportamento sem mácula do sacerdote: ama a vida como pouca gente, respeita sua condição religiosa como poucos padres. Dedico-me ao sarapatel e à água de coco mas fico com o garfo no ar, boquiaberto, ao ouvir Auta Rosa declarar alto e bom som:

— Nesta casa não entra corno, seja rico ou famoso, nunca entrou nenhum, não admito.

Na seriedade de Michel, eu acredito, junto-me a Auta na proclamação das virtudes do sacerdote, mas a afirmação dos chifrudos, essa não engulo nem com o auxílio da água de coco verde:

— Eu bem que tenho visto entrar alguns, mas não digo nada... — contesto mas não polemizo, não sou maluco de contradizer Auta Rosa, se deu mal quem o fez.

Com o rabo do olho mostro-lhe o fidalgo do Recôncavo, Auta me segreda: esse não vale, herdou os chifres da família, não tem culpa. Calá completa, o casal é solidário na maledicência:

— Não é que ele seja cabrão, ela é que é dadivosa.

Aluna de história das freiras ursulinas de Ilhéus, Auta Rosa desfia a crônica do barão do açúcar: "Já o bisavô, fundador da casa nobre, portava galhas com dignidade, o avô foi chifrudo de renome nacional, o pai nem se fala — pai apenas por consorte da mãe, o conviva era filho do engenho vizinho". Mais do que a história dos romantismos da família dos Cornélios, interessam-me as manobras da baronesa: ocupa a cadeira junto ao sacerdote, vaga com a saída de Frances que foi se servir pela terceira vez, ainda não provara a galinha de molho pardo, pena que esteja fazendo regime, não pode ir à carne de sol. Michel está empenhado na conversa sobre sincretismo com Hélio Vieira e Claudius Portugal, não repara em Maria Mel de Cana sentada em sua frente, exibe as coxas, mesmo não querendo vê-las quem não as vê? Claudius se regala, Hélio arrisca um olho, só Michel não se dá conta. Saliente, Maria Mel de Cana ronda o servo de Deus, ri, toca-lhe o braço, a perna, temo que ouse levar os dedos à altura da braguilha, não tem tempo de ousar, Frances retorna, roga-lhe devolução da cadeira. Michel perora sobre mestiçagem, Maria Mel de Cana dá uma trégua na ofensiva.

Eu a alcanço na passagem, somos amigos, sou seu confidente, estima me contar os desvelos de cama, pergunto-lhe o motivo de tamanho assanhamento, conheço-lhe as preferências, os menininhos dente de leite, padre Michel é cinquentão, por que, me diga, tanto arroubo? Maria Mel de Cana baixa os olhos:

— Nunca provei rola de padre, quero saber o paladar.

De onde está, padre Michel percorre a sala com os olhos, feliz de se encontrar na Bahia, entre os amigos, sorri para um e outro, faz-me um aceno de amizade, inocente das intenções da baronesa, sorri para ela, Maria Mel de Cana sobe aos céus:

— Está no papo.

Moscou, 1953.
O PRANTO

DESÇO DO AVIÃO QUE NOS TRAZ DE VIENA, a Zélia e a mim, são cinco horas da tarde, noite fechada em Moscou, inverno rude, estamos em janeiro de 1953, voltamos à União Soviética pela primeira vez desde o regresso ao Brasil. Alguns amigos nos esperam no aeroporto, entre eles Vera Kuteichkova, a animação em pessoa: vai nos servir de intérprete durante nossa estada.

Já éramos amigos por correspondência quando nos conhecemos pessoalmente em 1948. Responsável pelas literaturas de línguas espanhola e portuguesa no Instituto Górki de Literatura Universal, Vera escrevera um ensaio sobre meu trabalho, publicado numa coleção de plaquetes editada pelo *Pravda*. Para Zélia e para mim, Vera e seu marido Liev,[1] hispanista renomado, autor de livros sobre Lorca, Neruda e Diego Rivera, são nossa família soviética, não precisamos falar para nos entender.

Vera vem tomar conosco o café da manhã, no hotel. Estendo-lhe o exemplar do *Pravda*, peço-lhe tradução imediata da manchete que ocupa todo o alto da página, parece-me notícia importante. Vera lera o jornal antes de sair de casa, ainda assim, em vez de adiantar a informação, toma da gazeta, traduz. Trata-se do anúncio da descoberta de "infame complô norte-americano" para assassinar Stálin. Os imundos, os monstruosos agentes da conjura são os médicos, os médicos mais eminentes da União Soviética, que têm a responsabilidade de zelar pela saúde dos potentados do Krêmlin — "todos eles judeus", informa o *Pravda*.

De boca aberta, sem saber o que dizer, o que pensar, vejo Vera em minha frente. Parada, cerra as mãos, morde os lábios, o pranto escorre de seus olhos: não precisamos falar para entender.

Lisboa, 1981.
A PENSÃO RESIDENCIAL

SABENDO-NOS DE PARTIDA PARA LISBOA, um amigo roga-nos um favor: buscar para ele e a esposa cômodos numa residencial, a capital portuguesa é bem servida de pensões familiares. Nosso amigo obteve uma bolsa de estudos, vai fazer pesquisas para um livro, creio ter sido Luís Henrique mas não tenho certeza. Quem sabe Edivaldo Boaventura.

---

1   Liev Ospovat.

Pelas quatro da tarde subíamos a avenida da Liberdade em direção à praça Marquês de Pombal, passamos em frente a uma escadaria, chamam-nos a atenção os corrimões forrados de veludo vermelho, deve ser a residencial mais confortável da cidade. Decidimos entrar, cumprir o compromisso, galgamos as escadas. Somos acolhidos por senhora amável, de meia-idade, queremos ver os quartos, saber os preços, estamos interessados. Olhou-nos um tanto surpresa mas nos atendeu com polidez: o quarto à direita no momento estava ocupado mas abriu a porta do apartamento à esquerda, acendeu a luz, meia-luz, deu para ver o luxo do leito, as cortinas de cetim, os tapetes, o banheiro ao fundo, impossível pedir melhor. Restava-nos obter as informações: o preço completo, morada e refeição.

— Incluindo a comida para o casal quanto custa por mês?

— Por mês? — admirou-se: — Cobramos por hora mas pode ser também por uma tarde ou por uma noite. Não servimos refeições... — sorriso cúmplice para os dois velhinhos sem-vergonha: — Mas podemos fornecer champanhe, vinho do Porto, uísque.

Entendemos, Zélia me belisca, com que intenção? Desistimos de outras perguntas, vãs. Não fosse o Tivoli tão confortável, bem poderíamos tomar quarto por algumas horas, encomendar champanhe: tentação fugidia de quem em tempos de outrora fora frequentador. No outro lado da avenida conseguimos reserva na Residencial Sancho para o casal baiano — teriam sido ou não Laurita e Luisinho? Ou Solange e Edivaldo?

Que outra cidade no mundo ocidental, além de Paris, pode se orgulhar de tantos e tão maravilhosos monumentos quanto Roma, a das sete colinas?

Séculos e séculos de criação se acumulam em suas artérias, nada pode haver de mais belo do que a escadaria que leva à praça do Campidoglio a não ser a própria praça, degraus e espaço criados pelo gênio de Michelangelo Buonarroti, foi ele também quem pintou a Capela Sixtina. Os gênios se atropelam nas ruas de Roma. A boca aberta, os olhos gratos, o coração alegre, por onde se vá a beleza nos acompanha: palácios, fontes, templos, ruínas, estátuas, murais, sacadas, túmulos, o Coliseu, o Palazzo della Signoria, Moisés em San Pietro in Vincoli. A beleza repetida ao infinito.

De repente, porém, inesperada e bruta surge a monstruosidade, o que pode existir de mais feio e agressivo a sujar a beleza, a diminuí-la, a tornar a cidade incerta, desigual, Roma é imprevisível.

Possui inclusive aquele que é sem dúvida o mais medonho de todos os monumentos execráveis do universo. Falo do bolo de noiva erguido em homenagem a

Vittorio Emanuele, além de horrendo, enorme, descomunal, abjeto no conjunto e nos detalhes, nas curvas e nos ângulos. Sozinho é mais feio do que todos os feios monumentos de Buenos Aires, cidade tão formosa e agradável que se permite o luxo de possuir tão grande número de fealdades. Um único de Roma, o de Vittorio Emanuele os supera, hediondez incomparável.

Rio de Janeiro, 1934.
GALO DOIDO

ENTREVISTA DE VINICIUS DE MORAES à revista *Manchete* (em 1970?) — "para mim, naquele tempo de Faculdade, ele era o diabo", revela o poeta falando a meu respeito — faz-me recordar Galo Doido. Vejo-o intransigente, radical, a figura desconforme, o olho cego, na agitação, no conflito, erguendo as bandeiras da libertação nacional, da revolução proletária.

Diabo era Galo Doido, agitador competente, comuna dos brabos. Nem eu nem Carlos Lacerda, nem Ivan Pedro de Martins, tampouco Chico de Assis Barbosa, nenhuma das estrelas da esquerda na Faculdade de Direito da rua do Catete naqueles antanhos se lhe comparava em audácia e devotamento: arrastava a massa estudantil, enfrentava a polícia.

Vinicius fazia parte do Caju, grêmio com pecha de reacionário, reunia o escol da Faculdade: Otávio de Faria, San Tiago Dantas, Américo Jacobina Lacombe, Almir de Andrade, meu primo Gilson Amado. A maioria ingressará na Ação Integralista, uns tantos escapam: Almir de Andrade torna-se psicanalista, Vinicius desvia-se nas encruzilhadas libertárias. Vários dos camisas-verdes chegam-se à esquerda no pós-guerra, San Tiago termina ministro de João Goulart. Aqui ou ali apenas nacionalistas, o resto era rótulo.

Otávio de Faria já era autor de sucesso, publicara *Machiavel e o Brasil* e *Destino do socialismo*, revelação de ideólogo da direita. Apesar do antagonismo político tornamo-nos amigos: eu frequentava as sessões do Chaplin Clube e foi Otávio quem levou, em 1931, os originais de *O país do Carnaval* à Editora Schmidt para publicação. Escreveu o primeiro artigo a saudar meu romance de estreia, estampado em *A Razão*, jornal paulista de Plínio Salgado. Na data ainda não existia a Ação Integralista e eu ainda não entrara para a Juventude Comunista. Mesmo depois, porém, continuamos amigos e o fomos até a morte do romancista de *Tragédia burguesa*, saga patética da burguesia brasileira.

Carlos Lacerda e eu éramos íntimos, mas o meu amigo do peito, de todos os dias, não tinha etiqueta política: Haroldo Aguinaga, boêmio, filho de pai ilustre e rico. Varávamos a noite de Copacabana na conquista de domésticas — algumas deslumbrantes: a mulata Conceição, noiva dele e minha, deixou a vassoura e o ferro de engomar, a cama dos estudantes, para casar-se com um português comerciante rico, quase morremos de dor de corno.

A esquerda na Faculdade contava com o apoio de um grupo de professores eminentes: Castro Rebelo, Hermes Lima, Carpenter, os três acabaram na cadeia em 1935 em consequência da Intentona Comunista. No lançamento da Aliança Nacional Libertadora, em comício na Esplanada do Castelo, coube a Carlos Lacerda a prerrogativa de ler o manifesto de Prestes, com Roberto Sisson e vários outros soltei o verbo, depois fomos comemorar em casa de Álvaro Moreyra.

Eu ingressara na Faculdade para fazer o gosto a meu pai, que queria o filho com diploma de doutor, naquele então dizia-se doutor a todos os que completavam curso universitário. Passei o exame vestibular com média alta, pois um dos examinadores foi o professor Porto Carreiro, tradutor de *Cyrano de Bergerac*, de Rostand. Devorador de literatura francesa, eu conhecia a tradução, sabia versos de cor, declamei-os, desdobrei-me em elogios. Tive dez em literatura, nota máxima, somada às notas de história e de filosofia fiquei com oito e meio de média, o coronel João Amado vibrou, aumentou-me a mesada.

Não sei o que foi feito de Galo Doido, que fim levou, como andará sua exaltação, seu fanatismo? Não consigo sequer recordar-lhe os nomes de batismo e de família, a glória é passageira. Não a glória de Vinicius, ainda na Faculdade ganhou o louvor da crítica e das elites com os poemas católicos, odes e elegias, ganhou o povo com os versos de amor, com o poema de "O operário em construção", publicado no primeiro número do *Paratodos*, conquistou o mundo com o cancioneiro musicado por Tom Jobim. Vinicius de Moraes dito "o poetinha" por ser o poeta bem-amado. E porque hoje é sábado, "dia da criação", recordam-se do poema? Eu me recordo: "Todos os namorados estão de mãos entrelaçadas/ Porque hoje é sábado".

Lisboa, 1980.
O GIGOLÔ

DESEMBARCO NO AEROPORTO DE LISBOA, acompanho Zélia que vem participar do lançamento da edição portuguesa de seu primeiro livro, *Anarquistas, graças a Deus*. Os jornalistas me atropelam, mostro-lhes Zélia:

— Hoje é com madame. Venho na qualidade de esposo da escritora com a esperança de em breve aqui chegar na qualidade de gigolô.

Imprensa pudorosa, a portuguesa, nenhum dos repórteres presentes deu curso à minha perspectiva de vadiagem, pretensão ao ócio, à boa-vida, não me levaram a sério.

Bahia, 1966.
OS TAMARINDEIROS

CONDUZO MAUREEN BISILLIAT A RECANTOS DA CIDADE que me parecem merecedores do enfoque de sua câmera mágica, Maureen veio levantar um painel fotográfico da Bahia na intenção de um livro: lugares e figuras. Já fez a Rampa do Mercado, os saveiros, as frutas e os peixes, Camafeu de Oxóssi, mestre Pastinha, Olga de Alaketu, o casario do Pelourinho, as putas do Maciel, os Filhos de Gandhy.

Conto-lhe da existência de uma avenida de tamarindeiros seculares em Periperi, para vê-los e fotografá-los vale a pena deslocar-se até o bucólico subúrbio dos aposentados. Chegamos, deparo com escavadeiras, gruas, máquinas infernais, operários: está sendo aberta uma estrada, passa exatamente sobre a avenida dos tamarindeiros, parece de propósito. Das dezenas de pés de tamarindo restam apenas quatro, mais correto dizer três, pois o quarto já se encontra com as raízes à vista, no ponto de ser arrancado pela grua.

Volto à Bahia espumando de raiva, dou pressa a Aurélio, tomo do telefone, falo com Antonio Carlos, prefeito da cidade, clamo aos céus. Ele me dá razão mas nada pode fazer, pois a estrada é estadual, assunto para o governador. O governador é Luiz Viana Filho, de nada sabia, fica alarmado, garante providências. Vai em pessoa a Periperi, constata a violência, determina um desvio no traçado da estrada, salvam-se os quatro últimos tamarindeiros. Salvaram-se porque Maureen Bisilliat foi à Bahia fazer fotografias.

Monte Estoril, 1992.
MÍDIA

ESCREVEMOS NO MONTE ESTORIL, HOTEL ATLÂNTICO, o calendário mente ao anunciar inverno: a primavera se antecipou. No júbilo do sol nos debruçamos na varanda do apartamento sobre a opulência da baía de Cascais, Zélia alimenta pardais e gaivotas antes de sentar-se ao computador na redação de seu quinto livro de memórias, os turistas ingleses desfilam no calçadão em mangas de camisa.

Nos intervalos da escrita leio jornais brasileiros datados da véspera, tomo um porre de noticiário carioca e paulista, o escândalo e a catástrofe. Espanta-me a pobreza atual dos suplementos dedicados às artes e às letras, neles estruge o estrépito dos grupos de rock and roll de todas as procedências, a isso se reduz a música bem-vista pela mídia, um concerto de Pavarotti no Pacaembu é tratado no deboche, vira *potin* em coluna social.

Busco os grandes artigos, consagradores, as análises da obra, por ocasião dos noventa anos de Lúcio Costa, nosso orgulho, nossa glória, encontro duas notas breves contando sua ida a Brasília, dez linhas em cada jornal, não mais que isso. Michael Jackson, páginas e páginas.

Bahia, 1929.
O ENGABELADOR

POR SER O MAIS IDOSO, ANDARIA PELOS 25 ANOS, senhor casado, por exercer emprego público remunerado, não um borra-botas como nós outros, João Cordeiro era uma espécie de presidente da Academia dos Rebeldes. O posto não existia mas ele o exercia no trato da amizade, poder moderador em nossas aleivosias literárias.

Em 1932, por aí, publicou *Corja* — o título original era *Boca suja*, o editor Calvino Filho não gostou, trocou —, romance da classe média baiana que lhe deu certa projeção na época. Herberto Salles, ao tempo em que exerceu a direção do Instituto Nacional do Livro, pretendeu reeditar o romance de Cordeiro, devolvendo-lhe o título dado pelo autor, mas os herdeiros, vagos herdeiros, a viúva morrera e não houvera filhos, se assanharam acreditando que a edição significaria incalculável soma de dinheiro, fortuna em direitos autorais, impossível tratar com eles, a boa ideia de Herberto não se concretizou.

Ao contrário dos demais rebeldes, bando de famintos, Cordeiro não vivia à míngua, assim lhe competia quase sempre a despesa (ínfima) da turma nas tardes do bar Brunswick. Nos começos do mês, ao chegar do engenho de açúcar no Recôncavo, a mesada no bolso, Clóvis Amorim bancava os gastos com direito a pinga, poucos dias. No geral, o anfitrião era Cordeiro, nos apertos a ele recorríamos, nos emprestava algum, de retorno duvidoso.

O mais pobre de todos nós seria Edison Carneiro, membro de família numerosa. O pai, professor Souza Carneiro, catedrático da Escola Politécnica, mal ganhava para as despesas inadiáveis da prole, consta que jamais pagou o aluguel da casa dos Barris — nós a intitulamos de Brasil, por imensa e suja — com sótão e jardim onde vivia com a mulher e os filhos: todos vestidos com batas de professores da Politécnica, arrebanhadas pelo catedrático. O mais velho deles, Nelson, na ocasião líder estudantil, terminou presidente do Senado. Ainda hoje é senador eleito pelo Rio de Janeiro, parlamentar de longo tirocínio, responsável pela lei do divórcio, batalha que empreendeu e ganhou com a ajuda de um bispo protestante do Rio Grande do Sul que fez a cabeça do presidente Geisel durante a ditadura militar. O professor Souza Carneiro, uma das figuras mais sedutoras entre quantas conheci: sua vida de pobreza, trabalho e bom humor daria o mais extraordinário romance picaresco, tão rica que nenhum de nós se atreveu a transformá-la em ficção.

Os míseros tostões que ganhávamos nas lides jornalísticas não nos permitiam, a nenhum de nós, prodigalidades, esbanjamentos. Menos ainda a Edison, leitor incurável, salário recebido, salário entregue aos donos dos sebos na praça da Sé ou a Don Paco, da Livraria Espanhola, recriado personagem, com amor, por Nelson de Araújo em novela sobre os galegos da Bahia. Para atravessar o resto do mês, Edison ia esfaqueando a um e a outro, parentes e conhecidos, vítima principal João Cordeiro. De quinze em quinze dias sacava do confrade uma nota de 5 mil-réis com o pretexto de ir ao meretrício dar abasto ao corpo: "Estou no atraso e na lona, mestre Cordeiro".

— Dou 5 mil-réis a Edison para ir às putas, desconfio que me engabela, para tirar a limpo eu o sigo sem que me veja: o crioulo vai direto à livraria de Don Paco foder um livro.

Cioso do bem-estar do amigo, Cordeiro terminou por acompanhá-lo até o castelo, efetuar ele próprio o pagamento da trepada, constatou que o negro Edison preferia as loiras.

Lisboa, 1980.
OS ANCESTRAIS

O PRAZER DE OUVIR LUÍS FORJAZ TRIGUEIROS contar histórias, casos, só comparável ao de ler seus contos portugueses. Histórias várias, a memória fugidia embaraça-me nas datas, nos sítios onde sucederam, nos personagens que participaram. Ainda assim não abro mão de repetir um caso, quase uma anedota pois dá a medida exata do que significam a unidade nacional e a cultura mestiça do povo brasileiro. Faltará ao conto a graça da narrativa de Luís, paciência.

Na versão de que guardei lembrança sucedeu pelos anos 80, os personagens são Maria Helena e Luís Forjaz, Pilar e David Mourão-Ferreira, além do grupo de pseudojaponeses, a ação se desenrola no mar Egeu durante excursão de barco pelas ilhas gregas — chatíssimas excursões, diga-se de passagem, também a fizemos, Zélia e eu, salvou-nos do tédio a companhia de Eunice e Chico Lyon.

No tombadilho do navio discutiam os dois casais, não preciso dizer que acaloradamente, de outra maneira não discutem os portugueses, discutiam poesia, assunto explosivo, sob a vista de um grupo de japoneses postados atentos na amurada. No auge do debate, um dos japoneses aproxima-se dos polemistas e a eles se dirige:

— Estão falando português, não é verdade? De onde são?
— De Portugal, ora pois, somos portugueses — contesta David Mourão.
O rosto nipônico se abre em sorriso brasileiro:
— São portugueses... — anuncia ao grupo na expectativa: — ...são nossos ancestrais.

"Nossos ancestrais." Pensando nas epopeias lusas no Oriente, coitos monumentais, ignotas descendências, Luís Forjaz deseja saber se "por acaso eles têm sangue português nas veias asiáticas, um navegador de passagem na rota das descobertas, quem sabe?".

— Sangue português? Nós? Não. Somos brasileiros nascidos em São Paulo, os portugueses são antepassados dos brasileiros — ensina: — São nossos bisavós.

De todos os brasileiros, com certeza. Filha de pai e mãe italianos, Zélia sente-se em casa na cidade de Lisboa, é estrangeira em Florença, onde nasceu seu pai, no Vêneto, terra de sua mãe.

Nos aviões roubo guardanapos, talheres nos restaurantes, sobretudo colheres de café, nos hotéis recolho e levo para casa todo o material de banho e o mais que haja, meu acervo de sabonetinhos é digno de visita e vistoria pela quantidade e pela variedade intercontinental. Tenho sócios, Rízia[1] quando se hospeda conosco faz mão baixa em meus guardados: quem rouba ladrão tem cem anos de perdão, esclarece.

---

1 Rízia, advogada, nora de Jorge Amado.

O hábito dessas pequenas gatunagens eu o aprendi com meu tio Álvaro Amado, mão leve, por onde andava recolhia. Dormindo comigo na mesma cama há quase meio século, Zélia ainda não se conformou, até hoje torce a cara ao me ver enfiar no bolso o guardanapo com a rosa dos ventos, a 10 mil metros de altura sobre o oceano.

O coronel João Amado passava fácil de perdulário a canguinha, também eu, bom filho de meu pai, navego entre jogar dinheiro fora e economizar moedas de dez réis.

São Paulo, 1965.
PRONÚNCIA

COMISSÁRIO DE CUBA À BIENAL DE ARTES PLÁSTICAS DE SÃO PAULO, Guillén vale-se do melhor dos cicerones, o poeta Paulo Mendes de Almeida, de quem se tornara amigo em viagem anterior. Paulo se encarrega de ampliar o cartaz do cubano nos meios de comunicação, leva-o a programa de entrevistas numa cadeia de televisão, na época ainda longe das competências atuais.

O apresentador, pernóstico como ele só, ao anunciar Guillén aos telespectadores, escandiu-lhe as sílabas dos nomes de batismo e de família: "Nosso entrevistado de hoje, o grande poeta negro das Américas, glória de Cuba, A-ris-ti-des Gui-llén". Contente da performance, dirige-se ao entrevistado, reclama aprovação:

— Pronunciei bem o nome do poeta?

O poeta não lhe falta com o elogio:

— Muy bien, muy bien. Guillén usted lo pronunció perfecto, absolutamente perfecto. Pero, en Cuba, Aristides se pronuncia Nicolás — soletrou: — Ni-co-lás.

Petrópolis, 1984.
COMISSÃO DE LEITURA

PERGUNTO A ALFREDO MACHADO por que devolveu os originais de conhecido contista, excelente escritor, originais que, ademais, lhe haviam sido recomendados por amigos que muito lhe mereciam. Respondeu-me, abrupto:

— A comissão de leitura da editora achou o livro fraco.

Digo-lhe o que penso da comissão de leitura da editora, ele me interrompe, categórico:

— Se pago uma comissão para julgar originais, devo acatar seu julgamento, sem o que estaria jogando dinheiro fora.

Assim agem no mundo inteiro os editores ditos profissionais. Com o que colocam-se à margem de pedidos, da intervenção de terceiros, não lhes nego razão. Por outro lado, ficam à mercê de leitorado nem sempre competente quando não discriminatório, o patrulhamento ideológico ditando apreciações, conheço mais de um caso.

Habituado às editoras brasileiras, patriarcais, uma recomendação tinha valor, o profissionalismo das editoras norte-americanas e europeias causou-me, antes que nele me enquadrasse, algumas amofinações. Quem me esclareceu foi meu amigo Alfred Knopf, cuja casa se tornou famosa pela qualidade literária de seus autores, entre os quais os brasileiros Gilberto Freyre, Graciliano Ramos, Guimarães Rosa, José J. Veiga, Antonio Callado.

Devo a Knopf a pequena presença que tenho junto ao público de língua inglesa. Antes de nos conhecermos pessoalmente fez traduzir e publicou, em 1946, *Terras do sem-fim*,[1] anos depois saiu do sério para apresentar num texto caloroso a tradução de *Gabriela* aos leitores de sua editora. Daí por diante não mais se deteve no apoio aos meus livros.

Por três vezes veio ao Brasil, fez-se amigo de Alfredo Machado e de Dorival Caymmi, viajamos Bahia, Alagoas, Pernambuco, varamos o sertão, subimos o rio São Francisco. Tive a alegria de vê-lo, ao lado de Helen, servir champanhe aos convidados no dia em que comemorou noventa anos bem vividos, em sua casa de Purchaise. Ali fomos seus hóspedes, Zélia e eu, em fins de semana de apurada mordomia. Mantínhamos correspondência semanal e, no bom hábito brasileiro de recomendar livros a editores, eu lhe enviava, a pedido dos autores ou por diligência própria, romances e volumes de contos que me pareciam merecer tradução.

Foi assim que enviei a Alfred Knopf, acompanhado de carta entusiástica, exemplar de *Terra de Caruaru*, romance de José Condé, escritor e pessoa de minha estima. Informei Condé da iniciativa e ele passou a cobrar-me, com natural impaciência, a resposta do editor, resposta que não chegava nunca. Um dia dei-me conta que José duvidava do envio, nem exemplar nem carta de recomendação, conversa fiada, fiquei molesto, escrevi a Knopf reclamando do silêncio. Aproveitava para lhe perguntar por que jamais acusava recebimento dos livros que eu lhe remetia antevendo possíveis traduções.

A resposta veio pela volta do correio, Alfred agradecia o envio dos volumes, tanto de *Terra de Caruaru* quanto dos anteriores. Cada um deles havia sido entregue ao comitê de leitura da editora, se o autor não recebera proposta de contrato era sinal que o leitorado não recomendara a tradução. E fim de papo.

---

1 *The violent land*, Nova York, Knopf.

Ainda hoje não perdi o hábito de recomendar autores brasileiros a editores estrangeiros, feliz quando um livro obtém aprovação do comitê de leitura na França, na Itália, na Alemanha, na Argentina.

Rio de Janeiro, 1982.
CANDIDATO A PULSO

MARCARA ENCONTRO COM JOSUÉ MONTELLO na Academia para formalizarmos a candidatura de Álvaro Salema à vaga aberta com a morte do filósofo Rebelo Gonçalves no quadro dos membros correspondentes. Na escadaria de entrada deparo com Pedro Calmon, saúda-me com espanto e estima:

— Coisa rara vê-lo por aqui. A que veio?
— Encontrar Josué. Vamos inscrever candidato à vaga de Rebelo Gonçalves que morreu no Porto.
— E quem é o candidato de vocês, pode-se saber?
— O ensaísta Álvaro Salema.

Pedrinho sustém o passo, toma-me do braço:
— Sei quem é, autor de um ensaio sobre Cervantes, de primeiríssima. Nome excelente, podem contar com meu voto.

Passada a eleição, meses depois, Pedrinho me revelou que naquele dia também ele viera à Academia com a intenção de indicar pretendente à mesma vaga. Ao ouvir o nome de Salema decidira juntar-se a Josué e a mim, guardara sua proposta para outra ocasião.

Inscrevemos Álvaro Salema candidato com os aplausos de Pedro Calmon e de toda a Academia, mas contra a vontade dele, do indigitado. Nossa vantagem, e a usamos, decorria do fato de que para membro correspondente os nomes são indicados por acadêmicos de número, brasileiros, ninguém se propõe ou registra a própria candidatura. Josué e eu indicamos o nome do autor de *Tempo de leitura* sem de novo o consultar para não ouvir a repetição da negativa. Assim, quase a pulso, Salema foi eleito por unanimidade para a Academia Brasileira de Letras.

Da Bahia, Rosane[1] me telefona a notícia: Urbano Tavares Rodrigues acaba de ser eleito para ocupar a vaga de Álvaro, falecido no ano passado, estamos em março de 1992. Fico contente, Álvaro não teria pensado noutro confrade, se lhe coubesse escolher seu sucessor. O nome do romancista foi lembrado por Luís Forjaz Trigueiros, Josué e eu o inscrevemos, Josué

---

[1] Rosane Rubim, secretária de Jorge Amado.

acompanhou a eleição com a competência reconhecida, votação unânime. Excetuando-se o fato do primeiro ter sido ensaísta, crítico literário, de ser o outro um criador, autor de contos e romances, em tudo o mais se comparam e se assemelham: na discrição e na decência, no amor às letras, na luta contra o fascismo, a guerra e a injustiça, Álvaro e Urbano iguais no sonho de um mundo mais fraterno.

Bahia, 1972.
VENEZA

NO MEIO DA CORRESPONDÊNCIA, cartão-postal de Carybé: os canais de Veneza, os palácios, as pontes. Leio: "Estou sentado na praça de São Marcos, esta cidade não existe".

Rio de Janeiro, 1940.
INDECISÃO

NA CINELÂNDIA REENCONTRO MARIA A DA PINTA NO QUEIXO, vive na Europa, o marido é diplomata. Sentamos à mesa de um café, conversamos sobre amigos comuns, recordamos passado recente. A da Pinta no Queixo — a pinta dá-lhe uma graça brejeira — de súbito quer saber:

— Por que você não me quis? Por que me desprezou?

Fico atônito, eu tanto a quis e desejei, no Cassino da Urca no jantar com Samuel e Bluma, eu a cantei, ela revidou com um "não" tão decisivo que recuei, não insisti: "Que pensa de mim, sou mulher casada". Relembro o fato, teria ela esquecido? Não, não esquecera:

— E por que eu teria de dizer sim na primeira investida? Eu estava doida para te dar mas queria ser conquistada, não era uma putinha para me atirar correndo ao primeiro aceno. Que iria você pensar de mim? Fiquei esperando que voltasses à carga, como não voltaste imaginei que a cantada não fosse pra valer.

Abri a boca para voltar à carga, levantou-se, anunciou:

— Agora é tarde, viajo hoje à noite para Berna. Mesmo que eu quisesse não poderia ser.

Deixa-me na mesa, antes de dobrar a esquina volta-se, fica parada por um instante como se à espera, dá adeus com a mão, desaparece. Dou-me conta que a perdi pela segunda vez, devia ter ido atrás dela, afinal eram tão somente duas da tarde, sobrava tempo. A pinta no queixo lhe dava um ar maroto.

Bahia, 1960.
ÁLBUM DE AUTÓGRAFOS

A NOTÍCIA DO DESASTRE DE AUTOMÓVEL sofrido por Carlos Pena Filho no Recife transforma a festa dos livros na Bahia em pesadelo. Carlinhos em coma na clínica, em torno os médicos e os amigos, nós, em casa de Odorico, ao telefone com Berrão,[1] na angústia, à espera de um milagre. O milagre não acontece, Carlinhos enverga as asas de anjo, parte em voo rasante sob o céu da avenida Guararapes. Passo dez anos sem voltar a Pernambuco, as ruas de Recife na ausência de Carlinhos são calçadas com as areias do deserto.

De luto, Tânia vem esquecer e recordar junto a nós, no Rio. Percorremos o álbum de autógrafos, lembranças daqui e de acolá, deste e daquele, o notável e o penetra, guardados de Zélia. Lá está, manuscrito, o poema de Carlinhos para Paloma, inventado no Recife em dias de riso e amizade: "Só para Paloma este verso é feito/ pois só ela entende um verso desfeito".

Paloma andava pelos oito anos, era um pássaro no céu de Pernambuco, respondeu na tampa ao poema de Carlinhos, Zélia guardou os rabiscos e os borrões: "Para uma pena uma pluma/ para uma pluma uma pena/ para Carlos Pena uma pluma/ uma pomba uma pena/ o pavão tem uma pluma/ e para Tânia e Clarinha/ uma peninha azulzinha".

Só Carlos Pena Filho entende o verso de uma criança, não era ele uma criança sem malícia? Uma criança ou um anjo, não tinha idade, os anjos não cumprem aniversário, possuem asas e andejam sobre as pontes, sobre os rios. Carlinhos sobrevoa a avenida Guararapes, no peito uma pluma de pavão que lhe foi ofertada por Paloma num verso ao inverso, desfeito.

Paris, 1992.
AS COINCIDÊNCIAS

ATRASADO, DESÇO AO ENCONTRO DE ERNESTO SÁBATO, vamos almoçar no bistrô dos italianos. Ernesto veio a Paris inaugurar exposição, hoje o ficcionista argentino dedica parte de seu tempo às artes plásticas, está contente com a repercussão que sua pintura vem obtendo nos arraiais da crítica francesa. Há dois anos fui conhecer seus quadros nas salas do Centro Pompidou, lá encontrei Georges Raillard, crítico de arte competente e rigoroso, fartou-se em elogios à mostra, o pintor não fica a dever ao novelista.

---

[1] Eufrásio Barbosa, sogro de Carlos Pena Filho.

Ernesto salta do automóvel, avanço para ele, no meio da rua nos abraçamos, afobação de velhos, por um triz escapamos do carro em disparada, subimos no passeio, Ernesto exclama:

— *Si nos matan se termina la literatura latinoamericana...*

Rimos os dois: podemos proclamar a *boutade* porque nos rimos dela, o portenho e o baiano, aos oitenta anos estamos a salvo das vaidades fáceis: ele os cumpriu em junho de 1991, eu os cumprirei no próximo agosto. Autores tão diferentes, a visão dramática da vida e dos seres não o faz pessimista, quanto a mim participo da festa da vida, sendo escritores tão dessemelhantes, na vida em muitas coisas coincidimos. Zélia e Isabel[1] se divertem à afirmação das coincidências repetidas ao sabor do risoto e da lasanha.

Na mesa do bistrô passamos em revista a vida e o mundo, o mundo de espantos, das mudanças impossíveis, vamos da Feira Internacional de Sevilha ao Iraque do após-guerra, cavalgamos problemas, do nacionalismo de Iéltsin à tragédia da Iugoslávia, analisamos situações, Ernesto fala com admiração da cultura árabe, sem os mouros o que teria sido da Espanha, o mundo contemporâneo terá capacidade para entender as evidências e os mistérios da cultura muçulmana? Por falar em árabe, conto-lhe que um poeta, dublê de jornalista, Waly Salomão, brasileiro de origem árabe, veio me entrevistar em outubro do ano passado, garantiu-me que daí a dias, informação segura, canal diplomático, o prêmio Nobel seria concedido ao argentino Ernesto Sábato, deixara-me nadando em mar de rosas, o prêmio foi para a África do Sul, outorgado a Nadine Gordimer, mais pela circunstância histórica do que pela importância literária e social de sua obra de romancista. Prêmio Nobel? Sábato revela: por cinco vezes seu nome foi levado à consideração da Academia da Suécia mas ele sabe que não receberá o Nobel. E por quê, pergunto, se o merece como poucos? Responde-me após o gole do vinho da Sicília: Artur afirmou, em entrevista, que a obra dele, Sábato, é escassa — escassa, o termo que usou — para tão gordo prêmio:

— Artur? Quem é?

— Artur Lundkvist, é quem manda no prêmio.

Ao ouvir o nome do sueco, Zélia solta o riso enquanto Ernesto acrescenta ter deixado de ir a Estocolmo desde que lá tendo ido para o lançamento da tradução do *Anjo das trevas*, em Buenos Aires escreveram que fora "trabalhar el Nobel". Cresce o riso de Zélia, Ernesto se surpreende: "Por que ris com tanto gosto?" "Rio-me com as coincidências", diz Zélia, "depois de Lundkvist,

---

[1] Isabel Soto, tradutora de Sábato.

a exclusão da Suécia dos roteiros de viagem. Nós não voltamos a Estocolmo já nem sei há quantos anos", conta ela, "quando lá estivemos pela última vez nosso primo Luiz[1] era segundo-secretário da Embaixada, fez-nos sala, hoje é embaixador, saiu numa coluna de jornal que Jorge fora à Suécia cavar o Nobel, resultado: Suécia nunca mais." Mais do que em tais pequenezes de prêmios — pequenez, o Nobel, saco de dólares? — e de notícias salafrárias, coincidimos, estranha coincidência como diria dona Arminda, personagem de romance, coincidimos no local de moradia pois Sábato habita Santos Lugares, delícia de subúrbio de Buenos Aires. Assim o era em 1941 quando lá vivi na chácara de um italiano, ali escrevi O Cavaleiro da Esperança. Surpreendi-me ao saber pelos jornais que Sábato residia em Santos Lugares. Um dia a surpresa se fez assombro: ao jornalista brasileiro que, ao entrevistá-lo, lhe perguntou se era verdade que morava na mesma cidadezinha onde habitara o biógrafo de Prestes, Sábato revelou que não apenas na mesma povoação, morava na mesma casa onde ele escrevera o livro sobre o preso.

Coincidência, essa sim importante, é o desgosto que nos causam as fardas, o desgosto se torna horror quando envergadas por militares no poder. Alfonsín designou o homem certo, o cidadão exemplar para a presidência da comissão encarregada de apurar os crimes dos gorilas argentinos, ponto alto na biografia de Ernesto Sábato. A casa do escritor em Santos Lugares foi naqueles dias o refúgio da justiça e da verdade, ali se acolheram o sofrimento e a esperança das vítimas da ditadura dos videlas.

De Santos Lugares vamos a Buenos Aires em nossa volta ao mundo de espantos e reminiscências, recordamos alguém caro ao meu coração, também ao dele, Rodolfo Ghioldi. Eu o conheci no Brasil, em 1935, gramou anos de prisão após a Intentona, um comunista decente e devotado, criatura humana acima das contingências, limitações e misérias impostas pela ideologia. Demoramos a recordar Rodolfo e Carmen, quando estive exilado na Argentina eles foram minha família, a casa deles era minha casa. Também Ernesto os conheceu e estimou, a amizade vinha dos tempos em que militara no pecê da Argentina, eu não sabia que ele tivesse sido inscrito no partido: foste comunista?

— Todos nós o fomos, Jorge, todos.

De fato me pergunto qual o intelectual válido, o homem político de importância da América Latina que não tenha assentado praça no pecê de seu país: não serão muitos. Em certo momento cada um de nós pensou

---

[1] Luiz Amado, diplomata.

que o pecê fosse a melhor trincheira para lutar a luta de nossos povos — os melhores e os piores homens que conheci e com quem tratei militaram nas fileiras comunistas, os mais dignos, os mais sórdidos.

O almoço chega ao fim, enxugamos a garrafa do Corvo generoso, não sendo leviano, Sábato não proclama superioridade do vinho argentino sobre o italiano:

— *Matilde y yo les esperamos, a vos, Zélia, a vos, Jorge, en nuestra casa, en vuestra casa de Santos Lugares.* — No espanhol da Argentina vos quer dizer tu, em língua de intimidade, de bem-querer, em língua de compadrio.

Rio de Janeiro, 1977.
O ROBE DE OURO

CHEGA-SE AO FIM DE UMA BATALHA que durou oitenta anos, tantos quantos os da Academia: as mulheres de agora em diante poderão se candidatar às vagas, ganhar a eleição, vestir o fardão com o peitoril de ouro. Como será o fardão das damas? Robe verde, pano de bilhar, ourama no parapeito, desenhado por Austregésilo.[1] Apesar da ameaça do robe, apoio com alvoroço a luta pela entrada das literatas, voto a favor da proposição de Osvaldo Orico.

Essa história de exclusão das mulheres dos quadros acadêmicos foi uma das salafrarices cometidas por Machado de Assis quando fundou a chamada Ilustre Companhia, não foi a única, sujeitinho mais salafrário nosso venerado mestre do romance. Custou-lhe esforço chegar a branco e a expoente das classes dominantes, mas tendo lá chegado não abriu mão de nada a que tinha direito, culminou a carreira bem-sucedida de burocrata com a fundação da Academia: até hoje a preside, entronizado de sobrecasaca no pátio de entrada do Petit Trianon. Crítico entre amável e sarcástico da burguesia brasileira da época, da classe média alta, o mestre romancista; sustentáculo de seus privilégios e preconceitos, o cidadão Joaquim Maria Machado de Assis, marido de dona Carolina, casou com portuguesa.

Estabeleceu ele próprio a relação dos fundadores, inscreveu os vetos. Nem boêmios — Emílio de Meneses só pôde ser eleito após a morte de Machado — nem mulheres. Na época havia uma escritora de renome estabelecido — e merecido, vale a pena ler seus romances, Júlia Lopes de Almeida, impossível passá-la para trás, se ela protestasse seria o escândalo, como fazer para não colocá-la entre os quarenta ilustres titulares?

---

1   Austregésilo de Athayde, presidente da ABL.

Machado, o manipulador, deu a volta por cima, encontrou como impor o machismo. Barganhou com dona Júlia: ela ficava de fora, mas em troca ficaria de dentro, acadêmico de número, o marido dela, Filinto de Almeida, escrevinhador de pouca valia. A romancista achou, com razão, que o consorte precisava bem mais que ela dos bordados da Academia, cedeu-lhe a cadeira, a ela bastavam os romances. Com o que Machado fechou de vez as portas do silogeu às saias femininas. Nem mulheres nem boêmios, mas teve vaga para jovem de vinte anos, quase inédito, Magalhães de Azeredo, dele se conhecia apenas páginas de louvor, aliás justo, aos livros do fundador da instituição. Também vem de Machado a tradição das cadeiras reservadas aos candidatos das diversas categorias do poder, cadeiras cativas do Exército, da Igreja, do Judiciário, das letras médicas: a tradição dos expoentes perdura ainda hoje. Escritores, uns poucos e nem sempre os melhores. Deixa pra lá.

Certa quinta-feira, dia de sessão, na sala do chá testemunhei ácido debate entre Luiz Viana Filho e Magalhães Júnior a propósito de Rui Barbosa, alvo da crítica do rebarbativo Raymundo. "A memória dos grandes homens, exemplo para a juventude, deve estar acima de qualquer restrição, branca de leite, limpa e polida de qualquer defeito, impoluta para a admiração da posteridade", arengava Luiz. Viu-me parado a escutar, olhou-me com o rabo do olho, sorriu-me mas, político habilíssimo, não pediu minha opinião. O cidadão Machado de Assis, não o romancista, muito tem se beneficiado com a tese da memória pulcra dos grandes mortos.

Na votação da proposta que abriu as portas da Academia às mulheres, Hermes Lima surpreendeu-me: "Voto contra". Vendo meu espanto, explica-me: "Isso aqui não passa de um clube de homens, Jorge, no dia em que entrar mulher nem isso mais será: nossa paz se terminará, a fofoca substituirá a convivência".

Um jornal faz uma enquete às vésperas da decisão, pergunta qual das nossas beletristas (!) deve ser a primeira a envergar o fardão — perdão, o robe. Em minha opinião, digo ao repórter, nenhuma de nossas confrades merece mais a consagração, os pechisbeques (!) da Academia do que a poetisa — naquele tempo dizia-se poetisa, hoje poetisa é xingo — Gilka Machado, figura singular em nossa literatura. Poetou sobre o desejo da mulher, a tesão pelo homem, o amor sem peias quando as outras reservaram o coito para os confessionários das igrejas: ousou quando a ousadia significava discriminação, repulsa, abjeção. Sugeri que as prováveis candidatas assinassem manifesto propondo aos acadêmicos o nome de Gilka

Machado: mais que outra qualquer merecia ser a primeira mulher a ingressar no fatal cenáculo. A sugestão caiu no vazio das vaidades, tampouco eu acreditava fosse avante, sou ingênuo mas não tanto. As impacientes andavam pelos alfaiates, de figurino em punho, estudando o robe: ainda mais solene e triste do que o fardão.

Milão, 1949.
O CONDE

A PRESTAÇÃO DE CONTAS DE BOMPIANI — a primeira editora a me publicar na Itália — chega em boa hora: se a maquia não é grande, não deixa de ser apreciável, refere-se às vendas de *Terre del finimondo* e o adiantamento sobre a tradução de *São Jorge dos Ilhéus*,[1] que vai sair no próximo setembro.

As liras vão nos servir para a projetada viagem de férias, Zélia desembarcara em Gênova em maio de 1948, uma correria de quatro dias em Roma, não dera para ver a pátria de Ernesto e Angelina. Pensamos voltar, um mês inteiro, escrevo à editora pedindo que deixe o crédito à minha disposição, quando for a Milão o cobrarei.

Passado algum tempo tomamos o trem, segunda classe, no bolso o suficiente para dois dias de hotel e *pizzeria*, os cobres da Bompiani, cobrados assim cheguemos a Milão, assegurarão a continuação da viagem. Apenas não contávamos com o *ferragosto*, aliás nem sabíamos o que era *ferragosto* — uma semana que começa a 15 de agosto quando indústrias, bancos, grande parte do comércio cerram as portas, a vida para.

Liguei para a editora, o telefone soava, ninguém atendia, o porteiro do pequeno hotel me informa sobre o *ferragosto*, alarmado resolvo ir até a sede da Bompiani, lá chego com Zélia, encontramos as portas fechadas. Tanto bato com os punhos, tanto grito diante da entrada principal, que por fim me aparece o encarregado da segurança. Quero falar, lhe digo, com alguém da firma, "nada a fazer", responde-me ele, antes do fim do *ferragosto* que começou na véspera.

Explico-lhe a situação em que nos encontramos, tivemos sorte, o guardião é pessoa prestativa, condoeu-se, interessa-se por nossa desdita, toma do telefone, durante cerca de uma hora busca falar com *il signore conte* Valentino Bompiani a descansar em sua casa de campo. Custa tempo e paciência, Zélia e eu pendentes do telefone, o bom italiano insiste, não aceita

---

[1] *Frutti d'oro*, Milão, Bompiani.

as recusas dos domésticos do conde, "o assunto é sério", diz e repete. E o faz com tamanha disposição que obtém Sua Excelência ao telefone, passa--me a ligação. Com o que terminaram as dificuldades.

Digo ao ilustre quem eu sou, gentil ele me saúda, conto-lhe o imbróglio em que nos encontramos. O conde compreende, fique tranquilo, me acalma.

— Sabe a quanto monta o seu crédito?

Sei, digo a soma modesta dos direitos de novel autor, primeiro livro recém-publicado em italiano. Conde Bompiani marca encontro comigo no hotel, às dez da manhã do dia seguinte. Zélia e eu, salvos do naufrágio, melhor dito da mendicância, beijamo-nos diante do guardião, vamos tomar vinho e comer pizza, alegres namorados.

Pontualíssimo, elegantíssimo, às dez em ponto, o conde desce da limusine luxuosa, uma pasta na mão, nela os meus direitos de autor — naquele tempo a moeda italiana se distinguia pelo tamanho das notas, enormes. Pagamento em espécie, os bancos fechados, se já tive vontade de beijar as mãos de um benfeitor foi as do conde Bompiani.

Pagou e não foi embora: amabilidade insuperável, levou-nos a um bistrô, tomamos cappuccino, conversamos por mais de meia hora. O conde Valentino Bompiani, até hoje sou-lhe grato.

Rio de Janeiro, 1956.
ANTESSALA

VOU AO PALÁCIO DO CATETE BUSCAR O TEXTO sobre Oscar Niemeyer prometido por Juscelino Kubitschek, presidente da República, para o número especial que o *Paratodos* vai dedicar ao cinquentenário de nascimento de seu diretor-presidente, o arquiteto de Brasília.

No Palácio não encontro Paschoal Carlos Magno, meu contato com Juscelino, recorro aos bons ofícios de Cyro dos Anjos, oficial de gabinete. Dele conheço os romances, o personagem conheço pouco e mal. Gentil, coloca-se à minha disposição, o presidente está em audiência com um ministro, devo aguardar. Oferece-me cadeira, dispõe-se a cavaquear. Ora, eu andava tomado de paixão pela literatura de Guimarães Rosa, jurava por *Sagarana*, babava-me ao falar de *Grande sertão: Veredas*, ninguém me ganha em admiração pelo mestre mineiro. Sendo Cyro igualmente mineiro pareceu-me não existir melhor tema para ocupar o tempo de espera, desfaço-me em elogios a Rosa: renovador da língua literária, criador imenso, a hora e a vez de Augusto Matraga, o sertão de

Diadorim, a vida dos bravos, o amor e a morte — quando admiro não tenho peias na língua. Cyro dos Anjos parece ouvir-me com interesse, balança a cabeça, aprovativo, creio.

Faço uma pausa, ele toma a palavra. Guimarães Rosa, de acordo, tudo que eu disse é possivelmente certo, "mas repare, se detenha a examinar e verá que a obra de Guimarães Rosa se apoia sobre três suportes. Primeiro: o manejo dos dicionários para fabricação de palavras, para o que se fazem necessários paciência, método e tempo disponível de quem não tem obrigações a cumprir. Segundo: o conhecimento dos romances de cavalaria, o que é *Grande sertão: Veredas*, me diga, senão um romance de cavalaria? Para finalizar, o terceiro: a sensibilidade feminina de homossexual, basta ler com atenção".

Juscelino encerra a audiência, manda me chamar. Levanto-me, atarantado recolho os restos mortais de Guimarães Rosa. Cyro dos Anjos retorna a seus papéis de burocrata.

Um conto se conta, não se explica e quanto ao personagem deve ser pessoa em carne e osso com sangue nas veias e miolo na cabeça, não um títere em mãos do romancista. Sinto que o personagem está posto de pé quando se recusa a fazer aquilo que não cabe no contexto de sua personalidade, acontece por demais, eu poderia escrever uma brochura contando casos sucedidos no decorrer de meu trabalho.

Por mais de uma vez referi o que se passou com dona Flor: quando eu me aproximava do fim da história de seus dois maridos, chegou à Bahia minha sobrinha Janaína,[1] sabia do romance, interessou-se em saber mais. Dona Flor no dilema, querendo dar a Vadinho, o primeiro marido, a saudade, o desejo de novamente transar com ele o tinham trazido de volta, viera da morte, cobrava o preço da viagem, dona Flor morria de vontade de pagar. Por outro lado ela era uma pequeno-burguesa amarrada aos preconceitos de honra conjugal, o casamento com o dr. Madureira a elevara da pequena à média burguesia, fortalecera-lhe o respeito às convenções, às leis, aos vetos, dona Flor era o oposto da adúltera, jamais pensara trair o farmacêutico, pôr-lhe os chifres.

Eu chegara exatamente às páginas que precediam a entrega de dona Flor, o amor vencendo as barreiras, o amor acima das limitações. Disse a Janaína: está claro que ela vai dar, não deseja outra coisa. "E depois, tio, como vai acabar o livro, como será o final?"

---

[1] Janaína Amado de Figueiredo, historiadora, professora universitária, filha de James.

Pesando os prós e os contras, recordando o ebó mandado fazer por dona Flor para obrigar Vadinho a retornar ao nada de onde chegara, imaginei que não tendo resistido, tendo se realizado, a boa esposa ficara ao mesmo tempo morta de vergonha e de remorso por haver traído a confiança de Teodoro, na ânsia e no desespero ao ver o ebó produzir efeito, Vadinho se dissolvendo no ar, dona Flor irá com ele em sua viagem do nunca mais. Penso uma página poética onde o leitor perceba que ela está delirante, febre e despedida, vai morrer junto a Vadinho, só a morte compensará seu crime. "Bonito", elogia Jana.

A sobrinha viajou, prossegui no meu trabalho, como eu pensava dona Flor chegou ao fim da resistência, gemeu de novo ais de amor na estrovenga de Vadinho, escrevi a cena à noite — naquele tempo, bons tempos, ainda escrevia à noite —, fechei a máquina, fui dormir. No dia seguinte retomei o romance, eis que estando Flor nua na recordação do gozo, um resto de desejo no xibiu, Teodoro Madureira entrou no quarto metido no pijama de listras, bonitão. Ao vê-la nua, subiu-lhe o pau, desceu a calça do pijama, montou na esposa bem-amada, ele por cima ela por baixo como manda a boa educação. Deu-se que dona Flor achou bom, nem por ser feita de mel e pimenta a vara de Vadinho anulava o gosto de chá de camomila da arma bem proporcionada e valente do farmacêutico. Tendo gostado de um e outro e tendo perdido a viseira que lhe cobria a visão e limitava a aventura, dona Flor sem me consultar, muito menos me dar satisfação, ficou com os dois maridos, o devasso e o bom doutor, ora a pimenta, ora o chá de camomila, gostava do molho picante e da suave beberagem.

Zélia chegou à sala, eu comentei: essa tua amiga dona Flor saiu-me uma salafrária, quem diria. Por falar em Zélia, até hoje me critica por não ter feito no romance de Gabriela o casamento de Gerusa e Mundinho Falcão, eu lhe digo que não sou padre nem juiz, não faço casamentos, quem os faz é a vida, por amor ou interesse. O romance tem um tempo e um espaço, o tempo do romance de Gabriela chegara ao fim, o espaço se fechava, se Gerusa e Mundinho depois se casaram ou não, isso não sei, da história sei apenas o que está no livro.

Lembro-me que durante a elaboração de Tenda dos Milagres *onde narro de como se forjou a nação brasileira, ao criar a figura de Tadeu Canhoto, filho de Pedro Archanjo, imaginei fazê-lo o herói que prosseguiria e levaria adiante a luta do mulato. Imaginei-o militante, mais avançado, mais radical do que o pai, um resto de sectarismo ainda me marcava, não me dava conta que Archanjo atingira o limite justo, mantivera-se livre, não se amarrara à seita.*

Para pôr a figura de pé nos termos imaginados, comecei a amassá-la no barro de Carlos Marighella e o inscrevi na Escola Politécnica, a prova de matemática em versos decassílabos feita por Tadeu é a que Marighella fez quando estudante de engenharia. Fui desdobrando os fios da meada, queria Tadeu fundador do Partido Comunista, esqueci-me de que a ação do romance se desenrola na realidade dos anos 20 e sobretudo esqueci de consultar Tadeu: eis que ele recusou a ideologia e a militância. Como os demais mulatos e pobres de seu tempo, o que ele queria era ser branco e rico, em vez de revolucionário tornou-se genro de fazendeiro, embranqueceu, deixou o Pelourinho pelo Corredor da Vitória: Pedro Archanjo foi a exceção, seu materialismo não o limitou, prosseguiu pardo, paisano e pobre, cumprindo obrigações de candomblé. Os personagens nos ensinam a não violar a realidade, a não tentar impor, não somos deuses, apenas romancistas.

Nice, 1990.
GIL

NA PLATEIA DO TEATRO SUPERLOTADO, de pé aplaudimos nosso Gilberto Gil, nosso por brasileiro e baiano, amorável criatura, intérprete da luta e da esperança, da vida contra a morte, voz do povo desatada no canto antirracista, no louvor da natureza: marulho de onda, rugido de tempestade.

A música mestiça domina a assistência, os franceses cantam em português do Brasil, dançam em afro-brasileiro, estamos na *croisette* de Nice ou no largo do Pelourinho? Eduardo Jasmin Tawil, correspondente de *A Tarde*, comanda o samba na sala de espetáculo, repleta, enlouquecida.

Recordo dois outros momentos de Gilberto Gil, duas emoções que me tocaram o coração e os quimbas. O primeiro aconteceu no Teatro Castro Alves, em 1968, na Bahia: Gil e Caetano haviam saído da cadeia dos milicos, partiam para o exílio em Londres, foi-lhes permitido um show para que pudessem angariar um pouco de dinheiro. Plateia de jovens contestatários da ditadura, o clima é tenso e solidário. Gilberto Gil toma do violão e entoa "Aquele abraço", samba de despedida e de saudade. O teatro é protesto e vibração, canta em uníssono com Gil e Caetano: à frente dos jovens vejo o poeta Castro Alves em seu teatro. O coração dispara, o frio do polo atravessa-me os ovos.

A outra vez foi em 1987, vinte anos depois, e o palco onde Gil cantava e deslumbrava era o do Olympia, em Paris. Gil me dedica a canção que compôs para o filme *Jubiabá* de Nelson Pereira dos Santos adaptado de meu romance. A multidão em transe o acompanha na oração do pai de santo Jubiabá, o nome do personagem ressoa no teatro ilustre. Estremeço: calor no coração, frio nos quimbas, os olhos apertados.

Cantão, 1952.
O QUE SABE MELHOR

NA IDA PARA O RESTAURANTE ILYA EXIGE que Ting Ling lhe esclareça uma curiosidade: "Qual a carne de cachorro a saber melhor, a dos criados em cativeiro nos canis dos restaurantes, engordados para o forno e o fogão, ou a dos vira-latas caçados nas ruas pelos pobres?".

O hábito dos chineses de prepararem pratos com carne de cachorro — iguaria predileta nas casas de pasto de Cantão, só as serpentes gozam de fama igual — horrorizava Ehrenburg, que criava com mimos, em seu apartamento de Moscou, três *schnauzers* de estimação. Posso entender a repugnância de Ilya, até hoje não aceitei provar carne de cavalo.

— Quais os mais saborosos?

Ting Ling furta-se à resposta, busca escapatória, fala de outras excelências, teatro, balé, a flor de lótus, Ilya implacável insiste. Por fim a romancista, sem porta de saída, cansada de subterfúgios, baixa a voz, murmura entre dentes:

— Prefiro os vira-latas, a carne é mais saborosa.

Restaurante especialista em pato laqueado, os chineses refinados comem apenas a pele crestada, jogam a carne fora, Ilya come pele e carne, com apetite, nenhuma restrição se lhe escapa dos lábios enegrecidos pelo molho de ferrugem. Nem a ele nem a mim: comemos pato e porco, boi e cabrito com gula e gosto, não comer cachorro, cavalo, serpente, apenas preconceito.

Bahia, 1989.
A HERANÇA

A PEDIDO DE SÉRGIO MACHADO TELEFONO para Paulo Niemeyer no Rio de Janeiro, Alfredo vem de terminar os exames médicos a que se sujeitou, solícito o diagnóstico, recebo a confirmação terrível: tumor no cérebro. Caso difícil, escuto e esqueço nomes de sarcomas cada qual mais maligno, caso perdido. A Paulo Niemeyer não lhe parece que operação possa resolver, ele não operará, mas se Alfredo e a família quiserem tentar clínica norte-americana...

Quem não quer tudo tentar, o possível e o impossível, da quimioterapia aos ebós de candomblé, cirurgia se for o caso, na luta contra a morte? Lá se vai Alfredo para os Estados Unidos apoiado no braço de Glória, os doutores ianques confirmam a decisão do sábio brasileiro: inútil operar, vão experimentar tratamentos novos, quem sabe, pode ser. Inicia-se um período de viagens sucessivas entre Rio e Nova York, Alfredo não perde o ânimo, lutador incorrigível. Zélia e eu telefonamos diariamente, ele próprio atende, fala de sua luta contra o mal, conta a última anedota, a ameaça e a esperança — a esperança, ai, diminui a cada dia.

Por mais de um ano, a morte de Alfredo nos faz companhia, não consigo escrever, perco o gosto da conversa e do riso. Saio do Brasil para não ter que ir ao Rio visitá-lo. Escondo-me no tumulto, na correria de um lado para outro, de cidade em cidade, de país em país, congressos, seminários, simpósios, vou de evento em evento.

A morte de Alfredo é prolongada e mundial. Amigos de toda parte telefonam por notícias, Herbert Lottman, Jean-Claude Lattès, Ray-Güde Mertin, Carmen Balcells, Jean Rosenthal, Tom Colchie, os Raillard, Jürgen Grüner, dos Estados Unidos, da França, da Alemanha, Nurchian Kesim telefona de Istambul, de Roma Luciana Stegagno-Picchio, de Lisboa João Condé em pranto. Alfredo tem amigos no mundo inteiro, escuto-os ao telefone, a voz aflita, à espera de um milagre. Mais que todos telefona o próprio Alfredo, no passar dos dias a conversa vai-se fazendo penosa, interrompida de silêncios, recebo pelos ares o cansaço e a mágoa.

Eu transmitira a Alfredo a ideia de um romance contando as atribulações de jovem brasileiro na circunstância da ditadura militar, década de 60 com os hippies, faça o amor não faça a guerra, a revolução sexual, a promiscuidade, a maconha, a guerrilha urbana, a contestação geral, aquela confusa atmosfera. Romance na linha das histórias de Quincas Berro Dágua e do Capitão de Longo Curso, ou seja, a identidade discutida, onde a verdade, onde a mentira? Da ação nada sabia, nunca sei a não ser quando me ponho a escrever e os personagens começam a viver. Mas já tenho o título, o nome do herói, causa de equívocos: chamar-se-á Bóris, o Vermelho.

Alfredo, editor por excelência, não me largou mais o pé, queria o livro a todo o preço. Durante os quatorze meses da marcha impiedosa cobrou-me o romance que, a partir de certo momento, perdera para mim todo o interesse. Um dia Sérgio telefona: o fim se aproxima. Zélia liga para Alfredo, diz-lhe que estou trabalhando no romance de Bóris, não tardarei a lhe enviar os originais. Contém o choro, inventa: a mentira sai-lhe correntia, a ela que não gosta de mentir. Alfredo ainda tem forças para pedir detalhes.

Dias depois, esperada, incrível, a notícia do falecimento. Alfredo deixa-me de herança a ideia do romance, a promessa de colocar no papel as atribulações do jovem brasileiro. Vou para a máquina de escrever, a sombra de Alfredo me acompanha, vai comigo, de fiscal. Quatro vezes comecei, quatro vezes desisti, mas um dia hei de terminar a história de Bóris, o Vermelho, mais de Alfredo Machado do que minha.

Istambul, 1989.
PIERRE LOTI

VER, OUVIR, RIR COM YAŞAR KEMAL, tenho a impressão de reencontrar Nâzim Hikmet, feitos os dois da mesma argamassa turca, mistura da miséria e do heroísmo popular com a luta e a esperança, a argamassa do sonho, matéria da poesia de Nâzim, da narrativa de Yaşar.

Visitamos o Museu Pierre Loti, do alto da praça, abancados à mesa do café contemplamos Istambul, o povo nas ruas a passear, em cada canto sítios onde deter-se para o gozo da conversa, cidade onde viver e amar, ao fundo a beleza do Bósforo. Acanhado e pobre, o Museu Loti guarda memória do escritor francês que morou na Turquia e a estimou: louvou-lhe a paisagem, descreveu-lhe os costumes. Conto a Yaşar uma história, passou-se na União Soviética, durante os festejos do cinquentenário de Nâzim, em 1952.

O ato maior das comemorações do cinquentenário aconteceu na Sala Tchaikóvski, sessão de gala com a presença do poeta — Nâzim vivia numa dacha nas aforas de Moscou. Após os discursos, as saudações, as mensagens, o aniversariante subiu à tribuna para agradecer e dizer poemas — a seu lado sucediam-se escritores soviéticos, Nâzim declamava um poema em turco, o soviético declamava a tradução que dele fizera, em russo ou em outra língua da União Soviética, homenagem à altura da grandeza e do internacionalismo do turco. Convidados, lá estávamos na primeira fila, Zélia e eu.

Acompanhava-nos como intérprete Satva, filha de Otávio Brandão, comunista histórico, exilado na União Soviética nos anos 30. Satva, uma soviética, pois ali chegara menina, ali crescera, estudara, se formara, se casara, tivera filho, trabalhava na Rádio de Moscou, redigia e apresentava programas em língua portuguesa, encanto de pessoa, despida de malícia. Soviética exemplar, continuava contudo brasileira no amor à pátria distante, Otávio ensinara o Brasil às filhas, eram quatro, recitava-lhes Castro Alves, cantava-lhes sambas — modificava as letras para fazê-las revolucionárias, limpá-las do sal e da pimenta —, arriscava feijoadas apesar da falta de ingredientes.

Enquanto Nâzim declamava em turco, Satva nos informava sobre o poeta que esperava na tribuna para ler a tradução. Na vez de Konstantin Símonov, nosso amigo, Satva, dispensada de biografá-lo, ao dar-se conta que o poema de Nâzim tratava de Pierre Loti, aproveitou para nos contar como durante sua adolescência o pai Otávio lia para as filhas páginas dos livros de Loti que ele considerava admiráveis, sobretudo as descrições de recantos de Constantinopla e da vida na Turquia. Satva guarda lembrança enternecida dessas leituras, sente-se grata a Nâzim por ter dedicado um poema ao autor que a fizera sonhar com o Bósforo.

Nâzim chega ao fim do recitativo em turco, Símonov, antes de iniciar a leitura da tradução, pronuncia palavras de admiração e afeto, conta do trabalho que lhe custara colocar em língua russa os versos de fogo escritos pelo irmão e camarada. Competente, Satva traduz o discurso palavra por palavra. Símonov passa ao poema, Satva atenta ouve os primeiros versos, de súbito coloca a mão sobre a boca num gesto de assombro:

— Parece que o camarada Hikmet não aprecia Pierre Loti, está a acusá-lo de sujo agente imperialista, diz que ele não entendeu nada da Turquia e do povo turco, um renegado.

Olha para nós em busca de explicação, já não sabe o que pensar, onde e como situar o escritor francês: na admiração paterna ou ao admirar Loti estará cometendo pecado contra a religião do marxismo-leninismo? Os olhos arregalados, a mão cobrindo a boca.

Yaşar Kemal desata em riso mas logo se contém, diz que "Satva é um personagem de romance na trama das ideologias", por que não a coloco num livro: pura, ingênua, leal, invadida pela dúvida, dramática. Toma de minha mão: "Somos todos personagens, meu irmão".

Bahia, 1973.
TONINHO

A CONSTRUÇÃO DO CENTRO ADMINISTRATIVO AVANÇA em ritmo veloz, alguns dos prédios que acolherão as secretarias do governo encontram-se em vias de conclusão, Jenner Augusto e eu visitamos o canteiro de obras a convite do governador Antonio Carlos Magalhães, ele nos explica a importância e o significado do Centro. A urbe vai sair dos limites históricos, vai se estender em direção a Itapuã, crescerá na orla marítima, a velha cidade do Salvador da Bahia de Todos-os-Santos, capital da colônia, modorrenta, se transformará na capital dinâmica de um estado industrial. O governador traça o futuro — pagará a pena?, me pergunto.

Chegado às artes plásticas, possui uma senhora coleção, as más línguas espalham que as melhores peças foram recebidas de presente, possa ser, como se diz aqui, Toninho pretende colocar painel de artista baiano em cada um dos edifícios, decorar salas e gabinetes com óleos, aquarelas, desenhos, deseja que sua administração decorra sob o signo da arte, pede-nos, a Jenner e a mim, que o ajudemos no projeto. Aceitamos a prebenda, parece-nos válida por todos os motivos: inclusive por bem-vinda às finanças sempre parcas dos artistas.

Para começo de conversa proponho a Antonio Carlos que a realização do grande painel destinado ao plenário da Assembleia Legislativa do estado seja confiada a Carlos Bastos, o convite valerá como reparação ao pintor, vítima de discriminação e preconceito por parte do clero do Rio de Janeiro. Haviam-lhe encomendado dois murais para a igreja do parque da Cidade, Carlos pôs-se ao trabalho e, como já fizera em outras obras, deu o rosto dos amigos aos personagens, vestiu com trajes bíblicos pessoas de sua admiração e sua estima: nas paredes da igreja estamos Di Cavalcanti, Djanira, Pelé, Vinicius de Moraes, eu próprio. Caetano Veloso é Jesus, Bethânia encarna a Virgem Maria, Gal Costa é Maria Madalena. Os padrecos não gostaram, um deles escreveu artigo no *Jornal do Brasil*, denúncia dirigida à censura militar: inadmissível blasfêmia tais pinturas, como tolerar nas paredes de templo católico, transmudados em anjos do Senhor, um negro jogador de futebol e um escriba subversivo e pornográfico, referia-se a Pelé e a mim, o alcaguete de batina estampava nossos nomes na pasquinada.

Toninho aprovou a sugestão, Carlos Bastos voltou a residir na Bahia, ergueu casa na Pedra do Sal, somos vizinhos na fímbria do oceano, vizinhos iguais a ele e a Altamir[1] estão por se inventar. Para o plenário da Assembleia, Carlos executou painel monumental em fibra de vidro, o maior do Brasil, em tamanho, em beleza não se compara. O tema escolhido foi a procissão de Bom Jesus dos Navegantes, realiza-se na baía de Todos-os-Santos a cada 10 de janeiro. O golfo coalhado de embarcações: saveiros, barcos a motor, veleiros, barcaças, navios da Baiana, iates, *ferryboats*, acompanham a imagem do santo protetor dos navegantes até a entrada da barra onde começa o mar Atlântico. Vinda de sua igreja em Mar Grande,[2] a imagem pernoita na igreja

---

1 Altamir Galimberti, artista plástico.
2 Trata-se, na verdade, da igreja de Boa Viagem.

da Conceição da Praia, Jesus em visita à Maria, sua mãe, na versão dos reverendos, Oxalá em visita a Yemanjá, sua mulher, na devoção das ialorixás.

A ideia de Antonio Carlos era embarcar na galeota e nos barcos as personalidades intelectuais mais em evidência na vida baiana, entre as quais ele próprio pois Toninho é meu colega na Academia de Letras da Bahia e entre os egrégios não faz feio, herdou de Magalhães Neto, seu pai, a erudição e as letras — quanto aos epigramas, o pai era mestre na especialidade, os substituiu pelas frases de efeito, virulentas.

Aconteceu, é compreensível, uma correria de políticos e de notáveis: secretários de governo, desembargadores, cônegos, coronéis, nobreza e clero, classes armadas: todos queriam lugar nas embarcações, Carlos só faltou endoidar, os penetras chegavam de retrato em punho, diziam-se enviados pelo governador. O painel, majestoso bem da cidade e do povo, enquanto esteve na sala de sessões foi atração para os habitantes e para os turistas em visitação.

Coube-me organizar a relação dos privilegiados com direito a figurar na procissão, sujeitei-a a Toninho, reunião a sós, examinou cada um dos nomes, acompanhava-os às vezes de um comentário ácido, num dente do siso esconde na boca gotas de vitríolo. Aqui e ali a constatação de um inimigo político no cais de embarque a meu convite, para Toninho um intrometido, gratifica-o com um adjetivo córneo mas não lhe discute o direito à procissão. Vetou apenas um nome de forma estrita: "Esse não, tenha paciência, é meu inimigo pessoal, fala mal de mim pelas esquinas, me trata de energúmeno".

Vetava Zitelmann de Oliva, desembarcava-o aos xingos, se pudesse o afogaria nas imediações de Itaparica. Zitelmann, diretor de jornal, diretor de banco, membro do Tribunal de Contas e da Academia de Letras, articulista, de presença marcante na vida cultural, como ignorá-lo, deixá-lo em terra a chuchar o dedo?

Impossível ignorar o que existe e acontece, contestei o veto. Se Zitelmann não figurar no cortejo do Senhor dos Navegantes não será ele a ficar malvisto, será Antonio Carlos, o governador: "Retirou Zitelmann da procissão porque não gosta dele, só é intelectual de barco, à vela ou a motor, quem é amigo do chefão, aos desafetos demite da cultura", e por aí fui, argumentando, Toninho só ouvindo, por fim deu a mão à palmatória:

— Tu tens razão, não sou mesquinho, dizem-me vingativo, sou apenas brioso, não engulo insultos. Deixe o sujeito no barco, tomara que o barco vire e ele se afogue.

Assim Zitelmann embarcou e acompanhou a procissão, o barco não virou, ele não se afogou, desapareceu como todos nós, os outros passageiros, inclusive Antonio Carlos, quando o fogo consumiu o painel de Carlos Bastos, deixando a cidade ainda mais pobre.

"A Bahia vai mudar", esse o slogan da campanha de 1986 quando da eleição do sucessor de João Durval Carneiro na governadoria, disputavam-na as correntes que apoiavam o governador em exercício e o cacique Antonio Carlos, e as que faziam violenta oposição ao governador, mais ainda ao cacique. Numa e noutra formação se misturavam centro, esquerda e direita, o positivo e o negativo, o bom e o ruim, o inteligente e o burro, mas em hora de disputa política a burrice sempre predomina. Na oposição — vai ganhar as eleições, será governo — a mistura degenera em mixórdia espantosa, vai de homens de talento, cidadãos íntegros, Waldir Pires, o poeta Capinam, ao que existe de mais atrasado e reacionário. De mãos dadas, os decentes e os salafrários, em coro altissonante, prometem mudar a Bahia.

Ora, a verdade manda dizer e reconhecer: quem mudou a Bahia foi Antonio Carlos Magalhães. Primeiro a urbe, quando prefeito. Acanhado burgo de província, em suas mãos de administrador virou a metrópole que aí está. Rasgou avenidas, assentou bairros, construiu esgotos, não existiam, obra impopular, não traz votos, realizou reformas, retirou a cidade do marasmo e a fez de novo e outra. Se melhor para viver, não sei, pois sou de natural refratário aos grandes centros, prezo as cidades pequenas, por isso gosto de Paris, conglomerado de cidadezinhas, todas elas fascinantes, mas essa é outra história.

Governador (por três vezes) mudou o estado: de agrícola e retrógrado transformou-o em industrial e progressista, é preciso ser cego para não ver. Quem mudou a Bahia foi Antonio Carlos, todos sabem inclusive os que o negam, combatem, querem acabar com ele: ferocidade e ódio. No político discutido, Toninho é a própria polêmica, estimo sobretudo duas coisas: o sentimento da Bahia que ele traz nas veias, entranhado sob a pele e o amor à cultura que, já o disse, herdou do pai, Magalhães Neto (autor de um epigrama me gozando, pena não sabê-lo de memória para transcrevê-lo aqui).

Na relação dos artistas que deviam realizar painéis, colocar esculturas, quadros nas paredes, nos jardins, nas salas do Centro Administrativo, coloco o nome de Juarez Paraíso, professor da Escola de Belas-Artes, desenhista, gravador, pintor, agitador cultural: figura na lista de pleno direito por se tratar de um dos principais artistas brasileiros, nada fica a dever aos demais, é um mestre. Mas é igualmente personalidade difícil, esbarra, choca-se com outros artistas, inclusive é malvisto pelos donos do poder, pelos milicos naquele então no auge da repressão. Por afirmativo e malcriado, Juarez cultivava desafetos nas áreas do elogio mútuo, o fato não pesava na balança da decisão do governador a respeito de seu nome, era o de menos. O de mais era a ação política, acusado de subversão Juarez acabara de sair de uma cadeia de meses. Na impossibilidade de ocultar-lhe a posição de militante de esquerda, ao propor-lhe o nome castiguei nos elogios ao artista: para mim dos primeiros da Bahia, eu o situo entre os principais.

— Não precisas exagerar na louvação — interrompeu-me o mandachuva —, conheço e aprecio a obra de Juarez, quanto à cadeia não fui eu quem o prendeu, não discrimino, bem o sabes.

Ficou acertado de pedra e cal que Juarez faria o painel para a Secretaria da Agricultura. Magro Pedro Archanjo no filme de Nelson Pereira dos Santos — o do meu romance é gordo —, Juarez vivia na ocasião apertos de dinheiro como sempre viveu o personagem que encarnou, desejava montar um atelier, faltava-lhe verba, a encomenda do estado chegava na hora certa, mão na roda. Na Escola de Belas-Artes Juarez misturava ensino e criação por lhe faltar espaço seu, exclusivo, onde cavar a madeira, misturar as tintas, malhar o ferro em brasa, o contrato prometido ia-lhe fornecer a grana para o terreno em Itapuã onde armar a tenda. Elaborou o projeto do painel, dos mais belos, diferente de todos os demais na matéria e na concepção, enviou-o à autoridade competente, a autoridade competente ao ver a assinatura perseguida engasgou-se, enfurnou o projeto na gaveta das rejeições, os milicos aplaudiriam a decisão — quem sabe pensava estar prestando um favor a Toninho nem sempre atento a tais detalhes.

Os contratos iam sendo assinados com a rapidez exigida por Antonio Carlos para gáudio dos artistas que se punham ao trabalho, na Secretaria de Planejamento já se podiam admirar a matriz de Calasans Neto, no painel em madeira a cidade da Bahia, e a escultura de Mário Cravo, *A tentação de santo Antônio*, resgatada do abandono à chuva e ao tempo no jardim do atelier. Carybé trabalhava a parede da Secretaria de Finanças, Hansen Bahia a do quartel da Briosa, Floriano a do prédio da Secretaria de Energia, Transporte e Comunicação, só o contrato de Juarez não se estabelecia. Pela manhã e pela tarde o artista ia à repartição saber da encagaçada autoridade competente a decisão sobre o contrato, "volte amanhã" lhe dizia a secretária ocupada em pintar as unhas, "o doutor não está". Juarez foi se enchendo, se encheu, dispôs-se a mandar recado ao diretor pela moça das unhas cor de lacre: "Diga a ele para enfiar o contrato no rabo, não volto mais aqui", mas ao chegar ao local do crime deparou com o fulano em vias de se esconder, não houve tempo, Juarez deu-lhe dois gritos. O cara se ofendeu, meteu-se em brios: "Já que tanto quer saber lhe digo que o governador não gostou de seu projeto e o recusou, fez mais, riscou seu nome da lista, até logo, passe bem".

Juarez apareceu-me na maior frustração à porta da casa do Rio Vermelho, não quis entrar, não queria incomodar, não era de incomodar. Queria apenas me agradecer o esforço feito para lhe obter a encomenda do painel, tudo fora por água abaixo inclusive o sonho do atelier, o diretor acabara de lhe informar da recusa do governador, não gostara do projeto e recusava trabalho a artista contestatário, saíra da lista do Centro por estar na lista negra dos gorilas. Não sendo de emprenhar pelos ouvidos, resolvi tirar a coisa a limpo:

— Antonio Carlos boicotou teu nome? Não acredito.

Obriguei Juarez a entrar e a sentar-se, Eunice foi buscar-lhe um cafezinho, liguei o telefone para Ondina, pedi para falar com Antonio Carlos, mandaram-me esperar, ouvi-lhe a voz e a pilhéria habitual, encurtei conversa, perguntei-lhe o que achara de ruim no projeto de Juarez e por que mudara de opinião sobre o artista. "Que história é essa de projeto?" — pediu explicação, expliquei: o fulano lá do Centro disse que recusaste o projeto e riscaste da lista o nome de Juarez. Toninho tem pavio curto:

— Não vi o projeto, pensava que ainda não o havia terminado, não cortei o nome de ninguém, são esses cagões que se borram de medo, não se atrevem a assinar contrato com alguém que esteve preso. Um bando de capados, é o que mais tem. Diga ao Juarez que esteja hoje às quatorze horas — eram dez da manhã — no Centro, sem falta, para assinar o contrato. Se houver qualquer dificuldade que ele me telefone.

Não houve dificuldade, os cagões tinham mais medo a Antonio Carlos do que ao SNI [Serviço Nacional de Informações], assinaram. Toninho pode ter defeitos, todos temos, mas não é homem de se encagaçar. Bem haja como dizia na terrinha o mondrongo seu avô, lá dele.

Bahia, 1966.
GIOVANNI

ERA MANHÃZINHA, APRESSADOS MIRABEAU E EU SALTAMOS do carro, entramos na clínica, no quarto Jacy e o médico, aproximamo-nos da cama, o olhar de Giovanni nos localiza, ardente, logo a luz foge-lhe da retina, esperara nossa chegada para morrer.

Amigos desde a infância, nos conhecêramos no Colégio Antônio Vieira dos padres jesuítas, nos começos dos anos 20, juntos havíamos convivido e militado: nas redações, na Aliança Nacional Libertadora, no Partido — membros Giovanni e eu, Mirabeau simpatizante — nas pistas de dança do Tabarís, nas mesas de jogo do Palace, nas casas e nos seios das putas, juntos os três e mais alguns fiéis da amizade, Vadinho entre eles. Giovanni esperara que nós chegássemos para morrer, nós lhe trazíamos a vida inteira, a baderna, a gargalhada, o bom humor contagiante, o deboche, a lealdade, a decência e a ternura: o boêmio inveterado fizera-se pai de família tranquilo.

Na hora da morte, ao pé do leito de Giovanni Guimarães, nosso parceiro, nosso chapa, nosso companheiro e camarada, nosso irmão mabaça, Mirabeau e eu depositamos a alegria de viver. O dia que começa já não será igual ao de ontem quando na porta do edifício o despedimos, ia passar o fim da semana na fazenda — latifundiário explorador, lhe atiramos ao rosto, ele dobrou a gargalhada, a sua — de lá retornou na coragem e nos braços de Jacy, o coração ferido, esperou que chegássemos para morrer.

Paris, 1990.
AS MEDALHINHAS

NAPOLEÃO SABOIA, AMIGO LEAL E PERIGOSO — E COMO! —, correspondente de imprensa em Paris, invade a mansarda do Quai des Celestins, na mão o livro de Sylvie Pierre sobre Glauber Rocha, recita a dedicatória da autora: "A Napoleão qui partage avec moi le secret d'une étrange décoration...", rosna entre dentes: "Os filhos da puta...". Estando por dentro do segredo, vou torná-lo público para que se saiba e se avalie a prática das pequenezas nos gabinetes presidenciais ao término dos mandatos.

No exercício da Presidência da República, o escritor José Sarney fez duas visitas à França: convidado para os festejos do bicentenário da Revolução Francesa e de passagem para Moscou. Numa e noutra ocasião condecorou com a Ordem Nacional do Cruzeiro do Sul personalidades eminentes da vida francesa ligadas ao Brasil e intelectuais[1] que nas universidades, nas editoras, nos meios de comunicação se batem pela divulgação da cultura brasi-

---

[1] Foram agraciados, entre outros, nas duas primeiras listas: os franceses Maurice Druon, Jean d'Ormesson, Claude Lévi-Strauss, Georges Raillard, George Boisvert, Alain Touraine, Guy Sorman, Mario Carelli, Alice Raillard, Nicole Zand, Jacques Chancel, Francis Combe, Anny-Claude Basset, Anita Andres Clemens, a italiana Luciana Stegagno-Picchio, o haitiano René Depestre, o grego Georges Moustaki.

leira, amigos de nosso país e de nossa gente, pessoas a quem muito devemos — pela primeira vez um presidente lhes agradeceu de público a dedicação.

Vez por outra Napoleão aparece na hora do jantar para a sopa de dona Zélia, é recebido com alvoroço, seu riso descontrai, passamos em revista Oropa, França e Bahia. Foi assim que, ao fim do governo Sarney, comentou conosco entre o gole de vinho e o bocado de pão com queijo a ausência entre os condecorados de figuras igualmente merecedoras, esquecidas ao azar dos alvitres, Zélia e eu concordamos, acrescentamos nomes aos lembrados por Napô. Da conversa nasceu a sugestão, transmitida ao presidente e por ele aceita, de sanar a injustiça promovendo uma nova leva de agraciados: deveriam receber a honraria — "as medalhinhas", no pitoresco *argot* do jornalista — antes da mudança de governo. Assinado o decreto,[1] enviado ao Itamaraty e de lá à Embaixada do Brasil na França, deu lugar às providências para a entrega solene, solene e urgente, de medalhas e diplomas, Sarney deixaria o Planalto daí a alguns dias. O embaixador João Hermes entrou em ação, transmitiu ao Quai d'Orsay a decisão do governo do Brasil e apressou-se a fazê-lo aos distinguidos, com a solicitude de quem comunica grata notícia. Eu soube do acontecido porque dois dos merecedores, Rémy Kolpa Kopoul, divulgador de nossa música na Europa, e Annick Thébia-Melsan que morre de saudades do Brasil, me telefonaram para dizer como se sentiram felizes com a notícia de que iam receber a Ordem do Cruzeiro do Sul.

Mais feliz ainda se sentiu Sylvie Pierre, a autora do livro sobre Glauber, sabe o cinema brasileiro de trás para diante e ainda mais: o Maire de Vincennes, cidade onde Sylvie mora, informado pelo Quai d'Orsay, promoveu um *"vin d'honneur en hommage a notre compatriote Sylvie Pierre qui vient d'être decorée par une grande nation étrangère, le Brésil"*, assim rezava o convite. Compareceu multidão de amigos, parabéns, felicitações, beijos, abraços, discursos e champanhe, telegrama de Jack Lang, ministro da Cultura, tudo a que ela tinha direito, *au grand complet*.

Tudo menos a medalhinha, nunca a recebeu, jamais a embaixada entregou as condecorações aos condecorados, o decreto assinado, remetido e divulgado virou pó de traque, fumaça de bufa — assunto desagradável, mesquinharias de palacianos quando o presidente arruma as malas para entregar a faixa. Esse o segredo compartilhado por Sylvie e Napoleão, ela o conduz com o bom humor que é de seu feitio, ele safado da vida, não engoliu a salafrarice, quando se refere ao sumiço das medalhinhas arrenega pestes.

---

1 Na última (e sabotada) lista, além dos nomes citados, ainda estavam Pierre Gervaiseau, Charles Trenet, Jean Sablon, Pierre Barouh, alguns mais.

Pequim, 1957.
TING LING

APROXIMA-SE O FIM DE NOSSA ESTADA NA CHINA, desembarcáramos, Pablo e eu, na ilusão do discurso de Mao sobre as mil flores que a seu convite deviam se abrir ao sol do dia, constatamos que ao contrário os horizontes se fechavam. Um figurão do pecê da União Soviética me dirá em Moscou, dias depois, que o discurso de Mao não passara de uma cilada: os adversários da ideologia dominante foram na conversa, botaram as cabeças para fora, ficara mais fácil cortá-las. Como acreditar em tal interpretação? — tanta coisa difícil de acreditar-se, verdades impossíveis.

As sombras descem sobre nós, encobrem os amigos, "onde estão eles que sumiram", pergunta Pablo, a voz embargada. Emi Siao foi o primeiro a sumir, logo chegou a vez de Ai Qing, os dois poetas do regime, Siao e Mao nasceram na mesma aldeia, Emi escrevera a biografia do dirigente máximo. Por fim Ting Ling deixou de aparecer, não veio terminar o diálogo sobre os problemas da narrativa em que nos empenhávamos. São as antevésperas do terror denominado Revolução Cultural, mal denominado — houve no Ocidente quem jurasse por Jiang Qing,[1] eu já estava fora do circuito, curado do stalinismo, imunizado aos vírus dos radicalismos. Ting Ling era a mais eminente personalidade da ficção chinesa, seus romances, clássicos da literatura revolucionária, estavam traduzidos em dezenas de línguas, eu mesmo fiz traduzir e publiquei um deles, *Sol sobre o rio Sang Kan*, na coleção Romances do Povo. A escritora participara da Grande Marcha ao lado de Mao, de toda a guerra de libertação, o povo a amava, onde quer que chegasse era cercada de carinho, posso dar testemunho. A Revolução Cultural assassinou dirigentes da categoria de Liu Shaoqi, ocupava a Presidência da República, humilhou e degradou sábios da altura de Kuo Mo-jo, condenou à prisão e aos trabalhos mais duros e penosos poetas, romancistas, cantores, cineastas, os criadores de todas as categorias. A Ting Ling retiraram os títulos e os cargos, era presidente da União de Escritores Chineses, destituíram-na, condenaram-na a limpar as latrinas do prédio da União, faleceu executando essa tarefa. Emi morreu apenas posto em liberdade após dezesseis anos de prisão, em 1986 quando voltei à China só encontrei Eva, recordamos os dias alegres de Praga e os dias tristes de Pequim. Ai Qing veio ver-me apenas cheguei, trôpego, apoiado à bengala, quase cego, cumprira pena tão extensa quanto a de Emi, numa fazenda coletiva, proibido de escrever e publicar.

[1] Mulher de Mao Tsé-tung.

No hotel de Pequim encontro o viúvo de Ting Ling, abre uma pasta de relíquias: fotos tiradas por Zélia em 1957, onde estamos, a romancista, Pablo e eu, fotocópias das cartas que escrevi à amiga, exemplar da edição brasileira do romance, conta-me como as coisas se passaram, nos olhos baços a luz de uma lágrima.

Era alegre, daquela alegria contida dos chineses, tímida, reservada, a maldade e a hipocrisia repugnavam-lhe, sabia da luta por tê-la vivido, mantinha a confiança, não queria descrer, igual a Anna Seghers. Quando lhe falei das dúvidas que me esmagavam o coração, ela me respondeu: "Tu duvidas só porque constatas erros, injustiças?". Ting Ling não duvidava. Ou não admitia duvidar? Me disse: "Se piso na lama, limpo os pés, sigo adiante".

Na última vez que nos vimos, ao despedir-se — amanhã prosseguiremos nossa conversa, sorriu triste, já sabia que a conversa não teria seguimento —, Ting Ling voltou da porta para mais uma vez nos apertar a mão, a Pablo, a Matilde, a Zélia e a mim, não nos demos conta de que voltara para a despedida derradeira.

Os intelectuais da elite brasileira, os de esquerda e os de direita, irmãos gêmeos na pretensão e na tolice, uns quantos imitam os europeus, a maioria é fotocópia dos ianques, de brasileiros não têm quase nada: mesmo livresco e limitado, o saber os coloca acima da cidadania, sentem-se superiores, repudiam a criação popular, viram a cara, tapam o nariz à rua, à praça, ao folclore, o povo fede e eles são uns senhoritos.

Tem razão Joãozinho Trinta que exerce a profissão brasileira por excelência, a de carnavalesco, os nossos intelectuais amam e desfrutam a miséria, capital para uso e abuso, rende juros políticos, dividendos. Do povo brasileiro só lhes interessam a miséria e a ignorância: ontem juravam pelos Estados Unidos os da direita, juravam pela União Soviética os da esquerda, vão acabar reduzidos ao Japão e a Cuba.

Existem exceções, confirmam a regra e honram a inteligência brasileira, nem toda ela intelligentsia. *Veem-me à boca no vício das citações nomes e títulos: Antonio Candido, Eduardo Portella, Antônio Houaiss, vão os três como exemplo mas aqui quero me referir a dois outros mestres brasileiros, venho de ler sobre eles nos jornais.*

Declarações de Darcy Ribeiro sobre educação, afirmações claras, corretas, ele sabe o que diz, sabe de ciência certa, pode ser gabola mas nunca será solene, sendo de fato douto não se farda de doutor, o Brasil é seu partido e o povo é o seu umbigo. Sei que leva a viseira no bolso para colocá-la quando as mesquinharias da política partidária o obrigam a usá-la mas, ao vesti-la, pisca o olho de malandro, a malandrice brasileira lhe é inata, não o deixa ser um a mais no meio do rebanho, Darcy, ovelha negra, mineiro e carioca, índio do mato na aparência ingênuo ganha todas para os espertos da cidade. Ousa afirmar e quase sempre acerta.

Outro que pensa pela própria cabeça, livre inclusive de entulhos partidários, é Roberto DaMatta, sabe a verdade do Brasil, os dois lados da cara, não escamoteia, não falsifica, exibe o ruim, o pequeno, o triste, o que não lhe impede de enaltecer o belo, o grande, o alegre. Expõe sua visão carnavalesca da realidade nacional, do caráter do povo, sua invencibilidade, ele sabe a origem, o percurso e o amanhã, não come no prato feito das ideologias os restos dos banquetes da Europa e dos States. Existem outros eu sei, infelizmente o número é pequeno, não preciso estender a lista das citações, todos nós sabemos quem no Brasil significa progresso, revolução, e quem é atraso, palavrório, reacionarismo em todas as latitudes das doutrinas, à direita e à esquerda ou navegando entre d. Leonardo Boff, o da teologia da libertação, e o bispo dos integristas, aquele arcebispo do Rio Grande do Sul, não me lembro o nome, uma espécie de d. Lefebvre do Brasil. Uns tantos são criadores de cultura, da cultura mestiça do Brasil, os outros repetem de oitiva o discurso importado, o bestialógico.

Moscou, 1948.
O INCONDICIONAL

FRANCISCO FERREIRA, PORTUGUÊS, trabalha na Rádio de Moscou ao lado de Satva Brandão nas emissões de língua portuguesa, alimenta com ideologia e notícias alvissareiras os camaradas do Brasil e de Portugal, das colônias salazaristas da África. Jovem comunista, participou das Brigadas Internacionais na Guerra da Espanha, com a derrota foi evacuado para a União Soviética. Casou-se com espanhola, é competente radialista, pessoa simpática, cordial e expansiva, capaz de solidariedade humana, como deu provas na dedicação com que se devotou à irmã e à filha de Prestes, Lygia e Anita, exiladas na capital soviética. Membro exemplar do partido português, seu sectarismo não tem limites, é total.

Pela primeira vez na União Soviética, procuro me informar sobre a vida, os costumes, as benesses e as mazelas.

— Ladrões? — o bom Ferreira se exalta: — Na pátria do socialismo, o roubo não existe. Ladrão é coisa do passado, do tsarismo.

Na véspera, em armazém do GUM tentaram roubar a bolsa de Zélia por duas vezes, Vera Kuteichkova nos havia recomendado: "Todo cuidado é pouco, os ladrões pululam". Desmascaro o informante: não seja mentiroso, Chico. Mas o patriota Ferreira não dá o braço a torcer:

— Existem ladrões, sim, não vou esconder, são sobras da guerra. Em compensação são os ladrões mais hábeis do planeta. Na semana passada tomei um ônibus na hora do almoço, ia lotado, só em casa me dei conta: tinham roubado tudo que eu levava em cima de mim, cortaram-me o sobretudo com lâmina de barbear, trabalho tão bem-feito, nem senti. Ladrões tão capazes você não vai encontrar em nenhuma parte. — No acento luso o orgulho soviético.

Comentamos as diferenças nos hábitos da vida sexual no Ocidente capitalista e no Leste socialista. Nosso Ferreira é peremptório:

— Essas degenerescências não existem na União Soviética. — Refere-se ao hábito do adultério: — As mulheres soviéticas são fiéis aos maridos, a moral proletária é rígida, você sabe. Uma aventura, um deslize, infidelidade conjugal — coisas raríssimas, de se contar nos dedos.

As informações que já possuo, de escritores e de operários, faço amigos por onde passo, contradizem a afirmação do incondicional Chico Ferreira. Mais uma vez o desmascaro com bonomia, pois na falsa informação do comuna português não vejo outras intenções além do desejo de salvaguardar a imagem da União Soviética, para ele sagrada: para ele e para mim, para milhões e milhões na vastidão do mundo.

— Não seja cínico, Chico. As mulheres daqui dão sem que seja necessário se pedir, quem bem sabe é você que vive em ambiente de rádio propício, favorável à putaria. Quer que eu lhe cite exemplos?

Quis exemplos, pois a pudicícia do regime não reduz o interesse dos camaradas pela vida alheia, pelo disse que disse, sobretudo quando o comadrismo se refere a desmandos das magnas figuras da intelectualidade. Conto-lhe algumas fofocas notórias, Ferreira escuta, faz-me repetir, pede detalhes: deliciado. Quando me calo, ele confessa:

— Prevaricam, sim, e muito. Mas vou te dizer uma coisa, camarada: no mundo inteiro não existe mulher que na cama se compare com as mulheres soviéticas. Pelo menos na Espanha e em Portugal, o resto desconheço.

Francisco Ferreira não tem jeito, tudo na União Soviética é o melhor do mundo, negar verdade tão patente é fazer o jogo do imperialismo norte-americano. As melhores do mundo, meu bom Ferreira, as mulheres soviéticas, melhores que as gitanas de Sevilha ou as cachopas do Minho? Pobres mulheres soviéticas, vítimas do preconceito e da ignorância: desconhecem o Kama Sutra, condenadas ao leito de papai/mamãe, para variar só lhes resta o adultério e o exercem com constante assiduidade. Mudam de parceiro na mesa do banquete, mas o cardápio se repete igual: a batata cozida na água e sal de cada dia, ela por baixo, ele por cima.

Bahia, 1923.
INTERNATO

BICHO-PREGUIÇA, PAULO, devido à voz arrastada, à mansidão; Macaco pela caratonha, o nariz achatado, a carapinha, a bocarra sempre a rir, dentes à mostra, Giovanni; Gato Preto, Maximiano, retaco, ágil, mulato de pele escura; eu era Piolho por ser vermelhinho e por ter sido campeão em 1923 da praga de piolhos, sempre a primeira das infalíveis epidemias anuais; seguiam-se a catapora, o sarampo, a papeira, nessa ordem. A papeira merecia cuidados especiais, constava que, mal medicada, descia para os ovos provocando orquite.

Na divisão dos menores no internato dos jesuítas, andávamos pelos onze anos de idade, éramos inseparáveis, prosseguimos fraternos pela vida afora. Filhos de fazendeiros os quatro: Paulo e eu provínhamos do eldorado do cacau, Giovanni dos criatórios de gado do sertão, Maxi viera das lonjuras de Goiás, dias e dias a cavalo. O Colégio Antônio Vieira, discriminatório além de caro, acolhia os filhos de ricos, de senhores, os padres projetavam influir sobre os futuros governantes.

Giovanni e Maxi eram os dois únicos alunos do Vieira considerados negros numa população de mais de duzentos internos: o pardo Giovanni, o cafuzo Maxi, os demais passávamos por brancos — a cor da pele e não o sangue ditava a classificação. Maxi manteve-se mulato até a morte, em Goiânia; Giovanni com o passar do tempo alvejou, ocorre muito na Bahia, a carapinha denunciadora se transformou em careca luzidia, ao subir na vida abandonou a mesa de bacará pela mesa de bridge no Clube Inglês, adotou o cachimbo, eu o atucanava para vê-lo desatar a gargalhada: não contente de virar branco, queres virar inglês, és um exagerado.

Faz-se necessário juntar um quinto membro à corriola: não tinha apelido, não precisava, o pai francófilo já o registrara Mirabeau: externo, era nossa ligação com o mundo além das grades do internato. Para mim prisão insuportável, não cumpri o terceiro ano de pena, fugi no dia da inscrição quando meu tio me deixou na portaria: os jesuítas celebraram missa de *deo gratia*, no ano anterior para escândalo dos padres monarquistas declarara-me de público ateu e bolchevique, revelara-me contestatário e insubmisso. Logo eu em quem no primeiro ano eles haviam percebido vocação de noviço: a vida é engano e ilusão.

A vida não nos separou, a amizade iniciada nos bancos do Vieira superou as diferenças e as divergências. Seguimos amigos, cada um o seu caminho cumprindo sina: a carreira, a projeção, os obstáculos, as vitórias, a sujeição, as implicações, jamais nos faltou a solidariedade dos outros quatro, a mão estendida quando necessário.

O engenheiro Paulo Peltier de Queiroz, diretor da Divisão de Rios, Portos e Canais, voz mansa, a discrição e a modéstia, punha e dispunha no Ministério de Viação e Obras Públicas. Por mais de uma vez assumiu o cargo de ministro na ausência dos titulares, mesmo sem assumi-lo era ele quem o exercia, mandava e desmandava, resolvia.

Casado em segundas núpcias com Lúcia, criatura adorável, senhora dona letrada, amiga devota, o casal acolhia em torno à mesa da mais requintada cozinha baiana, na casa da rua Leôncio Corrêa, sumidades das finanças, da política, da intelectualidade, de Juracy Magalhães a Otto Lara Resende, dos Monteiro de Carvalho a Antônio Vilaça, de Antônio Balbino a frei Leonardo Boff. Pai competente e extremoso, os filhos só lhe deram alegria, orgulhava-se da nora Márcia, poeta, apresentadora de tevê, quase tão consagrada quanto o sogro.

Maximiano da Mata Teixeira, de volta a Goiás com o canudo de bacharel em direito, fez carreira, jurista e magistrado, começou juiz em Goiás Velho, sua cidade natal, foi desembargador, presidente do Tribunal de Justiça, professor da Universidade. Apenas assumiram o poder, os gorilas o cassaram do Tribunal e da Universidade por esquerdista: além de esquerdista, patriota e homem decente. Formava com sua mulher Amália — também ela professora universitária, historiadora, botânica — par de namorados em arrulho e festa. Acampavam à beira dos rios, intimavam com os índios, Maxi era pescador, Amália pesquisava espécies raras de orquídeas, a uma delas deram seu nome de descobridora: Amaliae.

Na prática dos ritos de amizade, reuníamo-nos os cinco ao menos uma vez por ano. Com a placidez e a segurança de comandante em navegação de longo curso, Paulo dava ordens pelo telefone interurbano: "Vamos a Goiás visitar Maxi, passar uns dias com ele", se eu não podia ir, iam ele e Lúcia, os dois sozinhos. Deu-se ao luxo de vir com ela comemorar aniversário em Paris, onde estávamos eu e Zélia, festejou conosco e com Norma e Renato Simões, também velhos amigos. A amizade comandava nossos passos.

Quando juntos os cinco no atelier de Mirabeau, recordávamos peripécias da vida no Vieira, Mirabeau ia buscar fotografias: a divisão dos menores, os congregados marianos, os premiados no dia da premiação. Retornávamos ao riso da infância, acusavam-me de desertor, pois capara o gato, caíra fora, eles tinham gramado missa e confessionário até o fim do curso, haviam esperado as faculdades de medicina, direito, engenharia para a boemia e o esquerdismo. Relembrávamos os acontecidos, repetíamos as mesmas histórias cada vez mais divertidas.

No colégio Paulo era considerado gênio em matemática, eu era nulo, ainda o sou, nas provas escritas de aritmética, álgebra, geometria, abancava-me a seu lado para colar, copiava-lhe na íntegra as respostas aos quesitos. Numa prova de álgebra, Gato Preto sentado do outro lado de Paulo, puxou-lhe o paletó, rogou-lhe que lhe desse o resultado do primeiro problema, prestativo o sabichão começou a ditar-lhe a solução:
— Vamos supor que ...
Maxi perdeu a calma:
— Supor o quê, Preguiça, isso lá é hora de se supor, seu filho da puta?...
Terminávamos todos aprovados nas ciências matemáticas às custas do saber de Paulo Preguiça, nas análises de *Os lusíadas* colávamos de Gato Preto, a par do predicado, do sujeito, do pronome, eu era bom de redação, ruim de gramática, piorei na redação, continuei péssimo na gramática, ainda hoje não lhe decorei as regras.

A cada ocasião em que nos reuníamos os cinco coniventes, os corréus, vinha à baila o assunto do bilhete que Giovanni recebeu no dia mesmo em que ingressou no Colégio Antônio Vieira, as aulas já tinham começado: sem dúvida uma das mais curiosas mensagens de amor já redigidas em língua portuguesa.

Frequentava as classes dos menores um colega que devido à idade habitava na divisão dos maiores, andava pelos quinze anos quando nenhum de nós passara dos doze. O pai explorava garimpos na zona diamantina, aconteceu-lhe a fortuna de repente, decidira mandar o filho para o melhor colégio da Bahia, o menino era um bitelo, sabia das coisas da vida, atrasado nos estudos, calado, macambúzio, um personagem: tinha fama de ser o maior fanchono do internato.

Vale recordar que nos anos 20 a condição de homossexual só era atribuída aos passivos — "aquele dá", dizia-se em língua de acusação —, alcunhados de chibungos com desprezo, vítimas do preconceito, perseguidos, marginalizados, excrescências. Os ativos, os que comiam, eram olhados com admiração e inveja, considerados machões, não estavam sujeitos à crítica e à discriminação, os fanchonos.

A mando do professor, padre Garnier, fizemos lugar para o recém-chegado na ponta do banco onde nos sentávamos Paulo Preguiça, Gato Preto e eu, Piolho, Giovanni nos sorriu com simpatia. No banco atrás o veterano da divisão dos maiores batucou o olho de sedutor no novato, achou-o de apetite, revelava-se de mau gosto pois Giovanni era feio de doer, não por acaso logo o apelidamos de Macaco. Tocou-lhe o ombro, sorriu-lhe, piscou-lhe o olho, perguntou-lhe o nome. Inocente dos hábitos do taludo, no desejo de relacionar-se com o colega, Giovanni respondeu-lhe ao sorriso e à piscadela, disse chamar-se Giovanni Guimarães, às suas ordens. O grandão deixou o lápis cair, abaixou-se para apanhá-lo, como quem não quer nada passou a mão na bunda do calouro, Giovanni se sentiu o toque não lhe concedeu categoria de carícia, simples casualidade.

De novo o fanchono tocou o ombro do novato, passou-lhe um bilhete rabiscado a lápis num pedaço de papel rasgado do caderno de anotações, Giovanni o leu, só então se deu conta da realidade, compreendeu, vinha do sertão, também ele sabia algo da vida, fez um gesto com a mão como a dizer: "espere e verá", o missivista tomou-o por mensagem positiva, assentimento, sorriu com todos os dentes, botou as mãos em cima da barriga, estirou as pernas, prestou atenção aos últimos momentos da aula de religião, o padre Garnier fechou o livro dos pecados e das penitências, bateu palmas com a mão anunciando os minutos de recreio, ajeitou a batina, deixou a sala.

Levantamo-nos todos em alvoroço, o grandalhão andou para Giovanni, o sorriso de galã prelibando o rabo do neófito, ia pousar-lhe no ombro a mão de proprietário, recebeu o soco na cara, tão inesperado que não reagiu de imediato. Quando gritou "seu filho da puta" e partiu para acabar com o ousado, Giovanni desferiu-lhe um pontapé nos colhões, o menino sertanejo calçava borzeguins ferrados por medida de economia no salto e na ponta, uma catapulta; o fanchono se dobrou em dois, soltou um vagido de demente, escapuliu porta afora segurando os quimbas.

Giovanni ganhou de vez e para sempre respeito, admiração e amizade, a classe em peso o aplaudiu. O recado que recebera passou de mão em mão, frase curta, mensagem ardente e delicada: "Gió, peço-te encarecidamente o cu".

Kandi, 1957.
A JACA E OS COCOS VERDES

VESTIDOS DE TURISTAS, MATILDE E PABLO, ZÉLIA E EU viajamos à ilha do Ceilão — já então país independente ainda não era Sri Lanka. Ao volante do carro arcaico, sobrado da colônia, o chofer, cinquentão inglês, usa gravata e chapéu gelô, um senador da República. Não digo que nos olhe com desprezo, mas pouco falta.

Maratona de templos budistas, maometanos, brâmanes, campos de esculturas, os deuses terríveis do Oriente, Vishnu, Shiva, a dos braços de serpentes, os Budas imensos, os elefantes: nos painéis, nas paredes de granito, nas fachadas de pedra, nos bronzes, exibem-se posições do Kama Sutra, acrobacias. Descalço, em Kandi, marcho quilômetros tentando esquivar-me das cusparadas vermelhas de bétel para chegar à entrada do Dala Maligawa, santuário onde se venera um dente de Buda, relíquia única segundo os monges que recolhem as espórtulas. Soube depois que na China existe outro dente de Buda, também único.

Obtive dois triunfos na excursão cingalesa, causei sensação, recolhi aplausos: quando rasguei a jaca e expus os bagos e quando dei a beber a água de cocos secos, vanglorio-me.

Os cocos secos, meia dúzia, estavam expostos na porta da quitanda perdida na mata, ao vê-la gritei alvíssaras, morríamos de sede:

— Água de coco, viva! Estamos salvos. Seria melhor de coco verde mas de coco seco também serve.

O senador desceu — ou elevou-se — do posto de motorista ao de tradutor, queríamos comprar os cocos para beber-lhes a água, os roceiros do Ceilão, gozadores iguais aos brasileiros, divertiram-se à grande: como iríamos fazer? Queriam ver. Tomado de escrúpulos, o dono do negócio, um velho de barbicha, explicou aos turistas, decerto bárbaros norte-americanos, que a água dos cocos se derramaria quando os partíssemos, se quiséssemos comer a polpa, saborosa, valia a pena comprá-los, pela água era jogar dinheiro fora. "Óbvio!", acrescentou por conta própria o senador, esboçando um sorriso de escárnio. Ri do óbvio britânico e dos escrúpulos do quitandeiro pois já vira o prego na parede da vendola: deixem comigo.

Um prego caibral, a ponta apenas enfiada no adobe, foi fácil arrancá-lo. Com ele furei o olho cego de cada um dos cocos, bebemos a água com avidez, o senador aceitou participar: coube-lhe um coco inteiro, sorveu a água, comeu da polpa. Aplaudido pela assistência, forneci de graça a tecnologia brasileira aos cingaleses.

Após visitar as ruínas do palácio do rei Kasyapa em Sigiriya, cansados da escalada do rochedo — cansados eles três, Zélia, Matilde, Pablo, eu não, não sou de escalar rochedos para ver ruínas —, mortos de fome os quatro, avistamos uma palhoça à sombra de palmeiras e nela à venda alguns legumes e uma jaca, exclamei eureca, grito de triunfo. Descemos do automóvel, aproximei-me, apalpei a fruta enorme e perfumada, jaca mole no ponto de ser comida: sou conhecedor, papa-jaca desde a infância nas roças de cacau. Em frente à choupana alguns vadios matavam o tempo em conversa fiada, viram-me apalpar a casca da jaca, trocaram olhares de zombaria. Com a ajuda do senador, outra vez intérprete, perguntei o preço, paguei, a gozação dos nativos cresceu, fitavam-me com curiosidade, diziam-se coisas, riam, ansiosos por saber que diabo eu iria fazer com aquele trambolho.

Para manter o suspense, antes de tomar da jaca, sentei-me num caixão vazio, pedi a Zélia o canivete do qual não se separa, arranquei umas taliscas das folhas das palmeiras, comecei a transformá-las em palitos e os distribuí pela equipe do automóvel — sobraram alguns, coloquei-os sobre o pedaço de tábua que servia de balcão, sorri para os impacientes à espera, levantei-me.

Botei a jaca de pé sobre o caixão, com a mão esquerda segurei o cabo do bagunço, com a direita rasguei-a de alto a baixo como se faz na zona grapiúna — não é difícil —, expondo à luz os bagos amarelos: o mel escorria, dava água na boca. Arranquei o bagunço, com ele removi o visgo que cobria os bagos, tarefa delicada — experimente quem a imagina fácil —, quando vi a superfície limpa enfiei a talisca, retirei um bago e o saboreei, estava suculento, estalei a língua. Matilde, Zélia, Pablo, o senador por fim rendido às minhas habilidades, regalaram-se, os aplausos dos nativos afagaram-me a vaidade. Sendo descomunal, a jaca permitia a generosidade, distribuí palitos, fiz sinal de convite aos presentes: aceitaram, desprezaram os palitos, foram de dedos aos bagos como se faz nas roças de cacau. Jaca mais gostosa não comi em minha vida, a salva de palmas lhe concedera sabor especial.

Gabei-me dos êxitos, não devo escamotear a derrota: vencidos pelo colonialismo britânico batemos em retirada, cabeças baixas, os narizes tapados com os dedos. A meta da primeira jornada era Kandi, capital do antigo reino do Ceilão, lá devíamos pernoitar e passar um dia. No desejo de aprofundar nosso conhecimento da vida e da gente do país, comunicamos ao senador a decisão de não tomar alojamento em hotel inglês, queríamos hospedaria nacional. O chofer tentou nos demover, iríamos cometer um erro, não nos convenceu, Pablo quase se zangou, fiz pé firme, as donas nos apoiaram: ficaríamos onde ficavam os cingaleses: abaixo os resquícios do colonialismo! O senador não discutiu, apenas não nos acompanharia, manteria seus hábitos. Ao chegar a Kandi parou diante de uma porta semiaberta, dava entrada para terreno plantado de capim, sobradão ao fundo: o melhor hotel cingalês da cidade.

O senador não permitiu às senhoras descerem do carro, aconselhou que esperassem comodamente sentadas enquanto Pablo e eu iríamos reservar os aposentos. Tampouco retirou as bagagens do porta-malas nem se propôs a nos acompanhar até a recepção, com um gesto indicou-nos a porta. Após atravessá-la não avançamos mais de dois ou três passos. Recuamos diante da sujeira e da fedentina: o terreno servia de latrina, montes de bosta sobre o capim, poças de merda, um hóspede de cócoras defecava.

Cabisbaixos retornamos ao automóvel, o senador não tripudiou, tomou do volante em silêncio, nos conduziu à higiene inglesa, água com cloro, gosto de iodo, odor de desinfetante. Revalidamos nossa posição anti-imperialista indo jantar frango ao carril em restaurante hindu, um tanto quanto sujo mas não demais.

Rio, 1967.
OS CADERNOS DE ESTUDANTE

EM 1967 COMPUS COM GUIMARÃES ROSA E ANTONIO OLINTO a comissão julgadora do prêmio Walmap, prêmio dotado com 20 mil cruzeiros — ou 20 milhões, na escalada da inflação, quem sabe a verdade da moeda brasileira? Cruzeiro, cruzado, cruzeiro novo, centenas, milhares, milhões, hoje se conta em dólar — 10 mil dólares para o primeiro colocado, cinco para o segundo, três para o terceiro, os últimos 2 mil divididos em quatro prêmios de consolação. Ganhou os 10 mil um romancista mineiro, nome para nós tão desconhecido que ao anunciar o resultado aos jornalistas dissemos tratar-se de um estreante. Informação inexata. Oswaldo França Júnior já havia publicado um pequeno (e ótimo) romance, *O viúvo*, a crítica o desconhecera, o público não o lera, em verdade a carreira literária que o levaria a leitores de várias línguas começou com *Jorge, um brasileiro*, o livro premiado.

Havíamos combinado, no almoço do banqueiro que pagava o prêmio, ler os originais em nossas casas, não nos reunirmos a não ser com a leitura concluída, não discutir durante, não confrontar opiniões. Ao término da tarefa cada um de nós três poria no papel os títulos e os pseudônimos dos concorrentes de nossa preferência, nos reuniríamos no Rio, cotejaríamos as listas, discutiríamos, escolheríamos os premiados. Assim acertado, viajei para a Bahia, onde certa tarde um caminhão descarregou na porta da casa do Rio Vermelho uma tonelada de romances, se não chegavam a quinhentos, andavam perto. Comprei um caderno de estudante, iniciei a maratona, de nenhum li menos de cinquenta páginas, foi de lascar. Nas páginas do caderno eu escrevi o título do livro, o pseudônimo do autor, o número de inscrição, seguia-se breve comentário, por vezes reduzido a uma ou duas palavras: porcaria, nada de interessante, ruim demais. Tivesse o original qualquer interesse eu o consignava no caderno.

Acordava cedo para cumprir a tarefa, enfrentava a montanha de originais: havia um de 1030 páginas, três de mais de oitocentas, uns retados, os autores. Certa manhã quando Zélia chegou para o café com inhame e aipim, com fruta-pão e cuscuz de mandioca — atochava-me de comida para dar-me as forças necessárias à faina do prêmio — eu lhe disse: hoje li um romance que me pareceu extraordinário, moderno, brasileiro, a vida transbordando, mostrei-lhe os originais de *Jorge, um brasileiro*, prossegui: como serei o único a gostar dele vou lutar para que lhe seja dado um dos pequenos prêmios. Exausto, farto de romances, cheguei ao fim da empreitada, escrevi minha relação, 21 títulos e pseudônimos, meti o caderno na mala, fui para o Rio. Reunimo-nos, as três vítimas, no gabinete de Olinto no Ministério da Viação, trocamos as listas, entreguei cópias da minha, recebi as dos outros dois.

Percorri com os olhos a lista de Rosa para ver se dela constava o meu livro preferido, lá estava ele, também na lista de Olinto. Exclamei: Rosa, estou feliz porque em tua lista está *Jorge, um brasileiro*. Ele abriu-se num sorriso:

— Se depender de meu voto ganhará o primeiro prêmio.

— Então já ganhou porque eu também voto nele, somos a maioria absoluta.

Nele também votou Antonio Olinto em cuja lista o romance de França Júnior estava colocado em igualdade de condições com o de Maria Alice Barroso — *Um nome para matar* — que abiscoitou o segundo prêmio. "Romance escrito por homem macho", assim Rosa classificou o livro enquanto abríamos os envelopes com os nomes verdadeiros dos concorrentes, o homem macho era Maria Alice. O prêmio dos 3 mil coube a Otávio Melo Alvarenga, a decisão dos primeiros lugares não custou trabalho, foi fácil, unanimidade rápida. Trabalho custou decidir sobre os quatro prêmios de quinhentos, os de consolação, depois de muita discussão concedidos a Paulo Jacob, romancista da Amazônia, hoje autor de obra vasta, rica de interesse, consagrada, a Benito Barreto, os mineiros levaram a metade dos prêmios, Benito já era romancista de renome, a Ricardo Dicke, um desconhecido e a Paulo Rangel. No momento de se escolher o último premiado, eu disse a Rosa que comandara a escolha dos laureados anteriores: Rosa, já demos quase todos os prêmios a romancistas que são de nosso gosto literário, vamos dar pelo menos um a quem não seja de nosso partido, Olinto concordou, fomos atrás de um romance intimista, decidimos pelo de Rangel.

Terminado o julgamento, abertos os envelopes, proclamados os prêmios na ABI, durante uns quantos dias Guimarães Rosa, ao sair pela manhã para o Itamaraty — era diretor da Divisão de Fronteiras, "das fronteiras do romance" no dizer de Miécio Táti — detinha-se em nosso apartamento da Rodolfo Dantas. Entrava, tirava o paletó, sentava-se no sofá, ao ver Zélia de câmera em punho baixava os suspensórios, posava para a foto, ordenava-me: "O caderninho, vamos comparar". Rosa tivera, ao iniciar a leitura dos originais, a mesma ideia que eu, anotara suas observações sobre cada livro num caderno de estudante pela ordem de inscrição. Armados com nossos cadernos, face a face, começávamos:

— Vamos ver o que te pareceu o 38...

— Quero saber do 173, que comentário fizeste...

Incrível a coincidência de opiniões, raríssimas as discordâncias. Era uma diversão, a manhã dos caderninhos. Bebericando o cafezinho, Rosa comentou: "Descobri que sou mau-caráter, original com sacanagem, por pior que fosse, eu o li até o fim, tenho o espírito vicioso". Também no vicioso concordávamos, havia um manuscrito em dois volumes, somava setecentas páginas recheadas de putaria, não tinha a qualidade de Henry Miller, ainda assim tracei as setecentas laudas, uma a uma, até o último orgasmo.

Bahia, 1956.
O MAGNÍFICO

OS MENINOS DA REVISTA *Mapa* — Glauber Rocha, Fernando da Rocha Peres,[1] Calasans Neto, Sante Scaldaferri, Paulo Gil Soares[2] — decretam e promovem guerra sem quartel a Edgard Santos, reitor da Universidade Federal, a quem a cultura da Bahia tanto deve.

Mapa expressa em suas páginas as modernas tendências da arte e da literatura, a poesia, a pintura, o cinema, a gravura, o teatro, destrói e propõe, influi mas, ah!, corre perigo, vai deixar de aparecer, não tem anunciantes, não há dinheiro para pagar papel e oficina, problemas que afligem e derrotam as publicações de vanguarda.

Um lambe-botas qualquer, é o que mais existe, vai correndo levar a Edgard Santos o que lhe parece ser a boa, a grata notícia: "A revista da subversão não mais circulará, a gráfica já não lhe faz crédito, menos ainda o fornecedor de papel, os ataques à administração do reitor estarão silenciados para sempre, viva, viva!". Edgard Santos escuta, agradece a informação, manda pagar imediatamente o papel e a oficina, exige apenas dos credores sigilo sobre quem está assumindo as despesas, os meninos não devem saber: poderiam recusar, pior ainda poderiam entrar em crise de consciência devido aos ataques ao reitor.

Risonho, na mesa do almoço comenta o episódio, estamos Odorico, Carlos Bastos e eu: "Essa revista *Mapa* é o que há de melhor na Universi-

---

1 Fernando da Rocha Peres, escritor.
2 Paulo Gil Soares, cineasta.

dade, já pensaram se desaparecesse agora o que iriam dizer de mim? Iriam me chamar de reacionário, intolerante, teriam razão. Enquanto eu for reitor a circulação da revista está garantida, só que os meninos não devem desconfiar".

Faz uma pausa, saboreia o acarajé, sabe da Universidade, dos professores e dos alunos, Magnífico Reitor:

— São meninos de talento, amanhã serão os mestres. Mas entre eles tem um moleque, um tal de Glauber, esse é gênio, vai deslumbrar o mundo.

Moscou, 1988.
VAIDADE

NA PORTA DO HOTEL, EM MOSCOU, estou entrando no automóvel, se adianta um brasileiro, membro da comitiva de Sarney, primeiro presidente da República a ter coragem de ir em visita oficial à União Soviética, me informa, alvoroçado:

— Você aparece no novo romance de Umberto Eco, *O pêndulo de Foucault* que acaba de sair na Itália.

Vaidade patriótica a do patrício, que dizer da que me invade? A vaidade não é o meu defeito, sentimento pouco habitual, no entanto a notícia envolve-me num calor de vanglória, sorrio para Zélia. Devido, sem dúvida, à estima em que tenho o escritor italiano, não apenas o romancista, também o articulista ferino e divertido que amo ler.

Há tempos recomendei sem sucesso a um editor brasileiro a publicação em língua portuguesa de *Pastiches et postiches*, título da tradução francesa em que li *Diario minimo*, delícia de livro. O editor desejava, isso sim, o novo romance, filé-mignon, como me disse, e não volume de crônicas, carne de segunda para sua ambição de best-seller.

Mesmo os grandes editores se enganam. José Olympio não recusou, na década de 30, traduzir e publicar *...E o vento levou?* Contando ninguém acredita.

Bahia, 1965.
O CASAMENTEIRO

FOMOS PADRINHOS, ZÉLIA E EU, do casamento de João Gilberto com Astrud, o casal se separou nos Estados Unidos para onde Joãozinho viajara a fim de participar de um show, obteve tamanho sucesso que ficou por lá anos a fio.

No dia de seu embarque, indo para o aeroporto passou por nosso apartamento para o abraço de despedida, vestia roupa leve, própria para o verão carioca, em Nova York a crueza do inverno era manchete nos jornais. Ao vê-lo tão desagasalhado retirei do guarda-roupa um sobretudo usado: vista-o ao desembarcar do avião senão vai morrer de frio, pegar pneumonia. Essa a minha contribuição para o êxito do cantor nos States, o sobretudo que o salvou da pneumonia dupla.

Contribuí também para seu casamento com Miúcha: do primeiro matrimônio fui testemunha, no segundo funcionei de casamenteiro. Um dia recebi na Bahia telefonema de Joãozinho, ligava de Nova York, aflito como sempre, não mudara, continuava o mesmo:

— Jorginho, você é muito amigo de Sérgio Buarque de Holanda, não é?
— Sou, sim, Joãozinho, por quê?

Figura das mais fascinantes da comparsaria intelectual, Sérgio concedeu-me o privilégio de sua intimidade, coloquei-o de personagem em *O capitão de longo curso*, assim homenageio aqueles que mais estimo e prezo, pondo-os nas páginas de meus romances. Juntos, durante um congresso de literatura em Recife, fundamos na Igreja de São Pedro dos Clérigos a "Benemérita e Venerável Ordem do Hipopótamo Azul", dedicada ao trato das donzelas, e criamos a teoria das baquianas, "as balzaquianas quando baqueiam", baseada na agitação das literatas locais que cortejavam Eduardo Portella, o sedutor. Na época do telefonema o mestre historiador se vangloriava de ser o pai de Chico Buarque, compositor que estourara nas paradas de sucesso.

— Jorginho, estou apaixonado pela filha dele, a Miúcha, irmã do Chico. Miúcha anda por aqui, ela também gosta de mim, queremos nos casar mas temos medo que Sérgio se oponha, você sabe como é, deve ter ouvido horrores a meu respeito. Queria que você falasse com ele, pedisse a mão de Miúcha em casamento, para mim. Diga a ele que não sou tão ruim como dizem por aí.

Habituado a me envolver com a vida de Joãozinho, prometo interferir — "depressa, daqui a uma hora telefono de novo para saber o resultado". Desligara agoniado, eu ainda procuro o número de Sérgio no caderno de telefones, Joãozinho volta a ligar: "Eu tava tão vexado que não mandei um beijo para Zelinha". Vexado, Joãozinho.

Disco o número paulista, Amélia atende, trocamos gentilezas, desejo falar com vosso ilustre consorte, Sérgio vem ao telefone, sabendo que sou eu começa a imitar sotaque holandês, é de morrer de rir mas eu me ponho sério para lhe informar:

— Te telefono para pedir a mão de tua filha Miúcha em casamento.

— Hem? Que história é essa? — abandona o acento batavo, coloca-se em posição de defesa, que peça estou querendo lhe pregar?

— Não é para mim, é para João Gilberto, estão apaixonados, querem se casar, ele pediu que te dissesse que não é tão ruim assim, tão má pessoa como consta por aí, não deves acreditar nas más línguas...

— Que me contas? É brincadeira ou falas a sério?

Falo a sério, relato a conversa de Joãozinho, telefonema em dólares de Nova York, repetida, esquecera o beijo para Zélia. Empolga-me a paixão dos dois cantores, coisa linda, faço o elogio do candidato a genro e o faço com amor. De Joãozinho sei o direito e o avesso, do menino de Juazeiro nas barrancas do São Francisco ao músico ainda desconhecido, lutando no Rio em dias de aperto, sou seu parceiro, fiz a letra do "Lamento de Marta", composto para o filme de Alberto D'Aversa. Quando solteiro, Joãozinho aparecia à noite no apartamento da Rodolfo Dantas, trazia o violão, ficava até a madrugada, cantando. Acontecia que Zélia e eu, cansados, íamos dormir, Joãozinho prosseguia em companhia de João Jorge, menino ainda, privilegiado. João Gilberto tocava, cantava, tendo como ouvintes apenas o moleque e o pássaro sofrê: vivia solto na sala e assobiava as músicas que Joãozinho dedilhava ao violão.

Sérgio escuta em silêncio minha lenga-lenga, a proclamação das virtudes de Joãozinho, gênio musical, amigo terno, pessoa amorável. No dia seguinte toma o avião para Nova York, vai estudar o assunto *in locum*, apaixona-se pelo candidato, só podia acontecer. Para terminar, um *post-scriptum*: já levava João Gilberto vários anos residindo nos Estados Unidos quando um dia apareceu-me em casa um portador trazendo encomenda enviada pelo músico: um sobretudo novo em folha, soberbo, eu o usei longo tempo, ainda o tenho. Ou será que o dei a João Jorge, o ouvinte solitário, o privilegiado?

Rio de Janeiro, 1954.
PROMOÇÃO

NA MANHÃ DE DOMINGO TRABALHO na redação de um manifesto — quantos redigi? —, Janaína e João Jorge chegam do banho de mar em correria, trazem e exibem prospectos atirados de avião sobre Copacabana e Ipanema, inundam a praia e as ruas. Entregam-me, ficam à espera de minha reação, Janaína risonha, gozadora, João Jorge de cara fechada, pronto para a briga.

A campanha anticomunista ganha os céus, dois teco-tecos sobrevoam o bairro, a serviço da Liga Anticomunista, organização presidida pelo almirante Pena Boto — a guerra contra os comunistas é um bom negócio, rende juros altos, como irão se arranjar agora, os Pena Boto da vida, sem o ouro de Moscou para aplicar no medo dos ricalhaços e arrancar as verbas? Vão lastimar o fim da União Soviética, acabou-se o que era doce de coco, rapadura.

Militante de base — seria mesmo de base? Nunca frequentei célula, sempre a cumprir tarefas da direção, especiais —, escritor conhecido, a Liga do Almirante oferece-me galardão de líder, prerrogativas de chefe: o volante na mão de Janaína, João Jorge me entregara o dele, refere-se a esse vosso criado: o texto e o desenho. Ressalta minha notoriedade, promove-me, já me esqueci dos xingos, os de sempre, "traidor da Pátria, vendido a Moscou, capacho de Prestes", mas me lembro do desenho: balanço-me no regalo de uma rede, dois camaradas de Partido, amigos meus, o juiz Irineu Joffily, o advogado Letelba Rodrigues de Brito, empunham abanos, com eles fazem mais delicioso meu descanso, com a brisa dos leques combatem o calorão: regalias de paxá comunista, Pena Boto reclama cadeia e processo.

Leio e vejo, caio na gargalhada, Jana e Juca riem comigo, mas Zélia se indigna: "Cães da reação, ratos de sarjeta, agentes do imperialismo", se ela encontrasse esse tal de Pena Boto lhe diria poucas e boas. Punho fechado, lhe mostraria "quem é traidor da pátria, seu canalha!". Jana e Juca recolhem o riso, empunham os tacapes, armam-se em guerra.

Do sangue derramado na luta pela posse da terra, adubo sem igual, não floresceram apenas as roças de cacau, os frutos de ouro da riqueza, floresceu também a cultura grapiúna, singular. A poesia e a ficção nasceram da conquista da mata, da colonização de sergipanos e árabes, da luta contra o feudalismo — os primeiros sindicatos rurais do Brasil surgiram nas lavras do cacau e a lei medieval foi rompida por moços socialistas, João Mangabeira exerceu a prefeitura de Ilhéus.

Os coronéis do cacau queriam orgulhar-se de filhos doutores, advogados, médicos, engenheiros, lá fomos nós para os colégios da capital, os dos padres jesuítas, maristas, salesianos, os leigos, o Ginásio Ipiranga de Isaías Alves de Almeida. Nos internatos aprendemos português e aritmética, nas roças, nos povoados, na gestação das cidades aprendemos a vida. Assim brotou a flor da poesia, Sosígenes Costa, Florisvaldo Mattos, Telmo Padilha, amadureceu o fruto da ficção, Elvira Foeppel, Adonias Filho, James Amado, Sônia Coutinho, Hélio Pólvora, Cyro de Mattos, Euclides Neto, o árabe Jorge Medauar, o sergipano Marcos Santarrita, os doutores do cacau, filhos dos coronéis. Sou um deles, possuo um mérito, único: ter sido aquele que primeiro começou a contar a saga das terras grapiúnas.

Madri, 1986.
O IPSILONE

RAFAEL ALBERTI TERMINA A LEITURA do texto afetuoso, honrou-me vindo dizer de sua estima da tribuna desta Semana do Autor dedicada a meu trabalho, a sessão é suspensa, os leitores se aproximam, trazem livros, pedem autógrafos. Uma senhora de meia-idade, pimpona, maquiada, lábios no acinte do batom vermelho, sobe ao estrado, se apresenta, recorda:

— Eu lhe escrevi para a Bahia há vários anos querendo saber como era o ipsilone de Tieta, se lembra...

Lembro-me muito bem, em meio às cartas de leitores a dela chamara-me a atenção, mostrei-a à Zélia: veja esta carta, engraçada... Havia sido lançada a edição espanhola de *Tieta do Agreste, pastora de cabras*. Tieta, como sabe quem leu o livro, era disposta, não usava meias palavras e não tinha meio-termo em sua atuação pública e privada, nos deleites de cama doutora de borla e capelo, sabia os abecês inteiros, o latino, o gótico, o cirílico, todos os demais, sem esquecer o Kama Sutra da primeira à última página. Entre os refinamentos, o romance refere o ipsilone, especialidade de Tieta: praticava o ipsilone simples quando devorada pelo desejo, em desvario de paixão recorria ao ipicilone duplo.

A leitora espanhola estende-se em percalços de vida e de cama. Casada com marido pudibundo, limitara-se ao papai e mamãe por mais de quinze anos, só após a morte do cônjuge veio a conhecer o orgasmo pleno e o prazer do corpo, um primeiro amante iniciou-lhe a educação, outros a completaram, formou-se, fez mestrado e doutorado, igual a Tieta é *honoris causa*, sabe tudo na ponta da língua e do grelo, ai, só não sabe o ipsilone, jamais o praticou, deseja praticá-lo, o quanto antes. Pede-me os detalhes do requinte. "Sai dessa!", diz-me Zélia devolvendo a carta.

Respondo à leitora, esclareço: nada sei sobre o ipsilone, não tendo tido a glória do leito de Tieta, nas conversas de amigo, se bem livres, marcadas pela franqueza, ela nunca me dera detalhes a respeito, apenas se referira ao deleite, ai que deleite quando executava o ipsilone, prendia para sempre escravo o beneficiário, o felizardo. Do ipsilone eu sabia apenas que Tieta o praticava, o romancista sabe uma porção do acontecido, não o todo.

Mistério da criação, os absurdos do ofício do romance, os imprevisíveis segredos dos personagens: por volta de 1938, descíamos o elevador da redação de *Diretrizes*, Samuel Wainer de repente me interpelou:

— Tem uma coisa que desejo te perguntar desde que li *Mar morto*: por que diabo o velho Francisco não quis receber o irmão que apareceu depois de tantos anos, por que o expulsou, não está no livro. Por que foi, me diga.

— Não sei. O velho Francisco não me disse a razão, devia ser grave, também eu gostaria de saber.

A espanhola repimpona me estende o exemplar de *Tieta* para a dedicatória, eu lhe pergunto: "¿Y el ypicilone, ya lo sabe? Encontró quien lo ensenara a praticarlo?" — "Todavia no, pero inventé el doble ve, es la sensación de España". Recorda-me o nome para a dedicatória, não o reproduzo aqui por discrição. Tampouco ela, na confusão dos leitores em busca de autógrafo, me revelou como era o *doble ve*, por espanhol o imagino dramático, com certa crueldade católica.

Berlim, 1982.
QUELLE SOLITUDE!

EM SEU APARTAMENTO DE BERLIM LESTE, Anna nos cerca, nos acarinha, nos envolve em amor: toma de nossas mãos, nos obriga a comer, a mesa cheia de gulodices, um desvario de alegria, também Zélia e eu estamos no limite da emoção.

Anna completou oitenta anos, na Alemanha do Leste saudaram-na como símbolo da literatura a serviço da classe operária, festejaram sobretudo a comunista de crença inabalável no Partido: a escritora, apesar da fidelidade comprovada da militante, não merece irrestrita confiança, é grande demais para ser escriba oficial. Anna passa a mão em nossas faces, nas de Zélia, nas minhas, olha-nos e ri, sabe que viemos apenas para vê-la, a mais ninguém, a nada mais. Risos e lágrimas misturados, atropelamos as palavras, demoramos em silêncio, tantos mortos vivem em nossos corações, falamos de Ilya, de Pablo, estão aqui conosco.

Nicole Zand — os que têm interesse pela literatura sabem de quem falo, em sua rubrica Des Autres Mondes, em *Le Monde* esbanja conhecimento, ressuma compreensão, transborda de interesse pelas letras dos países distantes e deserdados —, Nicole dá-nos conta da conversa que manteve em

1991 com Pierre Radvanyi, o filho de Anna, depoimento lancinante sobre os anos da guerra, o exílio, a viagem sem porto de destino. Pierre explica o comportamento político da autora de *Transit*, a fidelidade sem limites: "*Elle se sentait une sorte d'obligation morale de ne pas se déjuger*". Julgar é fácil, difícil é compreender.

Naquele dia, em Berlim, Anna recusou-se a falar de literatura e de política, o tempo era curto para a festa da amizade. Recordou o Brasil, suas estâncias no Rio e na Bahia, a viagem de carro pelo interior, o faquir de Jequié, a inauguração do café no largo do Machado, a casa do Rio Vermelho, o jardim onde escreveu, as crianças em seu derredor. Dia de exaltação, dia de amor, encontro de irmãos que não se viam há tanto tempo, sabiam que não se veriam mais. Quando chegou a hora do adeus, ela me disse:

— Eu acabara de te escrever uma carta, quando soube que tu vinhas, não a enviei, vou te entregar, quero que a leias.

Deixa-nos na sala, vai buscar a carta, volta, toca-nos a face, afago-lhe os cabelos, as mãos se soltam. No hotel abro o envelope, a escrita em tinta azul recobre as folhas do papel, notícias correntias, nada especial mas na primeira página Anna rabiscara com força, em tinta verde, na entrelinha do parágrafo: "*quelle solitude*". Creio que somente a mim confiou o desabafo.

Sorrento, 1988.
O COADJUVANTE

MEU RELACIONAMENTO COM O CINEMA BRASILEIRO vem dos tempos heroicos e, se bem em certos momentos tenha sido bastante intenso, não me dá direito a outro título senão o de vago coadjuvante. Não me animo sequer a falar em colaboração, tão anônima foi quase sempre minha presença na aventura.

Para marcar data mais precisa devo me reportar ao ano de 1933 quando Carmen Santos pagou-me a quantia de três contos de réis por uma opção de dois anos para a filmagem do romance *Cacau*, recém-publicado. Além de que os três contos de réis, um dinheirão na época, foram muito bem chegados, essa proposta de filmagem significou o início de minhas relações com o cinema brasileiro e de uma amizade que durou enquanto Carmen Santos viveu: poucas pessoas foram tão caras a meu coração. Carmen, tão bela quanto famosa, ainda haveria de adquirir opções sobre outros dois livros meus, *Mar morto* e *ABC de Castro Alves*. Não conseguiu filmá-los, poucos projetos pôde ela levar a termo entre os muitos que concebeu e tentou realizar. Era no tempo da filmagem de *Favela de meus amores*: Carmen Santos, produtora, proprietária dos estúdios da Brasil Vita Filme, estrela máxima, esquerdista, simbolizava os anseios e os sonhos de todos nós e todos nós estávamos apaixonados por ela, ela por alguns, apenas.

Naqueles idos, no Brasil recém-chegado da Revolução de 30, a febre do cinema se alastrava e se afirmava, abrindo caminhos que iam da produção das chanchadas tão brasileiras até as realizações de *Limite* e de *Barro humano*. Mário Peixoto e Humberto Mauro, os dois mestres daquele fascinante começo, somente muitos anos depois, com o advento do Cinema Novo, viriam a encontrar continuadores, enquanto a chanchada ainda espera que sejam retomados o espírito nacional e a graça popular que a caracterizaram e lhe proporcionaram o imenso sucesso de público que até hoje o cinema brasileiro não conseguiu reeditar, muito menos superar.

Tempo da Atlântida e da Cinédia, de tantos nomes inesquecíveis, de tantos filmes feitos na base do sacrifício, da dedicação, do amor pelo cinema. Tempo de Moacyr Fenelon, de Alinor de Azevedo, de Adhemar Gonzaga, de Oscarito, de Zé Trindade, de Ankito, de Grande Otelo, de Gilda de Abreu, de Zezé Macedo, de Eliana e Adelaide Chiozzo, de Raul Roulien, nosso homem em Hollywood, de Ruy Santos, de Chianca de Garcia e Fernando de Barros, de Lima Barreto e Araçary de Oliveira, de tantos e tantos outros, cito ao azar da memória falha, decerto esqueço nomes importantes. Muitos já se foram, entre eles tantos amigos meus: ao escrever estas recordações eu os revejo animados de entusiasmo, vibrantes de esperança, dispostos a assentar as bases definitivas da arte e da indústria cinematográficas no Brasil.

Quanto a mim, nesta época distante, participei, quase sempre anonimamente, da preparação de diversos filmes da Atlântida e de outras empresas — aquelas que nasciam e viviam o curto tempo de um projeto que nem sempre chegava ao fim. Escrevi, sozinho ou em colaboração com terceiros, diálogos e cenários de chanchadas e de pretensiosas produções; foram de minha autoria, por exemplo, os diálogos da chanchada *Uma valsa para dançar* — já não recordo se este era o título do filme ou apenas do tema musical, valsa inesquecível, e os da superprodução de Leitão de Barros sobre Castro Alves, roteiro de Joracy Camargo. Com Fernando de Barros, fraterno amigo, colaborei nos cenários e nos diálogos de várias chanchadas, recordo o título de uma delas: *O cavalo número 13*. Nelas brilhavam o *cameraman* Georges Fanto que viera para o Brasil com Orson Welles e minha comadre Maria Della Costa, estrelíssima. Estrelíssima ela, Maria Fernanda, Odete Lara, Ruth de Souza, Marisa Prado.

Escrevi e assinei o cenário de *Estrela da manhã* a pedido de Ruy Santos mas, durante a filmagem, o produtor e o diretor modificaram por completo a história singela de pescadores que eu havia imaginado para ser vivida por Dorival Caymmi e Dulce Bressane. Trabalhei durante algumas semanas, a convite de Carmen Santos, com Mário Peixoto na elaboração do roteiro para um filme sobre Castro Alves, baseado no livro de minha autoria. O projeto não foi adiante, uma pena.

Depois veio a aventura da Vera Cruz, dela quase nada sei, a não ser o melancólico final quando fui encontrar Alberto Cavalcanti, grande cineasta, eminente brasileiro, arrasado, em São Bernardo dos Campos, vítima do engodo e da salafrarice. Convenci-o a voltar para a Europa e participei, com Joris Ivens, do bom complô que o levou aos estúdios da Wien-Filme para filmar o *Puntila* de Bertolt Brecht.

Depois, bem, depois são os tempos de agora, o Cinema Novo: Luiz Carlos Barreto, o patriarca, jovem patriarca, Nelson Pereira dos Santos, Cacá Diegues, Joaquim Pedro de Andrade, Rui Guerra, Bruno Barreto, uma geração porreta. Com uma estrela no peito e a paixão do Brasil, Glauber comandou o pelotão, foi crucificado pelos patrulheiros em nome das ideologias caducas. O tempo do vago coadjuvante passou, estou aposentado.

Outro dia, durante o Festival de Cinema de Sorrento, os jornalistas me perguntaram que recomendação gostaria de fazer aos cineastas brasileiros, respondi:

— Devem pensar menos nos festivais, nos prêmios, no elogio mútuo e pensar mais no público, nos espectadores, na gente brasileira. De repente o dinheiro fácil da Embrafilme se acaba, quem irá bancar a produção cinematográfica se o filme não falar ao público, não levar os espectadores ao cinema?

Lisboa, 1987.
A LÁPIDE

COM ANTÓNIO ALÇADA ALMOÇAMOS no restaurante do Manuel, no parque Mayer, em mesa do canto para conversar em paz. António relata a história de sua tia, de uma delas — de todas tem histórias a contar —, daquela que nos tempos dos comunistas avançando em marcha forçada para o poder, haviam dado início à requisição de propriedades privadas, mandou pintar os largos e extensos muros da quinta em Covilhã, despesa bruta: "Por que a faz, tia?", quis saber o sobrinho, em zelo de herdeiro presuntivo.

— Quero que os comunistas quando chegarem para tomar a quinta encontrem tudo no melhor estado e digam: que senhora mais ajeitadinha...

Em meio ao riso provocado pelo conto, creio ouvir meu nome pronunciado em voz alta, presto atenção, é verdade, Zélia confirma. Um senhor bem trajado, de pé junto à mesa de centro dirige-se aos presentes, sou o tema do discurso. O orador diz que estou almoçando no Manuel o que lhe parece, não sei bem por quê, fato significativo, digno de admiração e oratória, o acontecimento não deve passar em brancas nuvens, precisa ser fixado em lousa para que os pósteros saibam que naquela data o fulano aqui presente esteve no restaurante do Manuel empanturrando-se de caldo verde e sarrabulho, queijo fresco, pão saloio e meloa, era época de meloa, o gosto volta-me à boca. Sendo ele, orador, homem de ação, propõe que de imediato se recolham doações entre os que ali estão, imprudentes, almoçando sem esperar a facada, e que o total seja destinado à colocação na parede da casa de pasto de lápide comemorativa — a palavra lápide soa-me fúnebre, lembra mausoléu e cemitério, apavoro-me. "A lápide", conclui o tribuno, o braço estendido em minha direção, "conterá epígrafe referente ao feito" (o feito?).

— Minha senhora vai percorrer as mesas para recolher os óbolos — lápide, óbolo, o que falta ainda para acabar comigo? Tenho pavor a elogio de corpo presente, estou morto de vergonha, desejo esconder-me sob a mesa, Zélia e António Alçada se divertem às minhas custas.

Óbolos recolhidos, dinheiro contado pelo mandante do confisco, a recolha rendera o suficiente para pagar a lápide, declara ao revelar o total da coleta. Convoca voluntários para a redação da frase a ser gravada, apresentam-se dois senhores com vocação literária e uma cachopa de óculos, feiosa, redigem o necrológio, a de óculos declama o escrito, o orador retoma a palavra, dá por findos a tarefa e o discurso. De referência ao discurso busquei ser sucinto ao transcrevê-lo mas o orador não cultivava a síntese, não fazia economia da retórica, poucas vezes sofri vexame igual: soube depois tratar-se de advogado de renome e clientela, mandei-lhe um livro com autógrafo, afinal sua intenção era me homenagear.

António Alçada pagou a conta, deixei que o fizesse, divertira-se, eu não: atravessei de cabeça baixa entre os clientes. Estava à nossa espera o motorista Francisco, chofer de Manuel Telles, que me leva e traz do Estoril para Lisboa, gentileza do executivo nos ritos da amizade, almoçara no Manuel às custas de Alçada. Ao entrar no carro, pergunto-lhe:

— Você também contribuiu?
— Morri em cem paus.

Restituo-lhe duzentos, concorro para a lápide. Anos depois, a par do caso, João Jorge arrasta-me ao restaurante do Manuel, lá está ela, a placa, posta na parede sobre a mesa onde sentáramos no canto da sala. Não é feia, faz vista, parece uma grande bandeja côncava.

Bahia, 1972.
VINHO CAPELINHA

POR PRINCÍPIO (OU POR TOLICE, POR PRECONCEITO?) não aceito fazer o garoto-propaganda, na tevê, na rádio, na imprensa, tenho recusado, perdido um dinheirão, sem falar em máquinas de escrever, geladeiras, televisões, et cetera e tal. Não posso dizer que nunca o fiz pois de graça prestei-me ao papel de bobo em duas ou três ocasiões — a pagamento posei de bermudas e chapéu de palha, a foto anda nas revistas, anunciando um cartão de crédito mas os níqueis foram para a Fundação que tem meu nome, está escrito no contrato.

Em compensação em meus livros, sem a menor premeditação, com o objetivo de localizar o romance no tempo e no espaço, cito nomes de firmas, de bebidas, de restaurantes, por aí afora. Em troca, industriais agradecidos enviam-me presentes, sobretudo bebidas: conhaques, licores, aguardentes, o produto citado por personagem ou pelo autor, chegam-me garrafas a granel. Por uma única vez quis me aproveitar da circunstância, resultado negativo, apostei na popularidade de meus romances, dei-me mal. Passo a contar.

Nos antigamente pois hoje tornou-se requintada em matéria de queijos e de vinhos, nos tempos d'antanho, minha amiga Auta Rosa, sra. Calasans Neto, consumia nas refeições e oferecia aos hóspedes um vinho chamado Capelinha, não era lá essas coisas segundo me informou Fernando da Rocha Peres, abarrotado de sarapatel durante almoço em casa de Calá. De mim nada posso afirmar já que por prudência não bebo vinho nacional.

Labutava eu na escrita do romance *Tereza Batista cansada de guerra*, chegava ao fim da trabalheira, quando ouvi Auta se queixar do aumento do preço de seu vinho favorito. Não se preocupe, disse-lhe eu do alto de minha petulância, vou botar o nome de tua zurrapa em meu romance, os fabricantes me enviarão com largueza e constância dúzias de garrafas, podes contar com Capelinha para o resto de tua vida.

Essa a razão por que no casamento de Tereza Batista os convidados ingerem um único vinho, o Capelinha, bebem, estalam a língua, regalados, voltam a encher os copos. O ensaísta Cláudio Veiga, erudito em literatura francesa e em vinhos em geral, ao falar-me do livro criticou a escolha, o caro amigo poderia ter referido beberagem melhor, considerou, citou duas ou três marcas rio-grandenses que não fazem feio junto às estrangeiras. Também Ildásio Tavares,[1] esperto em vinhos nacionais, acusou-me de falta de conhecimento da matéria e de falta de consideração para com os convidados, alguns deles gente fina, João Ubaldo, Jeovah de Carvalho, ele próprio, Ildásio, dando-lhes a beber vinho de segunda quando se impunha no mínimo tinto chileno: afinal o noivo não era um pé-rapado. Quis saber se havia sido propaganda encomendada por agência, bem paga com certeza. Expliquei ao ensaísta e ao poeta o motivo da escolha, entenderam, Ildásio inquiriu: quantas caixas de vinho Capelinha eu já recebera e passara para a adega de Calá e Auta Rosa, decerto o carregamento de um caminhão.

Fui obrigado a confessar a triste verdade, nem um caminhão de engradados nem sequer meia dúzia de garrafas de consolação, os proprietários da indústria não eram meus leitores e, se por acaso souberam da referência ao produto, consideraram que sendo casamento de gente de pouca distinção, sem fidalguia, sem notícia nas colunas sociais, a citação não promovia as vendas. Saí do casamento de cabeça baixa, um tanto constrangido.

A sorte é ter-se modificado a situação da família Calasans Neto, a clientela do artista cresceu e cresce, *Deo gratia*! Já o intitulam "nababo da gravura", o gosto da sra. Rosa aprimorou-se, hoje só se bebe no solar de Itapuã néctares franceses e alemães, quando convidam Myriam e Carlos Fraga, Elcy e Jorge Lins Freire,[2] os anfitriões abrem champanhe Cristal — lá se vai de graça a propaganda. Quem sabe receberei umas garrafas.

Xi-An, 1986.
MERCADO

SOTERRADOS DURANTE SÉCULOS, os exércitos de terracota, guerreiros montados em cavalos, homens e bestas em tamanho natural, quantos não sei, serão milhares, nem os chineses sabem pois não completaram ainda as escavações. Vem gente do mundo inteiro para ver, não pode existir nada de mais impressionante, só a muralha da China se compara ao desfile gigantesco. Emudecemos, demoramos a ver para poder contar, Zélia fotografa o tempo todo.

---

1 Ildásio Tavares, escritor, dublê de poeta e romancista.
2 Jorge Lins Freire, político; Elcy, sua mulher.

Duas noites seguidas conseguimos sair do hotel às escondidas de nossos acompanhantes chineses, designados pelas autoridades do governo e do pecê para zelar pelo conforto e garantir a segurança dos hóspedes brasileiros: recolheram-se cedo, foram dormir, a visão dos exércitos é deslumbrante e tremenda.

Vagabundeamos pela cidade, deparamos com o mercado, misto de feira livre e circo pobre, a festa da comida popular, maravilhosa, a mais maravilhosa. A feitura do macarrão, espetáculo de malabarismo, o saltimbanco que suspende a massa no ar, a estende e a encomprida, é um prodígio. Jamais nenhum de nós comeu tão bem, mãos e beiços lambuzados.

Estamos a família toda, Zélia, João Jorge e Rízia, Paloma e Pedro, viajar com os meus para mim é o máximo, o que de melhor pode me acontecer. Demoramos horas de barraca em barraca, comemos tudo que nos propõem, é barato demais e por demais gostoso. Arroz de Cantão feito sob nossas vistas, ao escrever estas linhas sinto-lhe de novo o gosto: bom demais, fartamo-nos.

Na segunda noite um dos intérpretes nos viu sair, sorrateiro nos acompanhou de longe até o mercado, voltou correndo ao hotel para avisar ao chefe. Vieram todos, eram sete responsáveis, queriam porque queriam nos conduzir ao hospital para exames de saúde, a comida podia ter-nos feito mal, comida grosseira destinada ao estômago do povo: os ideólogos, os intelectuais em geral, aqui e lá, fazem porca ideia do povo. Tive de ser impositivo para evitar o pior, consegui.

Nossa estada em Xi-An foi abreviada, fugir ao controle tornou-se mais difícil. Ainda assim em Shangai escapamos após o jantar, varamos a noite nas ruas da cidade, apesar de não existir prostituição na China conforme nos garantiu o dirigente, vimos as putas no cais com os marinheiros.

Ilhéus, 1929.
HUMILHAÇÃO

BRIGÁVAMOS NO BATACLAN, O CABARÉ PEGAVA FOGO, todas as noites na disputa do xodó das raparigas de casa posta pelos coronéis do cacau, de um lado a banda dos cometas, os caixeiros-viajantes, nação de chapéu palheta, cabelo de topete à Epitácio Pessoa, paletó almofadinha, bons de valsa e tango, do outro a banda dos estudantes em férias, frangotes a cantar de galo nas regalias de filhinhos de papai. Por um dá cá aquela palha a competência degenerava em conflito, pancadaria grossa. Certa noite deram um tiro no pé de Zequinha Adami: "Meu pai me acuda que me mataram!". Por muitos anos exibi nas costas da mão direita os cortes de navalha do cometa dublê de capoeirista: no brilho da arma eu elevara a mão para defender o rosto.

Magro gabiru, magérrimo, usava bigodinho, o cabelo no lustre da brilhantina, recente don-juan de pensão alegre, apaixonava-me, cometia versos livres, não sabia contar as sílabas nem rimar: "Teus lábios de carmim, teus seios de coral, teu ventre de bilha enluarada..." as raparigas, românticas e carentes, adoravam. Nós, os estudantes, na petulância da adolescência, no arroto da valentia — em Ilhéus a coragem era a virtude maior, a principal — ameaçávamos a hegemonia dos caixeiros-viajantes que iam de cidade em cidade vendendo os estoques das firmas da capital, arrebatando corações, castigando xibius. Nas noites do Bataclan nos enfrentávamos, apanhei bastante.

Louco de jogar pedra e catar caco de vidro, numa das brigas encarei e desafiei um caixeiro-viajante de estatura desmedida, um golias, peito de armário, mãos descomunais, devia ser campeão de luta livre, encarei e desafiei: venha se é homem. Ao escutar o desaforo, me mediu, molecote atrevido, recém-desmamado, apertou-me a cabeça entre suas mãos, tenazes colocadas sobre minhas orelhas, sem esforço elevou-me no ar, aproximou meu rosto de sua caratonha, ordenou-me: "Vá pra casa, menino". Abriu as mãos, soltou-me, caí de bunda, ai a humilhação! Antes tivesse me dado um tiro (no pé).

Nova York, 1971.
OS RACISMOS

CONVIDADOS DE HARRY BELAFONTE, participamos, Zélia e eu, do jantar anual da Academia de Artes e Letras Negras dos Estados Unidos, no Waldorf Astoria Hotel, em Nova York, única ocasião em que tive de vestir smoking durante sete meses de estadia nos Estados Unidos.

Experiência emocionante, honraria alvissareira, somos apenas oito brancos (em meu caso, branco baiano) em meio aos mais expressivos representantes negros da cultura norte-americana em sua amplitude e em sua limitação, mais de quinhentos militantes antirracistas levantados contra a discriminação que persegue e assassina. Viera de acontecer em Attica, prisão onde os negros cumprem pena, o massacre, o ódio desatado.

Surpresa de ouvir meu nome pronunciado na tribuna: Katherine Dunham, a dançarina, fala sobre o que viu e aprendeu no Brasil, a luta singular do povo brasileiro. Emociono-me de novo durante a homenagem prestada a Paul Robeson, amigo e companheiro, faço parte dos fundadores do Memorial que recorda sua presença no combate. O filho do cantor vem até a mesa dos Belafonte conversar comigo, lembramos Paul em Moscou, em Paris, em Praga, voz dos discriminados.

Apesar de saber da força e da violência da luta dos negros norte-americanos na defesa de seus direitos, espanta-me o radicalismo dos discursos. A hora é de intransigência e de revide, o massacre na prisão repercute na sala, a emoção atinge o auge quando a mãe dos Jackson, os irmãos assassinados em Attica, órfã de seus filhos, sobe à tribuna e denuncia.

Entendi como jamais que a violência conduz à violência, constato a cada dia, durante esses meses que, nos Estados Unidos, os racismos se entrechocam, o branco, o negro, o judeu, o latino, o grego, tantos mais. Existem norte-americanos antirracistas, são milhões lutando contra o preconceito de raça e de sangue, mas a filosofia de vida ianque é racista, está presente a cada momento. Exatamente o contrário do Brasil onde existem, sem dúvida, centenas de milhares, talvez milhões de racistas, mas onde a filosofia de vida é antirracista, o povo brasileiro é a negação do racismo. Digo o povo, não incluo as chamadas elites.

Acho difícil que alguém tenha escrito tantos prefácios, tantas apresentações para catálogos de artistas, tantas opiniões sobre filmes brasileiros, quanto esse vosso criado às ordens, às ordens de todos os que me pedem um elogio. Se me pedem, por que negar, que custa fazer um elogio, não sinto pejo em fazê-lo, é tão grande o prazer que se proporciona, brilham os olhos do favorecido, o sorriso nos lábios, a alegria, ele está de acordo com a opinião entusiasta, acha que entendemos de literatura, de pintura, de cinema. Se assim é, por que negar o pedido feito pelo companheiro de jornada?

Não sou crítico literário, Deus me livre e guarde, nem crítico de arte, muito menos de cinema, não me cabe responsabilidade, posso dizer e afirmar tudo quanto queira. Nos meus prefácios todo romance é obra-prima, os poemas marcam época, fazem escola, os quadros da exposição deslumbram pela cor e pela técnica, os filmes de nossos diretores são dignos de Eisenstein, de Fellini, de Orson Welles, de Pudóvkin. De Pudóvkin, não, deixemo-lo fora disso, fomos amigos, jantei com ele em casa de Símonov na véspera de sua morte, estava feliz com o último filme que realizara, pela manhã foi jogar tênis, caiu morto na quadra, a raquete na mão.

Pior é quando além do prefácio o jovem autor quer que lhe arranje editor, se eu não o conseguir insinua que, no medo da concorrência, saboto-lhe a estreia. Ou quando o pintor, agradecido, envia-me um quadro de presente e exige vê-lo pendurado na parede da casa da rua Alagoinhas. Glauber mandava em mim, abusava, exigia uma frase de bom calibre para o primeiro filme do rapazola: "Tem talento e ainda por cima é baiano, uma palavra definitiva para a película de sicrano, o nosso Godard, nada fica a dever ao francês, um pequeno artigo para consagrar de vez um amigo genial e incompreendido". De acordo, digo a Glauber, escreva você mesmo a frase, o artigo, a palavra consagradora, eu assino:

— Com uma condição, não ter que assistir ao filme.

Quem disse! Glauber escrevia, eu assinava, o diretor vinha me buscar para a projeção, Glauber escondia o riso ao me ver marchar para o sacrifício.

Bahia, 1943.
O PEDIDO DE CASAMENTO

DURANTE O DIA A AGITAÇÃO POLÍTICA, durante a noite a boemia, Wilson Lins e eu inseparáveis, unha e carne.

A azáfama no jornal, *O Imparcial* que o coronel Franklin[1] comprara dos integralistas, transformara em órgão de combate ao Eixo nazifascista. A gazeta nos tempos dos galinhas-verdes fora dirigida por Mário Simões e Mário Monteiro, diretor de redação e diretor financeiro, mereceram epigrama de Pinheiro Viegas, nunca jamais ninguém usou a arma baiana do epigrama com tamanha exatidão, pontaria tão certeira, como fez Viegas: "Mário Simões bis Monteiro/ Remontaram o *Imparcial*/ São quatro mãos no dinheiro/ São quatro pés no jornal".

Após a virada da camisa, Wilson e seu irmão Teódulo dirigiram *O Imparcial*, Wilson na redação, Teódulo no caixa. Wilson e eu redigíamos as matérias políticas, Edgard Curvelo punha acento e pronomes em nossas ousadias, compunham a redação Lafayete Coutinho, Acácio Ferreira e um sobrinho de Wilson, Napoleão de nome e de esperteza, foca para todos os serviços, possuía cabeça descomunal, fora de todas as medidas. Quando ele passava perto, o bom Waldomiro já nas alturas — começava a beber ao acordar do porre da véspera — batia-lhe um tapa na cabeçorra, explicava: "Penso no que minha irmã sofreu para parir esse macrocéfalo!". Teódulo, sóbrio e responsável, buscava controlar nossos excessos, embrião do político que viria a ser, parlamentar exímio nas conversações de bastidores, acordos obtidos nos corredores do Congresso.

Pela tarde, rotina quase quotidiana, no largo da Sé, na praça Municipal, no Campo Grande, os comícios: por baixo do pano da guerra, do apoio às

---

[1] Coronel Franklin Lins de Albuquerque, industrial e fazendeiro.

Nações Unidas, o veneno da denúncia do Estado Novo na oratória de sotaque e sutileza. Wilson e eu éramos habitués dos palanques antifascistas, com Edgard Mata, Giocondo Dias, Luiz Rogério, João Falcão, Fernando Santana, bons tempos aqueles, comandávamos a Bahia.

Pasquineiro temido, mestre dos mestres da crônica, de Ruy Espinheira Filho, Luiz Henrique, Armando de Oliveira, Ademar Gomes, Oleone Coelho Fontes, José Berbert, Guido Guerra, na imprensa baiana a crônica floresce, Wilson escrevia os editoriais do jornal, eu redigia um texto diário, assinado, Hora da Guerra, juntos, ele e eu, fazíamos metade da gazeta. O melhor da folha no entanto era um alto de página não maior de dez ou doze linhas, grifo em uma coluna sob o título de José, o Ingênuo. Inventáramos dois personagens que fizeram época: além do crédulo José, baseado em nós mesmos, e João, o Sabido, cópia de intelectualoide dublê de latifundiário, magnata dublê de comunista. Havia quem adquirisse o jornal somente para ler a *boutade*, a gozação, a farpa, a risada de José e João, o ingênuo não tão ingênuo, o sabido um tanto tolo.

Um dia, nos começos de 1943, redigimos, Wilson e eu, editorial que provocou escândalo e quase fecha O Imparcial: propúnhamos o estabelecimento de relações diplomáticas entre o Brasil e a União Soviética, se estávamos juntos nas trincheiras da guerra contra o Eixo, por que continuar na política de avestruz, a cabeça enfiada no chão para não enxergar a realidade, por que desconhecer a União Soviética, tê-la de inimigo quando éramos aliados? Acontece que éramos aliados, sim, porém continuávamos inimigos, o tabu persistia, a interdição, a censura: os fascistas no governo, muitos e poderosos, não admitiam que se pensasse, quanto mais reclamasse relações diplomáticas com o Império do Mal que, esperavam eles sem ousar dizer, Hitler estava em trem de destruir. O editorial desencadeou o fim do mundo, estabeleceu-se o juízo final, não fossem os bons ofícios de Jorge Calmon o jornal teria sido fechado. O coronel Franklin não soubera do editorial antes da publicação, não fora ouvido pelos temerários certamente temerosos de seu veto, não teve porém um segundo de vacilação, assumiu a responsabilidade, declarou alto e bom som: "Fui eu quem deu ordens para escrever". Era assim o mandatário do sertão do São Francisco.

Durante o dia a política, a guerra, a luta antifascista, à noite o burburinho. Noite alta quando deixávamos a redação, partíamos para a esbórnia, o cabaré, o jogo, o tango *arrabalero*, as senhoras putas. Wilson, boêmio sem termo e sem medida, chefiava uma caterva de valdevinos: Mirandão, Vadinho, Giovanni, Clóvis Amorim, Mirabeau Sampaio. Ceávamos nos castelos, comia-se do bom e do melhor, bebia-se cachaça e cerveja, o uísque ainda não estava em moda. Tão inconsciente e incorrigível era Wilson a ponto de ter ido na noite do dia seguinte ao do casamento de Mirabeau com Norma buscar o companheiro de farra: "Está na hora das putas, Mirabeau, venha logo". Norma o expulsou:

— Fique sabendo que para Mirabeau só existe agora uma puta, sou eu, sua mulher, as outras ficam todas pra você.

Íamos às nacionais e às estrangeiras, as portenhas, xodós, paixões violentas, Wilson ameaçava a argentina com o revólver, filho do coronel Franklin tinha fama de truculento, sanguinário, era pomba sem fel, nunca puxara do gatilho, não sabia atirar. Ameaçava com o revólver e com o corte das mordomias, a fama da generosidade de Wilson corria no sul do continente, as cabronas vinham de Buenos Aires, de La Plata, de Montevidéu e Punta del Este atrás do perdulário. Cantavam no Tabaris, prima-donas na medida da aposentadoria, arriscavam fichas nas salas de jogo, nos educavam no sessenta e nove e em outros refinamentos da civilização do rio da Prata.

Não nos restringíamos às profissionais, gastávamos as amadoras, numerosas, filhas de família, patriotas das Nações Unidas, combatentes da Bebecê, referência válida tanto para a cadeia inglesa de rádio que transmitia as últimas notícias do front quanto para a confraria de boca, boceta e cu, formada pelas meninas que davam de graça aos literatos e aos antifascistas, bravas combatentes da causa sagrada, nem por nacionais, jovens e de boa família, menos capazes que as preclaras argentinas e uruguaias — paraguaia conheci apenas uma, mestiça de índia guarani, valia dez castelhanas de sangue azul. Havia um séquito de judias, estudantes nas faculdades e na sinagoga: denunciávamos o antissemitismo na tribuna dos comícios, nas colunas dos jornais pregávamos a comunhão das raça, flertávamos as meninas das tribos de Israel.

Nas areias de Mar Grande, em fins de semana, diante do oceano, despíamos Maria do Cabula, quase cunhada de Wilson por teúda e manteúda de Teódulo, comigo não tinha parentesco e Wilson não cultivava preconceitos de afinidades familiares. Fosse na praia, fosse no consultório de Mirabeau, Maria do Cabula se fazia acompanhar por uma corriola de amigas, cada qual mais cativante. Uma delas, funcionária pública, feia de cara, ótima de corpo, noiva e virgem, habitué do consultório de Mirabeau, gostava de tomar na bunda diante das janelas que davam para o mar e a cidade baixa, dali avistava a matriz do banco onde o noivo labutava de escriturário. Na hora do enrabanço debruçava-se na janela, arrebitava as ancas, ao sentir a estrovenga penetrar, gritava em direção ao futuro esposo: "Tou tomando no cu, seu corno!". Com o que atingia o orgasmo, o delírio, esqueci-lhe o nome, será que Wilson ainda se lembra?

Assim de luta política e devassidão se compunha nossa vida, defendíamos com coragem o direito do homem à liberdade, à democracia, e o fazíamos na descontração, não posávamos de heróis e não tínhamos ambições, nos divertíamos — e como! Wilson, Giovanni, Mirabeau, os três mosqueteiros, o quarto era eu, tínhamos dos mosqueteiros o desprendimento, a audácia e a fantasia, o amor à aventura.

Eu passava diariamente na redação às onze horas para estabelecer com Curvelo o espelho da edição, Wilson aparecia somente à tarde, não se levantava do leito rio-platense antes do meio-dia. Assim me surpreendi certa manhã ao encontrá-lo no jornal à minha espera, madrugara e estava nervoso. Levou-me ao gabinete onde o coronel Franklin costumava despachar assuntos da indústria de cera de carnaúba e dava instruções aos jagunços: de quando em quando um desatinado levava uma surra de facão na noite da falta de juízo — pisara nos calos do coronel. Devo dizer que as surras eram raras e, conforme pude constatar e posso testemunhar, todas merecidas. O executor, um sertanejo magro e desdentado, de voz mansa, doce criatura, habitava na oficina do jornal, viera de Pilão Arcado, especialista em bater sem deixar marcas.

Fechada a porta, Wilson acendeu o cigarro, nem apagara o outro posto no cinzeiro, me disse: "Tu vais me fazer um favor, um grande favor. Hoje não é o dia de teu almoço lá em casa?". Todas as terças-feiras eu almoçava em casa do coronel com ele e dona Sofia, sua esposa, compunha a mesa uma sobrinha, filha de irmã falecida do velho Franklin, sua pupila. Por vezes um dos filhos, Franklin Júnior, Teódulo ou Waldomiro nos fazia companhia. O motivo do almoço semanal era tão somente o trato da amizade, nenhum outro, o coronel me tinha em grande estima. Tão grande que, detestando o comunismo e me sabendo membro do pecê, ao se referir à minha posição política dizia-me "russista" por não querer me ofender classificando-me de comunista, era homem atento e delicado.

Um gigante na estatura e na conduta, chefe sertanejo de presença definitiva no São Francisco, comandante de jagunços, senhor de Pilão Arcado, seus galões de coronel provinham da campanha em que se empenhara à frente de tropa de cangaceiros, os combates contra a coluna Prestes, ele a perseguira até vê-la cruzar a fronteira com a Bolívia. Não admitia que se falasse mal de Prestes em sua frente, combatia-lhe as teorias marxistas, tinha admiração pelo chefe militar. Tamanho homem, de fama tão considerável, rico e poderoso, junto à dona Sofia manso cordeiro. Roceiro analfabeto quando a conhecera professora primária, com ela se casara, fora ela quem lhe ensinara a ler e a escrever.

— É hoje, sim. Tu vais comparecer? O coronel e dona Sofia vão ficar contentes, reclamam sempre tua ausência.

— De jeito nenhum. Hoje tu vais me representar. — Wilson cheio de dedos, quase gaguejava.

Por fim se explicou. Ele e Anita, a sobrinha, a pupila do coronel, estavam de namoro há algum tempo, queriam se casar, Wilson não se atrevia a falar do assunto ao pai, o coronel levava a peito seu compromisso de tutor: a felicidade da sobrinha, seu futuro, queria para ela noivo abastado e sério, homem de comportamento irrepreensível, capaz de lhe dar o lar que Anita merecia, o oposto de Wilson, Wilson o sabia. Temeroso da reação do coronel recorria a meus préstimos, eu tinha prestígio, gozava da confiança do casal. Aceitei a prebenda, amigo é para as ocasiões difíceis, para desatar nó de marinheiro.

Na mesa do almoço — a comida sertaneja de se repetir e pedir mais — apenas o Coronel, dona Sofia e a própria Anita: espichava-me uns olhos cúmplices, mais corajosa que o namorado. Ao fim do rega-bofe anunciei ao casal que tinha assunto da maior seriedade a conversar. "Da maior seriedade?" Diante de minha afirmativa o Coronel deu ordens para que abrissem a sala de visitas, ampla, com piano de cauda, de marca americana Steinway, na família ninguém tocava, os móveis negros, pesados, de luxo, vestidos com capas de algodão para que não se estragassem. As salas de visitas dessas casas ricas só eram abertas em ocasiões solenes, para receber visitas importantes, para o trato de assuntos de relevância. A sala de visitas do coronel Ramiro Bastos em *Gabriela* não é outra senão a do coronel Franklin, na Lapinha.

Sentamo-nos os três, a voz grave, anunciei: vim aqui, hoje, pedir a mão de vossa sobrinha Anita, vossa pupila, em casamento.

Sabendo-me casado, mesmo estando separado, o coronel estremeceu nas bases, dona Sofia manteve-se serena: "Hem? Em casamento? Que quer o amigo dizer?". De imediato esclareci para acalmá-lo: não para mim, é claro, é para um amigo meu, faltando-lhe coragem para vir em pessoa pediu-me para lhes transmitir seu desejo de ser o esposo de Anita. "Quem é o indivíduo? Que garantia nos dá de que fará Anita feliz? Tem condições de constituir e manter família? Para minha pupila não é qualquer um que serve."

Disse que o candidato, sendo filho de pais ricos, possuía de seu apenas emprego num jornal. "Jornalista?" — o coronel torceu o nariz, dona Sofia nem tugia nem mugia. Ouça, coronel, não quero lhe enganar, mentir a respeito do fulano só por ser meu amigo, o cara não é lá essas coisas, pelo menos no que se refere à moralidade. Diverti-me traçando um quadro negativo se bem veraz do dia a dia do candidato: boêmio, vivia na perdição da vida noturna, dado aos jogos de baralho, desatinado apostava em par de oito na mesa de pôquer, frequentes casos com mulheres de deplorável condição, bebia, tendo sido integralista virara a casaca para a esquerda, não queria saber de outra profissão senão a de escrever, já publicara livro, ameaçava com outros, como partido eu próprio concordava que não era dos melhores. O rosto do coronel se ensombrecera: "Diga-me o nome do atrevido!". Vai dar ordens ao executor, ao habitante da oficina, pensei e ri por dentro.

— O indigitado chama-se Wilson Lins e é vosso filho.

Na aparência o Coronel não se abalou, ficou calado durante alguns segundos, o olhar perdido, decerto pesando consequências, estava em jogo a felicidade do filho e da sobrinha bem-amados, deve ter concluído que tal casamento poderia significar a salvação de Wilson. Voltou-se então para dona Sofia: "Sabias disso?". Ela confessou que desconfiava. "E Anita, o que é que ela pensa?" Levantou-se, era um gigante, andou para a porta de comunicação, a mão no ferrolho de ferro cinzelado, abriu a porta num repelão, chamando: "Anita venha cá, Anita". O ouvido colado à fechadura, Anita desabou na sala:

— Padrinho me chamou?

Sou bom casamenteiro, de enlace mais feliz não sei, sei de uns poucos iguais na compreensão e no amor, o meu e de Zélia, por exemplo.

Fronteira Portugal x Espanha, 1976.
DIFERENÇAS

VAMOS NO RUMO DA ESPANHA, SOB O SOL DO VERÃO, a família toda. Comentamos as diferenças de caráter e costumes entre os dois povos da península, a melancolia portuguesa, a dramaticidade espanhola.

Lemos nos muros slogans ainda numerosos, restos da profusão com que a liberdade encheu as paredes nas cidades e nos campos após a Revolução dos Cravos. "O sol raiará para todos", escrevera o anarquista, alguém, cético, rabiscou embaixo: "E nos dias de chuva?" Rimos, a polêmica é cortês: gente amorosa a lusitana gente.

Atravessamos a fronteira e logo adiante, numa aldeia, a declaração ocupa toda a murada de um terreno plantado de hortaliças: "*Te odio, te odio y te odio!*". A quem será dedicado tanto ódio, três vezes repetido e ponto de exclamação? Estamos na Espanha, a violência e o desforço substituem a cortesia: nos slogans as diferenças de caráter e de costumes.

Londres, 1969.
O CADERNO DE DESENHOS

QUANDO NORMA MORREU, EM 1968, estávamos em Londres — Nancy, Carybé, Zélia e eu —, hospedados em casa de Zora e Antonio Olinto.

Ao receber a notícia Carybé foi à papelaria em frente, adquiriu um caderno de estudante, lápis variados, começou a desenhar página a página até a última, mais de cem desenhos, cenas de Londres, cenas da Bahia, no silêncio da sala a ausência da amiga, aquela que não se podia comparar com nenhuma outra. Carybé assinou e datou cada um dos desenhos, meteu o caderno num envelope acolchoado, tocou-se para o correio, despachou o pacote para Mirabeau àquela hora sofrendo as penas do inferno, órfão de Norma, esposa, mãe e companheira.

Passaram-se anos, um dia Mirabeau trocou quatro ou cinco desenhos do caderno por mesa e cadeiras holandesas encontradas na Galeria Renot. Na Galeria Renot, segundo Odorico Tavares, podia-se encontrar e adquirir fosse o que fosse: além de arte baiana, antiguidades, potes de caviar russo, vinhos franceses, o que se procurasse, inclusive modelos para pintores (ou amadores), mulatas autênticas, ali Di Cavalcanti se abastecia quando na cidade. Negócio feito, Renot colocou os desenhos em *passe-partout*, os enquadrou e expôs à venda. Carybé, ao vê-los pendurados na parede da galeria, dirigiu-se ao proprietário:

— Esses desenhos, Renot, o que quer dizer isso?
— Desenhos seus, eu os consegui, custaram-me caro.
— Meus? Engano. Não são meus coisa nenhuma.
— Como não são seus? Troquei-os com Mirabeau por...
— Com Mirabeau? Está explicado, são desenhos dele, como você sabe Mirabeau desenha muito bem e imita minha assinatura na perfeição. Apenas não são meus, não os coloque à venda como obra minha, eu seria obrigado a denunciar a fraude.

Tomado de indignação, Renot partiu para a casa de Mirabeau, clamando aos céus. Chegou aos berros, falando em roubo, Mirabeau o pôs porta afora:

— Fora daqui, depressa, antes que eu lhe dê um tiro, seu filho da puta. Chamar-me de ladrão! Ladrão é a puta que o pariu!

No vão da porta, rindo de morrer, Carybé: "Quem mandou negociar os meus desenhos?".

Bahia, 1964.
LA PAZZA

O FÍSICO MARCADO PELA IDADE, andar vacilante, as costas curvas, Ungaretti conserva a picardia da juventude, chega à sala pelo braço da namorada, estudante de literatura, recém-saída da adolescência. Com o mestre e a discípula viaja a avó da moça — para garantir-lhe a virgindade? Pelo jeito o empenho é necessário, em estado de poesia Ungaretti revolteia em torno à jovem, mão boba e galanteio, parecem personagens de um conto de Bocaccio, a Renascença italiana acontece na cidade mestiça da Bahia, por que penso em Botticelli?

Minhas relações de amizade com Ungaretti vêm do tempo de sua cátedra no Brasil, antes dos anos 40, ele acompanhara com interesse a literatura brasileira, estimulara o romance de 30, de regresso à Europa não esqueceu a experiência do trópico.

Levo o poeta, a musa e a avó a comer no Mercado Modelo, o antigo, o que pegou fogo. Ungaretti se regala: a brisa do mar, a visão dos saveiros, a moqueca de siri-mole, a pimenta-de-cheiro, o caldo de lambreta, afrodisíaco, dizem, digo-lhe. Ri o riso do Mediterrâneo, da Renascença, depravado: "É do que ando preciso", me responde. Aponta a estudante, a viração agita-lhe os cabelos, suspende-lhe a saia leve, mostra no cais as coxas da *ragazza*. Ungaretti explica-me o enredo: "É *pazza*, tanto rapaz no mundo, garanhões, a *pazza* os desdenha por um velho bardo". Eu me pergunto se será loucura ou se será sabedoria, a ítalo-paulista se dá ao luxo do poeta famosíssimo, a astúcia da poesia a fascina mais que os bíceps, não há robustez de galã que se compare à língua de mel e fogo de um bardo renascentista, à mão que desenha arabescos na bunda da *pazza* ao vento. O azeite de dendê escorre dos lábios da avó, um saveiro sob o sol cruza o forte do Mar.

Bahia, 1991.
Me-ufanismo

OCORRE-ME GABAR ESSA OU AQUELA circunstância brasileira, busco razão, motivo seja qual for para repetir o título do livro do conde Afonso Celso, *Porque me ufano de meu país*. O me-ufanismo, pobre dele, hoje anda por baixo, não somente ignorado como posto em ridículo, tão triste se nos apresenta a realidade de miséria, fome e consequente violência, dos assassinatos quotidianos de crianças, da destruição da natureza, das epidemias — vamos parar por aqui, a relação além de trágica é infindável.

Por isso mesmo vale lembrar aquilo ou aquele que nos dá motivo de ufanismo, existem muitos, inúmeros, encobertos sob o lixo das mazelas. Vou buscar exemplo na televisão, tudo de péssimo se diz da televisão brasileira, pois bem: diante do vídeo no mesmo dia assisto a programas de Chico Anysio e de Jô Soares, inflo de orgulho patriótico. Não sei de televisão em qualquer parte do mundo, as cadeias mais cultas da Europa, as mais ricas dos Estados Unidos, que possua criadores da qualidade, da imaginação, da inventiva dos dois humoristas brasileiros, realmente mestres.

Jô Soares, Chico Anysio, únicos, não se parecem a nenhum outro em nenhuma parte, não imitam, não copiam, são criadores originais, cada um sua originalidade, são brasileiros, não são papel-carbono dos gringos. Chico e Jô, cada qual pariu a população de um microcosmo, retrataram a unidade e a multiplicidade do Brasil, nas deficiências e nos acertos, na inteligência e no analfabetismo, na velhacaria e na ingenuidade, no muito que existe de melhor e naquilo que existe de pequeno e de mesquinho.

Encheria páginas escrevendo nomes de personagens, descrevendo tipos: os tiques, as falas, as singularidades da figura e do caráter, os habitantes numerosos, os de *Chico City*, os de *Viva o Gordo*, são o nosso povo. Os dois mestres humoristas esbanjam talento, compreensão e solidariedade, sinto-me me-ufanista, respiro inteligência e confiança, sou patrício de Chico e de Jô, posso esquecer o podre e o sujo.

Lisboa, 1987.
O HOMEM E O ROBÔ

INTELECTUAL, POLÍTICO DE PENSAMENTO TÃO DOGMÁTICO, preso às malhas da ideologia, entrincheirado na fidelidade leia-se obstinação, na irredutibilidade leia-se apego ao poder, Álvaro Cunhal, comunista histórico, irremovível, mereceu sempre de seus adversários, inclusive dos mais raivosos, o reconhecimento de qualidades positivas: coragem, honestidade, inteligência, firmeza. O que diz bem do cidadão.

Da pessoa humana revestida com a farda de secretário-geral, porém, pouco se sabe, comunista não tem vida privada: uma das leis da estupidez a fazer do ser de carne e sangue o robô de aço, como sabeis stálin significa aço.

Por ocasião das comemorações do centenário de nascimento do pai de Álvaro Cunhal, o advogado, homem de letras e pintor Avelino Cunhal, leio no *Jornal de Letras*, do Zé Carlos, página do filho dirigente comunista sobre o pai burguês, tenho grata surpresa: o pequeno texto só é pequeno no tamanho, um grande, belo e comovente texto, de exemplar dignidade. Álvaro Cunhal fala do pai com reconhecimento e saudade, louva-lhe a condição de homem livre, a generosidade, a honestidade, a isenção, "os traços fundamentais do pensar, do caráter, do procedimento" mas não se reduz ao louvor do cidadão, recorda-o com ternura e amor filiais, refere--se à "felicidade de ter tido um pai assim". Surpreso me alvoroço, corro a ler o texto para Zélia. Volta-me a recordação do jovem revolucionário português, fugido da cadeia, com quem conversei uma única vez, em Paris, no Hotel Saint-Michel, nos idos de 1948. Depois só tomara conhecimento do sectário, só presenciara o dogmático.

Eu sabia que o amor supera e vence a morte, assim aprendi ao contar a história de dona Flor e seus dois maridos. O texto do camarada de repente descido do pedestal me ensinou que o amor supera e vence também a pequenez da vida, faz desabrochar a rosa em terra sáfara, brotar a nascente de água no deserto.

Despido da farda e da intransigência, liberto da impostura e da intrujice, o secretário-geral desce da estátua, deixa de exibir-se insensível robô do partido, filho da seita, ei-lo de novo um ser humano, de carne e sangue, filho de pai e mãe.

Rio de Janeiro, 1934.
ERICO

A INDÚSTRIA EDITORIAL MODERNA começou a existir no Brasil com Monteiro Lobato, como é sabido, na década de 20. De início a seu lado, Octalles Marcondes levou avante os projetos de Lobato, fundou a Editora Nacional, tão importante para a edição de livros e para a literatura quanto a Editora José Olympio. Personalidade aliciante, José Olympio permanece como símbolo e referência, mas Octalles, discreto, retraído, nada fica a lhe dever em importância.

Colecionador de móveis antigos, reservado porém cordial e solidário, sabia cercar-se de colaboradores de alta qualidade, vale citar Fernando de Azevedo e Anísio Teixeira — com Anísio foi de solidariedade a toda prova nas aflições de dezembro de 1935. Na década de 30 as relações públicas da Nacional estavam em mãos de Moacyr Deabreu, autor de um único livro mas de relacionamento e prestígio amplos no meio literário. Penso ter sido Moacyr quem inventou o prêmio instituído em 1934 por Octalles para romances brasileiros inéditos, o livro premiado seria editado pela Nacional. A organização ficou a cargo do *Boletim de Ariel*, a revista de Gastão Cruls e Agripino Grieco.

Literato fanático, eu não desgrudava da redação do *Boletim*, colaborador permanente, cupincha dos diretores, a par de quanto se passava, do prêmio sabia tudo. Sabia quais os candidatos com possibilidades e como se distribuíam os votos do júri constituído por eminências: Gastão Cruls, Monteiro Lobato, Gilberto Amado, Agripino Grieco — Moacyr Deabreu representava a editora. Gastão era voto de *Marafa* de Marques Rebelo, Grieco preferia *Totônio Pacheco* de João Alphonsus, Monteiro Lobato sustentava *Música ao longe* de Erico Verissimo.

Dei conta a Erico da situação, naquele então nos escrevíamos cartas semanais, vou cantar o voto do Gilberto para você, a resposta não tardou. Concorrente com um voto garantido e possibilidade de vitória, Erico me fez saber que entre os originais enviados ao concurso estava os de um romance intitulado *Os ratos*, de autoria de médico gaúcho, naquele momento, por sinal, cumprindo pena de prisão, acusado de comunista — se eu pudesse fazer alguma coisa junto a Gilberto que o fizesse em favor de Dyonélio Machado, assim se chamava o fulano. Na opinião de Erico que conhecia o manuscrito o romance do desconhecido era obra-prima.

A carta despertou meu interesse pelo livro e pelo autor: comunista e preso, credenciais maiores. Na redação do *Boletim* os originais destinados à leitura de Gastão e de Grieco se encontravam num armário, procurei *Os ratos*, encontrei, sentei-me a um canto, devorei o romance. Vibrei de entusiasmo. Sabedor dos votos já enviados e sabendo também que Moacyr não pensava envolver-se, apenas concordar com o decidido, telefonei para Gilberto, fui visitá-lo. Primos, cultivávamos boas relações, Gilberto dizia-se grato a meu pai que o ajudara a formar-se em direito.

Perguntei-lhe se já lera todos os livros apresentados e se tinha candidato em quem votar. Não lera nenhum, nem pretendia ler, me declarou, ali estavam os originais virgens como haviam chegado, não tinha tempo a perder, votaria com Gastão Cruls em cujo gosto e parecer confiava. Contei-lhe então da carta de Erico: apesar de estar no páreo recomendava um desconhecido, o que me fizera ler os originais: romanção, novidade em matéria de ficção brasileira. Consegui interessar Gilberto: "Veja se o descobre aí" — apontou o monte de originais ao lado de uma estante, "se encontrar me dê, vou ler, se achar que o Erico e você têm razão até posso votar nele". No dia seguinte me telefonou: "Livro extraordinário, muito mal escrito mas que romance!". Voto nele.

O prêmio da Editora Nacional foi dividido entre quatro livros, Octalles concordou em editar os quatro, os quatro obtiveram sucesso mas foi o romance de Dyonélio que sacudiu o palanque. Conto a história para que se saiba como era Erico Verissimo, perdeu-se a fôrma de confrade igual à dele, já não se faz hoje em dia.

Bahia, 1985.
JULIO

TOMÁS BORGE ME ESCREVE DE MANÁGUA, pede-me um texto sobre Julio Cortázar, para um livro dedicado ao escritor argentino, *Nosotros te queremos, Julio*, dá-me pressa. Vou para a máquina de escrever com satisfação, tenho pelo homenageado admiração de confrade, estima de companheiro.

Onde e como conheci Julio Cortázar não me lembro, sei, isso sim, da simpatia mútua e de umas tantas proezas que realizamos juntos. A última delas foi um programa de televisão, na Alemanha, denunciando os regimes militares em nossas pátrias da América Latina, os governos da tortura, monstruosidade e vergonha de argentinos e brasileiros. Em seu apartamento de Paris acertávamos os ponteiros de nossos relógios na hora do combate à ditadura. Durante um tempo foi casado com nossa amiga Ugné Karvelis.[1] Falando de Julio, Zélia costumava dizer que no mundo da literatura não existia figura mais bonita e cativante, Julio sofria uma enfermidade rara, não envelhecia aos poucos como toda a gente, aos sessenta anos parecia não ter completado os trinta. Autor de obra literária que levou seus livros a leitores de um mundo inteiro, cidadão de militância e solidariedade, a luta foi seu quotidiano. De literatura e luta falei no texto que escrevi e enviei a Borge.

Poeta e ministro do governo sandinista, Borge acusa recepção, informa que a edição está um tanto atrasada. É natural que assim seja pois a promoção é projeto de poetas. Temo pelo futuro do governo sandinista tantos são os poetas que o compõem, a primeira-dama do país, Rosario Murillo, é poeta de qualidade, publicou coletâneas de poemas, o sectarismo não consegue eliminar a emoção, seu marido Daniel Ortega, presidente, também comete versos, não sei dizer se são bons ou maus, não tive ocasião de os ler. Bom poeta é Cardenal, outro ministro, creio que da cultura, padre da teologia da libertação, padre melancia para usar a expressão de Ibrahim Sued, não é de todo injusta: a batina de Cristo, o boné proletário de Lênin.

[1] Ugné Karvelis, escritora francesa.

Membro do júri do Prêmio Internacional Pablo Neruda — o prêmio se acabou junto com a União Soviética — com satisfação dei-lhe meu voto, sou leitor do poeta Cardenal.

Passa-se o tempo, recebo a visita de um amigo de São Paulo, Gilberto Mansur, diretor da revista *Status*: colaborador antigo, não tenho o artigo que ele reclama para o número de aniversário e não me sobra tempo para escrevê--lo. Gilberto anda pela casa, abre as gavetas, vasculha os papéis, depara com cópia da matéria sobre Cortázar. Pertence aos sandinistas, aviso, suspende os ombros, não quer saber, leva-a consigo, é o que precisa para o número especial.

Na revista, aprecio o texto apresentado com aparato: foto de página inteira do mais belo escritor do mundo, opinião de Anny-Claude, Misette discorda, para ela o mais belo é Jorge Semprún. Para Zélia nenhum se compara a Paul Éluard, esse sim era de fato belo, cada qual seu gosto, quanto a mim estou no páreo dos mais feios e mais deselegantes, acumulo. Releio o escrito, penso ter feito justiça ao escritor e ao combatente, sei que Julio está hospitalizado, meto a revista num envelope, boto o envelope no correio endereçado para Paris, explico que escrevi o artigo para o livro da Nicarágua. Não tarda, recebo carta de Julio, gostou do texto, agradece, fala de Nicarágua e da amizade.

Quatro dias após a alegria da carta leio nos jornais a notícia da morte de Julio. *Nosotros te queremos, Julio*, o livro encomendado pelos sandinistas para homenagear o escritor argentino foi publicado meses depois: coroa com as flores da saudade e do amor, colocada sobre a memória do mais bonito e cativante, do mais solidário escritor de nosso continente latino--americano, o sol se apaga no Rio Vermelho.

Ah, meu apego às coisas velhas, sofro críticas, recriminações. Zélia vem de me dizer: "Já é tempo de jogar no lixo esse par de chinelas, estão feias e inúteis, dificulta-te o andar". É verdade, reconheço, mas são tão cômodas, chinelas novas são desconfortáveis, apertam os dedos, entram mal no pé e, ademais, esse par foi presente de Misette que o trouxe de Cabo Frio ou foi de Angra dos Reis? Não consigo comover Zélia mas vou tapeando, vou enrolando, conservo as chinelas.

Tenho camisas que comprei na Índia no ano de 57, já não as visto pois engordei e já não me cabem, ainda assim as guardo, quem sabe um dia emagrecerei, é duvidoso. Raramente uso gravatas, em troca dão-me muitas de presente, a maioria nem chega a utilizar, passo adiante, mas, quando sou obrigado a usar tal peça, uso sempre as mesmas, cinco ou seis que acho bonitas, combinam com qualquer roupa, penso, engano-me, sou o oposto do elegante. Existe, inclusive, uma colunista em Brasília que se escandaliza com as minhas gravatas, grita de público seu horror, tenho-a em alta estima. Por mais incrível que pareça possuo uma gravata — acho-a linda, em geral não acham — comprada quando o navio Atlantique *veio ao Rio pela primeira vez, no ano de 1930, houve visitação, podia-se comprar nas butiques de bordo, na ocasião contei os trocados e a incorporei ao meu patrimônio, onde persiste.*

Tenho centenas de objetos inúteis, não me servem para nada, não posso viver sem eles. Meu pai, um democrata, jamais criticava os hábitos alheios, por vezes não se continha, comentava com Lalu:

— Nunca vi ninguém botar tanto dinheiro fora em coisas inúteis como Jorge. Não herdou de mim, nem de ti, é engraçado, penso que herdou do Álvaro, que também é esbanjador. Só desejo que não comece a trocar os guarda-chuvas.

Referia-se a meu tio Álvaro Amado, seu irmão caçula, pobre e perdulário, jogador de pôquer, batoteiro, herói a imitar. Esbanjador, sem dúvida, dava-me notas de 1 mil-réis, tio Firmo[1] não passava de um cruzado, tio Fortunato,[2] outra figura singular, de um tostão furado, os três me ensinaram a intrepidez, a inconsequência, a inventiva, coronéis do cacau no risco da vida e da morte. Meu tio Álvaro tinha hábitos que me deslumbravam, o dos guarda-chuvas referido por meu pai era um deles, eu o via sair com o guarda-chuva velho, esperava vê-lo de volta, o riso no canto da boca, o guarda-chuva novo em folha pendurado ao braço. Dia chuvoso, a prática repetia-se: tio Álvaro partia levando o objeto imprestável, onde chegasse — bar, restaurante, casa de amigos, casa de putas — colocava-o no porta-chapéus, ao retirar-se ali o deixava, escolhia em troca o de melhor qualidade e menos uso. Terei saído a ele, como temia o coronel João Amado?

Meu tio Álvaro Amado, tão grande figura, o mais fascinante personagem de minha infância, nunca ousei colocá-lo herói principal de um romance. Quando aparece é sempre em segundo plano: não se mostrava, agia na discrição. Amava as coisas velhas, terno seu durava uma eternidade, saí a ele.

Rio de Janeiro, 1991.
FARDÃO

ENVERGO O FARDÃO, HÁ MUITO QUE NÃO FECHA, quando fui eleito [1961] era esbelto beletrista, a barriga apenas despontava, hoje, trinta anos após, é aquela pança, uso o fardão como se fosse casaca, assim faziam Joaquim Nabuco e Alceu Amoroso Lima, assim o faz Barbosa Lima Sobrinho, ínclitos exemplos.

1 Firmo Ferreira Leal, irmão de Lalu.
2 Fortunato Ferreira Leal, irmão mais velho de Lalu.

Há quanto tempo não o visto? Serviu-me quando participei da comitiva de Sarney na visita a Portugal [1986]: Fernando Santana, João Condé, além de uma dúzia de acadêmicos, em ridículas casacas de aluguel, pavoneio-me de fardão, alguma utilidade terminou por ter. Na Academia serviu-me raras vezes, avesso às sessões de gala fujo às solenidades, mal-educado não compareço à posse dos confrades. Essa é a segunda vez que nele me enfio para receber um colega, a primeira foi para dar as boas-vindas a Adonias Filho, amigos de infância nas roças de cacau, nas ruas de Ilhéus, adversários políticos desde a juventude, ele integralista, eu comunista, fraternos a vida inteira. De Dias Gomes sou amigo, amigo antes de tê-lo conhecido, pois seu irmão Guilherme foi meu colega na Academia dos Rebeldes, o atual acadêmico usava calças curtas. Dessa vez recebo não um adversário e, sim, um correligionário da esquerda, a luta reforçou ainda mais nossa amizade; somos compadres, não carregamos preconceitos: Zélia e eu, ateus, batizamos a filha do outro ateu.

Quando ele me telefonou convidando-me para saudá-lo no dia da posse eu preveni com lealdade: estás cometendo um erro, compadre, sou incapaz de fazer a análise que tua obra merece e reclama. Por que não convidas um papa da crítica literária — tens dois na pequena bancada baiana, Afrânio Coutinho e Eduardo Portella e, nas fileiras da esquerda, nosso mestre Antônio Houaiss que pelo saber e pelas virtudes merecia ser baiano. Não aceitou meus argumentos, tive de envergar o fardão e mandar brasa.

Alegrou-me o coração fazer o elogio do dramaturgo, o do palco e o da televisão, criador de tantas figuras que reunidas são o povo brasileiro, louvar o cidadão cuja vida decorreu na luta por uma sociedade melhor, mais justa, mais digna para esse povo do qual é filho e pai ao mesmo tempo. A obra de Dias Gomes é uma dessas poucas que se incorporam à criação anônima da gente brasileira. Zé do Burro não é apenas personagem de peça de teatro, de filme de cinema, é símbolo e referência. Os heróis de suas peças deixaram de lhe pertencer, sua criação virou domínio público, bem de todos, patrimônio nosso. Glória maior não pode desejar um escritor.

Ressaltei em meu discurso a importância da dramaturgia televisiva. Sendo um de seus criadores, dos maiores, sem dúvida de todos o mais popular, com ela Alfredo presta serviço ao povo, fonte de sua inspiração, com a mesma lealdade e paixão com que o serve nas peças levadas à cena nos teatros. Apenas com a televisão alcançou um público imenso, pôde influir sobre milhões, ampliou as fronteiras de seu combate. Sua novelística de televisão proporcionou aos brasileiros as horas de diversão tão necessárias, forneceu-lhes matéria viva para a reflexão e a ação. Sei que falar em divertimento na tevê ou de qualquer outro tipo é tocar num tabu dos intelectuais. Não posso esquecer Oriana Fallaci, literata italiana, radical brasileira, na sacada do hotel de cinco estrelas em Copacabana, indignada ao ver o povão no banho de mar: gente ignara no vício da praia em vez de empunhar as armas da guerrrilha. Mesquinhos e estreitos, os papas de nossa *intelligentsia*, não lhes parecendo punição suficiente a vida miserável a que a população brasileira está sujeita, querem lhe retirar o direito ao ócio, à diversão, à descontração, ao riso: nossos intelectuais têm horror ao povo.

Ao lembrar que jornal português atribui-me a autoria de uma de suas novelas de televisão, *O bem-amado*, contei da tribuna uma história que se passou em Lisboa, o protagonista foi João Ubaldo Ribeiro — aproveitei a circunstância para propor a candidatura à Academia desse escritor universal: também baiano e também compadre.

Em companhia de João Ubaldo, fazíamos compras no Rocio, Zélia e eu: na loja uma das vendedoras me reconheceu, foi aquele burburinho, a novela adaptada de *Gabriela* por Walter George Durst obtivera sucesso em Portugal, por isso, com frequência, sua autoria me é atribuída, a dela e a das demais: as balconistas queriam saber se eu era o gajo que escreve as novelas de televisão. "É ele, sim, o autor de todas elas só que às vezes em lugar de assiná-las com o próprio nome, as assina com o pseudônimo de Janete Clair."

Janete Clair, ela também pioneira da dramaturgia televisiva, a primeira esposa, mãe dos filhos mais velhos de Alfredo, das meninas menores a mãe, minha comadre Bernadete, resplandece feliz no dia da posse do marido na Academia. Esquecia-me de consignar que o novel acadêmico foi eleito apesar de militante comunista, bem haja, como se diz em Portugal. Ao recebê-lo, eu lhe digo axé, em língua negra da Bahia.

Zurique, 1948.
RATO DE LIVRARIA

AOS QUATORZE ANOS EU LIA VARGAS VILA, escritor venezuelano, adquiria os livros na Librería Española, do galego León Santos, Don Paco, na praça da Sé. Que fim teria levado Vargas Vila? Não lhe encontro o nome no *Petit Larousse*, tampouco no *Petit Robert*.

Já no Rio, aos dezenove anos, li os romancistas revolucionários, com eles me identifiquei, decidi ser um a mais na predica da justa causa. O romance de Kurt Klaber, com prefácio de Thomas Mann, *Passageiros de terceira*, proclamava-se "romance proletário". Mais do que a técnica, redigido todo em diálogos, mais do que a descrição da viagem de volta à pátria de emigrantes alemães desencantados com os Estados Unidos, a qualificação me seduziu. *Cacau* subtitulou-se "romance proletário".

Na Europa, em 1948, busco me informar sobre o destino do escritor alemão que me influenciara, em Paris ninguém sabe dele, em Roma nem o nome lhe conhecem. Em Zurique, porém, um rato de livraria, Madame Utzel, os cabelos despenteados, as mãos sujas de tinta, me dá notícia do desaparecido. O romancista proletário, com a tomada do poder pelo nazismo, asilara-se na Suíça onde vivia.

Continua escrevendo? — quis saber. Continuava sim — Madame Utzel é uma enciclopédia —, porém mudara de gênero, segurem-se para não cair de costas: de proletário passara a romancista para *jeunes filles*, Coleção das Moças, Bibliothèque Rose, êmulo de Ardel, Dely, Florence Barclay. Fico em dúvida: será verdade ou Gertrud estará gozando minha curiosidade latino-americana? Rato de livraria, desmazelada, nem por isso deixa de ser vistosa e insolente: "Quer mais algumas informações? Aqui estou para servi-lo": a boca de malícia semiaberta.

Bahia, 1969.
AS CIGARRAS

TRANSMITIDA PELA TELEVISÃO, a notícia da morte de Júlio de Mesquita Filho me aflige e entristece, saio a andar por entre as árvores do jardim, sento-me no banco de azulejos sob a copa da mangueira e o revejo alto e decoroso, cônscio de seu poder e de sua responsabilidade.

A presença de Julinho comprovava a possibilidade de convivência civilizada, democrática, a negação do conceito político tão em voga entre a chamada elite, que considera o adversário inimigo a odiar e a exterminar. Penso nas relações que mantivemos a partir dos dias de exílio na Argentina, as diferenças não marcaram distâncias, as divergências não se radicalizaram em confrontos. As cigarras cantam em despedida, a tarde tomba das árvores de súbito e de vez, a noite chega e me envolve.

Telegrafo ao *Estado de S. Paulo*: "De Júlio de Mesquita Filho se podia ser ao mesmo tempo adversário e amigo".

Saint-Malo, 1989.
DÉPÊCHEZ-VOUS

"DÉPÊCHEZ-VOUS", disse-me o monsieur na gare de Rennes quando, tendo descido do TGV que nos trouxera de Paris, buscávamos embarcar no trem maria-fumaça para Saint-Malo. Segundo Zélia recomendar-me pressa é cometer erro fatal, creio que ela exagera mas quem sou eu para discutir?

Prometera a Auta Rosa, ainda nas mordomias de Porto Rico, levá-la a ver o Mont Saint-Michel e a rezar diante do Menino Jesus de Praga, as duas aspirações maiores de seus roteiros de viagem, com o que consigo trazê-la à Europa, a ela e a Calá. "A França não me estima", declara-me Auta Rosa, a sério, para comprovar a afirmação conta-me a queda que levou no bulevar Saint-Germain e as duas tentativas fracassadas de alcançar o monastério de Saint-Michel: da segunda vez chegou a menos de trinta quilômetros quando o carro empacou em definitivo.

Promessa feita, promessa em vias de ser cumprida. Embarcamos, os dois casais, no TGV em direção a Saint-Malo em cuja gare Dodik e Gwen[1] estarão à nossa espera com hotel reservado e programa de passeios para o fim de semana. Em Rennes devemos mudar de trem, "o tempo para o transbordo é curto", diz o senhor a quem peço indicar-nos o caminho: "*Dépêchez-vous*", me estimula. Precipito-me com bolsas e maletas para garantir lugares, desço escadas, subo escadas, encontro a composição, bloqueio quatro assentos, volto à plataforma para esperar Zélia, Auta e Calá, não os avisto, corro a apressá-los, não os enxergo, não estão em parte alguma, fico alarmado, o pessimismo de Auta Rosa me contagia: não será ainda desta vez que a rainha de Itapuã chegará ao Mont Saint--Michel. Vou até a porta da estação, nem sombra deles, refaço o caminho, enfrento as escadas, botando os bofes pela boca chego a tempo de ver o comboio partir.

Tomo um táxi, são setenta quilômetros de estrada, o chofer não garante chegar antes do trem a Saint-Malo: "Se for trem parador", existem três estações entre Rennes e Saint-Malo, "é bem possível, se for direto não conseguiremos." Era direto, na gare não estava mais ninguém, consegui recuperar maleta, bolsas e boné deixados sobre os bancos. Sobrecarregado pergunto a um chofer se sabe onde fica, no entremuros, o atelier dos Jégou, ele sabe, Dodik e Gwen têm presença marcante

---

[1] Dodik e Gwen Jégou, ceramista e escultor franceses.

na região, vai me conduzir. Acaba de me anunciar que estamos perto quando vejo e reconheço a fachada do hotel onde nos hospedáramos dois anos antes, eu e Zélia. Mando o chofer parar, pago o devido, retiro as bolsas, a maleta, apresento-me na portaria, pergunto pelos sumidos. Sim, ali se encontravam hospedados, reservas feitas por Dodik, a recepcionista liga para o quarto, Zélia atende, recupero a namorada, reencontro o casal de amigos, divertem-se com meu relato, "*dépêchez-vous*". No trem, Calá já se divertira às pampas, declarara: "Raoni abandonou a tribo". Quem quiser viajar em riso e bom humor deve viajar em companhia de Calá.

Da aventura resultou uma dúvida, ainda persiste. O hotel, próximo ao atelier de Dodik e Gwen, não era o mesmo em que tínhamos nos hospedado na estada anterior, situavam-se em lados opostos da cidade, "como eu adivinhara que eles ali estavam?". Discuto, não aceito a afirmação do hotel não ser o mesmo onde nos hospedáramos, trata-se de gozação, mas diante do testemunho de Dodik sou obrigado a acreditar em Zélia. Recuso, porém, com determinação, atribuir à casualidade minha certeza, reles tentativa de me desmoralizar. Casualidade, uma ova! Premonição, não tentem enfraquecer ainda mais minha posição já um tanto quanto abalada pela perda do trem.

Naquele mesmo dia Auta Rosa percorreu de ponta a ponta, de alto a baixo e vice-versa, o Mont Saint-Michel, conversou com o arcanjo Miguel, viu o poço sem fundo onde o Demônio foi precipitado, concordou com o Maire: "Trata-se da oitava maravilha do mundo". Por gratidão ajuda-me a roubar um guardanapo no restaurante.

Para Praga viajamos de automóvel, João Jorge ao volante, não houve troca de trem (ou de pneu) nem desencontro. O menino Jesus agradeceu a visita de Auta Rosa, deitou-lhe a bênção, revimos a Malá Strana, esticamos até Dobříř, no Zámek mergulhamos no passado, tomei da mão de Zélia nas alamedas do jardim, na sala de jogo reencontramos Drda, Jofika e Antonín Pelc,[1] Marie Pujmanová.[2] A emoção encurtou o tempo, João Jorge na avidez de recuperar a infância, Auta Rosa e Calá no alvoroço da descoberta, no fascínio da cidade, não tive condições de utilizar, de pôr em evidência os poderes de adivinho. Ademais, não se deve abusar.

---

1 Antonín Pelc, artista plástico tcheco; Jofika, sua mulher.
2 Marie Pujmanová, escritora tcheca.

Dakar, 1979.
ÎLE DE GORÉE

XAVIER ORVILLE[1] LEVA-NOS À ÎLE DE GORÉE, na véspera ao jantar conversáramos com Senghor sobre o tráfico de escravos, o nome Senghor é corruptela da palavra senhor, de língua portuguesa.

Paloma e Pedro vão conosco, estamos os quatro passando uns dias em Dakar. A visão da porta do nunca mais — quem por ela sai não voltará — me agonia, cerra-me a garganta. De repente a tragédia da escravidão, o porão dos navios negreiros, a viagem com a morte para os portos da ignomínia se concretiza. Já não são páginas da História, relatos, nem sequer o poema imortal de Castro Alves: os gritos, os gemidos, os lamentos que ali permanecem, na ilha de Gorée, ecoam em meus ouvidos. A porta se abre sobre o mar Atlântico, sobre a desgraça.

Nos bons tempos dos voos do Concorde, Rio-Dakar-Paris e vice-versa, duas vezes por semana, eu, que tenho horror às viagens aéreas, aproveitava-me da velocidade supersônica, tomava o Concorde no Rio, duas horas e meia de voo, descia em Dakar, lá passava três dias, flanando, até o voo seguinte, duas horas e quarenta Dakar-Paris, o tempo do medo se reduzia: não faço nada durante travessia aérea, ocupado em conduzir o avião, em segurá-lo no ar, impedir a explosão, a parada dos motores, a queda. Terminou-se a linha do Concorde para o Brasil, volto a sofrer as onze horas de pânico.

Em Dakar, a poesia e a festa. Léopold Senghor é presidente da República do Senegal, exerce a presidência como escreve poesia, com grandeza: uma única democracia na África, o Senegal, onde coexistem em paz muçulmanos e católicos, o multipartidarismo funciona, realizam-se eleições. Vamos jantar em palácio, conversamos o mundo e a literatura, em matéria de literatura Senghor e eu temos em comum três prêmios, o Nonino, o Mont Saint-Michel, o Cino del Duca e, já que falamos em prêmios, ele me comunica ter proposto meu nome para o Nobel, a proposta vale mais que o prêmio, agradeço.

Na Embaixada do Brasil, o embaixador é João Cabral, atravessamos a noite na conversa de sotaque sobre literatura e vida literária. Renato Denys sucede a João Cabral, realiza uma Semana de Cultura da Bahia, uma corte de negras voluptuosas o rodeia na marina. As manhãs no Mercado, as tendas coloridas, a pechincha: *"Combien vous me donnez, toi?"*. Fiquei tão

---

1   Xavier Orville, romancista martinicano.

íntimo da gente do Mercado a ponto de um comerciante entregar-me a gerência do negócio ao ausentar-se para cobrar dívida, vanglorio-me, hábil no cerimonial da pechincha vendi a bom preço dois bubus e um fez vermelho.

Membro do Júri do Prix de la Mémoire, concedido anualmente pela Fondation France Liberté, de Danielle Mitterrand, votei para que o prêmio fosse concedido à Fundação da Ilha de Gorée, não me sai da memória a porta aberta sobre o oceano, fechada para a liberdade, o embarque dos escravos, o navio negreiro, Castro Alves empresta-me a voz de fogo: "Senhor Deus dos desgraçados/ dizei-me vós, Senhor Deus/ Se eu deliro... ou se é verdade/ tanto horror perante os céus...".

Paris, 1948.
OS IMBECIS

NO QUADRO DA PREPARAÇÃO do Congresso Mundial dos Intelectuais pela Paz[1] convocamos uma entrevista coletiva onde explicaremos as causas e os objetivos do evento. Presentes no tablado responsáveis pela organização entre os quais recordo Aragon, Renato Guttuso, Iwaszkiewicz, Pierre Gamarra, outros ilustres, Ilya Ehrenburg veio especialmente de Moscou.

Jornalistas em grande número, damos nosso recado sobre os temas do Congresso, aproveitamos para malhar o imperialismo norte-americano, eu me refiro à situação do Brasil, já difícil àquele tempo. Começam as perguntas, as da imprensa comunista são maneiras e respeitosas mas eis que o correspondente da Associated Press dirige-se a Ehrenburg, anuncia que vai ler e traduzir trecho de um artigo publicado em gazeta de Moscou, ele a exibe dobrada em quatro, não dá para ver de que jornal se trata. O correspondente serviu longo tempo na União Soviética, lê em russo, traduz para francês, trata-se de afirmação literária, concludente: o articulista assegura que o dramaturgo Ostróvski é o maior de seu tempo, junto a ele Molière não passa de um pé-rapado:

— O que diz a isso, Monsieur Ehrenburg?

Monsieur Ehrenburg fita mais uma vez o jornal nas mãos do repórter, responde:

— Nós, soviéticos, nos propusemos acabar com os capitalistas, jamais dissemos que íamos acabar com os imbecis.

[1] Wrocław, Polônia, 1949.

Finda a coletiva, Ilya conversa com o representante da AP, lê trechos do artigo chovinista. Saímos juntos, ele me diz:

— Só queria ver o nome do jornal, a afirmação foi no *Literatura Gazeta*, tudo bem, palpite de literato: se fosse no *Pravda*, afirmação do Partido, eu estaria fodido — *je serais foutu*, em francês não soa mal.

Entre os seres que amei entranhadamente, deles tenho saudade todos os dias, com alguns sonho repetidas noites, estão gatos, cachorros, um papagaio, um pássaro sofrê.

O casal de pugs veio da Inglaterra onde eu os adquirira em canis recomendados por Ovídio Melo,[1] diplomata dublê de pintor naïf, irá desempenhar papel decisivo no reconhecimento do governo comunista de Angola, exercia funções diplomáticas em Luanda quando a independência aconteceu.

Tanto o macho como a fêmea tinham nomes longos e difíceis, recordavam as ascendências nobres, os pedigrees. Joguei fora os pergaminhos, rebatizei-os, chamei o macho de Mister Pickwick, em honra a Dickens, à fêmea dei o nome de Capitu, em honra a Machado de Assis, os olhos não eram de ressaca e o caráter não era dúbio, doçura de olhos, fidelidade total ao companheiro de expatriação. Durante dezenove anos Picuco e Capita foram minhas sombras, não largavam de meu pé, deitados sobre minhas chinelas quando eu estava em casa, esforçando-se para acompanhar-me os passos se eu saía à rua, morriam de tristeza quando viajávamos. Por mais fizéssemos, Zélia e eu, para esconder deles os planos de embarque, eles os pressentiam, envolvia-m-se em tristeza. A gente da casa nos contava que dias antes de nossa chegada despiam-se da desolação, voltavam à alegria, adivinhavam que em breve estaríamos de retorno. Amigos mais leais, mais devotados, onde encontrá-los?

Carybé, possuidor de uma cadela de raça vizsla, da Morávia, esgalga e premiada, morria de inveja, dizia horrores de meus britânicos, jurava pela tcheca. Nas ilustrações para O gato Malhado e a andorinha Sinhá, *reproduziu sua cadela e nossos cães, a cadela uma princesa de olhos azuis, os pugs um horror, a inveja conduz ao desatino. Não contente pintou um quadro, uma aquarela, retratando Pickwick e Capitu, dragões da idade das cavernas, monstros, não contente escreveu embaixo um manifesto contra eles, "mistura de morcego, torresmo e telefone", a inveja degrada o caráter.*

Capitu morreu logo após cumprir dezenove anos de Brasil, perdera a classe britânica, virara baiana, rebolava-se ao andar. Mister Pickwick durou uns meses mais, permaneceu mister, lorde inglês até a morte. Teve descendência nu-

[1] Ovídio Melo, o pintor Juca.

merosa e ilustre, filhos e netos seus foram campeões, Zélia barganhou um deles contra óleo de Di Cavalcanti, o pintor deu o pug de presente de aniversário à Beril, a esposa inglesa, uma lady. No fim da vida, Picuco, cego e surdo, movia o rabo de contentamento quando eu lhe coçava as costas, sabia-me junto a ele: glutão, conservava o prazer da comida, pretexto que eu usava para não mandar sacrificá-lo como me aconselhavam. De viagem quando ele morreu, fui poupado de assistir seu fim. Sonho com ele e Capitu noites seguidas: estão deitados sobre minhas chinelas: Picuco arranha-me as pernas pedindo colo, aconchega-se a mim na cadeira de papai, dorme, ronca forte.

Lalu era fanática por gatos, teve sempre um bichano a seu lado, eu o sou até hoje, gato é meu animal preferido, tivemos alguns, Zélia e eu, memórias sagradas em nosso afeto. Sacha, mestiça de persa e siamês, de caráter indomável, de cio tremendo, emprenhou jovem, na hora de parir, tarde da noite, subiu na cama, acomodou-se sobre a barriga de Zélia, não houve como retirá-la. Zélia terminou por cobrir barriga e cama com jornais e plástico, Sacha desovou oito gatinhos. Dedicava à Zélia amor exclusivo, feito de devoção e de ciúme, acompanhava-a pela casa como se fosse um cão, Zélia a punha no colo, conversava com ela, fazia-lhe perguntas indiscretas sobre namorados, sequiosa malta de gatos a cortejá-la, Sacha respondia com miados diversos, Zélia domina o idioma dos felinos. O pai de Sacha, persa agigantado, belíssimo, atendia pelo nome de "dona Flor", o documento de pedigree afirmara-o de sexo feminino. Ao revelar-se macho e garanhão, Zuca, o jardineiro, passou a tratá-lo por dom Floro. A mãe foi Gabriela, siamesa viúva de Nacib, um de meus amigos mais fiéis.

Nacib era-me tão devoto quanto Sacha o foi de Zélia, as horas que concedia ao convívio com os humanos guardava-as todas para mim. Na ocasião eu trabalhava no romance de dona Flor, escrevia na varanda da casa do Rio Vermelho, a máquina e as folhas de papel em cima da mesa desmontável, Nacib, ao ver-me ali sentado, saltava sobre a mesa, deitava-se em cima dos originais, assistia-me na escrita, os olhos semicerrados, ronronando. Se o telefone chamava e eu ia atender ele abria os olhos, esperava a ver se eu voltaria, se me fosse embora também ele se ia, dava por finda a tarefa do romance. Morreu engasgado com uma espinha de peixe, por mais bem alimentado não deixava de fuçar as latas de lixo da vizinhança.

Sacha viveu cerca de vinte anos, para um felino idade de Matusalém, tinha uma caterva de amantes que a seguiam apaixonados, ela os tratava na unhada, era de caráter violento. Certa feita trouxemos da Inglaterra um casal de gatos da ilha de Man, andam aos saltos como coelhos, estávamos assanhados com os novos habitantes da casa, dedicávamo-lhes tempo e cuidados, Sacha se envenenava de ciúmes vendo Zélia cuidar dos estrangeiros com solicitude maternal. Após acarinhá-lo, Zélia depôs o macho no chão, ao lado da piscina, Sacha em crise saltou sobre ele, com os dentes partiu-lhe a espinha dorsal, deixou-o morto, olhou para Zélia, miou alto, fugiu para o telhado. Menos de 24 horas depois do primeiro assassinato cometeu o segundo, matou a fêmea. Eu tinha medo que, com ciúmes de Zélia, me atacasse, mas pelo visto concedia-me alguns direitos.

Fomos possuidores de duas seriemas mansas que atendiam a nosso chamado, uma no sítio em São João de Meriti, o Peji de Oxóssi, a outra na casa do Rio Vermelho, Zélia a chamava de Siri e ela a acompanhava no passeio entre as árvores. Durante anos um sapo-cururu habitou no jardim onde havia um tanque, sua moradia. Vinha à varanda nos visitar, Zélia coçava-lhe as costas, ele inchava, duplicava de volume.

No Peji de Oxóssi dedicávamo-nos à criação de aves domésticas, numerosa e variada, sobretudo antieconômica, criávamos para nossa diversão, custava-nos dinheiro, enchia-nos o tempo, era uma festa. A cadela Ventania, boxer estabanada e terna, adorava permanecer na sala, no desejo de mantê-la limpa e em ordem, Zélia proibia a entrada da cadela, ela furava o bloqueio, escondia o corpanzil atrás de minhas costas no sofá. Quando deixamos o sítio e fomos para a Europa, deu-se à tristeza, suicida passou a recusar o de-comer, morreu de saudade, Ventania.

Havia um casal de marrecos de Rouen, lindos, um era de Zélia, outro meu, os Irmãos Karamázov, tarados sexuais amavam as patuaçus bem maiores do que eles. Sempre juntos, inseparáveis, quando viam pata dando sopa atacavam, entre os dois a sujeitavam, enquanto um a mantinha parada, o outro mandava brasa. Não sei bem por que motivo o meu era sempre o primeiro, o que deixava Zélia enraivecida, humilhada.

Hugo del Carril, tendo de viajar, pediu-nos para guardar por uns dias o pássaro sofrê, ele o adquirira em Copacabana, pagara caro, valia os pesos despendidos, era belo e manso, vivia solto, pousava em meu dedo, na cabeça de Neruda, beliscava a mão de Simone de Beauvoir, acompanhava a música de João Gilberto. Voava janela afora em passeios longos pelo céu de Copacabana, voltava sempre, dormia na cantoneira plantada de crótons e de antúrios. Meses passados Hugo mandou um portador buscá-lo, já o corrupião se fizera nosso, não o devolvemos: fugira, menti e lastimei. Mudou-se conosco para a Bahia, tinha viveiro seu de porta aberta, assistiu o jardim crescer em floresta tropical, viveu mais de vinte anos, assobiava a bossa nova.

Papagaio verde, vermelho e amarelo, Floro habitou em minha companhia por mais de trinta anos, era fêmea sem dúvida pois me amava de amor profundo e possessivo, tinha raiva das damas gentis que me vinham calentar o leito. Quando Zélia mudou-se para o apartamento na avenida São João, Floro a perseguia de peça em peça na intenção de bicá-la e expulsá-la. Andava num passo de urubu malandro, de marinheiro bêbado mas avançava rápido, Zélia tinha-lhe medo, refugiava-se em cima das cadeiras. Floro terminou por aceitar a presença em casa de minha namorada mas nunca lhe concedeu qualquer intimidade enquanto eu podia fazer com ele, perdão — com ela — o que quisesse. Prendia-lhe o corpo na mão, enfiava-lhe a cabeça em minha boca, adorava que lhe coçasse as penas, virava de costas para que eu lhe catasse pulgas inexistentes na barriga, convivência de amantes, a nossa. Só usava a gaiola para dormir, passava o dia rodando pela casa, de dedo em dedo.

Tenho sangue de papagaio — ter sangue de papagaio é como se diz na Bahia para designar as pessoas capazes de fácil relacionamento com o pássaro nacional por excelência, herói de contos e relatos, malandro, sabichão. Possuí vários: Titio e Titia, dois papagaios da Amazônia, lindíssimos, tive uma maracanã que falava sem parar, mas meu amigo mesmo foi Floro, morreu velhíssimo (velhíssima), um ancião (uma anciã), entrevado de reumatismo. Veio para minha companhia de casa de mulheres da vida em rua de canto, o que talvez explique nossas afinidades, teve por mim xodó de mulher-dama.

Voltando da fazenda para tomar o avião em Ilhéus, o coronel João Amado, ao atravessar a zona do meretrício em Pirangi, deparou com o papagaio solto na gaiola pendurada ao lado da janela na pensão de mulheres da vida. Voz fanhosa, esganiçada, vitrola a toda corda, palavrões cabeludos, modinhas pornográficas, declamava a ementa do bordel, fazia a propaganda das especialidades: "Josefa chupa pica", "Terezinha dá o cu". O coronel encantou-se, eis o presente ideal para Jorge, parou a montaria, entabulou negócio, queria comprar o falastrão. A mãezinha respondeu que vender seu bicho de estimação, "isso nunca, por nenhum dinheiro" mas quando o coronel puxou da carteira a nota de quinhentos, mudou de opinião: "Bote mais uma em cima dessa, leve o pobrezinho". "Como se chama?", quis saber meu pai, a patroa respondeu que não tinha nome, as sem-vergonha diziam-lhe "buchê", "minete", "sessenta e nove", "cu de ferro". No Rio, Lalu deu-lhe o nome de Floro, simples e decente.

Presente do coronel encantado com os palavrões e as cantigas de deboche, Floro veio viver comigo minha vida incerta, levei-o para São Paulo, fomos casal feliz. Aprendeu linguagens finas, fez-se militante, repetia slogans políticos, "vote em Fiuza!", "abaixo Dutra!", dava vivas a Prestes e ao Partido Comunista, substituiu as modinhas pornôs por composição eleitoral: "Ai Maria, ai Maria, vamos votar/ ai vamos votar/ em Prestes votar no Partido Comunista". No Peji de Oxóssi assobiava chamando os cães, ciscava convocando as galinhas, parecia regenerado, abandonara a bandalheira. Mas de quando em quando, ao ouvir certas palavras — cabaré, por exemplo —, voltava-lhe o passado inteiro: a má vida, o raparigal, os palavrões, as cantigas porcas, de letra fescenina: "ai que cheiro de cu, ai que cu mais cheiroso, nunca vi tanto cu", se lhe desatava a língua suja: "o xibiu de Felipa é de chupeta, comi o cu de Laura no curral", gritava chamando por "Betinha", Betinha não respondia, Floro se zangava: "Cadê tu, Betinha, puta descarada?". Um show, Marighella teve ocasião de ouvi-lo, se encantou. Na Bahia, acompanhava Carybé e João Ubaldo na melodia do capim-barba-de-bode, afinadíssimo.

Depois da morte de Capitu e Pickwick decidi não ter mais nenhum bicho em minha companhia, quando um deles se finava meu sofrimento era por demais terrível, igual ao que sinto com a morte do amigo mais querido.

Rio de Janeiro, 1930.
O BROCHA

BROCHEI, NÃO UMA, VÁRIAS VEZES, humilhação suprema. Acontece a intensidade do desejo resultar em inibição, quase sempre me recuperei a tempo de afirmar-me macho garanhão. Algumas vezes, porém, não teve jeito, gramei a vergonha da bandeira a meio pau, pururuca, quando não arriada sobre os ovos, inútil, incapaz.

De um fracasso jamais me esqueci, ainda ressoa em meus ouvidos a voz do infante despertado do sono. Conheci Maria de Montevidéu na praia de Copacabana, infalível por volta das nove da manhã, maiô pudico, de sainha, pela mão o filho de três anos. Enquanto a criança ia e vinha nas proximidades, cavava túneis na areia, Maria de Montevidéu namorava, não tinha outra hora para o galanteio: o marido, representante da firma da República Oriental, trabalhava em casa, transformara a sala de visitas em escritório. Ela não era aquela beleza fatal mas bonitona e audaz ria com os dentes brancos e trauteava tangos: "O tango nasceu no Uruguai, os argentinos nos roubaram", dava detalhes.

Deitava-me a seu lado, havia apertos de mão quando o menino se afastava, beijinhos, ela mostrava a língua de todas as promessas, só que não marcava encontro para os esponsais. Tinha medo do marido, poço de ciúmes, ameaçava-a com chicote se a visse sorrir para terceiros. Além do chicote, exibia revólver com oito balas, gaúcho campeão de tiro ao alvo: "*Se desconfiar nos mata, a mi y a vos!*".

Um dia, por fim chegara o dia, me comunicou a boa-nova: a chamado da firma o Otelo do Uruguai embarcaria naquela tarde para Montevidéu, ela o levaria ao cais, para comprovar assistiria à partida do navio, teríamos duas semanas para a desobriga. Deu-me o endereço, se não houvesse transtorno me esperaria às nove da noite junto à porta apenas encostada, eu só teria de empurrar. Entrasse com cuidado para não acordar o menino, dormia na sala de jantar.

Na avenida Fon-Fon, beco sem saída, a casa modesta, toquei a porta com a mão, abriu — o marido viajara, respirei com alívio. Estava retado de tesão, penetrei no pequeno corredor, Maria de Montevidéu prendeu-me em seus braços, senti-lhe o corpo sob a camisola, trocamos o primeiro beijo de verdade. Na pressa esqueci-me da recomendação de não fazer barulho, pisei forte, da sala de jantar chegou a voz da criança despertada: "Papá, papá", dizia e repetia, fiquei gelado. Maria de Montevidéu empurrou-me para o quarto, foi à sala acalmar o filho, o choro triste do menino sucedera à esperança de ver o pai de volta. Maria de Montevidéu demorou uns minutos, cantava um acalanto em espanhol, *canción de cuna* de melodia e palavras preciosas, aqueceu-me o coração, enregelou-me de todo a estrovenga.

Quando entrou no quarto já estava nua, arrancara a camisola, eu ainda de paletó e gravata, sentado à beira da cama. Ajudou-me a tirar a roupa, tinha pressa, ao ver-me em pelo buscou com a mão o deus-menino, teve um sobressalto ao constatá-lo um trapo. Experiente, recorreu à boquilha, nunca falhara, falhou.

Não deu mesmo, acontecera o revertério, não houve como, nem mão de fada nem língua da rainha de Sabá. Noite de tormentos, ela em ânsia a esfregar-se, gata em cio, arranhou-me, mordeu-me, sugou-me: não podia acreditar que jovem tão jovem permanecesse insensível à sua gula — por mais tivesse se esforçado não obteve resposta. Masturbou-se diante do tarado, aproveitei para me vestir e ir embora, gemia baixinho quando fugi. Ao som dos passos a criança voltou a acordar e a chamar: "Papá, papá". Saí correndo.

Garoto de dezoito anos, tesão para dar e vender, vivia de pau duro, brochei, ainda ouço o infante na saudade do pai, o cabrão devia ser o pai mais amoroso.

Bahia, 1973.
REVISÃO

MATILDE, VIÚVA DE PABLO NERUDA, telefona de Caracas, virá por uns dias, mudará de avião no Rio, precisa conversar comigo. Fazia pouco tempo da morte de Pablo — dois, três meses, já não recordo —, logo após a queda de Allende. Matilde conseguira salvar da sanha de Pinochet os textos do livro de memórias e os enviara por via diplomática para Miguel Otero Silva na Venezuela. Telefona-me de lá, da casa de Miguel. Zélia e eu a aguardamos no aeroporto, ninguém sabe de sua vinda, no passaporte estabelecido em nome de Matilde Urrutia não consta o nome de Neruda.

Com Miguel Otero, Matilde organizara os originais de *Confesso que vivi*, as memórias do poeta, mas antes de entregá-las às editoras deseja consultar-me sobre alguns detalhes, problemas políticos referentes a Cuba e China: "Pablo confiava em ti, quero ouvir teu parecer". Desvendamos a Bahia a Matilde que mal a conhece da rápida passagem anterior, ela se deslumbra. Voltará anos depois para se despedir, sabia que lhe restava pouco tempo, o câncer se alastrara, deu a Zélia de presente um cinto de prata, antigo, de seu uso pessoal, beijou-me o rosto, não a vimos mais.

Na China estivemos juntos os quatro [em 1957], quando se instalava a reação que iria conduzir ao morticínio da Revolução Cultural, após a farsa das mil flores que tanta esperança nos havia dado. Na face dos amigos, Emi, Ai Qing, Ting Ling, a angústia: desapareceram antes que embarcássemos de volta, Pablo de tão amargurado perdera o comedimento. No banquete de despedida, quando o camarada representante do governo ergueu um brinde "ao maior poeta das Américas, Pablo Neruda, e ao maior poeta da Ásia, Mao Tsé-tung", Pablo mandou a prudência às favas e com sua voz arrastada disse ao agradecer que não lhe parecia justo considerar maior poeta da Ásia quem escrevera apenas dezessete poemas: foi quando fiquei sabendo o número exato dos poemas de Mao. O assunto de Cuba eu o conhecia em detalhe, sabia quem redigira e quem assinara o manifesto ignóbil, a posição de Depestre, exilado em Havana: negou-se a subscrevê--lo apesar das ameaças.

Dei meu aviso a Matilde depois de termos examinado juntos cada parágrafo, estudado as frases uma a uma, pesado as palavras. De Barcelona, Carmen Balcells telefonava dando pressa no envio dos originais, discutia sobre o possível editor francês. Matilde decidiu por Gallimard, Pablo não aceitaria outro. Ao desembarcar tínhamos combinado que a imprensa não saberia de sua estada mas, na véspera da partida, fiz vir ao Rio Vermelho nossa amiga July[1] a quem Matilde concedeu uma entrevista a ser publicada quando ela já estivesse em Santiago.

Após a partida de Matilde e antes que *A Tarde* divulgasse a entrevista, a polícia federal apareceu-me em casa, nas figuras de um principal e dois subalternos, deixei-os de pé, perguntei a que vinham. Queriam apenas confirmar se a sra. Urrutia, que fora por uma semana nossa hóspede, era de fato a viúva de Pablo Neruda de cuja estada na cidade estavam a par, respondi que sim, ela mesma. Desejavam deixar claro, penso eu, que sabiam da presença de Matilde, não eram incompetentes, não a tinham incomodado porque assim melhor lhes parecera. Tendo dado o recado, foram-se embora.

Goiânia, 1954.
O MAPA DA ÁFRICA

ANDA RELEGADA AO ESQUECIMENTO uma das figuras políticas mais singulares de nosso tempo, refiro-me a Gabriel d'Arboussier, do amigo tenho saudades todos os dias. Em Gabriel harmonizavam-se a erudição francesa e a vitalidade africana para dar corpo e alma a uma personalidade que exerceu enorme fascínio sobre a inteligência negra no após-guerra — não falo no fascínio que levava as mulheres a fazer fila ao pé de seu leito. Pergunto-me que fim teriam levado o mapa da África traçado por Gabriel e o manuscrito de suas memórias.

Deputado pelo Senegal à Assembleia das Nações Francesas, seu vice-presidente, secretário-geral do Movimento Democrático Africano, o partido da independência da África Ocidental Francesa, membro do Bureau do Conselho Mundial da Paz, orador excepcional, Gabriel em certo momento teve dificuldades com o Partido Comunista da França, o pecê defendeu tese de difícil aceitação pelos líderes africanos: já que os comunistas iam empalmar o poder na França a luta pela independência não só perdia a razão de ser, passava a significar retrocesso político, pois, com os comunas no Palais de l'Élysée, as colônias iriam beneficiar-se das vantagens do socialismo, das benesses. Gabriel protestou, classificou a tese de colonialista, suas relações com Thorez e Casanova[2] deterioram-se. O pecê colocou-o no limbo e por vias travessas buscou eliminá-lo da vida política. Gabriel, atazanado, ma-

---
1 Julieta Isensée, jornalista.
2 Laurent Casanova, membro do bureau político, responsável pelo movimento da paz e pela cultura.

cambúzio, vivia um mau quarto de hora, dei-lhe a mão, convidei-o a vir ao Brasil para o Congresso Nacional de Intelectuais reunido em Goiânia em 1954 sob a égide do pecê brasileiro — o romancista Miécio Táti foi o secretário-geral do evento, eu era o capa negra do Partido, ditava as ordens.

Em Goiânia, conversando sobre o futuro da África, Gabriel me falou de seu projeto de um mapa para o continente negro após a independência, ele o vinha elaborando, mostrou-me o trabalho já feito, as grandes linhas. A ideia era realmente revolucionária e, por isso mesmo, enterraram-na, quando a independência das colônias africanas aconteceu o mapa de Gabriel sumira, perdeu-se o rastro da proposta, nunca mais ouvi menção. Ousada e simples, a proposição partia de consideração indiscutível: a independência, no quadro das fronteiras colonialistas, não passaria de um ato falho, o domínio das metrópoles se manteria inteiro, aproveitando-se das dissensões e lutas entre as etnias que compunham cada uma das colônias. Gabriel propunha o traçado de novas fronteiras que passassem pela realidade racial e social das etnias para a composição de Estados com unidade, capazes de vida democrática e progresso econômico. Dedicou-se de corpo e alma, com a colaboração dos jovens da negritude que viam nele o líder sem outro compromisso além da África.

A independência se deu conservando a velha carta geográfica dos colonialistas — os de direita e os de esquerda —, como Gabriel previra não houve vida democrática nem progresso econômico, persistiu a mão de ferro da exploração colonial, os novos Estados viram-se envolvidos na luta fratricida entre as diversas etnias, basta lembrar Biafra. Na quase totalidade dos países foram estabelecidas ditaduras monstruosas, vigorou a lei do partido único — de direita ou de esquerda, iguaizinhos —, a África virou o que se sabe e vê, realidade além de todos os limites do negativo, o quarto mundo. Os governantes da negritude conseguiram o que o pecê francês não tinha conseguido: eliminar D'Arboussier da vida política. Ministro da Justiça do Senegal no governo Senghor, terminou a vida como embaixador. Onde andará o mapa?

Em 1966 Gabriel era vice-secretário-geral das Nações Unidas, veio ao Brasil para uma conferência antiapartheid reunida em Brasília. Foi passar o fim de semana conosco na Bahia, matar saudades, mais uma vez nós o escutamos rir, mais uma vez discutimos os destinos do mundo, os do Brasil sob a opressão dos militares, os da África, as ditaduras que ele temera, previra, anunciara. Foi nessa ocasião que me deu a ler o manuscrito da primeira parte do livro de memórias em cuja redação labutava.

Dos amores de general francês — comandante das tropas da metrópole, governador geral da África Ocidental — com negra de beleza proclamada nasceram dois filhos, Gabriel e uma menina, foram educados na França, sob os cuidados de uma irmã do general, bom pai dos filhos africanos, negros. A menina tornou-se freira, abadessa de convento na Córsega, Gabriel formou-se em direito, enveredou pela política, na luta pela independência nenhum líder desempenhou papel mais relevante do que ele.

Não sei se chegou a concluir o livro de memórias. A primeira parte ocupava exatas noventa páginas à máquina, ele não aceitou minha sugestão de publicá-las num primeiro tomo, queria o livro completo: a vida política, a luta no parlamento, na imprensa, junto às grandes massas da África, a colaboração com De Gaulle para a independência da Argélia, a paixão da liberdade, do respeito aos direitos humanos, a batalha pela democracia. Completo, seria um livro que levaria à reflexão, um ato político importante. A primeira parte era apenas a infância, o menino africano.

A leitura do texto dessas memórias de infância apaixonou-me. A casa do comandante, do governador-geral, rica e primitiva, onde tigres andavam soltos e soltos voavam pássaros, a figura da mãe, a doçura e a força, o tio feiticeiro na intimidade dos orixás, uma atmosfera entre a realidade e o sonho, a cultura europeia e a africana, a mistura, o sincretismo, a mestiçagem, a poesia. Atmosfera semelhante eu viria a encontrar, muitos anos depois, em romance de Henri Lopès, *Le chercheur d'Afrique*.

Que fim teriam levado os manuscritos de Gabriel, onde estarão? Quem sabe não estarão perdidos, virão um dia à luz das livrarias? A circunstância da morte de Gabriel quando exercia o cargo de embaixador do Senegal junto aos governos de língua alemã — nas duas Alemanhas, na Suíça, na Áustria — até hoje persiste envolta em mistério e dúvida. Gabriel d'Arboussier, o sorriso único, a alegria de viver, a vida uma aventura plena de possibilidades, dele tenho saudades todos os dias, foi maior do que o papel que lhe coube representar.

Samarkand, 1951.
O BARDO

AQUI DECORRERAM AS HISTÓRIAS DE SHERAZADE, palácios, ogivas, pátios das mil e uma noites, a cidade das odaliscas e dos sultões, eu as busco nos becos, nas mesquitas, nas ruínas, nos mausoléus, na fascinação de Samarkand. Perpassam nas ruas as sombras de Tamerlão, nasceu em Kech, subúrbio da cidade, e de Alexandre, o Grande, que a ocupou com seus exércitos.

Fosse cidade de país capitalista, o visitante encontraria boates no esplendor da putaria oriental, as sherazades fariam strip-tease mas ai, estamos em república soviética, a do Uzbequistão, o socialismo real possui fachada puritana, a devassidão é prerrogativa dos dirigentes, para o povo resta a mão de bronha. Em vez de irmos à boate para a dança dos sete véus, vamos ouvir o bardo mais célebre da República.

Na fraude da fraternidade entre as nações que constituem a União Soviética, na impostura do desenvolvimento das culturas nacionais, os bardos usbeques, afegãos, turcomenos, azerbes, quirguizes, tadjiques, estão em moda, postos em relevo nos palcos, levados em triunfo às capitais das demais repúblicas para que recitem seus poemas, infindáveis lenga-lengas, com o acompanhamento de estranhos instrumentos, violas árabes. Recordam-me os cantadores nordestinos, os trovadores de cordel, são velhos de barbas brancas, quanto mais velho mais famoso e respeitado.

O bardo que nos cabe aproxima-se dos cem anos, parece menos, insinuo a Marina que talvez aumente a idade para obter cachê mais alto, Zélia chama-me às falas, exige que me comporte: o bardo vibra o instrumento — o verbo é impróprio, mal se escuta a vibração —, reza uma cantilena que um moscovita com cara de malandro carioca traduz para o russo, do russo para o português Marina se ocupa.

De início, dois ou três poemas cantam a natureza, o trabalho dos colcozianos, as grandezas da pátria soviética, o prato de resistência, porém, é poema desmedido pelo tamanho e pela adjetivação, canto em louvor a Stálin, pai da pátria, do povo, da humanidade, do universo. Pouco se ouve a voz do bardo longevo mas a tradução em russo ressoa altissonante na voz do intérprete loiro e jovem. Jamais se gastou tanto adjetivo de consagração, a apologia vai em crescendo, aonde chegará? Marina traduz da tradução, imprime o ritmo do russo que por sua vez tenta imitar o da cantoria do usbeque.

De repente cresce a voz do bardo, torna-se audível, cresce também a do malandro de Moscou: "Stálin é o próprio Deus, o Ser Supremo, Marechal da Vitória, junto a ele Alexandre, o Grande, fazia as vezes de soldado raso, no máximo chegará a caporal". O bardo larga o instrumento, gesticula, grita o verso, o tradutor se eleva também ele, repete os gestos com que o bardo acentua o heroísmo: "Stálin genial, libertou os povos, salvou a humanidade". Eis que, na primeira fila da plateia, quase ao nosso lado, levanta-se um usbeque magro, de barba rala e voz tonitruante, brada aos céus, Marina arregala os olhos azuis de eslava, a gargalhada é dela e da sala inteira, envolve em riso a tradução:

— O bardo está dizendo que quer fazer pipi.

Tbilíssi, 1948.
O TEMPO QUE SE VIVE

OUÇO OS CONTOS GEORGIANOS nos brindes repetidos: onde se bebe mais, em Moscou, em Kíev ou em Tbilíssi? De vários guardo memória, de um desejo dar notícia, dele uso e abuso ao falar da amizade.

Contam que em dia de inverno um arqueólogo membro da academia de ciências da União Soviética, em visita à república da Geórgia, percorreu velho cemitério da cidade, do tempo quando Tbilíssi ainda era Góri, na mão o caderno de apontamentos científicos e o lápis de apontar. Foi de mausoléu em mausoléu, de sepulcro em sepulcro, de tumba em tumba, tomando notas para uma tese funerária, era um sábio sapiente, projetava escrever o tratado definitivo sobre a cidade dos pés juntos.

Percorrendo o cemitério, deu-se conta da existência de uma aberração, patente em cada sepultura, nos mausoléus, covas rasas. No mausoléu daquele que fora o homem mais rico da cidade, leu: Aqui jaz fulano de tal, nasceu em 1834, faleceu em 1904, viveu apenas sete anos. Erro na inscrição, pensou o sábio, refazendo as contas na ponta do lápis: não sete como dizia a lápide e sim setenta. Na sepultura seguinte, se renovou o engano pois da baronesa Irina Moskóvitch Kalínina, que viera ao mundo em 1812 e dele se fora velhinha em 1906, constava ter vivido somente vinte primaveras. O sábio fez a subtração, dona Irina falecera aos 94 anos, conta errada no mármore. De lápide em lápide constatou o absurdo: de todos se dizia terem vivido um tempo bem menor que aquele delimitado pelas datas de nascimento e morte, todos à exceção de dois defuntos, ambos em covas pobres, uma costureira, Kátia dos Anzóis Carapuça, um carteiro de segunda classe, Alexis Ignatiev, neles as datas quase coincidiam. Tomado de indignação o sábio dirigiu-se ao zelador do cemitério, velho sem idade ali esquecido pelos poderes públicos, exigia explicação sobre o absurdo da repetição de erro tão grosseiro em local público. O velho tossiu, fitou o visitante, explicou: "Só se vive o tempo da amizade, não sabia? O mais é tempo perdido, inútil e vazio, não é vida, apenas purgatório, quando não é inferno".

Contado o conto, erguem-se os cálices, bebe-se à amizade, sal da vida.

Nova York, 1937.
O NETO

SOU APRESENTADO A JOHN DOS PASSOS num ato que tem como objetivo angariar dinheiro para os republicanos espanhóis, o romancista acaba de chegar do front e vai voltar. Conta as dificuldades do governo legítimo da Espanha, a ofensiva fascista dos generais de direita, a ajuda maciça de Hitler e Mussolini a Franco.

Tendo lido *Manhattan Transfer* em tradução espanhola, juro por John dos Passos: para puxar conversa com o ídolo pergunto-lhe por sua ascendência portuguesa, o sangue luso nos aproxima. Não o sensibilizo, responde-me com o que me parece ser a repetição de uma *boutade*:

— Meu avô era português, meu pai falava português, eu sou um americano de Chicago.

Fala em espanhol, acento carregado, morre a tentativa de aproximação, nunca mais voltei a vê-lo, limitei-me a leitor apaixonado do romancista que abriu novos espaços à ficção contemporânea.

A partir de certo momento passamos a viver mais com os mortos do que com os vivos, a ter mais amigos do lado de lá do que do lado de cá.

Paris, 1992.
MINÀ

AO VER QUE A ESCRITA DESTES APONTAMENTOS aproxima-se do fim, Zélia chama-me a atenção: "Não fazias questão de falar no nome de Minà? No entanto ainda não o citaste". Tem razão, sempre tem razão, jamais a tenho eu, o desmemoriado.

É agora e já, lhe respondo. Antes que seja tarde, aqui escrevo com estima o nome de Gianni Minà, um varão italiano de muita picardia. Homem de variados afazeres e múltiplas competências — jornalista, personalidade da televisão, autor de livros, perito em futebol, em mulheres belas, em culinária, companheiro de causas e andanças.

Escrevo-lhe o nome e fim de papo, se eu fosse contar as empreitadas em que me meteu, dobraria o número de páginas deste livro em demasia volumoso.

A última teve a ver com Cuba e com Fidel, custou-me esforço, tive de apertar o crânio para atender a pedido seu, prefácio para um segundo livro de conversações com o líder dos barbudos. Não foi tarefa fácil pôr no papel, com pensamento livre e língua solta, tudo de bom que penso da revolução cubana e as restrições e críticas que faço ao regime, à falta de liberdade característica das ditaduras marxistas. Suei sangue, não sei se consegui me explicar como devido.

Tarrafal, 1986.
O CANDOMBLÉ MARXISTA

FAÇO QUESTÃO DE CONHECER TARRAFAL, digo a Jorge Miranda Alfama,[1] a negregada fama do presídio de Salazar me persegue há muitos anos. Quero ver o lugar onde penaram Luandino Vieira, Chico Lyon de Castro e tantos outros amigos, lá vamos nós da cidade de Praia a Tarrafal.

Estamos na república de Cabo Verde, não são onze ilhas como ensinam os compêndios, são províncias da Lua ancoradas no mar Atlântico, paisagem de vulcão extinto, a terra é negra, não chove nunca, árvores raras. Quando os primeiros navegadores chegaram não existiam habitantes, apenas o oceano, os peixes e o sal, lua minguante, despovoada.

Antes de visitar o presídio desativado, à espera de ser museu, avistamos a praia, poucas serão tão suntuosas. No campo de concentração mostram-nos a cela onde o poeta Agostinho Neto cumpriu sentença: morreu presidente de Angola.

De volta à capital, paramos para almoçar em meio do caminho, na cidade de Santa Catarina. O prefeito providenciou comida e bebida, dança e canto para os viajantes. Na praça pública exibe-se o corpo de balé formado por mulheres do povo, cabrochas cabo-verdianas iguais às mulatas cabo--verdes do Brasil no requebro e na graça. Roda de candomblé em plena rua, filhas de santo que não cumpriram obrigação na camarinha, não rasparam os pelos da cabeça, do sovaco e do xibiu, nem por isso os encantados deixam de baixar à terra e possuí-las na vertigem da dança, ao som do canto. Zélia aponta uma das formosas: "Olhe como aquela parece Olga do Alaketu". Estamos na Bahia, o ritmo e os deuses são os mesmos, no Brasil e na África.

As cantigas porém não são as mesmas, na Bahia se canta em iorubá, em cabinda, cantos rituais em honra aos orixás, aos inquices, em Cabo Verde se canta em crioulo, hinos políticos marxistas-leninistas em honra do Partido, deus único, todo-poderoso. Não importa, é tudo a mesma coisa: o baile recrudesce, os encantados dançam acima e além das ideologias.

---

[1] Jorge Miranda Alfama, diretor, na época, do Instituto do Livro de Cabo Verde.

Lisboa, 1967.
FADO MODERNO

FERREIRA DE CASTRO LEVA-NOS A JANTAR numa casa de fados na Mouraria. Norma Sampaio, nossa companheira de viagem, e Assis Esperança completam a mesa ao fundo da sala, escolhida a dedo pelo mestre de *Terra fria* para fugir às correntes de ar: temia as correntes de ar como o diabo teme a cruz, tinha pavor aos resfriados.

No restaurante exibe-se cantor de fama recente, escapa-me o nome, mas guardei o do pai, fadista extraordinário, Alfredo Marceneiro, dias antes tínhamos ido ouvi-lo cantar, levados por Beatriz Costa; creio que era Alfredo Júnior, especialista no "fado moderno": que diabo seria o fado moderno, pergunto-me curioso.

A dona da casa de pasto recebe-nos com fidalguia lusa, reverências para Ferreira e Assis, conhecia-os de renome, palavras gentis para o conviva brasileiro. Na mesa Assis Esperança conta histórias de sua juventude de anarquista: *pour épater les bourgeois* fumava cinco cigarros ao mesmo tempo, puxava a fumaça dos cinco encarreirados na boca e a tragava, soltava-a de volta pelo nariz, chaminé de fábrica. Ferreira pede a Zélia e a Norma que cantem sua cantiga preferida, "Luar do sertão", moda sertaneja de Catulo da Paixão Cearense, não deu tempo, as guitarras atacaram antes. Comemos o bacalhau, para casa de fados não estava de todo ruim, saudamos com palmas a entrada do fadista.

Decerto instruído pela proprietária o artista saudou a companhia ilustre, acrescentou aos nomes de Ferreira e Assis, que lhe soavam às ouças, um terceiro que lhe era de todo desconhecido: o do poeta português Jorge Amado, subi às nuvens, nada desejei tanto na vida como ser poeta, quanto a ser português o sou pela metade, a outra metade é angolana.

Marceneiro Júnior dedica-me o primeiro fado: "Ao grande poeta português", reafirma minha dupla condição de poeta e português e faz-me grande, ganha de imediato minha simpatia: o "fado moderno" caracteriza-se pelo ritmo rápido, "corridinho" para usar expressão de Norma, autoridade em música popular. Terminada a cantoria, o fadista vem à mesa nos cumprimentar, Ferreira de Castro lhe pergunta: "Em que língua o amigo cantou?". "Em português, ora pois."

— Em português? Não acredito, não entendi uma única palavra.

Nem ele, nem eu, prefiro o fado tradicional, o de Amália, o de Hermínia e Carlos do Carmo.

Paris, 1948.
HOTEL SAINT-MICHEL

UM ÚNICO DESENTENDIMENTO não chegou a empanar as relações de estima que até hoje mantenho com Madame Salvage,[1] ela me adotou assim me conheceu.

O choque de personalidades se deu quando recém-chegado a Paris descobri que o único quarto de banho existente nos seis andares do hotel[2] estava transformado em depósito de bagagens. Ameacei partir, ela concordou em colocar a sala de banho em funcionamento, Madeleine amava a literatura e Carlitos[3] lhe havia oferecido um exemplar de *Terre violente*,[4] constatou-me escritor, pensou-me importante. Mesmo assim, o problema brasileiro do banho diário não se resolveu por completo: Madeleine controlava o aquecedor, no melhor da festa, o corpo coberto de sabão, a água quente sumia da torneira.

O Grand Hotel Saint-Michel foi reduto de comunas latino-americanos e lusos, literatos e artistas de preferência, seria longa a lista de nomes a citar, creio que Nicolás Guillén e Justino Martins, por mulherengos, a cada noite mulher nova a galgar as escadas, eram os preferidos da proprietária: as belas enfrentavam as escadas, não havia elevador. Nicolás convidou-a a visitar Cuba após a vitória dos barbudos, ela adorou a ilha e o povo com uma única restrição: o discurso de Fidel, durou seis horas, dose para elefante, nem assim Madeleine se dessolidarizou da revolução cubana.

Inconstante, o humor de Madame Salvage, gritava com os hóspedes se atrasavam o pagamento, ameaçava despejo, parecia que o mundo vinha abaixo, não vinha, nunca pôs ninguém na rua, era tudo da boca para fora, Madeleine possui um coração de mel. Certa feita ouvindo-a insultar cliente de aluguel vencido, perguntei-lhe por que tanto azedume, respondeu-me que naquele dia ainda não recebera sua dose de espermatozoides. Paixão de fazer chorar só lhe conheci uma, pelo escritor uruguaio Francisco Spinola, habitou o Saint-Michel durante anos pagando a conta em espécie, Madeleine louvava-lhe o tamanho e o vigor da arma de combate.

Quando, após dezesseis anos proibidos de entrar na França, Zélia e eu retornamos a Paris, ela nos recebeu aos beijos e nos hospedou de graça, fez questão de não cobrar, prova definitiva de amizade. De passagem em Paris vamos visitá-la, o hotel floresce, ducha em cada quarto, elevador, Madeleine

---

1   Madeleine Salvage, proprietária do hotel.
2   Grand Hotel Saint-Michel, 19, Rue Cujas, Paris 5ème.
3   O pintor Carlos Scliar.
4   Título da primeira tradução francesa de *Terras do sem-fim*.

arrasta Zélia de andar em andar, exibe as instalações, invade os quartos sem anúncio prévio, Zélia bateu os olhos num casal em plena ação. Numa das vezes em que vim cumprimentá-la dei-lhe notícias de Roberto Gusmão, jovem comuna com mandato da UNE no estrangeiro, habitara no Saint-Michel:

— Se lembra do Gusmão? Pois é ministro do Comércio, sabe?

— Ora, ministro... Mário Soares é presidente da República, não passa por Paris sem vir me visitar.

Mário foi um de seus muitos hóspedes ilustres, paupérrimos exilados, igual a Varela, a Marinello, a Gravina, a Maria Lamas, a Mário Schenberg, a Massera. Mais do que um hotel, o Saint-Michel foi lar de revolucionários, casa da ciência, das artes e das letras, ninho de amores. O chinês Liu, pau para toda obra, habitava no vão da escada, via as donas subirem de braço com os hóspedes, acompanhava-as com olhos de cobiça, todas elas suas amantes na solidão das bronhas. Durante o dia atendia o telefone na recepção, transmitia as mensagens, era discreto. Zélia denunciou-lhe os truques: sendo meu simpatizante, quando o telefonema era de homem, Liu me chamava aos gritos mas se a voz era de mulher subia a escada até o primeiro andar para segredar-me a chamada, Zélia tinha ânsias de esganá-lo.

Ao saber de nossa expulsão da França, Madame Salvage chorou no ombro de Zélia, velou em pranto o sono de João Jorge, colocou suas economias à nossa disposição. Anos felizes os do Hotel Saint-Michel, anos de exílio, de pobreza, de luta, éramos jovens, tirávamos de letra. De letra se deve tirar cadeia e exílio, bancar o herói não paga a pena.

Bahia, 1970.
O DICIONÁRIO

PERSONAGEM DE ROMANCE DIFICILMENTE retrata tal ou qual pessoa, não é ninguém por ser quase sempre a soma de vários indivíduos, de cada um toma detalhe físico ou moral: do vizinho usa o bigode, daquela morena a pinta no seio, do lorde baiano a arrogância, a bunda de Maria, a maneira de andar do malandro Mirandão, o ar de dignidade e superioridade do cafifa rio-platense, a manemolência de João das Flores, a doçura de Rita das Dores, o rebolado das ancas da quituteira, a coragem, a covardia, a temeridade, o bom coração, o azedume de Fulano, de Beltrano, de Sicrano.

Pode acontecer o romancista se basear na personalidade de um único cidadão; ao ser posto nas páginas do romance, no contexto de tempos e figuras, no espaço em que a ação se desenrola, transforma-se em outra criatura, já não é o indivíduo tomado da vida real pelo autor para agir nas páginas do livro. O banqueiro Celestino de *Dona Flor e seus dois maridos* tem algo em comum com o sr. Antônio Celestino, diretor do Banco Econômico, seu ponto de partida. O crítico de arte Antônio Celestino de *O sumiço da santa* tem a ver com o erudito do Pátio das Artes, inclusive o título da coluna semanal em *A Tarde*, porém dele mais se diferencia do que se assemelha. Cito um exemplo, poderia estender-me, no particular sobra-me experiência.

As línguas de trapo divertiam-se nas terras do cacau designando os modelos dos vários coronéis que povoam meus romances do cacau. Espalhavam ser o coronel Horácio da Silveira a cópia fiel, o retrato do coronel Basílio de Oliveira, desbravador de terras, chefe de jagunços, amigo de meu pai, avô de Itassucê.[1] Em verdade, Horácio é soma e síntese de coronéis de minha infância: o citado Basílio, Henrique Alves, Pedro Catalão, Misael Tavares e João Amado de Faria, meu pai. Sinhô Badaró, personagem de *Terras do sem-fim*, tem o nome exato de outro conquistador de terras cuja majestade se impunha à imaginação do menino grapiúna, o personagem herdou-lhe a figura de profeta e a soberbia, o resto tomou de outros menos imponentes. De todos os coronéis do cacau apenas Teodoro das Baraúnas nasceu de uma única pessoa, decalque do marido de minha tia Doninha, tio Manuel Alves, aventureiro e embrulhão. No livro virou outra pessoa, nem sequer meu tio nele se reconheceu.

Curiosa circunstância, de começo os indigitados recusavam-se a assumir o personagem que lhes era atribuído, mas a partir das novelas de televisão adaptadas de *Gabriela*, de *Terras do sem-fim* para cada um dos figurantes sobrava meia dúzia de modelos, todos queriam ser o coronel Ramiro Bastos, Mundinho Falcão, Tonico, sedutor. Tonico Pessoa[2] usava cartão de visita onde se lia debaixo de seu nome verdadeiro o de Tonico Bastos, encarnara o personagem. Do tabelião Pessoa, o tabelião Bastos tinha a fantasia, o gosto das mulheres, o medo da esposa, nele pensei ao criar a figura mas não apenas nele, pensei também em outro tabelião, dublê de literato, Raymundo Sá Barreto, e no jornalista Otávio Moura, mulherengo.

Durante a exibição da novela *Gabriela*, sucesso de Walter Avancini, consagração de Sonia Braga, compareci a uma festa em Ilhéus e lá encontrei as senhoras da sociedade todas elas fantasiadas de putas do Bataclan, uma delas debruçou-se sobre mim, sussurrou-me ao ouvido: "Sou Cla-

---

1 Esposa de Raymundo Sá Barreto, fazendeiro.
2 Antônio Pessoa Júnior, tabelião.

rinda, rapariga de Augusto Juvenal e teu xodó, te lembras?". De Clarinda me lembrava, nunca a esquecerei, mulata cabo-verde, rosto oriental, riso de malícia, olhos de quebranto, boca de, peço perdão, não digo de que a boca, seria falta de respeito para com a brancarrona cor de leite, quarentona grã-fina e licenciosa a querer passar por puta inocente, saí de baixo.

Criatura adorável, Paulo Tavares, letrado e pesquisador, frágil criança na cadeira de rodas de entrevado, dependente dos cuidados de Haydée, não dependia de ninguém para a análise e a pesquisa, capaz e diligente enfrenta a lida, não teme a estafa. Dedicou parte de sua vida ao estudo de meus romances: escreveu livro sobre minha vida, realizou um dicionário de meus personagens,[1] preparava outro sobre os personagens de Graciliano, pensava publicá-lo no ano do centenário do mestre alagoano, as forças lhe faltaram, quando Haydée se deu conta Paulo havia partido, do guerreiro restava nos lábios o sorriso de criança.

Uma de minhas diversões durante o trabalho duro e difícil do romance é colocar nomes de amigos nos personagens: a um frade cachopeiro e mandrião batizei com o nome de Nuno Lima de Carvalho, todo o contrário: burro de carga no trabalho, não respeita domingo nem feriado, ex-seminarista casto permanece pudico e só reza missa no altar de santa Clarinda, esposa e mártir. Natário da Fonseca, jagunço e capitão da Guarda Nacional, herdou o prenome de um pasteleiro, notabilidade de Viana do Castelo, siô Manuel Natário o dos pães de ló. Meu amigo Gravatá Galvão batizou o capitão Gravatá de *Farda, fardão, camisola de dormir*. Ao batizá-lo emprestou-lhe as qualidades que fazem do modelo exemplo a imitar de boa-praça, de rapaz direito, de pessoa nascida para a convivência. Mirabeau está em vários livros meus, Giovanni Guimarães em quase todos eles, é nome de rua, de escola primária, discute com Zitelmann Oliva em *O sumiço da santa*, em *Dona Flor* relato-lhe as façanhas de boêmio e jogador. Carybé, useiro e vezeiro em meus romances, neles pinta o sete, rouba, falsifica, inventa e alardeia, amplio as medidas do personagem, nem assim lhe alcanço a travessura.

Uma das partes do dicionário de Paulo Tavares refere-se aos viventes e aos defuntos cujos nomes aparecem em meus romances. Paulo consigna-lhes os nomes, a profissão real, a data de nascimento, a da morte se já se foram. Para garantir informação correta, para registrar detalhes, Paulo se mata na pesquisa, na colheita de dados, empregou os direitos autorais na compra de

---

1   *Criaturas de Jorge Amado*, Record.

dicionários e enciclopédias. Esforço, dedicação, seriedade, por vezes não receberam a justa recompensa, foram objeto de objeção e de repulsa.

Recém-publicado o livro de Paulo, nossa comadre Beatriz Costa dá-nos a alegria de passar uns dias na casa do Rio Vermelho, tem roda de amigos na cidade, mesa cativa, a agenda de compromissos sempre repleta, mas a comadre veio em busca de sossego e paz, está entregue de corpo e alma, de corpo sobretudo, a paixão voraz, devoradora, coisa boa, nada existe de melhor, regalia. Enquanto recorda peripécias de amor, o pensamento naquele que árdego e impaciente a espera em Portugal, diverte-se lendo o livro de minhas criaturas, a obra de Paulo.

Lá encontra seu nome, ilustre e popular, pois entre a multidão de admiradores brasileiros de seu talento e de sua picardia achava-se Vadinho e num livro se conta que tendo o boa-vida ido ao Rio foi ao Recreio aplaudir a estrela máxima do teatro de revista. No volume, o nome de Beatriz, o local de nascimento, os dados todos e, entre eles, valha-nos Deus!, a data fatídica e ignorada do nascimento. Beatriz se exalta: "Não pode ser! Onde esse tal de Paulo Tavares, sujeito metido, maldizente, mentiroso, provocador, foi buscar a informação desnecessária?". Indignada, procura e encontra no caderno de endereços o número do telefone de Paulo, liga, Haydée atende, ao saber quem fala, vibra de emoção: "Paulo, adivinhe quem é!". Paulo toma do aparelho, cumprimenta extasiado, desdobra-se em amabilidades, na outra ponta do fio, Beatrizinha educada, da fina educação saloia, quer saber por que ele inventou e pespegou no verbete aquela data fatal de nascimento. Paulo, atarantado, se explica: nada inventou, penou a buscá-la nos dicionários, nas enciclopédias, em parte alguma encontrava o esclarecimento, de data nem cheiro nem rastro, já pensava em se dar por vencido: Beatriz não nascera, surgira no palco em dia de triunfo, eis que deparou com a informação:

— Encontrei-a no Lello, dona Beatriz. Estará errada, por acaso, se está corrijo na próxima edição, a primeira não tarda a se esgotar.

Não sendo de mentir, Beatrizinha não contestou a exatidão da data. De volta a Lisboa, aos braços, aos lábios e aos demais do mocetão, mexeu os pauzinhos, tomou as providências exigidas, nas novas edições da Enciclopédia Lello a data inútil não aparece, afinal datas pouco ou nada significam, o que vale e conta é a vivacidade, a força, o ânimo, a brasa acesa, a fogueira, a juventude, a meninice, a menina Beatriz, assim dizem o povo e o rapagão, a menina Beatriz.

Estoril, 1981.
DOME DE DOMITILA

JOSÉ DE DOME RECOLHEU EM SEUS ÓLEOS as cores do amanhecer e as do crepúsculo, os ocres e os amarelos das flores e da caatinga do Nordeste. Depois de muito labutar e de sofrer com valentia conseguiu construir casa em Cabo Frio onde vivia e pintava.

Chegou à Bahia direto de Estância, disposto a ser pintor, começou trabalhando de operário, serrando madeira, saía às cinco da manhã, voltava às sete da noite, viveu nas ruínas de uma construção no Rio Vermelho, cuidava do irmão cego, surdo e mudo, passava a noite pintando o nascer do sol na barra da manhã, o morrer do sol na fímbria da tarde, o sol a pino do meio-dia. José, dito de Dome por ser filho de Domitila, rapariga de porta aberta, Dome, morena cor de jambo, sem nome de família para deixar de herança ao filho, deixou o apelido.

Pouco a pouco sua pintura feita de cor cresceu na estia dos críticos e dos colecionadores, expôs na Bonino, os marchands passaram a se interessar por seu trabalho. Carlos Lacerda deu-lhe mão forte, encomendou-lhe obras para o Banco do Estado, ajudou-o a internar o irmão no Instituto de Surdos-Mudos. No Rio viveu em nosso apartamento longo tempo, antes de erguer a casa em Cabo Frio.

Ainda na Bahia, no atelier do largo de Sant'Ana pintou o retrato do irmão, tela dramática, bela e terrível. Propus-me de comprador, não quis vendê-la, tampouco a Carlos Lacerda e a Giovanna Bonino, também se candidataram. Era o quadro de sua vida, queria conservá-lo. Para mim pintou dona Flor com uma rosa de ouro, Gabriela num guache de amarelos pálidos, Tieta do Agreste com o bode Inácio, presentes de Natal.

Encontrei-o em Portugal, no Estoril, pintando pescadores, a banca de peixes, a lota, Zélia conseguiu data para que expusesse no Casino. Conversa vai, conversa vem, perguntei-lhe pelo retrato do irmão, ainda o tinha: "Está na casa de Cabo Frio, dele não abro mão". Zélia e eu voltamos para o Brasil, ele continuou em Portugal. No Natal daquele ano recebi um engradado enviado de Cabo Frio, continha um quadro, o retrato do irmão cego, mudo e surdo de José de Dome. No Estoril dissera-me: "dele não abro mão", agora me escrevia no bilhete: "Quero que fique com você", presente do último Natal de sua vida.

Na casa de Cabo Frio José de Dome possuía um viveiro de pássaros, mais de trinta, variedades de cores e trinados. Naquela manhã vestiu o calção de banho para a ida à praia, quotidiana. Antes de sair dirigiu-se ao quintal, abriu a porta do viveiro, soltou os pássaros, olhou-os voar em direção ao mar, andou para a porta da rua, apenas atravessou o batente caiu morto, foi com pássaros para o céu dos sergipanos onde santa Domitila o esperava, uma flor amarela nos cabelos.

Paris, 1971.
O FILHO

TAN,[1] GENTIL E ATENTO, nos serve os pratos chineses no restaurante Tai-San-Yuen, situado em frente à Sorbonne, ao lado do Museu Cluny, somos fregueses antigos, dos anos do exílio, morávamos pertinho no Hotel Saint-Michel, à rua Cujas. Ao desembarcar em Paris, ali vamos comer o primeiro almoço da temporada.

Durante anos, discreto, sorriso tímido, Tan nos oferece o aperitivo em nome dos proprietários, guarda-nos a mesa do canto atrás da porta de entrada, a de minha preferência. Conhecemo-nos há bastante tempo, trocamos frases, amabilidades, jamais conversa longa, Tan vai de mesa em mesa, de freguês a freguês, não lhe sobra tempo para a convivência.

Um dia, após retirar os pratos vazios, antes de servir o lichi de sobremesa, perfila-se, pigarreia, estabelece um clima de solenidade, discursa. Revela-se vietnamita, nós o pensávamos chinês, ficamos sabendo que é órfão de pai e mãe, a voz grave nos anuncia:

— Quero vos comunicar que vos escolhi para meus pais.

Dois beijos nas faces de Zélia, "*bonjour, maman*", dois nas minhas, "*bonjour, papa*", nosso filho inesperado, fomos escolhidos pais, nos comovemos. Casou-se com Thérèse, assistimos à festa do casório, jantar de pratos cozinhados no vapor, incomparáveis. Deixou o ofício de garçom, mudou-se de Paris, habita e trabalha em Clichy-sous-Bois, pelo ano-novo nos envia foto recente da família, nos braços de Thérèse o último rebento, já nos deu quatro netos, nosso filho vietnamita.

Carnaxide, 1992.
AS PERNAS

ENQUANTO OS SENHORES MAIS OU MENOS GRAVES discutem economia e Ivan[2] rememora peripécias — "o manifesto do Congresso Juvenil

---
1 Tan Ky Hong e Thérèse, sua mulher.
2 Ivan Pedro de Martins, escritor.

Estudantil Proletário e Popular, em 1934, foi assinado por ti, por mim e pelo Carlos Lacerda, te lembras?". Lembro-me, Elsie Lessa recorda, com seu jeito traquinas, a década de 40, a vida literária, escola alsaciana risonha e franca, narra histórias, a sala se povoa, Zé Lins entra porta adentro.

O almoço em casa de Solange e Luiz Henrique[1] homenageia os quarenta anos de crônicas (admiráveis) de Elsie nas colunas de O Globo, a *globe-trotter* nos atalhos do mundo, sou seu leitor há quarenta anos. Poderia ser homenagem aos oitenta anos de vida, mas quem diz que ela os cumpre se está na flor da idade, se a cabeça é jovem, reinadia, e a formosa literata de quarenta é hoje a mais bela senhora de Cascais?

Antes de entrar na sala em Carnaxide, nos bons tempos Zé Lins estava na piscina do Copacabana Palace em companhia de um senhor de fato escuro, colete branco e plastrom, típico intelectual hispano-americano. Elsie saía da piscina em maiô de banho, dava na vista, Zé do Rego chamou por ela. "Viu em mim a tábua de salvação", conta Elsie, "se adiantou, me disse: esse cara que está comigo é um colombiano, sujeito importante, sociólogo, amigo de Gilberto [Freyre]. Ele só fala espanhol e eu não falo língua nenhuma. Além de que tenho um encontro agora, tá danado. Me tira dessa, converse com ele enquanto vou ali, não demoro."

Apresentada com os devidos rapapés ao famoso sociólogo, Elsie recusou o uísque, pediu suco de laranja, caprichou no espanhol, "meu espanhol de tango", deitou erudição continental: Gabriela Mistral, Ciro Alegría, Eduardo Mallea, Max Dickmann, César Vallejo e daí para mais: Subercaseaux, o do *Chile o una loca geografía*. Fez as honras da casa a capricho, Zé Lins voltou, ela despediu-se, saiu certa de ter deixado impressão favorável acerca de sua condição literária.

Decorridos alguns dias, num almoço da ABI encontra Zé Lins, o cabelo lustroso, a voz de nordestino, arrastada e forte, Elsie quis saber.

— E o sociólogo? Voltou para a Colômbia? Fiz-lhe sala como me pediste.

— Foi embora, sim, gostou muito de você, deixou até um livro para lhe entregar. Sabe o que ele me disse? Que se você for tão boa para escrever como é boa de pernas deve ser uma grande escritora.

Boa de pernas, boa de escrita, jovem de oitenta anos, Elsie ri, riso de moleque, eu o ouço há quarenta anos. José Lins do Rego, de novo entre nós, a acompanha, solta a gaitada dos meninos de engenho da Paraíba.

---

[1] Luiz Henrique Pereira da Fonseca, diplomata.

Panamá, 1973.
OS ANTITURISTAS

CONSELHO SE PEDE, NÃO SE DÁ, não sou de dar conselhos mas quem viajou e se estrepou, pagou o pato por não aceitar alvitre de quem sabe as coisas, tem deveres para com o próximo, assim me sinto. Acresce que, no caso, o conselho não provém apenas de minha experiência, quem vos ensina a gramática do *globe-trotter*, com conhecimento e prática bem superiores às minhas, é o sr. Julio Páride, Carybé de nome verdadeiro. Em algumas ocasiões o certo é colocar de lado os preconceitos, despir-se das roupagens da elite intelectual, assumir a condição de turista, acompanhar o rebanho para não rebentar os chifres no muro dos equívocos.

No Panamá há uma semana, esperando o navio que nos levaria ao Rio, já havíamos feito tudo e o resto, a demora começava a ficar chata, eis que Zélia chega do salão de beleza, engalanada, unhas feitas, repleta de prospectos. Propõe partirmos em visita aos índios da ilha de San Blas, os que fazem as *molas*,[1] trabalho realizado com tiras coloridas de tecido costuradas em forma de desenho, ora abstrato, ora representando animais, as molas são o cartão de visita do país. Compráramos em grande quantidade para nossa casa e para presentear amigos, Zélia anuncia: em San Blas, além da beleza das ilhas, do contato com os índios em seu quotidiano, teríamos *molas* a preço de banana. Contagiado, parti com Zélia para a agência de viagens.

O que sobretudo nos seduzira, a ela e a mim, fora o conjunto arquitetônico formado por malocas iguaizinhas às habitadas pelos índios mas dotadas com o conforto dos hotéis de cinco estrelas — a descrição no prospecto colorido despertava entusiasmo, as fotos em cor exibiam cabanas novas em folha em meio às palmeiras, tentação para os amantes da natureza, dormir ali ao menos uma noite passou a ser a aspiração de nossas vidas. Por uma noite seríamos índios panamenhos na circunstância de maloca equipada com a tecnologia e a mordomia exigidas pelos hóspedes ianques.

O senhor ao guichê, magro, de meia-idade, nos informou sobre a excursão: partia para as ilhas às nove da manhã, conduzindo 22 turistas. Voo curto cruzando o estreito, chegaríamos à ilha onde estavam instaladas a administração e o conjunto hoteleiro, dali partiríamos em canoa para a visita às demais ilhas, habitadas pelos índios, convívio direto com as tribos, o gozo da ecologia: as danças rituais, os cantos guerreiros, a aquisição de *molas* autênticas pagando pouco. De volta à ilha principal, o almoço de

[1] Artesanato dos índios panamenhos.

pratos regionais, por fim às quinze horas o regresso à cidade de Panamá. Tudo ótimo, preço conveniente, mas, para nós, não bastava, queríamos prolongar a estada até o dia seguinte, alugar uma das malocas, nela passar a noite, não éramos turistas, não nos confundisse com o rebanho.

O senhor do guichê nos considerou com ar que me pareceu entre piedoso e reticente, com certa vivacidade — não fosse ele o vendedor dos pacotes eu diria que o fizera com insistência — nos aconselhou a nos contentarmos com a excursão habitual, salientou o preço salgado da diária nas malocas. Maior que a sua foi a nossa insistência, não éramos turistas, jamais o seríamos, queríamos a maloca, o preço não importava. O homem do guichê estava ali para vender excursões, hospedagens, bilhetes de viagem, já havia atendido aos reclamos da consciência, suspendeu os ombros, satisfez-nos a vontade.

Na ilha principal apenas algumas habitações, residências precárias da guarnição, meia dúzia de soldados panamenhos, e o restaurante distante uns cem metros do conjunto das malocas. Deixamos a maleta com a gerente do restaurante, davam-nos pressa, tomaríamos posse da maloca ao voltarmos, de longe pareciam lindas e confortáveis. Embarcamos nas canoas anunciadas nos prospectos, não eram canoas e, sim, barcos a motor, visitamos as ilhas plantadas de palmeiras, pitorescas, contactamos com os índios: mansos cidadãos, comerciantes sabidos.

Duas dezenas de nativos, mulheres na maioria, em trajes típicos — soubemos que o grosso da população partia manhãzinha para o continente em canoas, verdadeiras, sem motor, no continente os índios laboravam as terras dos ricaços. Ficavam nas ilhas aqueles poucos para o canto, a dança, o comércio de *molas*. Visitamos três ilhas, uma em seguida à outra, a dança e o canto, repetidos, a venda e a compra de *molas*, mais caras do que as das lojas da capital, pagava-se a cor local, o exotismo. O regresso à ilha inicial, o almoço fraco, o embarque dos excursionistas no avião ao meio da tarde, a partida da máquina voadora. Zélia e eu nos vimos sozinhos, quando digo sozinhos não estou usando de metáfora, refiro a realidade. A índia que vendia molas em frente ao restaurante recolhera seu material, fora-se embora, para onde só Deus sabe. A mestiça de espanhol que dirigira e servira o almoço fechava o restaurante, preparava-se para partir, restituiu-nos a maleta, entregou-nos um molho de chaves, indicou-nos com o dedo o conjunto das malocas, perguntamos qual a nossa, disse-nos para escolher qualquer delas, estavam todas vazias, éramos os únicos hóspedes. Custou-nos muito rogo e gorjeta alta obter que prometesse voltar às seis da tarde para nos servir um prato de sopa, os restos do almoço.

Tomamos da maleta, marchando sobre terreno encharcado dirigimo-nos às malocas. Erguidas no brejo, pouco usadas, quase novas, continham cama, colchão sobre estrado de madeira, armário empoeirado, roupa de cama: dois lençóis, um cobertor de lã, úmidos, ali postos quem sabe Deus quando, o cheiro de mofo e a nuvem de mosquitos. Mosquito é o que existe de sobra no Rio Vermelho, até nos orgulhávamos, arrotávamos recorde mundial, mas diante da mosquitaria das ilhas de San Blas perdemos a empáfia, reconhecemos nossa modéstia. Nem na Amazônia, quando por lá andei tirando cadeia, admirei exércitos de mosquitos assim numerosos e aguerridos. Olhamos um para o outro, eu e Zélia, cabia-nos duas opções: rir ou chorar, preferimos rir e louvar os escrúpulos do senhor do guichê, fizera o possível para mudar nossa decisão, mais não podia fazer, era pago para vender excursões aos turistas e alugar malocas a algum louco que por ali aparecesse, fugido do hospício. Aparecêramos dois, Zélia e eu.

Voltamos ao restaurante acompanhados pela vanguarda do exército de mosquitos, zuniam um canto de guerra, o campo de batalha eram nossos pescoços e nossas faces. O restaurante estava fechado, à falta de cadeiras sentamo-nos no batente da porta, pedi a Zélia para cantar modas brasileiras, terminei por botar a cabeça em seu regaço, estirar-me no assoalho, adormeci, Zélia cobriu-me o rosto com o lenço mas os mosquitos de San Blas eram competentes, ficamos, eu e ela, repletos de picadas. A mulher do restaurante apareceu na hora marcada, sopa apenas morna, dois pedaços de peixe, requentados, nem sobremesa, nem café. De novo sozinhos, Adão e Eva em jejum entre os mosquitos, regressamos à maloca, nem mudamos a roupa, estiramo-nos na cama, a nuvem de mosquitos nos cobriu. Invejamos os turistas, àquela hora banhados, alimentados, fazendo o amor em bom hotel.

Na manhã seguinte, estremunhados, famintos, sujos, o chuveiro da maloca não funcionava, corpo e alma picados, coçávamo-nos sem parar, aconteceu o inesperado: a chegada de pequeno avião em busca de soldado enfermo, queimando de febre, no delírio da maleita, transmitida pelos mosquitos. Brasileiros, eu e Zélia, estávamos a salvo, ela por paulista empaludada desde a infância, eu por grapiúna imune às epidemias. O aviador concordou em nos salvar a vida, pela janela do aparelho olhamos a paisagem, vistas do alto as malocas faziam efeito, "o ideal para um fim de semana de repouso", como rezava o prospecto ilustrado a cores.

Com Carybé sucedeu pior: acalentava o projeto de conhecer a ilha de Páscoa, sonho de toda sua vida. Terminou por descobrir um voo semanal da Air France, levava turistas da França ao Tahiti com escala de horas, quantas não sei, na ilha de Páscoa. Inscreveram-se ele e Nancy mas, não sendo turistas — no rebanho não nos pegarão jamais, jurava o artista —, não se sujeitariam à limitação dos horários de excursão, interromperiam o voo na ilha de Páscoa, lá ficariam durante uma semana, no voo seguinte prosseguiriam para o Tahiti. Carybé queria demorar-se na visão e no exame das esculturas, não espiar de relance como o faz o compadre Jorge.

Desembarcaram, junto com os turistas visitaram a ilha, viram as esculturas todas sem faltar nenhuma, exclamações de assombro: *"oh là là! voilà! ça alors!"*, os franceses embarcaram, o avião partiu, Nancy e Carybé ficaram em terra, eles e os nativos. Chovia a cântaros, nem hotel, nem pensão, nem quarto com banheiro a alugar, obtiveram a preço de ouro hospedagem em cabana de pescador, mataram o tempo jogando biriba — Nancy não se separa do baralho, ainda bem —, Carybé tem horror, detesta qualquer jogo de carta, odeia biriba e chuva, antiturista por excelência teve biriba e chuva a semana inteira.

É no que dá o preconceito contra o turismo e os turistas, preço a pagar para ser aquele intelectual retado, um porreta, preço que pagamos Zélia e eu nas Ilhas de San Blas, os compadres Nancy e Carybé na ilha de Páscoa.

Bahia, 1982.
ALÍVIO

DUAS PREOCUPAÇÕES ASSALTARAM-ME naqueles dias de confraternização luso-brasileira. A primeira referia-se à exposição de José Franco, a segunda à conferência de Namora.[1] Haveria compradores para as peças do artista? Haveria público para ouvir o escritor?

Sob o comando de Manuel Telles, Santos Martins e Nuno Lima de Carvalho desembarca na Bahia com objetivo de intercâmbio cultural luzidia delegação d'além-mar, basta citar alguns nomes da literatura, das artes, do jornalismo: Amália Rodrigues, José Carlos de Vasconcelos, Cargaleiro, Relogio, Dorita, o conde da Bahia Chartres de Almeida, Amadeu Costa, folclorista de Viana do Castelo — não eram os únicos, estavam outros expoentes, vieram às carradas.

Helena e José Franco possuem casa no Rio Vermelho, com placa de cerâmica na porta da rua, são baianos. Zélia e eu possuímos casa e atelier em Sobreiro, somos saloios. Na Bahia José Franco usou o forno de

---

[1] Fernando Namora, escritor português.

Grace[1] para queimar peças amassadas em barro brasileiro, os santos do artesão de Mafra figuram em coleções, quanto a mim juro pelos galos, pelos porcos, pelos bois, pelas bilhas, pelas bonecas — tenho para mais de vinte saloias na varanda e os grandes galos cantam na entrada da casa, quantas peças possuímos saídas das mãos criadoras de mestre Franco? Perdi o número.

Sendo ele, porém, desconhecido na Bahia, temo que a exposição na Galeria do Hotel Salvador Praia mesmo sendo sucesso de vernissage não o seja de vendas. Enganei-me, ainda bem. Meia hora depois de aberta ao público, que sobrou da sala tão numeroso foi, não havia mais uma peça disponível, todas vendidas num piscar de olhos, José Franco teve de voltar ao forno da casa de Grace para queimar novos santos, as encomendas se acumularam.

Quanto à conferência de Namora, na Universidade, a convite de Cláudio Veiga,[2] meus temores vinham do fato que ela seria realizada em dia de jogo do Brasil na Copa do Mundo da Espanha. Escritor português de público brasileiro cativo, o mais lido depois de Ferreira de Castro, não lhe faltariam ouvintes em outra ocasião mas em dia de jogo entre a pátria e a União Soviética, válido para a classificação, quem deixará o pijama e as chinelas para ir ouvir conferência sobre a moderna literatura portuguesa? A hora do encontro de Namora com seus leitores não coincide com a do jogo, Cláudio Veiga não é louco nem muito menos, marcou para duas horas antes, ainda assim tremo nas bases.

Respiro quando, ao chegar ao Instituto, encontro a sala repleta, todas as cadeiras ocupadas, gente de pé, muitos jovens, detalhe do agrado do romancista que começa por autografar dezenas de livros. Namora fala por uma meia hora, traça o panorama da poesia, da ficção, do ensaio lusitanos. Seguem-se as perguntas dos leitores, muitas e ricas de interesse. Fanático de futebol, olho as horas no relógio, também as olha Cláudio, com discrição. Um jovem se levanta, diz que tem uma série de questões a colocar, todas de interesse. Namora também controla a hora no relógio:

— Vamos marcar encontro em meu hotel, lá responderei a tudo que quiser. Aqui, agora, não, pois vamos encerrar nosso encontro, está na hora de torcer pelo Brasil, por Sócrates, Falcão e Zico — sabe o time de memória, recita os nomes, ovação.

1 Grace Gradin, ceramista.
2 Cláudio Veiga, na época diretor do Instituto de Letras da UFBA.

Cláudio Veiga respira aliviado, eu também, o público sai em disparada. Na casa do Rio Vermelho, bebericando uísque, Namora assiste na televisão à vitória do Brasil, 3 x 1 se me recordo bem.

Paris, 1988.
O HELICÓPTERO

APRONTEI MUITAS E BOAS (BOAS?) e para todas Zélia buscou e encontrou desculpas nas limitações do indivíduo que lhe coube por revés da sorte: ignorância, incompetência, imperfeição, tendências, instintos, o caráter do delinquente.

Perdoou-me todas, menos uma. Ainda hoje o tema do helicóptero do presidente é tabu, evita-se falar, se o assunto vem à tona provoca mal-estar, riso amargo, motejo, ranger de dentes. Aconteceu em setembro, no fascínio do outono, as enfermeiras insurgiam-se em Paris, do automóvel oficial vimos a *manif* imensa cruzar a ponte sobre o Sena, os cartazes, as faixas, o protesto — sinto-me solidário, Zélia sussurra-me sua tentação de descer do carro e juntar-se às celestinas, não consegue resistir a uma boa manifestação de rua. Helicópteros da polícia, em prevenção e advertência, sobrevoam o cortejo das reivindicações.

Convidados do presidente da República vamos almoçar a cerca de cem quilômetros, no castelo de propriedade de Thierry de Beaucé, na ocasião secretário de Estado para Assuntos Culturais no Ministério das Relações Exteriores. O que se chama de almoço íntimo, poucos convivas, nem pauta de trabalho nem tese a debater, bate-papo ao correr dos vinhos, o branco, o tinto, preciosos ambos. O anfitrião, François Mitterrand, à cabeceira da mesa, em derredor, além do proprietário do castelo, a editora Odile Jacob, o escritor Jorge Semprún, ministro da Cultura da Espanha, Jorge chegou de Madri especialmente, Michèle Cotta[1] e o casal de escribas brasileiros.

Falou-se da França, da Espanha, do Brasil, da Europa em construção, do mundo em decomposição, os impossíveis do Leste Europeu, os espantos — Zélia e eu partiremos para Moscou daí a dois dias, vamos ver com nossos olhos que a terra há de comer. Dizer que o almoço foi agradável é pouco dizer: eu diria pequena obra de arte, miniatura belle époque. Grande painel das eleições presidenciais francesas, o rápido esboço de uma aparição na tevê, sempre obra de arte, de perfeita execução e fino

---

[1] Michèle Cotta, personalidade da tevê francesa.

acabamento, assim vejo e aprecio a presença e a atuação de François Mitterrand: mais do que homem político — e como ele o é! — um artista no encargo e no prazer da criação.

Após a refeição, a visita ao castelo, a conversa se prolonga, aqui nasceu Villegaignon, terminou ilha na baía de Guanabara, a cadela negra salta em torno a seu dono, Mitterrand afaga-lhe a cabeça, chega a hora de partir, o presidente da França tem muito o que fazer, o helicóptero da Presidência esquenta os motores, Jorge Semprún embarca. Apresentamos nossas despedidas, Mitterrand nos convida a ir com ele no helicóptero, pega-me de surpresa — Zélia se assanha inteira, da cabeça aos pés, o convite a encanta, adora voar e se a máquina voadora é presidencial, "ah que convite mais gentil, mais bem-vindo, mais irrecusável". Antes que abra a boca e aceite, deleitada, falo eu, o grosso.

Recuso o irrecusável, recuso de pé firme, sem deixar lugar à dúvida, à discussão: muito obrigado, presidente, *merci, M. le Président,* não serei eu a entrar nessa máquina infernal. Se não sabem, fiquem sabendo: tenho horror aos aviões, mas esse horror é nada, coisa alguma, se comparado ao pavor que tenho dos helicópteros — aquelas pás no alto do aparelho a se moverem me aterrorizam: podem parar a qualquer momento.

Mitterrand insiste, voo de quinze minutos até o Palais de l'Élysée, mandará o carro nos levar ao Quai des Celestins, por que fazer cem fatigantes quilômetros de automóvel? Zélia desfeita repete a pergunta do estadista: "Por quê?". A voz dura da senhora me alarma, sei o que me espera, mas faço das tripas coração, comprovo minha condição de homem, de macho: recuso-me a entrar no helicóptero, morro de medo, presidente, essa a verdade. Não olho para Zélia, não sou doido.

Cem quilômetros de carro até Paris, estrada ótima, refestelados num Citroën cara de sapo do maior conforto, mordomia ministerial, não consigo arrancar uma palavra de Zélia, sorriso nem pensar — a cabeça no helicóptero presidencial. A doce face faz-se severa, o olhar perdido no desgosto, puxo conversa, comento o almoço, recordo a inteligência, o bom humor, a malícia dos convivas e do anfitrião, digo gracinhas, exibo-me, exagero. Silêncio de túmulo, o automóvel, mísera máquina do começo do século, é uma acusação em movimento.

A manifestação das enfermeiras dissolvera-se na praça da Bastilha, um cartaz abandonado junto à ponte acusa os potentados, a indignação contra as injustiças da vida sombreia o rosto de Zélia, fechado nas copas do desgosto. O ruído das pás cortando o ar, um último helicóptero da polícia sobrevoa, a baixa altura, o automóvel da decepção.

Colônia, 1970.
A BATINA

ARLETE SOARES[1] NOS LEVA PELAS ESTRADAS da Europa, de Portugal à Escandinávia, nas asas da longeva *quatrelle*, nem um único incidente em milhares de quilômetros.

Vive em Paris, na Cité Universitaire, comanda na Maison du Brésil o combate ao regime militar, os espiões do SNI destacados no estrangeiro a espionam dia e noite, Arlete não dá bola, faz o sol e a chuva, dita a lei entre os bolsistas brasileiros. Ela própria bolsista, redige tese de doutorado sobre os pescadores da praia de Jauá na orla da Bahia, governa hoste de moças contestatárias, Cida, Rina, Dina, Saula, Marta, a portuguesa Rosa, botão de rosa, cada qual mais linda escrava. Para levar a tese avante, Arlete trabalha de balconista em butiques de perfume, de doméstica na casa de Miguel Ángel Astúrias e da *comadrita*. Entre a política e o amor não terminou a tese que prometera me dedicar: cadê a tese, Arlete?

Em Colônia (ou foi em Munique?) pendura-se horas ao telefone, eu a vejo de volta toda prosa, quero saber o porquê da euforia:

— Dei sorte, o padreco estava na paróquia, falei com ele, marquei encontro.

— Namorado?

— Não sabias que sou nora de Deus?

Conta os amores com sacerdote católico, também ele bolsista, se hospeda na Cité quando em Paris, um alemão loiro o corpo todo, da cabeça aos pés, uma espiga de milho. Arlete ronrona.

— *Prêtre ouvrier?* — os padres operários estão em moda, são de esquerda e Arlete *est une radicale de gauche*.

— Não, Vaticano puro no temor de Deus, na obediência ao papa. Veste batina, só a retira na hora agá e olhe lá: em cima da pele branca, a batina negra. Foi a batina que fez minha cabeça.

Toma do volante da *quatrelle*, parte ao encontro do servo de Deus que por amor a ela renegou os votos de castidade, tirou a batina, perdeu a virgindade, praticou o pecado da carne, pecado mortal, Arlete é o Tentador em figura de gente.

Devo e não nego, a Deus e ao mundo, ao diabo e à mãe de santo, ao grande e ao pequeno, influências que sofri, sofri não é o termo justo, só me trouxeram benefícios.

---

1 Arlete Soares, editora e fotógrafa.

Se devoro livros até hoje, eu o devo ao pai Dumas, o mulato Alexandre, foi ele quem me deu o gosto de ler, o vício: aos onze anos encontrei abandonado no navio para Itaparica o exemplar de Os três mosqueteiros, contraí o vírus da leitura para sempre.

Devo a Rabelais e a Cervantes, deles nasci. Devo a Dickens: me ensinou que nenhum ser humano é de todo mau, a Górki: me deu o amor aos vagabundos, aos vencidos da vida, os invencíveis. Devo a Zola, com ele desci ao fundo do poço para resgatar o miserável, a Mark Twain devo ter soltado o riso, arma de combate, a Gógol, o nariz, as botas e o capote.

Devo a Alencar o romantismo e a selva, a Manuel Antônio de Almeida a graça da picardia, do burlesco, na praça do povo soltei o verbo com Castro Alves, denunciei a infâmia, com Gregório de Matos aprendi a generosidade do insulto, fui boca de inferno, cuspi fogo, pela sua mão descobri as ruas da Bahia, o pátio da igreja, a viela das putas.

Devo ao cronista anônimo do Mercado, ao contador de casos da feira de Água dos Meninos, ao trovador devo o arroubo, a invenção ao mestre de saveiro: namorou Yemanjá nas cercanias da ilha de Itaparica, dormiu com Oxum no leito de águas mansas do rio Paraguaçu, possuiu Euá na cachoeira de Maragojipe, derrubou-a na fonte de caracóis e pétalas de rosa. É necessário saber e inventar.

Devo ao poeta de cordel, devo.

Praga, 1952.
O BRAVO SOLDADO

RESPONDO CARTA DE MIÉCIO TÁTI, quer saber se Kafka é o espelho do povo tcheco, sua face, seu coração. Para Miécio a literatura é coisa viva, não apenas papel impresso, perdura além das páginas dos livros, os personagens andam nas ruas. Encontro nas ruas de Praga os personagens de Kafka?

Creio que os personagens de Kafka, nós os encontramos em todos os caminhos do mundo, em todos os becos da angústia, não importa se são tchecos, alemães, judeus, poderiam ser brasileiros, não é a nação que os marca e, sim, o drama, são uma casta e não uma pátria. Se queres saber dos tchecos, quem são e como são, eu te recomendo ler Jaroslav Hašek, seu livro sobre as aventuras do bravo soldado Chveik, ali, sim, está a nação. O sargento patriota que se inscreve soldado para fazer a guerra, ingênuo de aparência, é em verdade a recriação do povo tcheco, mestre da astúcia e da generosidade, intrépido e manhoso, sério mas não severo, risonho porém jamais estrepitoso. Figura imortal, o soldado

Chveik: poucas vezes um romancista encarnou com tal graça e tamanha perspicácia a imagem de seu povo num personagem, Hašek é o espelho da Boêmia e da Morávia. Consigo um exemplar da edição francesa da história do bravo soldado e o remeto a Miécio.

Se há quem ainda não tenha lido a saga de Chveik, Dom Quixote contemporâneo, aconselho a que o faça o quanto antes, estou certo que me agradecerá pelo alvitre. Complete a paixão por Hašek lendo, se tiver a sorte de o encontrar à venda, a curta ficção que ele escreveu contando suas aventuras de comissário político do Exército Vermelho nos idos de 1919, nos começos heroicos e românticos da revolução soviética: a sátira e a solidariedade. Quando o li já Miécio tinha morrido, foi-se moço dessa vida, já não pude lhe enviar exemplar, ele devorara *Le brave soldat Chvéïk*: espelho do povo, me escrevera agradecendo.

Bahia, 1963.
A MISSA

D. CLEMENTE VEM EM VISITA DE PÊSAMES, abraça Lalu, apresenta-lhe as condolências pela morte do coronel.

Veste calça e paletó, camisa aberta no peito, impecável, penteado, perfumado, um almofadinha, desfila pela casa, vai de objeto em objeto, comenta as peças da coleção de arte popular, gestos adamados. D. Clemente é notabilidade, museólogo eminente, montou e dirige o Museu de Arte Sacra, bem da cidade, menina dos olhos de Edgard Santos, seu renome corre mundo. O d. Maximiliano de *O sumiço da santa* tem algumas coisas dele: a erudição, a competência, os ademanes. Lalu segue a visita com olhos de suspeita: "Será por acaso avinhais?". Por avinhais ela designa os homossexuais, vá-se lá saber por quê, dona Angelina diz mariquinhas, as duas matriarcas da casa possuem vocabulário próprio.

— Quem é este senhor? É mais um pintor? — pintor para Lalu é sinônimo de vagabundo, boa-vida.

— Não, mãe. Este é d. Clemente, é padre.

Dom Clemente se distancia na varanda, Lalu duvida:

— Padre? Não parece.

— Foi ele quem rezou a missa de mês do velho.

— Ele rezou a missa de João? Chi... Então tem de mandar celebrar outra porque essa não valeu.

Montreux, 1988.
A MÁFIA

EM MONTREUX ENCONTRO ALFREDO BINI, meu velho cúmplice de cinema e farsa, somos membros do Júri do Festival de Cinema Eletrônico em companhia dos metteurs en scène Bertrand Labrusse, Marina Goldóvskaia e Nagisa Oshima, o do *Império dos sentidos* — Bini propõe que o japonês faça demonstração pública de cenas da película famosa, com bom humor Oshima promete um strip-tease, é pessoa de boa convivência.

A soviética Goldóvskaia e Fan Xiaoping, produtora radicada em Hong Kong, se apaixonam por película japonesa, paisagens filmadas com competência, irresistível debulhar de lágrimas, romantismo. Bini e eu preferimos um comercial da Fiat, no gênero é obra-prima. Evidente a inclinação da maioria do júri para conceder o Grande Prêmio à película dos suspiros, a russa conta nos dedos os compromissos, arrota vitória antes de tempo, não levou a sério a dupla Bini-Amado, imbatível em tais desafios. Além do Grande Prêmio existem prêmios por categoria: ficção, documentário, propaganda, musical, invertemos a ordem de votação, começamos pelos prêmios das categorias, por unanimidade o nipônico das paisagens lindas é proclamado vencedor na categoria ficção, por já ter sido escolhido o declaramos fora da competição para o Grande Prêmio, a ele e aos demais premiados: o comercial da Fiat concorre sem competidor que possa ameaçá-lo, abiscoita a láurea. A soviética não consegue entender o passe de mágica, até hoje não encontrou explicação para o sucedido: "O filme japonês contava com a maioria absoluta como se explica que o comercial italiano tenha levado a palma?". Me pergunta, mando-a a Bini, Bini escuta e sorri: que mulher no mundo resiste ao sorriso de Alfredo Bini? Não sei de nenhuma, quem souber me diga.

Em hora da saudade, Alfredo me diz: precisamos inventar uma produção baseada em romance teu para que eu possa voltar ao Brasil, é tudo que desejo, rimos recordando ocorrências passadas durante a tentativa de colocar de pé a produção de filmes baseados em livros meus, Bini quer assegurar os direitos para cinema de meu próximo romance: vou tratar de pôr de pé a produção, fique descansado.

Nada teve ele a ver, no entanto, com o telefonema de Dino de Laurentis nos meados da década de 50, quer saber quais os meus romances livres para o cinema, está de viagem para a Venezuela, vai filmar a vida de Bolívar, já que se encontrará na América do Sul daria um salto no Brasil para rodar filme inspirado em história minha, a ideia me empolga, forneço títulos, De Laurentis vai escolher um deles, voltará a telefonar, nunca mais telefonou, decerto descobriu a tempo que a distância a separar Caracas do Rio de Janeiro não é tão curta como a que separa Roma de Paris.

Tampouco teve Bini a ver com o projeto de De Sica de filmar o conto do comandante Vasco Moscoso de Aragão com roteiro de Zavattini, o projeto ficou nas conversas e nos telefonemas — o que os produtores italianos gastam em telefone daria para financiar filme brasileiro. Falando no capitão de longo curso, festejarei em breve vinte anos de relacionamento com Anthony Quinn e de seu projeto de filmagem, a história de Vasco Moscoso o fascina, para levá-lo a cabo associou-se com a Warner Brothers, proprietária dos direitos de cinema do romance. Anuncia vindas à Bahia, marca encontro, esquece de avisar que suspendeu a viagem. A indústria do cinema é especial, não se rege pelas mesmas leis que as demais.

O primeiro a adaptar romance meu para cinema italiano foi Sergio Amidei, a produção seria de Carlo Ponti com Sophia Loren no rol de Lívia, o projeto não se realizou apesar de Bini não estar metido na produção. Também não lhe cabe culpa em minhas aventuras com Rossellini, o pai — teve participação no projeto do filho, Renzo, mas vamos por partes, respeitando os direitos dos mais velhos comecemos com Roberto, o grande, o magnífico o inesquecível, não apenas por se tratar do autor de *Roma, cidade aberta* mas também por ser aquela maravilha de pessoa.

Telefonema de Roberto Rossellini, trocamos lembranças de Roma, recordações, nos conhecemos de há muito, o motivo da chamada é comunicar-me sua decisão de filmar *Jubiabá*, quer saber se os direitos de cinema estão livres, estão, sim, respondo, então o produtor vai te enviar um contrato, anuncia-me dólares às dezenas de milhares, a emoção desata-me os intestinos, Rossellini chegará ao Rio daí a quinze dias para os trabalhos de locação e para discutir o roteiro, voltará a telefonar para dar o número do voo e a data exata. Voltou a telefonar cinco anos depois, deu a data exata e o número do voo mas esquecera por completo o assunto da filmagem de *Jubiabá*, vinha para fazer um filme em episódios sobre o Brasil como o que fizera sobre a Índia, obtinha sucesso nas salas de cinema: "Conto contigo", me disse.

Conto contigo, e como! Fez-me escrever em quinze dias onze histórias diferentes para os onze episódios do filme, passados em onze cidades: Rio, São Paulo, Bahia, Fortaleza, Manaus, Porto Alegre, Ilhéus — uma história ligada ao cacau —, Blumenau, Goiânia, Santos e São Luís do Maranhão, cada uma com tema e personagens específicos, a loucura. Hospedara-se no Copacabana Palace, em frente de nosso edifício na Rodolfo Dantas, tomava o café da manhã, vinha ao trabalho, trabalhei como um escravo. Sem falar que, a partir de certa hora, começavam a chegar os amigos, o apartamento se enchia, rolava o uísque, Di Cavalcanti, Samuel Wainer, Adolfo Celi. Rossellini atacava ao mesmo tempo as duas linhas de trabalho: a redação do cenário e a criação de um grupo de magnatas brasileiros para a coprodução, Samuel traçava planos, telefonava a capitalistas, rolavam no gabinete cifras de milhões. A lida e o pagode: a invenção dos contos, os almoços, os jantares, as boates, foram quinze dias de arrocho e pândega.

Terminadas as histórias, roteiro concluído, iniciadas as negociações com os banqueiros nacionais, Roberto disse até logo: "Vou a Roma terminar de pôr de pé a produção, volto em seguida com a equipe", nunca mais voltou. Quem veio, anos depois, foi seu filho Renzo, veio com Bini, tratava-se de *Tieta*.

Bini já viera antes em companhia de Franco Cristaldi, velho amigo meu, eu o conhecera jovem produtor quando naqueles antanhos sonhei em Roma ser cineasta, sonho triturado na militância partidária. Vieram Franco e Alfredo comprar-me os direitos de *Tereza Batista* por cinco anos, compraram e até pagaram: por fim depois de tantos anos eu vi a cor de dólares italianos. Ouvindo-me relatar as contingências anteriores, gratuitas, Bini arrotou riqueza e correção: "Comigo é assim, pão pão queijo queijo".

Já não estava Franco casado com Carla Simonetti, tendo produzido um filme estrelado por Zeudi Araya, negra abissínia de beleza para dar e vender, apaixonou-se perdidamente e para sempre, fez de Zeudi esposa e estrela, seria a Tereza da película. Estiveram na Bahia, exibi Zeudi no Mercado Modelo, foi aprovada com louvor e gula para o papel pelos bebedores do caldo de lambreta com cachaça — afrodisíaco de primeira —, Zeudi nada ficava a dever em matéria de beleza à personagem, e de afrodisíaco bastava ela própria: Zeudi maravilha!

Terminados os cinco anos do contrato, Bini deslocou-se da China onde filmava com Cristaldi a película sobre Marco Polo, veio encontrar-me em Lisboa, por mais cinco anos os compadres compraram-me os direitos, pagaram-me corretamente, "pão pão queijo queijo", repetiu Alfredo. A pretexto de montar a produção, no decorrer daqueles dez anos, Bini, o produtor, esteve diversas vezes na Bahia. Mais que uma festa, sua presença era um festival, não se inventou ainda ninguém mais agradável do que Alfredo Bini. Os dez anos se esgotaram, o filme não chegou a ser iniciado, mas o que nos divertimos daria um livro.

Não tendo mais Tereza Batista, Bini passou-se para Tieta, foi quando desembarcou com Renzo Rossellini, anunciando para os dias próximos a chegada de Lina Wertmüller. Enquanto a aguardava, Bini se juntou de cama e mesa, na prática esposou judia jovem e graciosa, cujo marido, *marchand de tableau*, encerrara seu negócio de arte na Bahia para abrir galeria em São Paulo, queria enricar muito e depressa como sucedera com Valdemar Szaniecki, seu conterrâneo de raça e religiões, ambos ortodoxos, ambos ogãs de candomblé. Abandonou a boazuda sem dinheiro a cuidar dos filhos, Bini a conheceu no banho de mar, italiano *bel uomo*, famoso cineasta, ela se encantou, precisava de consolo, ele se propôs, era de bom consolo, ela não aceitou subir ao quarto do hotel, não pegava bem, mas o convidou para jantar no lar vazio, casa de viúva em luto. Bini levou vinho alemão por falta de marca italiana no mercado, hospedou-se com a abandonada durante o resto da estada na Bahia, usava pela manhã pijama do *marchand*, durante a noite não precisava, os jogos de cama ele e a formosa os praticavam em pelo. Encontrou-a triste e deprimida, logo lhe voltaram o riso e a euforia, quanto ao lar, quando ele chegou, estava em total desorganização, uma bagunça, as crianças mal-educadas, pouco afeitas ao estudo, cobradores à porta exigindo pagamento de contas em atraso. Bini pôs tudo nos eixos, a casa ficou um brinco, não por acaso era produtor de filmes, discutiu com os credores e os convenceu a esperar com paciência e esperança a volta do *marchand*, os bolsos recheados de dinheiro ganho em São Paulo, botou os meninos a fazer banca, deu uns cascudos no mais velho, puxou a orelha do sardento para lhes ensinar obediência, no terceiro dia os meninos já lhe pediam a bênção. Em curso intensivo, aulas pela manhã, à tarde e durante toda a noite, doutorou a dama em variadas matérias da boa brincadeira, ela só conhecia o bê-á-bá sionista, deixou-a em ponto de bala, apta a festejar como devido a volta do marido.

Lina Wertmüller chegou à Pedra do Sal pela mão de Bini, Zélia e eu a recebemos de braços abertos, adorávamos seus filmes. Ela trazia pronto o roteiro adaptado de meu romance, pela primeira vez Lina ia filmar história alheia, até então somente rodara argumento seu. Mostrou-me o manuscrito, colocou-o sobre a estante: "Quero que leias e me digas". Lina ia partir em viagem, o sertão da Bahia, o estado de Sergipe, as cidades de Aracaju e de Estância, a praia de Mangue Seco, ia ver os locais, tratar com a gente, "encher-se de Brasil", assim me disse e acreditei. Agradeci e recusei o convite para acompanhá-la no teco-teco alugado por Bini para sobrevoar campos, praias e povoados à baixa altura. Quanto ao roteiro, adiei a leitura para a volta de Lina, sei quanto é falsa e deformada a visão que os intelectuais europeus fazem do Brasil, conhecem de ouvir dizer, em geral de ouvir dizer ideológico, maniqueísta.

De retorno dias depois, ao entrar na sala, Lina me perguntou:

— Leste o cenário?

Disse que não o havia lido, estava onde ela o pusera, na estante. Respirou aliviada: "Ainda bem que não o leste, não tem o que se aproveite, o Brasil não é nada do que escrevi". Nada do que ela havia ouvido e imaginado, do que pusera em sua história, era diferente; por vezes o oposto. Ali mesmo rasgou as páginas do roteiro: "Vou escrever outro, agora sei, irás gostar", me disse. Assim aconteceu, o novo cenário recriava o Brasil com os olhos e o talento de Lina. Pena a falência do Banco Ambrosiano, liquidou o projeto às vésperas de se iniciarem as filmagens de *Tieta*.

Ah a máfia do cinema italiano, adorável. Dinheiro escasso, filmagem só de raro em raro, mas que prazer de criação, que encanto de convivência, que calor de amizade. Eu os adoro, os mafiosos da irreverência, da graça, da loucura solta, não fossem assim não teriam realizado o milagre do cinema italiano, único, a exaltação do homem, o mais miserável é um comandante, um sonhador, a mulher mais puta é uma madona, uma santa sem pecado, *la mamma*.

Outro dia, quando o assassinato de Chico Mendes estava nas manchetes, Bini me telefonou de Roma para a Bahia: "Quanto queres para escrever um roteiro de cinema, a história de Chico Mendes, os seringais, os garimpeiros, os índios, a floresta virgem, já estou pondo a produção de pé, te pago em dólares, já imaginaste como vamos nos divertir na Amazônia?".

Purchase, 1979.
OS CHARUTOS E O VINHO

A CADA PORTADOR EU ENVIAVA para Alfred Knopf charutos baianos com o nome do gringo gravado nas caixas, repetido no anel em volta da regalia, charutos de São Félix enrolados nas coxas das moças ribeirinhas. Fernando Suerdieck, herdeiro da indústria e da tradição, fornece-me o presente no capricho — e de graça. Fumante e entendido, Alfred me garante serem os charutos da Bahia os melhores entre os melhores, tirante os de Cuba, hors concours. No particular a opinião do editor ianque coincide com a do escritor soviético Ilya Ehrenburg — outro freguês meu, ou seja, dos charutos baianos, só que para Ilya os melhores de todos eram os do Mercado, os charutos de vintém.

Ora, de volta da viagem aos States, portador do presente que eu mandara, Alfredo Machado desata a língua em inconfidência: Knopf lhe pedira para nada me dizer, não se deve alardear tristezas, mas acontece que ele perdera o gosto do charuto. Todos os dias, num ritual preciso, fumava o primeiro às dez horas em ponto da manhã, no banco do jardim, ao lado de Helen. Pois naquele dia acendeu o charuto, um puro cubano, puxou a primeira baforada e não lhe sentiu o aroma, soube-lhe sem graça, não lhe dava mais prazer, não o fazia partir nas asas do sonho, Alfred perdera o gosto do fumo do charuto. Nunca mais voltou a sentir a volúpia da fumaça, a viver o requinte das marcas, das procedências, quando se perde o gosto é de todo e para sempre.

— Rezo a Deus todos os dias para que me conserve até à morte o gosto do vinho, se o perdesse o que me restaria?

Do vinho não perdeu o gosto nem o requinte. Em 1979, Zélia e eu viajamos aos Estados Unidos para estar com Alfred no dia de seus noventa anos vividos entre livros e amigos, ele convocara os diletos, os do peito, Helen nos quis em Purchase onde seria a festa, lá passamos a semana. Alfred escolheu os brancos e os tintos a servir na data das noventa primaveras e ele próprio os serviu aos convidados, após tê-los degustado, conservara inteiro o gosto do vinho, fechava os olhos para saborear.

Rio de Janeiro, 1970.
O ALMIRANTE

SESSÃO SOLENE NA ACADEMIA OSTENTAMOS O FARDÃO, cai bem em Silva Melo, alto e magro, em Afonsinho,[1] aristocratas mineiros, nasceram para envergar fardão, em Alceu[2] e Barbosa Lima[3] que o usam como casaca, à moda de Joaquim Nabuco, em outros não vai tão bem, fico parecendo moço de recados em casa rica. Afrânio Coutinho lembra um conde dublê de almirante da Marinha de Guerra, elegantérrimo.

Catedrático da Universidade Federal, na ocasião Afrânio era diretor da Faculdade de Filosofia que funcionava em prédio construído pela Inglaterra, pavilhão britânico na Feira Internacional, comemorativa do centenário da Independência do Brasil, em 1922, vizinho do Petit Trianon, pavilhão da França, doado à Academia. Estava Afrânio em galanteria, exi-

---

[1] Afonso Arinos de Mello Franco, escritor e político.
[2] Alceu Amoroso Lima, escritor.
[3] Barbosa Lima Sobrinho, jornalista e político.

bindo o fardão e a sabença à assistência feminina em roda de conversa antes da abertura da sessão, quando o vêm buscar às pressas pois ocorriam violências no recinto de sua Faculdade.

Os estudantes contestavam a ditadura, faziam-no com veemência e valentia, a ditadura reagia com ferocidade, patrulha do Exército, comandada por subtenente na arrogância de ordens superiores, acabara de invadir a sede da Faculdade de Filosofia com o objetivo de prender alguns contestatários. Responsável pelo local e pelos rapazes, Afrânio não vacilou, pediu licença às senhoras e aos colegas, dirigiu-se ao prédio vizinho disposto a garantir as instalações da Faculdade e os direitos dos alunos. Imponente no fardão, uma das mãos no punho da espada, na outra o tricórnio de Napoleão.

O espetáculo que lhe foi dado ver encheu-lhe o peito de indignação: soldados agrediam os rapazes, arrastavam dois deles, tentavam embarcá-los na viatura militar para a tortura nos quartéis. Afrânio irrompeu aos gritos, quando se deu conta brandia a espada, fúria desatada. Ao vê-lo e ouvi-lo, os facínoras soltaram os estudantes, recuaram, partiram, o subtenente baixou a crista, bateu continência ao almirante, não era general mas equivalia.

A façanha custou processo militar, Afrânio escapou por pouco de condenação e xilindró, acusado de ter se apropriado de farda de almirante da Marinha e de tê-la usado para interromper, impedir a ação das autoridades na manutenção da ordem: "Trampolineiro e farsante, subversivo, para tudo dizer um terrorista".

Praia do Guincho, 1980.
OS SEGURANÇAS

NA RUA DESERTA, PASSA DE UMA HORA DA MADRUGADA, Alfredo Machado se assusta ao não ver os homens da segurança: "Onde estão eles?". Um apenas, ajuda o chofer a abrir as portas da limusine negra, o carro oficial do presidente da República de Portugal. Acabamos de jantar com o presidente Eanes no apartamento de José Carlos de Vasconcelos, além dos donos da casa, Alfredo, Zélia e eu. Alfredão nunca viu uma coisa dessas, acostumado ao exército de seguranças fardados e à paisana que protegem no Brasil os passos dos gorilas alçados à Presidência — um presidente em exercício e sua esposa, protegidos apenas por um segurança. É que, ao contrário dos gorilas, não precisam de proteção das armas, têm a estima do povo.

Para nós não é novidade, já tínhamos testemunhado o absurdo quando o casal Manuel Telles convidou Maria Manuela e António Ramalho Eanes — ele cumpria o primeiro mandato — para um almoço conosco e mais James Amado e Antônio Celestino no Hotel do Guincho. Na hora marcada estávamos no portão à espera, como manda o protocolo, um fusca se aproxima, na direção o presidente da República de Portugal, desce, oferece a mão à esposa, Maria Manuela, de segurança nem rastro.

Nesse tempo o presidente não era de muito rir talvez porque, tendo assumido responsabilidades ainda jovem, desejasse afirmar a seriedade. Ao deixar a Presidência, dois mandatos de cinco anos cada um, aprendeu o gosto de rir com Calasans Neto, mestre na matéria, quem ainda não ouviu a história da baleia que ele conta é um infeliz — ou talvez um privilegiado, pois vai ouvi-la pela primeira vez, eu já a ouvi mais de cinquenta.

Durante longo tempo Alfredo ainda se espantava: o presidente e a primeira-dama vindos de jantar em casa amiga, um único segurança para acompanhá-los. Alfredo se deparara de repente com a democracia na madrugada portuguesa, no Brasil era a noite dos milicos.

Bahia, 1970.
OS HIPPIES

NA PORTA, AS DUAS MOÇAS, adolescentes lindas e imundas. Apesar das calças Lee desbotadas, com rasgões, o *t-shirt* com a palavra de ordem: "Faça o amor, não faça a guerra", as sandálias de cangaceiro, mesmo para hippies estavam por demais sujas. A que me tratava por meu tio explicou que acabavam de sair da cadeia: a polícia dera uma batida sem aviso prévio na capital latino-americana do movimento hippie, situada na praia de Arembepe, subúrbio da cidade da Bahia, encanara centenas de jovens (e alguns idosos boas-vidas). Eu sabia do acontecido, recebera telefonemas de amigos do Rio e de São Paulo, Fernando, Samuca,[1] Helena, Miécio, Chico Barbosa, pedindo minha intervenção para libertar filhas insurrectas, ativistas da revolução sexual. Convido as moças: entrem por favor.

— Tio, o Carnaval começa daqui a quatro dias, a gente queria assistir, então vim pedir ao tio que nos deixasse acampar por uma semana em seu jardim, passado o Carnaval a gente pira.

— Acampar no jardim?

[1] Samuel Wainer.

— Só até a Quarta-Feira de Cinzas, tio.

Tinha direito a me chamar de tio, os pais eram amigos queridos, meus compadres, eu batizara a irmã cadete, menor de cinco ou sete anos, ainda não tinha idade para militar nas hostes da boa causa, mas já era simpatizante, disse-me a mais velha quando pedi notícias da afilhada. Considerei o pedido com simpatia, busquei encontrar solução que preservasse o jardim e atendesse o Carnaval, a súplica me sensibilizara. Encontrei a solução antes que as duas revolucionárias do sexo escolhessem local onde armar a tenda no jardim. Existiam dezenas de hoteizinhos mais ou menos familiares, a avenida Sete estava repleta desses albergues acanhados, porém baratos, eu conhecia o dono de um deles, sergipano, primo de Nelson de Araújo, ao vir residir na Bahia o contista ali se hospedara, de graça é claro. Mandei que as meninas se sentassem, Zélia providenciou xícaras de café com leite e as sobras da mesa matinal: cuscuz de puba, fruta-pão, fatias de parida, devoraram, a comida do xilindró era parca e ruim de gosto.

Telefonei para o parente de Nelson, identifiquei-me, tratou-me por doutor, perguntei-lhe se tinha quarto vago, de casal, ainda tinha um, fiz a reserva: vou mandar duas moças, ficarão uma semana, até o fim do Carnaval, a despesa é minha, assim viajem me telefone dando a conta, mandarei pagar. Aurélio foi levá-las, Zélia forneceu-lhes farnel nutrido, desvelos de tia.

Esqueci o assunto por completo, tinha muito em que pensar, o Carnaval aconteceu, deixou saudades, fartei-me com as moquecas da Semana Santa, na Bahia a Paixão de Cristo é festival de culinária, chegou-se à festa da Aleluia, fui chamado ao telefone. Era o sergipano dono da pensão, recordou a encomenda de quarto para as moças, só faltei morrer de vergonha. Desdobrei-me em explicações: perdoe o esquecimento, a hospedagem das meninas fugira-me da memória, estava devendo, mas ia mandar pagar em seguida, qual o montante da nota, quantos dias elas tinham demorado, uma semana exata, quando foram embora?

— Ainda não foram. Não estou cobrando, só queria saber se o doutor ainda se responsabiliza pela conta... Das moças e do rapaz.

— Do rapaz?

— Do namorado...

— Quer dizer que são dois quartos?

— Não, doutor, é um quarto só, a maior despesa que o moço faz é de coca-cola, nunca vi gostar tanto.

A sobrinha veio ao telefone, desculpou-se: "Sabe, tio, a gente não se dá conta, vai ficando, mas já estamos de viagem marcada, amanhã pegamos o ônibus para o Rio". Apareceram em casa para se despedir: a sobrinha, a amiga e o rapaz. Ele me trazia um livro, sua estreia na ficção, um colega, um concorrente, assinava-se Ramirão ão ão, o volume se intitulava *Urubu rei*.

Li, disse a Zélia: o folgado tem talento só que é maluco, mas maluquice passa. A dele passou, Ramiro de Matos em homenagem ao bisavô Gregório assina-se Gramiro de Matos, hoje professor universitário, sem dúvida o mais importante especialista nas literaturas dos países africanos de língua portuguesa. Quando lhe paguei o consumo de coca-cola e o regalo da dupla amigação, era Ramirão ão ão, nome porreta de porta-voz da revolução sexual, "faça o amor, não faça a guerra" — não pode haver palavra de ordem mais sedutora e válida, mudou o mundo.

— *Seu Aurélio, a vida é um absurdo.*
— *Daí pra mais, doutor.*

Roma, 1990.
GRANDEZA

CONCEDIDO PELA PRIMEIRA VEZ o Prêmio das Literaturas Latinas, patrocinado pela União Latina, é ganho por Juan Carlos Onetti, o uruguaio bem o merece, o resultado me deixa alegre, sou amigo de Juan Carlos desde os anos de exílio no Uruguai nos idos de 40.

O prêmio se decidiu, na última votação, entre Onetti e o romancista italiano Vincenzo Consolo. Quando recebi da União Latina a lista de candidatos — nela figurava pelo Brasil meu compadre João Ubaldo Ribeiro —, pensei que a decisão se daria entre Onetti e o português Miguel Torga, para surpresa minha Torga foi eliminado no primeiro escrutínio, o único voto que teve foi o meu.

Vem-me à cabeça uma pergunta: se amanhã os suecos derem o prêmio Nobel a escritor português que o ganhe por estar em moda e o mereça por ser de fato grande, me pergunto se sua grandeza o levará a proclamar que, antes dele e de qualquer outro escritor das línguas portuguesas, mereceria recebê-lo o poeta e prosador Miguel Torga, face e colhões de Portugal. Tão grande quanto o escritor deve ser o cidadão, a grandeza não comporta limites, não possui duas medidas.

Rio de Janeiro, 1957.
ACERVO

A CAMPANHA DE DESESTALINIZAÇÃO come solta na União Soviética, não vai durar por muito tempo, a memória dos tiranos encontra sempre fanáticos a sustentá-la. Khruschov muda o nome do prêmio Stálin, passou a se denominar prêmio Lênin, decreto com efeito retroativo.

Fui stalinista de conduta irreprochável, subchefe da seita, se não bispo ao menos monsenhor, descobri o erro, custou trabalho e sofrimento, deixei a missa em meio, saí de mansinho. Nem por haver-me dado conta e abandonado o redil escondi ou neguei ter recebido, em dia de glória, com honra e emoção inimagináveis, o Prêmio Internacional Stálin.[1]

Eis que me chega às mãos carta do comitê do prêmio, comunicando-me a mudança, deixo de ser Prêmio Internacional Stálin para ser Prêmio Internacional Lênin, a carta vem acompanhada de medalha de ouro com a efígie de Vladímir Ilitch para substituir a primeira, a de Ióssif Vissarianovitch, de diploma recém-passado a pendurar na parede em lugar do anterior. O presidente do comitê pede devolução urgente da medalha e do diploma que na solenidade de Moscou me foram entregues por Ilya Ehrenburg.

Arrecado já sem entusiasmo medalha e diploma e os remeto à gaveta onde se encontram os antigos. Não atendo porém ao pedido de devolução, guardo uns e outros: concederam-me o prêmio Stálin, momento culminante de minha vida, por que mandar de volta a medalha de ouro, o pergaminho do diploma?

As duas medalhas, os dois diplomas estão hoje no acervo da Casa do largo do Pelourinho na Bahia — lá podem ser vistos juntos a outros paramentos e ornatos.

Viena, 1991.
PROTESTO

OS JORNALISTAS QUE COBREM o Congresso Internacional do Pen Club querem saber minha opinião sobre o caso Salman Rushdie, não posso conter a indignação. De Rushdie li um romance, *Les enfants de minuit*, gostei, e um pequeno livro sobre a Nicarágua sandinista, páginas de solidariedade. Onde se esconde a solidariedade ao escritor ameaçado?

Parece-me absurdo, inacreditável, inaceitável, que no fim do século XX um escritor esteja encerrado em esconderijo, sob a proteção da polícia,

---

[1] Na segunda entrega da láurea, em 1951.

proscrito da sociedade, condenado à morte por uma seita no exercício da discriminação religiosa, pela Inquisição xiita, com o aval do governo do Irã. Penso que a comunidade internacional dos criadores de literatura, arte e ciência não tem estado à altura do protesto que tal situação exige.

Nem um único escritor pode se manter indiferente a essa agressão sem medida ao direito de criar, à liberdade de pensamento e de expressão. Aquele que não protestar, que não exigir que a ameaça de morte que pesa sobre Salman Rushdie seja retirada, está faltando ao seu dever, o mais elementar. O direito de criar corre perigo, a própria existência da literatura está sob ameaça.

Bahia, 1991.
EUNICE

O ESCRITOR ESTREANTE ENTRA SALA ADENTRO, originais em punho, estou trabalhando mas que jeito senão atender? Recebo os originais para leitura, prefácio, recomendação a editor — prometo e, pior ainda, faço. Todos os dias se repete a circunstância, rouba-me o tempo e o ânimo para escrever, fico possesso, chamo Eunice às falas, ela trabalha conosco vai para vinte anos, nesta casa do Rio Vermelho seus cabelos pratearam, não lhe diria empregada, e, sim, amiga.

Igual a meu pai só sei falar gritando, assusto as pessoas, até hoje Zélia não se habituou — faço um esforço, baixo a voz para reclamar:

— Eunice, eu não lhe pedi para dizer que não estou em casa?

O sorriso de Eunice, o autêntico sorriso angelical:

— Um moço tão simpático, não tive coragem de bater a porta na cara dele...

Quando me vê deveras furioso, Eunice confessa:

— Não sei mentir, me dá um nó na garganta.

Pela porta de Eunice entra quem chega à minha procura: o repórter, a equipe de televisão, o conselheiro econômico, o rapaz da esquina, o chato de galochas, os meninos em confusão e arrelia que querem autógrafo de Dorival Caymmi quando não é de Vinicius de Moraes, a filha de santo, o ecologista da lagoa do Abaeté, o pintor *naïf*, o poeta marginal e a récua de turistas. Ameaço Eunice:

— Se não trabalho, como vou pagar teu ordenado? Terei de te mandar embora.

— Pode mandar, se quiser, só que eu não vou. Não é preciso me pagar.

Batem à porta, Eunice vai abrir.

Quero aqui consignar, para subscrevê-la, frase de Romain Rolland, o humanista de Jean-Christophe, *datada de 1927:* "Je ne connais à aucune minorité, à aucun homme, le droit de contraindre un peuple, fût-ce à ce que l'on croit un bien, par des moyens atroces". *É isso aí.*

Bahia, 1971.
A FESTA DE CARYBÉ

EM COMPANHIA DE GUGA,[1] VOU A ANTONIO CARLOS, governador do estado, conversar a propósito de edição do livro de aquarelas de Carybé sobre os orixás africanos no candomblé da Bahia, livro fundamental. Vazios os cofres da Universidade, Guga me propusera sairmos de visita aos banqueiros, pedinchando verbas. Vamos primeiro a Toninho, eu lhe disse, ir aos banqueiros sem falar com ele é ofendê-lo. Assim é, conheço Antonio Carlos de cor e salteado, eu o sei desde rapazola.

Não só o conheço, gosto dele, gosto das pessoas tanto pelas qualidades quanto pelos defeitos. No caso de Toninho, ele é a Bahia, cara e entranhas, ou seja, o sim e o não. No político e administrador duas coisas sobretudo me seduzem: a sua qualidade intrínseca de baiano, Toninho é baiano antes de tudo, e seu permanente interesse pela cultura, comprovado, verdadeiro. Referi duas qualidades, tem muitas outras, os defeitos não preciso dizer, a parte da mídia que não gosta dele, porcentagem considerável, os estampa a cada dia nas páginas dos jornais: "malvadeza", "reacionarismo", "sócio da TV Globo" e outros et ceteras, na catilinária existe pouca verdade e muita baixaria.

Antonio Carlos está acabando de almoçar, ver Arlete — sofrida, contida, amável, perfeita, composta só de qualidades — é um prêmio. Carybé vai cumprir setenta anos, digo a Toninho, dos quais mais de trinta recriando a Bahia, nosso povo, nossa vida, nosso mistério, tudo isso está no livro dos orixás que chegaram da África nos porões dos navios negreiros e aqui se batizaram. Falamos do projeto de edição, a Universidade não tem tostão, eu obtivera 1 milhão com Herberto Salles,[2] Guga quer pedir o resto aos banqueiros, Toninho me interrompe a ladainha:

— Banco a edição — serve-se da goiabada com moderação, em nenhum momento deixa de ser o político, sabe de cada gesto retirar o lucro: — Lançaremos a edição numa cerimônia solene no palácio, convidaremos os senadores, deputados...

---

1 Luiz Fernando Macedo Costa, médico, então reitor da UFBA.
2 Herberto Salles, na época diretor do Instituto Nacional do Livro.

Interrompo eu:

— Cerimônia solene no palácio? Para Carybé? Nada disso. Festa popular no Pelourinho com o povo da Bahia.

Deleitado, Antonio concorda, tens razão: "Mais vale o povo do que os políticos".

Noutro lugar não poderia acontecer festa assim, apanágio da Bahia, 15 mil pessoas ali se reuniram, no largo do Pelourinho, para festejar os setenta anos de um coestaduano que nasceu noutro país. Fui entrevistado pela televisão, recordei que Carybé, a quem o povo homenageava em canto e dança, não era nem político nem banqueiro, nem milionário nem senhor de terras, nem general nem cardeal, apenas um artista, nada mais, o povo ama os artistas.

A festa foi presidida por mãe Menininha do Gantois, quando fui convidá-la os parentes, os médicos, os notáveis do Axé, manifestaram dúvidas, a saúde da venerável não lhe permitia excessos, discutiram, vi a coisa em maus lençóis. Menininha acompanhava em silêncio a discussão, abriu a boca, declarou:

— Vou sim senhor, seu Carybé merece.

Antonio Carlos entregou à mãe de santo o primeiro exemplar da edição do grande livro, arte e documento, as aquarelas realizadas ao longo da travessia do pintor pelo mistério da Bahia. Nana Caymmi iniciou a festa cantando a "Oração para mãe Menininha" composta por Dorival, obá de Xangô. A dança das filhas de santo, Carybé é um encanto: as cantigas de Oxóssi para saudar o filho do rei das matas. O jogo de capoeira angola, Camafeu e Cobra Verde executam meias-luas, rabos de arraia, Carybé aprendeu a brincadeira com Pastinha e Valdemar, foi parceiro de Traíra e de mestre Bimba, os afoxés desfilam, Carybé é vice-presidente vitalício dos Filhos de Gandhy: sentada num sofá de vime, Menininha aplaude.

As televisões nacionais, as estações de rádio, os fotógrafos dos jornais, a promoção *au grand complet*, a festa vista e ouvida no país inteiro, mostrada ao vivo. Toninho cochicha ao meu ouvido:

— Você, Carybé e eu vamos suspender o sofá com Menininha, elevá-la no ar, mostrá-la ao povo...

Concordo com o projeto:

— Tu, Carybé e eu e mais quatro estivadores, vejo vários aqui...

Não são decorridos cinco minutos, a um aceno do governador as câmaras de televisão tomam posição, os refletores se acendem iluminando o tablado: quatro gigantes — ou seriam seis? — e mais Toninho e Carybé levantam o sofá, passeiam Menininha nas alturas, o povo delira. Presto solidariedade moral, não faço força mas toco com os dedos no sofá. "Viva, vivô!".

Paris, 1989.
RECOMENDAÇÃO

VAMOS PELO MARAIS COM ANNY-CLAUDE, falamos de livros recentes, francesa de nascimento, educação, cultura, é leitora fanática, brasileira por adoção, é carnavalesca de samba no pé. Adotou o Brasil, os brasileiros a adotaram, tem casa em Paris e casa no Rio, o coração dividido. Dividido? Penso que não, inteiro aqui e lá: em Paris, na plateia da Comédie Française para aplaudir Roland Bertin em *L'avare* de Molière, na Praça da Apoteose para saudar a bateria da Mocidade Independente no desfile das Escolas de Samba, no carnaval do Rio.

Atravessamos a Pont Marie, vamos tomar sorvete na Île de Saint Louis, nos detemos a ver o Sena sob a luz do outono, ah esta cidade de Paris, só a cidade da Bahia se lhe pode comparar. Anny gostou do romance de Roger Grenier, *Partita*, também das memórias de André Kedros quer saber: "Tu que conheceste Neruda tão bem, pensas que Kedros foi justo quando fala dele?".

Ao ver-me, a moça se destaca do braço do rapaz, vem correndo em minha direção, pergunta se sou "Amadô", sim, na França sou Amadô, no Brasil sou Jorge, na Bahia Jorginho, *le petit* Jorge, respondo rindo. Ela porém não ri, toma-me da mão, tenta beijá-la, não deixo, começa a chorar. "*Merci*", diz e repete, "*merci, merci, vos livres ont changé ma vie.*" Fico sem jeito, ainda não me habituei, já devia ter-me habituado com o alvoroço, com a comoção do leitor a fustigar-me o peito. Tenho as mãos da moça entre as minhas, sinto Zélia sorrir a meu lado, comovida. Quando a moça retorna ao encontro do namorado, enxugando as lágrimas, digo a Anny, talvez para aliviar-me da emoção: não contes isso no Brasil, irias passar por mentirosa.

Sucede com mais frequência do que se poderia imaginar, ser parado nas ruas de Paris por leitores franceses que me reconhecem e vêm me falar, dizer que leram esse ou aquele livro, dizer como e quanto lhes agradou. Afinal a primeira tradução francesa de livro meu a Gallimard a publicou em 1938, há mais de meio século: o público se conquista dia a dia, livro a livro — o livro traduzido pode obter de logo sucesso de estima, ninguém pode dizer que possui público na França antes de chegar às coleções de bolso, as de preço barato, o livro ao alcance de todas as economias.

A cada leitor francês que me reconhece e vem dizer de sua estima, repito a Zélia a recomendação feita a Anny no Pont Marie, quando a luz do outono refulgia no casario e nas águas do Sena: não contes isso no Brasil, os patrulhadores não perdoarão, no mínimo serás acusada de embusteira e retirarão meu nome da resenha literária.

Bahia, 1991.
FAMÍLIA CAYMMI

NO DOMINGO, PALOMA TELEFONA DE PARIS, ruído de conversação e riso quase lhe encobre a voz:

— Pai, estou oferecendo um almoço à família Caymmi que se exibiu em Montreux com sucesso absoluto. Dorival vai te falar.

A família Caymmi, minha família. Certa tarde, em 1939, Samuel Wainer e eu, de padrinhos, levamos Adelaide Tostes, quer dizer Stella Maris, uma vespa pela cintura e pelo resto, cantora de blues na Rádio Mayrink Veiga, e Dorival Caymmi, o moço Caymmi, cantor das graças da Bahia, à Vara de Família no Rio de Janeiro para que os nubentes assinassem a certidão de casamento. Enquanto dizem sim ao magistrado, Samuel me pergunta: "Pensas que ela ainda é virgem ou ele já a papou?" — com o lábio aponta Stella vestida de donzela pura. Conhecendo o noivo como o conheço de outros carnavais, não escondo meu ceticismo: é duvidoso.

Do casamento da radialista e do compositor nasceram Nana, Dori, Danilo, partos felizes para a modinha brasileira. Primeiro andaram cada qual para seu lado. Stella, com os encargos de matriarca, aposentou-se dos blues, criar os dois meninos e a menina, três capetas, ai, não era brincadeira, a tarefa demandava energia, firmeza de caráter, tempo e amor, Stella dedicou-se, ganhou a guerra. Dorival, de pouco trabalhar, trabalhou pra burro compondo o que de melhor por aqui já se compôs, soltou a voz a salvar o mar, os pescadores, os mestres de saveiro, Itapuã, Yemanjá, Mãe Menininha, o povo da Bahia: para ensinar o que é que a baiana tem, desse samba desabrochou uma baiana universal, Carmen Miranda.

Os meninos quebravam a cara no batente para levar avante a vocação herdada, a voz de Nana, o saber de Dori, o talento de Danilo. Até que um dia Stella os reuniu em torno do moço Dorival, o mais moço do clã, foram de visita a Tom Jobim, cantaram juntos para bem dizer o amigo, e desde então a família Caymmi passou a ocupar espaço único, inconfundível, no panorama da música nacional. Agora atravessa as fronteiras, deslumbra os gringos em Montreux.

Nana, Dori, Danilo, filhos de sangue, paridos do ventre de Stella, meus sobrinhos. Do conúbio de Dorival com Tom Jobim nasceram os demais, aqueles que hoje compõem e cantam a canção da luta e da esperança, do sonho brasileiro. São muitos e múltiplos, vários, os caetano, os gilberto gil, os joão gilberto, tantos. Todos nascidos na Bahia como os três citados? Nem todos, alguns não tiveram o privilégio, nasceram por aí.

Paris, 1990.
OS SUICIDAS

MALAS FEITAS, DE PARTIDA PARA MADRI, vamos participar, Zélia e eu, dos cursos de verão da Universidade Complutense, acabamos de chamar o táxi que nos levará ao aeroporto, o telefone soa, atendo, é Jacques Danon:

— Mestre Jorge, acabo de chegar em Paris, preciso te ver, falar contigo com a maior urgência, estou perdido, não sei o que pensar, não consigo entender o que está se passando, o mundo vem abaixo, estou me esvaziando, sofro pra caralho.

Fala sem parar, em agonia, repete uma, duas três vezes que precisa me ver, falar comigo, somente eu posso lhe explicar. Por que confia em mim, eu sei, Jacques veio mocinho para Paris com bolsa de estudo de ciências, eu o apresentei a Irene e Frédéric Joliot-Curie em cujo laboratório foi trabalhar, ali iniciou a carreira que faria dele no correr dos anos cientista de renome mundial. Também fui eu quem o apresentou a Madame Leclerc,[1] mãe de Annie[2] com quem Jacques se casou.

Entre os expulsos da França, na leva dos vinte e tantos castigados, estava Jacques, na polícia disseram-lhe o motivo por que o punham fora das fronteiras: por ser secretário de Jorge Amado — em verdade camarada de partido, de ideias, amigo. Se existe alguém no mundo que confia em mim, esse alguém é Jacques Danon.

Quanto desespero, Jacques não é o único nem o primeiro, sei de muitos. Homens e mulheres, pessoas magníficas, de súbito se encontram desamparadas, esvaziadas, mergulhadas na dúvida, na incerteza, na solidão, perdidas, à beira do suicídio. O mundo do Leste, o do socialismo real, se esboroa, aquilo que inspirou e conduziu pela vida afora milhões de criaturas, o ideal de justiça, de beleza pelo qual se bateram, pelo qual tantos sofreram perseguição e violência, exílio, cadeia, tortura, se transformou em fumaça, em nada, em coisa nenhuma, foi apenas mentira e ilusão, mísero engano, ignomínia. De muito sei nos limites da angústia, como se a noite eterna, sem esperança de luz do dia, se houvesse abatido sobre o mundo de vez e para sempre. Ainda há poucos dias, com Joelson e Fanny vieram nos visitar um médico de São Paulo e sua mulher, meus velhos conhecidos da militância comunista. Faltavam-lhes as palavras para falar das transformações, do fim de um tempo, sobravam o nó na garganta e a dor no peito, os olhos úmidos do camarada, as lágrimas de sua companheira.

1 Françoise Leclerc, dirigente do movimento da paz.
2 Annie Prouvost-Alvarez, cientista.

Canso-me de explicar aos que perderam o norte: de mim não vejo motivo para desespero e suicídio. Permanecem atrozes e urgentes os problemas por cuja solução nos batemos, o sonho que sonhamos permanece íntegro em seu fascinante desafio. Apenas rasgou-se o véu da fantasia, viu-se exposta ao sol a indigente nudez das ilusórias ideologias que cerceiam e diminuem o ser humano, armas de opressão, fábricas de ditaduras: veio abaixo o que era falso e feio, podre e perverso.

Não se trata, como os reacionários desejam fazer crer, da batalha final no confronto histórico entre capitalismo e socialismo, o combate se trava entre democracia e ditadura. Não é o socialismo que está acabando, e, sim, contrafação fraudulenta e desumana, o chamado "socialismo real", imposto por déspotas através da mais monstruosa máquina de embuste e opressão. Socialismo sem democracia significa ditadura e nenhuma ditadura presta, seja de direita, seja de esquerda, a mesma merda.

Há dois séculos a Revolução Francesa mudou a face do mundo, novos valores, maiores, se estabeleceram, a vida tornou-se mais justa e mais bela. Mas os caminhos da democracia foram abandonados para dar lugar à ditadura sangrenta do Terror, ainda mais degradante porque exercida em nome do povo, houve volta atrás semelhante à que hoje acontece na União Soviética e nos países ditos socialistas. De Napoleão à restauração dos Bourbon, o avanço da sociedade parecia terminado, acontecia o regresso às trevas. Tal retorno ao passado não significou, no entanto, o fim, a liquidação dos valores novos e maiores trazidos no bojo da Revolução Francesa, o mundo não voltou a ser o mesmo de antes, aquele que a Revolução destruiu, liquidou para sempre. Também a Revolução de Outubro, a Revolução Socialista, mudou a face do mundo e a vida dos homens, e o fez para sempre. Os valores novos e maiores por ela proclamados persistem mais além da suposta derrota de hoje. Foi válida a luta que nos coube lutar por mais grosseiros e terríveis tenham sido os erros cometidos.

Foi válida e persiste pois o capitalismo permanece o mesmo sistema econômico e político falho e injusto que sempre foi, em nada melhorou e, no Brasil, os problemas se agravaram. O quadro atual da sociedade brasileira é deplorável, trágico quotidiano de miséria e fome, a guerra contra milhões de crianças condenadas ao crime, o latifúndio semifeudal, a devastação do solo, a extinção das florestas e das espécies animais, a degradação da natureza, o abastardamento do caráter das elites. Nosso retrato nacional mostrado diariamente nos vídeos de televisão dá vontade de chorar.

Temos de prosseguir na luta se ainda desejamos ter pátria e chão, se desejamos que a cordialidade e o riso retornem, que o brasileiro retome suas virtudes de povo, reencontre o canto, a dança, o futebol, o Carnaval, a festa.

No Escorial, nos dias do curso de verão da Complutense, penso em Jacques e na conversa que teremos, espero ser-lhe de utilidade, para mim é quase um filho, era rapazola quando o tomei pela mão.

Chegamos a Paris, corro para o telefone, ligo para o apartamento da filha de Jacques, onde ele se hospeda, Irene atende, não contém o pranto, Jacques morreu dois dias antes, enfarte fulminante.

Paris, 1990.
O VICTOR HUGO

DEUS OU O DIABO, QUEM ME DEU A CAPACIDADE, o dom de relacionar-me, estabelecer conhecimento, ligar-me por laços de estima? Da juventude livre na cidade da Bahia, nas ruas, becos e vielas, nas encruzilhadas, nas casas de santo, nas igrejas, nas escolas de capoeira, no cais dos navios e dos saveiros, cortando as águas do golfo e as do rio Paraguaçu, da minha adolescência creio provir a facilidade com que me entendo com as pessoas, simpatizamos, fazemo-nos conhecidos, amigos, íntimos, fraternos. Amigos eu os possuo nos quatro cantos do mundo e nos arredores, refiro-me a pessoas que conheço, de quem privo a intimidade, não me refiro aos leitores, esses são o capital e os juros do escritor. Poucos milhares ou multidão sem conta, deles vive o romancista, deles se alimenta na mesa de trabalho, na mesa do de-comer. Em certo momento leitores e amigos pessoais se misturam na mesma confraria de afeto e de cumplicidade.

Em quatro anos de repetidas e largas temporadas no *pied-à-terre* do Quai des Célestins, neste bairro do Marais onde Paris nasceu, travei conhecimento com dezenas de pessoas, com elas tenho tratado, relações casuais, transformaram-se em convivência afetuosa, com a cumplicidade de Paris. Paris possui sobre as demais metrópoles a vantagem de ser um aglomerado de pequenas cidades onde as pessoas se conhecem, conversam, convivem. Ninguém pode saber da cidade inteira, imensa, cada um tem seu Paris, a cidadezinha onde vive, trabalha, diverte-se, transa e sonha. O meu Paris, durante cerca de quarenta anos, foi a Rive Gauche, o *cinquième* e o *sixième arrondissements*, conheço como as palmas de minhas mãos o mapa das ruas, dos *squares*, das praças, das livrarias, dos quiosques de jornal, dos cafés, dos bistrôs, posso marchar de olhos fechados pelo

Boul'Mich', por Saint-Germain, no Luxemburgo João Jorge brincou, menino, na Igreja de Saint-Germain-de-Près batizei Nicolas Bay, dito Nikili, filho de André e de Marie-Pierre.

Faço o aprendizado do *quatrième*, do *troisième*, do bairro do Marais, aqui ao lado fica o Hotel de Sens, vem do século XI, no Pont Marie debruço-me sobre o Sena, para onde quer que me volte, estou cercado de beleza. Ando a pé, ruas, avenidas, boulevards, sento-me com Zélia em banco de jardim na Place de Vosges, acompanho a construção de L'Opéra Bastille, visito o Hôtel de Ville, o Museu Picasso, o Centro Pompidou, o Hôtel de Sully, percorro a Île de Saint Louis, entro em livrarias, descortino o panorama, a Notre Dame, a Universidade, a sinagoga, o Instituto do Mundo Árabe, desfruto da paisagem, convivo com o saber, a cada canto, em todos os momentos a beleza. Envolvo-me na luz, nos ruídos, na atmosfera, no burburinho para tocar o sangue, as veias, a carne viva, a humanidade, sentir as batidas do pulso e do coração de Paris: sou cidadão desta cidade, limitado e ignaro mas parisiense em minhas tripas de glutão, nos pés de andarilho, na cabeça do escritor, no peito do combatente — esta é a Cidade, a dos direitos do homem, da democracia e da civilização. Perlustro as ruas do Marais, faço amigos. De alguns desejo dar rápida notícia, transcrever os nomes, longe de Paris me lembro deles, ouço-lhes a voz, escuto-lhes o riso.

Uns até já se mudaram do Marais, mas não os esqueço na ciranda do bem-querer. O velho jornaleiro do quiosque ao lado da boca do metrô Saint-Paul, ele e a mulher revezavam-se no negócio, por vezes coincidiam, eu chegava escoteiro ou acompanhado por Zélia em busca de jornais e de revistas. Fizemos camaradagem devido quem sabe aos cabelos brancos, os deles e os meus, as esposas ainda não os têm, eram vítimas (ou heroínas?) do sotaque de nossos diálogos de maridos oprimidos, sem direito a voz e a voto. Desatávamos em queixas, expúnhamos reclamações. Enquanto Zélia protestava e revidava, a senhora jornaleira ouvia em silêncio, o rosto sério, penso que não achava graça nas pilhérias. Um dia não se conteve, mediu o marido fuxiqueiro, rosnou entre dentes: "*Ordure!*".

Durante meses e meses, o velho do quiosque de jornais não soube de mim senão a ancianidade e a caduquice, soltava a língua e a verve. Um dia viu minha foto publicada, ficou sabendo de meu ofício, conheceu meu nome em lustre porém impresso no jornal. Desde então tornou-se formal, passou a tratar-me com deferência e distância, terminaram-se as pilhérias conjugais. Ao regressar do Brasil não mais os encontrei, a ele e à sua esposa, se haviam aposentado, passado o negócio a outro dono. Para não lhes sentir a ausência todas as tardes mudei de quiosque de jornal, aportei no bigodudo da Rue Saint-Antoine, sabe de política, dá-me dicas, não sabe do escritor, ainda bem.

Quero dizer duas palavras de carinho sobre Regina e Romeu Sparagano, marido e mulher, ele *primeur de fruits* com comércio estabelecido nas ruínas da primeira igreja de Saint-Paul,[1] ela jornalista. Após correr o apartamento que terminamos por comprar parei diante do balcão de frutas, provei cerejas e morangos, disse à Zélia: habitantes do Quai aqui compraremos frutas e legumes para a sopa, assim aconteceu, assim acontece diariamente. Apesar da jornalista logo descobrir o ofício do freguês, as relações floresceram em estima, os Sparagano nos adotaram, ele siciliano, Zélia italiana de São Paulo, confraternizam nas receitas de pratos, risotos e lasanhas, ele a presenteia com invenções de molhos para o macarrão, Zélia prepara gulodices brasileiras, creme de abacate, doce de banana em rodinha, para oferecer ao casal — e a *belle-mère*, Madame Suzanne, amor de pessoa, contabilista contabiliza os lucros do negócio. De pequenas coisas se nutre a amizade, que é, como sabeis, o sal da vida, o sal e a pimenta. Leio no Guide *Gault Millau* o elogio de Les Halles du Marais: "*Conserve, en plein coeur du Marais, tout le charme des petits commerces de plein vent d'autrefois*".

Quem me apresentou a Françoise Raoult foi James Amado: vem com Luísa a cada ano gozar as benesses da civilização e conviver com os irmãos, hospedam-se no Hôtel de la Septième Art, hotel de Calá e Auta Rosa, de Lulu de Paris,[2] de Laurita e Luisinho: os brasileiros são tratados nas palmas das mãos, carregados ao colo por Yolene e Michel Koenig.

James surge de cabelo cortado, complacente e elogioso, coisa rara, anunciando qualidades: "Tem uma barbeira aqui ao lado, trabalha bem e rápido, é bonita e culta, vive lendo, enquanto manejava a tesoura e o pente conversamos sobre James Joyce, tive a sensação de que era Antônio Houaiss quem cortava meu cabelo. Além do mais não cobra caro": James dá-se à economia, o hábito enraizado lhe vem dos tempos de jornalista a soldo do Partido Comunista — cadê o soldo? o gato comeu, de funcionário da Petrobras desempregado pelos milicos.

Segui o conselho do mano, entreguei a juba branca aos cuidados de Françoise, revelou ter lido livros meus, discutiu literatura e arte, assim se passa aqui: as pessoas leem, frequentam os museus, vão aos concertos, sabem as coisas. James tem olho, Françoise é bonita como ele constatou,

---

[1] Demolida em 1799.
[2] Maria Lúcia Pessoa, sobrinha de Calasans Neto.

acrescento que é casada, o marido é pensador político, um retado, se vivesse no Brasil passaria diariamente na televisão — pensador político e sexóloga é o que mais dá no vídeo brasileiro —, Zélia e eu fomos jantar com o casal, o monsieur ditou-nos aula sobre a Iugoslávia. Incorporei Françoise à trupe de minhas pupilas, clube internacional presidido por Anny-Claude Basset.

Outra amiga estabelecida no bairro, Madame Neuve Eglise, pede-nos notícias de Calasans Neto a cada vez que Zélia e eu entregamos nossos pés difíceis a seus cuidados: *podologue* da maior competência, tanta que não me atrevo a classificá-la calista ou pedicure. Calá chegara a Paris sem poder andar, os sabichões de Nova York não lhe curaram as unhas encravadas, saiu do gabinete da Rue du Petit Musc dançando o samba. Madame Neuve Eglise não o esquece. Luiz Carlos Tornaghi, empresário de capacidade e posses, viaja do Rio a Paris para consultá-la — "vale a pena pagar o preço da passagem, sai barato", diz-me na satisfação dos pés novos em folha gastando sola de sapato nas ruas do Marais.

Na Rue Saint-Antoine, minha artéria predileta, comércio de alimentação capaz de abrir o apetite do sujeito mais biqueiro, meu amigo Abitbol Gady me espera à porta do Sole Mio, comércio de especialidades italianas: "Tenho uma coisa para si", entrega-me um cassete, canção cantada nas rádios de Israel pela cantora Rita, música de Ramy-Kleintchen, o tema da composição é um certo romance, intitulado *Mar morto*, de um certo foliculário da Bahia, o livro tem sucesso em idioma hebreu, Abitbol sabe de meus livros em Paris e em Tel-Aviv, acompanha-lhes a trajetória, o comerciante de produtos italianos é um intelectual, amigo de Amós Oz, de escritores e artistas judeus, patriota israelense mas não fanático, o sectarismo é estranho à sua natureza, possui o sorriso mais terno desse mundo e uma esposa tão simpática quanto ele, dona Wanda, ajuda-o no Sole Mio. Uma vez eu os vi tristes, o rosto em sombras, foi durante a Guerra do Golfo, o filho mais velho correra a alistar-se no exército de Israel. A guerra terminou, o sorriso voltou aos lábios do casal, o filho soldado está a salvo. Abitbol e eu trocamos livros e conselhos de leitura.

Já que falo de produtos italianos, falarei de dona Tereza, não se chama Tereza e, sim, Huguette, o marido é André Cherpin. Passei cerca de um ano em Londres escrevendo *Tieta do Agreste*, Zélia a fiorentina, a vêneta, era freguesa do negócio intitulado Tereza, nome da proprietária, a dona do Ville de Turin parece com a italiana de Londres, vende os mesmos produtos, é dotada de idêntica gentileza, para nós ficou sendo Tereza algum tempo até que as relações de freguesia se estreitaram.

Dar conselhos não é de meu gosto, quase sempre significa intromissão na vida alheia, implica assumir responsabilidade mas não posso me eximir de aconselhar — quem sabe já o fiz no contexto destas páginas — aos visitantes que queiram comer do melhor e do mais fino a frequência aos pequenos restaurantes, aos bistrôs. Em Paris come-se bem em qualquer parte, inclusive nos restaurantes de luxo, bem e caro, são para gente de paladar milionário, minha amiga Regina Simões, minha comadre Carmo Vilaça e o senhor seu marido ministro e acadêmico, o ricalhaço do tabaco Mário Portugal. Mas para comer o suprassumo, para regalar a alma, deve-se ir aos restaurantes familiares, frequentados apenas por franceses, os bistrôs onde não acontecem turistas, apenas nacionais, saídos todos dos romances de Georges Simenon: servem-se pratos de sabor incomparável a preço cômodo.

O conselho vale de introdução a almoço na Enoteca, a jantar em Au Pont Marie, quem seguir o meu alvitre vai lamber os beiços e me agradecer a sugestão. Os italianos ficam na Rue Saint-Paul, em meio aos antiquários, os franceses no Quai de Bourbon, o jantar dá direito à visão da lua sobre o rio Sena.

Foi Moustaki quem nos levou a Au Pont Marie e nos apresentou à Magali, a matriarca: por leitora me recebeu com alvíssaras, ofereceu champanhe. O restaurante é empresa familiar, Jean, o pai, e Laurence, a filha, atendem às mesas, Jean Charles, o filho, é o mestre-cuca, Magali cobra a conta, a família Guiffoul, encantadora. Já que me meti a sebo, entro em detalhes, a ementa é toda de primeira ordem mas eu recomendo o *feuilleté au roquefort*, o *confit de canard*, o *cassoulet*, perguntem a Roberto DaMatta, a Adilson Monteiro Alves, a Zequinha Sarney se quiserem comprovar, António Alçada Baptista, perito em senhoritas e em culinária, meu convidado, ficou freguês de carteirinha. Laurence era solteira quando a conhecemos, casou, já teve filho, nosso neto torto, temos vários.

Temos vários netos de araque, dois deles são netos de sangue de Madame Christine Moulian, motorista que nos conduz a Orly, nos recebe em Charles de Gaulle, nas saídas e chegadas, não habita no bairro mas está inscrita na roda de amigos, de papel passado.

Os italianos da Enoteca me estimam por escritor e por homem de esquerda, são simpaticíssimos, não fossem italianos: o bistrô vive cheio, não tem mesa que chegue, a freguesia cresce sem parar. Pino Mitrani e Gianni Mainardi comandam cardápio e vinhos, cozinha e adega da Itália, requintadas. Quem o diz não sou eu, é *la signora* Giannola Nonino, a da grapa e dos prêmios literários, autoridade máxima, veio almoçar, repetiu.

O bairro floresce em livrarias, vou de uma em uma, o vício de folhear e comprar livros me acompanha desde a juventude da Librería Española de Don Paco, a praça da Sé da Bahia, eu ia pelo último Vargas Vila. Na Virgule busco livros ilustrados por Dubout, livraria especialista em *bande dessinée*, na Librairie Henri IV sou recebido com demonstrações de apreço por Madame Françoise Butin e Monsieur Albert Zenouda, somos vizinhos, a bela livraria fica a dois passos da porta do edifício, livros de arte, estoque de novidades, quando sai tradução de autor brasileiro Madame Butin me telefona: saiu um livro de Moacyr Scliar, está vendendo muito bem.

Existem no bairro duas Librairie Epigramme, frequento pouco a da Rue de la Roquette, de instalação recente, a minha é a mais antiga, a da Rue Saint-Antoine, freguês bem-visto até me fiam quando esqueço de levar o cartão de crédito. Os Moreau — Françoise, Gerard, Laurence, mãe, pai e filha, o ativista Christoph Mollo, a gentil Marie Despierres, são nossos parentes, gente de nossa família e os filhos colombianos de Françoise e Gerard são nossos netos mais velhos de Paris. Na Epigramme Zélia assinou a tradução francesa de seu *Jardim de inverno*[1] com a livraria repleta de leitores e amigos, a gente do bairro compareceu em peso. A livraria é a casa do escritor, repito o lugar-comum, para dizer que tenho várias casas em Paris onde cultivo o vício, os palácios da FNAC, o L'Oeil Écoute na Rue Vieux Colombier, no *sixième*, o doce lar da Epigramme Saint Antoine. Sou confidente de Laurence, não me conta seus amores, mas os adivinho.

Atravesso a praça da Bastilha, Rue de la Roquette, entro na *fromagerie*, sempre repleta, pois Monsieur Perón é *affineur* de competência celebrada, o que explica a clientela numerosa e de categoria. Freguês ignorante, escuto conselhos de Monsieur Perón enquanto Madame Perón vai em busca da caixa de *cottage cheese* que me traz ao negócio às sextas-feiras. Trata-se de um queijo magro, popular na Inglaterra e nos Estados Unidos, aprendi a apreciá-lo em Londres. Na França tem pouco gasto, importado para gordos sujeitos a regime, é o meu caso.

No decorrer dos meses trocamos informações de família, o casal Perón e o casal Amadô. Perguntam quantos netos temos e ficamos a par do filho Perón que estuda em universidade norte-americana, desejamos boa viagem aos pais quando fecham as portas do negócio por uns dias, vão a Nova York à formatura do rapaz. Sabem meu nome de família, consideram-me bom freguês, simpático, de mim é tudo quanto sabem, nada melhor do que ser anônimo cidadão.

[1] *Jardin d'hiver*, Paris, Stock, 1991.

Ora, acontece que certa tarde penetro na queijaria lotada como sempre, coloco-me na fila à espera de ser atendido, Madame Perón me avista, perde a continência, exclama aos berros:

— *Alors, M. Amadô, c'est pas bien, je suis fachée avec vous. Vous étes celèbre et vous ne dites rien...*

— *Quoi?*

Madame Perón aponta-me aos fregueses, todos se voltam para mim, a estudar a *avis rara*, Madame Perón está exaltada:

— *Ce Monsieur là est un écrivain fameux, vous ne le connaissez pas?*

Elogio de corpo presente me apavora, sou alérgico, sinto-me no banco dos réus, quero afundar terra adentro. Madame Perón explica à clientela que o *Le Figaro* daquele dia dedica meia página a M. Amadô, não meia coluna o que já é muito, meia página, nada mais, nada menos.

Parte para o fundo do negócio, volta com o jornal na mão, esfrega meu retrato na cara dos presentes, está contente de saber das merdolências do freguês. Dou-me conta do que se trata, naquela manhã *Le Figaro* publicara entrevista minha na qual falei de literatura e da Bahia, das terras do cacau e de Gabriela, ao lado da entrevista artigo de André Brincourt sobre as traduções francesas de meus livros, ele os estima. Com o dedo Madame Perón aponta a legenda sob a foto, rejubila:

— *Vous êtes le Victor Hugo du Brésil, et vous ne dites rien, c'est pas sérieux.*

Sou o Victor Hugo do Brasil, Madame Perón proclama a notícia aos quatro ventos, só que eu não sabia.

Mont Saint-Michel, 1988.
O MOTOR

NO AEROPORTO ESPIO O PEQUENO AVIÃO da companhia regional, demonstro minha repugnância, Zélia tenta levantar-me o ânimo, acontece a cada viagem: semana sim, semana não, estamos embarcando numa dessas máquinas mais pesadas que o ar, contrariam a ciência, violentam o ser humano.

Claude Couffon é todo entusiasmo ao telefone com a grata notícia: "*Cher Jorge, le Grand Prix du Mont Saint-Michel t'a été décerné, felicitations*". Vais receber carta de Dodik Jégou, presidente de Les Rencontres Poétiques Internationales de Bretagne com todos os dados, contamos contigo, de 1 a 3 de outubro, *à bientôt à* Saint-Malo. Quem é Dodik, o que são Les Rencontres Poétiques? Claude responde: "Dodik é ótima, Les Rencontres tu vais ver". Desliga, tem mil coisas a fazer.

Zélia se exalta: viajante sem pouso falta-lhe conhecer o Mont Saint-Michel, ilustra minha ignorância: "A oitava maravilha do mundo, não sabias?". Sabe tudo acerca do Mont Saint-Michel, declama esplendores, inicia o festival de poesia. O festival de poesia me alarma, *les rencontres poétiques*, conheço o filme, senhoras pelancudas, pigarrentas, subliteratos ávidos, perigosos. Essa tal de Dodik deve ser uma dessas viragos de recitativo em punho, de idade indefinida, ai meu Deus do céu, Zélia me anima: "Apenas uma hora de avião", quantos minutos estará escondendo no desejo de me tranquilizar?

Devo de logo dizer que Les Rencontres Poétiques não reúne subliteratos, reúne poetas comandados pelo próprio Claude, que as poetisas não são tão velhas assim, algumas ainda aguentam um tranco. Quanto a Dodik Jégou começa por não ser poeta e, sim, ceramista de nome feito e fama extensa, recria em seus esmaltes as legendas da Bretanha, é casada com Gwen, cujo renome de escultor eu já conhecia, fiquei conhecendo a criatura humana, ele e Dodik são amorosos como dizem os portugueses quando querem deveras elogiar alguém. O prêmio resultou numa festa, apesar da viagem pagou a pena.

Quando digo que pagou a pena, faço afirmação categórica, dotada de conteúdo trágico e real, pois, para chegar a Saint-Malo, corremos perigo de vida, de morte em desastre de avião. Entramos no aparelho, um turbo-hélice da idade da pedra, já deveria estar aposentado. Levantamos voo, encolho-me na poltrona, envolto em medo, Zélia inicia seu sacerdócio: busca levantar-me a moral. Sentada ao lado da janela, inclina a cabeça para ver a paisagem lá embaixo, anuncia-me, ar de triunfo:

— O motor desse avião é Rolls-Royce!

— Que queres dizer com isso?

— Rolls-Royce, o melhor motor do mundo, todo mundo sabe.

Eu não sabia mas a nova me dá certa segurança, é o que Zélia deseja.

— E como sabes que é Rolls-Royce?

— Como sei? Está escrito no próprio motor, espie.

Abre espaço junto à janela, por ele espio, fixo a vista, a voz me sai trêmula:

— Te anuncio que teu motor Rolls-Royce acaba de parar.

— Hem?

Enfia a cabeça, constata, além do mais ouve-se a voz do comandante, anunciando que "houve pane no motor da esquerda mas o avião pode viajar com um só motor, os passageiros não devem entrar em pânico, mudamos de rumo, vamos descer em dez minutos num aeroporto próximo, *surtout pas de panique*".

Pas de panique! Os dez minutos anunciados foram vinte minutos de pânico, de pânico total, o aparelho adernado, a morte cavalga o motor Rolls-Royce, o único que resta, Zélia segura minha mão: "Vamos morrer de mãos dadas", me diz, exaltada. No aeroporto onde baixamos sem maiores tombos nos esperam carros de bombeiros, ambulâncias.

Ainda assim o Mont Saint-Michel — o Monastério, a legenda, os Rencontres Poétiques — a cerimônia do prêmio com o gato Malhado e a andorinha Sinhá, o discurso de Claude, o carinho de Dodik e Gwen, a gata Dodik e o passarinho Gwen, o Mont Saint-Michel compensou o susto do motor.

Paris, 1992.
RICARDO

VAI-SE RICARDO RAMOS, MERDA! A cada dia lá se vai alguém de nosso amor, um amigo, um companheiro de aventura, um parente. De Ricardo posso dizer parente, não sei qual o grau de parentesco, sei apenas que próximo ao meu coração cansado. Filho de Heloísa e de Graciliano, eu o conheci meninote, acompanhei-lhe a vida e a carreira, a carreira de um escritor de qualidade, sutil e requintado em sua escrita, tão diferente do pai — o vento da tarde e o tufão. Não é fácil afirmar-se escritor sendo filho de Graciliano Ramos, Ricardo o conseguiu na medida de uma criação original, o peso imenso do velho Graça não lhe reduziu a vocação.

Foi tão de repente, tão terrível, entre a notícia da moléstia e a da morte decorreram vinte dias, vinte dias, ai, de agonia: no telefone para São Paulo onde Luísa e James foram acompanhar Heloísa e Marise[1] na *via crucis*, ou a pensar neles, o nome de Heloísa na boca de Zélia o dia todo. Na idade a que chegamos não devíamos enterrar mais nenhum amigo, os funerais fazem-nos morrer aos poucos.

Vejo Ricardo no apartamento dos pais, no Rio, mocinho, lendo para mim páginas das *Memórias do cárcere* que Graciliano estava redigindo, o velho Graça escutava, fazia-o repetir passagens.

Paloma, que passa para o computador as páginas datilografadas destas notas à proporção que as entrego, reclama no seu (meu) jeito brusco: "Já li o nome de Jorginho três vezes, dos outros netos e netas nem uma única": ai de mim, não é fácil escrever um livro mesmo quando só de apontamentos.

---

1 Marise, mulher de Ricardo.

Aqui me desobrigo, coloco os nomes dos netos por ordem de idade, espero não cometer engano: Bruno, Mariana, Maria João, Cecília, João Jorge Filho dito Macau ou Jonga, sem falar no já (e novamente) citado Jorginho Piça d'Aço Neto, ao todo seis entre varões e senhoritas. Cometo erro pois são nove contando as netas de Zélia, as paulistas: Adriana, Camila e Valéria, três senhoritas em flor, delas sou apenas avô torto mas as quero tanto quanto aos demais.

Sou mau avô, reconheço. Talvez por ter sido bom pai, restou-me pouco amor para dar aos netos, mas Zélia lhes dá amor de sobra, por ela e pelo avô ranzinza.

Bahia, 1952.
O CONSULTÓRIO

MÉDICO FORMADO PELA FACULDADE DE MEDICINA DA BAHIA, a primeira e a mais famosa do Brasil, a dos lentes oradores e gramáticos, a dos sábios professores da estatura de Pirajá da Silva, teve Mirabeau Sampaio o bom senso de jamais exercer a profissão. Nomeado médico do Estado, reduziu-se a assinar, com razoável eficiência, atestados de vacina em postos de saúde. Em compensação possuiu o mais confortável consultório da cidade da Bahia, instalado no extremo do luxo e do conforto pelo pai de Mirabeau, que adorava o filho e previa para ele brilhante carreira de esculápio.

Vazio de clientes, repleto de mulheres, ah! o consultório de Mirabeau em edifício novo, na rua Chile: perdição de donzelas, local de sacrifício de muita honra familiar, senhoras excelentes ali fabricavam chifres para os cônjuges em companhia daqueles sem-vergonha que éramos nós, Mirabeau e o bando de desvairados. A *garçonière* mais bem-posta e mais bem mantida da cidade, nada faltava, da música à bebida, dos livros de arte aos chocolates. Madames de perfeita saúde sentiam um arrepio, uma comichão ao ver a mesa para exame dos enfermos, a colchoneta, a almofada de plumas, o lençol de linho, nela se estendiam, abriam as pernas, para que os doutos localizassem a comichão.

Assim era o consultório do dr. Mirabeau Sampaio, com placa reluzente na porta do edifício. Vindo à Bahia para ilustrar um guia das ruas e dos mistérios da cidade, o pintor paulista Manuel Martins a recriou numa série magnífica de xilogravuras, ladeiras, becos, igrejas e putas. Numa das salas do consultório de Mirabeau estabeleceu atelier onde ensinou pintura e sacanagem a moças da sociedade dotadas de vocação artística.

Para não dizer que Mirabeau jamais teve cliente a atender, desejo recordar que teve um, por sinal francês. Desembarcados de navio de turismo em escala na cidade, os europeus se espalharam nas ruas e nas praias, alguns mais bem informados quiseram conhecer a culinária baiana, um deles tanto apreciou o vatapá, o caruru e as moquecas de minha comadre Maria de São Pedro que terminou pelo meio da tarde com a maior perturbação intestinal da paróquia: com as calças na mão saiu em busca de doutor que o pudesse medicar.

No centro da cidade deparou com a placa do esculápio à entrada do imponente edifício — dr. Mirabeau Sampaio, clínica geral —, o nome Mirabeau despertou no enfermo patriotismo e confiança, devia tratar-se de médico de primeira, o francês tomou o elevador.

Médico de senhoras, constatou ao vislumbrar a clientela feminina numerosa e galante que lotava as dependências do consultório. Quanto ao médico, ainda jovem, bem-posto, elegante, falando um francês fluente se bem um tanto acadêmico, após conversa relaxante e sucinto exame, tranquilizou-o: "Nada de grave", nem febre amarela, nem cólera, nem varíola, apenas caganeira natural a quem se iniciava no dendê e no leite de coco, na pimenta-malagueta. Não só o receitou como lhe forneceu remédios — amostras gratuitas que jaziam nos armários ao lado do vinho do Porto, do vermute e do conhaque, nada lhe cobrou pela consulta nem pelos medicamentos, o máximo em matéria de assistência médica na opinião do francês. Um único cliente, mas que glória!

Monte Estoril, 1991.
O EX DA EX

ENTRE AS COMEMORAÇÕES DO NATAL E DO ANO-NOVO assistimos na televisão à tragédia da destituição de Mikhail Gorbatchov, mais uma vez humilhado por Boris Iéltsin. Nós o vemos, àquele que foi todo-poderoso, abandonar a mesa de trabalho, a Presidência da União Soviética, a ex: a União Soviética já não existe. O rosto marcado do estadista não esconde quanto lhe custam a queda, a exclusão, a renúncia a seu projeto de um estado comunista e democrático: seria possível? Digo à Zélia: cada vez gosto mais de Gorbatchov, cada vez gosto menos de Iéltsin.

Redijo e envio telegrama a Gorbatchov. Agradeço-lhe a ação decisiva com que pôs término à guerra fria, tornou mais distante e mais difícil uma terceira guerra mundial, atômica, "será o fim da vida sobre a Terra", me disse Frédéric Joliot-Curie em Helsinque, em 1955. Agradeço-lhe igualmente a ação decisiva com que abriu perspectivas para o estabelecimento da democracia nas nações que constituíram o império soviético e viviam sob a ditadura. Eu o saúdo e a Raíssa, sua mulher, tão gentil em Moscou no trato com Zélia e comigo: "Meu escritor predileto, *Gabriela* é meu livro de cabeceira", ainda não sendo verdade, apenas gentileza ou astúcia política, foi agradável de ouvir pois Raíssa é bela e inteligente.

Com Gorbatchov estive apenas uma vez, no jantar que ofereceu a Sarney, no Krêmlin: citou-nos, a mim e a Oscar Niemeyer, no discurso com que saudou o presidente brasileiro. Vejo-o no vídeo no momento em que deixa o poder, não o faz com o desafogo de quem se liberta de um fardo e, sim, com desencanto, decepcionado, vencido, perdeu as últimas batalhas da guerra que empreendeu para mudar a face da União Soviética e do comunismo.

Gosto cada vez mais de Gorbatchov, em verdade devo dizer que voltei a me solidarizar com ele no momento do golpe de estado, os ortodoxos em desespero na investida final para dar marcha atrás e proclamar ainda uma vez o stalinismo. Dele me distanciara quando, temeroso do futuro, tentou sustar o processo que ele próprio desencadeara com coragem, patriotismo e clarividência, buscou aliar-se com os conservadores, os reacionários, em lugar de disputar o comando dos progressistas, na mesma ocasião em que Chevardnádze pediu demissão do cargo de ministro do Exterior — ainda ouviremos falar desse georgiano, tenho certeza. Ao duvidar, ao recuar, Gorbatchov começou a despedir-se do poder.

Vendo-o abandonar o gabinete onde trabalhou, veio-me à memória a profecia de Ignazio Silone, mestre italiano do romance, quando disse a Palmiro Togliatti:[1] *A luta final se dará, um dia, entre os comunistas e os ex-comunistas.* Entre o comunista soviético Mikhail Gorbatchov e o ex--comunista e grão-russo Boris Iéltsin.

Ainda meio dormido, às vésperas dos oitenta anos, estendo o braço, toco teu corpo, sinto teu calor, tua respiração. Amanhece, a luz do novo dia desponta tênue na barra da manhã, penso nos privilégios que detenho, mordomias. Teus olhos, teu sorriso, os seios, o ventre, a bunda, o coração, a inteireza, a decência, a mansidão, o devotamento. A vida nasce de ti na madrugada.

---

1 Palmiro Togliatti, político italiano, por muito tempo secretário-geral do PC.

Bahia, 1987.
ODORICO

SONHEI COM ODORICO TAVARES, vinha ao meu encontro trazendo o neto pela mão, levantara-se da cadeira de rodas, liberto da paralisia, de novo grandalhão e ruidoso a desafiar-me para o pôquer: venha se é homem, hoje é meu dia, arruíno todos os canalhas, vocês todos.

Cortava-me o coração ver Odorico, um comandante, paralítico, reduzido, no fracasso do esforço para se exprimir, o neto o salvou do pior, uma réstia de alegria. Godofredo Filho me telefonava: vamos lá, vamos visitá-lo, Godô ia todos os domingos, eu o acompanhava se para tanto reunia coragem. Um dia foi Maria[1] quem me telefonou: Odorico pedia-me para ir sem falta naquela tarde, assunto urgente a tratar comigo, lá me fui. Com o neto ao lado, me sorriu, nada de importante a conversar, era para despedir-se que me queria ver. No decorrer de uma semana morreram ele, Gersina e Jader, pai, mãe e filho, "uma tragédia", disse-me o sogro de Jader, Ulysses Mascarenhas, estrangulando um soluço.

Conheci Odorico em 1933, publicara no Recife, em coautoria com Aderbal Jurema, uma coletânea de *26 poemas*, de temática social e afirmação política, dois jovens comunistas. Encontramo-nos pela primeira vez na instalação do Congresso Juvenil Estudantil Proletário e Popular no Teatro João Caetano, no Rio: realização do pecê, no conflito com a polícia Aderbal levou um tiro no pé, Odorico e eu escapamos ilesos.

Jornalista formado na escola de Assis Chateaubriand, homem de sua confiança e amizade, colecionador de artes plásticas e gráficas, autoridade na matéria, Odorico colaborou com o diretor dos Diários Associados na cruzada pelos museus de arte, do Masp de São Paulo ao Museu de Feira de Santana com sua extraordinária coleção de pintura inglesa contemporânea, conselheiro e executivo. Tendo vindo dirigir os dois órgãos da cadeia dos Associados existentes na Bahia, a Bahia o educou, o amansou, aparou-lhe as arestas a ponto de terminarem seus amigos mesmo os que o acusavam dos males do mundo. O que a arte moderna da Bahia lhe deve não há como pagar, ele a carregou nas costas e a implantou na praça pública.

Nos tempos em que me dedicava a pregar partidas aos meus amigos Odorico foi de minhas vítimas prediletas. Convidados para os festejos de seu cinquentenário, fomos, Carybé e eu, ao quartel da Polícia Militar, convencemos o comandante a enviar a banda da Briosa para tocar em homena-

[1] Maria Tavares Taboada, filha de Odorico.

gem ao aniversariante em frente à residência no morro do Ipiranga na hora da recepção. Recepção de alto coturno, o governador, o cardeal, o general, o almirante, o brigadeiro, os lordes, os ricos, de repente ressoam na rua os acordes da marcha militar, os soldados postam-se em posição de sentido diante da casa de Odorico. Os moleques do morro excitados gritam "Revolução!", os filhos do vizinho Dmeval Chaves anunciam a ocupação da rua, Demê saiu do chuveiro onde se banhava para ir à festa, atirou-se para a porta gordo e nu como viera ao mundo.

Carybé e eu ríamos à socapa, Odorico não se enganou, "filhos das putas!", disse ao passar por nós para ir receber a homenagem. Nós o acompanhamos para lhe lembrar que não bastava mandar servir cerveja aos músicos, devia concorrer com um cheque para a caixa da banda que executava sem parar dobrados de ensurdecer. "Deem vocês, se quiserem, seus escrotos."

Na mesa de pôquer com Mirabeau, Yves Palermo, David Araújo, Wilson Lins, Fernando Coelho, Carlinhos Mascarenhas, era vítima de roubos e trapaças, Carlinhos fazia misérias, Odorico erguia os braços para os céus: que crime cometera para ter de suportar aqueles miseráveis? No sonho eu o vejo, o neto pela mão, vem desafiar-me para o pôquer: "Hoje é meu dia, traga dinheiro, vou levá-lo à falência, seu canalha".

Lisboa, 1957.
A CIDADE PROIBIDA

RETORNO DE VIAGEM A MOSCOU, EM 1957, em Copenhague tomo o avião da SAS [Scandinavian Airlines] para o Rio, escalas em Zurique, Lisboa, Dakar, Recife — aviões a hélices, 26 horas de sofrimento. O trajeto de Zurique a Lisboa durava quatro horas, nunca menos. Ora, acontece que com apenas três horas e pouco de voo o aparelho começa a descer, reconheço os telhados de Lisboa: sem direito de entrar em Portugal tudo que eu conhecia de Lisboa eram os telhados. Durante a escala, reduzido à sala de trânsito, sonhava com as ruas, as ladeiras, os cafés, fanático de Eça de Queirós, por ele sabia da cidade.

Interrogo a aeromoça, me explica que daí a uma hora começaria a greve dos pilotos da SAS, antes que comece os aviões descerão no aeroporto mais próximo. Para não criar maiores transtornos aos passageiros, o comandante resolvera abreviar o tempo de voo para Lisboa, onde com facilidade poderíamos encontrar lugares para a América do Sul em aeronaves de outras companhias. Acrescentou que seguiríamos viagem pela Swissair, no dia seguinte pela manhã, primeiro voo previsto.

Levaram nossos passaportes, na sala de trânsito aguardamos até que nos conduziram primeiro à polícia, em seguida à alfândega. No guichê da polícia recebemos de volta os passaportes com visto válido por 24 horas. Observado pelos olhos curiosos do policial, recebi o meu, lá estava o visto, quase não acreditei, andei para a alfândega, os funcionários revistavam a bagagem de mão de cada um. Era o fim de uma tarde de inverno.

Somos levados de ônibus a um hotel do centro no qual a companhia aérea já tinha reservado apartamentos. Ao entregar o passaporte na recepção enxerguei um tipo de olhos postos em mim, envergava chapéu e gabardine, o polícia clássico: o secreta menos secreto do mundo. De posse da chave e de convite da SAS para jantar numa casa de fados com os demais passageiros, subi ao quarto, além dos fados eu tinha outra opção: minha amiga Beatriz Costa exibia graça e talento num teatro do parque Meyer, conforme eu lera num jornal enquanto aguardava na sala de trânsito a decisão das autoridades. Nem a nostalgia dos fados, nem a picardia de Beatriz: eu tinha finalmente Lisboa ao meu alcance pelo tempo limitado daquela noite, a cidade sonhada e proibida, ia percorrê-la, andar nas ruas.

Desci à portaria, cambiei um pouco de dinheiro, perguntei como chegar ao Rocio, sob as vistas e os ouvidos atentos do policial: levantara-se de uma cadeira onde estivera sentado durante minha breve ausência. Saí na direção indicada, em busca do Rocio, alguns passos atrás o tira, fechara a gola da gabardine, fazia frio.

Noite sem história. Eu andava lentamente, tentando receber tudo quanto Lisboa tinha a me dar: os perfumes, as cores, os ruídos, casas, rostos, vozes, risos, tanta coisa. Meu coração pulsava acelerado e eu decerto sorria, os olhos úmidos pois palmilhava as calçadas de Lisboa. Parava em frente às montras, fitava as pessoas, lia tabuletas, nomes de travessas, de tascas, de cafés. Demorei-me diante da vitrine da livraria do *Diário de Notícias*, vislumbrei uma edição portuguesa de *Degelo*, de Ilya Ehrenburg. Eu lhe entregara em Moscou uma semana antes a edição brasileira do mesmo romance, a livraria estava aberta, entrei, comprei um exemplar — quando tivesse ocasião o enviaria a Ilya — e uma bela edição d'*O livro de Cesário Verde*. Demorei-me no vício de folhear livros, seria a presença ostensiva do policial que despertara a curiosidade do balconista? Olhava-me como a adivinhar minha identidade, uma pergunta nos lábios, não se atreveu a fazê-la. Quando saí, ele cochichou com a moça da caixa. Lá fomos nós, eu e meu acompanhante, em direção à praça do Comércio.

De volta ao Rocio sentei-me a um café, feliz da vida, o secreta encostou-se a um poste, suspendeu a gola da capa, o frio aumentara, ri por dentro. Informei-me com o garçom sobre Alfama e Mouraria e para lá seguimos os dois: eu era na época andarilho competente, por vezes o secreta via-se obrigado a apressar o passo para não me perder de vista. Por casualidade assisti meus companheiros de avião desembarcarem do ônibus diante da casa de fados mas não os acompanhei ao bacalhau à Gomes de Sá, contentei-me com a leitura da ementa fixada à porta, preferi a noite perfumada e friorenta de Lisboa, as ruas calmas, algumas desertas, aquele encontro de amor.

Começara a cair uma chuva fina, bem agasalhado no Couraçado Potenkim, meu casaco russo, perambulei sem destino até altas horas, ria sozinho pensando no tira sob a chuva e o frio, passava de uma da madrugada quando regressei ao hotel, cansado e exultante. Da portaria, ao receber a chave, avistei o homem da gabardine parado na entrada, à espera de ver-me tomar o elevador. Quase lhe acenei adeus pensando que não mais o encontraria, engano: na manhã seguinte quando me dirigi ao ônibus que levaria os passageiros de volta ao aeroporto, lá estava ele, na calçada. Ocupou um lugar no fundo do veículo, acompanhou-me até a sala de trânsito, não sei se fora dormir em casa ou se passara a noite no hall do hotel mal sentado na cadeira incômoda. No ônibus espirrava, ossos do ofício.

Assim decorreu aquela noite quando o acaso decretou a greve dos tripulantes da SAS para que as portas da cidade me fossem abertas e eu pudesse sentir a atmosfera, o hálito, entrever a beleza, tocar o mistério e a vida de Lisboa. Com a mesma emoção com que se toca pela primeira vez corpo de mulher desejada e proibida.

Porto Alegre, 1966.
OS BURROS

PARTIMOS EM VIAGEM PELO SUL DO PAÍS, Paraná, Santa Catarina, Rio Grande, pelo sul do continente, Uruguai, Argentina, Paraguai, a família toda no possante Veraneio do qual ainda hoje Aurélio tem saudade: carro igual, doutor, nunca mais. Participa da excursão nossa comadre Norma Sampaio, viajar com Norma é festa constante, o riso encurta a estrada.

Em Porto Alegre vamos visitar Erico Verissimo, Mafalda reúne amigos, oferece de comer e de beber, conversamos recordações de um tempo em que, jovens autores, começávamos a ganhar público. Fui dos primeiros a saudar Erico, a proclamar-lhe o talento em artigo de jornal, ele viera de publicar *Clarissa*. Hóspede dele e de Mafalda, logo depois de Luis Fernando ter nascido, nós o apelidamos de João, parecia João e não Luis Fernando, como terminou por se afirmar, para orgulho dos pais e de uns quantos tios. Quando Erico, em 1935, ganhou o prêmio Graça Aranha com *Caminhos cruzados*, era meu hóspede no Rio. Depois permanecemos durante anos os dois únicos escritores brasileiros a viver de direitos autorais, hoje somos vários, felizmente.

Certos críticos, quase sempre os mesmos, alguns sérios e amargos, outros brilhantes e salafrários, nunca nos perdoaram o público que nossos livros conquistaram, nos malharam a vida inteira. Comentamos, Erico e eu, nossa polêmica fortuna crítica. Erico, riso tranquilo no rosto de índio, taxativo:

— Eles nos acham muito burros, Jorge.

Depois dubitativo:

— Quem sabe, somos?

Até ouço dizer que a velhice é boa coisa, tem encantos, prazeres, eu pergunto quais. Saber um pouco mais, ser menos limitado, menos preconceituoso? De que adianta se a vida já se vai e a experiência não serve a nada nem servirá a outrem, experiência não se herda, não se doa em testamento.

A quantas misérias o homem se vê sujeito quando a idade pesa e o passo se faz trôpego, vacilante. Sem sequer falar na solidão, a que tantos estão condenados na velhice, basta pensar no desencontro entre o desejo e a competência nas comarcas do leito: o desejo embacia os olhos, queima o peito, desce aos quimbas e os quimbas pururucas cumprem mal o seu dever, se é que o cumprem.

O douto descobrirá no ocaso da vida o prazer mais refinado, o mais sutil, servirá de consolo e de deleite, leio nos livros da sabedoria. Mirabeau, um sábio, vive na saudade: "Aqueles tempos" — recorda-se, recorda-me — "em que a gente era capaz de dar três e quatro sem tirar o pau de dentro." Recordar aqueles tempos, será esse o prazer de que se fala?

Aracaju, 1936.
O CAMISU

VENHO A ARACAJU COBRAR UNS DINHEIROS devidos pelo estado à editora José Olympio, tenho direito a pequena comissão, os trocados serão bem-vindos à pobreza franciscana do desterro. Tenciono voltar a Estância pelo ônibus do fim da tarde, mas, adiado o pagamento para o dia seguinte, devo aguardar. Hotéis repletos, os poucos que existiam, sou obrigado a pedir dormida a um tio de Matilde, militar posto na reserva no grau de coronel.

Sou acolhido com gentileza, a tia prepara um café gordo — não temos o costume de jantar, explica. Inhame, aipim, cuscuz de puba, de tapioca, banana frita, bolachão, sem falar nas frutas, no suco de graviola e no de pitanga. Me regalo que nem bispo em missão apostólica, deixo os hospedeiros satisfeitos.

O quarto de hóspedes preparado, debaixo da cama o pinico de porcelana, perfume de alfazema, sobre os lençóis vejo, em lugar de pijama, modernice, uma camisa de dormir, flores azuis bordadas nos punhos e no pescoço. O dono da casa, idoso, aposentado, nunca se habituara ao uso do pijama, indumentária incômoda, desculpa-se sorrindo, meio encabulado.

Envergo o camisu, lembro de meu avô José Amado de Faria, em Itaporanga, eu ia com meu pai visitá-lo no fim do ano, ele usava camisu o dia inteiro. Apesar da lembrança do velho patriarca, senti-me violentado em meu machismo, que era grande e soberbo, as flores azuis nos punhos e no pescoço pareceram-me ridículas, que diriam os camaradas se me vissem assim vestido? Felizmente ninguém verá nem saberá.

Deito-me, passo os olhos num jornal da terra, fecho a luz, adormeço. Constato: para dormir na comodidade nada igual ao camisu, amplo, solto, leve, o conforto. Um dia ainda hei de adotá-lo, vencerei a inibição, os preconceitos grandes e pequenos que discriminam, ridicularizam, interditam o camisu.

Paris, 1949.
ALBERT CAMUS

POSSO DIZER QUE CONHECI ALBERT CAMUS? Uma única vez o vi, quase de relance, ele saía da sala de Claude Gallimard, na editora, eu entrava, fomos apresentados, fitei-o boquiaberto, ele me sorriu, apertamo-nos as mãos, não voltei a vê-lo, aconteceu em fins de 1949.

Não lhe agradeci sequer o artigo que dez anos antes escrevera saudando o lançamento da edição francesa de *Jubiabá*, devo ter passado por presunçoso ou descortês mas como fazê-lo se eu não sabia da existência daquele texto? Somente em 1989 dele vim a tomar conhecimento, pude lê-lo e sentir-me grato. Imagino como me teria exacerbado a vaidade se o houvesse lido em 1939 quando foi publicado.

Roger Grenier que me dá a honra de sua estima, especialista dos estudos sobre Camus, tendo vindo nos visitar, recordou o artigo, espantou-se ao saber que eu não o conhecia, mandou-me cópia fotostática. Só então entendi o sorriso de Albert Camus quando nos vimos por um instante na porta do gabinete de Claude Gallimard.

Praga, Natal de 1953.
SOLIDÃO

O MEU CLIMA NÃO É SOLIDÃO. Sou da convivência, gosto de estar com as pessoas, conversar e rir, sou de natureza solidária. Sei no entanto o que a solidão significa, por mais de uma vez nela mergulhei, me senti sozinho, abandonado, o coração trespassado de anseios e de saudade, na desolação, no deserto, nada existe de pior.

Viera de Viena para Praga de automóvel, cadeias nas rodas do carro, marcha lenta sobre a neve, pensei que não chegaríamos, enfim chegamos. De Praga deveria ir de avião a Copenhague, tinha passagem na Scandinavian Airlines para o Rio de Janeiro, onde chegaria a tempo de passar o Natal em casa, com os meus. O inverno, de rigor incomum, fechara o aeroporto de Praga, nada a fazer senão esperar.

Na véspera de Natal, perdida a esperança de alcançar o Rio para a ceia e a confraternização, sou informado ao meio-dia, na recepção do Hotel Alcron, que será posto no meu quarto um prato com frios, pois o restaurante não funcionará para o jantar, tampouco qualquer outro serviço: noite de Natal, noite em que as famílias se reúnem.

Canso-me de ler, a cabeça longe, saio para a rua, desço a praça de Venceslau, vazia, não há viva alma nem corpo vivo, ninguém, absolutamente ninguém, os hotéis fechados, os bares, as cervejarias, estou sozinho, eu e somente eu na noite de Natal em Praga. Percorro as ruas, chego à praça Velha sem encontrar vivente, sequer um cão vadio, um gato vagabundo. E os amigos? São muitos mas não me atrevi a incomodar nenhum, estão com os familiares, celebrando.

A neve cai, o frio me atravessa, avantesma em Praga, penso nos meus, o coração pesado, aprendo a solidão de uma vez e para sempre.

Sagres, 1976.
GOOD

DESEMBARCAMOS DA CARRINHA, tomo da mão de Paloma, avançamos pelo espaço amplo diante do mar do infante d. Henrique, mar das descobertas, oceano. O resto da família vem mais atrás na animação da conversa.

Gordíssimo, nunca estive tão gordo, no verão de turismo visto bermudas, camisa do Havaí, flores vermelhas e azuis, sandálias exibindo o dedão do pé, boné de marinheiro, ianque em férias. No caminho uma barraca de guloseimas, frutas secas, nozes, avelãs, amêndoas, tâmaras, tanta coisa de apetite. Paro a admirar, o dono do negócio me encara interessado, na esperança de boa venda, mondrongo retaco, parrudo, meia-idade. Tiro um figo do monte, mordo, saboreio, escapa-me um suspiro. O vendedor acompanha com os olhos a mastigação do norte-americano em sua frente: a pança e a gula.

— *Good?* — pergunta-me em seu inglês comerciante.

— *Good!* — repito, afirmativo.

Em torno riem com o diálogo, riem ainda mais quando ele me mede de alto a baixo:

— Estás gordito, hem, filho da puta?

O riso nos assalta, a Paloma e a mim, por pouco me engasgo. Paloma, contida a gargalhada, comenta alto:

— Ele pensa que és americano, pai!

— Ai que são brasileiros! — geme o vendedor.

Encomendo quilos de frutas secas, figos, avelãs, tâmaras de minha paixão. Leitores se aproximam, caneta em punho, pedem autógrafos, o dono da barraca não sabe para onde se virar:

— Ai que o gajo é artista de cinema!

Mar Negro, 1992.
A RAINHA-MÃE E O GENERALÍSSIMO

SANDÁLIAS DO DESERTO, ATRAVESSO as páginas do Velho Testamento no cortejo do rei Davi, os salmos cantam a grandeza do generalíssimo. Sonho confuso e agitado, se desdobra em pesadelo, na noite de breu o navio enfrenta águas picadas do mar Negro, procedente de Odessa, no rumo de Ialta.

Ontem aqui era a União Soviética, superpotência, superpátria de centenas de milhões espalhados nos cinco continentes, das capitais à derradeira ilha da Oceania. Quando foi, ninguém mais sabe, perdeu-se a memória, leem-se versões contraditórias nos compêndios dos historiadores, circulam lendas na boca do povo. Decerto aconteceu no começo dos tempos, pois no Cântico dos Cânticos o rei Salomão compara a magnitude das ancas da rainha de Sabá à bigodeira do generalíssimo.

Naquele tempo que de repente se apagou, em sala de palácio desta cidade de Ialta — na costa do mar Morto ou às margens do Eufrates? —

se reuniram em conferência o generalíssimo Ióssif Stálin e dois outros senhores, ambos de língua inglesa, dividiram o mundo, cada qual abocanhou seu naco, haviam-no conquistado nos campos de batalha.

Foi na hora precisa da divisão, a solenidade soleníssima fez o inglês Churchill sorrir sarcástico, quando — naquele preciso instante, antes do anúncio do tratado, o imprevisto aconteceu e o sonho perdeu o conteúdo de testemunho da história para se transformar em amargura e queixa: a cena inteira dominada pela majestade (intempestiva) de Luz da Serra a me acusar de ingrato e mau amigo. Não chegava da Bahia pois estávamos na Bahia, para ser exato constato que estávamos no hall do Teatro Castro Alves. O que fora fazer ali não me recordo, ia perguntar ao diretor Orlando Senna, não tive tempo, Luz me interpelou:

— Estás chegando ao fim desse malfadado livro que, se não é de memórias, de que diabo é? E ainda não falaste sobre mim, não te referiste aos meus. Por mim e por Walter não ligo a mínima, mas por que esqueces os meninos? Nessas páginas rabiscadas em teu português capenga, sem regra de gramática, onde sobejam galicismos, em que língua tu escreves, mãe de Deus!, nelas ainda não li o nome festejado do compositor Walter Queiroz Júnior, no entanto dizes apreciar as melodias que ele cria ao violão: o samba, a marcha, a modinha — que reles amigo me saíste! Faltar a mim, te esqueces que sustentei teu nome na praça pública da contestação, na feira das mesquinharias, quando te negaram pão e água, faltar logo a mim, tua chapa Luz da Serra.

Debato-me no sonho, reajo contra o libelo e a dúvida, os ritos da amizade são sagrados para mim:

— Ai, Luz, não me digas mau amigo, não o sou. Ainda não coloquei ponto final nos apontamentos, lembranças de coisas e pessoas, leitura para familiares e comparsas. Somos comparsas, tu e eu, aqui inscrevo teu nome e o de Walter, mais uma vez te proclamo a mãe por excelência, mãe excelsa, de teu ventre nasceram a bailarina e o pintor, *la mamma* de Waltinho Queiroz, compositor que, adolescente, estreou nas paradas de sucesso com meu voto, te lembras, Luz da Serra Queiroz? No júri da música popular baiana, voto de pouca valia, o meu, mas os de Caymmi, Cyva, Coqueijo, Manuel Veiga proclamaram o nome de teu filho. Compositor da admiração de Marcel Camus, eu o constato ligado a meu trabalho de escritor, musicou o filme do francês sobre os pastores da noite da Bahia. O samba de sua criação entra-me casa adentro vindo da rua onde o povão o canta no carnaval do Bloco do Jacu: do alto do trio elétrico, Waltinho comanda a folia.

Se vieste me lembrar, perdeste teu tempo, como poderia esquecer a rainha-mãe? Antes de saber de ti e de tua picardia, soube de teu cunhado José, fomos colegas de Colégio no Ypiranga, companheiros e adversários nos arraiais da subliteratura, nos xingávamos e nos negávamos naqueles idos de 1928, José era de nós todos o mais moço, apenas completara quinze anos, publicou um romance, virou celebridade, Carlos Chiacchio[1] colocou Queiroz Júnior nas alturas, sua glória nos regalou a todos, fomos todos reconhecidos, recebemos carteira de escritor, de Brício de Abreu a Aydano do Couto Ferraz, guerreiros pé-rapados.

Onde estás, Luz da Serra, que já não te vejo na sala da Conferência de Ialta? Quem eu vejo passar, altissonante, é o deputado Ulysses Guimarães, vai apressado:

— A Presidência está vaga, Roosevelt morreu, vou ocupá-la, me cabe de direito.

Churchill se opõe, o generalíssimo alisa os punhos da espada, Ulysses se precipita. Molotov toma da palavra, pede silêncio, lê o papelório, a ata da divisão do mundo: o Brasil e a metade do planeta Terra couberam aos norte-americanos; Cabo Verde, Angola, Moçambique e a outra metade quase inteira compõem o mapa vermelho das colônias soviéticas; do que sobrou, o Portugal de Oliveira Salazar persiste inglês, restou para os franceses a Argélia em convulsão — ainda hoje em convulsão. A dividir, somente o universo: a Lua, Marte, Vênus e Júpiter, o sistema solar, a Via Láctea, a disputa se dará na guerra fria das estrelas.

Proclamados o talho e o retalho, o generalíssimo deitou a bênção, cofiou a bigodeira. Assim se deu em Ialta, fui testemunha. Terminou como se sabe. Ou não se sabe? A Crimeia é Rússia, Ucrânia ou nação independente? Quem pode assegurar de certeza certa? O tempo da certeza terminou, afirmar seja o que seja, quem é louco? Acabou-se o que era doce.

Acordo estremunhado, querendo saber que fim levou Ulysses Guimarães.

Ilhéus, 1925.
A MORALISTA

DE FÉRIAS EM ILHÉUS EURICO E EMÍLIO, filhos de dona Julieta, e eu, filho de dona Eulália — Emílio festejara treze anos, Eurico e eu ainda não — enchemo-nos de coragem, adentramos o puteiro de Antônia Ma-

---

[1] Carlos Chiacchio, crítico literário de *A Tarde*.

chadão (em *Gabriela* mudei-lhe o prenome para Maria), o mais renomado da zona cacaueira. Além de nacionais vindas da Bahia, de Aracaju, do Rio, nele exerciam uma francesa e uma polaca, profissionais civilizadas, as gringas faziam de um tudo.

Alvoroça-se o mulherio ao ver os filhos de família, infantes decerto cabaçudos, somos cercados, abraçados, beijados, riem, debocham, oferecem-se para a festa do desvirginamento. Emílio tenta bancar o veterano, Eurico emudece, encabulado, a polaca senta-se em meu colo. A algazarra traz Antônia Machadão à sala, foi o dia do juízo final.

Conhecida e estimada por todos na cidade apesar do comércio que explorava com proveito, Antônia tivera duas filhas de xodós diferentes, adotadas uma e outra por famílias ilheenses, dava-se com as senhoras da sociedade, as esposas dos fregueses do castelo, nenhuma lhe negava o cumprimento. Com minha mãe batia longos papos quando habitávamos na rua do Unhão, não longe da pensão alegre. Ao lado de Lalu, sentadas as duas no batente da porta, comentavam a chuva e o bom tempo, a previsão da safra e o preço do cacau. Na região grapiúna onde ainda se morria e se matava pela posse da terra, as distinções sociais não ditavam os costumes.

Ao nos ver nos braços das raparigas, em vias de escolher parceira, ir para a vida na cama, Antônia Machadão virou fera:

— Fora, fora daqui, seus moleques descarados, fora agora mesmo. Que haveriam de dizer dona Julieta e dona Eulália se soubessem que permiti que seus meninos frequentem casa de mulher-dama. Fora daqui!

Expulsos, humilhados, o galanteio das putas se transforma em vaia, saímos rua afora rabo entre as pernas: Antônia Machadão, caftina, zelava pela moral na cidade de Ilhéus.

Buquim, Sergipe, 1936.
AS DUAS CASAS

MEU PAI VEM PASSAR UNS DIAS COMIGO em Estância: sucos de graviola, caju, cajá, de manga e umbu, almoços monumentais em casa de parentes, banhos de rio na "bacia das moças". Em sua cidade natal o coronel do cacau rejuvenesce. As três irmãs surgem, curiosas, querendo conhecê-lo, afoitas voltejam em torno do velho João Amado. Velho? Anda pelos 55 anos, com a mão alisa os bigodes negros, ajeita as mechas da cabeleira, os olhos brilham. Mede as moças, cada qual mais formosa, passa a língua pelos lábios: sinto meu harém ameaçado.

Meu pai leva-me a Buquim em visita à sua irmã mais velha, minha tia Yayá. Meu avô José Amado de Faria faturou 21 filhos, dezoito do primeiro matrimônio, três do segundo. Yayá, primogênita, completara 84 anos e seu marido José era um ano mais velho.

Casa ampla de comerciante rico, na praça central de Buquim, a sala de visitas é aberta aos visitantes, os móveis caros e pesados são despidos das coberturas que os resguardam, a ocorrência é solene: visita de irmão fazendeiro de cacau em Ilhéus, de sobrinho escritor de nome nos jornais. Conversamos durante o almoço grandioso, oito pratos, peixes, camarões, pitus, galinha — a galinha de parida de minha tia Yayá, falada até em Aracaju —, carne de boi e de porco, feijão, branco e mulatinho, arroz, farofa, abóbora, fruta-pão, jiló, maxixe, chuchu, batata-doce, aipim, inhame, banana-da-terra e por aí afora, um desparrame.

Na mesa, além do casal — minha tia Yayá é monumental, buço forte sobre o lábio, quase um bigode, usa óculos, enrola o cabelo num coque alvo de algodão, ar de senhora grada, meu tio José é um caboclo de muitos sangues misturados, o rosto aberto, as mãos poderosas, a grenha e os bigodes brancos, o cigarro de palha, o riso fácil —, além deles a filha viúva, a filha solteirona e o filho mais moço, Antônio, único varão, terá seus cinquenta anos, por aí, bigodudo como o pai de quem herdou as feições morenas e o riso cordial. Antônio, acanhado, conta-me que leu *Jubiabá* e *Mar morto*, tece elogios. Três filhas morreram num surto de bexiga e minha tia abortou de gêmeos. Aprendo histórias da bexiga negra que, em mais de uma ocasião, lavrou em Buquim sua lavra de morte.

Após o almoço tio José, lépido apesar dos 85 anos de labuta, toma do chapéu e da bengala e nos convida a dar uma volta. Volta que nos leva à "casa militar", numa rua de canto, residência tão ampla quanto a da "casa civil" e ainda mais agradável, pois fica no centro de vasto terreno plantado de mangueiras, cajueiros, abacateiros, umbuzeiros, cajazeiras, pés de pinha, graviola e fruta-pão, mangabeiras, uma roça de pitangas, além do agreste jardim de flores tropicais.

Tio José nos apresenta a Rosa, mulata bem fornida de carnes, risonha, a bunda vistosa empinando a saia, formosura doce e sensual: hoje já não se fazem dessas mulatas de antes, gordas e belas, são magras e xexelentas. Na carapinha bem cuidada uma flor do campo, colares e pulseiras de ouro, os dentes de morder, admiráveis, os olhos lânguidos, Rosa nascida para a cama. Várias crianças vêm correndo da casa e do pomar tomar a bênção ao pai, a mais velha andará pelos quinze anos, a mais moça, de meses, dorme no colo da ama de leite.

Redes brancas nas varandas, para a sesta. No comando de um batalhão de mucamas Rosa serve doces e compotas incomparáveis: doce de banana de rodinha, de jaca, de caju, de batata-doce, de abacaxi, de limão inteiro e descascado, cada qual mais divino. Que dizer do requeijão que os acompanha, a manteiga escorrendo? O café fumega nos bules esmaltados.

Os olhos cúpidos do coronel João Amado demoram nas ancas de Rosa, nos seios que se revelam no decote da bata branca. Também meus olhos se perdem naquelas formosuras.

Rosa sentada atrás da rede onde tio José descansa pitando seu cigarro de palha, faz-lhe cafuné, carinhosa, arrulha no riso de dentes brancos. No calor da tarde a brisa convida ao cochilo, o tempo passa.

Vamos regressar à "casa civil", à majestade da tia Yayá, no portão da "casa militar", ao deixarmos a mansidão de Rosa, meu pai aponta o bando de crianças que corre entre as árvores, os filhos da amásia:

— São todos seus, José?

O velho ri sob os bigodes brancos:

— Todos meus, João Amado. — Amplia o sorriso, nos olhos a malícia e a ternura: — Meu filho Antônio me ajuda um pouco...

A tarde cai, amena, luminosa, a doce viração do pôr do sol nos acompanha rua afora na cidade de Buquim.

Em tão longa e difícil travessia quem não se fere e não se suja?

Fazenda Santa Eulália, Pirangi, 1924.
A ÉGUA

MINHA PRIMEIRA VEZ FOI NA FAZENDA, com a égua Furta-Cor, montaria nervosa e elegante, espantadiça, passarinheira. Menino solto nas roças de cacau, inúmeras vezes assisti à cópula dos alugados com éguas, mulas e jumentas. Furta-Cor era viciada: uma palmada nas ancas, arriava os quartos, punha-se em posição.

Amores no pasto sob a lua, de Furta-Cor sofri ciúmes, não me era fiel, traía-me com trabalhadores e jagunços, o negro Honório, o curiboca Argemiro, o sarará Dioclécio, com toda a molecada da fazenda, não tinha preconceitos de raça e classe: tarada, gostava de homens.

Tomo da mão de minha namorada, cúmplice da aventura há quase meio século, copiloto na navegação de cabotagem: vamos sair de férias, mulher, bem as mere-

cemos após tanto dia e noite de trabalho na escrita e na invenção, nossas primeiras férias em tantos anos. Vamos de passeio, sem obrigações, sem compromissos, vamos vagabundear sem montra de relógio, sem roteiro, anônimos viandantes, convidaremos Misette a vir conosco, é boa companhia para a descontração e o riso, daremos uma de turistas para escândalo dos letrados.

Não me digas que se acerca a hora das comemorações, não me tentam, não vejo porque o estardalhaço dos oitenta anos, quero sossego e paz, a carga dos mortos que carregamos no cangote pesa e cansa, nossos mortos, homens e bichos, não faço distinção. Por que comemorar oitenta anos? — não repitas que são oitenta primaveras, ai são invernos, as palavras não curam o reumatismo. Vamos desencomendar o foguetório, guardar o fogo de artifício, a missa campal das ursulinas, a festa do axé no terreiro do Afonjá, vamos tudo guardar para daqui a três anos, três, exatos, para o nosso aniversário. Foi em julho de 1945 que nosso enlace aconteceu, lembro cada gesto, ouço cada palavra, os suspiros, os ais de amor. Vínhamos de uma festa política, éramos cidadãos cumprindo o dever da cidadania, combatentes, aconteceu na aurora da liberdade, embarcaste na barra da manhã, no cais da avenida São João, assumiste o leito, o coração do doidivanas, desde então comandas a navegação de cabotagem, a mão no leme, nos lábios a cantiga de Euá: "te darei um pente para teus cabelos penteares".

Navio de rodas ou saveiro, de certeza ainda não sei, sei que não é transatlântico de turismo, tampouco iate de milionário, barco de papel em branco, armado em guerra pela boa causa. Daqui a três anos, sim, será nossa festa, o cinquentenário da primeira noite: o porto à vista, as bandeiras ao vento, festejaremos.

Como dizer para nomeá-la? Não direi vulva, vagina, boceta, babaca, não direi, como então designá-la? Ai falta-me o dom da poesia para criar a imagem justa, encontrar comparação para a incomparável. Queria coroá-la com as flores do poema, falta-me a inspiração do bardo, a frágua mágica do vate, prosador terra a terra não sei como denominá-la, não a mereço.

Flor de cacto, trago de aguardente, cratera de vulcão, a engole-pau, a feita de cravo e de canela, poço sem fundo, porta do oriente, mansão de árabe, mesquita, precipício, a xoxota em fogo de Gabriela.

"La chatte de madame", pasto de miosótis, campo de papoulas, chão dos prazeres, mapa do refinamento, caftina de velhos, mestra de meninos, gata em cio, matriz do ipisilone, o xibiu doutor honoris causa de Tieta.

Os três vinténs, a vendida, a comprada, a violada, a conspurcada, fonte de mel, barra da manhã, luz de candeeiro, labareda, nascente d'água, foz de rio, concha do mar, ai a boca do mundo de Tereza.

Não direi rosa-chá, marulho, fogo do inferno, bálsamo da estrovenga, o altar-mor, a gruta escura, a aurora, a noite, a estrela, a colina do deleite, o ostíolo, a buça de chupeta, a madona, a contadina, a pazza, a louca de Albano, la mamma, a prova dos nove, os noves fora, lar da pudicícia, porta da devassidão, apocalipse, não direi abismo onde faleço e ressuscito, não direi mãe de Deus, mulher do cão:

Irei buscá-la onde um dia a coloquei para resguardá-la, a escondi lá onde sabes, no xis de dona Flor, e direi a peladinha de Euá. Direi a peladinha e tu entenderás que a ela me refiro, tomarás da chave da adivinha e abrirás a porta do tabernáculo, cavaleiro e montaria, amazona bravia e árdego ginete percorreremos os caminhos, minha égua se chama a peladinha, teu cavalo se nomeia o bom de trote e de galope.

Na hora derradeira quero nela pousar a mão, tocar-lhe a penugem, a pétala do grelo, sentir-lhe a doce consistência, a maciez, nela depositar meu último suspiro.

Aproxima-se a data dos oitenta anos, por que se considera tão curto tempo de vida façanha a celebrar, empreitada a saudar com estrondo e festa? De toda parte, do Brasil e do estrangeiro, chegam convites para comemorações, atropelam-se as notícias, os projetos, programas infindáveis de solenidades, cresce a pressão para que aceite ir aqui, ali e acolá de ceca em meca, ouvir discursos, pronunciá-los, agradecer elogios de corpo presente, participar de atos, seminários, fóruns, almoços e jantares, quanta coisa se inventa para proclamar-se a caduquice. A generosidade dos amigos, o carinho dos leitores me comovem, mas todo esse cerimonial parece-me conter laivo de despedida, tem ar de adeus em necrológio: aqui repousa em paz, epígrafe em mausoléu, letras de ouro em campo-santo.

Digo não ao discurso, à medalha, à fanfarra e aos tambores, à sessão solene, ao incenso, à fotografia de fardão ou em mangas de camisa exibindo as pelancas e a dentadura, não sou andor de procissão. Dá-me tua mão de conivência, vamos viver o tempo que nos resta, tão curta a vida!, na medida de nosso desejo, no ritmo de nosso gosto simples, longe das galas, em liberdade e alegria, não somos pavões de opulência nem gênios de ocasião, feitos nas coxas das apologias, somos apenas tu e eu. Sento-me contigo no banco de azulejos à sombra da mangueira, esperando a noite chegar para cobrir de estrelas teus cabelos, Zélia de Euá envolta em lua: dá-me tua mão, sorri teu sorriso, me rejubilo no teu beijo, laurel e recompensa. Aqui, neste recanto do jardim, quero repousar em paz quando chegar a hora, eis meu testamento.

Nasci empelicado, de bunda para a lua, uma estrela no peito, a sorte me acompanha, tenho o corpo fechado à inveja, a intriga não me amarra os pés, sou imune ao mau-olhado. A vida me deu mais do que pedi, mereci e desejei. Vivi *ardentemente cada dia, cada hora, cada instante, fiz coisas que Deus duvida, conivente com o Diabo, compadre de Exu nas encruzilhadas dos ebós. Briguei pela boa causa, a do homem e a da grandeza, a do pão e a da liberdade, bati-me contra os preconceitos, ousei as práticas condenadas, percorri os caminhos proibidos, fui o oposto, o vice-versa, o não, me consumi, chorei e ri, sofri, amei, me diverti.*

Fujo aos festejos, ao fogo de artifício, ao banquete, fujo ao necrológio, estou vivo e inteiro. Amanhã, passado o obituário de reverências, voltarei ao romance, Bóris, o Vermelho, me espera na esquina da máquina de escrever com seu desafio de trapaça e juventude. Obstinado, vou prosseguir com orgulho e humildade a tarefa de emprenhar nos esconsos da cidade, conceber e parir homens e mulheres, capitães da areia, mestres de saveiro, jagunços, vagabundos, putas, são a inocência e a fantasia, nascem de minhas entranhas fecundadas pelo povo, do coração, dos miolos e das tripas, dos colhões.

Não vou repousar em paz, não me despeço, digo até logo, minha gente, ainda não chegou a hora de jazer sob as flores e o discurso. Saio porta afora para o bulício da rua, Bóris, o Vermelho vem comigo, obrigado por tudo, agradeço e vou adiante, vou me divertir, axé.

*Bahia — Paris,
julho de 1991/ junho de 1992*

POSFÁCIO

Navegando em alto-mar
Lêdo Ivo

A faculdade fundamental de Jorge Amado é a imaginação, que se estende soberanamente por toda a sua criação poética e literária. É a arte de fundir, num único bloco, a vida vivida e a vida imaginada. Nesse processo de fusão, já presente no realismo tosco de seus livros iniciais, as duas experiências — a da vida respirada e contaminada pelo que nos habituaram alcunhar de realidade, e a de uma outra vida que freme em seu gênio de escritor —, nesse domínio individual de que temos notícia através das obras, as duas existências, a vital e a virtual, se unem majestosamente. O seu próprio lugar de nascimento, espaço obsessional de sua ficção, se rende a esse imperativo artístico. Num território ao mesmo tempo real ou imaginado — como o é o de um Mark Twain, um Faulkner, um Knut Hamsun ou um Bernanos —, enraíza-se a sua saga. Cidades e horas, ruas e casas, homens e bichos, águas e terras, falas e histórias — tudo vive e respira, em férvida aglutinação, num movimento ininterrupto. Nada nele é imóvel. Tudo, seres e coisas, vozes e paisagens, tem o frêmito dos corpos das mulheres que transitam (ou melhor, que se deitam) em seus romances — mulheres limitadas a uma vibrante sexualidade e, como as de seu conterrâneo Castro Alves, mais afeitas aos suspiros e segredos das alcovas que aos afazeres domésticos.

Nesse universo em que a vida carnal e até fisiológica e escatológica ocupa um espaço tão dilatado e respeitável, e em que as paixões e os instintos das criaturas humanas se desatam desembaraçadamente, e a arte reclama sempre o direito de não ser apenas uma interpretação da vida, mas ainda uma reinvenção existencial. Jorge Amado possui, como poucos romancistas em nossa língua, o poder de criar, balzaquianamente, seres que se acrescentam às figuras reais do registro civil. Aí estão Gabriela, dona Flor, o negro Jubiabá, Quincas Berro Dágua, Tereza Batista e tantos outros, que fugiram das páginas de seus romances para encontrar sua residência verdadeira no imaginário popular e nacional. E essas personagens icônicas habitam histórias envolventes e inesquecíveis.

Os novos tipos de romance que enxotam enredos e personagens, e pretendem impor a técnica e a linguagem como as únicas realidades estéticas da ficção, jamais seduziram o grande escritor baiano. Desde o início, desde esse *O país do Carnaval*, cujo título se engastou, como um diagnóstico afortunado, na própria identidade nacional, Jorge Amado conta histórias.

Dentro da imperecível lição cervantina e stendhaliana, e na trilha de uma tradição e de um pecúlio incomparáveis, ele as conta e torna a contá-las com uma sedução e uma veemência que lhe abriram as portas da glória — de uma glória orvalhada pela popularidade. O seu contar histórias ostenta algo de maravilhoso, que converte a sua vastíssima obra nas *Mil e uma noites* brasileiras. Ler Jorge Amado é como escutar os contadores de histórias que, nos mercados e feiras do Oriente, relatam enredos imemoriais e registram o trajeto do animal humano. Histórias de amor e de morte, de alegrias e tristezas, de sonhos e pesadelos. Há algo, ou muito, de oriental na arte ficcional de Jorge Amado. Algo de persa e de turco, que nos conduz a paragens imaginárias — muito embora os seus ancestrais, os Amado, tenham sido judeus, como se comprova nesta *Navegação de cabotagem*. Algo dos turcos de Ilhéus. A sua imaginação, estuante, transborda. Um halo de estrangeiridade ou orientalidade ilumina, em seus romances, os seres mais humildes e injustiçados. E a estes, aos humilhados e ofendidos, aos operários, pescadores, prostitutas e vagabundos, aos que são a escória da terra e continuam despojados pela impiedade e inextinguível imperfeição do mundo, Jorge Amado não se limita a estender sua mão generosa. Veste-os com o manto da alegria, da esperança, acena-lhes com as auroras de amanhãs inalcançáveis, abre para eles o chão da dança e do canto, dos conúbios sexuais recompensadores, o despaisamento da música e o ritual dos orixás e candomblés.

A festa é um dos elementos básicos do seu repertório ficcional — não apenas a festa dos movimentos rítmicos e musicais, mas também a festa dos comeres e beberes. Na literatura brasileira, tão parca em referências nutrientes, e na qual os personagens não almoçam nem jantam, a obra de Jorge Amado avulta como um banquete capitoso e odorante. Os pescados baianos, que o seu conterrâneo Botelho de Oliveira celebrou na invejável silva "À ilha da maré", no instante inaugural da poesia brasileira, desfilam na obra desse romancista que tão magistralmente sabe falar do mar (veja-se o incomparável capítulo inicial de *Mar morto*) como da Roma negra que é Salvador e das fazendas de cacau do interior baiano. E, além dos peixes, as carnes também estão presentes nas descrições de comezainas e bebezainas, nas quais se eleva o seu amor pelos comes e bebes, o seu pé na cozinha onde impera dona Flor, movida pela convicção de que não são apenas as graças físicas e espirituais das mulheres que seduzem os homens. Há outra espécie de comida que os prende: a dos peixes, camarões, sarapatéis, vatapás, doces insignes e temperos regidos por pimentas voluptuosas.

A estética de opulência que caracteriza o fazer literário de Jorge Amado, dotado de uma imaginação que o arrasta à edificação de tantos mundos imaginários, haveria de constituir um obstáculo ao seu propósito de cantar a si mesmo e registrar sua trajetória pessoal, especialmente a de sua expansiva criação ficcional. E este foi o desafio por ele enfrentado neste *Navegação de cabotagem*.

Desprezando-se, de início, a verdade ou evidência de que as biografias mais fidedignas são, também, obras da imaginação, o que se aplicaria com um rigor maior às autobiografias, este livro contempla a hipótese de estar contaminado pelo incessante fluxo imaginativo de seu autor — esse rei Midas baiano que converte no ouro de sua ficção todas as realidades e verdades por ele tocadas. Assim, uma das atrações de *Navegação de cabotagem* há de ser o de deslindar a imaginação triunfante, devolvendo-a a uma verdade irrefutável; fixar o realmente vivido, separando-o do certamente imaginado.

Jorge Amado considera *Navegação de cabotagem* uma reunião de "apontamentos para um livro de memórias que jamais escreverei". Mas tanto o título como o subtítulo levantam problemas e colocam o seu autor numa zona de contradições e malícias. Em primeiro lugar, cabe acentuar que não se trata de uma navegação de cabotagem, a qual, segundo o preceito da Marinha mercante, é aquela praticada entre dois portos próximos (pequena cabotagem) ou se limita a um único país, não alcançando águas estrangeiras. Neste irradiado rascunho de um livro de memórias — um portentoso volume que alcança meio milhar de páginas —, a navegação literária e familiar, ideológica e artística se processa em grande parte em alto-mar. Lido o livro, e reunidos os estilhaços inumeráveis de uma experiência que, repetidamente, borda a aventura — ora conhecendo dias de alegria, divertimento e consagração, ora enfrentando as aflições da pobreza em hotéis vagabundos —, o leitor se rende à convicção de que esteve diante de um romance: do estilhaçado romance de uma vida em que o mais entranhadamente regional e documental se uniu a uma espécie de turismo ou cosmopolitismo ideológico.

O comunismo conduziu Jorge Amado a tantas plagas diferentes que o seu rol de evocações e registros literários e humanos corresponde a um livro de viagens ou a uma canção de exílio ao mesmo tempo maviosa e pungente, em que o amor e a alegria se entrelaçam com as aflições e as saudades decorrentes de sentir-se separado de sua bem-amada Bahia. E vendo a neve cair em Paris, em Moscou, na Itália ou na China, o exilado ou autoexilado Jorge Amado poderia repetir à sua bem-amada Zélia os versos de Almeida Garrett: "A minha pátria agora é nos teus braços".

Neste livro de memórias tão variado e opulento, e tão fragmentado, o navegante navega num verdadeiro mar de histórias. Fugindo à linearidade que constitui a espinha dorsal das biografias e autobiografias clássicas ou habituais, ele nos conduz, divertida ou sinuosamente, às mais variegadas paragens. Move-se como um polvo cujas ventosas atingissem ao mesmo tempo as águas mais diversas. Sua espalhada narrativa abrange desde as coscuvilhices da Academia Brasileira de Letras aos belicosos congressos internacionais da paz de que participou; desde as reflexões sobre seu próprio fazer literário, e nas quais esplende uma salubre modéstia, aos itens em que alude a um êxito editorial que o levou a ser traduzido (e até pirateado) em idiomas inimagináveis. Tipos e populações de teor balzaquiano — ou mesmo jorge-amadiano — se revezam no desfilar de suas lembranças: um desfilar acronológico e vertiginoso no qual o tempo não obedece ao tempo, e a desembaraçada coloquialidade de sua escrita, de tanto vigor e humor, e de tanto colorido e luminosidade, não desdenha os termos crus e chulos e as histórias e menções descabeladas.

A amizade, a fraternidade humana e a solidariedade intelectual foram os emblemas de Jorge Amado. Neste livro, ele evoca os amigos, muitos dos quais monumentalizados pelo afeto. E nele estão gravadas as vozes incontáveis que ouviu ao longo de sua longa vida: as vozes sensuais das apetitosas mulatas baianas; a voz religiosa dos terreiros dos orixás e das beatas do Senhor do Bonfim; a voz totalitária de Ióssif Stálin. Limitado ou sitiado pelo molde fundamentalista do comunismo stalinista, Jorge Amado não pôde nem poderia ouvir, na União Soviética, as vozes silenciadas de Anna Akhmátova ("Sou vossa voz"), de Ossip Mandelstam, de Marina Tsvetáieva, de Isaac Bábel, de Boris Pasternak — e nem mesmo a de Boris Pilniak, o romancista de *O Volga desemboca no mar Cáspio*, tão reverenciada no universo comunista e abrupta e surpreendentemente silenciada num muro de fuzilamento. Foi-lhe vedado, ao viajante que tanto viu, ver e ouvir uma Rússia secreta e escondida, dos martírios e dos expurgos, do terror e da dor.

Contou-me Zélia Gattai que, nas repetidas viagens à União Soviética e aos países da Cortina de Ferro, ela e Jorge Amado não conseguiam encontrar-se com escritores conhecidos em ocasiões anteriores. Ao perguntar por eles, obtinham a resposta de que estavam viajando ou em férias. Era um revezamento singular; e neste *Navegação de cabotagem* esse sinistro revezamento sobressai num diálogo entre Jorge Amado e Pablo Neruda na China.

"Fui stalinista de conduta irrepreochável, subchefe da seita, se não bispo ao menos monsenhor, descobri o erro, custou trabalho e sofrimento, deixei a missa em meio, saí de mansinho. Nem por haver-me dado conta e abandonado o redil escondi ou neguei ter recebido, em dia de glória, com honra e emoção inimagináveis, o Prêmio Internacional Stálin", anota Jorge Amado sobre 1957, quando o vendaval da desastilinização empreendido por Nikita Khruschov muda, em "decreto de efeito retroativo", o nome para prêmio Lênin. E Jorge Amado não acode ao pedido de substituição do diploma que lhe é feito. Não devolve o passado para mudá-lo ou corrigi-lo.

Navegação de cabotagem está juncado de críticas retroativas ao sistema totalitário. As impressões que ele transmite sobre a vida nas chamadas "repúblicas populares" em que viveu ou que visitou, e nas quais, como na Rússia, foi hóspede tratado a vela de libra, habitando inclusive castelos, haverão de intrigar o leitor, neste tempo em que a desintegração da União Soviética, a queda do muro de Berlim e a derrocada dos países satélites puseram por terra a fantasia, a mentira e a utopia dos paraísos comunistas, revelaram as atrocidades e monstruosidades dos campos de concentração e o horrendo festival dos genocídios praticados por Stálin e seus comandados. Os famigerados paraísos escondiam infernos.

Transposto o período stalinista, surgiu na cena literária um Jorge Amado liberto do pesado fardo ideológico. É a época ditosa de *Gabriela, cravo e canela*; de *Os velhos marinheiros*; de *Dona Flor e seus dois maridos*; de *Tenda dos Milagres*. Haverá de ser notado que a distensão ideológica se processa simultaneamente com uma preocupação mais nítida com a arte de narrar por parte de Jorge Amado. Emerge de suas páginas uma visão mais festiva e até picaresca da vida; um aprofundamento psicológico dos personagens. A visão de mundo do grande viajante se amplia. É o amadurecimento final, o espetáculo de plenitude do homem e do artista, não mais empenhado em pregar a mudança do mundo dos homens, e sim em historiá-lo e interpretá-lo serena e efusivamente. Nessa última estação de si mesmo, Jorge Amado conta a sua história. Talvez a conte de uma maneira desordenada, como uma *conversation à bâtons rompus*. Mas é a história de seu destino, de seu fervor ideológico, do seu gênio literário. E, inarredavelmente acrescentada aos seus romances, o confirma como o mais amado dos nossos grandes clássicos.

Lêdo Ivo é escritor, jornalista e membro da Academia Brasileira de Letras.

CRONOLOGIA

1912-1919 Jorge Amado nasce em 10 de agosto de 1912, em Itabuna, Bahia. Em 1914, seus pais transferem-se para Ilhéus, onde ele estuda as primeiras letras. Entre 1914 e 1918, trava-se na Europa a Primeira Guerra Mundial. Em 1917, eclode na Rússia a revolução que levaria os comunistas, liderados por Lênin, ao poder.

1920-1925 A Semana de Arte Moderna, em 1922, reúne em São Paulo artistas como Heitor Villa-Lobos, Tarsila do Amaral, Mário e Oswald de Andrade. No mesmo ano, Benito Mussolini é chamado a formar governo na Itália. Na Bahia, em 1923, Jorge Amado escreve uma redação escolar intitulada "O mar"; impressionado, seu professor, o padre Luiz Gonzaga Cabral, passa a lhe emprestar livros de autores portugueses e também de Jonathan Swift, Charles Dickens e Walter Scott. Em 1925, Jorge Amado foge do colégio interno Antônio Vieira, em Salvador, e percorre o sertão baiano rumo à casa do avô paterno, em Sergipe, onde passa "dois meses de maravilhosa vagabundagem".

1926-1930 Em 1926, o Congresso Regionalista, encabeçado por Gilberto Freyre, condena o modernismo paulista por "imitar inovações estrangeiras". Em 1927, ainda aluno do Ginásio Ipiranga, em Salvador, Jorge Amado começa a trabalhar como repórter policial para o *Diário da Bahia* e *O Imparcial* e publica em *A Luva*, revista de Salvador, o texto "Poema ou prosa". Em 1928, José Américo de Almeida lança *A bagaceira*, marco da ficção regionalista do Nordeste, um livro no qual, segundo Jorge Amado, se "falava da realidade rural como ninguém fizera antes". Jorge Amado integra a Academia dos Rebeldes, grupo a favor de "uma arte moderna sem ser modernista". A quebra da bolsa de valores de Nova York, em 1929, catalisa o declínio do ciclo do café no Brasil. Ainda em 1929, Jorge Amado, sob o pseudônimo Y. Karl, publica em *O Jornal* a novela *Lenita*, escrita em parceria com Edison Carneiro e Dias da Costa. O Brasil vê chegar ao fim a política do café com leite, que alternava na presidência da República políticos de São Paulo e Minas Gerais: a Revolução de 1930 destitui Washington Luís e nomeia Getúlio Vargas presidente.

1931-1935 Em 1932, desata-se em São Paulo a Revolução Constitucionalista. Em 1933, Adolf Hitler assume o poder na Alemanha, e Franklin Delano Roosevelt torna-se presidente dos Estados Unidos da América, cargo para o qual seria reeleito em 1936, 1940 e 1944. Ainda em 1933, Jorge Amado se casa com Matilde Garcia Rosa. Em 1934, Getúlio Vargas é eleito por voto indireto presidente da República. De 1931 a 1935, Jorge Amado frequenta a Faculdade Nacional de Direito, no Rio de Janeiro; formado, nunca exercerá a advocacia. Amado identifica-se com o Movimento de 30, do qual faziam parte José Américo de Almeida, Rachel de Queiroz e Graciliano Ramos, entre outros escritores preocupados com questões sociais e com a valorização de particularidades regionais. Em 1933, Gilberto Freyre publica *Casa-*

-grande & senzala, que marca profundamente a visão de mundo de Jorge Amado. O romancista baiano publica seus primeiros livros: *O país do Carnaval* (1931), *Cacau* (1933) e *Suor* (1934). Em 1935 nasce sua filha Eulália Dalila.

1936-1940 Em 1936, militares rebelam-se contra o governo republicano espanhol e dão início, sob o comando de Francisco Franco, a uma guerra civil que se alongará até 1939. Jorge Amado enfrenta problemas por sua filiação ao Partido Comunista Brasileiro. São dessa época seus livros *Jubiabá* (1935), *Mar morto* (1936) e *Capitães da Areia* (1937). É preso em 1936, acusado de ter participado, um ano antes, da Intentona Comunista, e novamente em 1937, após a instalação do Estado Novo. Em Salvador, seus livros são queimados em praça pública. Em setembro de 1939, as tropas alemãs invadem a Polônia e tem início a Segunda Guerra Mundial. Em 1940, Paris é ocupada pelo Exército alemão. No mesmo ano, Winston Churchill torna-se primeiro-ministro da Grã-Bretanha.

1941-1945 Em 1941, em pleno Estado Novo, Jorge Amado viaja à Argentina e ao Uruguai, onde pesquisa a vida de Luís Carlos Prestes, para escrever a biografia publicada em Buenos Aires, em 1942, sob o título *A vida de Luís Carlos Prestes*, rebatizada mais tarde *O Cavaleiro da Esperança*. De volta ao Brasil, é preso pela terceira vez e enviado a Salvador, sob vigilância. Em junho de 1941, os alemães invadem a União Soviética. Em dezembro, os japoneses bombardeiam a base norte-americana de Pearl Harbor, e os Estados Unidos declaram guerra aos países do Eixo. Em 1942, o Brasil entra na Segunda Guerra Mundial, ao lado dos aliados. Jorge Amado colabora na *Folha da Manhã*, de São Paulo, torna-se chefe de redação do diário *Hoje*, do PCB, e secretário do Instituto Cultural Brasil-União Soviética. No final desse mesmo ano, volta a colaborar em *O Imparcial*, assinando a coluna "Hora da Guerra", e em 1943 publica, após seis anos de proibição de suas obras, *Terras do sem-fim*. Em 1944, Jorge Amado lança *São Jorge dos Ilhéus*. Separa-se de Matilde Garcia Rosa. Chegam ao fim, em 1945, a Segunda Guerra Mundial e o Estado Novo, com a deposição de Getúlio Vargas. Nesse mesmo ano, Jorge Amado casa-se com a paulistana Zélia Gattai, é eleito deputado federal pelo PCB e publica o guia *Bahia de Todos-os-Santos*. *Terras do sem-fim* é publicado pela editora de Alfred A. Knopf, em Nova York, selando o início de uma amizade com a família Knopf que projetaria sua obra no mundo todo.

1946-1950 Em 1946, Jorge Amado publica *Seara vermelha*. Como deputado, propõe leis que asseguram a liberdade de culto religioso e fortalecem os direitos autorais. Em 1947, seu mandato de deputado é cassado, pouco depois de o PCB ser posto na ilegalidade. No mesmo ano, nasce no Rio de Janeiro João Jorge, o primeiro filho com Zélia Gattai. Em 1948, devido à perseguição política, Jorge Amado exila-se, sozinho, voluntariamente em Paris. Sua casa no Rio de Janeiro é invadida pela polícia, que apreende livros, fotos e documentos. Zélia e João Jorge partem para a Europa, a fim de se juntar ao escritor. Em 1950, morre no Rio de Janeiro a filha mais velha de Jorge Amado, Eulália Dalila. No mesmo ano, Amado e sua família são expulsos da França por causa de sua militância política e passam a residir no castelo da União dos Escritores, na Tchecoslováquia. Viajam pela União Soviética e pela Europa Central, estreitando laços com os regimes socialistas.

1951-1955 Em 1951, Getúlio Vargas volta à presidência, desta vez por eleições diretas. No mesmo ano, Jorge Amado recebe o prêmio Stálin, em Moscou. Nasce sua filha Paloma, em Praga. Em 1952, Jorge Amado volta ao Brasil, fixando-se no Rio de Janeiro. O escritor e seus livros são proibidos de entrar nos Estados Unidos durante o período do macarthismo. Em 1954, Getúlio Vargas se suicida. No mesmo ano, Jorge Amado é eleito presidente da Associação Brasileira de Escritores e publica *Os subterrâneos da liberdade*. Afasta-se da militância comunista.

1956-1960 Em 1956, Juscelino Kubitschek assume a presidência da República. Em fevereiro, Nikita Khruchióv denuncia Stálin no 20º Congresso do Partido Comunista da União Soviética. Jorge Amado se desliga do PCB. Em 1957, a União Soviética lança ao espaço o primeiro satélite artificial, o *Sputnik*. Surge, na música popular, a Bossa Nova, com João Gilberto, Nara Leão, Antonio Carlos Jobim e Vinicius de Moraes. A publicação de *Gabriela*, *cravo e canela*, em 1958, rende vários prêmios ao escritor. O romance inaugura uma nova fase na obra de Jorge Amado, pautada pela discussão da mestiçagem e do sincretismo. Em 1959, começa a Guerra do Vietnã. Jorge Amado recebe o título de obá Arolu no Axé Opô Afonjá. Embora fosse um "materialista convicto", admirava o candomblé, que considerava uma religião "alegre e sem pecado". Em 1960, inaugura-se a nova capital federal, Brasília.

1961-1965 Em 1961, Jânio Quadros assume a presidência do Brasil, mas renuncia em agosto, sendo sucedido por João Goulart. Yuri Gagarin realiza na nave espacial *Vostok* o primeiro voo orbital tripulado em torno da Terra. Jorge Amado vende os direitos de filmagem de *Gabriela, cravo e canela* para a Metro-Goldwyn-Mayer, o que lhe permite construir a casa do Rio Vermelho, em Salvador, onde residirá com a família de 1963 até sua morte. Ainda em 1961, é eleito para a cadeira 23 da Academia Brasileira de Letras. No mesmo ano, publica *Os velhos marinheiros*, composto pela novela *A morte e a morte de Quincas Berro Dágua* e pelo romance *O capitão-de-longo-curso*. Em 1963, o presidente dos Estados Unidos, John Kennedy, é assassinado. O Cinema Novo retrata a realidade nordestina em filmes como *Vidas secas* (1963), de Nelson Pereira dos Santos, e *Deus e o diabo na terra do sol* (1964), de Glauber Rocha. Em 1964, João Goulart é destituído por um golpe e Humberto Castelo Branco assume a presidência da República, dando início a uma ditadura militar que irá durar duas décadas. No mesmo ano, Jorge Amado publica *Os pastores da noite*.

1966-1970 Em 1968, o Ato Institucional nº 5 restringe as liberdades civis e a vida política. Em Paris, estudantes e jovens operários levantam-se nas ruas sob o lema "É proibido proibir!". Na Bahia, floresce, na música popular, o tropicalismo, encabeçado por Caetano Veloso, Gilberto Gil, Torquato Neto e Tom Zé. Em 1966, Jorge Amado publica *Dona Flor e seus dois maridos* e, em 1969, *Tenda dos Milagres*. Nesse último ano, o astronauta norte-americano Neil Armstrong torna-se o primeiro homem a pisar na Lua.

1971-1975 Em 1971, Jorge Amado é convidado a acompanhar um curso sobre sua obra na Universidade da Pensilvânia, nos Estados Unidos. Em 1972, publica *Tereza Batista cansada de guerra* e é homenageado pela Escola de Samba Lins Imperial, de São Paulo, que desfila com o tema "Bahia de Jorge Amado". Em 1973, a rápida subida do preço do petróleo abala a economia mundial. Em 1975, *Gabriela, cravo e canela* inspira novela da TV Globo, com Sônia Braga no papel principal, e estreia o filme *Os pastores da noite*, dirigido por Marcel Camus.

1976-1980 Em 1977, Jorge Amado recebe o título de sócio benemérito do Afoxé Filhos de Gandhy, em Salvador. Nesse mesmo ano, estreia o filme de Nelson Pereira dos Santos inspirado em *Tenda dos Milagres*. Em 1978, o presidente Ernesto Geisel anula o AI-5 e reinstaura o *habeas corpus*. Em 1979, o presidente João Baptista Figueiredo anistia os presos e exilados políticos e restabelece o pluripartidarismo. Ainda em 1979, estreia o longa-metragem *Dona Flor e seus dois maridos*, dirigido por Bruno Barreto. São dessa época os livros *Tieta do Agreste* (1977), *Farda, fardão, camisola de dormir* (1979) e *O gato malhado e a andorinha Sinhá* (1976), escrito em 1948, em Paris, como um presente para o filho.

1981-1985 A partir de 1983, Jorge Amado e Zélia Gattai passam a morar uma parte do ano em Paris e outra no Brasil — o outono parisiense é a estação do ano preferida por Jorge Amado, e, na Bahia, ele não consegue mais encontrar a tranquilidade de que necessita para escrever. Cresce no Brasil o movimento das Diretas Já. Em 1984, Jorge Amado publica *Tocaia Grande*. Em 1985, Tancredo Neves é eleito presidente do Brasil, por votação indireta, mas morre antes de tomar posse. Assume a presidência José Sarney.

1986-1990 Em 1987, é inaugurada em Salvador a Fundação Casa de Jorge Amado, marcando o início de uma grande reforma do Pelourinho. Em 1988, a Escola de Samba Vai-Vai é campeã do Carnaval, em São Paulo, com o enredo "Amado Jorge: A história de uma raça brasileira". No mesmo ano, é promulgada nova Constituição brasileira. Jorge Amado publica *O sumiço da santa*. Em 1989, cai o Muro de Berlim.

1991-1995 Em 1992, Fernando Collor de Mello, o primeiro presidente eleito por voto direto depois de 1964, renuncia ao cargo durante um

491

processo de *impeachment*. Itamar Franco assume a presidência. No mesmo ano, dissolve-se a União Soviética. Jorge Amado preside o 14º Festival Cultural de Asylah, no Marrocos, intitulado "Mestiçagem, o exemplo do Brasil", e participa do Fórum Mundial das Artes, em Veneza. Em 1992, lança dois livros: *Navegação de cabotagem* e *A descoberta da América pelos turcos*. Em 1994, depois de vencer as Copas de 1958, 1962 e 1970, o Brasil é tetracampeão de futebol. Em 1995, Fernando Henrique Cardoso assume a presidência da República, para a qual seria reeleito em 1998. No mesmo ano, Jorge Amado recebe o prêmio Camões.

1996-2000 Em 1996, alguns anos depois de um enfarte e da perda da visão central, Jorge Amado sofre um edema pulmonar em Paris. Em 1998, é o convidado de honra do 18º Salão do Livro de Paris, cujo tema é o Brasil, e recebe o título de doutor *honoris causa* da Sorbonne Nouvelle e da Universidade Moderna de Lisboa. Em Salvador, termina a fase principal de restauração do Pelourinho, cujas praças e largos recebem nomes de personagens de Jorge Amado.

2001 Após sucessivas internações, Jorge Amado morre em 6 de agosto de 2001.

ÍNDICE ONOMÁSTICO

As remissões em **negrito** referem-se às ilustrações do caderno de imagens

Abrantes, Henrique, 119
Abreu, Brício de, 188, 283, 475
Abreu, Estela dos Santos, 163
Abreu, Gilda de, 374
Accioly, Marcos, 242
Adami, Zequinha, 380
Adão, Cláudio, 60
Adonias Filho, 49, 174, 261, 262, 282, 296, 371, 396
Afonso, José, 94
Agostinho da Piedade, frei 114, 244
Agostinho Neto, 168, 416
Agripina, 90
Aguiar, Adonias, 78
Aguinaga, Haroldo, 50, 324
Ai Qing, 354, 409
Aíla, 319
Akhmátova, Anna, 486
Alberti, Rafael, 91, 371
Albuquerque, Franklin Lins de, 383, 384, 385, 386
Albuquerque, Medeiros e, 44, 147
Albuquerque, Teódulo Lins de, 382, 384, 385
Alegret, Catherine, 230
Alegría, Ciro, 425
Aleijadinho, 114
Alencar, Cônego, 239
Alencar, José de, 25, 199, 268, 434
Alexandre, o Grande, 413

Alexis, Jacques Stephan, 168, 313
Alfama, Jorge Miranda, 416
Alfonsin, 335
Alfredo Júnior, 417
Allende, Salvador, 409
Almeida, Aparecida Mendes de, 241
Almeida, Chartres de, 429
Almeida, Filinto d', 337
Almeida, Isaías Alves de, 370
Almeida, José Américo de, 33, 56, 147, 168, 222, 260
Almeida, Júlia Lopes de, 337
Almeida, Manuel Antônio de, 268, 434
Almeida, Paulo Mendes de, 20, 225, 329
Alphonsus, João, 392
Alvarenga, Otávio de Melo, 365
Alves, Adilson Monteiro, 458
Alves, Castro, 233, 234, 240, 282, 285, 346, 374, 375, 401, 402, 434
Alves, Castro, 483
Alves, Dário Castro, 82, 83
Alves, Dorothy, 176
Alves, Henrique, 420
Alves, Manuel, 420
Alves, Moysés, 174, 176
Amado Neto, Jorge, 56, 257, 286, 463

Amado, Álvaro, 78, 329, 332, 395
Amado, Bruno, 463
Amado, Diná, 216
Amado, Fanny, 98, 310, 452
Amado, Genolino, 221, 304
Amado, Gilberto, 72, 148, 392
Amado, Gilson, 323
Amado, James, 28, 34, 40, 57, 98, 125, 168, 207, 225, 271, 288, 303, 305, 371, 443, 456, 457; **11, 36**
Amado, Joelson, 97, 98, 117, 118, 207, 209, 310, 452
Amado, Jofre, 117
Amado, Lila Jorge, 118
Amado, Luísa, 34, 456, 462
Amado, Luiz, 335
Amado, Maria João, 463
Amado, Paulo, 310
Amadora, 48, 49
Amaral, Márcio Tavares d', 130
Amaral, Tarsila do, 258
Amaral, Teresa Costa d', 130
Amarelo, Amaro, 153, 154
Amidei, Sergio, 86, 437
Amorim, Clóvis, 76, 326, 383
Amorim, Enrique, 149, 150
Anahory, Eduardo, 283, 284
Anália, 176
Anastácio, Timóteo Amoroso, dom, 69, 70, 71, 271, 303
Andrade, Almir de, 323

493

Andrade, Carlos Drummond de, 47, 48, 161, 179, 210, 240, 253; **15**
Andrade, Costa, 125
Andrade, Da Costa, 76
Andrade, Joaquim Pedro de, 260, 375
Andrade, Mário de, 113, 260, 268, 283
Andrade, Oswald de, 20, 29, 113, 114, 128, 188, 269, 285; **21**
Angel, Zuzu, 254
Aninha, mãe, 186
Anjos, Cyro dos, 339, 340
Ankito, 374
Antônio da Silva Melo, 287, 441
Antônio Maria, 237; **60**
Antunes, Ruy, 31, 232, 241
Anysio, Chico, 314, 390
Apolônio, Luiz, 128
Aragon, Louis, 27, 88, 131, 155, 165, 166, 167, 215, 402; **24**
Aranha, Oswaldo, 148
Araújo, David, 114, 467
Araújo, Guido, 191
Araújo, Mila, 191
Araújo, Nelson de, 327, 444
Araújo, Otávio, 191, 262, 306
Araya, Zeudi, 438
Arboussier, Gabriel d', 81, 126, 166, 168, 410, 411, 412
Archer, Madeleine, 230
Ardel, 398
Arraes, Miguel, 45
Assis, Machado de, 199, 282, 336, 337, 403
Astúrias, Miguel Ángel, 91, 131, 146, 433
Athayde, Austregésilo de, 200, 336
Augusto, Jenner, 31, 64, 114, 232, 244, 346, 347; **77**
Avancini, Walter, 283, 420
Avelar, dom *ver* Brandão, Avelar, dom
Azeredo, Magalhães de, 337
Azevedo, Alinor de, 283, 374
Azevedo, Aluísio, 268, 282
Azevedo, Fernando de, 391
Azevedo, Gervásio de, 203

Azevedo, Thales de, 120
Azevedo, Zilá, 271
Azocar, Rubén, 104

Bábel, Isaac 147, 486
Bahia, Hansen, 64, 173, 174, 232, 350
Baker, Josephine, 285
Balbino, Antônio, 18, 311, 312, 359
Balcells, Carmen, 261, 344, 409
Banlieu, Marie de la, 306
Baptista, António Alçada, 38, 39, 135, 375, 376, 458
Baptista, Lourival, 175
Bárbara, Julieta, 285
Barbosa, Francisco de Assis, 234, 323, 443
Barbosa, Otília, 101
Barbosa, Rui, 337
Barclay, Florence, 398
Bardi, Pietro, 231
Barreiros, Tibúrcio, 243, 244
Barreto, Benito, 365
Barreto, Bruno, 60, 86, 133, 278, 279, 375
Barreto, Fábio, 60
Barreto, Itassucê Sá, 420
Barreto, Lima, 168, 374
Barreto, Lucy, 60
Barreto, Luiz Carlos, 60, 61, 375
Barreto, Paula, 60
Barreto, Raymundo Sá, 174, 420
Barros, Ademar de, 283
Barros, Fernando de, 283, 284, 374
Barros, Leitão de, 374
Barroso, Ary, 284
Barroso, Ivo, 179
Barroso, Maria Alice, 365
Barroso, Maria de Jesus, 63
Basset, Anny-Claude, 293, 394, 450, 457
Bastos, Carlos, 232, 236, 347, 348, 349, 366
Bastos, Georgette Tavares, 163
Batista, Dircinha, 284
Batista, Fulgêncio, 139, 277
Batista, Linda, 284
Bay, André, 455

Bay, Marie-Pierre, 455
Bay, Nicolás, 455
Bayard, 191
Beaucé, Thierry de, 431
Beauvoir, Simone de, 95, 96, 97, 166, 167, 405; **50, 53**
Belafonte, Harry, 54, 55, 189, 380, 381
Belafonte, Julie, 54, 55, 189
Belchior, Maria de Lourdes, 301
Belém, Fafá de, 115
Ben, Jorge, 100
Béria, Lavrentiy, 108
Berkowitz, Mark, 305
Bernabó, Hector Julio Páride *ver* Carybé
Bernabó, Nancy, 27, 86, 388, 429
Bernanos, Georges, 483
Bertin, Roland, 450
Berveiller, Michel, 184
Betânia, Maria, 294
Bimba, 449
Bini, Alfredo, 436, 437, 438, 439
Bissiliat, Maureen, 325
Bloch, Adolfo, 296
Bloch, Miriam, 49
Bloch, Pedro, 49, 296
Bo Bardi, Lina, 73
Boaventura, Edivaldo, 162, 163, 321, 322
Boff, Leonardo, 356, 359
Boisvert, Georges, 180
Bolaños, Jorge, 188
Boltanski, Luc, 179
Bomfim, Martiniano Eliseu do, 116, 186
Bompiani, Valentino, 338, 339
Bonino, Giovanna, 423
Bopp, Raul, 68, 69, 113
Borge, Tomás, 393
Boto, Pena, 370
Braga, Ney, 221
Braga, Sonia, 222, 223, 279, 420; **90**
Branco Filho, A. Coelho, 44
Branco, Neive, 311
Brandão, Avelar, dom, 279
Brandão, Ignácio de Loyola, 180
Brandão, Otávio, 345

Brandão, Satva, 346, 356
Brasini, Mário, 225, 226, 227
Brecht, Bertolt, 155, 156, 227, 375
Brenand, Francisco, 64
Bressane, Dulce, 375
Brincourt, André, 460
Brink, André, 205
Brito, Letelba Rodrigues de, 370
Brito, Nascimento, 75
Bukhárin, 281
Bulcão, Athos, 284
Burgess, 238
Butin, Françoise, 459, 460
Buzaid, Alfredo, 157
Byron, Lord, 78

Café Filho, 68
Caillois, Roger, 252
Calasans Neto, 44, 64, 78, 133, 134, 135, 156, 228, 236, 238, 269, 319, 350, 366, 377, 378, 399, 400, 443, 457; **77**
Calasans Neto, Auta Rosa, 44, 133, 156, 157, 319, 320, 377, 378, 399, 400, 456
Calasans, José, 120
Caldas, Sylvio, 284
Caldwell, Erskine, 183
Callado, Antonio, 296, 330; **59**
Calmon, Jorge, 157, 162, 383
Calmon, Miguel, 235
Calmon, Pedro, 117, 287, 293, 331
Calvino Filho, 76, 326
Câmara, Diógenes de Arruda, 40, 94, 113, 171, 223
Câmara, Eugênia, 233, 234
Câmara, Hélder, dom, 69
Camargo, Iberê, 306
Camargo, Joracy, 207, 221, 374
Camões, Luís de, 161, 193
Campos, Milton, 68
Campos, Paulo Mendes, 296, 305
Camus, Albert, 471, 472
Camus, Marcel, 278, 279, 474
Candido, Antonio, 355
Capanema, Gustavo, 47; **15**
Capinam, Carlos, 272, 349
Cardenal, Ernesto, 393

Cardoso, Fernando Henrique, 125
Cardoso, Francisco Stolzer, 260
Cardoso, Joaquim, 305
Cardoso, Lúcio, 251
Cardoso, Maria, 260
Cargaleiro, 429
Carmo, Carlos do, 417
Carneiro, Edison, 28, 44, 66, 76, 185, 186, 326
Carneiro, João Durval, 271, 272, 349
Carneiro, Mário de Sá, 63
Carneiro, Nelson, 282, 327
Carneiro, Souza, 327
Carpenter, 324
Carreiro, Porto, 324
Carril, Delia del, 132
Carril, Hugo del, 405
Cartano, Tony, 255, 256
Carvalho Filho, 216; 77
Carvalho, Afonso de, 277
Carvalho, Antônio Bulhões de, 305
Carvalho, Campos de, 49, 179, 282
Carvalho, Clarinda Lima de, 175
Carvalho, Flávio de, 151, 177, 257, 258, 259, 260; **52**
Carvalho, Genaro de, 64, 78, 142, 232; **77**
Carvalho, Jeovah de, 264, 378
Carvalho, José Laurêncio, 280, 404
Carvalho, Monteiro de, 359
Carvalho, Nair de, 142
Carvalho, Nuno Lima de, 43, 129, 130, 175, 421, 429
Carvalho, Otelo de, 94, 295
Carybé, 18, 19, 26, 27, 41, 64, 74, 77, 86, 114, 115, 145, 156, 157, 173, 222, 224, 232, 236, 243, 244, 245, 271, 303, 332, 350, 388, 403, 407, 421, 426, 428, 429, 448, 449, 467; **65, 77**
Casanova, Laurent, 131, 410
Casarés, Maria, 179
Cassou, Jean, 230
Castello Branco, marechal, 254
Castiel, Alberto, 132, 256

Castro, Demósthenes Berbert de, 79
Castro, Eunice Lyon de, 301, 328
Castro, Ferreira de, 43, 145, 146, 161, 200, 201, 249, 301, 417, 430
Castro, Fidel, 54, 189, 190, 261, 291, 415, 418; **100**
Castro, Francisco Lyon de, 94, 296, 297, 301, 328, 416
Castro, José Berbert de, 79, 274, 383
Castro, Josué de, 91, 125, 316
Castro, Manuel, 272
Castro, Moacir Werneck de, 23, 29, 47, 125, 284, 305; **11, 15, 45**
Castro, Ramiro Berbet de, 79, 80
Catalão, Eduardo, 80
Catalão, Maria Alice, 80
Catalão, Pedro, 79, 80, 420
Cavalcanti, Alberto, 155, 219, 375
Cavalcanti, Paulo, 248
Cavalcanti, Rodolfo Coelho, 84
Cavalcanti, Valdemar, 34, 47
Caymmi, Danilo, 451
Caymmi, Dorival, 41, 42, 74, 99, 105, 115, 116, 156, 157, 168, 207, 224, 241, 259, 294, 303, 330, 375, 447, 449, 451, 474; **7, 20, 35, 59**
Caymmi, Nana, 449, 451
Caymmi, Stela, 41, 42, 105, 451
Cearense, Catulo da Paixão, 417
Ceaucescu, 121
Celestino, Antônio, 31, 43, 175, 211, 235, 236, 302, 420, 443; **65**
Celestino, Maria do Carmo, 235
Celi, Adolfo, 438
Celso, Afonso, 389
Cervantes, Miguel de, 331, 434
Césaire, Aimé, 126, 166, 168
César, Osório, 258
Chagall, Marc, 78, 178
Chancel, Jacques, 263, 264, 294

Chaplin, Charles, 71, 72, 91
Chateaubriand, Assis, 78, 213, 466
Chaves, Dmeval, 54, 281, 319, 467
Chaves, Gilberbert, 64
Cherpin, André, 457
Cherpin, Huguette, 457
Chevardnádze, 466
Chi Pai-Shi, 91
Chiacchio, Carlos, 475
Chiozzo, Adelaide, 374
Chólokov, Mikhail, 88, 89
Churchill, Winston, 153, 275, 474, 475
Clair, Janete, 397
Clemente, d. *ver* Silva-Nigra, Clemente da
Clementis, 190
Cochon, Pierre, 239
Codovilla, 104
Coelho Neto, 76, 205
Coelho, Fernando, 232, 236, 467
Coelho, Luiz, 124
Colchie, Thomas, 109, 229, 344
Combe, Francis, 272
Comparato, Doc, 262
Conceição, Amaro da, 154
Condé, João, 42, 43, 208, 241, 344, 396; **15, 43, 60**
Condé, José, 330
Conselheiro, Antônio, 302
Consolo, Vincenzo, 445
Contreras, Marta, 293
Cony, Carlos Heitor, 296, 297
Cordeiro, João, 76, 326, 327
Corisco, 83
Correia, Roberto Alvim, 305
Cortázar, Julio, 393, 394
Cosery, Albert, 293
Costa Filho, Odylo, 69, 70, 135, 148, 220, 221, 301
Costa, Amadeu, 429
Costa, Beatriz, 284, 285, 301, 417, 422, 468
Costa, Carlos Coqueijo, 99, 216, 474
Costa, Cecília Amado, 463
Costa, Dias da, 28, 44, 76, 193, 194, 246, 305
Costa, Gal, 294, 347

Costa, Lúcio, 326
Costa, Luiz Fernando Macedo, 448
Costa, Mariana Amado, 463
Costa, Miguel, 276
Costa, Nazareth, 69
Costa, Pedro, 56, 69, 70, 145, 272, 379, 401
Costa, Sosígenes, 76, 215, 216, 370
Cot, Pierre, 59, 91, 92
Cotrim, Rízia, 56, 329, 379
Cotta, Michèle, 431
Couffon, Claude, 194, 461, 462
Coutinho, Afrânio, 296, 396, 441, 442
Coutinho, Edilberto, 242
Coutinho, Lafayete, 382
Coutinho, Sônia, 371
Covas, Mário, 156
Cowell, Fleur, 77
Cravo Neto, Mário, 232
Cravo, Lúcia, 232
Cravo, Mário, 64, 114, 231, 232, 236, 302, 303, 350
Cristaldi, Franco, 438; **94**
Cruls, Gastão, 146, 147, 392
Cuadrado, Perfecto, 164
Cunha, Carlos, 270
Cunha, Euclides da, 302
Cunha, Tristão da, 33
Cunhal, Álvaro, 94, 153, 390, 391
Cunhal, Avelino, 390
Curvelo, Edgard, 382
Cusati, Maria Luisa, 109

D'Amico, Teresa, 283, 285
D'Arc, Joana, 239
D'Arcos, Joaquim Paço, 212, 213
D'Arcos, Maria da Graça Paço, 212
D'Aversa, Alberto, 369
D'Ornellas, Manoelito, 276, 277
Dadá, 83
Daix, Pierre, 165
Damásio, Braz, 78
DaMatta, Roberto, 356, 458
Danon, Irene, 454

Danon, Jacques, 182, 256, 452, 454
Dantas, San Tiago, 222, 323
Danton, 239
Darel, 306
De Gaulle, Charles, 96, 181, 412
De Santis, Giuseppe, 218, 219
De Sica, Vittorio, 437
Deabreu, Moacyr, 391
Del Picchia, Menotti, 72
Della Costa, Maria, 74, 92, 374; **30**
Denys, Renato, 401
Depestre, Edith, 102, 312
Depestre, Nelly, 313
Depestre, René, 102, 145, 168, 312, 313, 409
Despierres, Marie, 459
Dete, 176
Detinha, 90
Detrez, Conrad, 180
Di Cavalcanti, Emiliano, 224, 225, 347, 388, 404, 438
Dias, Cícero, 42, 212, 213; **60**
Dias, Gilberto Santana, 152, 153
Dias, Giocondo, 67, 105, 152, 153, 162, 210, 383
Dias, Henrique, 119, 120
Dias, Lurdes Santana, 152, 153
Dicke, Ricardo, 365
Dickens, Charles, 282, 403, 434
Dickman, Max, 425
Diegues, Cacá, 375
Dionísio, Mário, 200
Djanira, 40, 347
Doido, Galo, 323, 324
Doillon, Jacques, 179
Dome, José de, 423
Domingos, Luiz, 212
Doria, João Agripino, 156
Dos Passos, John, 415
Drda, Jan, 15, 81, 102, 400
Druon, Maurice, 158, 159
Duarte, Nestor, 68, 263
Duca, Cino del, 159, 401
Dumas, Alexandre, 139, 282
Dunhan, Katherine, 380
Durst, Georges Walter, 397
Dutra, Eurico Gaspar, 277
Duvignaud, Jean, 48

Éadie, Émile, 168
Eanes, Manuela, 82, 83
Eanes, Ramalho, 95, 141, 442, 443
Echenique, Carlos, 69
Eco, Umberto, 367
Eduardo Mallea, 425
Ehrenburg, Ilya, 15, 27, 35, 36, 42, 58, 60, 88, 107, 108, 109, 155, 178, 248, 343, 402, 440, 446, 468
Ehrenburg, Irina, 15, 108
Ehrenburg, Lluba, 59, 60, 107, 108
Eisenstein, Serguei, 381
Élis, Bernardo, 221, 222
Éluard, Paul, 88, 394
Engels, Friedrich, 281
Enver Hoxha, 22, 56
Ernesto, Pedro, 170
Esperança, Assis, 417
Espinheira Filho, Ruy, 383
Estrela, Arnaldo, 34, 39
Euclides Neto, 371

Fadéiev, Aleksandr, 27, 147, 155, 156, 227
Falcão, João, 383
Falcão, jogador, 430
Fallaci, Oriana, 397
Fan Siao Ping, 436
Fan Weixin, 25
Fanto, Georges, 374
Faria, João Amado de, 78, 80, 97, 100, 117, 118, 147, 207, 209, 216, 221, 324, 395, 406, 420, 435, 477, 478; **32**
Faria, José Amado de, 148, 471, 472, 477
Faria, Otávio de, 323
Farias, Cordeiro de, 275, 276, 277
Fast, Howard, 249, 250
Faulkner, William, 483
Fedin, Konstantin, 59
Fedosséiev, Nikolai, 35
Félix, Moacyr, 305
Fellini, Federico, 75, 381
Fenelon, Moacyr, 283, 374
Fernandez, Dominique, 255, 256

Ferraz, Aydano do Couto, 66, 76, 475
Ferraz, Geraldo, 259
Ferraz, Renato, 303
Ferreira, Acácio , 382
Ferreira, Ascenço, 242
Ferreira, Bibi, 233, 234
Ferreira, David Mourão, 328
Ferreira, Edgard Rogaciano, 19
Ferreira, Eunice, 90, 244, 351, 447
Ferreira, Francisco, 356, 357
Ferreira, Lucy Citti, 151
Ferreira, Pilar Mourão, 328
Ferreira, Procópio, 206, 207, 233
Figueiredo, Euclides, 181
Figueiredo, Guilherme, 180, 181, 182, 183, 184, 282, 301
Figueiredo, Janaína Amado de, 226, 340, 369, 370
Flores, Asunción, 266, 267, 268
Foeppel, Elvira, 371
Fonseca, Luís Henrique Pereira da, 425, 426
Fontes, Amando, 268
Fontes, Lourival, 72, 277
Fontes, Oleone Coelho, 383
Ford, John, 183
Forêts, Louis-René des, 179
Fraga, Carlos, 378
Fraga, Clementino, 287
Fraga, Myriam, 229, 269, 270, 271, 272, 273, 378
França Júnior, 365
França Júnior, Oswaldo, 364
Franco, Afonso Arinos de Melo, 441
Franco, Francisco, 164, 415
Franco, José, 64, 429, 430
Franklin Júnior, 385
Freire, Elcy Lins, 378
Freire, Jorge Lins, 378
Freire, Roberto, 21
Freitas Júnior, Otávio, 242
Freyre, Gilberto, 47, 48, 49, 68, 185, 186, 330, 425; **40**
Freyre, Madalena, 47, 49
Frieiro, Eduardo, 112
Furtado, Celso, 271, 272

Gady, Abitbol , 457
Galimbert, Altamir, 347
Gallimard, Claude, 252, 471, 472
Galvão, Gravatá, 421
Gamara, Pierre, 215, 402
Gaminder, 190
García Lorca, Federico, 177, 321
García Márquez, Gabriel, 189, 261, 262
García Márquez, Mercedes, 261
Garcia, Chianca de, 284, 285, 374
Garrett, Almeida, 485
Gattai, Angelina, 21, 226, 289, 338, 435
Gattai, Clarice, 227
Gattai, Ernesto, 141, 145, 209, 226, 338
Gattai, Remo, 225
Gattai, Tito, 225
Gavras, Costa, 273, 275
Gaynor, Janet, 77
Geisel, Ernesto, 254, 255, 327
Ghioldi, Carmen, 335
Ghioldi, Rodolfo, 104, 265, 267, 275, 276, 335
Giaccoto, Patrícia, 311
Gil, Gilberto, 86, 120, 168, 294, 342
Gilberto, Astrud, 367; **54**
Gilberto, João, 124, 367, 369, 405; **54**
Glória, 48, 49
Gobbis, 259
Godinho, Sérgio, 130
Godofredo Filho, 212, 216, 466; 77
Goebbels, Joseph, 107, 108
Goeldi, Oswaldo, 69, 306
Gógol, Nikolai, 434
Gold, Michael, 304
Goldóvskaia, Marina, 436
Gomeia, Joãozinho da, 278
Gomes, Ademar, 383
Gomes, Alfredo Dias, 40, 396, 397
Gomes, Bernadete Dias, 397
Gomes, Carlos, 50
Gomes, Eduardo, 260

497

Gomes, Guilherme Dias, 396
Gonçalves, Danúbio, 40
Gonçalves, José Mauro, 69, 125, 196, 197
Gonçalves, Rebelo, 331
Gonçalves, Vasco, 94
Gonzaga, Adhemar, 374
Gonzales, Francisco Rebolo, 151, 259
Gorbatchov, Mikhail, 198, 464, 465
Gorbatchov, Raíssa, 465
Gordimer, Nadine, 334
Górki, Maksim, 196, 206, 282, 434
Goulart, João, 31, 80, 126, 197, 323
Grabois, Maurício, 40, 41
Graciano, Clóvis, 21, 128, 151
Gradin, Grace, 430
Gradin, Victor, 272
Gravina, Alfredo, 131, 203, 204, 419
Greco, Juliette, 179
Greene, Graham, 238
Grenier, Roger, 450, 471
Grieco, Agripino, 147, 392
Gruda, Eugeniusz, 316, 317, 318, 319
Grüner, Jürgen, 214, 344
Guarnieri, Camargo, 185
Guerra, Guido, 53, 54, 229, 383
Guerra, Rui, 375
Guevara, Che, 186, 281
Guiffoul, Magali, 293, 458
Guillén, Nicolás, 30, 131, 136, 137, 138, 140, 154, 168, 227, 228, 259, 298, 299, 300, 329, 418; **31**
Guillén, Rosa, 30, 136, 137, 138, 140, 174, 228, 298, 299, 300
Guimarães, Alberto Passos, 28, 249, 305
Guimarães, Giovanni, 150, 162, 352, 358, 361, 383, 385, 421
Guimarães, Jacy, 351
Guimarães, Ulysses, 475
Gullar, Ferreira, 179, 242
Gusmão, Roberto, 419
Guttuso, Renato, 127, 219, 402

Hallery, Antoinette, 33, 190, 191, 293
Hamsun, Knut, 483
Hašek, Jaroslav, 434
Haulica, Dan, 123, 124
Havel, Václav, 205
Hélder, dom *ver* Câmara, Hélder, dom
Hemingway, Ernest, 184, 282
Henda, 256
Hering, Kristina, 291, 292
Hermes, João, 353
Hikmet, Nazim, 91, 345, 346
Hitler, Adolf, 28, 55, 121, 277, 317, 383, 415
Holanda, Aurélio Buarque de, 292
Holanda, Chico Buarque de, 22, 27, 28, 179, 294, 368
Holanda, Maria Amélia Buarque de, 368
Holanda, Sérgio Buarque de, 368
Ho-Ping Siao, 25
Horta, Arnaldo Pedroso d', 199
Houaiss, Antônio, 69, 355, 396, 456, 457
Houphouët-Boigny, Félix, 166
Hourcade, Pierre, 184

Iéltsin, Boris, 206, 334, 464, 465
Iessiénin, Serguei, 62
Ievtuchenko, Ievguêni, 272
Ignátiev, Alexis, 414
Ignátiev, Oleg, 127
Iliescu, Dana, 120, 121, 122, 123, 124
Iliescu, Ion, 120, 122, 123
Ilse, 173
Isensée, Julieta, 122, 272, 410
Itararé, Barão de, 29, 305
Ivens, Joris, 75, 91, 375
Ivo, Lêdo, 158, 483
Iwaszkiewicz, Jarosław, 160, 402

Jacinto, António, 168
Jackson, Michael, 326
Jacob, Odile, 431
Jacob, Paulo, 365
Jacobbi, Ruggero, 305

Jakubowska, Wanda, 56, 91, 215
Jdánov, 155, 178, 255
Jean-Daniel, 205, 206
Jégou, Dodik, 399, 400, 460, 461, 462
Jégou, Gwen, 399, 400, 462
Jelloun, Tahar Ben, 205
Jiang Qing, 354
Joãozinho Trinta, 355
Jobim, Tom, 294, 315, 324, 451
Joffily, Irineu, 370
Joliot-Curie, Frédéric, 83, 92, 452, 465
Joliot-Curie, Irene, 452
Jouvenel, Renaud de, 256
Joyce, James, 130, 456
Juda, Elsbeth, 78
Juda, Hans, 78
Júnior, Cirilo, 68
Jurandir, Dalcídio, 29, 39, 49, 104, 188, 249, 252, 253, 254, 255, 296, 305
Jurema, Aderbal, 466, 467
Juvenal, Augusto, 421

Kadaré, Ismail, 55, 56
Kafka, Franz, 130, 434
Kai-Chek, Chang, 58
Kalínina, Irina Moskóvitch, 414
Kalúguin, Iúri, 207, 208
Karvelis, Ugnė, 393
Kazantzákis, Nikos, 91
Kedros, André, 165, 256, 450
Keliin, Fiódor, 195, 196
Kelly, Prado, 68
Kemal, Yaşar, 75, 345, 346
Kertz, Mário, 272
Kesim, Nurchian, 344
Khayyam, Omar, 239
Khruschov, Nikita, 15, 63, 178, 210, 249, 286, 287, 446, 487
Klaber, Kurt, 398
Knoff, Udo, 64
Knopf, Alfred, 64, 78, 112, 330, 440, 441; **69**
Knopf, Helen, 330, 441
Koenig, Michel, 456
Konder, Valério, 223
Konrád, György, 205
Kontrizin, Marina, 228, 413, 414

Kopoul, Rémy Kolpa, 353
Korda, 281
Korneichuk, Alexander, 92, 92, 215
Kubitschek, Juscelino, 196, 221, 222, 265, 306, 339, 340; **84**
Kuo Mo-jo, 27, 58, 59, 60, 354
Kuteichkova, Vera, 321, 356

L'Espinay, François de, 310, 312
Labatut, Pierre, 239
Labrusse, Bertrand, 436
Lacerda, Carlos, 28, 47, 240, 241, 284, 323, 324, 423, 425; **11, 20**
Lacerda, Fernando de, 46, 47
Lacerda, Letícia, 241
Lacerda, Sebastião, 241
Lacerda, Sérgio, 241
Lacombe, Américo Jacobina, 323
Laffite, Jean, 81, 203, 204
Lage, Carlos, 233
Lalu, d. 70, 78, 97, 100, 117, 118, 175, 207, 209, 216, 245, 289, 395, 404, 406, 435, 476; **32, 42**
Lamas, Maria, 200, 419
Lampião, 83, 103
Lampreia, Neném, 23
Lang, Jack, 55, 179, 180, 240, 353
Lara, Odete, 374
Lattès, Jean-Claude, 58, 230, 344
Lattès, Nicole, 58
Laurentis, Dino de, 436, 437
Laurita Dias Tavares, 322, 457
Laxness, Halldór, 91, 203, 204, 249
Leal, Edna, 175
Leal, Eulália ver Lalu, d.
Leão, Múcio, 72
Leclerc, Françoise, 131, 455
Leclerc, Françoise, 452
Léger, Fernand, 55, 78
Leite, Ascendino, 234, 235
Leite, Aureliano, 53
Leite, José Machado, 175
Lênin, Vladimir, 27, 37, 138, 220, 281, 393, 446

Lessa, Elsie, 425
Lessa, Orígenes, 56, 57, 270
Letícia, Anna, 305
Levi, Carlo, 127
Li Shao Chi, 354
Licutã, alufá, 116
Lida, 107, 108
Lima Sobrinho, Barbosa, 196, 197, 441
Lima, Alceu Amoroso, 395, 441
Lima, Carmem, 227
Lima, Fábio Gattai, 225, 226, 227
Lima, Hermes, 68, 324, 337
Lima, Jorge de, 32, 72, 188, 269
Lima, Paulo, 225
Lima, Pedro Motta, 223
Lima, Vera Gattai, 225, 226, 227
Lindinalva, 292, 293
Linhares, Haydil, 263
Linhares, Maria Yedda, 125
Lins, Anita, 31, 386, 387
Lins, Osman, 89
Lins, Waldomiro, 382, 385
Lins, Wilson, 31, 98, 114, 162, 212, 241, 296, 382, 383, 384, 385, 386, 387, 467
Lispector, Clarice, 125
Liu Chao Shi, 26
Lobato, Monteiro, 21, 113, 128, 163, 298, 391, 392
London, Arthur, 190
London, Lise, 190, 192
Lopes, Baltazar, 161
Lopès, Henri, 168, 412
Lopes, Licídio, 84; **77**
Loren, Sophia, 86, 87, 437; **94**
Loti, Pierre, 346
Lottman, Hubert, 344
Loureiro, Paulo, 31, 153, 154, 232, 241
Lucíola, 60
Lukács, György, 191, 192, 219, 248, 249
Lula ver Silva, Luís Inácio Lula da
Lundkvist, Arthur, 90, 91, 92, 93, 238, 334
Lurçat, 187
Luther King, Martin, 55

Macedo, Zezé, 374
Machadão, Antônia, 475, 476
Machado, Alfredo, 20, 54, 74, 89, 90, 238, 241, 251, 252, 261, 329, 330, 343, 344, 345, 441, 442, 443
Machado, Aníbal, 28, 29, 233
Machado, Antônio de Alcântara, 146
Machado, Cristiano, 233
Machado, Dionélio, 29, 49, 179, 392
Machado, Gilka, 337
Machado, Glória, 20, 74, 344
Machado, Sérgio, 210, 343, 344
Machel, Graça, 205
Machel, Samora, 205
Mãezinha, 213
Magalhães Júnior, 283, 337
Magalhães Júnior, Raimundo, 148, 167, 174, 296, 337
Magalhães Neto, 348, 349
Magalhães, Antonio Carlos, 271, 272, 273, 280, 282, 296, 325, 346, 347, 348, 349, 350, 351, 448, 449
Magalhães, Arlete, 448
Magalhães, Juracy, 247, 308, 359
Magno, Paschoal Carlos, 339
Mahfouz, Naguib, 149
Maia, Vasconcelos, 28
Maiakóvski, Vladimir, 25, 59, 63
Mailer, Norman, 75
Mainardi, Gianni, 458
Malfatti, Anita, 298
Malraux, André, 182, 183, 184
Malta, Otávio, 284; **11**
Mandela, Nelson, 295
Mandelstam, Ossip, 486
Mangabeira, João, 164, 184
Mangabeira, Octavio, 68, 164, 262
Mann, Thomas, 398
Mansur, Gilberto, 222, 223, 394
Manu, 64
Manuela, Maria, 443
Mao Tsé-Tung, 25, 37, 300, 313, 354, 409
Maradona, Diego, 87

499

Maranhão, Jarbas, 44, 45
Marceneiro, Alfredo 417
Marcondes, Octalles, 170, 200, 391, 393
Maria Bonita, 83, 103
Maria Fernanda, 374
Marianni, Clemente, 86, 296
Marice, 227
Marighella, Carlos, 100, 101, 262, 263, 341, 407
Marinello, Juan, 131, 419
Marinho, Roberto, 75, 133
Mariscot, Mariel, 294
Marise, Ramos, 462
Maron, Domingos, 78
Marotti, Giorgi, 109
Martins, Aldemir, 64, 176, 177, 222, 224
Martins, Ivan Pedro de, 46, 323, 424
Martins, Justino, 418
Martins, Manuel, 463, 464
Martins, Renato, 271
Martins, Santos, 429
Marx, Karl, 37, 38, 138, 281
Mascarenhas, Carlinhos, 114
Mascarenhas, Carlos, 467
Mascarenhas, Ulysses, 466
Mastroianni, Marcello, 86, 87, 133; **101**
Mata, Edgard, 383
Matisse, Henri, 178
Matos, Ariovaldo, 176, 177; **77**
Matos, Gregório de, 57, 105, 168, 239, 434, 445
Matos, Ramiro de, 445
Mattos, Cyro de, 371
Mattos, Florisvaldo, 157, 174, 370
Mauro, Humberto, 275, 374
Medauar, Jorge, 371
Médici, Emílio Garrastazu, 157, 254
Meireles, Cecília 72
Melo Neto, João Cabral de, 179, 242, 401
Melo, Antônio Vieira de, 18, 283
Melo, Graça, 233
Melo, Ovídio, 403
Melo, Zélia Cardoso de, 245

Mendes, Cândido, 125
Mendes, Chico, 440
Mendes, José Guilherme, 316, 317, 318
Mendes, Manuela Miranda, 193
Mendes, Murilo, 72, 109, 110
Méndez, Leopoldo, 91
Mendonça, Mauro, 279; **90**
Meneses, Emílio de, 336
Menezes, Glória, 97
Menininha do Gantois, mãe, 61, 62, 86, 303, 304, 449, 451; **80**
Merquior, Hilda, 159
Merquior, José Guilherme, 158, 159
Mertin, Ray-Güde, 229, 344
Mesquita Filho, Júlio de, 52, 95, 96, 97, 198, 199, 308, 309, 398
Mesquita, Carlos de, 96
Meyrelles, Isabel, 180
Michelangelo, 322
Miller, Henri, 366
Millet, Creusa, 62, 190
Milliet, Sérgio, 151, 194
Mimi, 38, 47, 48, 49, 186
Minà, Gianni, 415
Mira y López, Emilio, 310
Miranda, Carmem, 451
Miranda, Murilo, 268
Mirandão, 383, 419
Mirinha do Portão, mãe, 117
Mistral, Gabriela, 425
Mitrani, Pino, 458
Mitterrand, Danielle, 197, 198, 402
Mitterrand, François, 55, 74, 75, 198, 309, 431, 432
Miúcha, 368
Moche, Jules, 182
Molière, 46, 230, 233, 402, 450
Mollo, Christoph, 459
Molotov, 475
Mont'Alegre, Omer, 188
Montand, Yves, 229, 230, 231
Monteiro, Adolfo Casais, 212
Monteiro, Góes, 277, 289
Monteiro, Mário, 382
Montello, Josué, 49, 57, 159, 221, 296, 331

Montenegro, Fernanda, 46, 77
Moraes, Vinicius de, 24, 29, 294, 305, 323, 324, 347, 447; **15, 45, 85**
Morais, Eneida de, 72
Morais, José, 97
Morais, Mascarenhas de, 260
Moravia, Alberto, 75, 90, 127
Moreau, Gerard, 459, 460
Moreira, Manolo, 303
Moreno, Tatti, 64, 232, 271, 274, 275
Moreyra, Álvaro, 188, 221, 287, 288, 305, 324
Moreyra, Eugênia Álvaro, 287
Morgan, Claude, 165
Mota, Mauro, 242
Moulian, Christine, 458
Moura, Otávio, 420
Mourão-Ferreira, David, 328
Moustaki, Georges, 54, 64, 293, 294, 295, 458
Muriçoca, Luiz da, 271
Murillo, Rosario, 393
Murilo, Cláudio, 164
Mussolini, Benito, 55, 415

Nabokov, Vladimir, 282
Nabuco, Joaquim, 395, 441
Nadreau, Misette, 256, 394; 51
Nagy, Imre, 248
Namora, Fernando, 43, 94, 161, 169, 429, 430
Nascimento Filho, João, 309
Nassau, Maurício de, 148
Nasser, 125
Natário, Custódia, 129, 175
Natário, Manuel, 129, 175, 421
Nehru, 125
Nenni, Pietro, 59, 127, 180
Neruda, Matilde, 23, 143, 177, 355, 361, 362, 363, 409, 410
Neruda, Pablo, 23, 24, 25, 27, 35, 88, 91, 104, 131, 132, 143, 144, 154, 155, 165, 166, 176, 177, 178, 182, 195, 248, 259, 286, 287, 313, 321, 354, 355, 361, 363, 372, 394, 405, 409, 410, 450, 486; **45, 72**
Nery, Adalgisa, 72
Nery, Ismael, 72
Neves, David, 73, 74

Neves, Tancredo, 77
Nezinho, 62
Nicolau I, tsar, 42
Niemeyer, Oscar, 28, 101, 210, 305, 339, 465; **35**, **81**
Niemeyer, Paulo, 20, 343
Nina, 171
Nique, José, 79
Nóbrega, Isabel da, 212
Nonino, Giannola, 458
Novais, Menandro, 62
Nutels, Noel, 284

Olea, Victor Flores, 205
Olga de Alaketu, 190, 325, 416
Olinto, Antonio, 49, 71, 179, 238, 305, 364, 365, 388; **73**
Oliva, Clara de, 162
Oliva, Lygia de, 162
Oliva, Roberto de, 162, 163
Oliva, Zitelmann de, 162, 163, 348, 421; **77**
Oliveira, Alberto de, 76
Oliveira, Araçary de, 374
Oliveira, Armando de, 383
Oliveira, Armando Sales de, 52
Oliveira, Basílio de, 78, 420
Oliveira, Boni, 97
Oliveira, Botelho de, 484
Oliveira, Cyva de, 99, 474
Oliveira, José Aparecido de, 77, 271, 272
Oliveira, Maria da Conceição Esteves de, 236
Olympio, José, 47, 185, 198, 199, 250, 251, 367, 391
Ondina, 61
Onetti, Juan Carlos, 123, 445
Orecchioni, Jean, 180
Orico, Oswaldo, 336
Ormesson, Jean d', 159
Ortega, Daniel, 393
Orville, Xavier, 168, 401
Oscarito, 374
Oshima, 436
Oshima, Nagisa, 436
Ospovat, Liev, 321
Ostróvski, Aleksandr, 402
Ostrower, Fayga, 306
Oswald, Henrique, 31

Otelo, Grande, 260, 261, 284, 374
Oxóssi, Camafeu de, 83, 239, 272, 325, 449; **77**
Oz, Amós, 149, 457

Pacheco, Fernando Assis, 176, 193
Pacheco, João, 193
Pacheco, Rosário Assis, 193
Pacote, Edwaldo, 222, 223
Padilha, Telmo, 370
Paes, José Paulo, 215
Paim, Alina, 29, 249, 313, 314
Pajetta, Giancarlo, 127
Palermo, Yves, 114, 242, 467
Palma, Carlo de, 86
Palmeira, Sinval, 39
Pancetti, 151, 177, 178, 179, 224
Papa Doc, 313
Paraiso, Juarez, 349, 350, 351
Passos, Jacinta, 28, 162
Pasternak, 89, 204
Pasternak, Boris, 486
Pastinha, Vicente, 84, 325, 449; **77**
Pavarotti, Luciano, 326
Peçanha, Camilo, 63
Peck, Gregory, 54
Pedro Vargas, 284
Pedrosa, Israel, 256
Pedrosa, Virgínia das Dores Simões d'Almeida, 235, 236, 237
Peixoto, Afrânio, 205
Peixoto, Mário, 285, 286, 374, 375
Pelc, Antonin, 400
Pelé, 87, 88, 347
Pelegrino, Hélio, 231
Peltier, Márcia, 359
Pena Filho, Carlos, 31, 241, 242, 333; **60**
Pena Júnior, Afonso, 287
Pena, Clara, 333
Pena, José Luís, 98
Peralva, Oswaldo, 249
Peregrino Júnior, 221
Pereira, Aristides, 136
Pereira, Astrogildo, 253
Pereira, Lúcia Miguel, 47; **15**

Pereira, Nunes, 100
Pereira, Sérgio Augusto, 129
Perez, Fernando da Rocha, 71, 366, 377
Perez, Renard, 305
Péricles, Silvestre, 289
Pessoa Júnior, Antônio, 420
Pessoa, Epitácio, 379
Pessoa, Fernando, 63, 192, 193
Pessoa, Maria Lúcia, 456
Piaf, Edith, 294
Picasso, Pablo, 19, 35, 83, 91, 109, 130, 131, 132, 165, 178, 215
Picasso, Paloma, 131
Pierre, Sylvie, 352, 353
Pierson, Donald, 164, 185
Piñon, Nélida, 55
Pinto, Fernanda Amado, 34
Pinto, Jorge Costa, 232
Piper, Klaus, 89
Pires, Homero, 28
Pires, José Cardoso, 123, 164
Pires, Waldir, 271, 272, 349
Polanski, Roman, 317; **82**
Polevoi, Boris, 249
Polleo, Hector, 256
Pólvora, Hélio, 174, 371
Pomar, Pedro, 29, 113
Pondé Filho, Lafayete, 271
Ponti, Carlo, 437
Portella, Eduardo, 44, 45, 69, 124, 125, 126, 196, 197, 224, 261, 262, 265, 355, 368, 396
Portella, Mariana, 126
Portinari, Candido, 55, 78; **15**
Portugal, Claudius, 271, 320
Portugal, Mário, 458
Poti, índio, 119
Prado Júnior, Caio, 28, 113, 128, 225
Prado, Marisa, 374
Prado, Vasco, 17, 34, 256
Prata, Ranulfo, 83
Pratolini, Vasco, 127, 218, 219
Prestes, Anita, 191, 356; **27**
Prestes, Luís Carlos, 28, 53, 56, 65, 105, 113, 153, 171, 191, 210, 276, 277, 308, 309, 316, 324, 335, 356, 370, 385, 406
Prestes, Lygia, 191, 356; **27**
Prévert, Jacques, 230

Prouvost-Alvarez, Annie, 452
Puccini, Dário, 127
Puccio, Raquel, 19
Púchkin, Aleksandr, 62, 195
Pudóvkin, Vsevold, 59, 381
Pujmanová, Marie, 192, 400

Quadros, Jânio, 124, 125, 126, 196, 197, 265
Queirós, Eça de, 82, 196, 282, 467
Queiroz Júnior, 475
Queiroz Júnior, Walter, 474
Queiroz, Dinah Silveira de, 72, 82
Queiroz, Lúcia de, 359
Queiróz, Luz da Serra, 474
Queiroz, Narcélio de, 72
Queiroz, Paulo Peltier de, 358, 359, 360
Quinn, Anthony, 437
Quirino, Manuel, 116
Quitéria, 101, 303

Rabaça, José, 135
Rabelais, 434
Raduan Nassar, 179
Radványi, László, 248
Radványi, Pierre, 249, 373
Raillard, Alice, 63, 109, 179, 180, 229, 256, 291; **98**
Raillard, Georges, 240, 293, 333
Rajk, 190
Rajk, László, 36
Ramayana, 216
Ramos, Artur, 66, 185
Ramos, Graciliano, 32, 33, 34, 39, 47, 72, 103, 104, 105, 130, 179, 194, 268, 288, 330, 421, 462, 463; **15**
Ramos, Heloísa, 104, 462, 463
Ramos, Ricardo, 97, 225, 462, 463
Ramy-Kleintchen, 457
Rangel, Paulo, 365
Raoni, cacique, 400
Raoult, Françoise, 456
Rebelo, Castro, 324
Rebelo, Marques, 49, 252, 254, 392
Rebouças, Antônio, 232
Redol, Alves, 175, 201
Reggiani, Serge, 293

Régio, José, 63
Rego, José Lins do, 43, 72, 147, 168, 188, 207, 208, 251, 268, 284, 425; **15**
Rego, Pedro, 246, 247
Rego, Waldeloir, 303, 312
Relogio, Francisco Pedro, 429
Renaudot, Prix, 102
Renot, 388
Renot, Galeria, 31, 388
Resende, Otto Lara, 68, 229, 230, 231, 245, 265, 359
Ribeiro, Alves, 76
Ribeiro, Berenice, 118
Ribeiro, Carlos, 69
Ribeiro, Darcy, 179, 355
Ribeiro, João Ubaldo, 11, 55, 118, 119, 179, 180, 202, 378, 397, 407, 445
Ribeiro, João, 147
Ribeiro, Orlando Leite, 278
Ricardo, Cassiano, 72
Ricciardi, Giovanni, 109
Riff, Raul, 29, 100
Rios, Elvira, 284
Ripoll, Lila, 40
Rivera, Diego, 313, 321; **38**
Robeson, Paul, 55, 249, 380
Rocha, Carlos Eduardo da, 214, 296
Rocha, Glauber, 71, 82, 118, 119, 254, 255, 261, 352, 353, 366, 367, 375, 382; **74**
Rocha, Hilton, 98
Rocha, Lindolfo, 112
Rocha, Marta, 164
Rodrigues, Amália, 417, 429
Rodrigues, Paulo, 132, 256
Rodrigues, Urbano Tavares, 212, 331
Rogério, Luiz, 383
Rolland, Romain, 448
Roman, Pietro, 120
Romero, Élvio, 266, 313
Roosevelt, Franklin Delano, 77, 153, 275, 475
Rosa Casaco, 200
Rosa, Guimarães, 49, 50, 112, 161, 260, 330, 339, 340, 364, 365; **73**
Rosa, Matilde Garcia, 20, 46, 471

Rosenthal, Françoise, 58
Rosenthal, Jean, 58, 344; **99**
Rosselini, Renzo, 437, 438
Rossellini, Roberto, 437
Rostand, Edmond, 324
Roubaud, Jacques, 179
Rouele, William, 193
Roulien, Raul, 374
Roumain, Jacques, 168, 249, 313
Rubim, Rosane, 234, 269, 271, 331
Rufino, 174
Runhó, mãe, 264
Rushdie, Salman, 446, 447

Sá, Ângelo Calmon de, 235, 272
Saad, Fuad, 56
Sábato, Ernesto, 333, 334, 335, 336
Sabino, Fernando, 74, 180, 202, 245, 246, 296, 443
Sablon, Jean, 284
Sabóia, Napoleão, 110, 352, 353, 453
Sadoul, Georges, 274
Sadoveanu, Mihail, 59
Sadoveanu, Mihail, 59, 203
Salazar, António de Oliveira, 93, 95, 125, 181, 265, 308, 416, 475
Saldanha, João, 227
Salema, Álvaro, 43, 44, 200, 296, 301, 331
Salema, Elisa, 43, 44
Sales, Artur de, 116, 216
Salgado, Plínio, 247, 323
Salles, Herberto, 25, 193, 326, 448
Salles, Walter Moreira, 273
Salomão, Waly, 334
Salvage, Madeleine, 256, 418
Sampaio, Artur, 99, 115, 116
Sampaio, José Mirabeau, 18, 19, 41, 99, 114, 115, 116, 232, 242, 244, 245, 351, 358, 359, 384, 385, 388, 421, 463, 464, 467, 471; **77**
Sampaio, Maria, 99
Sampaio, Norma, 99, 175, 238, 359, 384, 388, 417, 469, 470; **70**

Sampaio, Silveira, 274
Sant'anna, Miguel, 116
Santa Rosa, 32, 68, 148, 258, 259
Santana, Fernando, 191, 383, 396
Santana, Nei, 278
Santarrita, Marcos, 371
Santayana, Mauro, 109, 110
Santayana, Vânia, 110
Santis, Dominique de, 127
Santo Amaro, Cuíca de, 83
Santoro, Cláudio, 35, 40, 256
Santos, Agnaldo dos, 231, 232
Santos, Carmen, 283, 285, 286, 373, 375
Santos, Deoscóredes Maximiliano dos, 64, 125
Santos, Edgard, 86, 366
Santos, Itazil Benício dos, 174
Santos, León, 397
Santos, Nelson Pereira dos, 86, 278, 342, 350, 375
Santos, Ruy, 374, 375
São Pedro, Maria de, 212, 465
Sarduy, Severo, 229, 311
Sarney, José, 21, 46, 56, 57, 77, 110, 136, 141, 189, 251, 270, 272, 352, 353, 367, 396, 465
Sarney, Marly, 272, 273
Sartre, Jean-Paul, 18, 83, 95, 96, 97, 166, 167, 242; **30, 50, 53**
Scaldaferri, Sante, 302, 366
Schaun, Nelson, 79, 80
Schenberg, Mário, 28, 34, 35, 182, 419
Schic, Ana Stela, 35, 182
Schmidt, Augusto Frederico, 33, 47, 72, 196
Schooyans, Michel, 319, 320
Schwarz-Bart, Simone, 168
Scliar, Carlos, 35, 40, 126, 127, 182, 183, 256, 283, 284, 306, 418
Scliar, Henrique, 171, 276, 278
Scliar, Moacyr, 180, 460
Segall, Beatriz, 97
Segall, Geny, 151
Segall, Lasar, 97, 151, 152, 177, 290, 291
Segall, Maurício, 97

Seghers, Anna, 27, 88, 89, 152, 154, 155, 156, 180, 247, 248, 249, 274, 355, 372, 373; 55; 68
Seghers, Pierre, 102, 224, 225
Seljan, Zora, 35, 126, 127, 238, 256, 311, 388
Semprún, Jorge, 230, 394, 431, 432
Sena, Jorge de, 212
Sena, Orlando, 474
Senghor, Léopold, 126, 166, 168, 401, 411
Senhora, mãe, 61, 62, 64, 85, 125, 186, 312; **79**
Serafimóvitch, Aleksandr, 147, 183
Sereni, Emílio, 127, 215, 227
Shostakóvitch, Dmitri, 91, 220
Siao, Emi, 25, 26, 81, 203, 204, 354, 409
Siao, Eva, 25, 26, 354
Sibelius, Jean, 91, 92, 93
Sidro, Annie, 120, 121
Signoret, Simone, 230
Silone, Ignacio, 465
Silva, Aguinaldo, 132
Silva, Cardoso e, 78, 84, 236, 238, 239; **77**
Silva, Carmem Oliveira, 62, 304
Silva, Claudino José da, 203, 262, 263
Silva, Fausto, 314, 315
Silva, Golbery do Couto e, 254, 255
Silva, João Batista de Lima e, 162
Silva, José Calasans Brandão da, 302
Silva, Luís Inácio Lula da, 22
Silva, Miguel Otero, 131, 306, 307, 409
Silva, Pirajá da, 463
Silva, Quirino da, 151, 259
Silva, Vieira da, 183
Silva-Nigra, Clemente da, dom, 435; **77**
Silveira, Ênio, 281, 282, 305
Silveira, Miroel, 233
Silveira, Pelópidas da, 45
Silveira, Walter da, 71, 72, 76, 243, 244, 274; **77**
Simenon, Georges, 459

Simões, Hélio, 216
Simões, João Gaspar, 212
Simões, Mário, 382
Simões, Nuno, 175
Simões, Regina, 458
Simões, Renato, 359
Simonetti, Carla, 438
Símonov, Konstantin, 59, 60, 346
Símonov, Valentina Serova, 59, 60
Sinhô Badaró, 78
Sisson, Roberto, 324
Slánský, Rudolf, 102, 190
Smarchewski, Lew, 64, 73, 232; **77**
Soares, Arlete, 264, 433
Soares, Jô, 314, 390
Soares, José, 225
Soares, Mário, 95, 309, 419
Soares, Paulo Gil, 71, 366
Soares, Wanda Gattai, 225, 226
Sócrates, jogador, 430
Sodré, Aurélio, 26, 61, 239, 264, 280, 325, 444
Sodré, Margarida, 264
Soldati, Mario, 16
Soljenítsin, 89
Solnado, Raul, 301
Soto, Isabel, 334
Sousa, Octavio Tarquínio de, 47
Souza, Cláudio Garcia de, 103
Souza, Márcio, 180
Souza, Ruth de, 374
Sparagano, Regina, 456
Sparagano, Romeu, 456
Spencer, Nilde, 271
Spínola, Francisco, 418
Squeff, Egydio, 84, 85
Stálin, Ióssif, 36, 37, 56, 59, 92, 101, 104, 108, 121, 136, 153, 178, 191, 206, 210, 275, 281, 286, 287, 317, 321, 413, 446, 474
Stamato, Yone, 72, 73
Stancu, Zaharia, 192
Stegagno-Picchio, Luciana, 109, 110, 111, 344
Steinbeck, 282
Steiner, Rodolfo, 187, 188
Steiner, Ruth, 187, 188

Stela de Oxóssi, 61, 190
Stewart, Alexandra, 294
Stipinska, Madame, 160
Stravinski, Igor, 264
Suassuna, Ariano, 242
Sued, Ibrahim, 75, 393
Suerdieck, Fernando, 440
Suplicy, Eduardo, 38
Switt, Frances, 319
Szaniecki, Valdemar, 224, 439

Tabacov, Germano, 271, 273
Taboada, Maria Tavares, 466
Tajra, Liete, 174
Tan Ky Hong, 424
Tati, Jacques, 273, 274, 275
Tati, Miécio, 40, 185, 305, 365, 411, 434, 435, 443
Tavares, Gersina, 54, 466
Tavares, Haydée, 421
Tavares, Ildásio, 378
Tavares, Jader, 466
Tavares, Luís Henrique Dias, 120, 301, 302, 321, 322, 383, 457
Tavares, Misael, 78, 420
Tavares, Odorico, 28, 48, 53, 54, 114, 212, 213, 214, 241, 242, 296, 333, 366, 388, 466; **77**
Tavares, Paulo, 421, 422
Tawil, Eduardo Jasmim, 122, 342
Teitelboim, Volodia, 104, 313
Teixeira, Alice, 73
Teixeira, Amália, 359
Teixeira, Anísio, 48, 86, 104, 170, 391
Teixeira, Floriano, 11, 73, 236, 350; **77**
Teixeira, Maria de Lourdes, 305
Teixeira, Maximiano da Mata, 359
Teixeira, Pedro, 73
Telá, Mário Obá, 62
Telles, Lygia Fagundes, 284
Telles, Manuel, 82, 376, 429, 443
Telles, Mercês da Silva, 259
Terrac, Jean-Claude, 48
Thebia-Melsan, Annik, 168, 353

Thorez, Maurice, 281, 410
Tibiriçá, Pedro Miguel, 239
Timóteo, dom ver Anastácio, Timóteo Amoroso, dom
Ting Ling, 249, 343, 354, 355, 409
Tito, Josip Broz, 36, 125, 286, 287
Togliatti, Palmiro, 127, 465
Toledo, J., 260
Tolstói, Liev, 89
Tom Zé, 224
Toquinho, 294
Torga, Miguel, 129, 160, 161, 445
Tormenta, Vera, 305; **36**
Tornaghi, Luiz Carlos, 457
Torres, Antônio, 179, 228, 229
Torres, Fernanda, 46
Torres, Fernando, 46
Traíra, 449
Travassos, Nelson Palma, 29
Trigueiros, Luís Forjaz, 44, 106, 107, 234, 235, 327, 328, 331, 332
Trigueiros, Maria Helena, 106, 328
Trótski, Liev, 37
Trumbo, Dalton, 86
Turkov, 160
Twain, Mark, 282, 434, 483

Ungaretti, Giuseppe, 389
Urbano, Miguel, 308

Vaillant, Roger, 307
Valdomiro, 280
Valentim, Rubem, 232
Vallejo, César, 425
Valverde, Zélio, 284
Varela, Alfredo, 131, 203, 204, 256, 419
Varela, Fagundes, 57
Vargas Llosa, Mário, 302
Vargas Neto, 68
Vargas, Getúlio, 20, 29, 33, 47, 52, 251, 260, 276, 277
Vargas, Ivete, 262
Vasconcelos, João, 211
Vasconcelos, José Carlos de, 43, 200, 390, 429, 442
Veiga, Adriana, 463

Veiga, Camila, 463
Veiga, Cláudio, 179, 378, 430, 431
Veiga, José J., 330
Veiga, Luiz Carlos, 97, 226
Veiga, Manuel, 474
Veiga, Valéria, 463
Veloso, Caetano, 294, 342, 347; **106**
Venturelli, José, 131, 178
Vercors, 59, 203, 204
Verde, Cesário, 193, 468
Verde, Cobra, 449
Verger, Pierre, 75, 85, 116, 303, 310, 312
Verissimo, Erico, 19, 49, 157, 161, 188, 219, 220, 268, 392, 393, 469, 470
Verissimo, Luis Fernando, 470
Verissimo, Mafalda, 469
Viana Filho, Luís, 57, 68, 252, 254, 255, 296, 325, 337
Viany, Alex, 274, 305
Videla, Gabriel González, 35, 165, 166
Viegas, Francisco José, 238
Viegas, Pinheiro, 76, 147, 194, 382
Vieira, Hélio, 320
Vieira, José Geraldo, 40, 113, 305
Vieira, Luandino, 123, 161, 208, 209, 416
Vieira, Susana, 294
Vila, Vargas, 397, 459
Vilaça, Antônio, 359
Vilaça, Marcos Vinicios, 43, 242
Vilaça, Maria do Carmo, 459
Villa-Lobos, Heitor, 219
Vinagre, António dos Reis, 186
Vissarianovitch, Ióssif, 446
Vitalino, 42
Vittorini, Elio, 127

Wainer, Samuel, 47, 105, 196, 283, 332, 372, 438, 443, 451; **7, 11**
Wasilewska, Wanda, 92
Weil, Eva, 197
Weil, Helena, 155
Welles, Orson, 374, 381

Wertmüller, Lina, 87, 439, 440; **94**
Wilker, José, 278; **90**
Willys, 84
Wurmser, André, 230

Xenakis, Françoise, 94, 95

Yacovino, Mariuccia, 34, 39
Yamasaki, Tisuka, 278

Zahar, Ernesto, 126
Zahar, Jorge, 126
Zand, Nicole, 372
Zavattini, Cesare, 127, 437
Zbitch, 293
Zé Baiano, 83
Zé Trindade, 90, 374
Zenouda, Albert, 459
Zico, jogador, 430
Ziembinski, Zbigniew, 159, 160
Zola, Émile, 434
Zolzhargal, Ludvsanderjiin, 140

CRÉDITO DAS IMAGENS

Todos os esforços foram feitos para determinar a origem das imagens deste livro. Nem sempre isso foi possível. Teremos prazer em creditar as fontes, caso se manifestem.

1
Retrato de Jorge Amado
Emanoel Araújo
Xilogravura a cores sobre papel
Assinada e datada de 1964, Bahia
Tamanho: 66 x 47,5 cm

2, 3, 6, 8, 9,16, 17, 18, 19, 22, 23, 24, 25, 27, 28, 29, 30, 31, 32, 33, 34, 36, 37, 38, 39, 42, 43, 45, 46, 47, 48, 49, 50, 51, 53, 55, 56, 58, 60, 62, 63, 64, 66, 68, 69, 70, 71, 72, 73, 78, 81, 82, 84, 85, 87, 90, 92, 93, 94, 96, 97, 98, 99, 100, 101, 104, 105, 107, 108, 110, 111
Acervo da Fundação Casa de Jorge Amado

4, 5
Coleção de Gonçalo Júnior

7, 11, 12, 13, 20 e 35
Acervo do Instituto Antonio Carlos Jobim/ DR/ Dorival Caymmi/ Cortesia da família Caymmi

10
DR/ Santa Rosa

14
DR/ Família de Mário de Andrade/ Acervo da Fundação Casa de Jorge Amado

15
Fotografia do Acervo Projeto Portinari. Reprodução autorizada por João Candido Portinari

21
Acervo Iconographia

26
Retrato de Jorge Amado
Flávio de Carvalho
Óleo sobre tela
Assinado e datado de 1945
Com dedicatória "Para Jorge Amado"
Tamanho: 75 x 55 cm

40
DR/ Gilberto Freyre/ Fundação Gilberto Freyre/ Acervo da Fundação Casa de Jorge Amado

41
© Mario Cravo Junior/ Acervo da Fundação Casa de Jorge Amado

44
José Medeiros/ Acervo Instituto Moreira Salles

52
DR/ Flávio de Carvalho/ © Folhapress

54
DR/ João Gilberto/ Acervo da Fundação Casa de Jorge Amado

57
Vasco Moscoso de Aragão – Original para a capa do livro *Os velhos marinheiros*
Glauco Rodrigues
Monotipia sobre papel
c. 1960
Tamanho: 32, 5 x 21, 2 cm

59
DR/ Dorival Caymmi/ Cortesia da família Caymmi/ Acervo da Fundação Casa de Jorge Amado

61
Cangaceiro
Aldemir Martins
Nanquim e aquarela sobre papel
Assinado e datado de 1963, São Paulo
Com dedicatória "Para o capanga Jorge – O seu lugar-tenente"
Tamanho: 58 x 40 cm

65, 83
DR/ Carybé/ Acervo da Fundação Casa de Jorge Amado

67
Gabriela
Augusto Rodrigues
Nanquim sobre papel
Assinado e datado de 1963
Tamanho: 70, 5 x 50,5 cm

74
DR/ Glauber Rocha/ Acervo da Fundação Casa de Jorge Amado

75
Ilustração para o livro *ABC de Castro Alves*
Iberê Camargo
Fundação Iberê Camargo

76
Imagens-Arquivo Central/ Siarq

77, 79, 80
© Flávio Damm

86
Gabriela
Di Cavalcanti
Óleo sobre tela
1972
Tamanho: 89 x 116 cm

88
© Mario Cravo Neto

89
Esboço das ilustrações de *Dona Flor e seus dois maridos*
Floriano Teixeira

91
Tieta do Agreste com suas cabras e a lua negra
Calasans Neto
Matriz de xilogravura em madeira
Com dedicatória "Para Jorge, neste ano de nova parceria. Um grande abraço pelo dia de hoje do amigo Calasans Neto. Bahia, 10 de agosto de 77"
Tamanho: 79,5 x 25 cm

95
Otto Stupakoff/ Acervo Instituto Moreira Salles

102
Acervo Otto Lara Resende/ Acervo da Fundação Casa de Jorge Amado

103
Casal e bichos sob cajueiro
Lina Bo Bardi
Tinta de escrever e lápis de cor sobre papel
Assinado e datado de 26/6/88, São Paulo
Com dedicatória "Para George e Zélia" e "Caros, queridos, George e Zélia, confusões domésticas me impedem de ver vocês hoje... beijos de Lina"
Tamanho: 30,5 x 19 cm

106
© Maria Sampaio

109
© J.R. Duran/ Acervo da Fundação Casa de Jorge Amado